TK_oURt3PfKC7rj9r

# REESTRUCTURACIONES PRECONCURSALES Y OPERACIONES SOCIETARIAS

XIII Congreso Español de Derecho de la Insolvencia

*Directores*

**ANA BELÉN CAMPUZANO**
*Catedrática de Derecho Mercantil*
*Universidad San Pablo CEU*

**ALBERTO DÍAZ MORENO**
*Catedrático de Derecho Mercantil*
*Universidad de Sevilla*

# REESTRUCTURACIONES PRECONCURSALES Y OPERACIONES SOCIETARIAS

## XIII Congreso Español de Derecho de la Insolvencia

**Autores**

Ricardo Astorga Morano
*Profesor Asociado de Derecho Mercantil*
*Universidad de Sevilla*

Francisco Javier Carretero Espinosa de los Monteros
*Magistrado*

Carmen de Vivero de Porras
*Profesora de Derecho Mercantil*
*Universidad de Málaga*

María Enciso Alonso-Muñumer
*Catedrática de Derecho Mercantil*
*Universidad Rey Juan Carlos*

Enrique Fernández-Sordo
*Abogado*

María del Pilar Galeote
*Profesora de Derecho Mercantil y Negociación*
*IE Law School*

Eduardo Gómez López
*Magistrado*

María Jesús Guerrero Lebrón
*Catedrática de Derecho Mercantil*
*Universidad Pablo de Olavide*

Pedro Márquez Rubio
*Magistrado*

Ángel Martín Torres
*Economista*

Miguel Martínez Muñoz
*Profesor de Derecho Mercantil*
*Universidad Pontificia Comillas*

Cecilio Molina Hernández
*Profesor de Derecho Mercantil*
*Universidad Pontificia Comillas*

Miguel Navarro Máñez
*Abogado*

Pedro José Rubio Vicente
*Profesor Titular de Derecho Mercantil*
*Universidad de Valladolid*

Sonia Rodríguez Sánchez
*Profesora Titular de Derecho Mercantil*
*Universidad de Huelva*

José Carlos Vázquez Cueto
*Catedrático de Derecho Mercantil*
*Universidad de Sevilla*

Arsul José Vázquez Pérez
*Profesor Titular de Derecho Mercantil*
*Universidad de Oriente*

CIVITAS

© **Ana Belén Campuzano y Alberto Díaz Moreno (Dirs.) y otros**, 2024
© **Editorial Aranzadi, S.A.U.**

**Editorial Aranzadi, S.A.U.**
C/ Collado Mediano, 9
28231 Las Rozas (Madrid)
**Tel:** 91 602 01 82
**e-mail:** clienteslaley@aranzadilaley.es
https://tienda.aranzadilaley.es/
https://www.aranzadilaley.es/aranzadi

**Primera edición:** 2024

**Depósito Legal:** M-12223-2024
**ISBN versión impresa:** 978-84-1162-663-7
**ISBN versión electrónica:** 978-84-1162-664-4
**Incluye soporte electrónico**

Diseño, Preimpresión e Impresión: Editorial Aranzadi, S.A.U.
*Printed in Spain*

Esta publicación es resultado del Proyecto de I+D+i *Sostenibilidad corporativa y reestructuración empresarial* PID2021-125466NB-I00 (MCIN/AEI /10.13039/501100011033/ «FEDER Una manera de hacer Europa»)

© **Editorial Aranzadi, S.A.U.** Todos los derechos reservados. A los efectos del art. 32 del Real Decreto Legislativo 1/1996, de 12 de abril, por el que se aprueba la Ley de Propiedad Intelectual, Editorial Aranzadi, S.A.U., se opone expresamente a cualquier utilización del contenido de esta publicación sin su expresa autorización, lo cual incluye especialmente cualquier reproducción, modificación, registro, copia, explotación, distribución, comunicación, transmisión, envío, reutilización, publicación, tratamiento o cualquier otra utilización total o parcial en cualquier modo, medio o formato de esta publicación.

Cualquier forma de reproducción, distribución, comunicación pública o transformación de esta obra solo puede ser realizada con la autorización de sus titulares, salvo excepción prevista por la Ley. Diríjase a **Cedro** (Centro Español de Derechos Reprográficos, **www.cedro.org**) si necesita fotocopiar o escanear algún fragmento de esta obra.

El editor y los autores no asumirán ningún tipo de responsabilidad que pueda derivarse frente a terceros como consecuencia de la utilización total o parcial de cualquier modo y en cualquier medio o formato de esta publicación (reproducción, modificación, registro, copia, explotación, distribución, comunicación pública, transformación, publicación, reutilización, etc.) que no haya sido expresa y previamente autorizada.

El editor y los autores no aceptarán responsabilidades por las posibles consecuencias ocasionadas a las personas naturales o jurídicas que actúen o dejen de actuar como resultado de alguna información contenida en esta publicación.

EDITORIAL ARANZADI no será responsable de las opiniones vertidas por los autores de los contenidos, así como en foros, chats, u cualesquiera otras herramientas de participación. Igualmente, EDITORIAL ARANZADI se exime de las posibles vulneraciones de derechos de propiedad intelectual y que sean imputables a dichos autores.

EDITORIAL ARANZADI queda eximida de cualquier responsabilidad por los daños y perjuicios de toda naturaleza que puedan deberse a la falta de veracidad, exactitud, exhaustividad y/o actualidad de los contenidos transmitidos, difundidos, almacenados, puestos a disposición o recibidos, obtenidos o a los que se haya accedido a través de sus PRODUCTOS. Ni tampoco por los Contenidos prestados u ofertados por terceras personas o entidades.

EDITORIAL ARANZADI se reserva el derecho de eliminación de aquellos contenidos que resulten inveraces, inexactos y contrarios a la ley, la moral, el orden público y las buenas costumbres.

**Nota de la Editorial:** El texto de las resoluciones judiciales contenido en las publicaciones y productos de **Editorial Aranzadi, S.A.U.**, es suministrado por el Centro de Documentación Judicial del Consejo General del Poder Judicial (Cendoj), excepto aquellas que puntualmente nos han sido proporcionadas por parte de los gabinetes de comunicación de los órganos judiciales colegiados. El Cendoj es el único organismo legalmente facultado para la recopilación de dichas resoluciones. El tratamiento de los datos de carácter personal contenidos en dichas resoluciones es realizado directamente por el citado organismo, desde julio de 2003, con sus propios criterios en cumplimiento de la normativa vigente sobre el particular, siendo por tanto de su exclusiva responsabilidad cualquier error o incidencia en esta materia.

## ÍNDICE

PRESENTACIÓN .......... 17

**PRIMERA PARTE**
**LA COMUNICACIÓN DE INICIO DE NEGOCIACIONES CON LOS ACREEDORES**

CAPÍTULO 1
**LOS PRESUPUESTOS, EL CONTENIDO, LA PRESENTACIÓN Y LA TRAMITACIÓN DE LA COMUNICACIÓN DE INICIO DE NEGOCIACIONES CON LOS ACREEDORES**
FRANCISCO JAVIER CARRETERO ESPINOSA DE LOS MONTEROS .......... 21

**I. Introducción** .......... 21
**II. Estructura sistemática del derecho preconcursal** .......... 22
**III. Presupuestos del preconcurso** .......... 23
*1. Presupuesto subjetivo* .......... 23
*2. Presupuesto objetivo* .......... 24
**IV. Comunicación de apertura de negociaciones** .......... 25
*1. Comunicación* .......... 25
*2. Contenido* .......... 25
*3. Comunicación conjunta* .......... 27
*4. Resolución sobre la comunicación* .......... 28
*5. Carácter exclusivo y excluyente de la jurisdicción* .......... 29
**V. Prorroga de los efectos de la comunicación** .......... 30
*1. Tramitación y requisitos* .......... 30
*2. Levantamiento de la prórroga o de sus efectos* .......... 31
**VI. Régimen especial** .......... 31
*1. Ámbito de aplicación* .......... 31
*2. Especialidades en la comunicación de negociaciones* .......... 32

**VII. Referencia al Libro tercero: microempresa** ........................ 32

*1. Ámbito del procedimiento de microempresas* ........................ 32

*2. Especialidades en la comunicación de negociaciones* ........................ 33

**VIII. Competencia judicial internacional** ........................ 33

CAPÍTULO 2

**LOS EFECTOS DE LA COMUNICACIÓN DE APERTURA DE NEGOCIACIONES CON LOS ACREEDORES**

EDUARDO GÓMEZ LÓPEZ ........................ 49

**I. Consideraciones generales** ........................ 49

**II. Efectos derivados de la comunicación de apertura de negociaciones con los acreedores** ........................ 52

*1. Situación jurídica del deudor* ........................ 52

*2. Efectos sobre los créditos* ........................ 53

2.1. Garantías de terceros ........................ 55

2.2. Excepción ........................ 56

*3. Efectos sobre los contratos* ........................ 58

3.1. El principio general de vigencia de los contratos durante la comunicación de apertura de negociaciones con los acreedores ... 58

3.2. La ineficacia de las cláusulas «*ipso facto*» ........................ 64

3.3. Acuerdos de compensación contractual ........................ 68

3.4. Garantías financieras ........................ 70

*4. Efectos de la comunicación sobre las acciones y los procedimientos ejecutivos* ........................ 71

4.1. Prohibición legal de iniciación de ejecuciones y suspensión legal de las ejecuciones en tramitación ........................ 71

4.2. Prohibición general o individual de iniciación o suspensión de ejecuciones por decisión judicial ........................ 74

4.3. La ejecución de las garantías reales ........................ 76

4.4. Acreedores públicos ........................ 77

4.5. Acreedores no afectados ........................ 78

*5. Prórroga de los efectos de la comunicación* ........................ 78

*6. Levantamiento de la prórroga o de sus efectos frente a determinados acreedores* ........................ 81

**III. Prohibición temporal de nuevas comunicaciones** ........................ 84

**IV. Efectos de la comunicación sobre las solicitudes de concurso** ........................ 84

**V. Exigibilidad del deber legal de solicitar el concurso y de la causa legal de disolución de la sociedad** ........ 86

CAPÍTULO 3
**CAUSA DE DISOLUCIÓN E INSOLVENCIA**
JOSÉ CARLOS VÁZQUEZ CUETO ........ 89

**I. Una impresión inicial sobre la reforma introducida por la Ley 16/2022, de 5 de septiembre** ........ 89
**II. Los presupuestos normativos para la exégesis de la disciplina en la materia** ........ 93
*1. El espíritu de la reforma de la legislación concursal* ........ 93
*2. La significación de la insolvencia actual* ........ 98
**III. La incidencia del expediente encaminado a alcanzar un plan de reestructuración sobre el deber de convocatoria de la junta general de socios** ........ 100
*1. La significación de la medida legal dispuesta* ........ 100
*2. El nacimiento de los efectos neutralizadores del deber de convocar* ........ 103
2.1. Preliminar ........ 103
2.2. El presupuesto subjetivo: la iniciativa de los administradores ........ 103
2.3. El presupuesto objetivo: el hecho desencadenante de los efectos. 105
2.4. El presupuesto formal: la presentación de un escrito en debida forma ........ 106
*3. La finalización de los efectos enervadores del deber de convocar* ........ 108
3.1. La suspensión de las ejecuciones como factor determinante ........ 108
3.2. El decaimiento del efecto legal derivado de la comunicación de negociaciones ........ 109
3.3. La situación posterior al decaimiento del efecto legal que recae sobre las ejecuciones como consecuencia de la comunicación de negociaciones ........ 111
**IV. Bibliografía** ........ 113

CAPÍTULO 4
**LA NEGOCIACIÓN EN LOS PLANES DE REESTRUCTURACIÓN EMPRESARIALES**
MARÍA DEL PILAR GALEOTE ........ 117

**I. La negociación inherente a las situaciones de insolvencia** ........ 117
*1. La negociación en los procedimientos concursales, en general y en el preconcurso, en particular* ........ 117

**II. La negociación en los planes de reestructuración empresariales** ........ 119

*1. Los planes de reestructuración* ........ 119

*2. La comunicación y sus efectos* ........ 121

2.1. Sobre el deudor ........ 121

2.2. Sobre los créditos a largo plazo ........ 121

2.3. Sobre los contratos ........ 121

2.4. Efectos sobre las acciones y procedimientos ejecutivos ........ 122

*3. Los planes de reestructuración y su negociación en la Ley* ........ 122

*4. El experto en reestructuraciones* ........ 124

*5. Propuesta de claves para negociar o mediar un plan de reestructuración* ........ 126

**III. Bibliografía** ........ 129

## SEGUNDA PARTE
## EL EXPERTO EN REESTRUCTURACIÓN Y LOS PLANES DE REESTRUCTURACIÓN

CAPÍTULO 5

**LA LABOR DEL EXPERTO EN LOS PLANES DE REESTRUCTURACIÓN: NOMBRAMIENTO, ESTATUTO Y FUNCIONES**

CECILIO MOLINA HERNÁNDEZ ........ 135

**I. Consideraciones generales. La incorporación del experto en reestructuración en el Derecho preconcursal** ........ 135

**II. La figura del experto en reestructuración en el Derecho español de la preinsolvencia** ........ 137

**III. El nombramiento del experto** ........ 139

*1. La solicitud del nombramiento del experto en la reestructuración* ........ 141

*2. La formalización judicial del nombramiento del experto* ........ 142

*3. El nombramiento obligatorio del experto en la reestructuración* ........ 143

*4. El supuesto especial del nombramiento de experto* ........ 145

*5. La impugnación del nombramiento del experto en la reestructuración* ........ 147

*6. La sustitución del experto en la reestructuración* ........ 148

**IV. El estatuto del experto en la reestructuración** ........ 149

*1. Las funciones del experto en reestructuración* ........ 149

*2. El estándar de responsabilidad del experto en reestructuración* ........ 151

**V. La experiencia en Portugal del nombramiento del experto en la reestructuración** ........ 153

**VI. Conclusiones** ........ 155

**VII. Bibliografía** ........ 156

CAPÍTULO 6

**EL CONTENIDO DE LOS PLANES DE REESTRUCTURACIÓN. ESPECIAL ATENCIÓN A LOS CRÉDITOS Y LOS CONTRATOS AFECTADOS**

RICARDO ASTORGA MORANO ........ 159

**I. Introducción** ........ 159

**II. Concepto de plan de reestructuración. Naturaleza. Régimen jurídico aplicable** ........ 159

*1. Concepto* ........ 159

*2. Naturaleza* ........ 160

*3. Régimen jurídico aplicable* ........ 160

**III. Contenido del plan de reestructuración** ........ 165

**IV. Créditos y contratos afectados** ........ 173

CAPÍTULO 7

**LA VIABILIDAD COMO CONDICIÓN DE LA REESTRUCTURACIÓN**

ÁNGEL MARTÍN TORRES ........ 179

**I. La viabilidad de la empresa** ........ 179

**II. La viabilidad preconcursal de la empresa** ........ 180

**III. El establecimiento del plan de reestructuración** ........ 183

**IV. El proceso de negociación** ........ 184

CAPÍTULO 8

**LA FORMACIÓN DE CLASES EN PLANES DE REESTRUCTURACIÓN: ALGUNAS CONSIDERACIONES PRÁCTICAS**

MIGUEL NAVARRO MÁÑEZ ........ 197

**I. Introducción** ........ 197

**II. Criterios generales para la formación de clases** ........ 198

*1. Previsiones de la Directiva* ........ 198

*2. Previsiones de la legislación española* ........ 199

*3. Consideraciones doctrinales* ........ 201

3.1. Protección de los acreedores-pyme ........ 201

3.2. Definición del perímetro y agregación o desagregación de clases 201

3.3. Formación de clases y orden de pago ..................... 202
3.4. Heterogeneidad del colateral en créditos privilegiados ........ 202
*4. Jurisprudencia* .................................... 203
4.1. CELSA ............................................ 203
4.2. XELDIST ......................................... 204
**III. Algunos supuestos concretos** ............................ 205
*1. Operaciones con aval del Instituto de Crédito Oficial (ICO)* .......... 205
*2. Operaciones con otros avalistas* ............................ 206
*3. Tratamiento del principal o de los intereses vencidos e impagados* .... 207
*4. Créditos financieros otorgados por entidades públicas* .............. 208
**IV. Conclusiones: territorio inexplorado** ........................ 209

## TERCERA PARTE
## LA APROBACIÓN Y LA HOMOLOGACIÓN DE LOS PLANES DE REESTRUCTURACIÓN

CAPÍTULO 9

### APROBACIÓN Y HOMOLOGACIÓN. IMPUGNACIÓN DE LOS PLANES DE REESTRUCTURACIÓN

PEDRO MÁRQUEZ RUBIO ........................................ 213

**I. Introducción** ............................................ 213
**II. La aprobación del plan de reestructuración** ................... 214
*1. Actuaciones previas* ...................................... 215
1.1. La delimitación del perímetro de la reestructuración .......... 215
1.2. La formación de clases ................................. 216
*2. La votación del plan de reestructuración. Obligaciones instrumentales* . 217
*3. Posibles escenarios de aprobación del plan de reestructuración* ...... 219
**III. La homologación del plan de reestructuración** .................. 221
*1. Reglas generales* ......................................... 221
*2. Procedimientos alternativos* ................................. 222
*3. Alcance del análisis realizado por el órgano judicial* ............... 224
**IV. Motivos de impugnación u oposición de los acreedores** ............ 226

CAPÍTULO 10

**EL ARRASTRE DE ACREEDORES**


MIGUEL MARTÍNEZ MUÑOZ . . . 231

I. **Introducción** . . . 231

II. **La probabilidad de la insolvencia** . . . 234

III. **La valoración de la empresa como paso previo a la reestructuración** . . . 239

IV. **El arrastre de acreedores** . . . 242

1. *Fundamento* . . . 242

2. *Tipos de arrastre* . . . 244

2.1. Arrastre horizontal . . . 244

2.2. Arrastre vertical . . . 247

3. *La formación de las clases* . . . 251

V. **Conclusiones** . . . 255

VI. **Bibliografía** . . . 256


CAPÍTULO 11

**LA POSICIÓN DE LOS SOCIOS EN LA APROBACIÓN Y HOMOLOGACIÓN DEL PLAN DE REESTRUCTURACIÓN**


MARÍA ENCISO ALONSO-MUÑUMER . . . 259

I. **El comportamiento obstativo del socio en la aprobación de los planes de reestructuración** . . . 259

II. **La intervención de los socios en el proceso de adopción de los planes de reestructuración** . . . 264

1. *Los derechos del socio a participar en la aprobación del plan de reestructuración* . . . 264

2. *Sometimiento del plan de reestructuración a la decisión de los socios conforme a la normativa societaria* . . . 266

2.1. Aplicación del derecho de sociedades . . . 266

2.2. Acuerdo de aprobación del plan y acuerdo social de adopción de las correspondientes medidas societarias . . . 268

3. *Medidas relativas a la adopción del acuerdo social de aprobación del plan de reestructuración* . . . 269

3.1. Convocatoria de la junta general . . . 270

3.2. Derecho de información . . . 272

3.3. Especialidades en materia de constitución de la junta: quorum y régimen de mayorías . . . 273

3.4. Otras especialidades en la aplicación de las normas societarias.. 274

**III. Implicaciones para los socios: homologación y arrastre de socios** ....... 277

*1. Cambio de modelo en el sistema de control* ....................... 277

*2. Homologación judicial y arrastre vertical* ........................ 279

**IV. Tutela de los socios** .............................................. 284

*1. Plan no aprobado por los socios: oposición a la homologación o impugnación del auto de homologación del plan* .................... 284

*2. Planes aprobados por los socios: Impugnación del acuerdo de la junta por la minoría disidente* .................................... 287

**V. Bibliografía** ....................................................... 289

CAPÍTULO 12

**LOS PLANES DE REESTRUCTURACIÓN SIN COMUNICACIÓN PREVIA: SU HOMOLOGACIÓN**

CARMEN DE VIVERO DE PORRAS ............................................. 293

**I. La resistencia del deudor a la reestructuración** .................... 293

**II. Reacción de los acreedores. Sostenimiento de un plan de reestructuración** ............................................................... 295

**III. El nombramiento del experto en estos supuestos** .................... 297

**IV. El inicio sin negociación y los acuerdos entre acreedores** ........... 299

**V. La posición del deudor** ............................................ 301

**VI. La ejecución de los planes gestados *out of court*** .................. 304

**VII. Bibliografía** ...................................................... 306

**CUARTA PARTE**
**MODIFICACIONES ESTRUCTURALES Y TRANSMISIÓN DE UNIDADES PRODUCTIVAS**

CAPÍTULO 13

**LAS MODIFICACIONES ESTRUCTURALES EN LOS PLANES DE REESTRUCTURACIÓN**

SONIA RODRÍGUEZ SÁNCHEZ ................................................ 311

**I. Planteamiento** ..................................................... 311

**II. La participación de los socios de la sociedad deudora en la adopción del plan de reestructuración con modificaciones estructurales** ............ 313

*1. Introducción* ..................................................... 313

*2. La reducción del plazo de convocatoria* ............................ 315

3. *El interés por la celebración de la sesión de la junta y el valor de la decisión de los socios* ........ 316

4. *La votación de conjunto del plan de reestructuración* ........ 318

5. *La impugnación del acuerdo de la junta general* ........ 321

6. *Conclusiones* ........ 323

**III. La protección de los acreedores en el régimen de los planes de reestructuración con modificaciones estructurales** ........ 324

1. *La sustitución del derecho de oposición por el procedimiento individual de tutela en el nuevo régimen de las modificaciones estructurales* ........ 324

2. *La tutela de los acreedores en los planes de reestructuración* ........ 328

**IV. Bibliografía** ........ 332

CAPÍTULO14

**LA TRANSMISIÓN DE UNIDADES PRODUCTIVAS**

PEDRO J. RUBIO VICENTE ........ 335

**I. Marco general de referencia** ........ 335

**II. Tipología de la enajenación de unidades productivas** ........ 339

**III. Procedimiento general** ........ 345

1. *Modos de enajenación y ofertas de adquisición* ........ 345

2. *Regla de la preferencia* ........ 347

3. *Efectos jurídicos* ........ 349

3.1. Subrogación en contratos, licencias o autorizaciones ........ 350

3.2. Competencia y concreción de la sucesión de empresa ........ 351

3.3. Efectos sobre los créditos pendientes de pago ........ 353

**IV. Solicitud de concurso con oferta de adquisición** ........ 356

**V. Nombramiento de experto para recabar ofertas de adquisición** ........ 366

1. *Presupuestos subjetivo y objetivo* ........ 367

2. *Nombramiento y estatuto jurídico del experto* ........ 368

3. *Contenido de las ofertas recabadas* ........ 377

**VI. Especialidades en el procedimiento especial de microempresas** ........ 380

CAPÍTULO 15

**REESTRUCTURACIÓN MEDIANTE ESCISIÓN PARCIAL DE UNIDAD PRODUCTIVA SOLVENTE: UN APUNTE RELATIVO AL RÉGIMEN DE RESPONSABILIDAD**

ENRIQUE FERNÁNDEZ-SORDO LLANEZA ........ 385

**I. Planteamiento de la cuestión** ........ 385

**II. Aspectos relativos a la transmisión de unidad productiva** ............ 387

**III. Respecto de la regulación en el Texto Refundido** .................... 390

**IV. Apunte relativo a la responsabilidad por la escisión parcial conforme al anterior régimen normativo** .................................... 392

**V. El nuevo régimen de responsabilidad y su reflejo en los planes de reestructuración preconcursales** .................................... 394

**QUINTA PARTE**
**LA EXPERIENCIA INTERNACIONAL EN EL DERECHO DE LA PREINSOLVENCIA**

CAPÍTULO 16

**EL ORDENAMIENTO JURÍDICO CUBANO Y LOS RETOS DE LA INSOLVENCIA**

ARSUL JOSÉ VÁZQUEZ PÉREZ, MARÍA JESÚS GUERRERO LEBRÓN .......... 399

**I. Introducción** ............................................. 399

**II. El cambio de paradigmas frente a la insolvencia** .................... 403

**III. Los procedimientos pre-concursales para el rescate de empresas insolventes** .................................................... 413

**IV. Los retos de la insolvencia para el ordenamiento jurídico cubano** ....... 419

*Libro electrónico. Guía de uso*

# PRESENTACIÓN

Los días 15 y 16 de junio de 2023 se celebró en la Facultad de Derecho de la Universidad de Sevilla la decimotercera edición del Congreso Español de Derecho de la Insolvencia (CEDIN XIII), dedicada al estudio de las reestructuraciones preconcursales y las operaciones societarias. El Congreso, bajo la presidencia de Ángel Rojo y la dirección de Ana Belén Campuzano y Alberto Díaz Moreno, fue organizado por la Asociación Española de Derecho de la Insolvencia (AEDIN) y el Departamento de Derecho Mercantil de la Facultad de Derecho de la Universidad de Sevilla. El patrocinio del Congreso corrió a cargo del Proyecto de Investigación PID2021-125466NB-I00 (MCIN/AEI, «FEDER Una manera de hacer Europa»), la Universidad Internacional Menéndez Pelayo, la Universidad San Pablo CEU (GIR Gobierno Corporativo y gestión de riesgos G20/1-01), la Cátedra Uría Menéndez-Icade de Regulación de los Mercados y la Fundación para la Innovación Financiera y la Economía Digital. Además, contó con la colaboración del Instituto Iberoamericano de Derecho Concursal, el Grupo Editorial Tirant lo Blanch, la Cátedra Universitaria San Pablo CEU-Mutua Madrileña, la Asociación Profesional de Administradores Concursales y Expertos en Reestructuración «Sainz de Andino» (APACSA), así como los despachos de abogados Dictum, Montero Aramburu y Ontier. La coordinación del Congreso correspondió a Diego Cruz Rivero (Profesor Titular de Derecho Mercantil de la Universidad de Sevilla), Cecilio Molina Hernández (Profesor de Derecho Mercantil de la Universidad Pontificia Comillas) y Matilde Pacheco Cañete (Profesora Titular de Derecho Mercantil de la Universidad de Sevilla).

En el Congreso se abordaron los aspectos esenciales del Derecho preconcursal, en particular, en su relación con el deudor persona jurídica y desde la perspectiva de la necesaria coordinación entre la normativa concursal y la legislación societaria. Esta obra recoge las principales consideraciones que fueron objeto de presentación y debate durante la celebración del Congreso.

De un lado, la presentación y efectos de la comunicación de negociaciones y el nombramiento del experto en reestructuración. La Ley Concursal, tras su reforma en septiembre de 2022, recoge de forma sistemática el régimen de la comunicación de negociaciones con los acreedores, sin perjuicio de algunos interrogantes que plantean sus requisitos, tramitación y efectos, que la doctrina y la práctica judicial han tenido oportunidad de destacar y analizar. En esta sede, es igualmente relevante la novedosa figura del experto en reestructuración, su nombramiento, estatuto y funciones.

De otro lado, los planes de reestructuración que tengan por objeto la modificación de la composición, de las condiciones o de la estructura del activo y del pasivo del deudor, o de sus fondos propios, en los que resulta fundamental la viabilidad. La aprobación del plan —vinculada a la formación de clases— y su homologación —con los consiguientes efectos sobre acreedores, deudor y socios— conforman aspectos esenciales de la reestructuración preconcursal. En fin, se presta también especial atención a las modificaciones estructurales y a las transmisiones de unidades productivas, operaciones que pueden incluirse en un plan de reestructuración.

En definitiva, una obra que analiza las herramientas de Derecho preconcursal que recoge el texto refundido de la Ley Concursal y su relación con las operaciones que contempla la legislación societaria, desde un enfoque práctico y resolutivo, con sólidos aportes doctrinales, judiciales y legislativos, a la espera de que sea un instrumento útil para los profesionales del sector y también para quienes deseen profundizar en el conocimiento de esta normativa.

Madrid, noviembre de 2023

Ana Belén Campuzano – Alberto Díaz Moreno

PRIMERA PARTE

# LA COMUNICACIÓN DE INICIO DE NEGOCIACIONES CON LOS ACREEDORES

Capítulo 1

# LOS PRESUPUESTOS, EL CONTENIDO, LA PRESENTACIÓN Y LA TRAMITACIÓN DE LA COMUNICACIÓN DE INICIO DE NEGOCIACIONES CON LOS ACREEDORES

FRANCISCO JAVIER CARRETERO ESPINOSA DE LOS MONTEROS
*Magistrado especialista en los asuntos propios de los órganos de lo mercantil*
*Magistrado del Tribunal de Instancia Mercantil de Sevilla*

SUMARIO: I. INTRODUCCIÓN. II. ESTRUCTURA SISTEMÁTICA DEL DERECHO PRECONCURSAL. III. PRESUPUESTOS DEL PRECONCURSO. *1. Presupuesto subjetivo. 2. Presupuesto objetivo.* IV. COMUNICACIÓN DE APERTURA DE NEGOCIACIONES. *1. Comunicación. 2. Contenido. 3. Comunicación conjunta. 4. Resolución sobre la comunicación. 5. Carácter exclusivo y excluyente de la jurisdicción.* V. PRORROGA DE LOS EFECTOS DE LA COMUNICACIÓN. *1. Tramitación y requisitos. 2. Levantamiento de la prórroga o de sus efectos.* VI. RÉGIMEN ESPECIAL. *1. Ámbito de aplicación. 2. Especialidades en la comunicación de negociaciones.* VII. REFERENCIA AL LIBRO TERCERO: MICROEMPRESA. *1. Ámbito del procedimiento de microempresas. 2. Especialidades en la comunicación de negociaciones.* VIII. COMPETENCIA JUDICIAL INTERNACIONAL.

## I. INTRODUCCIÓN

El derecho preconcursal se encuentra regulado en el Libro segundo del Texto Refundido de la Ley Concursal aprobado mediante Real Decreto Legislativo 1/2020 de 5 de mayo, que ha sido objeto de modificación por la Ley 16/2022 de 5 de septiembre.

La mencionada Ley supone la modificación del Texto Refundido de la Ley Concursal para la transposición de la Directiva (UE) 2019/1023 del Parlamento Europeo y del Consejo, de 20 de junio de 2019, sobre marcos de reestructuración preventiva, exoneración de deudas e inhabilitaciones, y sobre medidas para aumentar la eficiencia de los procedimientos de reestructuración, insolvencia y exoneración de deudas, y por la que se modifica la Directiva (UE) 2017/1132 del Parlamento Europeo y del Consejo, sobre determinados aspectos del Derecho de sociedades (Directiva sobre reestructuración e insolvencia).

Se trata de una de las materias que ha sufrido una más profunda modificación, en el Preámbulo de la Ley 16/2022 de 5 de septiembre se manifiesta que los instrumentos preconcursales incrementan la eficiencia del sistema de insolvencia de forma directa, al posibilitar una reestructuración temprana y rápida, pero también de forma indirecta, al liberar recursos administrativos y descongestionar el procedimiento concursal, permitiendo así una gestión rápida de los concursos (Preámbulo I).

A tal efecto, señala también, que uno de los ejes de la reforma de la Directiva es garantizar que las empresas y empresarios viables que se hallen en dificultades financieras tengan acceso a marcos nacionales efectivos de reestructuración preventiva, que le permitan continuar su actividad (Preámbulo I).

## II. ESTRUCTURA SISTEMÁTICA DEL DERECHO PRECONCURSAL

Como señalábamos, el derecho preconcursal se encuentra regulado en el Libro II del Texto Refundido de la Ley Concursal aprobado mediante Real Decreto Legislativo 1/2020 de 5 de mayo, que ha sido objeto de modificación por la Ley 16/2022 de 5 de septiembre.

Se encuentra estructurado en cinco Títulos:

1. TÍTULO I: «De los presupuestos del preconcurso».

2. TÍTULO II: «De la comunicación de apertura de negociaciones con los acreedores».

3. TÍTULO III: «De los planes de reestructuración».

4. TÍTULO IV: «Del experto en la reestructuración».

5. TÍTULO V: «Régimen especial».

A su vez, el TÍTULO II: «De la comunicación de apertura de negociaciones con los acreedores», se encuentra divido en tres Capítulos:

1. CAPÍTULO I: «De la comunicación».

2. CAPÍTULO II: «De los efectos de la comunicación».

3. CAPÍTULO III: «De la exigibilidad de deber legal de solicitar el concurso y de la causa legal de disolución de la sociedad».

Y sin olvidar que tanto en el Título V del Libro II como en el Libro III se regulan determinadas especialidades respecto a la comunicación de negociaciones.

Por último, señalar que no trataremos los efectos de la comunicación al tratarse de la materia correspondiente a otro miembro de la mesa.

## III. PRESUPUESTOS DEL PRECONCURSO

### 1. PRESUPUESTO SUBJETIVO

De la dicción del artículo 583.1 del Texto Refundido de la Ley Concursal se ha de destacar la exclusión indirecta de los consumidores, dado que sólo las personas naturales o jurídicas que lleven a cabo una actividad empresarial o profesional podrán efectuar la comunicación de apertura de negociaciones con los acreedores.

Siendo una exclusión lógica, habida cuenta que la finalidad de la comunicación de la apertura de negociaciones es la obtención de un plan de reestructuración, el cual queda vedado para los consumidores, que deberán acudir al Libro I del Texto Refundido de la Ley Concursal en el que se ha suprimido el procedimiento abreviado.

También se efectúa una exclusión directa en el artículo 583.2 del Texto Refundido de la Ley Concursal, comprendiendo una profusa lista:

a) Empresas de seguros o de reaseguros, tal como se definen en el artículo 13, puntos 1 y 4, de la Directiva 2009/138/CE del Parlamento Europeo y del Consejo, de 25 de noviembre de 2009, sobre el seguro de vida, el acceso a la actividad de seguro y de reaseguro y su ejercicio (Solvencia II), incorporada a nuestro ordenamiento interno por la Ley 20/2015, de 14 de julio, de ordenación, supervisión y solvencia de las entidades aseguradoras y reaseguradoras.

b) Entidades de crédito, tal como se definen en el artículo 4, apartado 1, punto 1, del Reglamento (UE) n.º 575/2013 del Parlamento Europeo y del Consejo, de 26 de junio de 2013, sobre los requisitos prudenciales de las entidades de crédito y las empresas de inversión, y por el que se modifica el Reglamento (UE) n.º 648/2012.

c) Empresas de inversión u organismos de inversión colectiva, tal como se definen en el artículo 4, apartado 1, puntos 2 y 7, del Reglamento (UE) 575/2013 del Parlamento Europeo y del Consejo, de 26 de junio de 2013, sobre los requisitos prudenciales de las entidades de crédito y las empresas de inversión, y por el que se modifica el Reglamento (UE) n.º 648/2012.

d) Entidades de contrapartida central, tal como se definen en el artículo 2, punto 1, del Reglamento (UE) n.º 648/2012 del Parlamento Europeo y del Consejo, de 4 de julio de 2012, relativo a los derivados extrabursátiles, las entidades de contrapartida central y los registros de operaciones.

e) Depositarios centrales de valores, tal como se definen en el artículo 2, apartado 1, punto 1, del Reglamento (UE) n.º 909/2014 del Parlamento Europeo y del Consejo, de 23 de julio de 2014, sobre la mejora de la liquidación de valores en la Unión Europea y los depositarios centrales de valores y por el que se modifican las Directivas 98/26/CE y 2014/65/UE y el Reglamento (UE) n.º 236/2012.

f) Otras entidades y entes financieros recogidos en el artículo 1, apartado 1, párrafo primero, de la Directiva 2014/59/UE del Parlamento Europeo y del Consejo, de 15 de mayo de 2014, por la que se establece un marco para la recuperación y la resolución de entidades de crédito y empresas de servicios de inversión, y por la que se modifican la Directiva 82/891/CEE del Consejo, y las Directivas 2001/24/CE, 2002/47/CE, 2004/25/CE, 2005/56/CE, 2007/36/CE, 2011/35/UE, 2012/30/UE y 2013/36/UE, y los Reglamentos (UE) n.º 1093/2010 y (UE) n.º 648/2012 del Parlamento Europeo y del Consejo, incorporada a nuestro ordenamiento interno en la Ley 11/2015, de 18 de junio, de recuperación y resolución de entidades de créditos y empresas de servicios de inversión.

A las que se ha de añadir las entidades que integran la organización territorial del Estado, los organismos públicos y demás entes de derecho público (artículo 1.3 del Texto Refundido de la Ley Concursal) y las microempresas que se sujetarán a su Libro tercero.

## 2. PRESUPUESTO OBJETIVO

Para que se pueda proceder a la comunicación de apertura de negociaciones, se requiere la concurrencia de alguna de las siguientes situaciones o estados en el deudor:

a) Probabilidad de insolvencia.

b) Insolvencia inminente.

c) Insolvencia actual.

Las dos últimas son situaciones ya conocidas por los operadores jurídicos del mundo concursal, recogiéndose en el artículo 2.3 del Texto Refundido de la Ley Concursal: *«La insolvencia podrá ser actual o inminente. Se encuentra en estado de insolvencia actual el deudor que no puede cumplir regularmente sus obligaciones exigibles. Se encuentra en estado de insolvencia inminente el deudor que prevea que dentro de los tres meses siguientes no podrá cumplir regular y puntualmente sus obligaciones».*

Sin embargo, la primera situación o estado, probabilidad de insolvencia, es una de las novedades de la modificación del Texto Refundido de la Ley Concursal por la Ley 16/2022 de 5 de septiembre, siguiendo su concepto legal un modelo alemán, en términos objetivos, marcando un horizonte temporal: *«Se considera que existe probabilidad de insolvencia cuando sea objetivamente previsible que, de no alcanzarse un plan de reestructuración, el deudor no podrá cumplir regularmente sus obligaciones que venzan en los próximos dos años»* (artículo 584.2 del Texto Refundido de la Ley Concursal).

No obstante, aunque el deudor que se encuentre en ese estado no puede ser sujeto de un concurso de acreedores, optándose en la Ley por dar la mayor flexibilidad al sistema de reestructuración si la empresa es económicamente viable, no excluyendo a los deudores que se encuentren en estado de insolvencia actual o inminente, pues a pesar de que la Directiva no establece como presupuestos del preconcurso los mismos presupuestos del concurso de acreedores no prohíbe su extensión.

Y sin que se restringa ningún derecho de los acreedores a solicitar el concurso del deudor insolvente, habida cuenta del límite temporal a la restructuración de empresas que viene marcado por la admisión a trámite de un concurso necesario (artículo 585.2 del Texto Refundido de la Ley Concursal).

## IV. COMUNICACIÓN DE APERTURA DE NEGOCIACIONES

### 1. COMUNICACIÓN

La comunicación corresponde al deudor que se encuentre en alguna de las tres situaciones o estados que hemos señalado con anterioridad: Probabilidad de insolvencia; Insolvencia inminente; Insolvencia actual.

Fijándose un límite temporal preciso y determinado para los supuestos de encontrarse el deudor en situación de insolvencia actual, situándose en la admisión a trámite de un concurso necesario (artículo 585.2 del Texto Refundido de la Ley Concursal), siendo una dicción que pugna con la especificada en el artículo 588.4 del Texto Refundido de la Ley Concursal al señalar el mismo que: *«Si a la fecha de la comunicación se hubiera admitido a trámite solicitud de declaración de concurso necesario del deudor, la comunicación no producirá ningún efecto hasta que se resuelva esta solicitud»*, lo que obliga a una interpretación integradora de ambos.

La comunicación queda limitada a la existencia de negociaciones con los acreedores o simplemente la intención de iniciarlas, con el objeto de alcanzar un plan de reestructuración que permita superar la situación en la que se encuentra, sin que suponga una carga probatoria para el comunicante, bastando su afirmación.

### 2. CONTENIDO

La comunicación se efectuará en formato electrónico o telemático o a través de sede electrónica, expresando el siguiente contenido tasado, artículo 586.1 del Texto Refundido de la Ley Concursal:

1.º Las razones que justifican la comunicación, con referencia al estado en que se encuentra, sea probabilidad de insolvencia, insolvencia inminente o insolvencia actual.

A este respecto se ha de señalar que no se exige acreditación alguna por el deudor, mas allá de una mera justificación, dado que la resolución que se dicte sobre la comunicación se dictará sin necesidad de que el deudor acredite el estado en que se encuentre y hubiera alegado (artículo 588.3 del Texto Refundido de la Ley Concursal).

2.º El fundamento de la competencia del juzgado para conocer de la comunicación.

El fundamento se deberá especificar en la comunicación, sin perjuicio del posible control de oficio por el Letrado de la Administración de Justicia, quien de estimar la falta de competencia dará cuenta de inmediato al juez, quien oirá al solicitante y al Ministerio Fiscal por el plazo común de cinco días, resolviendo al siguiente mediante auto, contra el auto que declare la falta de competencia internacional o territorial se podrá interponer recurso de apelación (artículo 589 del Texto Refundido de la Ley Concursal).

Y sin obviar la posibilidad de cualquier acreedor de plantear declinatoria por falta de competencia internacional o territorial en el plazo de diez días a contar desde la publicación en el Registro público concursal de la resolución teniendo por formulada la comunicación o, en el caso de que tuviera carácter reservado, desde el momento en que hubiere tenido conocimiento de esa comunicación siendo tramitada y decidida de conformidad con lo previsto en la legislación procesal civil (artículo 592 del Texto Refundido de la Ley Concursal).

3.º La relación de los acreedores con los que se haya iniciado o tenga intención de iniciar negociaciones, el importe de los créditos de cada uno de ellos y el importe total de los créditos. Si entre ellos figurasen acreedores especialmente relacionados con el deudor se indicará cuáles tienen esta condición.

En el caso de los créditos de derecho público, deberá figurar la fecha de devengo de los mismos.

El contenido mencionado tiene gran importancia durante el desarrollo del preconcurso, pues cuando en este título se establezca algún porcentaje del pasivo para el ejercicio de determinados derechos o facultades, se calculará sobre la base de los datos más recientes comunicados al juzgado, salvo que el interesado acredite otra cosa (artículo 586.4 del Texto Refundido de la Ley Concursal).

A lo que se une que, que en cualquier momento, mientras estén en vigor los efectos de la comunicación, podrá comunicar el deudor al juzgado la ampliación o la reducción de los acreedores con los que mantiene las negociaciones y la modificación del importe individual o total de los créditos (artículo 586.3 del Texto Refundido de la Ley Concursal).

4.º Cualquier circunstancia existente o que pueda sobrevenir susceptible de afectar al desarrollo o al buen fin de las negociaciones.

5.º La actividad o actividades que desarrolle, así como el importe del activo y del pasivo, la cifra de negocios y el número de trabajadores al cierre del ejercicio inmediatamente anterior a aquel en que presente la comunicación.

Lo que permitirá a la vista de tales magnitudes o circunstancias del deudor aplicar o no el régimen especial previsto en el Título V del Libro II del Texto Refundido de la Ley Concursal (artículos 682 y siguientes).

6.º Los bienes o derechos que se consideren necesarios para la continuidad de su actividad empresarial o profesional. Si se siguieran ejecuciones contra esos bienes, identificará en la comunicación cada una de las que se encuentren en tramitación.

7.º Los contratos necesarios para la continuidad de su actividad.

8.º En su caso, la solicitud por el deudor de nombramiento de experto en la reestructuración.

Siendo tres elementos o datos a expresar en la comunicación que guardan estrecha relación con los efectos que se anudan a la comunicación de las negociaciones con los acreedores, debiendo destacar que el nombramiento de experto en reestructuración no tiene carácter obligatorio.

9.º En su caso, la solicitud del carácter reservado de la comunicación.

Debiendo destacar su carácter obligatorio reservado en el supuesto de competencia judicial internacional previsto en el artículo 755 del Texto Refundido de la Ley Concursal cuando se trate de sociedades filiales extranjeras.

10.º En el caso de que se pretenda que el plan de reestructuración afecte al crédito público, la acreditación de encontrarse al corriente en el cumplimiento de las obligaciones tributarias y frente a la Seguridad Social, mediante la presentación por el deudor en el juzgado de las correspondientes certificaciones emitidas por la Agencia Estatal de Administración Tributaria y la Tesorería General de la Seguridad Social, o la declaración del deudor de que no se encuentra en dicha situación.

Lo cual no constituye más que un privilegio para la Administración Pública, en la misma línea de otros privilegios recogidos a lo largo de las modificaciones introducidas en el Texto Refundido de la Ley Concursal por la Ley 16/2022 de 5 de septiembre.

Por último, se prevé una disposición especifica en el supuesto de grupo de sociedades pues si el deudor fuera miembro de un grupo de sociedades, indicará las garantías otorgadas por otras sociedades del grupo que pretenda que queden afectadas por la comunicación (artículo 586.2 del Texto Refundido de la Ley Concursal), que encuentra su justificación no solo en la posibilidad de efectuar una comunicación conjunta del grupo de sociedades (artículo 587 del Texto Refundido de la Ley Concursal), sino también en la posibilidad de suspender las garantías personales o reales prestadas por cualquier otra sociedad del grupo no incluida en la comunicación cuando así lo haya solicitado la sociedad deudora acreditando que la ejecución de la garantía pueda causar la insolvencia del garante y de la propia deudora (artículo 596.3 del Texto Refundido de la Ley Concursal).

## 3. COMUNICACIÓN CONJUNTA

Con la reforma del Texto Refundido de la Ley Concursal por la Ley 16/2022 de 5 de septiembre se establece la posibilidad de solicitar una comunicación conjunta de aquellas personas que puedan instar la declaración conjunta de sus respectivos concursos de acreedores (artículo 38 y siguientes del Texto Refundido de la Ley Concursal).

Con la particularidad en el supuesto de grupo de sociedades de que podrá efectuarse la comunicación sin necesidad de incluir a la sociedad dominante ni a todas las sociedades del grupo.

En ambos supuestos será necesario que se facilite la información desglosada de cada una de las personas que efectué la comunicación conjunta, expresándose, además, las relaciones existentes entre todas y cada una de ellas, los créditos y las deudas recíprocos y las garantías de cualquier clase que se hubieran otorgado.

Por lo que se refiere a la competencia para conocer de la comunicación conjunta, corresponderá al juzgado del lugar donde tenga el centro de intereses principales el deudor con mayor pasivo y, si se trata de un grupo de sociedades, el de la sociedad dominante o, si no estuviera incluida en la comunicación, el de la sociedad de mayor pasivo, con la salvedad en el supuesto de competencia judicial internacional prevista en el artículo 755 del Texto Refundido de la Ley Concursal.

## 4. RESOLUCIÓN SOBRE LA COMUNICACIÓN

La comunicación se tendrá por efectuada en el plazo máximo de dos días, por Decreto del Letrado al servicio de la Administración de Justicia si estima que, con arreglo a las normas sobre competencia internacional o territorial, el juzgado es competente y comprueba que la comunicación no presenta defectos formales, con efectos a la fecha en la que se hubiera presentado.

Cuando el Letrado de la Administración de Justicia estime que la comunicación presenta defectos, concederá al solicitante el plazo de dos días para que la subsane. Una vez subsanados los defectos, dictará resolución teniendo por realizada la comunicación con efectos desde la fecha en que se hubiera presentado. En caso de falta de subsanación, el letrado de la Administración de Justicia dictará resolución teniéndola por no efectuada.

Contra la mencionada resolución de no admisión cabe recurso de revisión de conformidad con la Ley de Enjuiciamiento Civil (artículo 544 del Texto Refundido de la Ley Concursal).

En cuanto a su contenido, el mismo está determinado legalmente (artículo 590.1 del Texto Refundido de la Ley Concursal) debiendo expresar:

1. La identidad del deudor o deudores que hubieran realizado la comunicación.

2. Los motivos en los que se funde la competencia internacional y territorial del juzgado al que se ha dirigido la comunicación y, en particular, si se basa en la localización del centro de los intereses principales o de un establecimiento del deudor.

3. La fecha de la comunicación y de la resolución teniéndola por efectuada o no efectuada.

4. El importe del pasivo total expresado en la comunicación.

5. Si se hubiera nombrado a experto en la reestructuración, la identidad de este.

6. Si en la comunicación se hubiera expresado que se siguen ejecuciones contra bienes o derechos que el deudor considera necesarios para la continuidad de su actividad empresarial o profesional, o que determinadas garantías otorgadas por terceros han de quedar afectadas por la comunicación, en la resolución se identificarán esas ejecuciones y estas garantías.

En el mismo día de la resolución el letrado de la Administración de Justicia la remitirá por medios electrónicos a cada una de las autoridades judiciales que esté conociendo de las ejecuciones a efectos de proceder a su suspensión, sin embargo, aun cuando no prevé a las autoridades administrativas también cabe su envió a las mismas por el juez mediante providencia y en el supuesto previsto en el artículo 605 del Texto Refundido de la Ley Concursal (sólo en fase de realización o enajenación).

Frente a la resolución que tiene por efectuada la comunicación los acreedores podrán interponer recurso de revisión por una serie de motivos tasados, entre los que no se encuentran el estado o situación en el que se encuentra el deudor:

1.º Que el deudor hubiese presentado una comunicación dentro del año anterior.

2.º Que los bienes o derechos contra los que se siguen ejecuciones o frente a los que se pretende iniciarlas no son necesarios para la continuidad de la actividad empresarial o profesional del deudor.

3.º Que los efectos de la comunicación no deben extenderse a determinadas garantías otorgadas por terceros.

Con un plazo para la interposición del recurso de cinco días a contar desde la inscripción de la resolución en el Registro público concursal o, en el caso de ejecuciones en tramitación, desde la notificación de la resolución por la que la autoridad judicial que estuviera conociendo de la ejecución la suspenda.

## 5. CARÁCTER EXCLUSIVO Y EXCLUYENTE DE LA JURISDICCIÓN

El juzgado competente para conocer del concurso conocerá, con carácter exclusivo y excluyente, de la comunicación; de los efectos de la comunicación que requieran decisión judicial; de la prórroga de los efectos de la comunicación; y de las impugnaciones de las decisiones judiciales sobre esas materias.

A la que debemos sumar la competencia para el nombramiento del experto en reestructuración de conformidad con los supuestos previstos en los artículos 672 y 673 del Texto Refundido de la Ley Concursal.

# V. PRORROGA DE LOS EFECTOS DE LA COMUNICACIÓN

## 1. TRAMITACIÓN Y REQUISITOS

La solicitud deberá ser presentada antes de que finalicen los tres meses que duran los efectos de la comunicación de apertura de negociaciones con los acreedores, estando legitimados el deudor o los acreedores que representen más del cincuenta por ciento del pasivo que, en el momento de la solicitud de la prórroga, pueda resultar afectado por el plan de reestructuración, deducido el importe de los créditos que, en caso de concurso tendrían la consideración de subordinados.

La duración de la prórroga será de otros tres meses, y la solicitud deberá ir acompañada de informe favorable del experto en reestructuración, si hubiera sido nombrado, en el que se detallarán el estado de las negociaciones y las cuestiones pendientes de acuerdo, y se expresará la identidad de los acreedores que hayan manifestado expresamente oposición a la solicitud de prórroga o no se hubieran pronunciado.

En los supuestos que no hubiera sido nombrado un experto en reestructuración no es necesaria la presentación de informe alguno, pero si puede ser conveniente a los efectos de valoración por el juez que se haga referencia al estado de las negociaciones y a los obstáculos que puedan existir.

En todo caso será imprescindible que la solicitud del deudor vaya acompañada de acta de conformidad firmada por los acreedores que representen el porcentaje al que hemos hecho referencia, o de una declaración responsable firmada por el mismo por la que manifieste que ha obtenido la conformidad de los anteriores.

También está prevista una *«cláusula de salvaguarda de posibles retrasos judiciales»,* al disponer que una vez presentada la solicitud de prórroga, los efectos iniciales de la comunicación continuarán en vigor hasta el que juez adopte una decisión (artículo 607.3 del Texto Refundido de la Ley Concursal).

La resolución concediendo o denegando la prórroga solicitada se adoptará en forma de auto dentro de los cinco días siguientes a aquel en que se hubiera presentado, y en el mismo día de la resolución, el letrado de la Administración de Justicia la remitirá por medios electrónicos al Registro público concursal, así como a cada una de las autoridades judiciales o administrativas que esté conociendo de las ejecuciones a fin de que mantengan la suspensión hasta que finalice el período de prórroga, referencia a las autoridades administrativas que determina su aplicación al supuesto del artículo 605 del Texto Refundido de la Ley Concursal a pesar de no tener en su dicción referencia alguna a una posible prorroga.

Por último, la prórroga será objeto de inscripción en el Registro público concursal, incluso si la comunicación hubiese sido hecha inicialmente con carácter reservado, y la resolución denegatoria de la prórroga no será susceptible de recurso, pero la que conceda podrá ser impugnada mediante recurso de reposición.

### 2. LEVANTAMIENTO DE LA PRÓRROGA O DE SUS EFECTOS

Para solicitar el levantamiento de la prórroga de los efectos de la comunicación de negociaciones con los acreedores, están legitimados:

a) Sin justificación alguna en su petición:

1. El deudor o del experto en la reestructuración si hubiera sido nombrado.

2. Los acreedores que representen al menos el cuarenta por ciento del pasivo que, en el momento de esta solicitud, pueda resultar afectado por el plan de reestructuración, deducido el importe de los créditos que en caso de concurso tendrían la consideración de subordinados.

b) Con acreditación en su petición de: *«que la prórroga de los efectos de la comunicación ha dejado de cumplir el objetivo de favorecer las negociaciones del plan de reestructuración»*.

3. Cualquier acreedor.

Diferenciación que trae causa de la regulación de los planes reestructuración, y de la posición de los diferentes actores en la negociación, entre los que destaca el experto en reestructuración, a cuyo estatuto y funciones nos remitimos.

A lo que se une la posible levantamiento de la prórroga respecto a acreedores determinados, sin necesidad de porcentaje de pasivo de deuda y limitado a dos distintas situaciones, por un lado, un perjuicio injustificado, centrándolo el legislador en aquellos supuestos en que la prórroga pudiera provocar su insolvencia actual o una disminución significativa del valor de la garantía que tuviera el crédito de que fuera titular y, por otro, si los bienes o derechos objeto de la suspensión hubieran perdido el carácter de bienes o derechos necesarios.

Sujetándose al recurso de reposición la decisión a adoptar, y sin límite temporal en cuanto a la solicitud de levantamiento, pudiéndose reiterar durante su vigencia.

## VI. RÉGIMEN ESPECIAL

### 1. ÁMBITO DE APLICACIÓN

Su presupuesto subjetivo es idéntico al previsto en el artículo 583 del Texto Refundido de la Ley Concursal, por lo que también han de regir las exclusiones directas e indirectas que ya señalábamos, y también es idéntico su presupuesto objetivo, relativo a las situaciones y estado del deudor.

No obstante exigen la concurrencia de las siguientes circunstancias:

1.ª Que el número medio de trabajadores empleados durante el ejercicio anterior no sea superior a cuarenta y nueve personas.

2.ª Que el volumen de negocios anual o balance general anual no supere los diez millones de euros.

Y sin que sean aplicables las especialidades cuando la sociedad pertenezca a un grupo obligado a consolidar (artículo 682 del Texto Refundido de la Ley Concursal).

### 2. ESPECIALIDADES EN LA COMUNICACIÓN DE NEGOCIACIONES

Las especialidades de la comunicación quedan son las siguientes:

a) En la comunicación de la existencia de negociaciones con sus acreedores, o la intención de iniciarlas de inmediato, para alcanzar un plan de reestructuración, deberá especificar el deudor que concurren las circunstancias que determinan la aplicación del régimen especial (artículo 682 del Texto Refundido de la Ley Concursal).

En caso contrario, la comunicación quedará esta sin efecto y la persona natural o jurídica que la hubiera realizado no podrá efectuar otra nueva hasta que transcurra un año de la anterior.

b) Efectuada la comunicación, la tramitación de solicitud de declaración de concurso presentada por el deudor no se podrá suspender a instancia de los acreedores, ni del experto en la reestructuración, supuesto que si acontece en el régimen general de conformidad con el artículo 612 del Texto Refundido de la Ley Concursal.

c) Los efectos de la comunicación de apertura de negociaciones a solicitud del deudor solo podrán prorrogarse por una sola vez, y el deudor será el único legitimado para solicitar la prórroga de los efectos de la comunicación de apertura de negociaciones.

Esta última especialidad referida al número de prorrogas no tiene sentido, salvo que se trate de un error del legislador que parece que está pensado en la redacción anterior del proyecto de la Ley 16/2022.

Así, no cabe interpretar que el artículo 607 del Texto Refundido de la Ley Concursal referido a la prórroga del régimen general permite más de una prórroga, atendiendo a su interpretación literal pues utiliza el termino preciso de *«hasta» que* implica una sola, sino también porque toda disposición que establezca efectos perjudiciales para los acreedores debe ser establecida de forma expresa por el legislador, sin que quepa una interpretación extensiva.

## VII. REFERENCIA AL LIBRO TERCERO: MICROEMPRESA

### 1. ÁMBITO DEL PROCEDIMIENTO DE MICROEMPRESAS

El procedimiento especial para microempresas será aplicable a los deudores que sean personas naturales o jurídicas que lleven a cabo una actividad empresarial o profesional, lo que significa la exclusión de los consumidores, y que reúnan las siguientes características:

1.ª Haber empleado durante el año anterior a la solicitud una media de menos de diez trabajadores. Este requisito se entenderá cumplido cuando el número de horas de trabajo realizadas por el conjunto de la plantilla sea igual o inferior al que habría correspondido a menos de diez trabajadores a tiempo completo.

2.ª Tener un volumen de negocio anual inferior a setecientos mil euros o un pasivo inferior a trescientos cincuenta mil euros según las últimas cuentas cerradas en el ejercicio anterior a la presentación de la solicitud.

El procedimiento especial para microempresas podrá tramitarse como procedimiento de continuación o como procedimiento de liquidación con o sin transmisión de la empresa en funcionamiento.

### 2. ESPECIALIDADES EN LA COMUNICACIÓN DE NEGOCIACIONES

La comunicación corresponde al deudor que se encuentre en alguna de las tres situaciones o estados que hemos señalado con anterioridad: Probabilidad de insolvencia; Insolvencia inminente; Insolvencia actual.

A diferencia de la comunicación de apertura de negociaciones con los acreedores en el régimen general, la misma no se extienda a simple intención de iniciar las negociaciones, quedando limitada a la existencia de negociaciones con los acreedores, con el objeto de alcanzar un plan de continuación o bien una liquidación con transmisión de la empresa en funcionamiento.

Por otro lado, la comunicación será por medios electrónicos mediante formulario normalizado, y será de aplicación el régimen jurídico regulado en el Libro segundo, Título II, Capítulos I y II, con las siguientes especialidades:

1.ª Las referencias al concurso de acreedores se entenderán hechas al procedimiento especial del Libro tercero.

2.ª No será preceptivo el nombramiento de experto en el período de negociaciones abierto a solicitud del deudor.

No obstante, se ha de señalar que su nombramiento tampoco es preceptivo en el régimen general.

3.ª Los efectos de la comunicación de apertura de negociaciones no podrán prorrogarse.

## VIII. COMPETENCIA JUDICIAL INTERNACIONAL

Por lo que se refiere a la competencia judicial internacional les planteo el supuesto acaecido en el Tribunal de Instancia Mercantil de Sevilla Sección 1.ª, que si bien se trata de un auto de homologación de un plan de reestructuración conjunto de un grupo de sociedades, es aplicable también a la materia que nos ocupa, la comunicación regulada en el Libro segundo.

Las solicitantes eran las entidades CORPORACIÓN EZENTIS HOLDCO, S.À.R.L y CORPORACIÓN EZENTIS INTERNACIONAL, S.À.R.L., que forman parte de un grupo empresarial, GRUPO EZENTIS, a tal efecto se acompaña croquis de la estructura empresarial del grupo aportada por el experto en reestructuración en su Informe:

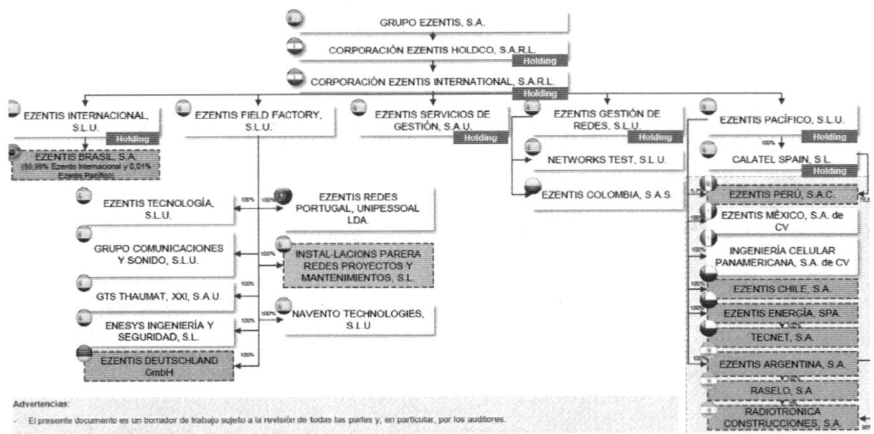


Habiéndose solicitado la homologación conjunta de los planes de reestructuración de las entidades GRUPO EZENTIS, S.A. EZENTIS FIELD FACTORY, S.L.U y EZENTIS TECNOLOGÍA, S.L.U., que dio lugar a su homologación por Auto de fecha 23 de mayo de 2023, y también la homologación conjunta de los planes de reestructuración de las entidades filiales, entidades CORPORACIÓN EZENTIS HOLDCO, S.À.R.L y CORPORACIÓN EZENTIS INTERNACIONAL, S.À.R.L.

A la vista de la solicitud presentada se efectuó, de conformidad con el artículo 4 del Reglamento 2015/848 del Parlamento Europeo y del Consejo de 20 de mayo de 2015 sobre Procedimientos de Insolvencia (en adelante REI), un examen de oficio de la competencia del Tribunal.

*En primer lugar, competencia judicial internacional.*

Las entidades solicitantes de la homologación, entidades CORPORACIÓN EZENTIS HOLDCO, S.À.R.L y CORPORACIÓN EZENTIS INTERNACIONAL, S.À.R.L., que forman parte del grupo empresarial GRUPO EZENTIS, tienen su centro de intereses principales (COMI) fuera de España, lo que en principio, de conformidad con el artículo 3 del REI, implicaría la exclusión de la competencia y jurisdicción de los Tribunales españoles.

En el Reglamento 2015/848 del Parlamento Europeo y del Consejo de 20 de mayo de 2015 sobre Procedimientos de Insolvencia (REI) no se introdujeron, mas allá de normas de cooperación y coordinación (artículos 56 a 77), reglas específicas sobre procedimientos de insolvencia que afecten a grupos de sociedades internacionales, ocasionando que haya de efectuarse una tramitación separada de los procedimientos de insolvencia de las distintas entidades pertenecientes al grupo, al ser aplicable la ley del territorio donde se ubique el COMI (artículos 3 y 7).

Lo que ha motivado que por las legislaciones de algunos estados del ámbito europeo se hayan efectuado reformas tratando de dar respuesta a esa problemática, buscando un ahorro en costes para el grupo de empresas o solventar los inconvenientes prácticos de la tramitación separada, y evitar los problemas de dos fenómenos recurrentes en la insolvencia internacional: el *«forum shopping»* (elección del foro judicial que resulte más beneficioso), y el *«race to collect»*(la carrera de los acreedores por exigir su crédito y ejecutar las garantías antes de la declaración de insolvencia).

En la línea marcada por las reformas efectuadas recientemente en el Derecho holandés y alemán, nuestro legislador ha extendido la competencia de los Tribunales españoles en la última reforma de la normativa concursal.

El nuevo artículo 755 TRLC introducido por la reforma efectuada en el Texto Refundido por la Ley 16/2022 de 5 de mayo para la transposición al Derecho español de la Directiva (UE) 2019/1023 del Parlamento Europeo y del Consejo, de 20 de junio de 2019, viene a establecer una regla de extensión de la competencia judicial internacional respecto de filiales extranjeras en los grupos de empresas, cuando los tribunales españoles sean competentes para conocer de los procedimientos que se regulan en el Libro Segundo en relación con la sociedad matriz, y sólo respecto a los acreedores contractuales comunes.

Todo lo cual siempre que se cumplan una serie de requisitos expresamente determinados en el artículo 755 TRLC:

1.º Que la sociedad matriz haya instado la comunicación regulada en el libro segundo o vaya a quedar sometida al plan de reestructuración.

2.º Que la comunicación o la homologación del plan de reestructuración se hayan solicitado como reservada en relación con las filiales, en cuyo caso ni la comunicación ni las resoluciones sobre la homologación del plan respecto de las filiales se publicarán en el Registro público concursal. Estas resoluciones se dictarán separadamente de las resoluciones relativas a la sociedad matriz.

3.º Que la extensión de la competencia sobre las filiales resulte necesaria para garantizar el buen fin de las negociaciones de un plan de reestructuración o la adopción y cumplimiento del plan.

*En segundo lugar, alcance de la competencia judicial internacional.*

La mencionada extensión de la competencia de los Tribunales españoles afectaría a dos posibles situaciones que, en general, pueden acontecer en el grupo de empresas:

1. Supuesto en el que la sociedad matriz con COMI en España es deudora principal y la sociedad filial con COMI fuera de España es garante de la deuda, con acreedores contractuales comunes.

2. Supuesto en el que la sociedad filial con COMI fuera de España es deudora principal y la sociedad matriz con COMI en España es garante de la deuda, con acreedores contractuales comunes.

Tratándose de supuestos que determinarían la adopción de diferentes soluciones procedimentales, siendo ambas de competencia de los Tribunales españoles de conformidad con el artículo 755 TRLC:

1. En el primer supuesto, la comunicación de negociaciones y la homologación de un plan de reestructuración de la sociedad matriz con COMI en España y extensión de los efectos previstos en los artículos 596.3 y 652.2 TRLC a la sociedad filial con COMI fuera de España, y respecto a los acreedores contractuales comunes.

2. En el segundo supuesto, la comunicación de negociaciones y la homologación de un plan de reestructuración de la sociedad filial con COMI fuera de España y extensión de los efectos previstos en los artículos 596.3 y 652.2 TRLC a la sociedad matriz con COMI en España, y respecto a los acreedores contractuales comunes.

Pero debe destacarse que el carácter reservado de la comunicación de negociaciones o los planes de reestructuración en lo referente a las sociedades filiales con COMI fuera de España excluye cualquier posibilidad de reconocimiento de pleno derecho en resto del territorio de la Unión Europea, al sortearse la norma de competencia internacional del artículo 3 REI.

En su lugar, el reconocimiento deberá producirse a través de otras alternativas de Derecho Internacional Privado, sobre éste particular NURIA FACHAL NOGUER, Magistrada especialista en asuntos propios de lo Mercantil [*La posición de los garantes en la reestructuración y en el procedimiento especial de microempresas* (páginas 33-35)] señala que: «*este reconocimiento pudiera encajarse en el Reglamento (UE) n.º 1215/2012 del Parlamento europeo y del Consejo de 12 de diciembre de 2012, relativo a la competencia judicial, el reconocimiento y la ejecución de resoluciones judiciales en materia civil y mercantil (Reglamento Bruselas bis I). El Considerando 7 del REI deja abierta esta posibilidad cuando señala que su interpretación debe evitar resquicios normativos entre ambos instrumentos. Sin embargo, a renglón seguido, advierte de que el mero hecho de que un procedimiento nacional no figure en la lista del anexo A del presente Reglamento no ha de significar que esté sujeto al Reglamento (UE) n.º 1215/2012*».

A continuación el Auto de fecha 12 de junio de 2023 señalaba:

*«En tercer lugar, competencia para conocer de la solicitud de homologación presentada».*

La competencia del presente juzgado queda determinada no sólo por la previa comunicación de negociaciones que dio lugar al procedimiento con número de autos 181/2023 mediante Decreto de fecha 24 de marzo de 2023 (artículo 641 TRLC), sino también por ser sociedades filiales de la entidad GRUPO EZENTIS, S.A. con COMI en España, que va a quedar sometida a los planes de reestructuración homologados por Auto de fecha 23 de mayo de 2023, habiéndose solicitado la homologación como reservada en relación con ellas, y siendo necesaria la extensión de la competencia sobre las filiales para garantizar la adopción y cumplimiento del plan (artículo 755 TRLC).

A tal efecto, se ha de señalar que la entidad GRUPO EZENTIS, S.A. es garante de la financiación sindicada obtenida del contrato suscrito junto con las solicitantes en fecha 6 de noviembre de 2018 con las entidades BBVA, BANCO SANTANDER, BANKIA, MUZINICH, BANCO PICHINCHA y EBN por un importe conjunto de 120 millones de euros.

En garantía de dicho Contrato de Financiación Sindicada igualmente se otorgaron prendas sobre las acciones de las distintas sociedades del grupo, y entre ellas, de las sociedades cuya continuidad operativa y correspondiente generación de flujos de caja está prevista en el plan de viabilidad del grupo.

Asimismo, las entidades CORPORACIÓN EZENTIS HOLDCO, S.À.R.L. y CORPORACIÓN EZENTIS INTERNACIONAL, S.À.R.L. son garantes de la Financiación Sindicada ICO obtenida al amparo del contrato de financiación suscrito el 20 de mayo de 2020 con la entidad EZENTIS FIELD FACTORY, S.L.U. (de la que también es garante la entidad GRUPO EZENTIS, S.A. y las entidades EZENTIS FIELD FACTORY, S.L.U.) y BANCO SANTANDER, S.A., BANCO BILBAO VIZCAYA ARGENTARIA, S.A., BANCO PICHINCHA ESPAÑA, S.A., BANKIA, S.A. EBN BANCO DE NEGOCIOS, S.A. y SANNE AGENSYND, S.L.U. por un importe de 18.000.000 euros, cuyos vencimientos no pueden atenderse en la situación actual del grupo.

Por ello, de no reestructurarse las obligaciones de las sociedades solicitantes, la homologación de los planes de reestructuración solicitada por las entidades GRUPO EZENTIS, S.A. EZENTIS FIELD FACTORY, S.L.U. y EZENTIS TECNOLOGÍA, S.L.U., resultaría insuficiente para asegurar su cumplimiento dado que, sin la participación y sometimiento de las solicitantes a su propia reestructuración:

– los acreedores de la Financiación Sindicada y la Financiación Sindicada ICO podrían dirigir inmediatamente las acciones correspondientes contra las solicitantes como deudora y/o garantes respectivamente y sus activos, integrados por las acciones de su titularidad que se constituyeron como garantía pignoraticia, y cuyos flujos de caja han sido considerados para la viabilidad del grupo.

– la discontinuidad de determinadas sociedades del grupo que no forman parte del perímetro del plan de reestructuración provocará el mantenimiento de la concurrencia de *incumplimiento.*

SEGUNDO: Homologación.

La homologación judicial de los planes de reestructuración aparece regulada en el Capítulo V del Título III del Libro II del TRLC cuya redacción vigente es una de las grandes novedades de la reforma efectuada en el Texto Refundido por la Ley 16/2022 de 5 de mayo para la transposición al Derecho español la Directiva (UE) 2019/1023 del Parlamento Europeo y del Consejo, de 20 de junio de 2019.

El artículo 635 TRLC señala que: *«La homologación judicial del plan de reestructuración será necesaria en cualquiera de los siguientes casos:*

> *1.º Cuando se pretenda extender sus efectos a acreedores o clases de acreedores que no hubieran votado a favor del plan o a los socios del deudor persona jurídica;*
>
> *2.º Cuando se pretenda la resolución de contratos en interés de la reestructuración;*
>
> *3.º Cuando se pretenda proteger la financiación interina y la nueva financiación que prevea el plan, así como los actos, operaciones o negocios realizados en el contexto de este frente a acciones rescisorias en los términos previstos en este título, y reconocer a esa financiación las preferencias de cobro previstas en el libro primero».*

Por su parte, el artículo 636 TRLC señala su presupuesto objetivo al indicar que la homologación judicial del plan de reestructuración aprobado de conformidad con lo previsto en este título se podrá solicitar cuando el deudor se encuentre en probabilidad de insolvencia o en estado de insolvencia inminente, y que cuando el deudor se encuentre en estado de insolvencia actual, se podrá solicitar la homologación del plan siempre que no hubiera sido admitida a trámite solicitud de concurso necesario.

Por otro lado, el artículo 638 TRLC especifica los requisitos para la homologación del plan de reestructuración aprobado por todas las clases de acreedores: *«El plan de reestructuración, para ser homologado, deberá reunir los siguientes requisitos:*

> *1.º Que el deudor se encuentre en probabilidad de insolvencia, insolvencia inminente o actual y el plan ofrezca una perspectiva razonable de evitar el concurso y asegurar la viabilidad de la empresa en el corto y medio plazo.*
>
> *2.º Que cumpla con los requisitos de contenido y de forma exigidos en este título.*
>
> *3.º Que haya sido aprobado por todas las clases de créditos de conformidad con las previsiones de este título, por el deudor o, en su caso, por los socios.*
>
> *4.º Que los créditos dentro de la misma clase sean tratados de forma paritaria.*

> *5.º Que haya sido comunicado a todos los acreedores afectados conforme a lo establecido en esta ley».*

Y el artículo 639 TRLC determina los requisitos para la homologación del plan de reestructuración no aprobado por todas las clases de acreedores: *«Como excepción a lo previsto en el ordinal 3.º del artículo anterior, también podrá ser homologado el plan de reestructuración que no haya sido aprobado por todas las clases de créditos si ha sido aprobado por:*

> *1.º Una mayoría simple de las clases, siempre que al menos una de ellas sea una clase de créditos que en el concurso habrían sido calificados como créditos con privilegio especial o general; o, en su defecto, por:*
>
> *2.º Al menos una clase que, de acuerdo con la clasificación de créditos prevista por esta ley, pueda razonablemente presumirse que hubiese recibido algún pago tras una valoración de la deudora como empresa en funcionamiento. En este caso, la homologación del plan requerirá que la solicitud vaya acompañada de un informe del experto en la reestructuración sobre el valor de la deudora como empresa en funcionamiento».*

Por lo que se refiere a la aprobación por el deudor y, en su caso, los socios, el artículo 640 TRLC señala: *«1. Si el deudor fuera persona natural, la homologación del plan de reestructuración requerirá que haya sido aprobado por este.*

> *2. Si el deudor fuera una persona jurídica, la homologación del plan de reestructuración requerirá que haya sido aprobado por los socios legalmente responsables de las deudas sociales. En caso de que estos socios no existieran, y el plan contuviera medidas que requieran acuerdo de la junta de socios, el plan de reestructuración se podrá homologar aunque no haya sido aprobado por los socios si la sociedad se encuentra en situación de insolvencia actual o inminente».*

En cuanto al Auto de homologación a dictar el artículo 647 TRLC indica: *«1. Salvo que de la documentación presentada se deduzca manifiestamente que no se cumplen los requisitos exigidos en la sección 1.ª de este capítulo, el juez homologará el plan de reestructuración.*

> *2. La homologación tendrá lugar mediante auto que se adoptará dentro de los quince días siguientes a la publicación de la providencia de admisión a trámite de la solicitud en el Registro público concursal. En el auto, se identificarán los acreedores con garantía real que hayan votado en contra del plan y que pertenezcan a una clase que no lo haya aprobado.*
>
> *3. El auto de homologación determinará el alzamiento de la suspensión de los procedimientos de ejecución de créditos no afectados por el plan de reestructuración, así como el sobreseimiento de los restantes procedimientos de ejecución.*
>
> *4. Si el propio plan de reestructuración conllevase alguna operación societaria, el control de legalidad lo realizará el juez y dejará constancia de ello en el auto».*

Se ha de destacar como respecto a la financiación interina y nueva financiación, se prevé una protección frente a las acciones rescisorias en el artículo 667 TRLC: *«1. En caso de concurso posterior, si los créditos afectados por un plan de reestructuración anterior que hubiera sido homologado representasen al menos el cincuenta y uno por ciento del pasivo total, no serán rescindibles, salvo prueba de que se realizaron en fraude de acreedores:*

> *1.º Los actos u operaciones razonables y necesarios inmediatamente para el éxito de la negociación con los acreedores, siempre que se hubieran identificado expresamente como tales en el propio plan.*
>
> *2.º La financiación interina y la nueva financiación, incluida la concedida por personas especialmente relacionadas, de conformidad con lo previsto en el artículo siguiente.*
>
> *3.º Los actos, operaciones o negocios que sean razonables e inmediatamente necesarios para la ejecución del plan.*
>
> *2. Las operaciones mencionadas en el ordinal 1.º del apartado anterior incluirán como mínimo las siguientes.*
>
> *1.º El pago de tasas y costes en relación con la negociación, la adopción o la confirmación de un plan de reestructuración;*
>
> *2.º El pago de honorarios y costes de asesoramiento profesional en estrecha relación con la reestructuración;*
>
> *3.º El pago de los salarios de los trabajadores por trabajos ya realizados;*
>
> *4.º Cualquier otro pago y desembolso efectuados en el curso ordinario de la actividad empresarial o profesional del deudor.*
>
> *3. En caso de concurso posterior, si los créditos afectados por un plan de reestructuración anterior que hubiera sido homologado representasen una proporción inferior a la prevista en el apartado 1, la financiación interina, la nueva financiación y los actos, operaciones o negocios mencionados en ese apartado serán rescindibles conforme a lo establecido en el libro primero de esta ley, sin que sean de aplicación las presunciones relativas de perjuicio para la masa activa».*

Por último, en el trámite de homologación, el juez verificará que concurren los requisitos y las mayorías previstas en los artículos anteriores y que la nueva financiación no perjudica injustamente los intereses de los acreedores (artículo 669 TRLC).

TERCERO: Control de los presupuestos legales.

La solicitud efectuada por el Procurador Sr. D. Mauricio Gordillo Alcalá, en nombre y representación de las entidades CORPORACIÓN EZENTIS HOLDCO, S.À.R.L y CORPORACIÓN EZENTIS INTERNACIONAL, S.À.R.L., es una petición de homologación conjunta de dos planes individuales de reestructuración (artículo 642 TRLC), estando también vinculados a los planes de reestructuración de las entidades GRUPO EZENTIS, S.A. EZENTIS FIELD FACTORY, S.L.U y EZENTIS TECNOLOGÍA, S.L.U., homologados por Auto de fecha 23 de mayo de 2023.

La solicitud presentada pretende su homologación judicial, a los efectos de:

1. Extender los efectos de los planes de reestructuración a los acreedores que no han votado favorablemente a los mismos de acuerdo con lo dispuesto en el artículo 635 TRLC, y sin perjuicio del arrastre derivado del artículo 630 del TRLC.

2. Otorgar a los planes de reestructuración así como a todos los actos, operaciones o negocios realizados en ejecución de los mismos y a los Documentos de la Reestructuración, la protección frente a acciones rescisorias que brinda el artículo 667 TRLC, para un eventual escenario concursal.

3. Que se reconozca la naturaleza de financiación interina y nueva financiación como tal a la prestada en el marco de la negociación de la reestructuración del grupo, incluida la concedida por personas especialmente relacionadas, obteniendo los beneficios concursales inherentes a ello y la protección frente a las acciones rescisorias, todo ello al amparo de los artículos 666 y 667 del TRLC.

Lo anterior determina la necesidad de analizar la concurrencia de sus requisitos a la vista de la documentación aportada, debiendo homologar los planes de reestructuración salvo que se deduzca manifiestamente que no cumple los mismos (artículo 647 TRLC).

Tras el análisis de la documentación aportada al presente procedimiento se ha de concluir que se cumplen los requisitos previstos en la Sección 1.ª del Capítulo V del Título III del Libro II del TRLC:

*En primer lugar,* la solicitud ha sido presentada por el deudor acompañando la documentación requerida, consistente en la aportación de copia íntegra de los instrumentos públicos en los que se han formalizado los planes, certificación del experto en reestructuración sobre la suficiencia de las mayorías que se exigen para que se homologue el plan, e informe emitido por el experto en la reestructuración (Docs. n.º 4 a 7 de la solicitud).

*En segundo lugar,* el deudor se encuentra en estado de insolvencia actual, y sin que concurra la prohibición temporal prevista en el artículo 664 TRLC pues ninguna solicitud anterior de homologación se ha efectuado.

*En tercer lugar,* los planes individuales presentados cumplen cada uno de ellos con los requisitos de contenido y forma exigidos por la Ley, y, en particular, cumple con los requisitos de contenido mínimo que establece el artículo 633 del TRLC.

Por lo que se refiere a su contenido, de forma resumida podemos indicar los siguientes puntos esenciales de ambos planes de reestructuración:

*1.* Financiación Sindicada obtenida del contrato suscrito en fecha 6 de noviembre de 2018:

Una novación no extintiva del contrato de financiación sindicada de alcance subjetivo por el que se sustituye al obligado principal (hasta ahora la entidad CORPORACIÓN EZENTIS INTERNACIONAL, S.À.R.L.,) por la matriz del grupo, la entidad GRUPO EZENTIS, S.A. quién se convierte así en el obligado principal, sin perjuicio del posterior traspaso de dicha deuda a la sociedad NEWCO una vez culminado el proceso de reestructuración societario en los términos previstos en el plan de reestructuración de la entidad GRUPO EZENTIS, S.A.

Como consecuencia de lo anterior, la entidad CORPORACIÓN EZENTIS INTERNACIONAL, S.À.R.L. deja de ser obligada principal de la deuda, a lo que se añade la liberación de las garantías personales otorgadas en virtud de la financiación sindicada por parte de las entidades solicitantes, por lo que la entidad CORPORACIÓN EZENTIS HOLDCO, S.À.R.L. deja de ser garante personal.

*2.* Financiación sindicada ICO obtenida al amparo del contrato de financiación suscrito el 20 de mayo de 2020:

En atención a las especiales limitaciones existentes para las garantías concedidas a las entidades financieras derivadas de los avales ICO, no extiende a la deuda derivada de este contrato ninguno de los efectos expresamente prohibidos por el apartado 4 de la Disposición Adicional Octava de la Ley 16/2022, de 5 de septiembre, de reforma del Texto Refundido de la Ley Concursal de acuerdo con la redacción dada por el Real Decreto-ley 20/2022, de 27 de diciembre.

En particular no se modifica la ley aplicable; el deudor (que seguirá siendo la entidad EZENTIS FIELD FACTORY); la modificación o extinción de las garantías que tuvieren (que se ratifican todas en su integridad); ni se produce la conversión de los créditos en acciones o participaciones sociales, en créditos o préstamos participativos o en cualquier otro crédito de características o de rango distintos de aquellos que tuviere el crédito originario.

A tal efecto, se mantiene la condición de garantes de ambas entidades solicitantes, se limita la deuda sostenible a un 18’75% del principal de la financiación (con quita del 100% de los intereses y recargos), y sin que los acreedores del porcentaje restante (81’25%) equivalente a deuda no sostenible tengan recurso contra las entidades solicitantes como consecuencia de la entrega de obligaciones convertibles en la entidad NEWCO y quita del resto de deuda, la novación se produce en los siguientes términos:

A) Pago del 18,75% de la deuda financiera afectada con vencimiento a 30 de junio 2029 conforme al siguiente calendario de amortización:

| | |
|---|---|
| 31 diciembre 2023 | 0,53% del importe de Principal |
| 31 diciembre 2024 | 4,49% del importe de Principal |

| | |
|---|---|
| 31 diciembre 2025 | 5,87% del importe de Principal |
| 31 diciembre 2026 | 10,11% del importe de Principal |
| 31 diciembre 2027 | 12,17% del importe de Principal |
| 31 diciembre 2028 | 17,66% del importe de Principal |
| 30 junio 2029 | 49,17% del importe de Principal |

Interés: EURIBOR a 12 meses + 50 pbs.

B) Garantías: se mantendrán las garantías que disfrutara en los anteriores instrumentos de deuda y se otorgarán las garantías siguientes:

Garantía a primer requerimiento de EZENTIS REDES PORTUGAL, UNIPESSOAL LDA.

Prenda sobre los derechos derivados del Contrato Bucle.

Prenda de las acciones de NEWCO 1.

El importe restante, correspondiente al 81,25% del nominal de los créditos, se considerará deuda no sostenible que no será exigible frente a las entidades solicitantes de homologación.

Por otro lado, los planes de reestructuración aseguran la viabilidad de las entidades solicitantes a corto y medio plazo tal y como se desprende de los Planes de Viabilidad protocolizados, considerando el experto en reestructuración que ofrece una perspectiva razonable para evitar el concurso y asegurar una viabilidad en el corto y medio plazo.

*En cuarto lugar,* se cumple la necesidad de concurrencia de apoyos para la aprobación de los planes de reestructuración, habiendo sido tratados los créditos de forma paritaria dentro de una misma clase.

3. El Plan de Reestructuración de la entidad CORPORACIÓN EZENTIS HOLDCO, S.À.R.L. incluye dos clases de créditos:

1) Clase A - Créditos financieros ordinarios.

Constituyen la Clase A los créditos de naturaleza financiera de los que es deudora obligada en virtud del contrato de financiación sindicada y que, en un escenario concursal, tramitado bajo Derecho español, tendrían la consideración de ordinarios.

Al amparo de lo previsto en el artículo 617 TRLC, apartados 4 y 5, dicha consideración de créditos ordinarios deriva de:

- La condición de obligada solidaria en la Financiación Sindicada y la Financiación Sindicada ICO en su condición de garante, existiendo a día de hoy vencimiento impagados y causas de vencimiento anticipado.

- El valor actual de las garantías otorgadas en los términos concluidos por parte de BDO en el Informe emitido de valoración de garantías y que consta unido como Anexo 5 en la Escritura pública de otorgamiento de sendos planes de Reestructuración de las Sociedades Solicitantes, que indica que el valor de las garantías *«es nulo a la fecha de este documento»*.

2) Clase B - Créditos subordinados: intereses y recargos.

Constituyen la Clase B los créditos que, en un escenario concursal tramitado bajo Derecho español, tendrían consideración de subordinados: intereses devengados y recargos de tales créditos.

*4.* El Plan de Reestructuración de la entidad CORPORACIÓN EZENTIS INTERNACIONAL, S.À.R.L. incluye dos clases de créditos:

A) Clase A - Créditos financieros ordinarios.

Constituyen la Clase A los créditos de naturaleza financiera de los que es deudora principal en virtud de la Financiación Sindicada y garante en virtud de la Financiación Sindicada ICO que, en un escenario concursal tramitado bajo Derecho español, tendrían la consideración de ordinarios.

Al amparo de lo previsto en el artículo 617.5 del TRLC dicha consideración de créditos ordinarios deriva del valor actual de las garantías otorgadas en los términos concluidos por parte de BDO en el Informe emitido de valoración de garantías y que consta unido como Anexo 5 en la Escritura pública de otorgamiento de sendos planes de Reestructuración de las Sociedades Solicitantes, que indica que el valor de las garantías *«es nulo a la fecha de este documento»*.

B) Clase B - Créditos subordinados: intereses y recargos. Constituyen la Clase B los créditos que, en un escenario concursal tramitado bajo Derecho español, tendrían consideración de subordinado, todos ellos derivados del mismo Préstamo de Financiación Sindicada: intereses devengados y recargos.

A lo que hay que añadir que nos encontramos en el presente supuesto con dos préstamos o contratos de financiación sindicados, por lo que debemos atender a su normativa específica.

El artículo 630.1 TRLC establece que para el caso que un plan de reestructuración afecte a créditos vinculados por un pacto de sindicación, se respetarán los pactos contractuales sobre procedimiento y ejercicio de derecho de voto, pero se aplicaran las mayorías establecidas en el artículo 629 TRLC para la aprobación del plan por cada clase de créditos, salvo que el propio pacto de sindicación prevea una mayoría inferior para aprobar esos efectos.

Siendo un supuesto de limitación por ley de la autonomía negocial del pacto de sindicación, tratando de evitar que la norma de la unanimidad para la adopción de acuerdos en el seno de la financiación sindicada pueda significar la frustración de la aprobación del plan, con resultados gravosos o perjudiciales para los acreedores aceptantes e imposición de la minoría a la mayoría.

En consecuencia, si vota a favor la mayoría necesaria legal o contractualmente (si fuera inferior a la legal) se entenderá que aceptan el plan de reestructuración la totalidad de los créditos sindicados (artículo 630.2 TRLC).

A tales efectos, los certificados de mayorías emitidos por la entidad BDO AUDIBERIA (Docs. N.º 5 y 6 de la solicitud), en calidad de experto reestructurador, acreditan que concurren en ambos contratos de financiación sindicados la mayoría necesaria legal, por lo tanto, ambos planes de reestructuración son **planes consensuales** y han sido aprobados por todas las clases de créditos afectados con las mayorías legalmente previstas.

Por otro lado, el artículo 630.3 TRLC reserva el derecho de oposición e impugnación, de acuerdo con lo establecido en los artículos 653 y ss. del TRLC, para aquellos acreedores cuyos créditos estén vinculados por un pacto de sindicación y se vean afectados por el plan de reestructuración, siempre que no hayan votado a favor de este, debiendo ser entendido en un sentido amplio, tanto a los acreedores que hayan votado expresamente en contra del plan, como a los acreedores que no hayan votado este.

Habida cuenta que de conformidad con el 630 TRLC se ha limitado por ley la autonomía negocial del pacto de sindicación, excepcionando las reglas previstas sobre el consentimiento, siendo arrastrados no por la mayoría fijada en las cláusulas contractuales del propio pacto o contrato de sindicación sino por el arrastre que se produce por aplicación de las mayorías legales.

*En quinto lugar,* y último, los planes de reestructuración cuya homologación se solicita han sido aprobados por las entidades deudoras, en este sentido, consta la aprobación mediante el consentimiento prestado por el órgano de administración de ambas sociedades.

Por todo ello, se estima la solicitud presentada.

CUARTO: Eficacia del auto de homologación.

De conformidad con lo previsto en el artículo 649 TRLC, una vez homologado, los efectos del plan de reestructuración se extienden inmediatamente a todos los créditos afectados, al propio deudor y, si fuera sociedad, a sus socios, aunque el auto no sea firme.

Por otro lado, como ya indicábamos, la competencia del presente juzgado sólo se extiende a los acreedores contractuales comunes de la entidad matriz y las filiales, y el carácter reservado de la comunicación de negociaciones o los planes de reestructuración en lo referente a las sociedades filiales con COMI fuera de España excluye cualquier posibilidad de reconocimiento de pleno derecho en resto del territorio de la Unión Europea, al sortearse la norma de competencia internacional del artículo 3 REI, sin perjuicio de la posible aplicación del Reglamento (UE) n.º 1215/2012 del Parlamento europeo y del Consejo de 12 de diciembre de 2012, relativo a la competencia judicial, el reconocimiento y la ejecución de resoluciones judiciales en materia civil y mercantil (Reglamento Bruselas bis I).

Lo cual determinaría que la protección frente a las acciones rescisorias previstas en el artículo 667 TRLC quedaría ineficaz y sin posibilidad alguna de alegación en el supuesto de un procedimiento de insolvencia aperturado en el territorio donde se sitúe el COMI de las sociedades filiales. Sin embargo, se ha de recordar que el REI permite cierta protección respecto a tales acciones pues en su artículo 16 se dispone la no aplicación de su artículo 7.2 m), es decir, aplicación de la ley del Estado de apertura del procedimiento a las normas relativas a la nulidad, anulación o inoponibilidad de los actos perjudiciales para el conjunto de los acreedores, cuando el que se haya beneficiado de un acto perjudicial para los intereses de los acreedores pruebe que: a) dicho acto está sujeto al Derecho de un Estado miembro distinto del Estado de apertura del procedimiento, y que b) en ese caso concreto, la ley de dicho Estado miembro no permite por ningún medio que se impugne dicho acto.

Por último, no cabe pronunciamiento alguno respecto a la financiación interina o nueva financiación a la que se hace referencia en el punto NOVENO de la solicitud, tanto por el hecho de que no forman parte de los planes de reestructuración cuya homologación se solicita, como porque ya fue objeto de pronunciamiento en el Auto de fecha 23 de mayo de 2023 por el que se homologaron de forma conjunta los planes de reestructuración de las entidades GRUPO EZENTIS, S.A. EZENTIS FIELD FACTORY, S.L.U y EZENTIS TECNOLOGÍA, S.L.U..VISTOS los preceptos citados y demás de general y pertinente aplicación.

PARTE DISPOSITIVA

«QUE DEBO ACORDAR Y ACUERDO: HOMOLOGAR los Planes de Reestructuración recogidos en las pólizas, número 926 y 927, otorgadas el 31 de marzo de 2023 e intervenidas por el Notario de Madrid, D.ª Rocío Rodríguez Martín (Docs. n.º 1 a 3 de la solicitud), y en consecuencia:

ORDENO EXTENDER LOS EFECTOS de dichos Planes de Reestructuración a todos los créditos afectados por los mismos, cuyos titulares no hayan suscrito los Planes de Reestructuración de fecha 31 de marzo de 2023, de acuerdo con lo dispuesto en el artículo 649 TRLC, y sin perjuicio de la extensión derivada del 630 del TRLC.

DECLARO que todos los actos llevados a cabo en ejecución de los Planes de Reestructuración homologados no son susceptibles de ser rescindidos por medio de una acción de rescisión concursal *ex.* artículo 667 del TRLC (incluidos aquellos que deriven de cualquier Documento de la Reestructuración en los términos definidos en los Planes de Reestructuración), así como cualquier acto, operación o negocio que sea inmediatamente necesario para la correcta ejecución del Plan.

De conformidad con el artículo 755 TRLC las resoluciones dictadas en el marco del presente procedimiento de homologación judicial relativas a las entidades CORPORACIÓN EZENTIS HOLDCO, S.À.R.L y CORPORACIÓN EZENTIS INTERNACIONAL, S.À.R.L no podrán ser publicadas en el Registro Público Concursal como consecuencia del carácter reservado de la solicitud».

Capítulo 2

# LOS EFECTOS DE LA COMUNICACIÓN DE APERTURA DE NEGOCIACIONES CON LOS ACREEDORES

EDUARDO GÓMEZ LÓPEZ
*Magistrado*
*Especialista del Consejo General del Poder Judicial en asuntos mercantiles*

SUMARIO: I. CONSIDERACIONES GENERALES. II. EFECTOS DERIVADOS DE LA COMUNICACIÓN DE APERTURA DE NEGOCIACIONES CON LOS ACREEDORES. *1. Situación jurídica del deudor. 2. Efectos sobre los créditos.* 2.1. Garantías de terceros. 2.2. Excepción. *3. Efectos sobre los contratos.* 3.1. El principio general de vigencia de los contratos durante la comunicación de apertura de negociaciones con los acreedores. 3.2. La ineficacia de las cláusulas «*ipso facto*». 3.3. Acuerdos de compensación contractual. 3.4. Garantías financieras. *4. Efectos de la comunicación sobre las acciones y los procedimientos ejecutivos.* 4.1. Prohibición legal de iniciación de ejecuciones y suspensión legal de las ejecuciones en tramitación. 4.2. Prohibición general o individual de iniciación o suspensión de ejecuciones por decisión judicial. 4.3. La ejecución de las garantías reales. 4.4. Acreedores públicos. 4.5. Acreedores no afectados. *5. Prórroga de los efectos de la comunicación. 6. Levantamiento de la prórroga o de sus efectos frente a determinados acreedores.* III. PROHIBICIÓN TEMPORAL DE NUEVAS COMUNICACIONES. IV. EFECTOS DE LA COMUNICACIÓN SOBRE LAS SOLICITUDES DE CONCURSO. V. EXIGIBILIDAD DEL DEBER LEGAL DE SOLICITAR EL CONCURSO Y DE LA CAUSA LEGAL DE DISOLUCIÓN DE LA SOCIEDAD.

## I. CONSIDERACIONES GENERALES

La realidad demuestra que cuando se acerca el estado crepuscular de la insolvencia hay algunos elementos de la empresa que deben cuidarse con especial esmero para poder conseguir la continuidad de la actividad empresarial[1]. Dichos elementos son los activos necesarios para la continuidad de la actividad, los contratos necesarios para el mantenimiento de la actividad y la continuidad en la gestión.

---

1. AZOFRA, F., «Las cláusulas ipso facto y la posibilidad de denuncia unilateral del contrato» en CAMPUZANO, A. B. / DÍAZ MORENO, A., (dirs.), *Los contratos en el concurso de acreedores*, Cizur Menor, Aranzadi, 2021, pp. 41-67.

La Ley Concursal, desde su nacimiento, tuvo clara la necesidad de prestar especial atención a tales elementos imprescindibles, una vez declarado el concurso, mediante la consagración de la suspensión de las ejecuciones sobre bienes necesarios (bienes afectos a la actividad les llamaba la Ley Concursal en su redacción originaria)-del deudor para la continuidad de la actividad empresarial o profesional, la vigencia de los contratos con obligaciones recíprocas pendientes de cumplimiento tanto a cargo del concursado como de la otra parte, pese a que el deudor fuera declarado en concurso (artículo 61.2 de la Ley 22/2003, de 9 de julio, Concursal) y el otorgamiento de un plazo razonable, una vez acontecida la insolvencia actual, para presentar la solicitud de concurso, estableciendo un marco razonable de responsabilidad de los administradores societarios. Y esa misma preocupación se aprecia también en las reformas llevadas de la Ley Concursal a cabo en los años 2014 y 2015[2].

Esas intervenciones legislativas son ilustrativas de la necesidad de establecer unas normas que corrigieran o matizaran las reglas propias de la Teoría general de las obligaciones y contratos, todo ello en aras a dotar de protección a los elementos esenciales de la empresa en insolvencia.

En suma, el legislador español en los últimos tiempos ha tomado conciencia de la importancia que tiene para la empresa en concurso la protección de los elementos esenciales para la continuidad de la actividad. Ahora bien, en la redacción originaria de la Ley Concursal no se contemplaban normas equivalentes en escenarios preconcursales, en los que también se impone la necesidad de impedir que la actividad de la empresa se resienta debido a la desaparición de los elementos esenciales para la actividad, pues de otro modo, los acreedores van a ver mermadas sus posibilidades de recuperar sus créditos.

Como decimos, nuestra Ley Concursal no contemplaba en su redacción originaria normas preconcursales. Como es sabido, el Real Decreto-ley 3/2009, de 27 de marzo, de medidas urgentes en materia tributaria, financiera y concursal ante la evolución de la situación económica, introdujo la comunicación de inicio de negociaciones con los acreedores, con un efecto principal consistente en la protección frente a las solicitudes de concurso necesario durante el plazo de vigencia de aquella y la consiguiente ampliación del plazo para solicitar el concurso voluntario. Tales efectos se vieron incrementados en las reformas de la Ley Concursal de 2014 y 2015, y en el Texto Refundido de la Ley Concursal, que amplió los efectos de la comunicación con relación a los créditos,

2. Al menos en cuanto a los contratos necesarios es un ejemplo la regulación introducida en la Ley Concursal, por Real Decreto-ley 11/2014, de 5 de septiembre, de medidas urgentes en materia concursal y la Ley 9/2015, de 25 de mayo, de medidas urgentes en materia concursal. Esta normativa, según explica su Preámbulo trataba «*de garantizar en lo posible la continuación de la actividad empresarial, facilitando, fundamentalmente, la venta del conjunto de los establecimientos y explotaciones del concursado o de cualesquiera otras unidades productivas. Así, se introduce la subrogación ipso iure del adquirente en los contratos y licencias administrativas de que fuera titular el cedente (artículo 146 bis) y se arbitran*» otros mecanismos. Por otra parte, la norma contenida en el artículo 146 bis de la Ley Concursal (artículo 222 y 223 TRLC) permitía excepcionar las normas clásicas del derecho sustantivo común. Sin el citado precepto, el artículo 1255 del Código Civil (CC) permitiría a los acreedores reclamar el incumplimiento del contrato o la articulación de otras cláusulas contenidas en éste frene al incumplimiento del deudor.

la suspensión de las ejecuciones y las solicitudes de concurso. Nada se disponía en dicha refundición acerca de los efectos de la comunicación preconcursal (ni de las restantes figuras preconcursales) sobre los contratos.

Ahora bien, la Directiva (UE) 2019/1023 del Parlamento Europeo y del Consejo, de 20 de junio de 2019, sobre marcos de reestructuración preventiva, exoneración de deudas e inhabilitaciones, y sobre medidas para aumentar la eficiencia de los procedimientos de reestructuración, insolvencia y exoneración de deudas, y por la que se modifica la Directiva (UE) 2017/1132, obligaba a un cambio sobre la materia, pues, impone a los Estados miembros la implantación de marcos efectivos de reestructuración preventiva de empresas en insolvencia inminente o en probabilidad de insolvencia. La Directiva es consciente de la necesidad de proteger los activos y los contratos necesarios para la continuidad de la actividad, así como la propia continuidad en la gestión, y por ello, al implantar marcos efectivos de reestructuración preventiva de la empresa en insolvencia inminente o en probabilidad de insolvencia, da protección a los tres elementos fundamentales arriba mencionados.

Nuestro legislador ha tomado nota de la necesidad de dotar de un marco de protección a los elementos necesarios para la continuidad de la actividad empresarial o profesional, de forma que al trasponer la Directiva de Reestructuraciones e Insolvencia, ha otorgado a la comunicación preconcursal de unos efectos básicos para proteger la supervivencia de empresas viables económicamente, pero con problemas financieros. Así, ha fortalecido los efectos sobre los contratos y créditos a plazo, sobre las acciones y procedimientos ejecutivos, así como sobre las solicitudes de concurso y ha introducido una disposición sobre la situación jurídica del deudor.

Los objetivos de la nueva regulación se aclaran en el apartado III del Preámbulo de la Ley 16/2022, de 5 de septiembre, de reforma del Texto Refundido de la Ley Concursal, aprobado por el Real Decreto Legislativo 1/2020, de 5 de mayo, para la transposición de la Directiva (UE) 2019/1023 del Parlamento Europeo y del Consejo, de 20 de junio de 2019, sobre marcos de reestructuración preventiva, exoneración de deudas e inhabilitaciones, y sobre medidas para aumentar la eficiencia de los procedimientos de reestructuración, insolvencia y exoneración de deudas, y por la que se modifica la Directiva (UE) 2017/1132 del Parlamento Europeo y del Consejo, sobre determinados aspectos del Derecho de sociedades. Así, dicho Preámbulo nos adelanta en su apartado III que el título II del Libro II regula la comunicación de apertura de negociaciones con los acreedores para alcanzar un plan de reestructuración y que dicho título se divide en tres capítulos, el segundo de los cuales regula los efectos de la comunicación y se divide en siete secciones.

El Texto Refundido de la Ley Concursal dedicaba a los efectos de la comunicación de la apertura de negociaciones con los acreedores el Capítulo II, del Título I, del Libro Segundo. La Ley 16/2022 mantiene en dicha sede la regulación de tales efectos, pero amplía el número de artículos que pasan de 9 a 17 y, lo que es más importante la gama de tales efectos y su profundidad.

Pues bien, al estudio de esta normativa vamos a dedicar las siguientes líneas.

## II. EFECTOS DERIVADOS DE LA COMUNICACIÓN DE APERTURA DE NEGOCIACIONES CON LOS ACREEDORES

### 1. SITUACIÓN JURÍDICA DEL DEUDOR[3]

Como primer efecto de la comunicación preconcursal la Ley 16/2022 regula la situación jurídica del deudor. En resumen, la regulación introducida en este punto (artículo 594), únicamente viene a decir que la comunicación no tendrá efecto alguno sobre las facultades de administración y disposición sobre los bienes y derechos que integren el patrimonio del deudor.

Como es sabido, la declaración de concurso genera importantes efectos sobre la situación jurídica del deudor, pues queda sometido a intervención o suspensión de sus facultades de administración y disposición. El silencio sobre esta cuestión en la Ley Concursal y en la regulación inicial del Texto Refundido de la Ley Concursal se entendía como inexistencia de efectos de la comunicación preconcursal sobre la situación jurídica del deudor.

No obstante, al introducirse la figura del experto en reestructuración, se han querido evitar dudas sobre cómo quedan las facultades de administración y disposición del deudor cuando haya nombramiento de aquel profesional (artículos 672 y 673). Por eso, se establece (artículo 594.2) que el nombramiento por el juez de un experto en la reestructuración, cuando proceda, tampoco tendrá efecto alguno sobre las facultades de administración y disposición sobre los bienes y derechos que integren el patrimonio del deudor.

En todo caso, teniendo en cuenta los perfiles con los que se ha regulado la figura del experto, parece innecesaria la mención legal sobre la inexistencia de efectos sobre las facultades de administración y disposición patrimoniales del deudor cuando se nombre dicho profesional. En efecto, al experto sólo se atribuyen funciones de asistencia al deudor y a los acreedores en las negociaciones y en la elaboración del plan de reestructuración, y de elaboración y presentación al juez de los informes exigidos por el Texto Refundido de la Ley Concursal y aquellos otros que el juez considere necesarios o convenientes (artículo 679). Como puede apreciarse, ninguna de las funciones legalmente asignadas al experto supone una intromisión en las facultades de administración y disposición patrimoniales del deudor.

En definitiva, tras la comunicación preconcursal, haya o no experto en la reestructuración, el deudor conservará la facultad de administrar y disponer de su patrimonio, sin ninguna limitación. El nuevo artículo 594 del Texto Refundido de la Ley Concursal

---

3. Según el Preámbulo la *«sección 1.ª contiene un único artículo que se dedica a los efectos de la comunicación sobre las facultades patrimoniales del deudor; en coherencia con el principio de intervención mínima, en la fase preconcursal no hay ningún tipo de suspensión o intervención sobre las facultades del deudor para administrar y disponer de sus bienes».*

deriva directamente de lo dispuesto en el artículo 5 y en el Considerando 30 de la Directiva (UE) 2019/1023 del Parlamento Europeo y del Consejo, de 20 de junio de 2019[4].

La Ley 16/2022 no ha introducido norma alguna relativa a efectos derivados de la comunicación preconcursal sobre las facultades para adoptar decisiones sobre el funcionamiento de los órganos del deudor persona jurídica. Por ello, ha de entenderse que los órganos sociales del deudor que haya hecho la comunicación preconcursal no quedan afectados por ninguna limitación en su funcionamiento.

Por otra parte, resulta llamativa la rúbrica del precepto que comentamos —artículo 594 del Texto Refundido de la Ley Concursal—, pues habla de «Regla general». Ello, permite pensar que, si esa es la regla general, es posible que puedan darse situaciones en que las facultades del deudor sean objeto de limitación o restricción. Lo cierto es que no hay soporte legal para afirmar la existencia de una atribución judicial que permita en la fase preconcursal algún tipo de suspensión o intervención sobre las facultades del deudor para administrar y disponer de sus bienes y derechos, ni para adoptar decisiones sobre el funcionamiento de los órganos del deudor persona jurídica.

Verdaderamente, como expondremos a continuación, quienes quedan afectados por los efectos derivados de la comunicación son los derechos individuales de los acreedores, pues verán limitados determinadas facultades jurídicas para poder reclamar contra el deudor en caso de incumplimientos contractuales de éste (suspensión de ejecuciones, resolución de contratos, posibilidad de instar concurso necesario).

## 2. EFECTOS SOBRE LOS CRÉDITOS[5]

Esta Sección contiene dos preceptos, uno que ya contemplaba el Texto Refundido de la Ley Concursal en su versión inicial (artículo 595) y otro novedoso (artículo 596).

El primero de tales preceptos regula los efectos de la comunicación sobre los créditos a plazo. Establece que la comunicación por sí sola no producirá el vencimiento

4. El artículo 5 de la Directiva, bajo la rúbrica de «Deudor no desapoderado», establece que «1. Los Estados miembros velarán por que el deudor que sea parte en los procedimientos de reestructuración preventiva conserve totalmente, o al menos en parte, el control sobre sus activos y sobre la gestión diaria de la empresa».
Por su parte, el Considerando 30 de la Directiva de Reestructuraciones e Insolvencia dice que «Para... reflejar el carácter anticipatorio de la reestructuración preventiva y animar a los deudores a solicitar la reestructuración preventiva en un momento temprano de sus dificultades financieras, tales deudores deben conservar, en principio, el control sobre sus activos y la gestión cotidiana de su actividad empresarial. La situación jurídica del deudor no se verá afectada por la comunicación, pues ésta carece de efectos sobre sus facultades patrimoniales. Con ello, se persigue promover el carácter anticipatorio de la reestructuración preventiva y animar a los deudores a acudir a ella en un estadio embrionario de sus dificultades financieras».

5. Dice el Preámbulo sobre esta materia *«La sección 2.ª regula los efectos de la comunicación sobre los créditos y las garantías personales o reales de terceros; aunque se mantiene el principio general del régimen hasta ahora vigente, conforme al cual la comunicación no impide que, una vez vencida la obligación principal, un acreedor que goce de garantía personal o real de tercero pueda dirigirse*

anticipado de los créditos. Esta regla ya se contenía de forma idéntica antes de la reforma operada por la Ley 16/2022, salvo la mención a «aplazados», adjetivo que ahora se suprime, con toda lógica. Esta norma se ha tildado de innecesaria puesto que ni siquiera la declaración de concurso produce la resolución anticipada del contrato (artículo 156); no obstante, dicha norma sirve para neutralizar determinadas cláusulas contractuales que prevean expresamente el vencimiento de los créditos aplazados como consecuencia de la presentación de la comunicación. Y ello se refuerza con la novedad introducida en la reforma del Texto Refundido de la Ley Concursal (artículo 595.2) que declara la ineficacia de las cláusulas contractuales que prevean la modificación de los términos o condiciones del crédito, incluido su vencimiento anticipado, por la sola causa de la comunicación concursal, por la solicitud de suspensión general o singular de acciones y procedimientos ejecutivos o por otra circunstancia análoga o directamente relacionada con ellas.

Es evidente el paralelismo de esta norma sobre ineficacia de las cláusulas que prevean la modificación de los créditos con la prevista en el artículo 597 del Texto Refundido de la Ley Concursal[6], que establece, bajo la rúbrica de «Principio general de la vigencia de los contratos», la ineficacia (se tendrán por no puestas, dice la norma) de las cláusulas contractuales que prevean la suspensión, modificación, resolución o terminación anticipada del contrato por el mero motivo de: 1.º La presentación de la comunicación o su admisión a trámite. 2.º La solicitud de suspensión general o singular de acciones y procedimientos ejecutivos. 3.º Cualquier otra circunstancia análoga o directamente relacionada con las anteriores.

Como vemos, la norma prevé una ineficacia automática y *ex lege* de las cláusulas contractuales que prevea cualquier alteración en el funcionamiento de un derecho de crédito en base exclusivamente a la comunicación preconcursal.

Ha de considerarse positivamente la existencia de un elenco abierto de circunstancias que provocan la ineficacia de las cláusulas *ipso facto*. Por circunstancias análogas han de entenderse la solicitud de prórroga de los efectos de la comunicación (artículo 607.2), la solicitud de homologación de un plan de reestructuración (artículo 583.1 y 643) o incluso la propia homologación del plan.

---

*contra este para satisfacer su crédito, se introduce como excepción la posibilidad, a instancia del deudor que ha presentado la comunicación, de extender sus efectos suspensivos a las garantías personales o reales prestadas por terceros que pertenezcan al mismo grupo de sociedades que la deudora principal cuando la ejecución de la garantía pueda precipitar la insolvencia de la sociedad garante y del deudor, con la consiguiente frustración de las negociaciones, y evitando así que la única alternativa para prevenir ese resultado sea instar una comunicación también por la sociedad garante, lo que se espera contribuya a mejorar la competitividad de nuestro sistema jurídico».*

6. RONCERO defiende, en CAMPUZANO, A. B. / SANJUÁN Y MUÑOZ, E. (dirs.), *Planes de reestructuración y cláusulas ipso facto*, Valencia, Tirant Lo Blanch, 2022, pp. 93-112, que la ineficacia de las cláusulas contractuales ipso facto, tanto las referidas a los créditos como al propio contrato deberían haberse previsto con carácter general para cualquier contrato tal y como se prevé en el artículo 156 de la Ley Concursal con la declaración del concurso de acreedores.

Ahora bien, la ineficacia no afecta a la aplicación de las cláusulas *ipso iure* en los supuestos en los que legalmente resulta admisibles bien por contemplarse en la propia Ley Concursal[7] o en otras normas especiales[8].

Como veremos, el nuevo artículo 605 del Texto Refundido de la Ley Concursal, pese a su rúbrica, establece la posible suspensión de las ejecuciones basadas en créditos públicos. Al no preverse nada en el artículo 595 del Texto Refundido de la Ley Concursal respecto a dichos créditos, ha de entenderse que esta norma es plenamente aplicable frente a los mismos.

### 2.1. Garantías de terceros

El nuevo artículo 596 del Texto Refundido de la Ley Concursal regula los efectos de la comunicación sobre las garantías prestadas por terceros, o más bien la falta de efectos sobre tales garantías. El origen de dicho precepto se encuentra en el artículo 587 anterior a la reforma de 2022, si bien con un ámbito de aplicación ahora mayor y con una novedosa excepción a la regla general.

La regla general es que la comunicación por sí sola no impedirá que el acreedor que disponga de garantía frente a terceros para la satisfacción de su crédito puede hacerla efectiva si el crédito garantizado hubiese vencido. Esta norma aparece remarcada con la contenida en el nuevo artículo 596.2 del Texto Refundido de la Ley Concursal, conforme a la cual los garantes no podrán invocar la comunicación en perjuicio del acreedor incluso aunque éste participe en las negociaciones[9].

Como novedad, la ineficacia de la comunicación frente a las garantías se extiende tras la reforma no solo a las personales sino también a las reales. Por garantías personales ha de entenderse no solo a los avalistas sino a todo tipo de garantías personales. La nueva referencia a las garantías reales hace que queden incluidos en el supuesto tanto el hipotecante no deudor como el tercer poseedor.

Como hemos dicho, los garantes no podrán invocar la comunicación en perjuicio del acreedor incluso aunque éste participe en las negociaciones. Por tanto, el acreedor

---

7. Como sucede en el supuesto del artículo 599 del texto refundido de la Ley Concursal en relación con los acuerdos de compensación contractual y contratos de suministros no necesarios para la continuidad de la actividad empresarial o profesional del deudor que se hubieran negociado en mercados organizados de modo que puedan ser sustituidos en cualquier momento por su valor de mercado.
8. RONCERO, *opus cit.*, señala que en general las normas que establecen un régimen especial para determinados contratos (y por tanto también para los créditos derivadas de estos contratos) en relación con su cumplimiento o resolución vinculan dicho régimen con la declaración de concurso (vid. el artículo 26.1. b de la Ley 12/1992 de 27 de mayo del contrato de agencia), de insolvencia (así, artículo 211.1 de la Ley 9/2017, de 8 de noviembre, de contratos del sector público) o con la apertura de la fase de liquidación (cfr. artículo 37 de la Ley 50/1980, de 8 de octubre, del contrato de seguro), pero no con la comunicación de la apertura de negociaciones para alcanzar un plan de reestructuración.
9. Esta norma debe interpretarse de forma conectada con el nuevo artículo 652 del texto refundido de la Ley Concursal.

podrá simultáneamente participar en las negociaciones y ejecutar la garantía frente al tercero.

Nada dice el nuevo artículo 596 del Texto Refundido de la Ley Concursal del derecho de regreso o reembolso del garante frente al deudor que ha realizado la comunicación del inicio de negociaciones con sus acreedores. En consecuencia, el garante podrá ejercitar su derecho de regreso en los términos que se deriven de la relación jurídica que vincula a éste con el deudor principal sin perjuicio de los efectos que puedan derivar en su caso de la homologación de un plan de reestructuración[10].

## 2.2. Excepción

La reforma de 2022 ha introducido una novedosa excepción a la ineficacia de la comunicación frente al derecho del acreedor para dirigirse contra los garantes. Así, la comunicación suspenderá la ejecución de las garantías personales o reales prestadas por cualquier otra sociedad del grupo no incluida en la comunicación cuando así lo haya solicitado la sociedad deudora acreditando que la ejecución de la garantía puede causar la insolvencia del garante y de la propia deudora. En el Preámbulo de la Ley 16/2022, de 5 de septiembre, de reforma del Texto Refundido de la Ley Concursal se subraya que esta medida se introduce con la finalidad de *«impedir la frustración de las negociaciones en tanto la ejecución de la garantía pueda precipitar la insolvencia de la sociedad garante y del deudor evitando así que la única alternativa para prevenir ese resultado sea instar una comunicación también por la sociedad durante lo que se espera contribuya a mejorar la competitividad de nuestro sistema jurídico»*. El problema sería particularmente complejo en los supuestos de sociedades de carácter multinacional cuando la sociedad garante no pueda presentar la comunicación en la misma jurisdicción en la que lo hace la sociedad deudora, lo que obligaría a iniciar procedimientos de reestructuración en otras jurisdicciones.

A falta de mención legal en contrario, ha de entenderse que la garantía intragrupo puede ser tanto personal como real.

La norma habla solo de suspensión de ejecuciones (ha de entenderse como ya existentes al momento de la comunicación), pero no de prohibición del inicio de ejecuciones de las garantías con posterioridad a la comunicación. Si no se siguiera una interpretación amplia que comprendiera también este último supuesto, quedaría muy limitado el designio de protección que ha inspirado la aparición de la norma.

Lógicamente, la norma que comentamos no impide que las sociedades integradas en un mismo grupo presenten comunicaciones conjuntas al amparo del nuevo artículo 586 del Texto Refundido de la Ley Concursal.

10. Como ya defendí en «El principio general de vigencia de los contratos y las especialidades de la compensación contractual y el suministro de energía en supuestos de restructuración», en CAMPUZANO, A. B. / SANJUÁN Y MUÑOZ, E., (dirs.), *Planes de reestructuración y cláusulas ipso facto*, Valencia, Tirant Lo Blanch, 2022, pp. 59-91.

Para que opere la excepción han de concurrir dos requisitos. Por un lado, debe mediar solicitud del deudor y, por otro, ha de acreditarse que la ejecución de la garantía puede causar la insolvencia de la sociedad garante y de la sociedad deudor.

En cuanto al requisito de la solicitud del deudor cabe recordar que, según el nuevo artículo 590.2 del Texto Refundido de la Ley Concursal, ha de identificarse en la comunicación la existencia de garantías otorgadas por terceros que deban quedar afectadas por la comunicación y según el nuevo artículo 590.2 del Texto Refundido de la Ley Concursal han de identificarse las garantías otorgadas por terceros que han de quedar afectadas por la comunicación en el Decreto teniéndola por realizada.

Respecto al requisito de la acreditación de que la ejecución de la garantía pueda causar la insolvencia del garante y de la propia deudora, ha de seguirse el mismo criterio que en relación con la extensión de los efectos del plan de reestructuración sobre las garantías otorgadas por terceros, en los términos del nuevo artículo 652.2 del Texto Refundido de la Ley Concursal.

La norma no aclara qué tipo de insolvencia debe afectar al garante para que entre en juego la protección. Ante ese silencio, parece que bastaría con una insolvencia inminente, pero no una probabilidad de insolvencia, pues esta da mucho margen de reacción al deudor, de manera que no sería proporcional privar al acreedor de su garantía.

Aunque el nuevo artículo 596 del Texto Refundido de la Ley Concursal[11] no señala el mecanismo de respuesta del acreedor frente a la suspensión de la ejecución de la garantía otorgada por otra sociedad del grupo, ha de estarse a lo previsto en el nuevo artículo 590.3 del Texto Refundido de la Ley Concursal, conforme al cual cualquier acreedor podrá interponer recurso de revisión contra la resolución que tenga por efectuada la comunicación, entre otros motivos, cuándo los efectos de la comunicación no deban extenderse a determinadas garantías otorgadas por terceros. Tanto en el artículo 586.2 como en el 590, ambos del Texto Refundido de la Ley Concursal, el deudor solo debe indicar qué garantías (concretas y determinadas) otorgadas por terceros o por otras sociedades del grupo deben quedar afectadas por la comunicación. En cambio, en el nuevo artículo 596.3 del Texto Refundido de la Ley Concursal se atribuye al deudor, además, la carga de acreditar que la ejecución de unas garantías personales o reales prestadas por cualquier otra sociedad del grupo no incluida en la comunicación puede causar la insolvencia del garante y de la propia deudora. Dado el carácter automático de los efectos derivados de la comunicación y que el Letrado de la Administración de Justicia, al dictar la resolución prevista en el nuevo artículo 590 del Texto Refundido de la Ley Concursal carece de funciones de control sustantivo, parece que dicha acreditación (más bien, alegación) debe jugar sus efectos principales en sede del posible recurso de revisión que puede formular el acreedor al amparo del nuevo artículo 590.3

11. Este precepto sobre derecho de grupos ha de relacionarse con los nuevos artículos 652 y 755 del texto refundido de la Ley Concursal. Sobre este último véase el Auto del Juzgado de lo Mercantil n.º 1 de Sevilla, que amplia los efectos de la homologación a las garantías otorgadas a favor de la matriz española por filiales cuyo centro de intereses particulares se localiza fuera de España.

del Texto Refundido de la Ley Concursal. En definitiva, se plantea aquí un particular problema de carga de la prueba, que corre a cargo del deudor.

## 3. EFECTOS SOBRE LOS CONTRATOS[12]

### 3.1. El principio general de vigencia de los contratos durante la comunicación de apertura de negociaciones con los acreedores

La Ley Concursal puso fin al debate existente en la materia de los efectos de la declaración del concurso sobre los contratos, introduciendo reglas que han sido uno de los ámbitos más estables de nuestro derecho concursal moderno, sin que tales normas hayan variado prácticamente desde su promulgación en las distintas reformas.

Desde 2003 la regla de la vigencia de los contratos, una vez declarado el concurso, venía referida a los contratos con obligaciones recíprocas pendientes de cumplimiento tanto a cargo del concursado como de la otra parte, supuesto en el que las prestaciones a que estuviera obligado el concursado se realizarían con cargo a la masa. En cambio, en los contratos en que al momento de la declaración del concurso una de las partes hubiera cumplido íntegramente sus obligaciones y la otra tuviese pendiente el cumplimiento total o parcial de las recíprocas a su cargo, la regla no era la del mantenimiento del contrato, sino que el crédito o la deuda que correspondiera al deudor se incluirían, según procediera, en la masa activa o en la pasiva del concurso. Dicha norma fue corregida en el Texto Refundido de la Ley Concursal, que en el artículo 156 proclamaba el principio general de vigencia de los contratos sin distinguir entre aquellos que tengan obligaciones recíprocas pendientes de cumplimiento a cargo de ambas partes o solo de una de ellas. Dicho precepto establece que la declaración de concurso no es causa de resolución anticipada del contrato, sin limitar dicha regla a algún tipo de contrato, y añade que se tendrán por no puestas las cláusulas que establezcan la facultad de la otra parte de suspender o de modificar las obligaciones o los efectos del contrato, así como la facultad de resolución o la de extinción del contrato por la declaración del concurso de cualquiera de ellas o por la apertura de la fase de liquidación de la masa activa[13]. Dicha norma se completa con lo que disponen los artículos 157, 158 y 159 del Texto Refundido de la Ley Concursal.

Como se puede apreciar, el legislador, en el momento actual, ha dejado abierta la posibilidad para proteger también a los contratos en los que sólo hubiera obligaciones para una de las partes y, en el caso que nos ocupa, respecto del concursado. Por ello, si con anterioridad era evidente que contratos, como el de préstamo, no entraban dentro

12. Sobe esta materia nos dice el Preámbulo lo siguiente: «*La sección 3.ª regula los efectos de la comunicación sobre los contratos con obligaciones recíprocas pendientes de cumplimiento; tal y como exige la Directiva, la ley recoge el principio general de vigencia de esos contratos y, en consecuencia, deja sin efecto las cláusulas contractuales que puedan contrariarlo (las llamadas "cláusulas ipso facto"), con reglas especiales para los contratos de suministro de bienes o energía*».

13. Este último inciso relativo a la apertura de la fase de liquidación de la masa activa ha sido añadido por la Ley 16/2022.

de estas normas de efectos sobre los contratos en el concurso, ahora se plantea la posibilidad de referirnos a todos los contratos.

El nuevo artículo 597 del Texto Refundido de la Ley Concursal, bajo la rúbrica de «Principio general de vigencia de los contratos», establece que la comunicación (de negociaciones con los acreedores), por sí sola, no afectará a los contratos con obligaciones recíprocas pendientes de cumplimiento [14]. Y añade que, en particular, se tendrán por no puestas las cláusulas contractuales que prevean la suspensión, modificación, resolución o terminación anticipada del contrato por el mero motivo de: 1.º La presentación de la comunicación o su admisión a trámite. 2.º La solicitud de suspensión general o singular de acciones y procedimientos ejecutivos. 3.º Cualquier otra circunstancia análoga o directamente relacionada con las anteriores [15]. Por tanto, se consagra el principio de continuidad de los contratos y la ineficacia de las cláusulas que pueden afectarles por una comunicación de negociaciones o sus efectos.

Dicha norma deriva del mandato contenido en el artículo 7.4 de la Directiva que obliga a los Estados miembros a establecer normas para impedir que los acreedores cuyas ejecuciones se ven suspendidas por un procedimiento de reestructuración preventiva, puedan dejar en suspenso el cumplimiento de contratos vigentes esenciales, los resuelvan, aceleren [16] o modifiquen, en detrimento del deudor por un incumplimiento previo del deudor.

La Directiva aclara que por contratos vigentes esenciales ha de entenderse aquellos contratos vigentes que sean necesarios para proseguir la gestión diaria de la empresa, incluidos los contratos de suministro, cuya interrupción conduciría a una paralización de las actividades del deudor.

No obstante, la Directiva es consciente de que impedir a los acreedores el ejercicio de las facultades que surgen del incumplimiento de los contratos necesarios con anterioridad al proceso de reestructuración puede suponer un perjuicio injustificado para aquellos. Por ello, establece (artículo 7.4, párrafo segundo) que los Estados miembros podrán reconocer a dichos acreedores salvaguardias adecuadas con objeto de impedir

14. La expresión contratos esenciales debe entenderse en sentido amplio. Es sabido que en nuestro Derecho no es obligado la formalización del contrato. Es indiferente el nombre que se dé al negocio jurídico. Así, puede acordarse la protección derivada de la comunicación también, por ejemplo, elementos negociales, como unos presupuestos.

15. A diferencia de la Directiva (artículo 7.5) la Ley 16/2022, de 5 de septiembre, de reforma del texto refundido de la Ley Concursal introduce en el número 3.º, una cláusula abierta para dar cobijo a otras circunstancias análogas o directamente relacionada con la presentación de la comunicación o su admisión a trámite y la solicitud de suspensión general o singular de acciones y procedimientos ejecutivos (¿tal vez la solicitud de prórroga de los efectos de la comunicación o su concesión?). Aunque el Preámbulo de esta Ley no aclara o ejemplifica qué ha de entenderse por circunstancias análogas a las que se negará la posibilidad de afectar a los contratos, ha de valorarse positivamente esa cláusula abierta, pues seguro que la realidad desbordante de la reestructuración nos permitirá conocer otras cláusulas contractuales que pudieran afectar a los contratos, una vez abierta la vía reestructuradora.

16. Por «aceleren» habrá que entender «terminen anticipadamente». La aceleración no es una categoría de ineficacia propia de nuestro Derecho, que sí contempla la terminación anticipada.

que se les ocasione un perjuicio injusto como consecuencia de la prohibición de atacar los contratos incumplidos. Como puede comprobarse, el legislador nacional no ha considerado interesante hacer uso de dicha facultad.

De acuerdo con la naturaleza de mínimos de la Directiva, se reconoce la posibilidad de que los Estados miembros puedan establecer que la neutralización de las facultades del acreedor frente a incumplimientos previos del deudor, también se aplique a otros contratos vigentes no esenciales. Tampoco ha considerado necesario el legislador nacional hacer uso de dicha facultad.

La rúbrica del nuevo artículo 597 del Texto Refundido de la Ley Concursal, es *«Principio general de vigencia de los contratos»*, pero su alcance es más modesto de lo que expresa dicho título, pues establece su protección sólo en relación con los contratos con obligaciones recíprocas pendientes de cumplimiento.

Dicho concepto no nos es desconocido. Cuando la Ley Concursal establecía el principio de vigencia de los contratos lo hacía en relación con los contratos con obligaciones recíprocas pendientes de cumplimiento tanto a cargo del concursado como de la otra parte (artículo 61 de la Ley Concursal). Y en la misma línea también centra su protección en tales contratos el Texto Refundido de la Ley Concursal (artículo 158).

La Ley 16/2022 es más lacónica pues sólo habla de contratos con obligaciones recíprocas pendientes de cumplimiento, sin aludir a que las obligaciones recíprocas estén pendientes de cumplimiento tanto a cargo del concursado como de la otra parte.

Si acudimos a la Directiva para conocer cuáles son los contratos que deben ser objeto de especial protección, cabe recordar que, como hemos dicho, aquella se refiere a «contratos vigentes esenciales». En concreto el artículo 2.1 de la Directiva incluye entre las definiciones que utiliza la de «contrato vigente», entendiendo por tal el contrato entre un deudor y uno o varios acreedores en virtud del cual las partes tienen todavía obligaciones que cumplir en el momento en que se acuerda o aplica la suspensión de las ejecuciones singulares[17].

Por tanto, el principio de vigencia de los contratos viene referido en la Directiva a un tipo concreto de categoría contractual en el que la parte perjudicada por el incumplimiento cuenta con un sistema especial de protección de sus intereses[18].

17. Pese a dicha dicción, creemos que la protección frente a las obligaciones *ipso iure* afecta a los contratos con obligaciones recíprocas pendientes de cumplimiento tanto a cargo del concursado como de la otra parte. Esa opción puede defenderse en base a un elemento puramente gramatical o literal del nuevo artículo 597 del texto refundido de la Ley Concursal que habla en plural de *«obligaciones recíprocas pendientes»*, es decir, que los deberes de ambas partes estén todavía por cumplir. También en virtud de un elemento histórico, pues siempre ha sido así en nuestro Derecho. Y lógico, pues el mantenimiento de esos contratos, como decía la Exposición de Motivos de la Ley Concursal, procura la conservación de las empresas o unidades productivas de bienes o servicios integradas en la masa.

18. DÍAZ LA CHICA, S., «Los contratos pendientes de ejecución por ambas partes durante las negociaciones de reestructuración en la Propuesta de Directiva Europea sobre marcos de reestructuración preventiva», *Anuario de Derecho Concursal*, n.º 44, 2018, pp. 99-158.

En el Derecho nacional esos contratos con un régimen especial de protección frente al incumplimiento de obligaciones a cargo de la otra parte son los contratos bilaterales, esto es, aquellos contratos de los que se derivan obligaciones a cargo de ambas partes y tales obligaciones son recíprocas la una respecto de la otra. En estos contratos cada deber de prestación constituye para la otra parte la razón de ser o la causa por la que queda obligada a realizar o ejecutar su propia prestación y ambos deberes de prestación, funcionalmente enlazados, deben cumplirse simultáneamente. Así pues, una parte puede, si quiere, cumplir antes que la otra, pero ninguna puede exigir que la otra realice su prestación sin realizar la prestación a su cargo u ofrecer su realización.

En el régimen de protección especial frente al incumplimiento de las obligaciones a cargo de la otra parte que tienen estos contratos con obligaciones recíprocas debemos distinguir dos mecanismos principales. Por una parte, mediante la excepción de incumplimiento contractual («*exceptio non adimpleti contractus*»), se permite al contratante perjudicado no cumplir cuando la contraparte haya incumplido su obligación o lo ha hecho de forma defectuosa. Y por otra, el contratante perjudicado puede activar la pretensión de cumplimiento o demandar la resolución del contrato.

Para comprender qué supone efectivamente el principio general de vigencia de los contratos (artículo 597), debe analizarse dicho principio juntamente con el nuevo artículo 598 del Texto Refundido de la Ley Concursal. En el párrafo primero de dicho artículo se establece que los contratos con obligaciones recíprocas pendientes de cumplimiento pueden ser objeto de suspensión, modificación resolución o terminación anticipada por circunstancias distintas a la comunicación de apertura de negociaciones con los acreedores y los efectos que le son propios a ésta. En cambio, en el párrafo segundo se establecen una protección rigurosa con relación a los contratos necesarios para la continuidad de la actividad empresarial o profesional del deudor pues el ejercicio de las facultades de suspender, extinguir, modificar o resolver anticipadamente el contrato no será posible en base a incumplimientos anteriores a la comunicación. El núcleo de la protección consiste en que el acreedor no podrá ejercitar esas facultades que amenazarían los contratos necesarios por incumplimientos anteriores mientras se mantengan los efectos de la comunicación sobre las acciones y los procedimientos ejecutivos.

Respecto a los incumplimientos posteriores a la comunicación no dice nada el párrafo segundo del nuevo artículo 598 del Texto Refundido de la Ley Concursal, por tanto, habrá que entender, a falta de norma legal que excepcione la teoría general de las obligaciones y contratos, que será posible el ejercicio por parte del acreedor de las facultades de suspensión, modificación o resolución del contrato.

Esa protección máxima, como hemos visto, se predica de los contratos necesarios para la continuidad de la actividad empresarial o profesional del deudor. Ni la Ley Concursal ni el Texto Refundido de la Ley Concursal utilizaban el concepto de contrato necesario, pero sí utilizaban el adjetivo necesario para referirse a los bienes que gozaban de protección especial en distintos planos (protección frente a ejecuciones laborales o administrativas —artículo 144—, ejecuciones de bienes sujetos a garantía real —artículo 147 entre otros—). En relación con los contratos tanto la Ley Concursal como el Texto Refundido de la Ley Concursal utilizaban el adjetivo de afecto para dotar de protección especial a algunos contratos, como sucedía en el artículo 146 bis de la Ley Concursal al señalar qué contratos se mantenían tras la transmisión de la unidad productiva; en la misma línea el Texto Refundido de la Ley Concursal en su redacción inicial (artículo 222) utilizaba el concepto de bien afecto a la actividad empresarial o profesional del deudor para señalar qué contratos serán objeto de subrogación en la enajenación de una unidad productiva.

Pese a que el concepto de contrato necesario para la continuidad de la actividad empresarial o profesional del deudor sea fácilmente inteligible, ha de recordarse qué en la Directiva el término utilizado para describir a los contratos qué serán objeto de protección contra las acciones de resolución modificación o extinción de los contratos por parte del deudor es el de contratos vigentes esenciales. Pese a que dicho concepto no aparece definido en el artículo dos de la Directiva, hemos de entender tales contratos cómo aquellos que son indispensables para la continuidad de la actividad profesional o empresarial del deudor.

El fundamento de esta norma que impide la utilización de las facultades de debilitamiento de los contratos por las deudas que se originaron antes de la comunicación, es clara. Para la protección del colectivo de acreedores interesados en un proceso de reestructuración no basta con que se suspendan las ejecuciones por incumplimientos anteriores a la comunicación, sino que ha de irse más allá, desactivando las facultades de los acreedores para dejar sin efecto los contratos necesarios por tales incumplimientos.

Del Considerando 41 de la Directiva, resulta que el objeto de esta medida es evitar el cese anticipado de los contratos del deudor. Si no mediara dicha protección se pondría en peligro la capacidad de la empresa para continuar operando durante las negociaciones de la restructuración, especialmente por lo que se refiere a los contratos de suministros básicos, tales como electricidad, gas, agua o electricidad.

Como puede comprobarse, el legislador nacional no ha utilizado la posibilidad que le brindaba el párrafo final del artículo 7.4 de la Directiva para ampliar la protección frente a incumplimientos anteriores al procedimiento de reestructuración a otros contratos vigentes no esenciales. El nuevo artículo 598 del Texto Refundido de la Ley Concursal limita la neutralización de las facultades resolutorias (en sentido amplio) del acreedor para resolver el contrato frente a incumplimientos anteriores sólo a los contratos necesarios para la continuidad de la actividad empresarial o profesional del deudor.

Dicho precepto no da más pistas sobre la naturaleza del contrato necesario que queda protegido frente a incumplimientos anteriores. Como hemos visto, el Considerando 41 de la Directiva refiere la prohibición de resolución anticipada especialmente a los contratos de suministros básicos tales como gas, electricidad, agua, telecomunicaciones y servicios de pago con tarjeta.

Parece, por tanto, que la derogación del régimen general de las facultades de resolución por la parte *in bonis*, esto es, por parte del acreedor que ha visto incumplida la prestación contractual a la que tenía derecho, viene única y exclusivamente a los contratos de tracto sucesivo[19]. Ello debe ser así porque únicamente en esta modalidad puede el contrato estar pendiente de cumplimiento por ambas partes en el momento de la apertura del proceso de reestructuración —que, en este caso, sería la apertura de negociaciones— pese a la existencia de un incumplimiento previo. Ello es lógico si tenemos en cuenta que los contratos de tracto sucesivo se caracterizan por la existencia de parejas de prestaciones independientes entre sí, lo que lleva consigo que el incumplimiento de las obligaciones integrantes de una pareja de prestaciones no afecte a las obligaciones integrantes del resto de parejas de prestaciones. En los contratos de tracto único, por el contrario, si el incumplimiento se ha producido con carácter previo a la suspensión, no existirán obligaciones recíprocas pendientes de cumplimiento por ambas partes, dado que el crédito de la contraparte queda integrado a partir del momento de la suspensión en el conjunto de créditos afectos por el marco de la restructuración[20].

Teniendo en cuenta que los créditos anteriores a la suspensión quedan sometidos a la restructuración y que queda vedado resolver los contratos pendientes de cumplimiento por ambas partes por incumplimientos anteriores a la suspensión, puede concluirse que no debería ser posible el ejercicio de la facultad de resolución, ni en el supuesto de los contratos de tracto único en los que se haya producido el incumplimiento de la obligación del deudor con carácter anterior a la suspensión, ni en el supuesto de los contratos en los que la contraparte del deudor haya cumplido con su obligación antes de la suspensión.

Como hemos dicho, la Ley 16/2022 no establece norma alguna respecto de los efectos de la resolución en los casos de los contratos pendientes de cumplimiento por ambas partes en los que se produce un incumplimiento posterior a la suspensión. Por lo que se refiere a los contratos de tracto único, los efectos deberían ser aquellos que resulten del régimen común sobre obligaciones y contratos sin ninguna especificidad en particular. Por lo tanto, la resolución tendrá eficacia liberatoria, retroactiva y, en caso de que se den los requisitos para ello, indemnizatoria. En cuanto a los contratos de tracto sucesivo, la resolución tendrá eficacia liberatoria e indemnizatoria si se cumplen los

19. FACHAL, N. mantiene en «La comunicación de inicio de negociaciones como instrumento facilitador de la reestructuración», en COHEN, A. (dir.), *Nuevo marco jurídico de la reestructuración de empresas en España*, Thomson Reuters Aranzadi, Cizur Menor, 2022, que también podrían encuadrarse en este apartado los contratos de tracto único en que las prestaciones de las partes se hayan cumplido solo parcialmente, como sería el supuesto de una compraventa en la que no se ha entregado el bien ni material ni ficticiamente y se ha pagado parte de su importe, dado que ninguno de los intereses en juego de los contratantes ha sido satisfecho íntegramente. El comprador solo ha cumplido parcialmente la obligación de pago, al quedar pendiente de abono una parte, en tanto que la vendedora, normalmente la deudora, no ha llevado las actuaciones necesarias para la entrega y en ocasiones ni siquiera para la obra y queda pendiente su realización.

20. DÍAZ LA CHICA, S., *opus cit.*

requisitos generales para ello. En cambio, es una cuestión más dudosa si la eficacia es o no retroactiva. Cabe recordar que, en este tipo de contratos, acordada la resolución, tiene lugar la liquidación de la relación jurídica en cuanto a las obligaciones ya vencidas, de forma que el acreedor tendría derecho a recibir las prestaciones incumplidas por el deudor conforme a lo dispuesto en la restructuración si se corresponden con contraprestaciones realizadas antes de la suspensión, o en su integridad si se corresponden con contraprestaciones realizadas tras la suspensión. Parece más lógico, por tanto, que no medie eficacia retroactiva.

### 3.2. La ineficacia de las cláusulas «*ipso facto*»

Como complemento al principio general de vigencia de los contratos y la prohibición de que las contrapartes del deudor suspendan, resuelvan o modifiquen negativamente los contratos necesarios pendientes de ejecución en caso de incumplimientos anteriores a la suspensión, la Ley 16/2022, de 5 de septiembre, de reforma del Texto Refundido de la Ley Concursal declara, de forma muy similar a lo que prevé para el concurso de acreedores el artículo 158 del Texto Refundido de la Ley Concursal (y como anteriormente hacía el artículo 61.3 de la Ley Concursal), la ineficacia de aquellas cláusulas que puedan debilitar o extinguir, en perjuicio del deudor, los contratos con obligaciones recíprocas por la sola causa de la comunicación de negociaciones. Esta regla viene, por lo tanto, a anticipar a la fase preconcursal el régimen previsto para la declaración del concurso. En particular, la Ley 16/2022 establece que no podrán suspenderse, resolverse, terminarse o modificarse los contratos con obligaciones recíprocas pendientes de cumplimiento por el mero hecho de la presentación de la comunicación o su admisión a trámite, la solicitud de suspensión general o singular de acciones y procedimientos ejecutivos o cualquier otra circunstancia análoga o directamente relacionada con las anteriores[21].

El fundamento de la ineficacia de dichas cláusulas radica en que tales pactos pueden ser perjudiciales para el colectivo de los acreedores concursales. En particular, tales cláusulas, si son ejercitadas por la contraparte de un contrato que se encuentra pendiente de cumplimiento por ambas partes, pueden privar al deudor de la posibilidad de ejecutar un contrato que podría ser indispensable para la conservación de la empresa.

Las cláusulas que se proscriben vienen referidas a la facultad del acreedor de instar la resolución ante circunstancias relacionadas directamente con la restructuración de la deuda o la suspensión de las acciones de ejecución individuales. Por lo tanto, dicho precepto no se refiere, como tampoco hacía el Texto Refundido de la Ley Concursal o

21. La Directiva (artículo 7.5) establece que no podrán dejarse en suspenso el cumplimiento de contratos vigentes, resolverlos, acelerarlos (resolverlos anticipadamente) o modificarlos de cualquier otra manera en detrimento del deudor, en virtud de una cláusula contractual que prevea tales medidas por el mero motivo de: a) una solicitud de apertura de un procedimiento de reestructuración preventiva; b) una solicitud de suspensión de las ejecuciones singulares; c) la apertura de un procedimiento de reestructuración preventiva, o d) la propia concesión de una suspensión de las ejecuciones singulares.

la Ley Concursal, a las cláusulas que establezcan la facultad de resolución o vinculen la extinción del contrato al incumplimiento previo a la comunicación de apertura de negociaciones. Si el incumplimiento se hubiera producido con carácter anterior a la suspensión o se tratara de un contrato pendiente de cumplimiento únicamente por el deudor, no resultaría posible el ejercicio de la facultad resolutoria o cualquiera de las otras previstas en el nuevo artículo 597 del Texto Refundido de la Ley Concursal, sino que entraría en juego la prohibición introducida por el artículo 598.2 introducido por la Ley 16/2022.

Si el incumplimiento se produjera en el supuesto de contratos con obligaciones pendientes de cumplimiento, el nuevo artículo 598 del Texto Refundido de la Ley Concursal no excluye su eficacia siempre que, de acuerdo con las normas generales, se trate de un incumplimiento resolutorio, es decir, un incumplimiento esencial que provoque la falta de obtención del fin del contrato y frustre las expectativas razonables de las partes conforme al contrato.

El nuevo artículo 597 del Texto Refundido de la Ley Concursal supone, como venimos señalando, la desactivación de las cláusulas *ipso facto* por la presentación de la comunicación preconcursal y debe completarse con lo dispuesto en el nuevo artículo 595 del Texto Refundido de la Ley Concursal sobre los efectos de la comunicación sobre los créditos a plazo[22].

El nuevo artículo 595, al igual que el nuevo artículo 586 del Texto Refundido de la Ley Concursal, utiliza la expresión *«por sí sola»* al referirse a que la comunicación preconcursal no producirá el vencimiento anticipado de los créditos. Tal inciso «por sí sola» no existía en el Anteproyecto de reforma, lo que había sido justificado[23] con el claro objetivo de fijar una regla legal, que operase de forma inexorable, cualquiera que sea la regulación contractual. No obstante, ese objetivo queda bien claro con el apartado segundo del nuevo artículo 595 del Texto Refundido de la Ley Concursal, cuando explicita la regla de la neutralización de cláusulas *ipso facto* que impone la Directiva (artículo 7.5), declarando ineficaces las cláusulas contractuales que pudieran permitir a la contraparte del deudor que efectúa la comunicación, la modificación o vencimiento anticipado del crédito por la sola razón de la comunicación de apertura de negociaciones, por la suspensión de acciones y ejecuciones que resulta o puede resultar de la misma o cualquier otra circunstancia «análoga o directamente relacionada con ellas».

22. En OTERO, M. T., «Comentario al artículo 156», en PEINADO GRACIA, J. I. / SANJUÁN Y MUÑOZ, E., (dirs.), *Comentarios al articulado del texto refundido de la Ley Concursal*, Tomo I, Las Rozas, Sepin, 2020, pp. 1059-1066, se señala que el fundamento de la inoperatividad de este tipo de cláusulas radica en que pueden ser perjudiciales para los acreedores, es decir que el conjunto de los acreedores puede verse afectado si se permite la resolución del contrato pudiendo la misma afectar a la conservación de la empresa o de la masa activa si se produjese la recuperación de la prestación por parte del acreedor *in bonis* sin tener que haber padecido la concurrencia con el resto de acreedores y la más que probable reducción de su crédito en definitiva se trata del reflejo de la primacía del interés colectivo de los acreedores frente al interés individual.

23. AZOFRA, F., *opus cit.*

Y la misma estructura se repite en el nuevo artículo 597 del Texto Refundido de la Ley Concursal que contiene la expresión «por sí sola» al referirse a la comunicación preconcursal y la carencia de efectos sobre los contratos (determinados contratos).

El artículo 597 del Texto Refundido de la Ley Concursal, en la redacción introducida por la Ley 16/2022, sólo puede entenderse con una lectura conjunta del artículo que le sigue. En efecto, el nuevo artículo 598 del Texto Refundido de la Ley Concursal reconoce la eficacia, pese a la comunicación de la apertura de negociaciones, de la facultad de suspensión, modificación, resolución o terminación anticipada de los contratos con obligaciones recíprocas pendientes de cumplimiento por circunstancias distintas de las mencionadas en el artículo anterior. Por tanto, si media cualquier otra causa que no sea la presentación de la comunicación o su admisión a trámite, la solicitud de suspensión general o singular de acciones y procedimientos ejecutivos o cualquier otra circunstancia análoga o directamente relacionada con las anteriores, y que hubiera sido reconocida en el contrato como *ipso iure*, el contrato podrá resolverse.

Esa falta de protección encuentra una excepción en los contratos necesarios[24] para la continuidad de la actividad empresarial o profesional del deudor, supuestos en que las facultades de suspender el cumplimiento de las obligaciones de la contraparte o de modificar, resolver o terminar anticipadamente el contrato por incumplimientos anteriores a la comunicación no podrán ejercitarse mientras se mantengan los efectos de la comunicación sobre las acciones y los procedimientos ejecutivos. El último inciso concede a la contraparte afectada la posibilidad de interponer recurso de revisión si considera que su contrato no es necesario para la continuidad de la actividad empresarial o profesional del deudor.

Como decimos, el nuevo artículo 598 del Texto Refundido de la Ley Concursal completa el precepto que le precede, pues, nos da idea de hasta qué momento están desarticuladas las cláusulas *ipso facto*: mientras se mantengan los efectos de la comunicación sobre las acciones y los procedimientos ejecutivos.

En este contexto, es evidente que nos encontramos con la búsqueda de la continuación de los contratos pendientes y, de esta forma, evitar el perjuicio de los intereses del conjunto de acreedores, mediante cláusulas que establezcan la facultad de resolución o la extinción de los contratos con obligaciones recíprocas por la sola causa de la aper-

24. Como hemos dicho, es novedosa en nuestra legislación sobre insolvencia la expresión «contrato necesario». Conocemos el concepto de bien o derecho necesario para la actividad, pero sus significados deben estar muy próximos. Indagando en la Directiva 2019/1023 puede apreciarse que el Considerando n.º 41 de la Directiva sobre reestructuración e insolvencia nos da una idea de qué contratos son necesarios cuando habla de contratos de suministros básicos tales como gas, electricidad, agua, telecomunicaciones y servicios de pago con tarjeta, y aclara que los contratos vigentes con obligaciones recíprocas incluyen, por ejemplo, los contratos de arrendamiento y de licencia, los contratos de suministro a largo plazo y los acuerdos de franquicia. Por su parte, el artículo 7.4 de la Directiva utiliza un concepto diferente, cuales es el de contratos vigentes esenciales entendiéndose por tales aquellos contratos vigentes que sean necesarios para proseguir la gestión diaria de la empresa, incluidos los contratos de suministro, cuya interrupción conduciría a una paralización de las actividades del deudor.

tura de un procedimiento de reestructuración. Y el mecanismo ideado por el legislador es la ineficacia de dichas cláusulas que pueden contrariar al contrato en perjuicio del conjunto de los acreedores.

Estas cláusulas se tienen por no puestas, de modo que no es preciso entablar una acción para que se declare su ineficacia o ilegalidad. No obstante, esta regla de ineficacia de las cláusulas resolutorias admite excepciones, siempre que se encuentren específicamente previstas en las correspondientes leyes reguladoras, de acuerdo con lo previsto en los regímenes especiales de efectos de la declaración de concurso sobre contratos bilaterales pendientes de cumplimiento por ambas partes[25].

La regla que establece el nuevo artículo 597 del Texto Refundido de la Ley Concursal supone, en términos amplios, la inmunidad de tales contratos frente a la mera presentación de la comunicación. Y dicha regla general, tal vez de forma innecesaria, concreta dicha declaración señalando que, en particular, se tendrán por no puestas las cláusulas contractuales que prevean la suspensión, modificación, resolución o terminación anticipada del contrato por el mero motivo de:

1.º La presentación de la comunicación o su admisión a trámite.

2.º La solicitud de suspensión general o singular de acciones y procedimientos ejecutivos.

3.º Cualquier otra circunstancia análoga o directamente relacionada con las anteriores.

El nuevo artículo 597 del Texto Refundido de la Ley Concursal no aclara qué puede entenderse por *«cualquier otra circunstancia análoga o directamente relacionada con las anteriores»,* esto es, la presentación de la comunicación o su admisión a trámite y la solicitud de suspensión general o singular de acciones y procedimientos ejecutivos.

Ahora bien, la protección de los contratos con obligaciones recíprocas pendientes de cumplimiento no alcanza a la facultad de suspensión, modificación, resolución o terminación anticipada de tales contratos distintas de las mencionadas. Por tanto, cualquier incumplimiento anterior a la comunicación no impedirá el ejercicio de las facultades de suspender el cumplimiento de las obligaciones de la contraparte o de modificar, resolver o terminar anticipadamente el contrato por incumplimientos mientras se mantengan los efectos de la comunicación sobre las acciones y los procedimientos ejecutivos.

Cabe recordar que, como consta en el Preámbulo de la Ley 16/2022, de 5 de septiembre, de reforma del Texto Refundido de la Ley Concursal, la sección 5.ª del capítulo

25. MOLINA HERNÁNDEZ, C., «La vigencia de los contratos en el concurso de acreedores», en CAMPUZANO, A. B. / DÍAZ MORENO, A. (dirs.), *Los contratos en el concurso de acreedores*, Cizur Menor, Aranzadi, 2021, pp. 21-39.

II (Título II, del Libro II) (nuevo artículo 607[26]) regula la posibilidad de prorrogar, por una sola vez, los efectos de la comunicación por un período adicional de tres meses, lo cual puede ser pertinente en negociaciones muy complejas, que involucran a muchos y muy heterogéneos acreedores, e incluso accionistas, como puede suceder en el caso de una sociedad cotizada. En la sección 6.ª (artículo 609) se prohíben las nuevas comunicaciones, de forma que una vez formulada la comunicación, no podrá presentarse otra por el mismo deudor en el plazo de un año, a contar desde la presentación. Y cabe recordar que, tras la reforma de 2022, solo el deudor puede formular la comunicación (artículo 585).

No obstante, las acciones señaladas por incumplimientos anteriores a la comunicación y durante los efectos de ésta, no son posibles frente a los contratos necesarios para la continuidad de la actividad empresarial profesional del deudor. Tales contratos son inmunes mientras que la comunicación despliega sus efectos, salvo si se trata de incumplimientos posteriores a la misma.

Como hemos adelantado, el carácter de bien necesario puede discutirse por la contraparte afectada mediante el recurso de revisión. Siempre nos ha parecido un cauce estrecho para esta discusión, tanto en lo que se refiere al trámite de discusión y sus posibilidades probatorias, como a la impropiedad de la utilización de dicho medio de impugnación que viene referido, en general, a la comisión de una infracción material o procesal.

En sede de los efectos de la declaración de concurso sobre los contratos se regula la resolución de los contratos (por incumplimiento —artículos 160 a 164 del Texto Refundido de la Ley Concursal — y en interés del concurso —artículo 165 de la misma norma—). En cambio, dicha cuestión no se contempla entre los efectos de la comunicación de apertura de negociaciones sobre los contratos, sin duda por la propia duración de los efectos de dicha comunicación. En definitiva, durante este período sólo se pretende proporcionar un período de confort al deudor para que pueda negociar con sus acreedores, sin que sea necesario adoptar medidas de importancia como son las relativas a la resolución (por incumplimiento o interés del concurso) de los contratos del deudor.

### 3.3. Acuerdos de compensación contractual[27]

El nuevo artículo 599 del Texto Refundido de la Ley Concursal, bajo la rúbrica de «Especialidades para determinados acuerdos de compensación contractual» regula la

---

26. Los artículos 607 y 608, tras la Ley 16/2022, de 5 de septiembre, de reforma del texto refundido de la Ley Concursal, regulan respectivamente la «Prórroga de los efectos de la comunicación» y «El levantamiento de la prórroga o de sus efectos frente a determinados acreedores», como estudiaremos más adelante.

27. Se definen en MARTÍNEZ ROSADO, J., «Los acuerdos de compensación contractual: tratamiento en el concurso de acreedores», en CALLEJO, C. / BERROCAL. A. I. / FLORES, M. S. / RAGA, J. T. (dirs.), *El préstamo hipotecario y el mercado del crédito en la Unión Europea*, Dykinson, Universidad Complutense de Madrid, 2016, pp. 501-528, como aquellos que prevén la creación de una única obligación jurídica que abarca «todas las operaciones incluidas en dicho acuerdo y en

incidencia de las cláusulas *ipso facto* en determinados acuerdos de compensación contractual (no todos). Así, declara la inmunidad, frente a la comunicación de apertura de negociaciones, de la facultad de vencimiento anticipado, resolución o terminación de los acuerdos de compensación contractual sujetos al Real Decreto-Ley 5/2005, de 11 de marzo, de reformas urgentes para el impulso a la productividad y para la mejora de la contratación pública.

Nos encontramos, pues, ante una excepción al principio general de vigencia de los contratos por la sola comunicación de apertura de negociaciones o por el resto de las causas del nuevo artículo 597 del Texto Refundido de la Ley Concursal. Por tanto, la comunicación preconcursal no limita las facultades de los acreedores para declarar el vencimiento anticipado, la resolución o la terminación de estos acuerdos de compensación contractual sujetos al Real Decreto-Ley 5/2005[28].

Ahora bien, añade el nuevo artículo 599.2 del Texto Refundido de la Ley Concursal que el saldo resultante de la aplicación de una cláusula de vencimiento anticipado de los acuerdos de compensación contractual quedará sujeto a las disposiciones establecidas en los artículos 600 a 606 del Texto Refundido de la Ley Concursal sobre suspensión de ejecuciones. Se sigue así lo dispuesto en el último inciso del artículo 7.6 de la Directiva, conforme al cual, pese a que el acuerdo de suspensión pueda extinguirse, la suspensión se aplicará a la ejecución por el acreedor del crédito contra un deudor que resulte del cumplimiento de un acuerdo de compensación (netting)[29].

Por último, el nuevo artículo 599 del Texto Refundido de la Ley Concursal establece en su párrafo 3 que la no afectación de las facultades de vencimiento anticipado, resolución o terminación, por la comunicación preconcursal será también de aplicación a los contratos de suministro de bienes, servicios o energía necesarios para la continuidad de la actividad empresarial o profesional del deudor, negociados en mercados organizados de modo que puedan ser sustituidos en cualquier momento a su valor de mercado[30]. Como puede apreciarse, el legislador no brinda protección a estos contratos sobre materias esenciales salvo cuando no sean de los negociados en mercados organizados. Por tanto, si nos encontráramos ante ese tipo de contratos necesarios para la continuidad de la actividad, negociados en mercados que carecen de regulación, dónde los inversores acuerdan de forma bilateral sus transacciones a través de acuerdos de

---

virtud de la cual, en caso de vencimiento anticipado, las partes sólo tendrán derecho a exigirse el saldo neto del producto de la liquidación de dichas operaciones», saldo que se calculará conforme a lo previsto en el propio acuerdo de compensación o en los acuerdos que guarden relación con éste (se ha accedido a este artículo a través de V/lex).

28. Esta norma deriva directamente de lo dispuesto en el artículo 7.6 y el considerando 94 de la Directiva.

29. En palabras del Considerando 94 de la Directiva «La cantidad que resulte de la operación de los acuerdos de compensación (netting), incluidos los acuerdos de compensación (netting) exigible anticipadamente, sí debe estar sujeta, sin embargo, a la suspensión de las ejecuciones singulares».

30. En términos del segundo apartado del artículo 7.6 de la Directiva «El párrafo primero no se aplicará a contratos de suministro de bienes, servicios o energía necesarios para el funcionamiento de la empresa del deudor, a menos que tales contratos sean en forma de posición negociada en bolsa u otro mercado, de modo que pueda ser sustituido en cualquier momento a valor actual de mercado».

neteo y de colateral con la contrapartida, sí quedarán afectados por la comunicación de apertura de negociaciones, quedando desactivadas las cláusulas *ipso facto*.

### 3.4. Garantías financieras

La Sección 4.ª está dedicada a los efectos de la comunicación sobre las acciones y los procedimientos ejecutivos[31]. En concreto, el nuevo artículo 603 del Texto Refundido de la Ley Concursal-(anterior artículo 591) regula tales efectos en relación a la ejecución de garantías reales, señalando que la comunicación de negociaciones no impide a los titulares de derechos reales de garantía iniciar ejecuciones judiciales o extrajudiciales sobre los bienes o derechos gravados, si bien, si la garantía recayera sobre bienes o derechos necesarios para la continuidad de la actividad empresarial o profesional del deudor, el procedimiento de ejecución se suspenderá hasta que transcurran tres meses a contar desde la comunicación. Y a continuación protege la ejecución de la garantía financiera sujeta al Real Decreto Ley 5/2005, de 11 de marzo, frente a la comunicación preconcursal; ésta tampoco afectará a la facultad de vencimiento anticipado de las obligaciones garantizadas, por la parte cubierta por esa garantía financiera.

La doctrina ha recordado[32] que el Real Decreto-Ley 4/2014, parece querer dejar intacto el régimen de las garantías financieras al afirmar en su Preámbulo que *«quedan a salvo, entre otras, las previsiones del capítulo II del título I»* del Real Decreto-Ley 5/2005 en el último párrafo del apartado IV del preámbulo, precisamente dedicado a la homologación judicial de acuerdos de refinanciación.

Cabe recordar que el artículo 31.1,b) de la Directiva no deja sin efecto la Directiva 2002/47/CE (entre otras), y que esta última Directiva fue traspuesta a nuestro derecho por el Real Decreto-Ley 5/2005, que otorga al acreedor de garantías financieras un régimen de protección frente a las acciones rescisorias o frente a la paralización de ejecuciones incluso en caso de concurso (arts. 14 a 16 del RD-L 5/2005). Por ello, se ha defendido que *«con mayor razón debería quedar protegido frente a la paralización de ejecuciones en un trámite preconcursal como la comunicación de negociaciones»*[33].

Toda esta materia debe completarse con el estudio de las normas contenidas en los nuevos artículos 618 a 620 del Texto Refundido de la Ley Concursal, que regulan los

---

31. Según la Exposición de Motivos de la Ley 16/2022, de 5 de septiembre, de reforma del texto refundido de la Ley Concursal «(L)a sección 4.ª del capítulo II se ocupa de los efectos de la comunicación sobre las acciones y los procedimientos ejecutivos, judiciales o extrajudiciales, sobre bienes o derechos del deudor necesarios para la continuidad de sus actividades, con exclusión, en todo caso, de tales efectos sobre los créditos de derecho público; como novedad, se da más versatilidad al régimen vigente para ajustar el alcance de la suspensión a las necesidades particulares de cada caso».

32. AZOFRA, F. *opus cit.*

33. AZOFRA, F. *opus cit.*, quien señala *«Coherente con esta intención programática, la Disposición Adicional Primera del Real Decreto-Ley 11/2014, y de la Ley 9/2015 estableció que, a los efectos del Real Decreto Ley 5/2005 "las actuaciones que se deriven de la aplicación del artículo 5 bis y de la disposición adicional cuarta [...] tendrán la consideración de medidas de saneamiento*

efectos de la homologación de un plan de reestructuración[34] sobre los contratos, y el artículo nuevo 657 del Texto Refundido de la Ley Concursal sobre impugnación del auto de homologación que acuerde la resolución de un contrato con obligaciones recíprocas pendientes de cumplimiento.

## 4. EFECTOS DE LA COMUNICACIÓN SOBRE LAS ACCIONES Y LOS PROCEDIMIENTOS EJECUTIVOS[35]

### 4.1. Prohibición legal de iniciación de ejecuciones y suspensión legal de las ejecuciones en tramitación

La trasposición de la Directiva de Reestructuraciones e Insolvencia mediante la reforma de 2022 ha supuesto la introducción de importantes novedades en esta materia. La redacción inicial del Texto Refundido de la Ley Concursal (artículos 588 y 589) contenía un efecto legal de prohibición de inicio de ejecuciones o de suspensión de las que estuvieran en tramitación al tiempo de presentarse la comunicación y que recayeran sobre bienes o derechos necesarios para la continuidad de la actividad profesional o empresarial del deudor. También contenía otras normas sobre ejecuciones de créditos de pasivos financieros, sobre garantías reales, sobre créditos de derecho público y sobre la posibilidad de iniciar o reanudar las ejecuciones. Era una normativa interesante para facilitar la solución pactada de los problemas del deudor, pero algo rígida. Por ello, aprovechando la normativa comunitaria, la Ley 16/2022 ha sido ambiciosa en esta materia, si bien, hay extremos que no se han resuelto debidamente.

Al igual que en la regulación anterior a la reforma, se contempla la prohibición legal de iniciación de ejecuciones judiciales o extrajudiciales por parte de los acreedores sobre bienes o derechos necesarios para la continuidad de la actividad empresarial o profesional del deudor hasta que transcurran 3 meses a contar desde la presentación de la comunicación (nuevo artículo 600). También se establece la suspensión legal y auto-

*[siendo] de aplicación a estas actuaciones los mismos efectos que establece para la apertura de concurso el capítulo II del título I del Real Decreto-Ley 5/2005". Ese mismo efecto y contenido se predica, en esa misma Disposición Adicional, a los efectos de la Ley 41/1999, de 12 de noviembre, sobre sistemas de pagos y liquidación de valores. Así, el acreedor con garantía financiera puede proceder a la ejecución incluso aunque se hayan paralizado o suspendido las ejecuciones judiciales o extrajudiciales de bienes o derechos necesarios para la continuidad de la actividad del deudor en el contexto de la presentación de la comunicación de apertura de negociaciones con los acreedores (arts. 588, 589 y 591 TRLC)».*

34. Nos da una Idea de la importancia que el legislador da a esta materia el hecho de que el artículo 633 de la Ley 16/2022, de 5 de septiembre, de reforma del texto refundido de la Ley Concursal, exija como mención obligatoria de un plan de reestructuración sometido a la nueva regulación *«6.ª los contratos con obligaciones recíprocas pendientes de cumplimiento que, en su caso, vaya a quedar resueltos en virtud del plan».*

35. Dice el Preámbulo lo siguiente sobre esta materia*; «La sección 4.ª del capítulo II se ocupa de los efectos de la comunicación sobre las acciones y los procedimientos ejecutivos, judiciales o extrajudiciales, sobre bienes o derechos del deudor necesarios para la continuidad de sus actividades, con exclusión, en todo caso, de tales efectos sobre los créditos de derecho público; como novedad, se da más versatilidad al régimen vigente para ajustar el alcance de la suspensión a las necesidades particulares de cada caso».*

mática de las ejecuciones judiciales o extrajudiciales que estuvieran en tramitación, sobre los bienes o derechos necesarios para la continuidad de la actividad del deudor desde que la autoridad que las estuviera conociendo reciba la resolución del juzgado teniendo por efectuada la comunicación de inicio de negociaciones con los acreedores, y por un plazo de 3 meses desde esa comunicación, salvo que el deudor acredite haber solicitado la prórroga (nuevo artículo 601).

Como vemos, tanto la prohibición legal de iniciación de ejecuciones como la suspensión legal de las ejecuciones en tramitación vienen referidos a los bienes o derechos necesarios para la continuidad de la actividad empresarial o profesional del deudor, es decir, sí las ejecuciones vinieran referidas a otros bienes no necesarios podrán ser iniciadas o continuadas pese a la formulación de la comunicación de negociaciones.

Conviene recordar que según el nuevo artículo 586 del Texto Refundido de la Ley Concursal en la comunicación al juzgado deberá hacerse constar los bienes y derechos que se consideren necesarios para la continuidad de su actividad empresarial o profesional y si se siguen ejecuciones contra esos bienes, identificándose en la comunicación cada una de las que se encuentren en tramitación. Asimismo, según el nuevo artículo 590 del Texto Refundido de la Ley Concursal sí en la comunicación se hubiera expresado que se siguen ejecuciones contra bienes o derechos que el deudor considera necesarios para la continuidad de su actividad empresarial o profesional o que determinadas garantías prestadas por terceros por terceros han de quedar afectadas con la comunicación, en la resolución en que se tenga por efectuada la comunicación se identificarán esas ejecuciones y esas garantías comunicándose en el mismo día de la resolución por parte del letrado de la administración de Justicia por medios electrónicos a cada una de las autoridades judiciales que esté conociendo de las ejecuciones a efectos de proceder a su suspensión[36]. De acuerdo con el nuevo artículo 590.3 del Texto Refundido de la Ley Concursal, cualquier acreedor podrá interponer recurso de revisión contra la resolución que tenga por efectuada la comunicación, entre otros motivos por el hecho de que los bienes o derechos contra los que se siguen ejecuciones o frente a los que se pretende iniciarlas no son necesarios para la continuidad de la actividad empresarial o profesional del deudor.

Debe insistirse en que el efecto suspensivo es automático, sin que el órgano que conozca o vaya a conocer de la ejecución tenga que controlar ningún presupuesto, ni tenga ningún margen de discrecionalidad. Si el acreedor no está de acuerdo con la suspensión de la ejecución o la prohibición de su inicio, deberá acudir ante el órgano competente —el juzgado ante el que se presentó la comunicación— para discutir el carácter necesario del bien o derecho para la continuidad de la actividad del deudor, cosa que en la práctica se da de forma excepcional, seguramente por lo limitado del tiempo durante el que la comunicación despliega sus efectos.

36. También es un cauce para conseguir la eficacia de la suspensión de un lanzamiento, como acuerda el Decreto de 12 de septiembre de 2023 del Juzgado de lo Mercantil n.º 1 de Palma.

Como hemos dicho, el efecto consagrado legalmente es el de suspensión o prohibición de inicio de ejecuciones sobre bienes necesarios, pero no el de alzamiento de medidas ejecutivas, por ejemplo, de embargos. Ese efecto se consagra con relación a la declaración de concurso, pero no como efecto derivado de la comunicación preconcursal. En efecto, el artículo 143.2 del Texto Refundido de la Ley Concursal establece que el juez del concurso a solicitud de la administración concursal previa audiencia de los acreedores afectados podrá acordar el levantamiento y cancelación de los embargos trabados en las actuaciones y los procedimientos de ejecución cuya tramitación hubiera quedado suspendida cuando el mantenimiento de esos embargos dificultará gravemente la continuidad de la actividad profesional o empresarial del deudor. Pero, como decimos, este efecto no ha sido previsto por el legislador como propio de la comunicación preconcursal. Ciertamente, el problema es importante cuando se han embargado saldos bancarios o créditos del deudor frente a terceros con anterioridad a la presentación de la comunicación. Desde este momento, quedarán suspendidos los procedimientos de ejecución y no podrán retenerse nuevos saldos o créditos frente a terceros, pero no hay base legal para el alzamiento de los embargos correspondientes ni para que los créditos embargados previamente se devuelvan al deudor, ni siquiera en supuestos en que son necesarios para la continuidad de la actividad empresarial o profesional del deudor. Todo ello, con independencia de que se trate de créditos públicos o privados. Seguramente, lo que pretende el legislador es que el deudor acuda a los procedimientos de reestructuración preventiva con anterioridad a que sus dificultades financieras hayan obligado a los acreedores a una reclamación judicial de sus derechos.

Tampoco queda claro en la regulación si quedan incluidas en su ámbito las medidas cautelares de naturaleza ejecutiva que pudieran recaer sobre el patrimonio del deudor. Esta cuestión se debatió bajo el régimen de la Ley Concursal ya derogada y se propuso distinguir entre medidas cautelares vinculadas a una ejecución y aquellas otras que no procediesen de un procedimiento de esta naturaleza, de modo que únicamente las primeras quedarían comprendidas en el ámbito del antiguo artículo 5 bis. Alguna opinión señala que lo determinante es la naturaleza de la medida, esto es, la afectación que produzca en el patrimonio del deudor con independencia de que dimane de procesos de naturaleza declarativa o ejecutiva; es más, en este último caso está claro que deben quedar comprendidas en los nuevos artículos 600 y 601 del Texto Refundido de la Ley Concursal si tenemos en cuenta que las medidas cautelares son puramente instrumentales y están orientadas a garantizar la efectividad de la tutela judicial que pudiera otorgarse en el procedimiento principal[37].

A mi juicio, la reforma, como anteriormente lo hacía el Texto Refundido de la Ley Concursal, solo habla de acciones y procedimientos ejecutivos o lo que es lo mismo de ejecuciones, por tanto, las medidas cautelares adoptadas en el marco de un procedimiento declarativo no pueden quedar afectadas por la comunicación preconcursal. Esta solo despliega efectos sobre las ejecuciones, esto es, en procedimientos en los que no

37. FACHAL, N., *opus cit.*

se adoptan medidas cautelares sino ejecutivas, siendo éstas las que únicamente quedan afectadas por la comunicación preconcursal.

Otra cuestión debatida, pero muy relacionada con lo expuesto, es qué pasa con los embargos preventivos adoptados en procedimientos cambiarios. Nuevamente nos encontramos con problemas que asfixian la tesorería de las empresas, pero carecemos de mecanismos legales para adoptar la suspensión, y menos aún el levantamiento, de los embargos preventivos adoptados en un procedimiento cambiario. Creo que nuevamente nos encontramos en supuestos en que el juez carece de facultades para suspender o levantar embargos preventivos, sobre todo de cuentas corrientes o créditos frente a terceros que pueden afectar a la sostenibilidad de la deudora[38]. La solución pasa, de nuevo, por la decisión del deudor de acudir de forma pronta a un procedimiento de reestructuración cuando percibe la proximidad de problemas financieros, por ejemplo, mediante la interposición de procedimientos judiciales o administrativos en su contra.

Es una cuestión dudosa hasta cuando un bien puede considerarse que está en ejecución a los efectos de su suspensión por la comunicación de negociaciones. En concreto, cuando la subasta del bien ya ha terminado, ¿puede suspenderse la ejecución? Según el Decreto del Juzgado de lo Mercantil n.º 2 Murcia, de 12 de julio de 2023, hasta la resolución que adjudique el activo es de la deudora y, por tanto, hasta el dictado de dicha resolución es posible la suspensión de la ejecución.

### 4.2. Prohibición general o individual de iniciación o suspensión de ejecuciones por decisión judicial

Sin duda la gran novedad en este punto de la reforma de 2022 ha sido la introducción de la posibilidad de que el juez decrete una prohibición general o individual de iniciación o suspensión de ejecuciones[39]. En efecto, a solicitud del deudor presentada en cualquier momento, el juez podrá extender la prohibición de iniciación de ejecuciones judiciales o extrajudiciales, de las ya iniciadas sobre todos o algunos de los bienes o derechos distintos de los necesarios para la continuidad de la actividad, contra uno o varios acreedores individuales o contra una o varias clases de acreedores cuando resulte necesario para asegurar el buen fin de las negociaciones.

Como vemos, esta posibilidad, que se brinda al deudor, puede solicitarse no solo al presentar la comunicación sino en cualquier momento posterior. Y se trata de una facultad que no viene referida a los bienes o derechos necesarios para la continuidad de la actividad empresarial o profesional del deudor sino a otros bienes o derechos distintos cuando la suspensión de las ejecuciones resulte necesaria para asegurar el buen fin de las negociaciones. Nos encontramos ante un concepto de difícil interpretación,

38. En contra de mi opinión el Auto del Juzgado de lo Mercantil de Badajoz de 21 de septiembre de 2023 suspende un juicio cambiario (ya sin naturaleza ejecutiva desde 1/2000) y dos procedimientos declarativos, por el inicio de negociaciones, lo que se mantiene por el acuerdo de prórroga.

39. SHAW, L., «Comentario del artículo 602», en SANJUÁN Y MUÑOZ, E. / PEINADO GARCÍA, J. I., *Comentarios al articulado del Libro Segundo del texto refundido de la Ley Concursal*, Madrid, Sepin, 2022.

sobre el que el deudor deberá aportar los argumentos convenientes para convencer al juez de que debe adoptar dicha decisión. Las ejecuciones pueden ser tanto judiciales como extrajudiciales y se contempla tanto una prohibición de iniciación de tales ejecuciones cómo la suspensión de las ya iniciadas.

La prohibición general o individual de iniciación o suspensión de ejecuciones por decisión judicial puede acordarse contra uno o varios acreedores individuales o contra una o varias clases de acreedores. Esta última expresión suscita dudas sobre qué debemos entender por «clases de acreedores». Dada la íntima conexión entre la comunicación preconcursal y el plan de reestructuración, en que los acreedores se organizan en clases para aprobar el plan, podría parecer lógico pensar que esa expresión de clases tiene que ver lo dispuesto en el artículo 623 del Texto Refundido de la Ley Concursal, es decir, deben tratarse de acreedores con un interés común determinando conforme a criterios objetivos. No obstante, dado que no nos encontramos en sede de plan de reestructuración, parece que las clases del artículo 602 del Texto Refundido de la Ley Concursal no deben interpretarse solo y exclusivamente de acuerdo con lo establecido en el artículo 623 del Texto Refundido de la Ley Concursal, sino que debe hacerse una interpretación amplia de dicho concepto.

La ejecución podrá versar sobre todos o algunos de los bienes o derechos no necesarios por lo que el deudor también deberá aportar argumentos sobre la extensión de las suspensiones por decisión judicial.

En principio la eficacia de la medida de suspensión se extenderá durante 3 meses a contar desde la presentación de la comunicación, pero es posible que le afecte también la prórroga qué pueda acordarse al amparo del nuevo artículo 607 del Texto Refundido de la Ley Concursal.

Además de la solicitud del deudor y de la acreditación de la necesidad de la medida para asegurar el buen fin de las negociaciones es necesario, cuando se haya designado experto en la reestructuración, que se acompañe a la solicitud el informe favorable del experto. Resulta necesaria la opinión favorable del experto para la adopción de la suspensión general o individual de las ejecuciones. Ahora bien, el informe del experto (si este ha sido nombrado) es requisito necesario para que se otorgue la prórroga, pero no es vinculante para el juez, que puede denegar la prórroga pese al informe favorable.

La solicitud debe hacer mención a la necesidad de adopción de esta medida para que las negociaciones puedan llegar a buen fin. Si no se ofrece argumentos sobre tal extremo, la medida deberá ser desestimada. A pesar de que, en su configuración normativa, los efectos de la comunicación de apertura de negociaciones gozan de cierta automaticidad, al menos, durante el lapso inicial de tres meses, es razonable exigir al deudor un mínimo esfuerzo argumentativo sobre la necesaria adopción de la medida. En todo caso, la denegación de la solicitud formulada por la deudora no impide que pueda ser nuevamente dirigida al juzgado, pues, de conformidad con el artículo 602.1 del Texto Refundido de la Ley Concursal, puede presentarla en cualquier momento mientras se prolonguen los efectos de la comunicación (Auto del Juzgado de lo Mercantil n.º 1 de A Coruña de 11 de enero de 2023).

Como hemos dicho está solicitud puede efectuarse junto con la comunicación o con posterioridad a la misma. En el primer caso la resolución debe adoptarse mediante auto y de forma separada del decreto que tiene por efectuada la comunicación. Se trata, por tanto, de una facultad judicial y si la misma fuera favorable a la solicitud se publicará en el registro público concursal.

En efecto, el nuevo artículo 602.3 del Texto Refundido de la Ley Concursal dispone que la resolución que resuelva sobre la extensión de los efectos de la comunicación, en caso de ser favorable, se publicará en el Registro público concursal. Con esta previsión, la estimación de la petición de extensión de efectos, tanto generales, como referidos a uno o varios acreedores individuales, o a una o varias clases de acreedores, deja sin efecto el carácter reservado de la comunicación. Nos hallamos ante una exigencia que procede del artículo 6.3, segundo párrafo, de la Directiva, a cuyo tenor, la suspensión limitada —a uno o varios acreedores individuales o categorías de acreedores—, sólo podrá aplicarse a los acreedores que hayan sido informados, de conformidad con la normativa nacional, de las negociaciones sobre el plan de reestructuración o sobre la suspensión. Debe subrayarse que, en la disposición nacional, la publicación del auto que acuerda la extensión de los efectos suspensivos también es preceptiva cuando se le dota de carácter general (comprensiva de todos los bienes y derechos del deudor) y no sólo si sus efectos son limitados (Auto del Juzgado de lo Mercantil n.º 1 A Coruña de 11 de enero de 2023).

Aunque el legislador no explicita por qué a estas dos solicitudes no se le dará un tratamiento reservado debe entenderse que el deudor tiene derecho a la reserva de la comunicación preconcursal, pero no en todo caso. Se trata, por tanto, de un delicado equilibrio de intereses entre la voluntad del deudor de que la comunicación se mantenga reservada y el derecho de los acreedores a que sean públicas determinadas peticiones del deudor en reestructuración. Contra la decisión judicial de otorgamiento de la suspensión general o individual solo cabe interponer recurso de reposición (artículo 608.3).

### 4.3. La ejecución de las garantías reales

Las ejecuciones de garantías reales también se ven sujetas al efecto suspensivo derivado de la comunicación de apertura de negociaciones, aunque con algunas especialidades. Así, el nuevo artículo 603 del Texto Refundido de la Ley Concursal establece que, no obstante, la comunicación, los titulares de derechos reales de garantía podrán iniciar ejecuciones judiciales o extrajudiciales sobre los bienes o derechos gravados. Si la garantía recayera sobre bienes o derechos necesarios para la continuidad de la actividad empresarial o profesional del deudor, una vez iniciado el procedimiento de ejecución, se suspenderá por el juez que esté conociendo del mismo hasta que transcurran 3 meses a contar desde la comunicación. Cuando la ejecución sea extrajudicial, la suspensión la ordenará el juez ante el que se haya presentado la comunicación.

Esta especialidad se explica por la pérdida del derecho a iniciar la ejecución o realización forzosa de las garantías reales al margen del concurso a que da lugar la apertura de la fase de liquidación. Con el dictado del auto de apertura de liquidación, aquellos acreedores con garantía real que no hubiesen interpuesto acciones para la realización forzosa de la garantía perderán el derecho a promover la ejecución separada y habrán de pasar por la realización del bien dentro del procedimiento universal.

El nuevo artículo 603 del Texto Refundido de la Ley Concursal somete al régimen expuesto a los titulares de derechos reales de garantía incluso por deuda ajena cuando el deudor de esta sea una sociedad del mismo grupo que la sociedad que haya hecho la comunicación. Nuevamente, introduce la reforma de 2022 una norma en materia de derecho de grupos, pues la posibilidad de iniciar la ejecución de la garantía real cuando recaiga sobre bienes los derechos necesarios se da no solo cuando la comunicación haya sido realizada por el deudor, sino incluso cuando estemos ante una deuda ajena de otra sociedad del mismo grupo del deudor que haya realizado la comunicación.

### 4.4. Acreedores públicos

También contiene la reforma de 2022 novedades en materia de los efectos de la comunicación sobre ejecuciones derivadas de créditos de derecho público. Con anterioridad a la reforma, el artículo 592 del Texto Refundido de la Ley Concursal señalaba que no serían objeto de suspensión los procedimientos de ejecución que tengan por objeto hacer efectivos créditos de derecho público. Con la reforma se mantiene esa regla general[40] pero se introduce a continuación una excepción de forma que, si la ejecución recayera sobre bienes o derechos necesarios para la continuidad de la actividad empresarial o profesional del deudor, una vez iniciado el procedimiento de ejecución se podrá suspender exclusivamente en la fase de realización o en asignación por el juez que esté conociendo del mismo. Cuando la ejecución sea extrajudicial, la suspensión la podrá ordenar el juez ante el que se haya presentado la comunicación exclusivamente en la fase de realización o enajenación. En ambos casos la suspensión en su caso acordada deberá decaer perdiendo toda su eficacia una vez transcurridos 3 meses desde el día de la comunicación, quedando sin efectos la suspensión, sin que sea preciso dictar resolución alguna o, en su caso, acto alguno por el letrado de la administración de Justicia.

La norma no contempla en qué supuestos debe acordarse dicha suspensión o qué factores deben tenerse en cuenta para la adopción de dicha medida. Es un efecto anudado al carácter necesario de bienes o derechos que están en ejecución.

40. Resulta curioso que el legislador explique en el nuevo artículo 605 del texto refundido de la Ley Concursal por qué la suspensión de las ejecuciones o la prohibición de iniciar ejecuciones no se aplica a los procedimientos de ejecución de los acreedores públicos. Raramente encontramos supuestos de interpretación auténtica en el propio articulado. Seguramente estemos ante otra manifestación de la voluntad de defensa ultranza del crédito público por parte del legislador. La explicación que éste da para que no sea aplicable la regla general de suspensión o de prohibición de iniciación de ejecuciones en el crédito público es que se trata de una categoría de acreedores que no se verá afectada por la suspensión de las ejecuciones singulares. No obstante, como hemos dicho se contempla en la reforma una excepción a esa regla.

Por otra parte, se fija un momento temporal especial para la decisión judicial de suspensión de ejecuciones de créditos públicos, pues la misma deberá adoptarse exclusivamente en la fase de realización o enajenación.

En cuanto a la duración de esta suspensión de ejecuciones de créditos públicos, el nuevo artículo 605 del Texto Refundido de la Ley Concursal establece que la suspensión acordada decaerá perdiendo toda su eficacia una vez transcurridos tres meses desde el día de la comunicación, quedando sin efectos la suspensión, sin que sea preciso dictar resolución judicial alguna o, en su caso, acto alguno por el letrado de la Administración de Justicia. Esta mención concreta solo puede interpretarse como una ineficacia de la prórroga que pudiera acordarse respecto de las ejecuciones de créditos públicos.

### 4.5. Acreedores no afectados

Por último, dentro de esta sección, el nuevo artículo 606 del Texto Refundido de la Ley Concursal establece los acreedores que no quedan afectados por la prohibición del inicio de ejecuciones o la suspensión de las ya iniciadas. En ningún caso la prohibición o suspensión se aplicarán a las reclamaciones de créditos que legalmente no puedan quedar afectadas por el plan de reestructuración. Ello nos remite directamente al nuevo artículo 616 del Texto Refundido de la Ley Concursal que establece que no pueden quedar afectados por el plan de reestructuración los créditos de alimentos derivados de una relación familiar, de parentesco o de matrimonio, los créditos derivados de responsabilidad civil extracontractual y los créditos derivados de relaciones laborales distintas de las del personal de alta dirección.

Por tanto, en unas hipotéticas ejecuciones o intento de inicio de ejecuciones por créditos de la naturaleza señalada, los acreedores podrán oponerse a que la comunicación preconcursal surta efectos frente a ellos mediante el recurso de revisión.

## 5. PRÓRROGA DE LOS EFECTOS DE LA COMUNICACIÓN[41]

Esta es otra de las novedades importantes de la reforma de 2022, pues por primera vez en nuestro Derecho se contempla la posibilidad de una prórroga de los efectos de la comunicación preconcursal.

A esta materia dedica el Texto Refundido de la Ley Concursal, tras la reforma, el artículo 607. Nuestro legislador no ha tenido a bien aprovechar la oportunidad que le brindaba el artículo 6, apartados 7 y 8 de la Directiva, de forma que solo concede una prórroga y, en todo caso, sin agotar el plazo máximo de 12 meses de suspensión que permite la Directiva (artículo 6.8 y Considerando 35).

41. Sobre esta materia nos adelanta el Preámbulo lo siguiente: «*La sección 5.ª del capítulo II regula la posibilidad, contemplada igualmente en la Directiva, de prorrogar, por una sola vez, los efectos de la comunicación por un período adicional de tres meses, lo cual puede ser pertinente en negociaciones muy complejas, que involucran a muchos y muy heterogéneos acreedores, e incluso accionistas, como puede suceder en el caso de una sociedad cotizada*».

La Ley 16/2022, de 5 de septiembre, de reforma del Texto Refundido de la Ley Concursal concede legitimación para pedir la prórroga tanto al deudor como a los acreedores que representen más del 50% del pasivo que en el momento de la solicitud de la prórroga pueda resultar afectado por el plan de reestructuración deducido el importe de los créditos que en caso de concurso tendrían la consideración de subordinados[42]. Dicho porcentaje podrá alcanzarse por uno o varios acreedores que sumen sus títulos para pedir la prórroga. A diferencia de la Directiva no legitima nuestro Derecho al experto en reestructuración para pedir la prórroga, y en cuanto a los acreedores, estos deben reunir el porcentaje señalado.

En los supuestos de la petición de prórroga en un grupo de empresas o empresas de grupo, se plantea la duda de si es necesario que el 50% de los créditos posibles afectados concurran en cada una de las empresas o ha de hacerse un cómputo en común para poder prorrogar. Si la comunicación fue solicitada para varias sociedades y la prórroga solo se pide respecto de varias de ellas, habrá que levantarse las paralizaciones y suspensiones respecto de aquellas que no se pide la prórroga, salvo que se solicite una homologación del plan de reestructuración respecto de estas[43].

En cuanto a los requisitos de la solicitud de la prórroga, en primer lugar, hay uno de tipo temporal consistente en que la solicitud ha de formularse antes de que finalice el período de 3 meses a contar desde la comunicación de apertura de negociaciones con los acreedores. Si la solicitud de prórroga se presentara transcurridos los tres meses desde la presentación de la comunicación, la posibilidad de presentar la prórroga habrá caducado y cesarán automáticamente los efectos de la comunicación.

Además, la solicitud de prórroga presentada por el deudor deberá ir acompañada de un acta de conformidad firmada por los acreedores que representen más del 50% del pasivo que en el momento de la solicitud de la prórroga pueda resultar afectado por el plan de reestructuración deducido el importe de los créditos que en caso de concurso tendrían la consideración de subordinados o una declaración responsable firmada por el deudor por la que manifieste que ha obtenido la conformidad de los anteriores, y del informe del experto si hubiera sido nombrado, en la que se detallarán el estado de las negociaciones y las cuestiones pendientes de acuerdo y se expresará la identidad de los acreedores que hayan manifestado expresamente oposición a la solicitud de prórroga o no se hubieran pronunciado. Como vemos, el centro de gravedad no se establece en la exigencia relativa a la justificación de la necesidad de la prórroga, sino que se pone el acento en necesaria conformidad o en el apoyo de un porcentaje relevante del pasivo que pudiera quedar afectado por la reestructuración.

---

42. Ese porcentaje de pasivo se calculará sobre la base de los datos más recientes comunicados al juzgado salvo que el interesado acredite otra cosa (artículo 586.4 TRLC); en cualquier momento, mientras estén en vigor los efectos de la comunicación el deudor podrá comunicar al juzgado la ampliación o la reducción de los acreedores con los que mantienen las negociaciones y la modificación del importe individual o total de los créditos (artículo 586.3 TRLC).
43. En este sentido, véase el Auto del Juzgado de lo Mercantil de Bilbao n.º 2 de 20 de septiembre de 2023.

Una vez presentada la solicitud de prórroga, los efectos iniciales de la comunicación continuarán en vigor hasta el que juez adopte una decisión. Por tanto, la presentación de la solicitud de la prórroga producirá automáticamente la continuación de los efectos iniciales de la comunicación hasta que se adopte una decisión (nuevo artículo 607.3). Se pretende así que no haya un espacio de tiempo en el que no operen los efectos iniciales de la comunicación porque el juez no haya dictaminado sobre la prórroga. Aquí, se aparta la norma española del Considerando 35 de la Directiva que señala que cuando una autoridad judicial o administrativa no tome una decisión sobre la prórroga de una suspensión antes de que venza, la suspensión debe dejar de tener efectos al término del plazo de suspensión.

La resolución concediendo o denegando la prórroga solicitada se adoptará en forma de auto dentro de los cinco días siguientes a aquel en que se hubiera presentado.

En el mismo día en que se dicte dicha resolución, el letrado de la Administración de Justicia la remitirá por medios electrónicos al Registro público concursal, así como a cada una de las autoridades judiciales o administrativas que esté conociendo de las ejecuciones a fin de que mantengan la suspensión hasta que finalice el período de prórroga.

La prórroga será objeto de inscripción en el Registro público concursal, incluso si la comunicación hubiese sido hecha inicialmente con carácter reservado.

La resolución denegatoria de la prórroga no será susceptible de recurso.

La resolución que la conceda podrá ser impugnada mediante recurso de reposición. Se plantea la duda de cuándo comienza el plazo de 5 días para ejercitar este recurso de reposición. A falta de norma concreta parece razonable aplicar lo establecido en el último apartado párrafo el artículo 590.3 del Texto Refundido de la Ley Concursal es decir el plazo para la interposición del recurso será de 5 días a contar desde la inscripción de la resolución en el registro público concursal o en el caso de ejecuciones en tramitación desde la notificación de la resolución por la que la autoridad judicial que estuviera conociendo de la ejecución la suspenda en este caso la prorrogase. En cuanto a la legitimación para formular este recurso de reposición parece razonable asignarla a todo aquel que acredite un interés legítimo de entre los que no hubieran instado la solicitud, como pudiera ser cualquiera de los acreedores afectados por la suspensión que no tuviera noticias de la prórroga en virtud de su inscripción en el registro público concursal o en la ejecución correspondiente. En cuanto a la fundamentación del recurso parece que la misma debe venir relacionada con la justificación documental que el deudor debe aportar junto a la solicitud, esto es, el estado en que se encuentren las negociaciones y las cuestiones pendientes de acuerdo. También parece relevante la identidad de los acreedores que hayan manifestado expresamente oposición a la solicitud de prórroga o no se hubieran pronunciado.

Entendemos que si el juez hubiera otorgado una prórroga por un plazo inferior al solicitado podría dicha resolución ser recurrida en reposición por el solicitante, si entiende que ha sido vulnerado su derecho. En ese caso no será posible una nueva prórroga hasta el máximo legal.

Por último, aunque la redacción de la Ley es algo imprecisa puede afirmarse que la prórroga, en definitiva, afecta a todos los efectos que se desplegaron con la comunicación de la apertura de las negociaciones, salvo a la suspensión de ejecuciones basadas en créditos públicos (artículo 605).

## 6. LEVANTAMIENTO DE LA PRÓRROGA O DE SUS EFECTOS FRENTE A DETERMINADOS ACREEDORES

Para conseguir un adecuado equilibrio en las negociaciones la reforma de 2022 no solo contempla la prórroga de los efectos de la comunicación sino también el levantamiento de aquella o de sus efectos frente a los acreedores (artículo 608). Se consigue así un mejor ajuste objetivo y temporal a las necesidades del proceso de negociación.

Conviene remarcar que, pese a que el epígrafe del nuevo artículo 608 del Texto Refundido de la Ley Concursal se refiere al levantamiento de la prórroga o de sus efectos frente a determinados acreedores, el artículo permite el levantamiento frente a todos los acreedores no solo frente a algunos acreedores.

El levantamiento de la prórroga supone la desactivación de todos los efectos derivados de la comunicación del inicio de negociaciones con los acreedores y, como hemos dicho, es posible adoptar por decisión judicial el levantamiento de la prórroga antes de que transcurran los 3 meses.

El juez estará obligado a dejar sin efecto la prórroga en los siguientes supuestos:

1. A solicitud del deudor o del experto en la reestructuración si hubiera sido nombrado.

Como vemos, el experto no puede pedir la prórroga, aunque es necesario su informe favorable si hubiere sido nombrado, pero está legitimado para pedir el levantamiento de la prórroga[44].

2. A solicitud de los acreedores que representen al menos el cuarenta por ciento del pasivo que, en el momento de esta solicitud, pueda resultar afectado[45] por el plan de reestructuración, deducido el importe de los créditos que en caso de concurso tendrían la consideración de subordinados[46].

---

44. Este supuesto se corresponde con lo dispuesto en el artículo 6.9 letra b) de la Directiva de Reestructuraciones e Insolvencia.

45. En cuanto a qué acreedores pueden resultar afectados, ha de estarse al artículo 616.1 del texto refundido de la Ley Concursal.

46. Recuérdese que ese porcentaje de pasivo se calculará sobre la base de los datos más recientes comunicados al juzgado salvo que el interesado acredite otra cosa (artículo 586.4 TRLC); en cualquier momento, mientras estén en vigor los efectos de la comunicación el deudor podrá comunicar al

Con esta facultad se pretende evitar la utilización abusiva o contraria a la buena fe de los efectos de la prórroga de la comunicación por parte del deudor o la causación de unos perjuicios injustos a los acreedores[47].

3. A solicitud de cualquier acreedor, en cuyo caso este deberá acreditar que la prórroga de los efectos de la comunicación ha dejado de cumplir el objetivo de favorecer las negociaciones del plan de reestructuración[48].

El designio de esta norma es permitir a algún acreedor conjurar posibles abusos no solo del deudor sino incluso eventualmente de acreedores que representen el porcentaje del pasivo necesario para solicitar el levantamiento[49].

La reforma de 2022 no solo contempla el levantamiento de la prórroga sino también la posibilidad de que cualquier acreedor pueda solicitar ser excluido de los efectos de la prórroga. Y ello es posible dos supuestos:

- si la prórroga pudiera causarle un perjuicio injustificado[50], en particular si pudiera provocar su insolvencia actual por una disminución significativa del valor de la garantía que tuviera el crédito de que fuera titular. Como vemos, el legislador ha limitado el ámbito objetivo de esta facultad del deudor al riesgo de insolvencia actual del acreedor excluyendo otro tipo de insolvencia. Por otra parte, aunque la ley no establece el tipo de garantía cuya disminución significativa de su valor pudiera dar lugar a la exclusión de los efectos de la prórroga parece que la misma debe venir referida a las garantías reales, cuyo valor habrá de terminar de determinarse conforme a lo dispuesto en los artículos 272 y siguientes del Texto Refundido de la Ley Concursal.
- si la suspensión o paralización de las ejecuciones solo afectaran o tuvieran por objeto bienes o derechos necesarios[51] y en el momento de solicitar su exclusión los bienes objeto de ejecución hubieran perdido ese carácter.

El cauce señalado para la tramitación tanto de la solicitud de levantamiento de la prórroga como de la petición de exclusión de los efectos de la misma es el recurso de

---

juzgado la ampliación o la reducción de los acreedores con los que mantienen las negociaciones y la modificación del importe individual o total de los créditos (artículo 586.3 TRLC).

47. Este supuesto se corresponde con lo dispuesto en el artículo 6.9 letra a) de la Directiva de Reestructuraciones e Insolvencia.

48. Este supuesto no está expresamente contemplado en la Directiva de Reestructuraciones e Insolvencia.

49. ROJO ÁLVAREZ-MANZANEDA, «La extensión temporal de los efectos de la comunicación de apertura de negociaciones preconcursales. Especial consideración a su prórroga», en CAMPUZANO, A. B. / SANJUÁN Y MUÑOZ, E., *Planes de reestructuración y cláusulas ipso facto*, Valencia, Tirant lo Blanch, 2022, pp. 236-324.

50. El Considerando 37 de la Directiva se refiere al concepto de perjuicio injusto cómo manifestación de desventaja frente a otros acreedores que se encuentren en una posición similar.

51. Tampoco define en este apartado qué debe entenderse por bien o derecho necesario, por ello debe entenderse conforme a la definición general concursal.

reposición, qué podrá interponerse en cualquier momento mientras esté vigente la prórroga[52].

La solicitud deberá presentarse ante el juzgado que tramite la comunicación. Entendemos que la labor del juez no debe ser la de un mero control formal de la solicitud si no que podrá desestimarla si considera que las negociaciones no son viables, de forma que la prórroga no contribuirá al buen fin de las negociaciones.

En cuanto al levantamiento de la prórroga plantea problemas la solicitud efectuada por cualquier acreedor cuando entienda que la prórroga de los efectos de la comunicación ha dejado de cumplir el objetivo de favorecer las negociaciones del plan de reestructuración. La carga de la prueba de tal extremo corresponde al recurrente y deberá enjuiciarse conforme a lo dispuesto en el artículo 217 de la Ley de Enjuiciamiento Civil. En cuanto a la exclusión de los efectos de la prórroga solicitada por cualquier acreedor, deberá ser éste quien acredite que la prórroga o mejor dicho los efectos de esta pudieran provocarle la insolvencia actual o una disminución significativa del valor de la garantía que tuviera el crédito de que fuera el titular. También corresponde la carga de la prueba al acreedor que pida la exclusión de los efectos de la prórroga respecto a las ejecuciones sobre bienes o derechos necesarios por haber perdido tal carácter.

Terminada la protección derivada de la comunicación de apertura de negociaciones con los acreedores por la frustración de estas, el deudor deberá solicitar la declaración de concurso solo si se encuentra en estado de insolvencia actual. Dicha solicitud deberá efectuarse en el plazo de un mes que, pese al silencio actual de la norma, debe entenderse como hábil.

Como vemos, la reforma ha introducido importantes novedades en cuanto a la extensión temporal de los efectos de la comunicación, permitiendo no solo su prórroga sino también su levantamiento con carácter general o parcial respecto a algunos acreedores cuando haya perdido su razón de ser o pueda suponer un sacrificio o perjuicio desproporcionado para esos acreedores.

Se trata de una flexibilidad necesaria para adecuar las negociaciones a las específicas circunstancias y necesidades de cada caso concreto. Por otra parte, se ha intentado garantizar un mayor equilibrio entre los intereses del deudor que acuda a los Marcos de reestructuración ante una insolvencia previsible inminente o actual junto a los de los acreedores a fin de evitar en lo posible que las medidas dirigidas a salvar la insolvencia del deudor les exijan sacrificios desproporcionados o puedan provocar su propia insolvencia, así como que se utilicen los instrumentos preconcursales de forma abusiva[53].

52. Seguramente hubiera sido más idóneo haber contemplado la posibilidad de una especie de solicitud de levantamiento de prórroga o de exclusión de esta, y su tramitación a modo de oposición a la misma. Nuestro Derecho anuda los recursos al principio de preclusión, de forma que resulta extraña la interposición de un recurso sin sujetarlo a plazo alguno.

53. No cabe olvidar la facultad judicial qué el artículo 247.2 de la Ley de Enjuiciamiento Civil concede a los jueces y tribunales para rechazar fundadamente las peticiones e incidentes que se formulen con manifiesto abuso de derecho o entrañen fraude de ley o procesal.

## III. PROHIBICIÓN TEMPORAL DE NUEVAS COMUNICACIONES[54]

Relacionado con lo anterior está la disposición contenida en el nuevo artículo 609 del Texto Refundido de la Ley Concursal, conforme a la cual una vez formulada la comunicación no podrá presentarse otra por el mismo deudor en el plazo de 1 año a contar desde la presentación.

Con la nueva redacción se cierra la posibilidad de que pueda solicitarse otra comunicación de negociaciones por parte de los acreedores, cuestión que ya habíamos visto con la normativa anterior y que había servido para sortear la prohibición de que solo se podía formular una comunicación al año[55].

## IV. EFECTOS DE LA COMUNICACIÓN SOBRE LAS SOLICITUDES DE CONCURSO[56]

Cuando apareció la comunicación preconcursal en nuestro Derecho en el año 2009 el único defecto que generaba era una protección frente a las solicitudes de concurso necesario, que los acreedores podían articular contra el deudor en el estado crepuscular de la insolvencia.

Esta regla se mantiene tras la reforma de 2022 con algunas novedades.

El actual artículo 610 del Texto Refundido de la Ley Concursal, bajo la rúbrica de *«Efectos de la comunicación sobre la solicitud de concurso a instancia de legitimados distintos del deudor»* establece que las solicitudes de concurso presentadas después de la comunicación por otros legitimados distintos del deudor se repartirán al juzgado que hubiera tenido por efectuada la comunicación, pero no se admitirán a trámite mientras no transcurra el plazo de tres meses a contar desde la fecha de esa comunicación[57]. Esta regla era similar a la regulación anterior.

Por el contrario, es novedosa la norma según la cual las solicitudes de concurso presentadas antes de la comunicación aún no admitidas a trámite quedarán en suspenso. Antes de la reforma regía el principio de *«prior tempore potior iure»* de modo que, si la solicitud de concurso necesario era previa en el tiempo a la comunicación preconcursal, aquella tenía preferencia sobre esta. Ahora lo determinante es que la solicitud

---

54. Sobre esta materia dice el Preámbulo: *«En la sección 6.ª se prohíben las nuevas comunicaciones ...».*

55. Auto n.º 450/2022, de 25 de noviembre, del Juzgado de lo Mercantil n.º 1 de Barcelona.

56. Sobre esta materia dice el Preámbulo: *«y el capítulo II concluye con una sección 7.ª relativa a los efectos de la comunicación sobre las solicitudes de concurso; su contenido es prácticamente idéntico al régimen establecido por el texto refundido, con una mínima adaptación para el caso de que los efectos de la comunicación se prorroguen».*

57. No se resuelve el supuesto de qué debe pasar con las solicitudes de concurso necesario cuando el deudor presenta una solicitud de homologación de un plan de reestructuración justamente en el plazo de un mes con el que cuenta el deudor para instar el concurso voluntario. El tenor literal de la norma parece obligar a que la solicitud de homologación se presente y se culmine en el plazo de tres meses desde la presentación de la comunicación o su prórroga. El mes subsiguiente solo está previsto para formular la solicitud de concurso voluntario.

de concurso necesario haya sido admitida a trámite. Si ello es así, la comunicación no surtirá los efectos que venimos estudiando.

El deudor gozará de la misma protección frente a las solicitudes de concurso necesario durante la prórroga de los efectos de la comunicación.

Por último, el precepto señalado regula qué pasa una vez transcurrido el plazo de protección, inicial o prorrogado. Así, las solicitudes suspendidas y las que se presenten con posterioridad a la expiración de los plazos anteriores solo se proveerán transcurrido un mes sin que el deudor hubiera solicitado la declaración de concurso, sin perjuicio de la adopción por el juez de las medidas cautelares que estime oportunas. Si el deudor solicita la declaración de concurso dentro de ese mes, esta se tramitará en primer lugar. Declarado el concurso a instancia del deudor, las solicitudes que se hubieran presentado antes y las que se presenten después de la del deudor se unirán a los autos, teniendo por comparecidos a los solicitantes.

La espera de un mes, una vez transcurrido el plazo de protección de la comunicación, para proveer las solicitudes de concurso necesario suspendidas y las que se hayan presentado con posterioridad a la expiración de los plazos de protección de la comunicación, permite compatibilizar los efectos de la comunicación con la reactivación de la exigibilidad del deber legal de solicitar el concurso necesario, que corresponde al deudor que no ha conseguido culminar el plan de reestructuración y sigue en insolvencia actual (actual artículo 611.1).

No aclara la norma a qué tipo medidas cautelares se refiere, ni su trámite ni legitimación. Creemos que dichas medidas guardan una estrecha relación con las previstas en el artículo 18 del Texto Refundido de la Ley Concursal, que establece que, a petición del legitimado para instar el concurso necesario, el juez, al admitir a trámite la solicitud, podrá adoptar, de conformidad con lo previsto en la Ley 1/2000, de 7 de enero, de Enjuiciamiento Civil, las medidas cautelares que considere necesarias para asegurar la integridad del patrimonio del deudor. Dispone dicha norma que el juez podrá pedir al solicitante que preste fianza para responder de los eventuales daños y perjuicios que las medidas cautelares pudieran producir al deudor si la solicitud de declaración de concurso resultara finalmente desestimada. Por último, establece que en el mismo auto en el que declare el concurso o desestime la solicitud, el juez se pronunciará necesariamente sobre las medidas cautelares que hubiera acordado antes de ese auto.

En definitiva, el juez podrá adoptar cualquier medida de protección del patrimonio del deudor, a instancia de quien esté legitimado para instar el concurso necesario, por los trámites prevenidos en la Ley de Enjuiciamiento Civil para las medidas cautelares.

## V. EXIGIBILIDAD DEL DEBER LEGAL DE SOLICITAR EL CONCURSO Y DE LA CAUSA LEGAL DE DISOLUCIÓN DE LA SOCIEDAD[58]

La reforma de 2022 regula esta materia fuera del capítulo dedicado a los efectos de la comunicación, pero no puede negarse que la regulación de este capítulo tercero del título segundo del libro segundo tiene una relación intrínseca muy marcada con los efectos de la comunicación.

Este capítulo contiene una norma relativa a la exigibilidad del deber legal de solicitar el concurso idéntica a la regulación anterior a la reforma, una norma muy novedosa relativa a la suspensión de la solicitud de concurso voluntario y otra norma también novedosa relativa a la suspensión de la causa de disolución de por pérdidas cualificadas.

Así, el nuevo artículo 611 del Texto Refundido de la Ley Concursal, bajo la rúbrica de *«Exigibilidad del deber legal de solicitar el concurso»*, establece que, transcurridos tres meses desde la comunicación, el deudor que no haya alcanzado un plan de reestructuración deberá solicitar la declaración de concurso dentro del mes siguiente, salvo que no se encontrara en estado de insolvencia actual. Esta misma regla será aplicable en caso de prórroga de los efectos de la comunicación, a partir de la fecha en que finalice esa prórroga[59].

El nuevo artículo 612 del Texto Refundido de la Ley Concursal establece una norma muy novedosa y coherente con la posibilidad de que la iniciativa de la homologación de un plan de reestructuración sea iniciada a instancias de los acreedores. Se trata de intentar mantener el tejido productivo, sin una liquidación decepcionante en el marco de un concurso de acreedores. Dicho precepto lleva por título *«Suspensión de la solicitud de concurso voluntario»* y establece que mientras estén en vigor los efectos de la comunicación, la solicitud de concurso presentada por el deudor podrá ser suspendida por el juez a instancia del experto en la reestructuración, si hubiera sido nombrado, o de los acreedores que, en el momento de la solicitud, representen más del cincuenta por ciento del pasivo que pudiera quedar afectado por el plan de reestructuración.

Esta norma supone que no debe darse trámite la solicitud de concursal voluntario en tanto estén en vigor los efectos de la comunicación (inicial o prorrogada), pues la facultad del experto o de los acreedores, puede formularse durante tal período.

---

58. En relación a esta materia nos dice el Preámbulo: «El capítulo III del título II regula los efectos de la comunicación sobre determinados deberes legales del deudor; en concreto, el deber de solicitar el concurso y el deber de promover la disolución por pérdidas cualificadas. La novedad más importante atañe a los supuestos en los que sea la deudora quien solicite voluntariamente el concurso, de forma que la solicitud podrá ser suspendida cuando existan probabilidades de alcanzar un plan de reestructuración en un breve plazo con el fin de prevenir que la deudora frustre la adopción de un plan de reestructuración cuyas negociaciones están ya muy avanzadas».

59. No consideramos procedente hacer en el Decreto que tiene por formulada la comunicación requerimientos para que presente la comunicación en el plazo de 3 meses si no se hubiera conseguido el plan de reestructuración y se mantuviera la insolvencia. Deben ser los acreedores los que pongan en marcha los mecanismos legales oportunos, es decir, solicitar el concurso necesario o instar ejecuciones singulares frente al deudor.

La Ley exige una acreditación documental mínima, pues en la solicitud deberá probarse la presentación de un plan de reestructuración por parte de los acreedores que tenga probabilidad de ser aprobado. No define ni da pautas la Ley para saber que es probabilidad de que un plan de reestructuración sea aprobado. Sin duda, dicho concepto jurídico indeterminado debe relacionarse con una mayoría de acreedores que estén dispuestos a apoyar el plan. Por tanto, sería suficiente a tales efectos un documento firmado por los acreedores que representen más del cincuenta por ciento del pasivo que, en el momento de la solicitud de la prórroga, pueda resultar afectado por el plan de reestructuración, deducido el importe de los créditos que, en caso de concurso tendrían la consideración de subordinados.

La suspensión se levantará transcurrido un mes desde la presentación de la solicitud de concurso por el deudor si los acreedores no hubieran presentado la solicitud de homologación del plan de reestructuración.

La norma expuesta no será aplicable al deudor persona natural ni a las sociedades cuyos socios o algunos de ellos sean legalmente responsables de las deudas sociales.

Por último, el nuevo artículo 613 del Texto Refundido de la Ley Concursal regula la suspensión de la causa de disolución por pérdidas cualificadas. Se trata de una norma prevista sólo para las sociedades de capital, pues es clara la importancia que en este tipo social juega el capital social a diferencia, por ejemplo, de las cooperativas. Así, mientras estén en vigor los efectos de la comunicación, quedará en suspenso el deber legal de acordar la disolución por existir pérdidas que dejen reducido el patrimonio neto a una cantidad inferior a la mitad del capital social. Tradicionalmente, no ha existido una regulación clara de la posición del deudor cuando estaba simultáneamente en insolvencia y en causa de disolución. La jurisprudencia del Tribunal Supremo[60] ha ido perfilando esta situación, y el legislador de 2022 ha dado naturaleza legal a dicha solución. Así, el deudor que, a la vez, tenga pérdidas cualificadas y esté en insolvencia, quedará protegido frente a ambas situaciones si formula la comunicación preconcursal durante el plazo de vigencia de los efectos de ésta. Por tanto, en ese caso el administrador societario, pese a la existencia de pérdidas cualificadas no tendrá que atender su deber de convocatoria de la Junta general ante la concurrencia de dicha causa de disolución.

60. Entre otras la Sentencia del Tribunal Supremo 215/2020 de 1 de junio.

Capítulo 3

# CAUSA DE DISOLUCIÓN E INSOLVENCIA

JOSÉ CARLOS VÁZQUEZ CUETO
*Catedrático de Derecho Mercantil*
*Universidad de Sevilla*

SUMARIO: I. UNA IMPRESIÓN INICIAL SOBRE LA REFORMA INTRODUCIDA POR LA LEY 16/2022, DE 5 DE SEPTIEMBRE. II. LOS PRESUPUESTOS NORMATIVOS PARA LA EXÉGESIS DE LA DISCIPLINA EN LA MATERIA. *1. El espíritu de la reforma de la legislación concursal. 2. La significación de la insolvencia actual.* III. LA INCIDENCIA DEL EXPEDIENTE ENCAMINADO A ALCANZAR UN PLAN DE REESTRUCTURACIÓN SOBRE EL DEBER DE CONVOCATORIA DE LA JUNTA GENERAL DE SOCIOS. *1. La significación de la medida legal dispuesta. 2. El nacimiento de los efectos neutralizadores del deber de convocar.* 2.1. Preliminar. 2.2. El presupuesto subjetivo: la iniciativa de los administradores. 2.3. El presupuesto objetivo: el hecho desencadenante de los efectos. 2.4. El presupuesto formal: la presentación de un escrito en debida forma. *3. La finalización de los efectos enervadores del deber de convocar.* 3.1. La suspensión de las ejecuciones como factor determinante. 3.2. El decaimiento del efecto legal derivado de la comunicación de negociaciones. 3.3. La situación posterior al decaimiento del efecto legal que recae sobre las ejecuciones como consecuencia de la comunicación de negociaciones. IV. BIBLIOGRAFÍA.

## I. UNA IMPRESIÓN INICIAL SOBRE LA REFORMA INTRODUCIDA POR LA LEY 16/2022, DE 5 DE SEPTIEMBRE

La búsqueda de una coexistencia armónica en el juego de las consecuencias jurídicas que desencadenan la presencia de una causa de disolución en las sociedades de capital y de dificultades financieras graves, cercanas, cuando no representativas, de una insolvencia, constituye uno de los problemas hermenéuticos que mayor interés científico y práctico ha venido suscitando en España dentro de lo que se ha dado en denominar *Derecho societario de la crisis*. La respuesta dada por la Ley 16/2020, de 5 de septiembre (Ley de Reforma, en lo sucesivo), ante el desbarajuste derivado de la regulación anterior no invita precisamente al optimismo, pues apenas se ha limitado a un puñado de modificaciones quirúrgicas introducidas *a dos bandas*, aferradas sin más a una estructura normativa preexistente inconexa desde el punto de vista sistemático, repartida entre las dos parcelas normativas en conflicto: la del Derecho de la Insolvencia y la del Derecho de Sociedades de capital[1]. A saber:

Por una parte, la regulación concursal se centra solo en los efectos que la iniciativa del deudor en el planteamiento de medidas de insolvencia provoca sobre el juego de los deberes de los administradores ante la presencia de una causa de disolución concurrente en ese instante. Pero lo hace de una manera fragmentaria, referida solo a los dos expedientes nuevos (el plan de reestructuración, *ex* artículo 613 Texto Refundido de la Ley Concursal, que es el que centra nuestro estudio, y el procedimiento especial para las microempresas, *ex* artículos 690.8 Texto Refundido de la Ley Concursal, para la comunicación del inicio de negociaciones con los acreedores, y 694-*bis*.3 Texto Refundido de la Ley Concursal, respecto de la apertura formal del procedimiento), sin alusión alguna al concurso de acreedores, como si dejara entrever, implícitamente, que su mera solicitud excluye de plano cualquier planteamiento sobre la aplicación de las normas societarias.

Por otra parte, la regulación societaria, más amplia, por afectar a toda la hoja de ruta que deben seguir los administradores ante la constatación de una causa de disolución[2], se retoca solo en dos extremos: uno de ellos es un trasunto del precepto de la regulación concursal que establece los efectos del inicio del procedimiento sobre los deberes de los administradores, aunque en este caso sí que alude a la solicitud de concurso[3], bien es verdad que olvidando la existencia del procedimiento especial para las microempresas (artículo 365 de la Ley de Sociedades de Capital[4]); el otro se detiene en la responsabilidad por deudas de los administradores derivada del incumplimiento de sus deberes (artículo 367 de la Ley de Sociedades de Capital), para recalcar que no

1. Resulta llamativo que el legislador español evite referirse de manera específica a las cooperativas (el artículo 613 Texto Refundido de la Ley Concursal se dedica solo a las sociedades de capital; para las microempresas, los arts. 690.8 y 694-*bis*.3. al menos, no contienen discriminación alguna desde el punto de vista subjetivo), pese a constituir un tipo social de crecente empleo en la realidad diaria como fórmula de articulación del ejercicio de actividades empresariales o profesionales y respecto del que también cabe plantear (a mi modo de ver, con soluciones parejas, salvando si acaso el asunto de la responsabilidad por las deudas sociales de los administradores *ex* artículo 367 de la Ley de Sociedades de Capital: v., asimismo, RODRÍGUEZ RUIZ DE VILLA, D. y HUERTA, M. I., *Revista General de Insolvencias & Reestructuraciones*, n.º 5, 2022, p. 224) el tema de la solución ante la simultaneidad de situaciones de insolvencia y causas de disolución (ni siquiera se ha planteado respecto de la Ley 27/1999, de 16 de julio, estatal; cfr. sus artículos 45.8 y 70, sin ir más lejos). Desde luego, parece que ese extraño y engorroso juego de competencias normativas entre el Estado y las Comunidades Autónomas en que ha terminado sumido este tipo social está suponiendo un auténtico lastre a la hora de contemplar la regulación de materias que les afectan en cuanto empresarios —mercantiles— o meros sujetos de Derecho, y que en realidad pertenecen sustantivamente a descriptores jurídicos de indiscutible competencia exclusiva del Estado.
2. En torno a la génesis de esta disciplina v., por todos, la descripción efectuada por ROJO, A., *Estudios Sánchez Calero*, pp. 1443-1451.
3. Debe apuntarse que no se alude al concurso de acreedores como un cauce alternativo a los remedios puramente societarios a adoptar por los órganos de la entidad, «*si procediere*» o «si *fuere insolvente*», como se hacía en la redacción originaria (arts. 365.1.1, *in fine*, y 1.2 *in fine*, y 367.1 LSC), sino como una medida excluyente del deber legal de actuación impuesto a los administradores.
4. Se ha planteado la consecuencia que tiene esta omisión para estos procedimientos concursales, y, en concreto, si la remisión legal (*ex* artículo 689.1 Texto Refundido de la Ley Concursal) podría

existe mientras estén en vigor los efectos de esa iniciativa de medidas de insolvencia, así como para matizar con carácter general, en la línea apuntada por el Tribunal Supremo (cfr. SSTS 1.3.2017 y 8.11.2019), que tal responsabilidad y el plazo preclusivo de actuación vienen marcados por el período durante el que se está en el ejercicio del cargo de administrador, de tal suerte que, en caso de aceptación del nombramiento ya con los deberes en juego, el plazo de dos meses para actuar y las deudas por las que se respondería nacerían a partir de esa fecha[5].

La reforma emprendida adolece de una falta de precisión y de una fragmentariedad desconcertantes. Por lo pronto, la descoordinación entre la redacción de los preceptos mencionados es palmaria. Se advierte con notoria claridad en el cruce de las dos disposiciones normativas (sobre todo, en la dicción de los artículos 613 del Texto Refundido de la Ley Concursal y 365.3 de la Ley de Sociedades de Capital[6]); pero incluso alcanza hasta a los de la misma disposición normativa (artículos 365.3 y 367.3 de la Ley de Sociedades de Capital[7]). Mas, con independencia de lo anterior, más grave aún puede resultar que se omita la respuesta a determinadas cuestiones de consideración, ya antiguas ya surgidas precisamente del nuevo expediente preconcursal establecido. Así:

– No se aprovecha para dilucidar cuál es exactamente la significación y el alcance jurídicos que tiene la insolvencia actual sobre el juego de las causas de disolución, a la luz de lo establecido, especialmente, en relación con la disolución por pérdidas graves [apartado e) del artículo 363.1 de la Ley de Sociedades de Capital]; el asunto cobra

suplirla (v., por todos, ORELLANA, N., *Revista General de Insolvencias & Reestructuraciones,* n.º 5, 2022, p. 316). En realidad, ni siquiera parece necesario acudir a esta amplísima y desconcertante remisión normativa, que a la hora de concretar el régimen aplicable puede provocar más incertidumbres que certezas, dado que en modo alguno queda en todo caso claro cuándo procede acudir más a las normas del Libro primero (del concurso) y cuándo a las del segundo (sobre el plan de reestructuración). Basta con que se tenga presente que, desde el instante en que la ley (arts. 690.8 y 694-*bis*.3, este último solo en relación con la apertura de un procedimiento de continuación) neutraliza las derivaciones de la presencia de una causa de disolución, arrastra tras de sí una automática congelación de los deberes societarios de los administradores, ante la que, consecuentemente, no cabrá pensar, por el momento, aunque nada se especifique al efecto, en una eventual responsabilidad por omisión (fundada en el artículo 367 LSC).

5. Bien es verdad que, como se ha recalcado (RODRÍGUEZ RUIZ DE VILLA, D. y HUERTA, M. I., *Revista General de Insolvencias & Reestructuraciones*, n.º 5, 2022, pp. 239-240), solo vincula esta norma especial al nombramiento efectuado en la junta convocada *ex* artículo 365 de la Ley de Sociedades de Capital o con posterioridad, cuando el mismo caso debería plantearse probablemente si ese nuevo nombramiento hubiera sido llevado a cabo con posterioridad a la existencia de la causa, pero antes de aquella junta.

6. Así, mientras uno se refiere a la causa de disolución por pérdidas, el otro a todas las causas legales o estatutarias; y si uno supedita el efecto a que estén en vigor los efectos de la comunicación; el otro a que se hubiera comunicado al Juzgado la existencia de negociaciones.

7. Véase cómo para uno debe comunicarse al Juzgado la existencia de negociaciones para alcanzar un plan de reestructuración del activo, del pasivo, o de ambos, mientras que para el otro se buscaría alcanzar un plan de reestructuración a secas; para uno la reactivación de los deberes de actuación societaria derivan de que dejen de estar vigentes los efectos de la comunicación, sin embargo, para el otro de que el plan de reestructuración no se alcanzase; en uno la convocatoria de la junta procederá de inmediato desde esa reactivación de los deberes, en el otro se producirá una reanudación del plazo de dos meses.

mayor relieve cuando se entronca con dos de sus principales consecuencias jurídicas: el nacimiento de un deber de actuación en la esfera concursal del deudor, que puede ser concurrente con el que rige en el plano societario, y la posibilidad de que la apertura del procedimiento concursal sea solicitado por un legitimado activo distinto del deudor, señaladamente un acreedor, supuesto sobre el que nada se dice,

– No se indica qué consecuencias puede tener la instancia de estos procedimientos concursales o del expediente preconcursal sobre el deber «secundario» fijado por el legislador (la petición de disolución judicial, *ex* artículos 366 de la Ley de Sociedades de Capital y 125-128 de la Ley de Jurisdicción Voluntaria) para el caso de que la junta general de socios no haya dispuesto una respuesta al problema, por el motivo que fuere,

– No se concreta qué sucede cuando cesan los efectos de la comunicación del inicio de negociaciones para alcanzar un plan de reestructuración sin que por ello puedan considerarse fracasados tales acercamientos, en especial cuando en fechas próximas van a fructificar efectivamente en un acuerdo aprobado al menos por alguna clase de acreedores, cuya homologación judicial puede tener o no que solicitarse[8].

– Tampoco se pone un término final a los efectos hibernadores que provoca la solicitud de concurso voluntario. Parece como si se tratara de una cuestión que no preocupa al legislador, tal vez por concebirse como un procedimiento que pretendidamente vendría a resolver el problema de insolvencia de un modo definitivo (bien sea de manera concordada, bien por liquidación forzosa), desactivando *a limine* los deberes de los administradores impuestos por la legislación societaria (como ha venido a sostener el TS, en su Sentencia de 15.10.2013). El caso es que, centrado este trabajo en el plan de reestructuración, toda actuación que suponga entrar en un concurso de acreedores implica, de modo automático, una exclusión del juego del expediente preconcursal y, por ende, la no necesidad de plantear sus efectos sobre los deberes de los administradores debido a la presencia de una causa de disolución. Bien es cierto que esta conclusión debe matizarse ante la eventualidad de que, excepcionalmente, el concurso no ponga fin de manera definitiva al problema del solvencia, porque no llegue a declararse pese a ser solicitado (inadmitido a trámite en el caso del concurso voluntario

8. Sí que se detiene en un estadio que pudiera considerarse, tal vez, intermedio en este *iter que* conduce hasta el cierre de un acuerdo con los acreedores: la petición formal de apertura del procedimiento de continuación para las microempresas (artículo 694-bis.3 TRLC), que permite prolongar el congelamiento de los deberes legales (*ex* artículo 365 LSC) «*en tanto se tramita*» —otra expresión aquejada de enorme imprecisión— siempre que venga acompañada de (o se adjunte en los diez días hábiles siguientes, *ex* artículo 697 TRLC) un plan de continuación, que normalmente no estará aún aprobado por los acreedores. Claro que puede que el hecho de que el procedimiento especial para microempresas sea verdaderamente un procedimiento concursal, universal, por más que pueda buscar en el fondo una solución equiparable a un plan de reestructuración preconcursal e incluso abrirse en mera probabilidad de insolvencia, justifique que el legislador haya previsto una norma para la comunicación de negociaciones y otra para la apertura del procedimiento como tal. De hecho, la idea que parece latir en la mente del legislador en el caso de las microempresas aproxima más esta solución a la del concurso. Se trata, al cabo, de dos expedientes concursales en los que la alternativa al concierto con los acreedores (convenio o plan de continuación) sería una liquidación concursal, con disolución *de pleno derecho* de la sociedad deudora, ante la que ya carece de sentido plantear el juego de los preceptos societarios (contenidos en los arts. 365 y ss. LSC).

por no haberse presentado tal solicitud «*en debida forma*» —en expresión del artículo 365.3 de la Ley de Sociedades de Capital, aunque en este caso pueda abarcar defectos materiales, *ex* arts. 10 y 11 Texto Refundido de la Ley Concursal— o desestimada la solicitud de concurso necesario; algunas de cuyas hipótesis prevé específicamente el Libro II del Texto Refundido de la Ley Concursal: arts. 585, 612, 636 y 637); ante esta tesitura resurge el deber de actuación de los administradores impuesto por las normas societarias y puede plantearse, de nuevo, la posibilidad de enervarlo por el cauce del plan de reestructuración.

## II. LOS PRESUPUESTOS NORMATIVOS PARA LA EXÉGESIS DE LA DISCIPLINA EN LA MATERIA

### 1. EL ESPÍRITU DE LA REFORMA DE LA LEGISLACIÓN CONCURSAL

La respuesta a los múltiples interrogantes que sigue dejando al descubierto (por no decir los nuevos que suscita) la reforma antes descrita requiere, ante todo, a mi modo de ver, dejar sentadas una serie de ideas clave. a modo de presupuestos de los que parte la legislación concursal española y que deben servir como guía hermenéutica, como piedra angular para dar cohesión y evitar el conflicto entre los sistemas normativos de insolvencia y societario en esta materia.

La primera de estas ideas debe llevarnos hasta el espíritu que mueve la Ley de Reforma cuyos preceptos sometemos a examen. No resulta complejo vislumbrar que este trasfondo teleológico entronca directamente con el de la Directiva que pretende incorporar (aunque no pueda sostenerse, en realidad, que la reforma española se haya limitado a transponer normas de la UE). Como se sabe, el objetivo de la Directiva 2019/1023, de 20 de junio (conocida como Directiva sobre Reestructuración e Insolvencia —DRI—) no es otro que establecer en todo el territorio de la Unión unas pautas normativas nacionales armonizadas, y por ello relativamente equiparables, para dar una solución ágil y eficiente a las empresas que se hallan en dificultades financieras, sobre todo en sus etapas más tempranas, aún no inmersas en insolvencia. Esa solución puede consistir, si la empresa es viable, en la previsión de unos marcos legislativos adecuados para lograr una reestructuración de su patrimonio que le asegure la continuidad de su actividad, y, si el valor liquidativo de la empresa es superior al de su mantenimiento productivo, en una liquidación rápida que evite un progresivo deterioro de los activos y permita obtener el mayor porcentaje de recuperación de sus inversiones financieras a los acreedores y, si les alcanza, a los socios.

Hay que insistir en que estos mecanismos se conciben ante todo como herramientas de actuación preventiva, centrados, como se ha dicho, en evitar la insolvencia antes que arreglarla, una vez constatada y ya presente, con lo que la empresa tenga disponible para ello, Por esta razón la norma comunitaria consolida un principio de prevalencia en la tutela de los intereses de los acreedores sobre la de los socios, sin necesidad de que la sociedad deudora se halle en insolvencia (en fases anteriores, por lo tanto), del que deriva, dada su mayor aptitud para atender a estos problemas (sobre todo por poner el foco en la amenaza que ante todo inquieta a un acreedor actual, que no es otro que la falta de capacidad de pago de su deudor, antes que su insuficiencia patrimonial), otro principio de supremacía de las normas concursales sobre las meramente societarias en ese estadio financiero. Si la empresa es viable, lo relevante, pues, será encontrar una solución que cuente con la conformidad del colectivo de acreedores, aunque pueda no afectar a su totalidad (no ser universal en puridad) ni siquiera ser aceptado por todos aquellos que puedan verse afectados por el mismo, dado que en este último caso el axioma último del mejor interés de los acreedores y la equidad en el tratamiento dispensado a cada uno de ellos (entendida en un contexto de insolvencia), vigilados por una autoridad pública, legitima un *arrastre* o *efecto de masa* hacia los disconformes. Incluso, bajo ciertas garantías, puede llegar a imponerse a la propia deudora y a sus socios (salvo que expresamente se supedite a su conformidad, hipótesis que el legislador español ha acogido cuando se trate de pequeñas y medianas empresas o de otras sociedades en probabilidad de insolvencia[9]). Precisamente por ello el legislador comunitario se afana en ordenar a los legisladores nacionales que aborden los cambios normativos que sean precisos en su legislación societaria a efectos de impedir (cuando tal imposición a la deudora sea posible) que la actitud de unos socios renuentes a seguir el plan de reestructuración alcanzado por los acreedores pueda torpedear su puesta en práctica y dar al traste con el objetivo final perseguido. Particular relieve cabe otorgar en este contexto a la referencia expresa (en el artículo 32 de la Directiva de Reestructuraciones e Insolvencia) al establecimiento de medidas para evitar que el mandato contenido en la Directiva 2017/1132, de 14 de junio (artículo 58.1, de donde proviene el actual sentido de la norma del artículo 365 de la Ley de Sociedades de Capital[10]) pueda neutralizar la implementación de un plan de reestructuración.

Estos antecedentes parecen dotar de significación y encuadramiento contextual (ante dificultades financieras, en el sentido marcado por el artículo 19 de la Directiva de Reestructuraciones e Insolvencia, y sus Considerandos 70-71) a la norma societaria patria que impone a los administradores el deber (modalizando su comportamiento como un *ordenado empresario*, *ex* artículo 225.1 de la Ley de Sociedades de Capital) de «*subordinar su interés particular*» (y cabría añadir, la persecución excluyente del «*mejor interés de la sociedad*», como máxima de lealtad ante los socios, *ex* artículo 227.1 Ley de Sociedades de Capital) «*al interés de la empresa*». Y asimismo explican la situación a la que debe verse sometida, según los casos, la junta general de socios de

9. No parece haber problemas de transposición de la Directiva en este punto, por cuanto la aplicación de su previsión en relación con la necesidad de recabar el consentimiento del deudor (artículo11.1, que se admite limitar a las pequeñas y medianas empresas, aunque se permita contemplarla con mayor amplitud) queda en definitiva al socaire de los conceptos que se manejen respecto de esa realidad que toma en consideración la dimensión de la empresa (el concepto de PYME) y de la insolvencia y sus grados, que se dejan a la fijación por los Estados miembros (*ex* artículo 2.2).

10. Se recuerda que este artículo establece: «*1. En caso de pérdida grave del capital suscrito, se convocará junta general en un plazo fijado por las legislaciones de los Estados miembros, con el fin de examinar si procede la disolución de la sociedad o adoptar cualquier otra medida. 2. La legislación de un Estado miembro no podrá fijar en más de la mitad del capital suscrito el importe de la pérdida considerada como grave en el sentido del apartado 1*». Más explícito aún que el artículo 32 Directiva sobre Reestructuración e Insolvencia en su Considerando 96.

una entidad titular de una empresa viable, pero en insolvencia probable, inminente o actual, cuando los acreedores pretenden alcanzar un plan de reestructuración para cuya ejecución se requieren decisiones que entran normalmente dentro del ámbito de su competencia orgánica. En resumen, la reforma ha de responder a un designio que al menos, en relación con los planes de reestructuración contemplados como resultado de un expediente preconcursal, prive a la junta general de socios de la capacidad de tomar ventaja formalmente en la búsqueda de soluciones a la insolvencia (en cualquiera de sus grados). El inicio del expediente parte de una iniciativa del deudor *(rectius*, de los administradores —artículo 585.1 Texto Refundido de la Ley Concursal—, bajo su responsabilidad), a partir de la que serán los acreedores los que llevarán el peso de las negociaciones, al margen de la masa social. Esta conclusión, que pudiera justificar la eliminación de las alusiones a un pretendido acuerdo de junta general sobre petición de concurso de la redacción societaria modificada (artículo 365.1 Ley de Sociedades de Capital), cuya virtualidad había sido ya puesta en duda por buena parte de la doctrina (a la vista de la contundente declaración del artículo3.1.2 Texto Refundido de la Ley Concursal)[11], cobra especial significación en el caso de las entidades a las que pudiera llegar a imponerse finalmente el plan de reestructuración, pese a la disconformidad de sus socios: una entidad titular de una gran empresa (que no reúne los requisitos del artículo 682.1 Texto Refundido de la Ley Concursal) y que se halla en insolvencia inminente o actual (artículos 640, 650, 656.1.3.º y 684.2 Texto Refundido de la Ley Concursal). Y es que en estos casos la pérdida de la capacidad formal de iniciativa se traduce a la postre, materialmente, en una verdadera postración a la voluntad de los acreedores.

Llegados a este punto, cabría cuestionar si, a la vista de las consideraciones que acaban de exponerse, el legislador español no se ha quedado corto en la incorporación de los mandatos de la Directiva 2019/1023 y, muy en especial, en la correcta acogida de su fundamento último. Y ello porque, de la regulación contenida para los planes de reestructuración, referida a un escenario de concurrencia de problemas de solvencia y causa de disolución societaria, se desprenden dos conclusiones sobre cuya adecuación al espíritu de la disposición comunitaria tal vez quepa plantear dudas. En particular, ambas conclusiones tiene que ver con la eventualidad de que los socios, prescindiendo o no del parecer de los administradores (o de los que comunicaron el inicio de nego-

11. Algunos autores, entre los que me incluyo, habían procurado salvar esa referencia anterior a un acuerdo de la junta general «*que inste el concurso*», y a fin de evitar, en lo que resultara posible, una interpretación abrogatoria de la norma, admitiendo que, en insolvencia inminente, ante la ausencia de un deber de pedir el concurso voluntario, se pudiera dejar en manos de los socios el futuro inmediato de la sociedad (aunque a veces se llegara asimismo a admitir la competencia de los administradores para pedir directamente el concurso), en el sentido de acordar la disolución, alguna medida societaria que removiera la causa o instar a los administradores (a modo de mera indicación, *ex* artículo 161 TRLC) a que solicitaran el concurso de la sociedad o, tras las reformas, y pese al silencio normativo, incluso el inicio de algún expediente preconcursal (acuerdo de refinanciación o acuerdo extrajudicial de pagos, en su caso). V., en torno a estas soluciones bajo el panorama normativo anterior a la Ley 16 /2022, VÁZQUEZ CUETO, J. C., *Derecho societario de la crisis*, cit., pp. 70-75; QUIJANO, J., *Revista de Derecho Concursal y Paraconcursal*, n.º 31, 2019, pp. 4 y 11-12; PÉREZ BENÍTEZ, J. J., *Derecho de sociedades en tiempos de pandemia*, pp. 95-97; FUENTES DEVESA, R., *Comentarios a la Ley de Sociedades de Capital*, pp. 5003-5004.

ciaciones *ex* artículo 588 Texto Refundido de la Ley Concursal, que pueden haber sido separados del cargo, precisamente por esto), se reúnan en junta general (puede que incluso en junta general universal, o previa convocatoria solicitada por la minoría, *ex* artículo 168 Ley de Sociedades de Capital), contemporáneamente a la negociación entre los acreedores para alcanzar un plan (incluso puede que al amparo del artículo 365 de Ley de Sociedades de Capital, dada la oscuridad de que aún adolece la norma), al objeto de adoptar algunas decisiones en torno a operaciones societarias encaminadas a salir tanto de la causa de disolución como de los problemas de solvencia, que a la larga resulten frontalmente incompatibles o hagan inútiles las medidas que pudiera estar barajándose para el plan de reestructuración. Naturalmente, ambas conclusiones deben asentarse sobre los escenarios justamente opuestos que derivan del hecho de que nos encontremos o no ante algunos de los supuestos en que dicho plan pueda llegar a ser impuesto a los socios.

Desde luego, el problema más grave se plantea cuando tal imposición a los socios disconformes está admitida por el nuevo régimen. Una vez instado el inicio del expediente preconcursal, sorprende que no se haya previsto de manera específica, consecuentemente con la *ratio* de la disciplina, algún mecanismo que impidiera a los socios torpedear un eventual plan homologable, no por la vía de enfrentarse directamente a él, sino de aprobar otras medidas que impliquen a las masas patrimoniales de la sociedad y hagan ilusorio el plan sobre el que se esté negociando. No existe una prohibición legal de actuación de la junta general en este sentido (repárese en que el artículo 365.3 de la Ley de Sociedades de Capital libera momentáneamente del deber de convocar a los administradores, pero no les prohíbe hacerlo de inmediato; a lo que ha de sumarse que en esta tesitura preconcursal no hay una limitación legal de las facultades patrimoniales del deudor como la presente en los artículos 106, 126 y 127.3 Texto Refundido de la Ley Concursal para el caso del concurso: cfr. artículo 594 Texto Refundido de la Ley Concursal), con lo que podría estarse facilitando un cómodo expediente para eludir la acción de los acreedores y burlar la prevalencia de sus intereses. Tal vez una medida cautelar de abstención de la adopción de acuerdos con incidencia patrimonial planteada por los acreedores ante el Juez del concurso podría resolver el entuerto, aun con la intromisión que ello supone en el ejercicio de la libertad de empresa y la rigidez que implica solicitarla antes de pedir del Juez una resolución de fondo sobre algún asunto concreto[12]. Sea como fuere, llama poderosamente la atención que la incidencia de la

12. Suponiendo la viabilidad de una medida cautelar (la declaración de la LEC como supletoria del artículo 521 TRLC podría ayudar en este sentido), siguiendo un paralelismo con el planteamiento posterior de una demanda, sería preciso que los acreedores alcanzaran con celeridad el plan al objeto de pedir su homologación dentro de los veinte días posteriores a la adopción de la medida cautelar solicitada (artículo 730.2 LEC). Cabría asimismo discutir sobre la solución que debieran adoptar el Letrado de la Administración de Justicia o el Registrador Mercantil ante la desatención por los administradores de la solicitud de convocatoria de una junta general extraordinaria (*ex* artículo 168 LSC), por considerarla contraria al espíritu de la Directiva. Desde luego, en principio no parece incuestionable ni mucho menos que sea posible obtener una sentencia de nulidad de un acuerdo social adoptado en paralelo al desarrollo de negociaciones encaminadas a alcanzar un plan de reestructuración, bien sea por infringir la ley (tal vez quepa alegar abuso del derecho, o fraude de ley), bien sea por resultar contrario al interés de la sociedad.

comunicación del inicio de negociaciones para alcanzar un plan de reestructuración se ciña a una desactivación (interina) del deber de los administradores de convocar junta general para adoptar un acuerdo de disolución o cualquier otro dentro de su competencia de remoción de la causa, sin reparar en que lo que realmente atiende al fundamento de la disciplina reformada no es (por justo que resulte) descargar a los administradores del peso que les atosiga en esas circunstancias y de la consecuente amenaza de una responsabilidad por deudas ajenas extrema que pueda llegar a imponérseles, sino, precisamente en la línea indicada, permitir una congelación de las respuestas societarias a la crisis económica mientras se esté procurando alcanzar una solución basada en el Derecho de la Insolvencia, sea quien fuera el que mantuviera interés por que llegaran a buen puerto[13].

En el extremo opuesto, tampoco se ofrecen respuestas satisfactorias ante la posibilidad de que los socios (al menos, una mayoría de capital suficiente al respecto) pongan contundentemente de manifiesto su intención de no dar su conformidad al plan que están negociando los acreedores al amparo de este expediente preconcursal. No cabe duda de que, cuando se requiera la aprobación del plan por la junta general, por ejemplo, una reunión en la que se adopten acuerdos con incidencia patrimonial al margen de las negociaciones que se están desarrollando puede ser considerada, jurídicamente, una anticipación de su disconformidad con el plan de reestructuración que finalmente se alcance, ante la que el expediente preconcursal perdería por completo su objeto sin necesidad de agotar el plazo de neutralización de las ejecuciones (*ex* arts. 600 a 608 Texto Refundido de la Ley Concursal). Sin embargo, más allá de la posibilidad de oponerse a la prórroga de los efectos de la comunicación de negociaciones (artículo 608.1. 1.º Texto Refundido de la Ley Concursal), a la sociedad deudora no parece quedarle otra vía específicamente dispuesta para parar el curso de un expediente que se revela a todas luces inútil antes de que transcurran sus tres primeros meses de vigencia

13. Así repárese en que la reforma solo contempla una paralización del *iter* secuencial previsto para el caso de concurrencia de una causa de disolución cuando el peticionario es la sociedad deudora a través de sus administradores (petición que será admitida a menos que antes se haya pedido concurso necesario: artículo 588.2 TRLC; la solicitud posterior de un acreedor resulta irrelevante). Pero, admitiendo la lógica de esta exigencia, no termina de comprenderse por qué se ha dejado al descubierto y al pairo de cualquier interpretación poco ajustada a tal espíritu normativo (que mantenga en vigor el deber de convocar junta general *ex* artículo365 LSC) la posibilidad de que, como antes se destacó, las negociaciones, una vez iniciadas a instancias del deudor, puedan llegar a fructificar por perseverancia de los acreedores, mas no de aquel (siempre que este no pueda pararlo; cfr. artículo 612 TRLC). Es más, en esos supuestos la rigidez de la norma societaria podría conducir al absurdo, basado en una estricta literalidad de la Ley, de que la suspensión del deber legal de reunir a los socios en junta general derivada de una petición de concurso voluntario se viera levantada como consecuencia de una petición de continuación de las negociaciones rogada por acreedores o por el experto en la reestructuración que pudiera haberse nombrado sobre la base de las buenas perspectivas de llegar a un acuerdo. Es decir; contra la voluntad de un deudor que desea parar de manera permanente el curso de la secuencia impuesta por la norma societaria pidiendo un concurso se termina por entrar en un camino que, sobre el papel, podría dejar a los administradores sin la cobertura de las medidas de insolvencia, colocándolos en la tesitura de convocar junta general (o pedir, supletoriamente, la disolución judicial) solo para esquivar su responsabilidad por deudas, y aun conocedores de que con ello pueden provocar que se adopten medidas societarias que dinamiten una eventual solución concordada con los acreedores.

que pedir el concurso voluntario (artículos 612 y 683.2 Texto Refundido de la Ley Concursal). Desde luego, no resulta sencillo justificar por qué se trata del único cauce expresamente contemplado para poner un punto y final anticipado al expediente. Pero, de confirmarse realmente esta suposición (al margen de una eventual subsunción de las reglas generales de nuestro enjuiciamiento civil *v. gr.*: *ex* artículo 20 Ley de Enjuiciamiento Civil, que no terminan de encajar del todo bien en relación con el escrito de comunicación de negociaciones), sería una solución muy poco satisfactoria, pues, aparte de dejar fuera de órbita el caso de que la sociedad se halle en probabilidad de insolvencia (en que no cabe petición de concurso), convertiría en los restantes casos el inicio del expediente preconcursal en una suerte de *punto de no retorno* del Derecho de la Insolvencia mientras, al menos, no transcurriera el período inicial trimestral de juego de sus efectos. Algo que parece chocante si se piensa, por ejemplo, en la premura con que debe reaccionarse ante una situación de insolvencia inminente (cuyo margen de actuación máximo es, justamente, de tres meses, *ex* artículo 2.3 Texto Refundido de la Ley Concursal) a fin de evitar que pase a ser actual.

## 2. LA SIGNIFICACIÓN DE LA INSOLVENCIA ACTUAL

La correcta inteligencia de la norma que exige de los administradores un comportamiento dirigido a instar una decisión de la junta general (artículo 365 Ley de Sociedades de Capital) requiere tener previamente en cuenta una idea que, aunque avanzada solo en relación con la causa de disolución por pérdidas [artículo 363.1 e) Ley de Sociedades de Capital], debiera ser predicable del catálogo completo de causales: la actuación ordenada por la legislación societaria tiene sentido en la medida en que la sociedad no esté incursa —en ese momento inicial de la concurrencia, o con posterioridad— en insolvencia actual. En este caso el arrinconamiento de las normas societarias por la primacía de las concursales parece evidente: cualquier acreedor puede pedir el concurso necesario de la sociedad (acudiendo a los *hechos* del artículo 2.4 del Texto Refundido de la Ley Concursal); y la sociedad tiene el deber de pedirlo (artículo 5 del Texto Refundido de la Ley Concursal), si bien dispone de un margen de tiempo (dos meses, a contar desde que sabe o no puede ignorar tal estado) para corregir esa situación *motu proprio*, aunque no ya en cumplimiento de un deber (no en atención a lo establecido por el artículo 365 de la Ley de Sociedades de Capital). Al igual que puede evitar la entrada en concurso de acreedores si opta por intentar alcanzar un plan de reestructuración.

En realidad, la propia dicción del precepto referido a las pérdidas cualificadas da a entender que en estos casos ni siquiera debiera afirmarse que hay causa de disolución. De ahí que no exista deber legal de convocatoria de la junta general por los administradores (en su lugar nace el deber *ex* artículo 5 del Texto Refundido de la Ley Concursal). Dice la norma [artículo 363.1 e) Ley de Sociedades de Capital] que habrá causa de disolución «*por pérdidas que dejen reducido el patrimonio neto a una cantidad inferior a la mitad del capital social, a no ser que este se aumente o se reduzca en la medida suficiente, y siempre que no se procedente solicitar a declaración de con-*

*curso»*[14]. Las pérdidas amenazan las expectativas de cobro futuras de los acreedores y ponen en entredicho el fin para el que se fundó la sociedad, dada la desaparición de buena parte de las inversiones efectuadas por los socios. Pero no dan pie forzosamente a una decisión por parte de estos (no hay causa de disolución, *rectius*, deber de instar una reunión de la junta general para que corrija la situación o inicie el proceso de retirada de la sociedad del tráfico), porque lo que *procede*, esto es, *lo que debe hacerse* en esta tesitura, es activar el conjunto de medidas concursales. Y tal activación solo se hace exigible, desde el punto de vista de la legislación concursal, cuando se está en insolvencia actual[15].

Debe insistirse en el detalle de que el matiz solo se introduce en relación con la causal relativa a las pérdidas graves, lo que a mi modo de ver no significa que no juegue también en las restantes, aunque en estas la disyuntiva entre medidas societarias y concursales no sea tan habitual. De hecho, es una circunstancia que se repite en las nuevas normas introducidas en la legislación concursal para neutralizar el juego de la disciplina societaria (artículos 613, 690.8 y 694-*bis*.3 del Texto Refundido de la Ley Concursal). Ahí, con redacciones incomprensiblemente dispares (*«pérdidas que dejen reducido el patrimonio neto a una cantidad inferior a la mitad del capital social»*, *«pérdidas cualificadas»*), se alude solo a este supuesto, si bien, como antes de avanzó, en este caso la explicación se halla en sede de incorporación de los mandatos comunitarios (artículo 32 de la Directiva de Reestructuraciones e Insolvencia) de establecer excepciones a la norma (artículo58 Directiva 2017/1132) que ordena una convocatoria de la junta *«en caso de pérdida grave del capital suscrito»*, que el mismo precepto cifra, al menos, a partir de la mitad del capital. La reforma del Texto Refundido se ha centrado únicamente en la causa que preocupa al legislador comunitario (un mandato *de mínimos*), sin tener en cuenta que el elenco para que se active el deber de actuación de los administradores es mayor (de hecho, ahora los artículos 365 y siguientes de la Ley de Sociedades de Capital, en su redacción actual, cosa que no hacía la originaria, aluden de modo expreso genéricamente, sin distinción, a todas las causales del artículo363.1, sean legales o

14. La redacción anterior de la norma también daba pie a esta interpretación, pues situaba formalmente como alternativa la existencia de alguna causa de disolución o que la sociedad fuera insolvente (aunque no pudiera determinarse si englobaba solo la insolvencia actual o también la inminente). Mas, como se ha indicado en el texto, este último matiz se ha visto arrastrado por la decisión legislativa (creo que acertada, justo por el motivo que se acaba de indicar) de eliminar en estos preceptos ambigüedades respecto de una eventual competencia de la junta general en relación con la petición de concurso cuando haya insolvencia. En este sentido, v., entre otros, MORENO, E., *La Ley Mercantil*, n.º 95, 2022, p. 14; RODRÍGUEZ RUIZ DE VILLA, D. y HUERTA, M. I., *Revista General de Insolvencias & Reestructuraciones*, n.º 5, 2022, p. 231.

15. Así se dejaba ver en la Sentencia del Tribunal Supremo 15.10.2013, así como en buena parte de la doctrina, si bien no es todo caso con idéntico alcance. V., por todas, las referencias contenidas en VÁZQUEZ CUETO, J. C., *Derecho societario de la crisis*, pp. 67-68, nota 23. En la doctrina más reciente, entre otros, v. PULGAR, J., *Preconcursalidad*, p. 36; QUIJANO, J., *Revista de Derecho Concursal y Paraconcursal*, n.º 31, 2019, p. 10; PÉREZ BENÍTEZ, J. J., *Derecho de sociedades en tiempos de pandemia*, pp. 95-97; FUENTES, R., *Comentarios a la Ley de Sociedades de Capital*, pp. 5002-5003; ALONSO UREBA, A., *Comentarios al articulado del Texto Refundido de la Ley Concursal*, pp. 3-4; ORELLANA, N., *Revista General de Insolvencias & Reestructuraciones*, n.º 5, 2022, pp. 308-309; MUÑOZ PAREDES, A., *Diario La Ley*, n.º 10008, 2022, p. 3.

estatutarias[16]) y que, en realidad, el problema rebasa la razón concreta por la que los socios deban replantearse la continuidad en el tráfico de la entidad que han fundado, dado que la insolvencia actual hace que la preocupación legislativa sea el pago de las deudas, que en ese momento ya está fallando, antes que el buen fin del contrato de sociedad, cualquiera que sea el motivo que desencadene ese planteamiento.

Así pues, la insolvencia actual cambia el panorama radicalmente, pues de un deber de convocar junta general se pasa a un deber de pedir el concurso de la sociedad (antes de que un acreedor pueda hacerlo), que, eso sí, en la regulación vigente ahora puede verse sustituido (de modo temporal en principio) por la comunicación de negociaciones para alcanzar un plan de reestructuración (artículo 611 del Texto Refundido de la Ley Concursal). De todo lo que se desprende una conclusión terminante a los efectos que nos ocupan: cuantas veces salga a relucir, aunque sea sucesivamente (por empeoramiento de la situación o confirmación de las previsiones), la insolvencia actual de la sociedad deudora en la secuencia de acontecimientos relacionados con las decisiones societarias descritos legalmente, huelga plantear, al menos mientras se verifica, el juego de los deberes de instancia de una reunión de la junta por parte de los administradores sociales (dicho de otra manera: no juegan los artículos 365 a 367 de la Ley de Sociedades de Capital[17]). Así sucederá, por ejemplo, cada vez que la norma tome como base la existencia de una petición de concurso necesario de la sociedad (artículos 588.4, 610 y 636.2 del Texto Refundido de la Ley Concursal). Es decir, esos deberes de los administradores y las normas introducidas por la reforma concursal que centran nuestro estudio tienen por objeto únicamente, a lo más, la situación de probabilidad de insolvencia o de insolvencia inminente, en los términos que ahora se verán.

## III. LA INCIDENCIA DEL EXPEDIENTE ENCAMINADO A ALCANZAR UN PLAN DE REESTRUCTURACIÓN SOBRE EL DEBER DE CONVOCATORIA DE LA JUNTA GENERAL DE SOCIOS

### 1. LA SIGNIFICACIÓN DE LA MEDIDA LEGAL DISPUESTA

Las consideraciones que acaban de efectuarse sobre la insolvencia actual podían extraerse de la disciplina existente antes de la Ley de Reforma concursal, añadiendo ahora, eso sí, el dato trascendente de que tal situación no tiene por qué conducir necesariamente a un concurso, sino que puede encontrar una vía de solución mediante el plan de reestructuración (algo que incluso con anterioridad se venía sosteniendo de los acuerdos de refinanciación colectivos y de los acuerdos extrajudiciales de pago, ante

16. Repárese en que la redacción previa a esta reforma solo hacía una tímida e inexpresiva alusión a «*alguna causa*» (en el artículo365.1.2 LSC), y una más concreta al «*acaecimiento de la causa legal*» (en el artículo367.2 LSC). En el sentido indicado en el texto, v., por todos, RODRÍGUEZ RUIZ DE VILLA, D. y HUERTA, M. I., *Revista General de Insolvencias & Reestructuraciones*, n.º 5, 2022, pp. 224, 231 y 233.

17. Quizá por terminar de alejar entre sí supuestos de hecho que deben mantenerse jurídicamente separados, dada la distinta solución que el legislador quiere darles, se ha suprimido (del artículo367.1 LSC) la referencia a que, «*si procediere*», en vez de pedir la disolución judicial de la sociedad ante la pasividad de la junta, se pida el concurso.

la ausencia de una previsión legal expresa[18]). La novedad que verdaderamente introduce dicha Ley de Reforma no está tanto ahí como en los efectos que el simple planteamiento de un plan de reestructuración, formalmente notificado al Juzgado competente, provoca, provisionalmente al menos, sobre los deberes establecidos por la legislación societaria cuando hay causa de disolución concurrente con una insolvencia inminente o una mera probabilidad de insolvencia. En particular, sobre el primer deber de los previstos (artículo 365 de la Ley de Sociedades de Capital), consistente en convocar la junta general[19]. En suma, la carga coactiva propia de todo deber legal se desactiva; «*los administradores no estarán obligados a convocar junta general*» (como dice el artículo365.3 LSC) o (como más gráficamente apunta el artículo 613 del Texto Refundido de la Ley Concursal) «*quedará en suspenso el deber legal*».

Con un mínimo de intuición jurídica, parece que el significado de la medida (o su efecto inmediato) se comprende con cierta facilidad, por más que su naturaleza jurídica y su alcance exacto puedan quedar poco claros. Da la impresión de que se establece una suspensión en la exigibilidad del deber, en su fuerza prescriptiva, pero en puridad no una completa eliminación o supresión del mismo. El legislador es conocedor de que el simple inicio del expediente preconcursal regulado en el Libro II del Texto Refundido no asegura completamente la resolución de la crisis de solvencia de la sociedad, que es el objetivo que sitúa por delante de cualquier otro (ni siquiera, a decir verdad, la solicitud de concurso, de por sí). Por este motivo prevé una eventual reactivación del deber de actuación interna de los administradores; la temporalidad de la medida se hace palpable en la propia literalidad de las normas: «*mientras estén en vigor los efectos...*», «*la convocatoria procederá...en tanto dejen de estar vigentes los efectos...*».

El matiz puede servir como argumento para explicar que, en términos estrictos, ni se suspende el plazo de dos meses para que los administradores actúen, ni hay una eliminación del deber para renacer de nuevo posteriormente, si acaso. A saber, aunque,

18. Así, más extensamente, VÁZQUEZ CUETO, J. C., *Derecho societario de la crisis*, cit., pp. 83-100. V., asimismo, en la doctrina más reciente, entre otros, PULGAR, J., *Preconcursalidad*, pp. 36-39; QUIJANO, J., *Revista de Derecho Concursal y Paraconcursal*, n.º 31, 2019, p. 12; MARÍN DE LA BÁRCENA, F., *Revista General de Insolvencias & Reestructuraciones*, n.º 1, 2021, pp. 113-114; MARTÍNEZ SANZ, F., *Revista General de Insolvencias & Reestructuraciones,* n.º 8, 2022, p. 22; FUENTES, R., *Comentarios a la Ley de Sociedades de Capital*, pp. 5007-5011; MUÑOZ PAREDES, A., *Diario La Ley*, n.º 10008, 2022, p. 5, y, del mismo autor, *Diario La Ley*, n.º 10133, 2022, p. 8. Cfr. asimismo, por su valor ilustrativo al respecto, la Sentencia de la Audiencia Provincial de Murcia —Sección 4.ª— de 9.12.2022.

19. No se hace alusión al segundo deber, el de pedir la disolución judicial (artículo366 LSC), de juego subsidiario, que podía haberse perfectamente recogido y que a mi modo de ver merece la misma respuesta por identidad de razón (aparte de acomodarse mejor al espíritu de la reforma, se trataría de una interpretación de la disciplina que reduciría el ámbito de actuación de una responsabilidad por deuda ajena como la del artículo367 LSC). Así, también, RODRÍGUEZ RUIZ DE VILLA, D. y HUERTA, M. I., *Revista General de Insolvencias & Reestructuraciones,* n.º 5, 2022, pp. 234 y 243. Repárese en que un intento de plan de reestructuración tras haber instado una decisión de la junta general sin éxito no es algo impensable: por ejemplo, puede, bien que los administradores adviertan que las dificultades iniciales de alcanzar una solución concordada con los acreedores se han allanado ahora, bien que, tras al fracaso de la reunión de la junta, se haya advertido que la sociedad ha entrado en probabilidad de insolvencia o en insolvencia inminente.

*de facto*, pueda pensarse que es idéntica en todo caso, la consecuencia de haberse impuesto una suspensión de la exigibilidad del deber en vez de una que afecte solo al cómputo del plazo (como sucedió en la legislación de emergencia por causa de la COVID-19), puede tener un alcance, en parte, diferente: si el plazo hubiera expirado a la fecha en que comenzaran a regir los efectos de la comunicación de negociaciones, los administradores continuarían formalmente obligados a convocar junta general, lo que podría abocar a la sociedad a una situación no ya anómala, sino rocambolesca, pues habría en curso dos cauces simultáneos para poner solución al problema, uno por cada disposición normativa.

En suma, el deber no se deroga, sino que queda congelado. Por ello, si los efectos «concursales» desaparecen, de nuevo retoman su vigor las medidas impuestas por la legislación societaria. Es más, da la impresión (solo eso, pues el desconcierto normativo es palmario en este punto) de que el plazo de dos meses para convocar junta (artículo 365.1 de la Ley de Sociedades de Capital) se reanuda, no comienza de nuevo a computarse[20]. Así parece reclamarlo la lógica del supuesto y el tenor de alguno de los preceptos dedicados a la cuestión (artículo 367.3 de la Ley de Sociedades de Capital), por más que en otros se haga referencia a que el deber de convocar «*procederá de inmediato*» (artículo 365.3, *in fine*, Ley de Sociedades de Capital). Más bien parece que, «*de inmediato*», alude a la reactivación del deber de convocar, que se producirá sin solución de continuidad (*ipso iure*; por ejemplo, sin requerir una resolución judicial *ad hoc*); no afecta al momento en que deba anunciarse tal convocatoria, que será de dos meses desde que comenzara su cómputo (*dies a quo* de compleja concreción, como ya se sabe), que bien pudo producirse e incluso haberse agotado antes de la comunicación de negociaciones para alcanzar el plan de reestructuración[21].

Como se hizo ver en anteriores epígrafes, ni se obliga a adoptar medidas de insolvencia ni se impide de suyo acudir a la junta general de la sociedad. Los administradores tienen la palabra en este punto; será el entendimiento que posean de su deber de diligencia, atendiendo a las circunstancias presentes (y el espíritu de la Directiva de Reestructuraciones e Insolvencia), el que deba servir de freno a instar una actuación paralela de los socios. El problema, ya apuntado, es que su negligencia en este extremo podría dar lugar a una exigencia de responsabilidad por daños, pero de entrada no neutralizaría la actividad social que pudiera haberse puesto en marcha, que en cualquier caso (con colaboración de los administradores actuales, o sin ella) sería susceptible de producirse y torpedear o dificultar sobremanera las negociaciones con los acreedores. Creo que la

20. En este sentido, entre otros, v., MORENO SERRANO, E., *La Ley Mercantil*, n.º 95, 2022, pp. 15-16; RODRÍGUEZ RUIZ DE VILLA, D. y HUERTA, M. I., *Revista General de Insolvencias & Reestructuraciones*, n.º 5, 2022, pp. 226, 235 y 242-243. Sin embargo, MARTÍNEZ SANZ, F., *Revista General de Insolvencias & Reestructuraciones*, n.º 8, 2022, p. 23, parece inclinarse por la necesidad de que la convocatoria se lleva a cabo de inmediato, siguiendo la literalidad de la Ley (artículo 365.3 LSC).

21. Para una descripción de las situaciones en que pudieran encontrarse los administradores en función de la constatación de la existencia de la causa de disolución y el transcurso del plazo legal de dos meses antes, durante o tras la comunicación de negociaciones, v., por todos, ORELLANA, N., *Revista General de Insolvencias & Reestructuraciones*, n.º 5, 2022, pp. 312-313.

norma española falla al no haber previsto una solución más contundente a este problema, sobre todo cuando el plan pueda llegar a imponerse a los socios, como ya se apuntó *supra*.

Para ajustar al detalle la hoja de ruta a la que terminan sujetos los administradores como consecuencia de un plan de reestructuración es preciso fijar, con la legislación concursal en la mano, las vicisitudes por las que pueden atravesar las negociaciones encaminadas a alcanzarlo, de manera que se pueda determinar con exactitud cuándo comienzan verdaderamente los efectos aletargadores que se han comentado y cuándo finalizan y, «*de inmediato*», resurge el deber de convocar junta general. De ahí el recorrido que ahora se va a iniciar por ese *iter* secuencial previsto en el Libro segundo del Texto Refundido.

## 2. EL NACIMIENTO DE LOS EFECTOS NEUTRALIZADORES DEL DEBER DE CONVOCAR

### 2.1. Preliminar

Como se ha apuntado con anterioridad, la nueva norma de la legislación sobre insolvencia (artículo 613 del Texto Refundido de la Ley Concursal, a la que debe servir de apoyo hermenéutico, por evidentes razones de sistemática, la regulación dictada en el Libro III para el procedimiento especial para las microempresas, en especial el artículo 690.8 del Texto Refundido de la Ley Concursal) y la de la legislación societaria reformada sobre la materia (artículo 365.3, a la que, a su vez, debe servir de apoyo exegético el artículo 367.3 de la Ley de Sociedades de Capital) establecen el mismo precepto a grandes rasgos, si bien, lamentablemente, con una redacción y estructura sintáctica tan diferentes que pueden generarse incertidumbres en torno a su alcance exacto. Tal puede advertirse, para empezar, en relación con el instante concreto en que se desencadena el efecto legal suspensivo del deber de convocar junta general. Para la fijación de este momento partiremos de la norma societaria, más extensa y explícita, por lo tanto. Son tres los elementos indispensables, según esta norma, para que jueguen los efectos: uno de orden subjetivo, otro de índole objetivo, y uno final de carácter formal.

### 2.2. El presupuesto subjetivo: la iniciativa de los administradores

La puesta en práctica de los efectos que la legislación concursal anuda al comienzo de la tramitación de un plan de reestructuración debe corresponder a los administradores. La exigencia obedece a una lógica aplastante, aunque puede no ser tan satisfactoria como parece. Por lo pronto, son quienes están sujetos al deber de actuación cuando hay una causa de disolución y se juegan su patrimonio en caso de incumplimiento. Por otra parte, son los sujetos en quienes la legislación concursal pone su foco de atención cuando la deudora atraviesa dificultades financieras graves, de tal suerte que deben procurar advertirlas cuanto antes (artículo 19 de la Directiva de Reestructuraciones e Insolvencia). Precisamente por ello son los únicos facultados por la legislación concursal para dar inicio a este expediente (artículo 585 del Texto Refundido de la Ley Concursal, sobre todo en su apartado tercero, que establece un precepto que debiera considerarse concordante con el de los artículos 3.1.2 y 691.7 del Texto Refundido de la Ley Concursal, pese a tener redacciones distintas), pues, en definitiva, la ley no quiere que terceros interfieran en la adopción de una decisión particular tan delicada (ya se verá que sí pueden interferir más adelante); a lo que debiera sumarse el dato de que, en el plano interno de la distribución orgánica de competencias, la búsqueda de soluciones a los problemas de solvencia no es, conceptualmente hablando, en una entidad de estructura corporativizada, sino una expresión más del ámbito de la gestión del patrimonio social, que constituye su cometido prístino. Tanto es así que, en el lenguaje del Derecho de la Insolvencia, aludir a decisiones del deudor (de la sociedad deudora) conduce, en principio, en el plano interno, a las que toma su órgano de administración (cfr. artículos 631, 640.2, 650.2 y 684.2 del Texto Refundido de la Ley Concursal, que emplean la expresión «*los socios*» cuando se refiere a decisiones de la junta general de la sociedad deudora)[22].

Justo por lo anterior, cabe cuestionarse si los socios no disponen de mecanismos para «accionar el botón» de la medida de insolvencia en caso de que los administradores no consideren oportuno hacerlo, La respuesta parece ser en principio negativa por una cuestión de invasión de competencias orgánicas; a lo sumo, si los estatutos no lo restringen, podrá llegarse, una vez constituida la junta (lo cual ya puede suponer un primer problema si no hay colaboración del órgano de gestión), a instruir o sugerir la presentación del escrito correspondiente ante el Juzgado para intentar alcanzar un plan de reestructuración (artículo 161 Ley de Sociedades de Capital), con los efectos limitados que ello tiene en el terreno de su efectividad final, dado que en modo alguno ello puede significar una imposición a los administradores.

Obsérvese, finalmente, que la legislación concursal permite la presentación de una comunicación de inicio de negociaciones en relación con una pluralidad de deudores pertenecientes a un mismo grupo, incluso aunque no se incluya a todos sus componentes, ni siquiera a su dominante (artículo 587 del Texto Refundido de la Ley Concursal). Claro que, al menos a los efectos que ahora interesan (la aplicación del artículo 365.3 de la Ley de Sociedades de Capital), debe partirse de la lógica exigencia de que la

22. En relación con la posibilidad de que la decisión relativa a la petición de concurso se delegue en los consejeros que se ocupan de la realización de las funciones puramente ejecutivas, y pese a que, sobre el papel, tal cometido no se encuentra, textualmente, entre las «*facultades indelegables*» del consejo (cfr. artículo 249-*bis* LSC; tampoco figura expresamente entre las que enumera el artículo 529-*ter* LSC para el caso de las sociedades anónimas cotizadas), parece más defendible una respuesta negativa. La trascendencia de la medida en el devenir de la sociedad y su incidencia misma, caso de estimarse la solicitud, sobre las facultades del órgano de administración como tal parecen reclamar una interpretación amplia del catálogo de competencias indelegables en este aspecto, de tal suerte que la petición de concurso pudiera considerarse integrada dentro del apartado b) del artículo 249-*bis* de la Ley de Sociedades de Capital, concerniente a «*[L]a determinación de las políticas y estrategias generales de la sociedad*» (cfr., en un sentido similar, las referencias genéricas contenidas en las letras a) y b) del artículo 529-*ter* LSC]. Sobre esta cuestión, véase, contrariamente, a favor de la delegación, RECAMÁN, E., *Deberes y responsabilidad de los administradores*, Parte 2.ª, Capítulo III, C), 2.2.

comunicación afecte a sociedades que tengan su centro principal de intereses (su *COMI*) en España, puesto que no cabe plantear su extrapolación (en los términos del artículo 755 del Texto Refundido de la Ley Concursal) a eventuales filiales extranjeras no sometidas a nuestro Derecho de sociedades[23].

## 2.3. El presupuesto objetivo: el hecho desencadenante de los efectos

Dice la norma en examen que debe haberse «*comunicado al Juzgado competente la existencia de negociaciones con los acreedores para alcanzar un plan de reestructuración del activo, del pasivo o de ambos*». En realidad, puesta en relación con la disciplina contenida en el Libro II del Texto Refundido, la descripción legal precisa alguna matización. La existencia de negociaciones, no su cierre aún, a la fecha de presentación del escrito constituye el presupuesto objetivo natural de la norma, pues se trata de lograr una serie de efectos que neutralicen actuaciones que, de ordinario, complicarían esas negociaciones o las llevarían directamente a su frustración. Pero, como luego se verá, el destinatario de esa comunicación no verifica, de entrada, que esas negociaciones existan ya; por esta razón la legislación concursal considera equivalente, a estos efectos (y así debiera ser para el juego del artículo 365.3 de la Ley de Sociedades de Capital) que se comunique simplemente «*la intención de iniciarlas de inmediato*» (artículo 585.1 del Texto Refundido de la Ley Concursal)[24]. La declaración de los administradores puede ser, pues, de lo más abierta o inconcreta en este sentido: si acaso, será *ex post* cuando se revise, con las consecuencias que proceda, si era verdad que existían o se iban a iniciar o si se trataba de una treta para retrasar la petición de concurso, Es más, aunque se exija identificar a esos acreedores con los que ya, o de inmediato, se negociará (artículo 586.1.3.º del Texto Refundido de la Ley Concursal), ni siquiera es necesario por ahora que representen un determinado porcentaje del pasivo o una calificación concreta (*v. gr.*: privilegiados) en un eventual concurso.

Con todo, sí se precisa, sobre el papel, que la comunicación responda a una finalidad concreta: alcanzar un plan de reestructuración. No cualquier tipo de entente con acreedores, sino el tipo de acuerdo para el que se prevé este expediente preconcursal (con todos o solo con algunos, incluso un porcentaje minoritario del pasivo; de ahí que pueda consistir simplemente en un *plan* que se aplique a buena parte de los acreedores sin su consentimiento). Valdrá, a estos efectos, con un acuerdo con cualquiera de los conte-

---

23. Para beneficiarse de estos efectos se requiere ser una deudora en negociación de un plan de reestructuración, no simplemente un componente del grupo afectado de modo reflejo por haber otorgado ciertas garantías personales o reales sobre alguno de los sujetos inmersos en el expediente preconcursal. Quiere decirse con ello que, a falta de una específica disposición al respecto, habrá que entender que el único efecto que puede beneficiar a esos terceros del grupo a los que haga mención el escrito de inicio de negociaciones en concepto de *meros garantes* (cfr. artículo 586.2 del Texto Refundido de la Ley Concursal, mientras no estén a su vez inmersos en un expediente preconcursal o procedimiento concursal propios) es la suspensión de ejecuciones en los términos legalmente establecidos (artículo 596.3 del Texto Refundido de la Ley Concursal). No en balde es lo que puede provocar su insolvencia o la de la entidad comunicante.

24. En este sentido, RODRÍGUEZ RUIZ DE VILLA, D. y HUERTA, M. I., *Revista General de Insolvencias & Reestructuraciones,* n.º 5, 2022, p. 234. Parece inclinarse por la opinión contraria ORELLANA, N., *Revista General de Insolvencias & Reestructuraciones,* n.º 5, 2022, p. 314.

nidos a los que alude el concepto de restructuración legalmente fijado (artículo 614 del Texto Refundido de la Ley Concursal), incluso el que tenga un exclusivo *perfil liquidatorio* (la enajenación de la totalidad de la unidad productiva). En suma, en este punto no parece conveniente reparar en las restricciones del texto exacto de la norma societaria que nos ocupa (*«reestructuración del activo, del pasivo o de ambos»*; más comprensiva, y mejor, por lo tanto, es el artículo 367.3 de la Ley de Sociedades de Capital, que se limita a mencionar sin más el plan de reestructuración). Máxime si se tiene en cuenta que al presentarse la comunicación no hay por qué indicar (artículo 586 del Texto Refundido de la Ley Concursal; ni siquiera tiene por qué saberse con un mínimo de seguridad) cuál sería el contenido sustancial del acuerdo.

### 2.4. El presupuesto formal: la presentación de un escrito en debida forma

Las dos normas societarias modificadas (artículos 365 y 367 de la Ley de Sociedades de Capital) se limitan a recoger en sus apartados tercero la comunicación *«de la existencia de negociaciones»* al Juzgado como desencadenante de los efectos enervadores de los deberes de los administradores. Desde luego, con la referencia a esa comunicación recepticia ya se dice bastante, pero no suficiente. De una interpretación armónica de la disciplina concursal y societaria parece poder desprenderse que, si ni siquiera existe esa comunicación al Juzgado, los administradores (ni los acreedores, que son el objeto de tutela prioritaria en estas circunstancias) no se beneficiarán de sus efectos sobre sus deberes legales. Y ello aunque las negociaciones verdaderamente existan. Lo normal es pensar que esto último sucederá a espaldas del deudor, pues de lo contrario carecería de sentido no haberlo formalizado con la comunicación al Juzgado. Es más, la ley permite que se den aunque el deudor haya pedido concurso voluntario, en cuyo caso, además, se faculta al experto en la reestructuración que hubiera podido ser nombrado y a acreedores con más de la mitad del pasivo eventualmente afectado por el acuerdo a que pidan del Juez del concurso que suspenda la tramitación de la solicitud del deudor ante la expectativa razonable de que se alcance un acuerdo que pudiera serle impuesto (artículo 637 del Texto Refundido de la Ley Concursal)[25].

Con todo, es lógico pensar, y a ello da pie la regulación vigente, que la comunicación, aun de contenido bastante simple, deberá cumplir con ciertos requisitos rituarios para ser eficaz. De hecho, la suspensión del deber legal de convocar junta general se anuda en la legislación concursal (artículos 613 o 690.8 del Texto Refundido de la Ley Concursal) a que *«estén en vigor los efectos»*, factor que no se produce automáticamente con la mera presentación del documento correspondiente, sino con el decreto del

25. La incidencia de esta actuación sobre los deberes societarios no está clara, pero, atendiendo al espíritu de la normativa, así como al hecho de que el deudor sí habría querido parar el juego del deber de convocar junta general, solo que contra su voluntad se ha enervado el curso de su solicitud (puede que no más de un mes, *ex* artículo 637.2 del Texto Refundido de la Ley Concursal), debieran conducir a concluir que en estos casos la suspensión de dicho deber (*ex* artículo 365 LSC), iniciada con la petición de concurso, persiste.

Letrado de la Administración de Justicia que la tenga por efectuada (a publicar posteriormente, en principio, en el Registro Público Concursal, *ex* artículo 591, y susceptible de recurso de revisión, *ex* artículo 590.3 del Texto Refundido de la Ley Concursal), si bien, una vez admitida, la fecha de efectos de la comunicación será la de su presentación inicial[26]. En otras palabras, el escrito necesita de una previa calificación, por más que no sea de fondo, sino meramente superficial (no se comprueba la veracidad de la existencia de intención siquiera de negociar, el grado de insolvencia del deudor o la aptitud del plan que se pergeñe para resolver el problema y asegurar la viabilidad de la empresa: artículo 588 del Texto Refundido de la Ley Concursal).

A este respecto, los extremos que debe verificar el Letrado de la Administración de Justicia, ha de entenderse que de oficio, antes de dictar resolución dando por presentada la comunicación, serían: que el escrito está completo, tanto sustancial (lo que sugiere el cumplimiento estricto de las exigencias de contenido de los artículos 586 o, si acaso, 587 del Texto Refundido de la Ley Concursal) como procesalmente (firmado por procurador y abogado: artículo 510 del Texto Refundido de la Ley Concursal); que no hay solicitada a la fecha concurso necesario del deudor (circunstancia que no provoca rechazo frontal del escrito, sino suspensión de sus eventuales efectos hasta que se resuelva la solicitud presentada por el acreedor), que el deudor no es reincidente, en el sentido de que hubiera presentado una comunicación para lo mismo dentro del año anterior a la fecha de esta (artículos 590.3.1.º y 609 del Texto Refundido de la Ley Concursal)[27]; y que puede optar a obtener un plan de reestructuración de los regulados por el Libro II Texto Refundido, sea en su régimen general, sea en el especial; esto es, que no es una microempresa[28]. A todo ello cabría añadir el examen de la competencia del Juzgado al que vaya dirigido el escrito[29].

26. Cabe entender que estos efectos juegan aunque se solicite, y obtenga, la reserva de la comunicación (*ex* artículo 591 TRLC). El legislador no cercena estos efectos de la comunicación por este hecho (ni el relativo al deber legal de convocar junta, ni ningún otro), ni parece haber motivos para ello, pues, a la postre, a efectos de la legislación societaria, su eventual desconocimiento por interesados (señaladamente, socios o acreedores) no les impide actuar en defensa de sus intereses (aunque a la postre tal actuación pueda resultar inane: *v. gr.*: en la petición del artículo 365.1, *in fine*. LSC) ni hay riesgo de que se vean afectados por preclusión alguna respecto de cualquier actuación con ese fin.

27. Parece bastar con la mera presentación dentro del año anterior, aunque fuera frustrada desde un primer momento por su rechazo por el Letrado judicial. Así parece hacerlo entender la literalidad de las normas, que encuentran un sólido apoyo en el caso del régimen especial de las pequeñas y medianas empresas (artículo 683.1 TRLC), donde se recalca específicamente esta circunstancia.

28. En este último caso se trata de un dato que no resulta expresamente de la norma que dispone la actuación del Letrado de la Administración de Justicia, pero que parece de suyo necesario comprobar; de hecho, en el régimen especial para las PYMES se alude al rechazo de la comunicación si no se alega, incluso aunque fuera posible corroborar la dimensión pertinente (artículo 683.1 TRLC). Y en la petición de apertura del procedimiento para las microempresas sí que parece verificarse (*ex* artículo 691-quater.3 TRLC).

29. En relación con este aspecto, la referencia al «*Juzgado competente*» parece aludir a un problema de competencia objetiva, pues cabrá entender que, de declarar el Juez destinatario del escrito presente un supuesto de falta de competencia territorial (cfr. arts. 589 y 592 TRLC), se remitirán sin más los autos al Juzgado que corresponda, en cuyo caso, a estos efectos, la fecha de presentación por el deudor de tal escrito de comunicación de negociaciones permanecerá incólume.

## 3. LA FINALIZACIÓN DE LOS EFECTOS ENERVADORES DEL DEBER DE CONVOCAR

### 3.1. La suspensión de las ejecuciones como factor determinante

Según el dictado de las normas introducidas por la Ley de Reforma en la legislación societaria, la suspensión del deber legal de convocar junta general de socios decae en el momento en que «*dejen de estar vigentes los efectos de la comunicación*» (artículo 365.3, *in fine*, de la Ley de Sociedades de Capital; «*la comunicación del inicio de negociaciones deje de producir efectos*», según el artículo 367.3, *in fine*, de la Ley de Sociedades de Capital). Visto desde la perspectiva opuesta (que toma como referencia la legislación concursal, en su artículo 613 del Texto Refundido de la Ley Concursal), la suspensión se mantiene «*mientras estén en vigor los efectos de la comunicación*». Comoquiera que esta suspensión de los deberes de los administradores constituye, de suyo, uno de los efectos ligados a la referida puesta en marcha del expediente preconcursal conducente al plan de restructuración (si concurre además una causa de disolución), parece lógico pensar que esos «efectos» cuya vigencia que sitúa el legislador como frontera serán los que pertenecen más directamente al ámbito del Derecho de la Insolvencia (contemplados en los artículos 594 a 612 del Texto Refundido de la Ley Concursal) y, más aún en concreto, aquellos sobre los que la disciplina concursal pone su principal foco de atención (como hace la Directiva de Reestructuraciones e Insolvencia en sus artículos 6 y 7.1 y 2), dada su trascendencia a la hora de evitar que las negociaciones queden *en saco roto* por una disgregación o descomposición de los activos sociales: la suspensión (o prohibición legal de inicio; admítanse los términos *suspensión* o *neutralización* para englobar toda esta fenomenología) de ejecuciones judiciales o extrajudiciales contra el patrimonio del deudor, aunque no abarque a todos sus activos ni afecte a todos los créditos (artículos 600 a 608 del Texto Refundido de la Ley Concursal[30]). Así pues, la vigencia de esta secuela jurídica sobre las ejecuciones marcará la duración de la no exigibilidad del deber de convocar junta general.

Con todo, el dato que se apunta no termina de dejar claramente resuelto el problema de interpretación de este extremo. Y es que, a la vista de que esta medida sobre las ejecuciones no es sino un medio para hacer posible alcanzar un fin último, propiciado por la Directiva en transposición, cual es lograr una concierto, al menos entre una parte de los acreedores, para la reestructuración del deudor, y teniendo en cuenta las vicisitudes por las que puede atravesar el desarrollo de las negociaciones y, en concreto, la posibilidad de que bien fracasen bien fructifiquen antes de que finalice la suspensión de ejecuciones ordenada por la ley o tras haber expirado esta, puede plantearse con fundamento un debate en torno a este asunto. En este sentido, y precisamente atendiendo a la *ratio* que inspira la regulación de esta expediente preconcursal, puede llegar a cuestionarse si la referencia a la vigencia de los efectos en relación con los deberes de

30. Justamente, el otro efecto que podría considerarse «estrella» de la comunicación de negociaciones (por su singularidad respecto del régimen aplicable antes de tal comunicación), cual es la suspensión de la facultad de resolver contratos necesarios para la continuidad de la actividad por incumplimientos anteriores a tal suceso (artículo 598 TRLC) anuda asimismo su vigor jurídico a que «*se mantengan los efectos de la comunicación sobre las acciones y los procedimientos ejecutivos*».

los administradores impuestos por las normas societarias se ha querido llevar a cabo solo desde una visión formalista del fenómeno, o agarrada estrictamente a la literalidad de la norma (la suspensión como efecto impuesto por la norma jurídico-positiva a la comunicación de la existencia de negociaciones), o, en cambio, se debe entender desde un enfoque más bien material o sustantivo, que tenga en cuenta, no solo la hipótesis de que las ejecuciones estén vedadas como una derivación *ope legis* del inicio de dicho expediente preconcursal, sino también, o independientemente de lo anterior, la figuración de que tal suspensión haya sido asumida voluntariamente por los acreedores afectados o sea consecuencia de un arrastre que la ley imponga —cautelar o definitivamente—, no ya por aquella comunicación al Juzgado, sino como resultado de un acuerdo previamente alcanzado con los requisitos y garantías establecidas legalmente. De ahí que parezca conveniente acercarse brevemente hacia ambos tipos de supuestos.

## 3.2. El decaimiento del efecto legal derivado de la comunicación de negociaciones

El Texto Refundido otorga un período de vigencia formal a la suspensión de ejecuciones derivada de la comunicación de negociaciones que atiende, en exclusiva, al factor tiempo: en principio, durará (*pase lo que pase*, parece faltarle por acentuar) «*tres meses a contar desde la presentación de la comunicación*» (artículo 600 del Texto Refundido de la Ley Concursal). Bien es cierto que permite prolongar la vida inicial de este efecto autorizando una prórroga de otros tres meses máximo (no más que una, se trate de una pequeña, mediana o gran empresa, pese al confuso tenor del artículo 683.3 del Texto Refundido de la Ley Concursal), de conformidad con ciertos requisitos legalmente establecidos (artículos 604.2 y 607.3 del Texto Refundido de la Ley Concursal).

La rigidez de la norma, llevada hasta el terreno de la actuación de los administradores por concurrencia —persistencia, o nuevo acaecimiento— de una causa de disolución, parece conducir a la conclusión de que será ese momento preclusivo el que marque en todo caso la reactivación del deber de convocar la junta general en el plazo que reste hasta completar los dos meses legalmente marcados. Claro que resulta inevitable dudar sobre si no hay resquicio legal para quebrar esta dinámica antes del transcurso de ese tiempo, por ejemplo, porque las negociaciones se rompan sin perspectiva racional de retomarse y tener éxito, o porque, sin necesidad de llegar siquiera a este extremo, el deudor quiera desistir de esa idea y se adelante incluso al transcurso del plazo inicial de tres meses comunicando al Juzgado que no tiene intención de continuar con este expediente. Ya se abundó *supra* en la dificultad de hallar una respuesta precisa a esta cuestión, pues el legislador únicamente ofrece al respecto una solución específica (la contenida en el artículo 612 del Texto Refundido de la Ley Concursal), fundada en una petición de concurso por parte del deudor, que en modo alguno parece plenamente satisfactoria[31]. Sea como fuere, a los efectos del juego del deber de convocar junta general de la legislación societaria, la suspensión provocada por la petición de concurso voluntario debiera mantenerse aun cuando se hubiera instado, siendo admisible (por el

31. Se presume en el caso que se plantea que administradores (el órgano competente en las negociaciones y mano ejecutora del deudor) y socios (quienes han de autorizar finalmente el plan reunidos en junta general, en los casos del artículo 640.2 TRLC) van de la mano. Cuestión diferente sería que los

experto en la reestructuración que pudiera haberse nombrado o por una mayoría del pasivo presumiblemente afectado: artículo 683.2 del Texto Refundido de la Ley Concursal) que se detuviera el curso de su tramitación, pues el resultado que en un lapso breve de tiempo se vislumbrara (sea continuación con la petición de concurso. sea solicitud de homologación del plan *ex* artículo 612.2 del Texto Refundido de la Ley Concursal), prolongaría en cualquier caso su vigencia.

En el supuesto de la prórroga de los efectos la solución parece diferente. Para empezar, conviene recordar que, en la configuración que le otorga la ley española. esta medida no entra en juego automáticamente, sino que requiere de una petición *ad hoc* presentada antes de la finalización del plazo inicial y acompañada de informe de experto (si lo hubiera; no se nombra a estos exclusivos efectos), petición que debe provenir del deudor o (salvo en las pequeñas y medianas empresas, *ex* artículo 683 del Texto Refundido de la Ley Concursal) de acreedores titulares de más de la mitad del pasivo que pudiera quedar afectado por el acuerdo (artículo 607 del Texto Refundido de la Ley Concursal). En el primer caso es evidente que la prolongación de los efectos sobre las ejecuciones arrastrará tras de sí la de la suspensión del deber de actuación de los administradores impuesto por las normas societarias. Mas en el segundo pudiera suscitarse la duda, dado que, como se ha indicado previamente, esta suspensión del deber de convocar se supedita por la legislación societaria, al menos sobre el papel, a que la puesta en marcha de las medidas contra la insolvencia haya sido instada por los administradores (artículo 365.3 de la Ley de Sociedades de Capital). Con todo, debe tenerse presente que en este caso la ley sí que faculta al deudor a solicitar (parece que *ad nutum*), sin distinguir el momento (por qué no desde su misma imposición por el Juez), el fin de la prórroga, fuera quien la hubiera solicitado o no. Lo que permite dar a entender que, aunque no se tratara del peticionario, si no lo hace, al menos tácitamente la consiente por omisión y podría seguir cumpliéndose la exigencia formal de la norma societaria.

Precisamente esta última circunstancia que se acaba de destacar lleva ineludiblemente a plantear otro supuesto controvertido: que la prórroga se venga abajo no por voluntad del deudor, sino a petición del experto que hubiera sido nombrado o de acreedores cuando reúnan los requisitos legalmente establecidos (artículo 608.1 del Texto Refundido de la Ley Concursal). En este caso sorprende que las peticiones no se funden en las escasas posibilidades racionales (por motivos objetivos o subjetivos) de alcanzar un acuerdo, sino, en el mejor de los casos (para la petición del experto nada se exige), en otra serie de consideraciones ajenas. En otras palabras, no se cierra el paso a la posibilidad de un acuerdo más adelante. Por ello, la incidencia que esta actuación tenga sobre los deberes societarios debe ser la misma que se sostenga cuando los efectos legalmente impuestos de la comunicación de negociaciones hayan decaído, a la que se dedica el siguiente enunciado.

---

administradores, bajo su responsabilidad, actuaran contrariamente a los deseos de la mayoría de los socios y se negaran a solicitar la salida de las negociaciones pese a la voluntad de estos o, al contrario, presentaran concurso voluntario aunque los socios mantuvieran expectativas de evitarlo mediante un acuerdo de reestructuración.

### 3.3. La situación posterior al decaimiento del efecto legal que recae sobre las ejecuciones como consecuencia de la comunicación de negociaciones

Como se ha dicho, sobre el papel la caducidad del plazo inicial de suspensión de las ejecuciones nacido de la comunicación de negociaciones o de su prórroga debiera *descongelar* la obligación de convocar junta general de socios para tomar una decisión a propósito de la causa de disolución[32]. Pero la automaticidad de esta conclusión puede provocar más consecuencias perniciosas que favorables para todos los núcleos de intereses en presencia, en concreto si se repara en que es posible (y deseable por el legislador) que las negociaciones hayan fructificado a esa fecha o, sobre todo, que no haya dado tiempo para culminarlas (por más que así pueda haber sido la estimación legal, seis meses pueden resultar en muchos casos escasos ante tantos escollos que superar), pero vayan a hacerlo en breve, de tal suerte que se termine alcanzando un acuerdo que, según su grado de consenso, pueda, o no, requerir una homologación judicial.

En este orden de ideas, no debe olvidarse que este último es el propósito nuclear de la disciplina (tanto comunitaria como, por mandato de esta, española), el leitmotiv de la reforma: lograr un acuerdo aceptado, al menos, por un clase de acreedores (artículos 629 y 639 del Texto Refundido de la Ley Concursal) y, si acaso (cuando sea preciso), también por los socios (artículo 640 del Texto Refundido de la Ley Concursal), que programe una reestructuración de la deudora que «*ofrezca una perspectiva razonable de evitar el concurso y asegurar la viabilidad de la empresa en el corto y medio plazo*» (artículos 638.1.º, 654.4.º y 656.4.º del Texto Refundido de la Ley Concursal). Luego, si se obtiene, para lo que, se insiste, debe desterrarse tanto la insolvencia actual como la inminente y la probable, pero no por ello, necesariamente la causa de disolución (por más que resulte normal y, dada la incertidumbre que rodea a la legislación positiva, encarecidamente deseable), parece contraproducente y situado en las antípodas del espíritu de la regulación que se pretenda reactivar sin discriminación alguna la hoja de ruta prevista por la legislación societaria, suspendida justo por la puesta en marcha de las medidas de Derecho concursal[33].

---

32. Así parecen sostenerlo, entre otros, PULGAR, J., *Preconcursalidad*, pp. 37-39; ORELLANA, N., *Revista General de Insolvencias & Reestructuraciones,* n.º 5, 2022, pp. 309, 311-312. Para MUÑOZ PAREDES, A., *Diario La Ley*, n.º 10008, 2022, p. 6, y, del mismo autor, *Diario La Ley*, n.º 10133, 2022, pp. 7 a 9, en esta línea de opinión, al menos sí que podría alegarse que los administradores habrían llevado a cabo «una acción significativa» para evitar el daño (en los términos, *v. gr.*, de la STS 12.2.2010) a fin de atenuar, cuando no excluir, su posible responsabilidad por pasividad (*ex* artículo 367 LSC).

33. Piénsese que, ante tal tesitura, lo normal es que los administradores, dada la amenaza de responsabilidad que se cierne sobre ellos, procedan a la convocatoria de la junta de socios, lo que podría abrir un doble escenario disyuntivo, igualmente peligroso atendiendo a los intereses prevalentemente tutelados: que la junta tome alguna decisión que de hecho torpedee el plan (sir ir más lejos, la disolución); o que no adopte ninguna al respecto, ante lo que serán los propios administradores los que pedirían una disolución judicial de la sociedad. Desde luego, entiendo que esta solicitud podría llegar a denegarse con fundamento, dadas las circunstancias; pero no sin generar una incertidumbre poco aconsejable para una entidad que a duras penas estaría intentando salir de un problema de solvencia grave.

Parece más ajustado a Derecho, por lo tanto, otorgar una significación con un alcance más flexible a la norma que vincula la reactivación del deber de convocar junta general, estricta y formalmente, a la caducidad del efecto legalmente impuesto en virtud de la comunicación del inicio de las negociaciones, para atarlo más bien a lo que realmente se pretende conseguir con tal comunicación: la neutralización de las ejecuciones. De hecho, la norma que regula la responsabilidad de los administradores (artículo 367.3 de la Ley de Sociedades de Capital) ante esta clase de supuestos deja entrever una solución bastante más satisfactoria desde el punto de vista sustantivo, al decretar que la reanudación del plazo de dos meses que sujeta a estos se condiciona a que «*el plan de reestructuración no se alcanzase*»[34]. Como se viene afirmando desde las primeras líneas de este trabajo, resulta lamentable encontrar tantas discrepancias en las redacciones de normas conexas referidas a idénticos supuestos de hecho o que parecen describir las mismas consecuencias jurídicas. Pero, al margen de esto, lo cierto es que en este particular extremo la solución legal que se trae a colación vendría a reconocer, siquiera implícitamente, que los efectos cuya vigencia interesa discernir no son en todo caso únicamente los que derivan de forma directa del decreto del Letrado de la Administración de Justicia teniendo por efectuada la comunicación de negociaciones para alcanzar un plan o del auto del Juez concediendo la prórroga, sino que también podrían serlo de igual modo aquellos que, como consecuencia de las negociaciones iniciadas merced a ese expediente, surjan del compromiso interino ante el deudor de no entablar ejecuciones por parte de los acreedores en curso de alcanzar un acuerdo de reestructuración (*standstill agreement*) o del contenido de un acuerdo ya alcanzado. Es más, por imperativo legal mismo, la neutralización de las ejecuciones (aunque formalmente ya no pueda hablarse de *efectos de la comunicación de negociaciones*) persiste si se admite a trámite la solicitud de homologación del plan y, en caso de obtención de auto favorable a la petición, solo se levanta respecto de los créditos no afectados (artículos 644.1 y 647.3 del Texto Refundido de la Ley Concursal).

Naturalmente, conviene recalcar que cualquier tipo de entendimiento jurídicamente relevante entre acreedores no valdría para lograr una perpetuación del efecto suspensivo. La propia regulación sobre este expediente preconcursal permite intuirlo, pues se busca una solución de carácter colectivo, aunque no necesariamente universal, que, si no resulta aceptado por todos los acreedores afectados y por el deudor, habrá de obtener el respaldo judicial mediante el trámite de su homologación. Por lo tanto, solo cuando se esté en presencia de un pacto suscrito por todos los afectados (deudora incluido, y debidamente formalizado —artículo 634 del Texto Refundido de la Ley Concursal—) o, en otro caso, cuya homologación se pide, siendo susceptible de ella (no lo sería, por lo tanto, si la sociedad se hallaba en probabilidad de insolvencia o es una pequeña y mediana empresa y sus socios no lo acuerdan), deberían expandirse los efectos formales de la comunicación de negociaciones planteada precisamente para lograr ese objetivo. Un mero acuerdo en el que haya acreedores disidentes que no obtenga la homologación, porque no se pida (pudiera ser solicitada por el deudor o por cualquier acreedor con-

34. Así lo destaca igualmente MORENO SERRANO, E., *La Ley Mercantil*, n.º 95, 2022, p. 16. También parece apuntarlo así, COHEN, A., *Actum Mercantil & Contable*, n.º 57, 2021, p. 11.

forme, *ex* artículo 643 del Texto Refundido de la Ley Concursal[35]) o porque se rechace (cfr. artículos 615, 635 y 647 del Texto Refundido de la Ley Concursal) carecería en este caso del escudo protector que se otorga al plan de reestructuración legalmente dispuesto. E igual sucederá, dado el carácter efímero que de suyo tiene este expediente preconcursal (a diferencia del concurso de acreedores), en el sentido de que el plan carece de solución alternativa para resolver el problema de solvencia dentro del propio expediente cuando decae (lo que no sucede con el convenio, que lleva consigo anudado la apertura de la liquidación), en aquellos casos en que la estimación judicial de la impugnación de aquel (o de la oposición en el incidente de contradicción previa de los artículos 662-663 del Texto Refundido de la Ley Concursal) o su posterior incumplimiento provoquen una ineficacia del mismo con carácter absoluto[36]. De modo que en estos casos la firmeza de las respectivas resoluciones judiciales (en el caso de la estimación de la impugnación, tendrá efectos desde el día siguiente de su publicación en el Registro Público Concursal, *ex* artículo 659 del Texto Refundido de la Ley Concursal) provocará la reanudación del cómputo del plazo de dos meses para la convocatoria de una junta general, sin perjuicio de que pueda volver a plantearse un nuevo plan o de que se solicite el concurso.

## IV. BIBLIOGRAFÍA

ALONSO UREBA, A., «Comentario Artículo 5. Deber de solicitar la declaración de concurso», en PEINADO y SANJUÁN (dirs.), *Comentarios al articulado del Texto Refundido de la Ley Concursal. Real Decreto Legislativo 1/2020, de 5 de mayo*, vol. 1, León, Sepin, 2020, versión electrónica, pp. 1-11.

---

35. La prolongación de los efectos neutralizadores de las ejecuciones *ope legis* (artículo 644.1 TRLC) jugará con independencia de quién haya solicitado la homologación (cuando no se trate de una PYME, en que solo puede instarla el deudor: artículo 684.2 TRLC), sin que el hecho de no contar con la colaboración de los deudores (será lo normal en este caso cuando el plan se imponga contra la voluntad de los socios, pudiendo hacerse) debiera incidir sobre la congelación del deber de convocatoria de una junta general, dado que el espíritu de la normativa hace prevalecer los intereses de los acreedores, como ya se expuso *supra*. En cualquier caso, no parece que este efecto pueda producirse en relación con más de un plan de reestructuración simultáneamente (salvo que guarden la debida coordinación entre sí, como sucede en los planes conjuntos en el seno de un grupo, *ex* artículo 642 TRLC), por lo que, en caso de petición de homologación de los denominados «planes competidores» (supuesto que parte de la base de que, al menos uno de ellos, no ha sido aprobado por la deudora), en cualquier caso será el plan cuya homologación se admita a trámite primero el que provoque el efecto referido sobre las ejecuciones y respecto de cuyo discurrir, en consecuencia, dependerá por el momento la vigencia de las normas societarias en caso de concurrencia de una causa de disolución.

36. Una respuesta que, en el panorama que resulta de la Ley de Reforma, se configura sobre el papel como excepcional (cfr. arts. 661 y 671 TRLC), bien, en caso de incumplimiento, porque así se haya convenido, bien, en otro caso, por la naturaleza del vicio en que se ha incurrido o por la extensión subjetiva que estas medidas tengan, que no siempre se ceñirán al peticionario, pues hay determinadas consecuencias jurídicas que no son susceptibles de implementarse de manera separada entre los afectados litigantes y los que no lo han sido (piénsese, por ejemplo, en un vicio que afecte de lleno a los cambios programados para la sociedad deudora —*v. gr.*: el plan no asegure la viabilidad de la empresa en el corto y medio plazo—). Para MORENO SERRANO, E., *La Ley Mercantil*, n.º 95, 2022, p. 16, en cambio, ese efecto se produciría ante cualquier supuesto de fracaso en la ejecución del plan.

COHEN, A., «La difícil relación entre las pérdidas agravadas y la insolvencia: el esfuerzo clarificador en la transposición de la Directiva sobre reestructuración e insolvencia», *Actum Mercantil & Contable*, n.º 57, 2021, versión electrónica, pp. 1-15.

FUENTES, R., «Comentario Artículos 364: Acuerdo de disolución, y Artículo 365. Deber de convocatoria», en GARCÍA-CRUCES y SANCHO (dirs.), *Comentarios a la Ley de Sociedades de Capital*, tomo V, Valencia, Tirant lo Blanch, 2021, pp. 4995-5019.

MARÍN, F., «La responsabilidad por deudas de los administradores (regulación extraordinaria COVID-19)», *Revista General de Insolvencias & Reestructuraciones*, n.º 1, 2021, pp. 103-120.

MARTÍNEZ SANZ, F., «Moratoria concursal y conducta exigible: ¿qué se podía esperar de los administradores cuando estaban esperando?», *Revista General de Insolvencias & Reestructuraciones*, n.º 8, 2022, pp. 15-31.

MORENO SERRANO, E., «Institutos concursales y disolución societaria», *La Ley Mercantil*, n.º 95, 2022, versión electrónica, pp. 1-26.

MUÑOZ PAREDES, A., «Pérdidas e insolvencia en el proyecto de reforma de ley concursal», *Diario La Ley*, n.º 10008, 2022, versión electrónica, pp. 1-8.

– «Cuestiones sobre la reforma concursal (I): Cronología de la insolvencia», *Diario La Ley*, n.º 10133, 2022, versión electrónica, pp. 1-11.

ORELLANA, N., «La suspensión de la causa de disolución por pérdidas cualificadas en el preconcurso», *Revista General de Insolvencias & Reestructuraciones*, n.º 5, 2022, pp. 299-318.

PÉREZ BENÍTEZ, J. J., «Responsabilidad de los administradores: deber de disolución por pérdidas», en COHEN (dir.), *Derecho de sociedades y crisis de la empresa en tiempos de pandemia*, Granada, Comares, 2021, pp. 83-116.

PULGAR, J., «Régimen legal de los acuerdos de refinanciación y protección de su negociación», en PULGAR, J. (dir.), *Preconcursalidad y reestructuración empresarial*, 3.ª ed., Las Rozas, La Ley, 2021, versión electrónica, pp. 1-111.

QUIJANO, J., «Capital social y pérdidas cualificadas: deberes y responsabilidad de los administradores», *Revista de Derecho Concursal y Paraconcursal*, n.º 31, 2019, versión electrónica, pp. 1-14.

RECAMÁN, E., *Los deberes y la responsabilidad de los administradores de las sociedades de capital en crisis*, Cizur Menor, Thomson-Reuters Aranzadi, 2016, versión electrónica.

RODRÍGUEZ RUIZ DE VILLA, D. y HUERTA, M. I., «La reforma de la responsabilidad de administradores por no disolución en el Proyecto de Ley de reforma de la

Ley concursal: examen crítico», *Revista General de Insolvencias & Reestructuraciones*, n.º 5, 2022, pp. 219-258.

ROJO, A., «Los deberes legales de los administradores en orden a la disolución de la sociedad de capital como consecuencia de pérdidas», en *Derecho de Sociedades, Libro homenaje al profesor Fernando Sánchez Calero*, vol. II, Madrid, Mc Graw-Hill, 2002, pp. 1437-1484.

VÁZQUEZ CUETO, J. C., «El poder de decisión en las sociedades em situación de insolvencia y de déficit patrimonial. La incidencia de los expedientes preconcursales», en DÍAZ MORENO / LEÓN SANZ / VÁZQUEZ CUETO (dirs.), *Sociedades y concurso. Estudios de Derecho societario de la crisis*, Cizur Menor, Aranzadi, 2018, pp. 53-103.

Capítulo 4

# LA NEGOCIACIÓN EN LOS PLANES DE REESTRUCTURACIÓN EMPRESARIALES *

María del Pilar Galeote
*Profesora de Derecho Mercantil y Negociación*
*IE Law School*

SUMARIO: I. LA NEGOCIACIÓN INHERENTE A LAS SITUACIONES DE INSOLVENCIA. *1. La negociación en los procedimientos concursales, en general y en el preconcurso, en particular.* II. LA NEGOCIACIÓN EN LOS PLANES DE REESTRUCTURACIÓN EMPRESARIALES. *1. Los planes de reestructuración. 2. La comunicación y sus efectos.* 2.1. Sobre el deudor. 2.2. Sobre los créditos a largo plazo. 2.3. Sobre los contratos. 2.4. Efectos sobre las acciones y procedimientos ejecutivos. *3. Los planes de reestructuración y su negociación en la Ley. 4. El experto en reestructuraciones. 5. Propuesta de claves para negociar o mediar un plan de reestructuración.* III. BIBLIOGRAFÍA.

## I. LA NEGOCIACIÓN INHERENTE A LAS SITUACIONES DE INSOLVENCIA

### 1. LA NEGOCIACIÓN EN LOS PROCEDIMIENTOS CONCURSALES, EN GENERAL Y EN EL PRECONCURSO, EN PARTICULAR

Las situaciones de insolvencia por las que atraviesa el empresario llevan aparejados procesos de negociación entre los implicados en los mismos que suelen ser: accionistas, deudores y acreedores. Tradicionalmente, la legislación concursal viene utilizando en reiteradas ocasiones el término «negociación»; todos podemos entender que es así, pero es discutible que al proceso formal de negociación se le haya dedicado la atención que merece en aras a que la situación de insolvencia inminente, real o la probabilidad de ella sea superada.

---

* Este trabajo se integra en el marco de las investigaciones desarrolladas en el Proyecto I+D+i *Sostenibilidad corporativa y reestructuración empresarial* PID2021-125466NB-I00 (financiado por MCIN/AEI/10.13039/501100011033/ «FEDER Una manera de hacer Europa»).

La reforma operada por la Ley 16/2022, de 5 de septiembre, de reforma del Texto Refundido de la Ley Concursal, aprobado por el Real Decreto Legislativo 1/2020, de 5 de mayo, para la transposición de la Directiva (UE) 2019/1023 del Parlamento Europeo y del Consejo, de 20 de junio de 2019, sobre marcos de reestructuración preventiva, exoneración de deudas e inhabilitaciones, y sobre medidas para aumentar la eficiencia de los procedimientos de reestructuración, insolvencia y exoneración de deudas, y por la que se modifica la Directiva (UE) 2017/1132 del Parlamento Europeo y del Consejo, sobre determinados aspectos del Derecho de sociedades (Directiva sobre reestructuración e insolvencia), hace que aparezca la autonomía de la voluntad de las partes manifestada en diferentes partes del proceso. Efectivamente, la negociación entre las partes suele ir acompañada de la ausencia del juez y eso es verdaderamente lo que aporta ventajas importantes a considerar como son: agilidad en el proceso, celeridad y, sobre todo, la mayor probabilidad del cumplimiento de lo acordado entre las partes[1].Cuando hablamos de insolvencia o de reestructuraciones empresariales aparece por tanto, al igual que en otros muchos ámbitos, el intento entre las partes de llegar a acuerdos, al margen del proceso concursal[2].

Todo lo anterior queda reflejado en la propia exposición de motivos de la Ley 16/2022, de 5 de septiembre, en la que el legislador europeo concede libertad a los legisladores nacionales para alcanzar lo anterior y el legislador español lo ha traducido en la reducción de las dos instituciones existentes a este efecto hasta ese momento, como eran los acuerdos de refinanciación y acuerdos extrajudiciales de pago, en una sola institución que pasan a ser ahora los planes de reestructuración[3]. Por tanto, estamos en el ámbito de las instituciones preconcursales, que si lo pensamos es la fase en la que la negociación entre las partes va a tener mayor cabida.

Además de en el preconcurso, en todo el procedimiento concursal aparecen momentos en los que el legislador apuesta por la negociación entre las partes, dentro del marco del procedimiento como tal, o bien al margen del mismo, destacando siempre la importancia dada a la autonomía de la voluntad de los implicados.

Esta es la meta hacia la que se han dado pasos pequeños a pesar de que siempre ha quedado demostrada la practicidad de la negociación entre las partes en los supuestos de insolvencia. Así, nos remontamos a la Ley Concursal de 2003, con la introducción de la propuesta anticipada de convenio donde esta figura aparece como una mezcla entre la desjudicialización absoluta y la judicialización, en cuanto que se trata del acuerdo al que pueden llegar deudor y acreedores, por medio de contactos flexibles, pero que luego debe ser homologado o sancionado por el juez. Posteriormente, es la reforma de 2009 la que introducía una prórroga preconcursal que facilitaba los acuerdos

1. HINOJOSA, R., (coord.), *Sistemas de solución extrajurisdiccional de conflictos*, CERASA, Madrid, 2006.
2. BELTRÁN, E., «La reforma —inarmónica— de la Ley Concursal», *Actualidad Jurídica Aranzadi*, Año XVIII, n.º 775, 14 de mayo de 2009 y, entre otros, GALEOTE, P., «Los acuerdos extrajudiciales en fase preconcursal», *La Ley*, n.º 7375, mayo 2010.
3. VAN, K. / EIDENMUELLER, H. y SUSSMAN, O., «Corporate Restructuring Laws Under Stress», *Eur Bus Org Law Rev*, 2023, https://doi.org/10.1007/s40804-023-00281-7

entre deudor y acreedores. No obstante, no es hasta 2009, cuando aparece la propuesta anticipada de convenio como algo parecido a una institución preconcursal[4]. En 2013 es cuando el legislador introduce los acuerdos de refinanciación en la *Ley 14/2013, de apoyo a los emprendedores y su internacionalización*, configurándose así como nueva institución preconcursal[5], y los acuerdos extrajudiciales de pagos para pequeñas y medianas empresas. Hasta 2022, estas son las instituciones preconcursales que disponían las empresas para hacer frente a esta fase de tanta importancia para superar la situación de insolvencia.

Los acuerdos extrajudiciales de pagos no han servido prácticamente nada pero sí los acuerdos de refinanciación. La Ley 16/2022 termina definitivamente con las instituciones anteriores y aparecen los llamados planes de reestructuración, para regular esa fase previa al concurso donde la negociación es la clave entre las partes implicadas y en la que la presencia judicial es absolutamente residual Hay que añadir que los planes de reestructuración no solo aparecen aquí si no que la Ley ha creado un procedimiento especial para las llamadas «microempresas»[6].

## II. LA NEGOCIACIÓN EN LOS PLANES DE REESTRUCTURACIÓN EMPRESARIALES

### 1. LOS PLANES DE REESTRUCTURACIÓN

Como hemos señalado anteriormente, la figura de los planes de reestructuración tiene antecedentes concretos en el artículo 5.3 de la Ley Concursal introducido con la reforma de 2009, así como en el artículo 5 bis posterior introducido en el 2011; o lo que es lo mismo, el artículo 5.3, con el objetivo de favorecer la conclusión de convenios

4. *Vide*, en este sentido, lo comentado en GALEOTE, P., «Los acuerdos extrajudiciales en fase preconcursal», *La Ley*, 821/2010, núm. 7375, con relación a la propuesta anticipada de convenio.
5. En un contexto internacional, *vide*, entre otros, MEVORACH, I. / WALTERS, A., «The Characterization of Pre-insolvency Proceedings in Private International Law», *Eur Bus Org Law Rev 21*, 2020, pp. 855-894, disponible en: https://doi.org/10.1007/s40804-020-00176-x, también STANGELLINI, L. / MOKAL, R. / PAULUS, C. y TIRADO, I., «Best practices in European restructuring. Contractualised distress resolution in the shadow of the law», *Wolters Kluwer/CEDAM*, 2018, disponible en: https://www.codire.eu/wp-content/uploads/2018/11/Stanghellini-Mokal-Paulus-Tirado-Best-practices-in-European-restructuring.-Contractualised-distress-resolution-in-the-shadow-of-the-law-2018-1.pdf
6. En este sentido, es importante lo comentado por ROJO, A., «La Ley 16/2022, de 5 de septiembre, *Anuario de derecho concursal*, n.º 58, 2023, pp. 2-3, al hilo de la reforma en relación con el derecho preconcursal: *"(...) La 'Propuesta' contenía una nueva y extensa redacción del Libro 11, dedicado al Derecho preconcursal. Los anteriores 'acuerdos de refinanciación' dejaban paso a los 'planes de reestructuración', instituto abierto a cualquier persona natural o jurídica que llevase a cabo una actividad empresarial o profesional. A la vez, se suprimían los 'acuerdos extrajudiciales de pagos'. En la 'Propuesta' se distinguía entre el régimen general de los planes de reestructuración y un régimen especial, más simple (al que podían acogerse aquellos deudores que reunieran, al menos, dos de las siguientes circunstancias: que el valor de activo no superase los cuatro millones de euros; que el importe neto de la cifra anual de la actividad no superase los ocho millones de euros, y que el número medio de trabajadores empleados durante el ejercicio anterior no fuera superior a cincuenta). Esta distinción también se recoge igualmente por la Ley 16/2022, de 5 de septiembre, si bien con modificación de los presupuestos (...)"*».

anticipados introduce la comunicación negociadora siempre con la finalidad de conseguir una solución convenida concursal o, dicho de otro modo, conseguir una solución negociada entre las partes para solventar el concurso, que no era otra que conseguir adhesiones a una propuesta anticipada de convenio[7]. A pesar de lo cual, parte de la doctrina consideraba que acreedor y deudores podían llegar a acuerdos que estuvieran al margen de la adhesión a la propuesta anticipada de convenio[8]. No somos de la opinión doctrinal anterior y consideramos que un acuerdo de refinanciación no podía obtenerse beneficiándose del artículo 5.3 de la Ley Concursal derogado ya.

Posteriormente, el artículo 5 bis de la Ley Concursal, introducido por la Ley 38/2011, amplió el ámbito de la comunicación negociadora admitiendo ya que los acuerdos de refinanciación, y no solo las propuestas anticipadas de convenio fueran el resultado de la solución negociadora previa al concurso; ampliándose ya con la Ley 14/2013 a los acuerdos extrajudiciales de pago. Y éste es el artículo 5 bis que se trasladó al Texto Refundido de la Ley Concursal, por el Real Decreto Legislativo 1/2020, de 5 de mayo, por el que se aprueba el Texto refundido de la Ley Concursal.

Así llegamos a la regulación actual, tras la Ley 16/2022, de 5 de septiembre, por la que los planes de reestructuración quedan recogidos en el Libro II del Texto Refundido (art. 614 y ss.). Ahora es cuando desaparecen los acuerdos extrajudiciales de pago, así como las propuestas anticipadas de convenio y se sustituyen los acuerdos de refinanciación por los actuales planes de reestructuración.

En general, en cuanto al presupuesto objetivo, se establece que la comunicación de apertura de las negociaciones o bien la homologación de un plan de reestructuración procederá cuando el deudor se encuentre en situación de insolvencia inminente o bien de probabilidad de insolvencia o insolvencia actual. Son los tres supuestos ya sobre los que cabe la posibilidad de que en el ámbito del preconcurso se llegue a una solución negociada. Se pasa por tanto a cubrir tanto la situación actual de insolvencia, como aquella en la que se prevé no poder hacer frente a las obligaciones en los próximos tres meses (insolvencia inminente) así como aquella en la que se prevea que en los próximos dos años no se podrá cumplir con ellas (probabilidad de insolvencia).

Se agranda, por tanto, el manto protector de la comunicación de negociaciones con el objetivo puesto en solucionar la situación financiera de la empresa evitando el concurso o pudiendo llegar a una solución negociada. Si se trata de insolvencia inminente o probabilidad de ella, el deudor, persona natural o jurídica, podrá comunicar al juzgado competente la intención de iniciar negociaciones con sus acreedores o el hecho de

7. *Vide*, en este sentido, AZNAR, E., *La comunicación preconcursal de apertura de negociaciones, planes de reestructuración, insolvencia y concurso de acreedores*, Tirant lo Blanch, 2022, pp. 17-19.

8. En este sentido, GARCÍA-ALAMÁN, B., «El presupuesto objetivo del concurso y los problemas de su concreción práctica», *Crisis empresarial y concurso: aspectos legales*, AA.VV., Cizur Menor, 2010; HERNÁNDEZ, M. / ORELLANA, N., «Deber de solicitar la declaración del concurso (art. 5)», *Tratado Práctico concursal*, dirigido por PRENDES, P., y MUÑOZ PAREDES, A., Cizur Menor, 2012, entre otros.

haberlas iniciado ya para poder alcanzar un plan de reestructuración que permita superar la situación y seguir con la actividad empresarial con una estructura ya saneada. Sin embargo, si el deudor es insolvente ya, el deudor solo podrá comunicar al juzgado la existencia de negociaciones si no se hubiere admitido a trámite la solicitud de declaración de concurso necesario.

## 2. LA COMUNICACIÓN Y SUS EFECTOS

### 2.1. Sobre el deudor

La comunicación no tendrá efecto sobre la capacidad de administración y disposición sobre los bienes y derechos que integren el patrimonio del deudor.

### 2.2. Sobre los créditos a largo plazo

Tampoco producirá efecto alguno la comunicación sobre el vencimiento anticipado de los créditos. Igualmente, serán ineficaces las cláusulas que prevean la modificación de los términos o condiciones del crédito. El artículo 595 del Texto Refundido de la Ley Concursal trata el tema de las llamadas cláusulas *ipso facto* en estos créditos, declarando la ineficacia de las mismas[9], lo que corresponde con el fin último de la etapa preconcursal donde se incardinan; se trata de no perjudicar las acciones potenciales que permitan que la empresa salga de la situación de crisis que le afecta. Sin duda, este tipo de cláusulas pueden ser un lastre en esto. Tampoco impedirá la comunicación, por sí sola, que el acreedor que disponga de garantía personal o real de un tercero pueda hacerla efectiva si el crédito hubiera vencido, que era la regla general que venía siendo aplicada con anterioridad a la reforma. No obstante, sí podrá la comunicación suspender la ejecución de garantías si fueran prestadas por otra sociedad del grupo no incluida en la comunicación y así lo haya solicitado la sociedad deudora alegando que la ejecución de la garantía pudiera causar la insolvencia del garante y de la propia deudora.

### 2.3. Sobre los contratos

Se establece como principio general la vigencia de los contratos pero se tendrán por no puestas las cláusulas contractuales que prevean la suspensión, modificación, resolución o terminación anticipada del contrato por el mero motivo de: la presentación de la comunicación o su admisión a trámite; la solicitud de suspensión de acciones y procedimientos ejecutivos; y cualquier circunstancia análoga. No se podrán suspender los contratos necesarios para la continuidad de la actividad empresarial o profesional

9. Ésta es la novedad introducida por la Directiva 2019/1023 que establece la ineficacia por Ley de este tipo de cláusulas que establecen la modificación de los términos o condiciones del crédito, incluido su vencimiento anticipado, por la sola causa de la comunicación, la solicitud de suspensión general o singular de acciones y procedimientos ejecutivos o por otra circunstancia análoga o directamente relacionadas con ellas, *vide* en este sentido, ROJO, R., «La extensión temporal de los efectos de la comunicación», CAMPUZANO, A. B. / SANJUAN, E. (dirs.), *Planes de reestructuración y cláusulas ipso facto*, Tirant lo Blanch, 2022, pp. 278 y 279.

del deudor[10] ni tampoco modificarse, resolverse o terminarse anticipadamente por incumplimientos anteriores a la comunicación. Tampoco afectará la comunicación a los acuerdos de compensación contractual regulados en el Real Decreto-ley 5/2005, de 11 de marzo, de reformas urgentes para el impulso a la productividad y para la mejora de la contratación pública. Los contratos de suministro de bienes, servicios o energía necesarios para la continuidad de la actividad empresarial o profesional de deudor tampoco podrán vencer anticipadamente, resolverse o terminarse (artículos 597-599 TRLC).

### 2.4. Efectos sobre las acciones y procedimientos ejecutivos

En general, se prohíbe iniciar ejecuciones hasta que transcurran tres meses a contar desde la presentación de la comunicación, tanto judiciales como extrajudiciales sobre bienes o derechos necesarios para la continuidad de la actividad empresarial o profesional del deudor; se incluyen las ejecuciones de garantías reales siempre que dichas garantías recayesen sobre los referidos bienes o derechos. Igualmente, se podrán suspender las ejecuciones sobre estos bienes o derechos hasta que transcurran tres meses desde la comunicación del deudor, salvo que este acredite haber solicitado la prórroga. Todo lo anterior, a solicitud del deudor, el juez podrá extender esa prohibición de iniciación de ejecuciones o suspensión a otros bienes o derechos, cuando resulte necesario para asegurar el buen fin de las negociaciones. En ningún caso, quedarán afectados los procedimientos de ejecución de los acreedores públicos ni aquellos cuyos créditos no puedan quedar afectados por el plan de reestructuración.

Como hemos visto, la comunicación inicia o continua con un período de negociaciones que tiene unos efectos pero que también tiene como fin conseguir un acuerdo entre las partes que se materialice en la consecución de un plan de reestructuración así como su posible homologación. El plazo que tienen las partes para conseguirlo es de tres meses, susceptible de ser prorrogado otros tres meses sucesivos. Solicitada la prórroga, los efectos de la comunicación se mantienen hasta la resolución judicial que podrá ser denegatoria o no pero hasta ahí se habrán mantenido los efectos comentados anteriormente.

## 3. LOS PLANES DE REESTRUCTURACIÓN Y SU NEGOCIACIÓN EN LA LEY

La norma define los planes de reestructuración como aquellos que tienen por objeto la modificación de la composición, de las condiciones o de la estructura del activo y

10. La duda aparece sobre la determinación de lo que son «contratos necesarios para la continuidad de la actividad empresarial o profesional del deudor», algo que no parece sencillo, pues existen afectaciones concretas en supuestos de créditos, contratos marco o ejecuciones en general. Al ser posible que pueda interponerse recurso de revisión para determinar que un bien o derecho no es necesario para la actividad empresarial o profesional del deudor, se supone que existe una resolución previa que lo indica y esa resolución no es otra que la resolución de la comunicación. En este sentido, *vide*, SANJUAN, E., «Las cláusulas ipso facto en los ámbitos preconcursal y concursal», CAMPUZANO, A. B. / SANJUAN, E. (dirs.), *Planes de reestructuración y cláusulas ipso facto*, Tirant lo Blanch, 2022, pp. 39 y 40.

del pasivo del deudor, o de sus fondos propios, incluidas las transmisiones de activos, unidades productivas o de la totalidad de la empresa en funcionamiento, así como cualquier cambio operativo necesario, o una combinación de estos elementos. Teniendo en cuenta esta definición y el derecho sustantivo que los regula, se trata ahora de ocuparnos de cómo llevar a cabo esa negociación desde el punto de vista formal. Nada se dice en el texto reformado ni se ha dicho nunca de cómo se negocia algo así. Se supone que todos sabemos hacerlo, pero no siempre es así. No obstante, aparece en la norma un sujeto importante denominado «experto en reestructuraciones» en cuyas funciones, como veremos, se encuentra la de asesoramiento de las partes en esa negociación.

Hemos de entender claramente que, a pesar de todo lo anterior y respetando siempre la norma, en el proceso de negociación que rodea todo plan de reestructuración, la autonomía de la voluntad de las partes tiende a conseguir una modificación de los términos y condiciones de los créditos del deudor[11]. Así, va a resultar alterada la fecha del vencimiento del crédito, la modificación del principal y/o de los intereses, la conversión del crédito en participativo o subordinado, acciones o participaciones sociales, o en cualquier otro instrumento de características o rango distintos de aquellos que tuviese el crédito originario, la modificación o extinción de las garantías, personales o reales, que garanticen el mismo, el cambio en la persona del deudor o la modificación de la ley aplicable al crédito. Además, el plan de reestructuración puede afectar a los contratos.

Con respecto a los contratos, obviamente para poder cumplir con lo anterior, el plan les puede afectar a ellos, teniendo en cuenta lo siguiente: (i) se tendrán por no puestas las cláusulas contractuales que establezcan la facultad de la otra parte de suspender o de modificar las obligaciones o los efectos del contrato, así como la facultad de resolución o la extinción del contrato por el mero motivo de la presentación de la solicitud de homologación o su admisión a trámite, la homologación judicial del plan o cualquier otra circunstancia análoga o directamente relacionada con las anteriores (art. 618.1 TRLC); (ii) no podrán suspenderse, modificarse, resolverse o terminarse anticipadamente por el mero hecho de que el plan conlleve un cambio de control del deudor, los contratos necesarios para la continuidad de la actividad empresarial o profesional del deudor, excepto los acuerdos de compensación contractual, ni sus garantías, regulados en el Real-Decreto ley 5/2005, de 11 de marzo; (iii) tampoco podrán vencer anticipadamente, resolverse, modificarse o terminar los contratos de suministro de bienes, servicios o energía necesarios para la continuidad de la actividad empresarial o profesional del deudor, a menos que tales contratos se hubieran negociado en mercados organizados de modo que puedan ser sustituidos en cualquier momento por su valor de mercado (artículos 618 y 619 TRLC). No obstante lo anterior, el buen fin de la reestructuración y el tratar de prevenir el concurso del deudor puede justificar que determinados con-

11. No pueden ser afectados por el plan de reestructuración, los créditos de alimentos derivados de una relación familiar, de parentesco o matrimonial, los créditos derivados de responsabilidad civil extracontractual y los créditos derivados de relaciones laborales distintas de las del personal de alta dirección. Tampoco los créditos futuros que nazcan de contratos que se mantengan en vigor, ni los créditos de Derecho público en la forme prevista en la norma (artículo 616 TRLC).

tratos sean resueltos al amparo del artículo 620 del Texto Refundido de la Ley Concursal.

A partir de aquí la norma se ocupa de regular la formación de las clases de créditos así como su votación pero, como exponemos más arriba, nada dice de cómo llevar a cabo esa negociación; cómo pueden las partes llegar a un buen acuerdo para modificar el vencimiento de un crédito, o conseguir una reducción o modificación del principal o de los intereses etc. Parece que las partes están abocadas a un regateo entre ellas; a un cambio de esto por aquello, temiendo siempre el acreedor por una pérdida total imputable en sus cuentas. En este sentido, la norma ayuda en el proceso de negociación del plan con la figura del experto en reestructuraciones, cuyo estatuto viene determinado en los artículos 672 y siguientes del Texto Refundido de la Ley Concursal; no obstante, la figura del experto aparece en otras ocasiones en el ordenamiento concursal como es en el caso de recabar ofertas para la adquisición de unidades productivas (*prepack*), así como cuando lo soliciten acreedores que representen más del cincuenta por ciento del pasivo afectado por la reestructuración (672.1. 2.º TRLC). Si bien, en el caso de que el experto de la reestructuración no hubiese sido nombrado, los acreedores que representen, al menos, el treinta y cinco por ciento del pasivo que en el momento de la solicitud pudiera estar afectado, pueden solicitar de forma razonada al juez el nombramiento de uno determinado. Nos centramos en la figura de este experto en relación con los planes de reestructuración.

## 4. EL EXPERTO EN REESTRUCTURACIONES

Esta novedosa figura, creemos que tiene o debería tener una importancia clave a lo largo de la negociación de los planes de reestructuración. El artículo 674 del Texto Refundido de la Ley Concursal tiene un dictado importantísimo en cuanto que fija las condiciones subjetivas que debe reunir este experto y que son las siguientes: debe ser una persona natural o jurídica, española o extranjera, con conocimientos especializados en el ámbito jurídico, financiero y empresarial, así como, específicamente, en reestructuraciones o que reúna los requisitos para ser administrador concursal conforme a esta ley. Igualmente se establece que, si la reestructuración que se pretende conseguir tuviera determinadas particularidades, eso debe ser tenido en cuenta en el nombramiento del experto; esto es, el experto técnicamente debe saber de esto.

La pregunta que surge ahora es si eso es suficiente en cuanto a la formación del experto o se requiere algo más. Si ponemos en relación estas condiciones subjetivas con la regulación del estatuto del experto, descubrimos que parece que hace falta algo más, puesto que el artículo 679 del Texto Refundido de la Ley Concursal establece que las funciones del experto serán: asistir al deudor y a los acreedores en las negociaciones y en la elaboración del plan de reestructuración y además presentará al juez lo informes exigidos por la ley y por el juez. Por tanto, si relacionamos lo establecido en el artículo 674 con el artículo 679 del Texto Refundido de la Ley Concursal, podemos decir que falta en las condiciones subjetivas del experto el incluir, por parte del legislador, los conocimientos en negociación y en mediación. Debemos fijarnos en que sí se exige formación técnica al experto, pero en cuanto al tema (la reestructuración en sí) pero no en cuanto a cómo llevarlo a cabo; formación que si se exigiese haría que la figura del experto verdaderamente aportara en la negociación y elaboración del plan, así como en sus intervenciones en otros momentos que establece la Ley.

En general, la verdadera labor del experto va a ser la de mediar, mediar en la elaboración de un plan, pero mediar. Y nadie nace sabiendo mediar si no que, al igual que hay que formarse en reestructuraciones empresariales, es necesario saber mediar y conocer una metodología que favorezca el que las partes lleguen a un acuerdo. Se trata de una mediación y no de un arbitraje porque el mediador no es el que, escuchando a las partes, les propone un plan de reestructuración como tal, sino el que, conociendo y ejercitando diferentes técnicas puede conseguir que las partes, ellas mismas, lleguen a ese acuerdo sobre el plan. Y esto último es clave, en cuanto que el cumplimiento voluntario por las partes de lo acordado será mucho mayor que si es impuesto por el mediador o el juez. Creemos que el legislador ha perdido una gran oportunidad al no haber exigido eso para la persona que ejerza de experto.

En este sentido, creemos que la intención del legislador es la de que el experto medie si nos fijamos en varios aspectos: (i) así en el propio artículo 678 del Texto Refundido de la Ley Concursal cuando se dice que *«las funciones del experto serán asistir al deudor y a los acreedores en las negociaciones»;* (ii) en el artículo 702 del Texto Refundido de la Ley Concursal, cuando en el procedimiento especial de microempresas se habla de «mediador concursal» para este procedimiento especial. En nuestra opinión, el legislador mezcla figuras y no entendemos la ventaja de la intervención aquí de un mediador concursal cuando esas labores de mediación, también en el procedimiento especial para microempresas, son las que debe llevar a cabo el experto en reestructuraciones, ahorrándonos así una figura que debería, en su caso, sustituir al mediador concursal Si fuera un experto en reestructuraciones que pudiera mediar *ex* artículo 702 Texto Refundido de la Ley Concursal[12], nos ahorraríamos una figura y se permitiría la continuidad, en su caso, del experto en reestructuraciones que ya estuviera interviniendo y ayudando en el procedimiento; por último también lo vemos en el artículo 680 del Texto Refundido de la Ley Concursal, cuando se establecen los deberes del experto que son: ejercer sus funciones con diligencia propia de un profesional especializado así como con independencia e imparcialidad respecto a las partes; deberes propios de un

12. La designación del mediador concursal tiene como única finalidad la negociación de un plan de continuación entre el deudor y los acreedores, y se regirá por lo dispuesto en el artículo 702 del Texto Refundido de la Ley Concursal y por lo dispuesto para el nombramiento de un experto en la reestructuración en cuanto a la elección, designación y retribución. Como regla general, la mediación se realizará por medios electrónicos, por videoconferencia u otro medio análogo de transmisión de la voz o la imagen, siempre que quede garantizada la identidad de los intervinientes. El proceso de mediación tendrá una duración máxima de diez días hábiles. Si, en algún momento, el mediador entiende que no es posible alcanzar un acuerdo, cerrará formalmente de manera definitiva la mediación y lo notificará al juzgado.

mediador, al que convendría añadir el deber de confidencialidad, propio de la mediación, y que muy bien podría funcionar para el experto [13].

Teniendo en cuenta lo anterior, expuesta la necesidad que, a nuestro juicio, hay de considerar entre las funciones del experto el manejar una negociación asistida a las partes o mediación, pasamos a exponer actuaciones concretas que, a nuestro juicio, deberían ser impulsadas por el experto, en su caso, o bien por las partes intervinientes en esas negociaciones. A nadie se le pueden suponer conocimientos técnicos en negociación ni en mediación como tampoco se le supone a nadie conocimientos técnicos en reestructuraciones empresariales y derecho de la insolvencia.

## 5. PROPUESTA DE CLAVES PARA NEGOCIAR O MEDIAR UN PLAN DE REESTRUCTURACIÓN

Debido a lo anterior, creemos necesario que al experto independiente se le exija una formación acreditada en mediación [14]. Pasamos a resumir las funciones que idealmente debería tener un experto en reestructuraciones. Teniendo en cuenta que se le presumen conocimientos técnicos en reestructuraciones, nos centramos en la formación en metodología de mediación. Dos son los ámbitos que debe manejar el experto como mediador: estrategia de negociación y competencias de comunicación.

Respecto a la estrategia de negociación, insistimos en la importancia de que conozca la metodología de negociación basada en intereses [15]. El experto deberá prestar atención a las cuatro fases en las que se puede dividir una negociación: preparación, encuentro, debate y cierre. Respecto a la preparación, el experto ha debido de obtener toda la información necesaria de deudor, acreedores y socios y la ha debido organizar en un protocolo *ad hoc* que le permita conocer las claves y los pasos de la estrategia que va a seguir en las siguientes fases. En este protocolo, ha debido de marcar claramente la diferencia entre intereses y objetivos para así tratar de evitar el regateo o juego de suma cero tan presente en estas reestructuraciones empresariales. En la negociación de estos planes, el interés es siempre el salir de la situación de insolvencia o poder superarlo, si se está en ella, tratando de que el negocio continue y teniendo en cuenta siempre la clave que es el mantenimiento de la relación con los acreedores y otras partes involu-

13. Nos parece adecuada la regulación que hace la Ley relativa a que el experto responderá por los daños y perjuicios causados al deudor o a los acreedores por infracción de los deberes de diligencia, independencia e imparcialidad. Es por ello, por lo que deberá tener suscrito un seguro de responsabilidad civil o garantía equivalente proporcional a la naturaleza y alcance del riesgo cubierto por cuya virtud el asegurador o entidad de crédito se obligue dentro de los límites pactados, a cubrir el riesgo del nacimiento a cargo del propio experto asegurado de la obligación de indemnizar por los daños y perjuicios causados en el ejercicio de su función. Cuando el experto sea una persona jurídica recaerá sobre esta la exigencia de suscripción del seguro de responsabilidad civil o garantía equivalente (art. 681 TRLC). Igualmente, en cuanto a la remuneración, se establece en el artículo 672.2 del Texto Refundido de la Ley Concursal la libertad de las partes para fijar cuantía y plazos de devengo.
14. GALEOTE, P., «La Mediación», «La mediación» en HINOJOSA, R. (coord.), *Sistemas de solución extrajurisdiccional de conflictos*, CERASA, Madrid, 2006.
15. Sobre metodología de negociación basada en intereses, *Vide*, por todos, FISHER, R. / URY, W. y PATTON, B., *Getting to yes*, Penguin books, 1991.

cradas, esto por parte del deudor; por parte del acreedor, lo que se trata es de que el impacto económico sea el menor posible y, sobre todo, el mantenimiento de la relación con el deudor, en su caso. Teniendo esto en mente, el experto debe trabajar en *caucus* [16] con las partes para poder llegar a una propuesta de solución con cada una de ellas. Ahora bien, el objetivo de cada una será diferente. Así, por ejemplo, el deudor puede pretender cambiar y acordar un nuevo calendario de pagos o una modificación del principal o de los intereses debidos. La figura del experto como mediador va a ser clave porque va trabajando con cada una de las partes (*caucus*) hasta que consigue que cierren una propuesta de plan que es lo que se llevará a votación. Un aspecto muy importante para las partes durante la preparación va a ser la evaluación De su BATNA (*Best Alternative To a Negotiated Agreement*) [17] o la mejor alternativa a un acuerdo negociado; es decir, el que evalúen bien qué puede hacer cada una de las partes si no llega a un acuerdo con la otra. Si ese acreedor de una clase determinada no llega a un acuerdo con el deudor ¿impide que la votación salga adelante? Si lo impide, es estratégico el valorar qué podrá hacer si no llega a un acuerdo conmigo. De este modo, podremos valorar si la otra parte tenderá con facilidad o no a un acuerdo con ésta.

Realizada la preparación, se debe pasar a la fase de encuentro entre las mismas, solo cuando el mediador lo vea oportuno donde, entre cosas, la clave va a ser el mantenimiento de un buen clima entre todos; un clima de respeto y escucha activa van a ser fundamentales a la hora de poder seguir con la mediación. Aquí es donde enlazamos con la importancia que tiene que el experto esté formado en competencias interpersonales. No podemos desconocer que cuando un deudor llega a esta situación probablemente ya se ha deteriorado la relación con sus acreedores que son aquellos con los que tiene que negociar. Por eso el experto es clave; él debe decidir cuando la relación y el clima permite que se pase de los *caucus* a las sesiones plenarias.

En las sesiones plenarias, el mediador debe jugar un papel de moderador entre las partes, haciendo lo posible para que sean ellas las que lleven las riendas del proceso, que no se sientan dirigidas por un tercero y que sean ellas las que hagan las propuestas, previamente trabajadas con el mediador. La participación del experto mediador en este momento debe ser como si fuera un tercero que está vigilante del proceso y asesora técnicamente en lo que las partes le requieran. Como hemos señalado más arriba, echamos en falta que, entre los principios que informan la conducta del experto, no se encuentre la confidencialidad. Nuestra experiencia nos dice que cuando las partes saben que el mediador está sujeto a confidencialidad la libertad de ellas es mucho mayor en la mesa. Aquí se puede argumentar que el deber deontológico del experto cubre esa

---

16. Sobre los *caucus* en mediación, BOLAÑOS, I. y SOCIAS, C., «Separando para volver a juntar. Encuentros privados con las partes en el proceso de mediación», *La Mediación. Nuevas realidades. Nuevos retos*, disponible en: https://www.ucm.es/data/cont/media/www/pag-50196/documentos/SEPARANDO_PARA_VOLVER_A_JUNTAR._ENCUENTR.pdf

17. Sobre el BATNA, *vide* por todos, FISHER, R. / URY, W. y PATTON, B., *op. cit.* y, GALEOTE, P., «El BATNA en las negociaciones entre sociedades de capital», *Revista de Direito Bancário e do Mercado de Capitais*-RDB, n.º 86, oct.-dic. 2019.

confidencialidad, pero creemos que es mucho suponer cuando ni siquiera sabemos la formación específica que el experto tiene en cada caso.

Mención expresa merece el debate entre las partes; el método de negociación obliga, en este sentido, a que las partes hagan propuestas en paquetes; esto quiere decir que el experto debe aconsejar a las partes que traigan paquetes que contemplen más de un intercambiable en la mesa de negociación; así, por ejemplo, si deudor y acreedor están negociando sobre la modificación de los plazos de devolución de un crédito, el mediador, para evitar que las partes caigan en el regateo debe tratar de persuadirles para que, junto con esa modificación de fechas hablen de una posible reducción del principal o de los intereses así como de la posibilidad de convertir el crédito en un crédito participativo. Actualmente, está clara la ventaja de negociar varios intercambiables a la vez; se fomenta el «no esto pero sí a cambio de esto otro...» y así se consigue que nadie se posicione en una, en nuestro caso, renovación de fechas que al final llevaría al regateo. Solo alguien que esté formado en mediación o en negociación puede llevar a cabo ese asesoramiento. El experto en reestructuraciones puede saber mucho de esto último, pero si no sabe lo anterior puede conducir a las partes a un posicionamiento que las lleve directamente al concurso que es lo que queremos siempre evitar con los planes de reestructuración.

En esta fase, además, es donde las partes deberán llevar a cambio un mayor ejercicio de comunicación clara y creíble para que se puedan llegar a convencer. Es difícil que con la situación que el deudor puede estar pasando y que los acreedores están sufriendo, lo anterior sea posible, por lo que aquí la labor del experto como mediador que maneja competencias comunicativas va a ser la clave. En primer lugar, tratando de que el control emocional entre las partes sea el adecuado; cuestión muy difícil. Para ello, cuestiones como conocer previamente el lugar donde va a ser la mediación, llegar con tiempo suficiente a la reunión, el hecho de que conozcan al experto y sea para todos ellos una persona creable etc., va a ser importante para que las partes lleguen a un acuerdo. Además, debe vigilar porque el lenguaje sea el adecuado, tratando que las partes vigilen el no pronunciar determinadas expresiones y que el respeto entre ellas sea siempre garantizado. El experto en esta fase llevará tareas de parafraseo en relación con el lenguaje. Así, el experto tratará de utilizar expresiones coloquiales para hacer que las partes se entiendan entre ellas porque utilizan términos técnicos o por la diferencia cultural entre las mismas. Por ejemplo, el mediador durante un debate irá tomando la palabra y resumiendo en un lenguaje coloquial por dónde va el proceso y si se han alcanzado miniacuerdos o acuerdos en algo. Finalmente, el mediador deberá hacer un gran ejercicio de escucha activa que utilizará para empatizar él con las partes y para conseguir que las partes empaticen entre sí. Esta es una labor dificultosa pero necesaria en el experto mediador. Si ve que las partes no empatizan entre sí, él puede ayudar con expresiones del tipo «*... ¿Está suficientemente claro lo que la otra parte está ofreciendo? ¿Necesita usted alguna aclaración? ...*». En definitiva, la labor del experto es la de aportar el conocimiento técnico necesario y la de ir tejiendo una red formal en la que las partes puedan seguir conviviendo.

Además de lo anterior, debemos ser conscientes de la importancia de la formación de clases de acreedores por lo que muchas veces no se trata de convencer a un acreedor determinado y sí a una serie de ellos que forman una clase, lo que dificulta el proceso anterior. Resulta conveniente que el experto mediador haga una propuesta de clases de acreedores[18] y contacte con cada uno de ellos informándoles de los avances en el proceso.

Exponemos aquí lo que creemos debería ser la clave en la función del experto y que el legislador presume tácitamente puesto que no está establecido expresamente en la Ley. No obstante, cuando no intervenga el experto en los planes de reestructuración o en cualquier otro momento en el que sea necesaria la negociación entre las partes, vemos la necesidad de un asesoramiento a las mismas dada la complejidad de manejar lo sustantivo con lo formal, como queda expuesto más arriba.

## III. BIBLIOGRAFÍA

AHEDO PEÑA, O. «Marcos de reestructuración preventiva: regulación», *Unión Europea Aranzadi,* n.º 8-9, 2019.

AZNAR, E., *La comunicación preconcursal de apertura de negociaciones, planes de reestructuración, insolvencia y concurso de acreedores*, Tirant lo Blanch, 2022.

BAZERMAN, M. H., *Better not perfect*, Harper Business, 2020.

BAZERMAN, M. / MALHOTRA, D., *Negotiation genius: How to overcome obstacles and achieve brilliant results at the bargaining table and beyond*, Bantan books, 2007.

BELTRÁN, E., «La reforma —inarmónica— de la Ley Concursal», *Actualidad Jurídica Aranzadi*, Año XVIII, n.º 775, 14 de mayo de 2009.

BOLAÑOS, I. / SOCIAS, C., «Separando para volver a juntar. Encuentros privados con las partes en el proceso de mediación», *La Mediación. Nuevas realidades. Nuevos retos*, disponible en: https://www.ucm.es/data/cont/media/www/pag-50196/documentos/SEPARANDO_PARA_VOLVER_A_JUNTAR._ENCUENTR.pdf

CAMPUZANO, A. B., «Los estados de insolvencia», *Anuario de Derecho Concursal*, n.º 58, 2023.

DE VIVERO, C., *Los acuerdos extrajudiciales de pago en procesos de insolvencia: procedimiento y tramitación*, Tirant lo Blanch, 2017.

18. Sobre negociaciones complejas y negociación en alianzas con varios interlocutores por separado y a la vez, *vide*, GALEOTE, P., «Estrategias a seguir en negociaciones complejas: negociaciones de cuestión múltiple, negociaciones multilaterales y negociaciones multilaterales y de cuestión múltiple», *Working Paper IE Law School*, AJ-151, 2008.

ENCISO, M. / CERVERA, M. y FERNÁNDEZ SEIJO, J. M. (Coord.), *Instrumentos preconcursales para la reestructuración de empresas*, Lefebvre, 2021.

FISHER, R. / URY, W. y PATTON, B., *Getting to yes*, Penguin books, 1991.

GALEOTE, P., «El BATNA en las negociaciones entre sociedades de capital», *Revista de Direito Bancário e do Mercado de Capitais*-RDB, n.º 86, oct-dic 2019.

– «Los acuerdos extrajudiciales en fase preconcursal», La Ley, 821/2010, n.º 7375, mayo 2010.

– «Estrategias a seguir en negociaciones complejas: negociaciones de cuestión múltiple, negociaciones multilaterales y negociaciones multilaterales y de cuestión múltiple», *Working Paper IE Law School*, AJ-151, 2008.

– «La mediación», en HINOJOSA, R. (coord.), *Sistemas de solución extrajurisdiccional de conflictos*, CERASA, Madrid, 2006.

GARCÍA-ALAMÁN, B., «El presupuesto objetivo del concurso y los problemas de su concreción práctica», *Crisis empresarial y concurso: aspectos legales*, AA.VV., Cizur Menor, 2010.

HERNÁNDEZ, M. / ORELLANA, N., «Deber de solicitar la declaración del concurso (art. 5)», *Tratado Práctico concursal*, PRENDES, P. / MUÑOZ PAREDES, A. (dirs.), Cizur Menor, 2012.

GARCIMARTÍN, F. «El Derecho preconcursal: una visión general», *Anuario de Derecho Concursal*, n.º 57, 2022.

GARNACHO, L. «La reestructuración preconcursal de deudas desde una perspectiva interna y comunitaria», *Anuario de Derecho Concursal*, n.º 53, 2021.

HINOJOSA, R. (coord.), *Sistemas de solución extrajurisdiccional de conflictos*, CERASA, Madrid, 2006.

MEVORACH, I. / WALTERS, A., «The Characterization of Pre-insolvency Proceedings in Private International Law», *Eur Bus Org Law Rev 21*, 2020, pp. 855-894, disponible en: https://doi.org/10.1007/s40804-020-00176-x

ROJO, A., «La Ley 16/2022, de 5 de septiembre», *Anuario de derecho concursal*, n.º 58, 2023.

ROJO, R., «La extensión temporal de los efectos de la comunicación», CAMPUZANO, A. B., / SANJUAN, E. (dirs.), *Planes de reestructuración y cláusulas ipso facto*, Tirant lo Blanch, 2022.

SANJUAN, E., «Las cláusulas *ipso facto* en los ámbitos preconcursal y concursal», CAMPUZANO, A. B., / SANJUAN, E. (dirs.), *Planes de reestructuración y cláusulas ipso facto*, Tirant lo Blanch, 2022.

SANJUÁN y MUÑOZ, E., *Reestructuración y liquidación de microempresas en crisis. El procedimiento especial para microempresas y su régimen transitorio*, Tirant lo Blanch, 2022.

– «La naturaleza jurídica del mediador concursal: sistema alternativo de gestión de los supuestos de insolvencia», *La Ley*, n.º 8230, 2014.

STANGELLINI, L. / MOKAL, R. / PAULUS, C. y TIRADO, I., «Best practices in European restructuring. Contractualised distress resolution in the shadow of the law», *Wolters Kluwer/CEDAM*, 2018, disponible en: https://www.codire.eu/wp-content/uploads/2018/11/Stanghellini-Mokal-Paulus-Tirado-Best-practices-in-European-restructuring.-Contractualised-distress-resolution-in-the-shadow-of-the-law-2018-1.pdf

VAN ZWIETEN, K. / EIDENMUELLER, H. y SUSSMAN, O., «Corporate Restructuring Laws Under Stress», *Eur Bus Org Law Rev*, 2023, disponible en: https://doi.org/10.1007/s40804-023-00281-7

SEGUNDA PARTE

# EL EXPERTO EN REESTRUCTURACIÓN Y LOS PLANES DE REESTRUCTURACIÓN

Capítulo 5

# LA LABOR DEL EXPERTO EN LOS PLANES DE REESTRUCTURACIÓN: NOMBRAMIENTO, ESTATUTO Y FUNCIONES

CECILIO MOLINA HERNÁNDEZ *
*Profesor de Derecho Mercantil*
*Universidad Pontificia Comillas*

SUMARIO: I. CONSIDERACIONES GENERALES. LA INCORPORACIÓN DEL EXPERTO EN REESTRUCTURACIÓN EN EL DERECHO PRECONCURSAL. II. LA FIGURA DEL EXPERTO EN REESTRUCTURACIÓN EN EL DERECHO ESPAÑOL DE LA PREINSOLVENCIA. III. EL NOMBRAMIENTO DEL EXPERTO. *1. La solicitud del nombramiento del experto en la reestructuración. 2. La formalización judicial del nombramiento del experto. 3. El nombramiento obligatorio del experto en la reestructuración. 4. El supuesto especial del nombramiento de experto. 5. La impugnación del nombramiento del experto en la reestructuración. 6. La sustitución del experto en la reestructuración.* IV. EL ESTATUTO DEL EXPERTO EN LA REESTRUCTURACIÓN. *1. Las funciones del experto en reestructuración. 2. El estándar de responsabilidad del experto en reestructuración.* V. LA EXPERIENCIA EN PORTUGAL DEL NOMBRAMIENTO DEL EXPERTO EN LA REESTRUCTURACIÓN. VI. CONCLUSIONES. VII. BIBLIOGRAFÍA.

## I. CONSIDERACIONES GENERALES. LA INCORPORACIÓN DEL EXPERTO EN REESTRUCTURACIÓN EN EL DERECHO PRECONCURSAL

El artículo 3.1 de la Directiva (UE) 2019/1023 (Directiva sobre reestructuración e insolvencia), señala que *los Estados miembros velarán por que el deudor tenga acceso a una o más herramientas de alerta temprana claras y transparentes, que permitan*

* Este trabajo se realiza en el seno del Proyecto I+D+i Sostenibilidad corporativa y reestructuración empresarial PID2021-125466NB-I00 (financiado por MCIN/AEI/10.13039/501100011033/ «FEDER Una manera de hacer Europa»), liderado por Ana Belén Campuzano y del que formo parte como miembro del equipo de investigación, y en el marco de los trabajos desarrollados por los investigadores de la Cátedra de la Universidad San Pablo CEU y Mutua Madrileña.

*detectar circunstancias que puedan provocar una insolvencia inminente y que puedan advertirle de la necesidad de actuar sin demora.*

En este contexto, la Ley 16/2022, de reforma del Texto Refundido de la Ley Concursal, supone *el detonante de un cambio integral de la situación de los procedimientos de insolvencia en nuestro país, siendo clave para su flexibilización y agilización, y para favorecer los mecanismos preconcursales, con el fin último de facilitar la reestructuración de empresas viables y la liquidación rápida y ordenada de las que no lo son*[1]. Este es el sentido, sin duda, de la reforma de nuestro Derecho preconcursal, a fin de establecer mecanismos de alerta temprana que permitan a los empresarios, todavía en condiciones de viabilidad, acudir al plan de reestructuración. En concreto, la viabilidad del plan de reestructuración quedará en manos de los acreedores, pues la falta manifiesta de viabilidad conllevará la falta de aprobación del plan por parte de estos, tal y como se establece en el artículo 654.4.º del Texto Refundido de la Ley Concursal[2].

En este ámbito novedoso, en un cambio en el paradigma del Derecho preconcursal, surge la figura del experto en reestructuración[3], no sólo en este campo, sino también en otras figuras concursales, a fin de buscar la necesaria especialización de personas,

1. FACHAL, N., «Los planes de reestructuración», en *Aranzadi Digital*, n.º 1/2022, donde la autora, señala: *La reforma del texto refundido de la Ley Concursal, introducida por la Ley 16/2022, de 5 de septiembre, confiere al Derecho Preconcursal un protagonismo desconocido hasta este momento en nuestro ordenamiento jurídico. Este giro copernicano que sufre el Derecho de la insolvencia responde al cumplimiento de los objetivos que marca la Directiva (UE) 2019/1023, del Parlamento Europeo y del Consejo, de 20 de junio de 2019, sobre marcos de reestructuración preventiva, exoneración de deudas e inhabilitaciones, y sobre medidas para aumentar la eficiencia de los procedimientos de reestructuración, insolvencia y exoneración de deudas, y por la que se modifica la Directiva (UE) 2017/1132 (en adelante, Directiva sobre reestructuración e insolvencia). Esta opción legislativa quiere potenciar los marcos de reestructuración preventiva, a los que podrán acudir los empresarios en dificultades financieras, con el propósito de continuar su actividad empresarial. En esta nueva concepción del Derecho preconcursal, que se abre camino siguiendo las directrices de la norma comunitaria, los escenarios liquidatorios, propios del contexto concursal, se conciben como poco eficientes para la conservación del tejido empresarial.*
2. COUSO, J. M., «El "experto en reestructuraciones" en la última reforma concursal», en *El Notario del Siglo XXI*, n.º 105, p. 4, donde el autor aborda el cambio de los acuerdos de refinanciación a los planes de reestructuración y enfatiza sobre la importancia de la viabilidad de la empresa: *La Ley cambia el vocablo «acuerdos» (de refinanciación) por el término «planes» (de reestructuración). Esta modificación es sustantiva y refleja la posibilidad de imponer la reestructuración incluso a socios de la sociedad deudora; no se regula un simple supuesto de un acuerdo negocial consensuado y limitado (a la refinanciación), sino un plan, que podría tener la oposición de clases enteras de acreedores o de socios, legalmente vinculante, que supera la relatividad de los contratos y las tradicionales reglas de la titularidad societaria.* Y continúa: *Es conocida la dificultad de los procesos de negociación entre deudora y acreedores que pueden ser, ciertamente, muy complejos, con muchos interlocutores, intereses contrapuestos, heterogeneidad de garantías, distintos pesos entre acreedores profesionales, comerciales, públicos, trabajadores, etc. En las refinanciaciones, el equipo de profesionales que intervenía tenía muy presente la derivada económico-financiera y la viabilidad jurídica de las soluciones planteadas. En ocasiones, a estas exigencias se unía la necesidad valorar un cambio de control, una transformación operativa, de gestión, de estrategia, una mayor capitalización, una desinversión, o la enajenación de una o varias unidades productivas, etc.*
3. NIETO, C., «El experto en la reestructuración», en COHEH (dir.), *Nuevo marco jurídico de la reestructuración de empresas en España,* Aranzadi, 2022, p. 294, donde el autor recoge que esta

físicas o jurídicas, que reúnan conocimientos y experiencia en cuestiones de viabilidad y sostenibilidad de empresas.

Como vamos a tener oportunidad de abordar a lo largo de este trabajo, no se pretende proceder a una crítica respecto de la figura de la administración concursal, sino que lo que se busca es dotar, al menos en este espectro, del asesoramiento imprescindible en base a una especialización propia y necesaria para garantizar la recuperación económica de empresas en situaciones de dificultad, a través de la figura del experto en reestructuración. Es innegable la especialización de la administración concursal, demostrada en las labores propias del procedimiento concursal, pero, en este punto, el legislador ha pretendido remarcar la necesaria experiencia y conocimientos específicos para el desarrollo de sus funciones en el marco de los planes de reestructuración, a fin de lograr el éxito en la aprobación de estos planes, cuestión que no estaba resultando especialmente proclive anteriormente con los acuerdos extrajudiciales de pago y con los acuerdos de refinanciación.

## II. LA FIGURA DEL EXPERTO EN REESTRUCTURACIÓN EN EL DERECHO ESPAÑOL DE LA PREINSOLVENCIA

A tenor del artículo 674 del Texto Refundido de la Ley Concursal, el experto en reestructuración deberá ser una persona natural o jurídica, española o extranjera, que tenga los conocimientos especializados, jurídicos, financieros y empresariales[4], así como experiencia en materia de reestructuraciones o que *acredite cumplir los requisitos para ser administrador concursal conforme a esta ley*[5].

---

figura, realmente, no es novedosa: *La Recomendación de la Comisión de 12 de marzo de 2014 COM (2014) 1500 final, sobre un nuevo enfoque europeo frente a la insolvencia y el fracaso empresarial, ya contemplaba, en su apartado 3 B, la posibilidad de nombrar (de forma no obligatoria) un «mediador o supervisor» por el órgano jurisdiccional, como alternativa a la apertura de un procedimiento judicial de insolvencia. La Recomendación señalaba que el «mediador» tendría la función de ayudar al deudor y a los acreedores a dirigir con éxito las negociaciones sobre el plan de reestructuración; mientras que el «supervisor» vigilaría la actividad del deudor y los acreedores y adoptaría las medidas necesarias para proteger los intereses legítimos de uno o varios acreedores o de otras partes interesada.*

4. SANJUÁN, E., «La figura del *practitioner* en los procedimientos de reestructuración preventiva: la importancia de la objetividad a la hora de extender sacrificios. Funciones», en *Hacia un nuevo modelo de administración concursal eficiente. Una aspiración legítima a la luz de la Directiva 2019/1023* (Coord. ASPAC), Wolters Kluwer, 2020, pp. 202-206, donde el autor hace un magnífico estudio de la cualificación del *practitioner,* en tanto en cuanto precisará formación en materia de insolvencia, mediación, asuntos de empresas y sociedades, y valoración y enajenación de activos y pasivos, de empresas y de unidades productivas.

5. En este momento, se encuentra en tramitación el Proyecto de Real Decreto por el que se desarrolla el Reglamento de la administración concursal. En este sentido, nos encontramos con un texto legislativo que aborda el estatuto de la administración concursal.
En todo caso, como vemos, el experto en reestructuración, en la actualidad, cuenta con un estatuto propio, en los artículos 679 y siguientes del texto refundido de la Ley Concursal, que determina las funciones y los deberes que, en su caso, debe desarrollar y cumplir en su labor como experto nombrado en la reestructuración.

Resaltamos esta última precisión, como consecuencia de la tramitación parlamentaria que sobre las condiciones subjetivas del experto en reestructuración debían concurrir para su nombramiento[6]. En un primer momento, el nombramiento de experto debía «recaer en la persona natural o jurídica, española o extranjera, que tenga los conocimientos especializados, jurídicos, financieros y empresariales, y la experiencia necesarios en materia de reestructuraciones». Como se puede apreciar, la propuesta en cuanto a los requisitos del experto en reestructuración no recogía, expresamente, la equiparación del experto en reestructuración y el administrador concursal.

Como consecuencia de esta circunstancia, numerosos especialistas en el ámbito del Derecho de la insolvencia se mostraron críticos y feroces en cuanto a la distinción de estas figuras. No obstante, en nuestra opinión, esa posición no era acertada, en tanto en cuanto el administrador concursal ha de reunir conocimientos especializados en materia jurídica, financiera y empresarial. Pero sí es cierto que, en ese momento, la indeterminación en cuanto a la necesidad concreta de estos conocimientos motivó que finalmente la norma incorporase la figura de la administración concursal como posible meritocracia para la designación como experto en reestructuración.

Especialmente interesante resultan algunas de las enmiendas a la reforma de la Ley Concursal que algunos de los partidos políticos realizaron para justificar que, bien fuese por razones de especialización[7], bien por las propias capacidades de los administradores

6. FACHAL, N., «El experto en la reestructuración», en *Aranzadi Digital,* n.º 1/2022, donde la autora señala: *Esta previsión responde a la reivindicación de las asociaciones de administradores concursales, que exigieron que esta disposición contemplase expresamente su idoneidad, como profesionales altamente cualificados para actuar en los marcos de reestructuración preventiva. De este modo, a los administradores concursales se les presupone la formación especializada necesaria para ser nombrados expertos en la reestructuración, mientras que otras personas naturales o jurídicas deberán justificar aquellos conocimientos —jurídicos, financieros y empresariales— y contar, adicionalmente, con experiencia en materia de reestructuraciones.*

7. El Grupo Parlamentario Plural, encabezado por Ferrán Bel Y Genís Boadella, presentó una enmienda, planteando la posibilidad de que los administradores concursales optasen a la figura de experto en reestructuración, pero con una especialización adecuada, justificando a tal extremo: *En definitiva, a la vista de los informes exigidos en el Anteproyecto, entendemos que al experto en reestructuraciones deben exigírsele, al menos, unos conocimientos sólidos en materia de contabilidad, financieros y económicos, además, tener acreditada preparación como administrador concursal. Así, proponemos que se debiera apostar por la máxima cualificación posible exigiendo a los profesionales que se habrán de encargar de reflotar empresas en crisis las más altas cotas de excelencia. Por ello, sugerimos que las condiciones subjetivas deben incluir el cumplimiento de los requisitos para ser designado administrador concursal y, también las competencias profesionales en materia económica, financiera y empresarial que revisten los economistas, titulados mercantiles y auditores de cuentas.*

También el grupo parlamentario de Unidas Podemos, en base a la no necesaria distinción de la figura de administrador concursal y experto en reestructuración, señala que la formación necesaria para ocupar este puesto se regule: *Parece más adecuado que los administradores concúrsales o algunos de ellos asuman esta función, garantizando la independencia que el ejercicio de sus funciones requiere. En el desarrollo estatutario del examen para la figura del administrador concursal debiera regularse las pruebas para justificar los conocimientos y experiencia necesarios específicos para abordar la función del experto en reestructuraciones.*

*El experto en reestructuraciones, debe ser un administrador concursal que previamente haya manifestado su disposición y acreditado las condiciones para ser experto en reestructuraciones.*

concursales[8], han llevado a que, finalmente, el experto en reestructuración pueda ser, asimismo, administrador concursal[9].

Por tanto, finalmente, el legislador español ha equiparado, en cuanto a su posible especialización, a la figura del administrador concursal y el experto en reestructuración. Lo cierto es que, en algunas cuestiones, el estatuto del experto en reestructuración recuerda al del administrador concursal. No obstante, la labor que va a desarrollar en el marco de un plan de reestructuración resulta concreta y específica, en aras de una *salvación* de una empresa en crisis financiera.

## III. EL NOMBRAMIENTO DEL EXPERTO

El nombramiento del experto en reestructuración es objeto de regulación en el Capítulo I del Título IV del Libro II del Texto Refundido de la Ley Concursal, en sus artículos 672 a 678.

En esta regulación específica, en relación al nombramiento del experto en reestructuración, nos encontramos con dos vías de nombramiento, que, a la postre, resultan controvertidas en cuanto a su consecución. En primer lugar, el legislador se refiere al nombramiento del experto en la reestructuración que sucede de forma obligatoria cuando lo solicita el deudor, los acreedores que representen el cincuenta por ciento del pasivo, cuando se solicite por el deudor la suspensión general de ejecuciones singulares o la prórroga de esa suspensión, y, en ese caso, el juez considerase y razonase que el nombramiento es necesario para salvaguardar el interés de los posibles afectados por

---

8. Enmienda del Partido Nacionalista Vasco en la que, permitiendo que un administrador concursal opte a la figura del experto en reestructuración, manifieste expresamente esta posibilidad: *Es más adecuado que administradores concursales específicamente cualificados en Reestructuraciones asuman esta función. El examen para la figura del administrador concursal debiera regular las pruebas específicas para justificar los conocimientos y experiencia necesarios para asumir la función del experto en reestructuraciones, dejando al desarrollo reglamentario la concreción de las especialidades precisas para el ejercicio de las funciones de reestructuración.*
*El experto en reestructuraciones debería ser un administrador concursal que haya manifestado su disposición y acreditado las condiciones para ser experto en reestructuraciones que reglamentariamente se establezcan. El desarrollo de un examen por parte de los administradores concursales profundiza en la cualificación y profesionalidad de los mismos, se debería aprovechar el esfuerzo que supone su desarrollo para cualificar igualmente la especificidad de las funciones de reestructuración dentro de las funciones de un experto en insolvencia, en lugar de generar múltiples figuras diferenciadas con regímenes jurídicos muy diferentes.*

9. No obstante, a tenor del artículo 65.4 del texto refundido de la Ley Concursal, *no podrá ser nombrado administrador concursal quien en la negociación de un plan de reestructuración hubiera sido nombrado experto en la reestructuración.*
En este sentido, FACHAL, N., «El experto en la reestructuración», *op. cit.,* donde la autora justifica esta postura: *Igualmente polémica ha sido la prohibición de nombramiento como administrador concursal del profesional que desempeñó con anterioridad el cargo de experto en la reestructuración (art. 65.4 TRLC), aunque esta prohibición está claramente orientada a asegurar que actúa con imparcialidad durante las negociaciones que han de culminar en la aprobación del plan. Sí parece indiscutible que el cumplimiento de sus cometidos podría verse empañado por sus intereses particulares, ante la expectativa de devengo de una retribución adicional por la intervención en un concurso consecutivo al fracaso de la reestructuración.*

la suspensión, y cuando el deudor o cualquier legitimado[10] solicite la homologación judicial de un plan de reestructuración cuyos efectos se extiendan a una clase de acreedores o a los socios que no hubieran votado a favor del plan.

En segundo lugar, el legislador, en el artículo 673 del Texto Refundido de la Ley Concursal, establece el *supuesto especial del nombramiento del experto en la reestructuración.* Este supuesto sólo procederá si no se hubiera procedido a la solicitud de nombramiento, de forma previa, y se habilita a los acreedores que representen, al menos, al treinta y cinco por ciento del pasivo. En este caso, siempre que los acreedores se encuentren afectados por el plan de reestructuración, podrán solicitar al juez el nombramiento, y, para ello, deberán razonar en la solicitud *las circunstancias concurrentes en el caso para que sea necesario ese nombramiento.*

En cualquier caso, ya sea nombramiento obligatorio de experto en la reestructuración, en los distintos supuestos planteados, como el supuesto especial del nombramiento, en el candidato propuesto deberán concurrir las condiciones subjetivas previstas en el artículo 674 del Texto Refundido de la Ley Concursal. En este caso, aunque ya se ha comentado en este trabajo, el experto podrá ser persona natural o jurídica, española o extranjera, que tenga los conocimientos especializados, jurídicos, financieros y empresariales, así como experiencia en materia de reestructuraciones o que acredite cumplir los requisitos para ser administrador concursal conforme a la normativa concursal. Junto a estas condiciones, también se establecen las incompatibilidades y las prohibiciones en el artículo siguiente, impidiendo, por un lado, que sea nombrado como experto en la reestructuración aquella persona que hubiera prestado servicios profesionales relacionados con la reestructuración al deudor o a personas especialmente relacionadas con esta en los últimos dos años[11], y, por otro lado, que sea nombrado cualquier persona que se encuentre en alguna de las situaciones de incompatibilidad previstas en la legislación en materia de auditoría de cuentas en relación con el deudor o las personas especialmente relacionadas con este[12].

Por último, el artículo 65.4 del Texto Refundido de la Ley Concursal señala que no podrá ser nombrado administrador concursal quien en la negociación de un plan de reestructuración hubiera sido nombrado experto en la reestructuración. Sin duda alguna, esta prohibición pretende evitar el conflicto de intereses del experto en la reestructuración, encargado de valorar la viabilidad del plan y el asesoramiento necesario en este

10. En este caso, es preciso remitirnos al artículo 643 del texto refundido de la Ley Concursal, donde se establece la competencia para la solicitud de la homologación de un plan de reestructuración por parte del deudor o por cualquier acreedor afectado que lo haya suscrito. Además, si el deudor fuese persona jurídica, la competencia para solicitar el plan de homologación correspondería al órgano de administración.

11. La única excepción que permitiría ser nombrado como experto en la reestructuración, en este caso, será cuando el experto hubiera prestado sus servicios en relación a una reestructuración previa. Véase el Auto del Juzgado de lo Mercantil, n.º 18, de 18 de enero de 2023, en el que se deniega el nombramiento de experto en reestructuración de un letrado del despacho profesional que había estado asesorando con anterioridad al deudor.

12. Artículos 16 a 20 de la Ley 22/2015, de 20 de julio, de Auditoría de Cuentas.

sentido, frente al administrador concursal, que posteriormente tiene que analizar el motivo de la insolvencia [13].

## 1. LA SOLICITUD DEL NOMBRAMIENTO DEL EXPERTO EN LA REESTRUCTURACIÓN

El artículo 672.2 del Texto Refundido de la Ley Concursal determina los requisitos formales de la presentación de la solicitud de nombramiento del experto en la reestructuración, ya se presente por el deudor o por los acreedores [14].

A tenor del precepto, podemos deducir que la solicitud del nombramiento del experto en la reestructuración se realizará por escrito [15] y deberá incluir: a) un escrito razonando que el experto reúne las condiciones establecidas en esta ley para el ejercicio del cargo [16]; b) la aceptación de su nombramiento por el experto para el caso de ser designado, así como la aceptación del importe y los plazos de devengo de la retribución que se hubiese pactado; y c) la copia de la póliza de seguro de responsabilidad civil o garantía equivalente que tuviera vigente para responder de posibles daños que el experto pudiera causar en el ejercicio de las funciones propias del cargo.

Sin duda alguna, en atención a la selección del experto en la reestructuración que se realice, no se atiende en el Derecho español a una cuestión importantísima prevista en la Directiva (UE) 2019/1023 (Directiva sobre reestructuración e insolvencia). En concreto, en su artículo 26.1.b), se establece que las condiciones de admisibilidad y el procedimiento para el nombramiento, la revocación y la dimisión de los administradores concursales sean claros, transparentes y justos. Pues bien, en nuestro caso, lo cierto es que reina más la opacidad en la selección de un experto en la reestructuración que otra cosa clara, transparente y justa. En este caso, cuando el juez reciba la propuesta y siempre que el candidato reúna las condiciones subjetivas, deberá mantener el nombramiento sin excepción. Y, en nuestra opinión, esta selección de un experto en la reestructuración podría derivar en una remuneración que condicione la objetividad y la imparcialidad que debieran reinar en este mecanismo de preinsolvencia.

---

13. MARTÍN TORRES, Á., «El experto en la reestructuración», en *Revista General de Insolvencias & Reestructuraciones,* n.º 3, 2021, p. 209; FACHAL NOGUER, N., «El experto en la reestructuración», *op. cit., quien* señala: *Aunque esta prohibición está claramente orientada a asegurar que actúa con imparcialidad durante las negociaciones que han de culminar en la aprobación del plan. Sí parece indiscutible que el cumplimiento de sus cometidos podría verse empañado por sus intereses particulares, ante la expectativa de devengo de una retribución adicional por la intervención en un concurso consecutivo al fracaso de la reestructuración.*

14. En el supuesto especial del nombramiento de un experto en la reestructuración, supuesto del artículo 673 del texto refundido de la Ley Concursal, nos encontramos que esta solicitud deberá acompañarse de toda la documentación establecida en el artículo 672.2 y de la que, en este momento, nos ocupamos.

15. NIETO, C., «El experto en la reestructuración», *op. cit.,* p. 320.

16. A priori, bastaría con la acreditación de la concurrencia en el experto seleccionado y propuesto de las condiciones subjetivas establecidas en el artículo 674 del texto refundido de la Ley Concursal, además de no cumplir con las prohibiciones e incompatibilidades previstas en el artículo siguiente.

Precisamente, en relación a la retribución del experto en la reestructuración, nos encontramos que, ante la solicitud del nombramiento, esta remuneración presenta una regulación concreta. Una vez nombrado el experto en reestructuración, éste tendrá derecho a una retribución a tales efectos. No obstante, la legislación concursal guarda un silencio sepulcral en cuanto a la retribución que le pudiera corresponder al experto[17], pero si este experto fuese nombrado por los acreedores, ya sea directamente, ya sea en sustitución de uno nombrado por el deudor a solicitud de acreedores equivalentes al cincuenta por ciento del pasivo, o ya sea en el supuesto especial del nombramiento por acreedores que sólo representen el treinta y cinco por ciento del pasivo, estos debieran contemplar la retribución, a asumir por uno o varios de ellos, ya que la asunción de la obligación de pago quedará sin efecto si, en el plan de reestructuración homologado por el juez, se previera expresamente que la retribución del experto fuera a cargo del deudor[18].

## 2. LA FORMALIZACIÓN JUDICIAL DEL NOMBRAMIENTO DEL EXPERTO

La presentación de la propuesta de solicitud del nombramiento del experto en la reestructuración exigirá, de forma inmediata[19], que el juez dicte auto con el nombramiento. Tanto en los supuestos de nombramiento obligatorio como en el supuesto especial del nombramiento de experto, en la solicitud se adjuntará toda la documentación necesaria para comprobar la idoneidad del seleccionado, de forma que, en ambos casos, el juez procederá inmediatamente a su nombramiento[20]. La previsión legislativa a estos efectos, atendiendo a las distintas posibilidades en cuanto a la propuesta de nombramiento de experto en la reestructuración, se determina de forma concreta en el artículo 676.1 del Texto Refundido de la Ley Concursal.

Es evidente que el nombramiento del experto en la reestructuración, por parte del juez, nos lleva a pensar que siempre se ajustará a la propuesta realizada por el deudor o por los acreedores[21]. Sin embargo, el artículo 676.2 del Texto Refundido de la Ley Concursal, permite al juez que si el propuesto no reúne las condiciones establecidas en

17. En la sesión de 21 de febrero de 2023, celebrada por los magistrados de los juzgados de lo mercantil de Madrid, se ha aprobado la *Guía de buenas prácticas, de carácter orientativo y no vinculante, para el nombramiento de experto en fase preconcursal («prepack»),* en cuya elaboración han participado el Ilustre Colegio de la Abogacía de Madrid, el Colegio de Economistas de Madrid, el Ilustre Colegio Central de Titulados Mercantiles y Empresariales de Madrid y el Instituto de Censores Jurados de Cuentas de España (ICJCE).
Esta Guía, en sus páginas 15 y siguientes, propone una clasificación posible de propuestas de retribuciones en función de la dimensión de la empresa en la que se tenga que prestar asesoramiento.
18. Esta previsión se encuentra en los artículos 672.1. 2.º, 673.2 y 678.2 del texto refundido de la Ley Concursal.
19. El artículo 672.3 del texto refundido de la Ley Concursal determina esta obligación, respecto del juez, en el plazo máximo de dos días desde que se presente la solicitud.
20. En el supuesto especial del nombramiento de experto, como veremos, antes de proceder a su nombramiento, se dará audiencia al deudor para que pueda oponerse al nombramiento del experto propuesto por los acreedores.
21. NIETO, C., «El experto en materia de reestructuración: el laberinto del nombramiento», en https://elderecho.com/experto-en-reestructuracion-nueva-ley-concursal, (última consulta: 7 de octubre de

esta ley para el ejercicio de las funciones propias del cargo, solicitará a quien lo hubiera propuesto que, en el plazo de dos días, presente terna de posibles expertos de entre los que efectuará el nombramiento, siempre que reúnan esas condiciones.

A pesar de esta legitimación por parte del juez, parece poco factible en la práctica que el juez disponga de tiempo suficiente para proceder a revocar el nombramiento propuesto, por el deudor o por los acreedores, ya que en el plazo de dos días, como máximo, deberá proceder a su nombramiento a la luz de la documentación presentada por el proponente. En todo caso, lo más lógico es que cualquier interesado legítimamente promueva el incidente concursal para solicitar la impugnación del nombramiento, a tenor del artículo 677 del Texto Refundido de la Ley Concursal[22].

A partir de ahí, en todo caso, el juez podrá solicitar al deudor o a los acreedores una terna de posibles expertos, que deberán reunir las condiciones para ser experto en la reestructuración. Es, en este momento, cuando quizá podría el juez desatender la terna presentada y nombrar a un experto distinto, ya que el artículo 676.3 del Texto Refundido de la Ley Concursal determina que el juez deberá comunicar al elegido por el medio más rápido *en los casos en que el nombramiento recaiga en alguno de los que figuren en la terna.*

Ya sea el propuesto por el solicitante o el designado por el juez fuera de la terna, la aceptación del cargo de experto en la reestructuración es voluntaria, pero, en el plazo de dos días, el experto deberá comparecer ante el juzgado para aceptar o rechazar el cargo, con copia del documento en el que conste la retribución pactada y de la póliza de seguro de responsabilidad civil o garantía equivalente que tuviere vigente para responder de posibles daños que pudiera causar en el ejercicio de las funciones propias del cargo.

Esa comparecencia, en cualquier caso, resulta obligatoria, pues se necesita la aceptación expresa del experto, pues, de no ser así, el juez procederá a un nuevo nombramiento, sin que esta circunstancia tenga consecuencia alguna para el experto inicialmente designado, tal y como se establece en el artículo 676.3 del Texto Refundido de la Ley Concursal. Con todo, el nombramiento del juez del experto en la reestructuración se hará constar en el Registro público concursal.

## 3. EL NOMBRAMIENTO OBLIGATORIO DEL EXPERTO EN LA REESTRUCTURACIÓN

El nombramiento de experto en reestructuración, tal y como se establece en el artículo 672 del Texto Refundido de la Ley Concursal, será obligatorio en cuatro oca-

---

2023), quien de forma acertada prevé que *tampoco se contempla en la norma ninguna alternativa de traslado del «veto judicial» al rechazado, al que debería darse al menos la posibilidad de defenderse, acreditando que en él sí concurren las condiciones legalmente exigidas.*

22. PEÑAS, M.ª J., «Comentario al artículo 676», en SANJUÁN y PEINADO (dirs.), *Comentarios al articulado del Libro Segundo del texto refundido de la Ley Concursal,* Tomo I, Sepín, 2023, pp. 714-715.

siones, como detallamos a continuación: 1.º) Cuando lo solicite el deudor[23]; 2.º) Cuando lo soliciten acreedores que representen más del cincuenta por ciento del pasivo que, en el momento de la solicitud, pudiera quedar afectado por el plan de reestructuración[24]. En la solicitud, los acreedores, o algunos de ellos, deberán asumir expresamente la obligación de satisfacer la retribución del experto. La asunción de la obligación de pago quedará sin efecto si en el plan de reestructuración homologado por el juez se previera expresamente que la retribución del experto fuera a cargo del deudor; 3.º) Cuando, solicitada por el deudor la suspensión general de ejecuciones singulares o la prórroga de esa suspensión, el juez considerase, y así lo razonara, que el nombramiento es necesario para salvaguardar el interés de los posibles afectados por la suspensión[25]; y 4.º) Cuando el deudor o cualquier legitimado solicite la homologación judicial de un plan de reestructuración cuyos efectos se extiendan a una clase de acreedores o a los socios que no hubieran votado a favor del plan.

Es evidente que en el contexto de los planes de reestructuración no será posible la convivencia de dos expertos en reestructuración, uno nombrado por el deudor y otro nombrado por los acreedores, tal y como sucedía en los acuerdos de refinanciación[26].

---

23. MARINA, Á., «Comentario al artículo 672», en SANJUÁN y PEINADO (dirs.), *Comentarios al articulado del Libro Segundo del texto refundido de la Ley Concursal,* Tomo I, Sepín, 2023, p. 697, para quien, éste será el *supuesto que resulta más que razonable en todo tipo de situaciones, y en mayor medida cuando aquel, su organización, carezca de una estructura que le permita contar con un nivel de asesoramiento profesional capaz de instruirle al respecto.*
24. NIETO, C., «El experto en materia de reestructuración: el laberinto del nombramiento», *op. cit.*, para quien: *En la solicitud a instancia del 50% del pasivo que pudiera quedar afectado por el plan de reestructuración, no se habilita ningún procedimiento para la conformación de esa voluntad colectiva, ni se aclara en la norma la forma de su acreditación,* para añadir, a continuación, que *en el Título II del Libro Segundo, dedicado a la comunicación de apertura de negociaciones con los acreedores, se incluye en el artículo 586.4 una norma a cuyo tenor «cuando en este título se establezca algún porcentaje del pasivo para el ejercicio de determinados derechos o facultades, se calculará sobre la base de los datos más recientes comunicados al juzgado, salvo que el interesado acredite otra cosa». Esta regla carece de equivalente en los restantes Títulos del Libro II y es dudoso si hubiese de aplicarse analógicamente en ellos. En caso de ser aplicable esta regla también a los Títulos III y IV del Libro II, debería partirse en primera instancia de la conformación de la masa pasiva que haya comunicado el deudor (por lo que si en ella no se reúne el porcentaje requerido, debería en primera instancia rechazarse la petición); sin perjuicio de que el interesado (la mayoría de acreedores en cada caso exigida, se entiende que actuando conjuntamente) demuestre lo contrario (aunque no se especifique, se supone que a través de un incidente concursal, especialmente si la cuestión reviste una cierta complejidad).*
25. NIETO, C., «El experto en la reestructuración», *op. cit.*, pp. 317-318.
26. MARTÍN TORRES, Á., «El experto en la reestructuración», *op. cit.*, p. 206: *Se puede apreciar que la diferencia entre el artículo 674 referido al nombramiento obligatorio de experto, y el 675 referido al supuesto especial de nombramiento de experto, radica en que, en el primer caso el legislador considera que el computo de acreedores para solicitar asesor es del cincuenta por ciento, requiriéndose solo un treinta y cinco por ciento en el «supuesto especial». Parece interpretarse que el legislador asume que, en el primer caso, el deudor solicitará el nombramiento de experto y este se deberá aceptar, excepto que un cincuenta por ciento de los acreedores soliciten otro, considerando, para esta interpretación lo que se indica en el artículo 680 en relación con la sustitución del experto. Si esta interpretación es correcta, en el caso del artículo 675 para doblegar la voluntad de los acreedores e imponer el deudor su Experto, solo debería solicitar uno que, de no elevarse la mayoría de los acreedores solicitantes al cincuenta por ciento, es el que sería nombrado.*

Todo esto, en base, a dos circunstancias, que detallamos a continuación. En primer lugar, el artículo 673 del Texto Refundido de la Ley Concursal, establece el nombramiento especial de experto en circunstancias en las que, no habiéndose designado previamente uno, lo solicitaran los acreedores que representen, al menos, el treinta y cinco por ciento del pasivo que, en el momento de la solicitud, pudiera quedar afectado por el plan de reestructuración, razonando en la solicitud las circunstancias concurrentes en el caso para que sea necesario ese nombramiento[27]. En segundo lugar, el artículo 678 del Texto Refundido de la Ley Concursal contempla la sustitución del experto, nombrado por el deudor o por una minoría de acreedores[28], cuando lo soliciten al juez los acreedores que representen el cincuenta por ciento del total[29].

## 4. EL SUPUESTO ESPECIAL DEL NOMBRAMIENTO DE EXPERTO

Más allá de los cuatro supuestos en los que el nombramiento del experto en la reestructuración se considera obligatorio en el plan de reestructuración, el artículo 673 del Texto Refundido de la Ley Concursal ha establecido un supuesto especial de nombramiento de experto que, a la postre, puede considerarse no obligatorio.

Como ya hemos tenido oportunidad de analizar, en los supuestos obligatorios de nombramiento del experto, el juez deberá proceder al nombramiento, en cualquier caso. Sin embargo, en este supuesto especial, no tiene por qué realizarse el nombramiento aunque se realice la solicitud.

El supuesto especial de nombramiento de experto concurre cuando los acreedores que representan el treinta y cinco por ciento del pasivo afectado por el plan de reestructuración solicitan al juez la designación de un experto. Para ello, en primer lugar, el supuesto especial de nombramiento será posible si previamente no se hubiera designado un experto. Es obvio atendiendo a uno de los supuestos obligatorios de nombramiento, en concreto, ante la solicitud del cincuenta por ciento de los acreedores afectados por el plan de reestructuración.

En este supuesto especial de nombramiento, los acreedores que cursen la solicitud ante el juez deberán, como en el nombramiento obligatorio, aportar la documentación necesaria para determinar que el candidato propuesto reúne la idoneidad necesaria para

---

27. Este nombramiento mantiene los mismos estándares que el experto en reestructuración nombrado bajo los cuatro supuestos *obligatorios*.

28. Se hace aquí una conexión con el supuesto especial del nombramiento de experto en reestructuración a solicitud de acreedores que representen el treinta y cinco por ciento.

29. Esta sustitución no deberá sustentarse en la ineptitud del experto. En este sentido, FACHAL, N., «El experto en la reestructuración», *op. cit., quien* señala:
*Tal y como se encuentra redactada esta disposición, hemos de concluir que se trata de una facultad que se confiere a la mayoría de los acreedores, de carácter libérrimo, y que, por lo tanto, no deberá fundarse ni en la ineptitud del profesional inicialmente nombrado, ni en la concurrencia de alguna causa de incompatibilidad o prohibición legal.*

ello, así como la fijación de la retribución del experto que, también, deberá ser satisfecha por los acreedores solicitantes, todos o alguno de ellos[30].

Sin embargo, en este supuesto especial del nombramiento de experto en la reestructuración, los acreedores solicitantes habrán de razonar las circunstancias concurrentes en el caso para que este nombramiento sea necesario. Por primera vez, en el nombramiento del experto en la reestructuración, se plantea, no sólo el candidato en sí, sino que también se ha de justificar el porqué de la necesidad de un experto en el plan de reestructuración que se está negociando. El legislador, en este punto, no ha concretado nada más sobre estas razones que pueden dar los acreedores para solicitar el nombramiento de un experto[31].

Otra circunstancia novedosa derivada de este supuesto especial de nombramiento procede de la audiencia que se otorga al deudor, para que, en el plazo de dos días, pueda oponerse al nombramiento porque no sea necesario o porque no reúne las circunstancias para su designación. En este punto, el legislador, en nuestra opinión, comete dos errores que merecen su análisis. Por un lado, en primer lugar, señala el artículo 676.3 del Texto Refundido de la Ley Concursal, refiriéndose al deudor en esa respuesta obligatoria en dos días, que *podrán solicitar el nombramiento de un experto distinto*. Es evidente que sólo el deudor podrá realizar ese nombramiento, porque no se habilita a acreedores o terceros legítimos a cursar respuesta respecto de la solicitud de nombramiento de experto en la reestructuración realizada por el treinta y cinco por ciento de los acreedores.

Por otro lado, en segundo lugar, el deudor podrá rechazar el nombramiento cuando no lo considere necesario o cuando el propuesto no reúna las condiciones para el cargo. Sólo en este segundo caso tendría sentido que el deudor propusiera un nombramiento, aunque, en esta circunstancia, deberá asumir la obligación de satisfacer la retribución del experto propuesto. Además, ante esta circunstancia, es preciso atender a lo previsto en el artículo 676.2 del Texto Refundido de la Ley Concursal, en virtud del cual, si el candidato propuesto no reúne las condiciones establecidas en esta ley para el ejercicio de las funciones propias del cargo, el juez solicitará a quien lo hubiera propuesto que,

---

30. Como en el supuesto obligatorio del nombramiento de experto por la solicitud realizada por los acreedores, la retribución por su parte quedará sin efecto si en el plan de reestructuración homologado por el juez se previera expresamente que la retribución del experto fuera a cargo del deudor.

31. MARINA, Á., «Comentario al artículo 673», en SANJUÁN y PEINADO (dirs.), *Comentarios al articulado del Libro Segundo del texto refundido de la Ley Concursal,* Tomo I, Sepín, 2023, pp. 702-703, donde señala en este punto: *Pues bien, de igual manera el supuesto especial de nombramiento instado por los acreedores vendrá justificado por las peculiaridades que rodean al deudor de turno, entre otras, el sector en el que opera, las dimensiones o la complejidad del activo o del pasivo, o, incluso, la existencia de elementos transfronterizos. Catálogo que, teniendo en cuenta aquella indefinición ya apuntada, podrá completarse por determinadas propuestas destinadas a integrar el plan de reestructuración, por ejemplo, exigiendo sacrificios a los acreedores, que en su opinión resulten desproporcionados o con medidas susceptibles de afectar a la propia eficacia del plan. En suma, abanico de posibilidades en verdad amplio, que de alguna manera reproduce un modelo de cláusula general, cuyo contenido habrá de concretarse en atención a las circunstancias del deudor.*

en el plazo de dos días, presente terna de posibles expertos de entre los que efectuará el nombramiento, siempre que reúnan esas condiciones. En ese caso, ya sea el deudor o el propio juez quienes consideren que el candidato no reúne las condiciones para ser nombrado, no tiene que el deudor proponer uno, sino que debe comunicarlo y, en el caso que el juez estime que es necesario el experto para la reestructuración, solicite esa terna.

Sin embargo, si el deudor considera que no es necesario el nombramiento, no tiene sentido alguno que el juez entienda que, no obstante, el nombramiento de experto propuesto, en el marco de este supuesto especial, ahora sí se estime oportuno[32]. Además, mantenemos esta idea anterior, porque el propio precepto, en el apartado cuarto, establece que el juez, mediante auto, determinará si, atendiendo a las circunstancias del caso, corresponde o no el nombramiento solicitado y, en caso afirmativo, *procederá al nombramiento del experto propuesto por los acreedores.*

Todo parece indicar, en definitiva, que este supuesto especial de nombramiento sólo no concurrirá si el juez estimase que no es necesario para la reestructuración y siempre, en definitiva, el candidato será nombrado atendiendo a la propuesta de los acreedores.

## 5. LA IMPUGNACIÓN DEL NOMBRAMIENTO DEL EXPERTO EN LA REESTRUCTURACIÓN

El artículo 677 del Texto Refundido de la Ley Concursal establece la posibilidad de la solicitud de la impugnación del nombramiento del experto en la reestructuración que se hubiese realizado con anterioridad por parte del juez.

En este sentido, la impugnación procederá cuando el experto no reúna las condiciones establecidas en esta ley, incurra en alguna incompatibilidad o prohibición, o no tenga cobertura o garantía adecuada. Es evidente que el legislador, de forma evidente, ante la celeridad que debe tener el juez para proceder al nombramiento del experto propuesto, permita que, con posterioridad, se impugne dicho nombramiento.

Entre las causas que facultan la impugnación, en nuestra opinión, no resulta procedente que la impugnación del nombramiento deba realizarse cuando el experto no cuente con la cobertura o la garantía adecuada. Si bien es cierto que el nombramiento se ha de realizar, en la mayoría de las circunstancias, en el plazo de dos días desde la solicitud, entre los documentos a presentar en la propuesta, se encontrará precisamente la necesaria acreditación de esta circunstancia y que, por tanto, deberá ser requerida, en cualquier circunstancia, por el juez.

Sin embargo, cuestión distinta radica cuando la impugnación se solicite cuando el experto no reúna las condiciones o cuando incurra en alguna incompatibilidad o prohibición. La problemática, sin duda, viene del escaso tiempo del que dispone el juez para

32. NIETO, C., «El experto en materia de reestructuración: el laberinto del nombramiento», *op. cit.*

su comprobación, más allá de la aparente credibilidad que debe otorgar a la documentación justificativa y explicativa de estas circunstancias acreditadas por el solicitante.

Por otro lado, resulta *chocante que* la solicitud de la impugnación se pueda presentar, no sólo en cualquier momento, sino por quien acredite interés legítimo. Siguiendo el tenor literal del precepto, no se requiere explícitamente la condición de acreedor ni la afectación por el plan de reestructuración[33].

A partir de la solicitud de la impugnación, en base a los motivos ya explicitados junto con la legitimación para ello, señala el precepto que esta solicitud se tramitará conforme al incidente concursal. Sin embargo, a partir de ahí, no resuelve el legislador sobre cómo debe proceder el juez. En nuestra opinión, y atendiendo a la previsión que se hace en el marco de la sustitución del experto, lo normal sería que el juez solicitase a las personas que hubieran realizado la propuesta una nueva propuesta de nombramiento[34]. Así se produce, además, cuando el juez procede al nombramiento del experto y, ante la propuesta, *errática,* solicitaría nueva propuesta con otros posibles candidatos, tal y como se establece en el artículo 676 del Texto Refundido de la Ley Concursal.

## 6. LA SUSTITUCIÓN DEL EXPERTO EN LA REESTRUCTURACIÓN

La sustitución del experto en la reestructuración es una posibilidad que el legislador, a tenor del artículo 678 del Texto Refundido de la Ley Concursal, sólo reserva a los acreedores que representen más del cincuenta por ciento del pasivo que pueda quedar afectado por el plan de reestructuración.

En este sentido, esta solicitud de sustitución del experto se presentará al juez para proceder a un nuevo nombramiento de experto, tras el designado a solicitud del deudor o en atención al supuesto especial del nombramiento. Entendemos que es así, en este último caso, porque el precepto establece concretamente que los acreedores podrán pedir al juez la sustitución del experto nombrado a solicitud *de una minoría de acreedores*.

Por tanto, como se puede apreciar, la sustitución del experto en la reestructuración supone un arma de doble filo: la falta de conformidad en relación a las operaciones que está acometiendo el experto en la reestructuración, y, que, en definitiva, se busque con la sustitución el nombramiento de un nuevo experto que pudiera contentar los intereses de los solicitantes[35], en detrimento del cumplimiento de los deberes de independencia e imparcialidad respecto de todos los acreedores.

33. NIETO, C., «El experto en la reestructuración», *op. cit.,* p. 325.
34. PEÑAS, M.ª J., «Comentario al artículo 677», en SANJUÁN y PEINADO (dirs.), *Comentarios al articulado del Libro Segundo del texto refundido de la Ley Concursal,* Tomo I, Sepín, 2023, p. 720.
35. NIETO, C., «El experto en la reestructuración», *op. cit.,* p. 328; MARTÍNEZ SANZ, F., «Aproximación al experto en reestructuraciones en el Proyecto de Ley de Reforma del texto refundido de la Ley Concursal», en *Revista General de Insolvencias & Reestructuraciones,* n.º 6, 2022, p. 40.

A diferencia del supuesto especial del nombramiento, la sustitución del experto en la reestructuración no precisará de explicación alguna al juez por parte de los acreedores solicitantes. Esta cuestión resulta especialmente llamativa si tenemos en cuenta que la solicitud de sustitución se realice para búsqueda de un mejor interés de los acreedores interesados.

No obstante, como en todos los casos, la sustitución vendrá acompañada de toda la documentación relacionada con el experto, además de la asunción de la retribución por parte de los acreedores solicitantes. Nuevamente, como en todos los casos de nombramiento realizado por acreedores, estos no tendrán que satisfacer la retribución del experto si en el plan de reestructuración homologado por el juez, se previera expresamente que la retribución del experto sustituto fuera a cargo del deudor.

La sustitución del experto en la reestructuración se resolverá mediante auto dictado por el juez, que podrá impugnarse por los cauces del incidente concursal, siempre que el experto no reúna las condiciones establecidas, incurra en alguna incompatibilidad o prohibición, o no tenga cobertura o garantía adecuada. Esta remisión se efectúa al supuesto de la impugnación del nombramiento del experto en reestructuración y que habilita a cualquiera que tenga interés legítimo a solicitar, en este caso y en cualquier momento, la sustitución del experto.

## IV. EL ESTATUTO DEL EXPERTO EN LA REESTRUCTURACIÓN

El Capítulo II del Título IV del Libro II del Texto Refundido de la Ley Concursal se ocupa del estatuto del experto en la reestructuración. En este momento, en el que nos encontramos en la tramitación parlamentaria de la nueva regulación de la administración concursal, nos vamos a detener, simplemente, en el régimen de las funciones, deberes y responsabilidad del experto en la reestructuración.

Sin duda alguna, en este punto, en la tramitación legislativa del estatuto de la administración concursal, podría haberse hecho referencia, en algún momento, a la figura del experto en la reestructuración[36]. Por ello, ante esta falta de conexión, nos vamos a detener exclusivamente en las cuestiones propias del experto en el marco de los planes de reestructuración.

### 1. LAS FUNCIONES DEL EXPERTO EN REESTRUCTURACIÓN

En relación a las funciones del experto en la reestructuración, el artículo 679 del Texto Refundido de la Ley Concursal prevé que su labor se centrará en la asistencia al deudor y a los acreedores en las negociaciones[37] y en la configuración del plan de reestructuración, además de la elaboración y de la presentación al juez de los informes

36. De esta misma opinión, MARINA, Á., «Comentario al artículo 672», *op. cit.*, pp. 698-699.

37. NIETO, C., «Funciones de la administración concursal en el nuevo marco regulatorio de las insolvencias (reestructuración y concurso)», en ASPAC (coord.), *Hacia un nuevo modelo de administración concursal eficiente. Una aspiración legítima a la luz de la Directiva 2019/1023,* Wolters

exigidos legalmente y aquellos otros que el juez considere necesarios o convenientes para garantizar la viabilidad del plan de reestructuración.

Por tanto, he aquí donde toman relevancia la especialización y los conocimientos jurídicos, económicos y empresariales del experto independiente, pues la elaboración del plan de reestructuración puede motivar la incorporación de cuantiosas medidas conducentes a la reestructuración de la empresa, como son la modificación de la composición, las condiciones o la estructura de los activos y del pasivo o cualquier otra parte de la estructura del capital del deudor, como las ventas de activos o de partes de la empresa, cualquier cambio operativo o una combinación de estas cuestiones, así como la valoración de la situación anterior y posterior a conseguir en el empleo, en el flujo financiero y en la financiación[38].

A partir de ahí, en atención al desarrollo de los planes de reestructuración en nuestra normativa nacional, nos encontramos con la participación necesaria del experto en otras cuestiones, más allá de la necesaria asistencia de los acreedores y del deudor, que detallamos a continuación.

En primer lugar, la prohibición de iniciación de ejecuciones, judiciales o extrajudiciales, o la suspensión de las ya iniciadas sobre todos o algunos de los demás bienes o derechos distintos de aquellos necesarios para la continuidad de la actividad empresarial o profesional, contra uno o varios acreedores individuales o contra una o varias clases de acreedores, cuando resulte necesario para asegurar el buen fin de las negociaciones, precisará también del informe favorable del experto en reestructuración, tal y como se establece en el artículo 602.2 del Texto Refundido de la Ley Concursal.

En segundo lugar, el experto en la reestructuración podrá emitir un informe favorable a la solicitud de prórroga de tres meses de los efectos de la comunicación de negociaciones, motivado por el deudor o por los acreedores que representen el cincuenta por ciento del pasivo. Además, en ese caso, una vez concedida por la autoridad judicial, el experto en reestructuración también podrá solicitar el levantamiento de la prórroga, a tenor de lo previsto en el artículo 608.1.1.º del Texto Refundido de la Ley Concursal.

En tercer lugar, como se desprende del artículo 612.1 del Texto Refundido de la Ley Concursal, ante la presentación de un plan de reestructuración, con opciones viables

---

Kluwer, 2020, p. 188, donde el autor señala: *De entrada, el concepto de «asistencia» parece que debe equivaler a un «auxilio solicitado». Si el cometido del administrador de la reestructuración es de «mera asistencia», no parece que dicho colaborador pueda tomar la iniciativa y decidir en qué aspectos de la negociación o elaboración del plan va a intervenir: de hecho, podría ser ninguno, si ninguna parte considera necesaria su participación.*
SANJUÁN, E., «La figura del practitioner en los procedimientos de reestructuración preventiva: la importancia de la objetividad a la hora de extender sacrificios. Funciones», *op. cit.*, pp. 211-212, en relación a la asistencia, y no de asunción completa de las funciones de negociación, concluye: *El análisis de todo ello nos lleva a considerar que el objetivo esencial previsto y resaltado pretendido, es el éxito de las negociaciones. Evitar trabas o levantarlas para que la negociación del plan tenga éxito. Desde ahí por tanto la intervención en las negociaciones supone para el administrador un régimen de asistencia a todas las partes en relación a la aprobación de ese plan.*

38. SANJUÁN, E., *op. cit.*, p. 217.

de ser aprobado, si el deudor solicitara voluntariamente el concurso de acreedores, se podrá suspender durante un mes si así lo solicitara al juez el experto en la reestructuración.

En cuarto lugar, una de las funciones más importantes que podría ostentar el experto en la reestructuración, ante la valoración del plan presentado, es precisamente comunicar y dar a conocer su contenido a los distintos acreedores. Por ello, como tienen derecho a una comunicación individualizada, si ésta no fuera posible, el artículo 627.2 del Texto Refundido de la Ley Concursal contempla que el experto podrá solicitar al Letrado de la Administración de Justicia la publicación de un edicto en el Registro público concursal, con indicación del lugar donde los acreedores que acrediten legitimación, para examinar el contenido del plan en reestructuración. A partir de ahí, en ese marco de asesoramiento que también deben prestar a los acreedores, su labor, a tenor del artículo 634.1, precisa que certifique la suficiencia de las mayorías que se exigen para aprobar el plan.

Por último, en quinto lugar, podría ser necesario un informe del experto en la reestructuración sobre el valor de la deudora como empresa en funcionamiento, necesario para la homologación de un plan aprobado por una mayoría de clases de acreedores, entre las que se incluya una que habría percibido algún pago tras una valoración de la deudora como empresa en funcionamiento, como se prevé en el artículo 639.2.º del Texto Refundido de la Ley Concursal.

Por todo ello, la labor de asistencia del experto en reestructuración, respecto del deudor y de los acreedores, así como de la valoración y la viabilidad de la empresa, precisan, como vamos a analizar, la formación especializada de esta figura, además de una diligencia, independencia e imparcialidad dignas de exigencia y comprobación. Con esto, no decimos que los administradores concursales no lo reúnan, pero que el sentido del legislador ha ido, precisamente, en la importancia que puede tener la selección de un experto en reestructuración adecuado, formado y especialista en estos temas, a fin de lograr que el plan de reestructuración se apruebe, funcione y evite, a la postre, la declaración de un concurso de acreedores.

## 2. EL ESTÁNDAR DE RESPONSABILIDAD DEL EXPERTO EN REESTRUCTURACIÓN

El artículo 680 del Texto Refundido de la Ley Concursal, bajo el título de los *deberes de diligencia, independencia e imparcialidad,* señala que el experto en reestructuración ejercerá las funciones que le son propias con la diligencia correspondiente a un profesional especializado en reestructuraciones y con independencia e imparcialidad tanto respecto del deudor como de los acreedores.

A pesar del cambio en cuanto a las condiciones subjetivas del experto en reestructuración, como ya hemos tenido oportunidad de comentar, en relación a la incorporación de la figura del administrador concursal como posible sujeto que reúne las condiciones para ostentar el nombramiento de experto en la reestructuración, siempre se ha previsto sobre su labor que ha de actuar con los deberes de diligencia, independencia e imparcialidad. Hacemos esta precisión toda vez que, nuestra consideración, en este punto, radica acerca de la equivalencia de estos deberes en cuanto al administrador concursal y al experto en reestructuración.

En el marco de los deberes de la administración concursal, se exige que actúen con la diligencia debida, esto es, del modo más eficiente para el interés del concurso. Y, en el ámbito del deber de diligencia del experto en reestructuración, se espera que su actuación se ajuste a la de un profesional especializado en reestructuraciones. Por tanto, en nuestra opinión, constituye un deber de diligencia más elevado y acorde con el que se corresponde con un encargo a un profesional específicamente cualificado para una determinada tarea[39]. Por todo ello, como venimos sosteniendo, con el objetivo de reforzar el Derecho preconcursal, el experto en reestructuración ha de contar con una diligencia basada en unos amplios conocimientos en estas operaciones de reestructuración[40].

En el ámbito de la imparcialidad y de la independencia, necesarias, por parte del experto en reestructuración, señalamos las incompatibilidades y las prohibiciones previstas en el artículo 675 del Texto Refundido de la Ley Concursal. Por un lado, no podrán ser designados expertos en la reestructuración quienes hayan prestado servicios

---

39. GILO, C., «El parámetro de diligencia debida de la administración concursal en la confección del informe», en *Foro, Nueva época,* vol. 20, n.º 2 (2017), p. 91; MARTÍNEZ SANZ, F., «Responsabilidad civil y penal de los administradores concursales», en *Anuario de Derecho Concursal,* n.º 31, 2014, p. 68, quien establece que el estándar de diligencia de la administración concursal ha de ser superior al de un administrador societario como ordenado empresario, sino como «ordenado administrador», en tanto en cuanto como administrador o gestor de la masa de un concurso; QUIJANO GONZÁLEZ, J., «La responsabilidad de los administradores concursales», en AA.VV., Estudios de derecho de sociedades y derecho concursal: libro homenaje al profesor Rafael García Villaverde, Tomo III, Marcial Pons, 2007, p. 2081.
    En este mismo sentido, véase la Sentencia de la Audiencia Provincial de Córdoba, Sección 3.ª, de 7 de julio de 2008: *Se trata, por consiguiente, de valorar la actuación de la Administración Concursal bajo el prisma de este doble rasero: qué hubiera hecho un ordenado administrador y un representante leal en el caso concreto enjuiciado, cómo hubiera debido cumplir la obligación legalmente impuesta, qué comportamiento hubiera debido observar en ausencia de previsión legal expresa y qué era lo exigible conforme a dichos parámetros.*
40. Hay autores que, por el contrario, señalan que esta diligencia esperada del experto en reestructuración no está correctamente detallada. FACHAL, N., «El experto en la reestructuración», *op. cit., quien* señala que, en el contexto de la diligencia del experto en reestructuración, *resulta difícil precisar cuál es el parámetro exigible, ya que la condición de aptitud que se requiere para el nombramiento es, precisamente, la de gozar de conocimientos especializados de estas características;* NIETO, C., «El experto en la reestructuración», *op. cit.,* p. 352: *La claridad que esta disposición arroja es nula: sin remisión a un estándar de diligencia conocido, como el del auditor (arts. 2 y 26 LAC) o el del experto independiente (art. 68 TRLSC), su formulación viene a ser algo así como afirmar que la diligencia de un funambulista es la propia de un experto funambulista, o que la de un afinador de pianos es la exigible de un buen afinador de pianos (definiendum per definiens). El hecho de que, además, el oficio y cargo de experto en materia de reestructuraciones sea de nueva creación, sin que anteriormente exista en nuestro ordenamiento ningún profesional que venga desempeñando los cometidos propios de que la Ley de incorporación de la Directiva crea ex novo (informar sobre la prórroga de los efectos de la comunicación de negociaciones, sobre la ampliación de la suspensión de las ejecuciones a las que se siguen sobre los bienes no necesarios, dictaminar sobre el valor de la empresa en funcionamiento, etc.) tampoco ayudará a conocer exactamente cuál habrá de ser la «vara de medir» para el examen de la corrección de la actuación del profesional.*

profesionales relacionados con la reestructuración al deudor o a personas especialmente relacionadas con esta en los últimos dos años, salvo que se prestaran como consecuencia de haber sido nombrado experto en una reestructuración previa[41]. Y, por otro lado, tampoco podrían ser designados expertos en la reestructuración quienes se encuentren en alguna de las situaciones de incompatibilidad previstas en la legislación en materia de auditoría de cuentas en relación con el deudor o las personas especialmente relacionadas con este[42].

En definitiva, el experto en reestructuración, además de reunir conocimientos especializados en la materia, debería actuar con una serie de principios éticos y morales que pretendan la salvaguarda de los intereses del deudor, de los acreedores y de la empresa que se pretendiera mantener[43].

Como consecuencia de la actuación del experto en reestructuración bajo los deberes de diligencia, independencia e imparcialidad, el artículo 681 del Texto Refundido de la Ley Concursal prevé la responsabilidad civil en atención a los daños y perjuicios causados al deudor o a los acreedores por infracción de estos deberes. Asimismo, habrá de tener suscrito un seguro de responsabilidad civil o garantía equivalente proporcional a la naturaleza y alcance del riesgo cubierto por cuya virtud el asegurador o entidad de crédito se obligue dentro de los límites pactados, a cubrir el riesgo del nacimiento a cargo del propio experto asegurado de la obligación de indemnizar por los daños y perjuicios causados en el ejercicio de su función[44].

## V. LA EXPERIENCIA EN PORTUGAL DEL NOMBRAMIENTO DEL EXPERTO EN LA REESTRUCTURACIÓN

La figura del experto en reestructuración, en el contexto de los mecanismos de alerta temprana, tiene una aplicación en todos los países de nuestro entorno comunitario[45].

---

41. Véase el Auto del Juzgado de lo Mercantil, n.º 18, de 18 de enero de 2023, en el que se deniega el nombramiento de experto en reestructuración de un letrado del despacho profesional que había estado asesorando con anterioridad al deudor.
42. Artículos 16 a 20 de la Ley 22/2015, de 20 de julio, de Auditoría de Cuentas.
43. GURREA CHALÉ, A., «Algunas notas sobre la figura del experto en reestructuración del texto refundido de la Ley Concursal», *Newsletter E-Dictum,* disponible en https://dictum-abogados.com/e-dictum-publicaciones-derecho-mercantil/algunas-notas-sobre-la-figura-del-experto-en-reestructuracion-del-texto-refundido-de-la-ley-concursal/30743/ (última consulta: 7 de octubre de 2023), donde el autor recoge lo siguiente: *No obstante, existen otros principios éticos y morales que deben guardar tanto el administrador concursal como el experto en la reestructuración que les hagan actuar con rectitud y sin sometimiento a vaivenes interesados que, a veces, se les presentarán en el transcurso de su trabajo, tratando de contaminarlo e, incluso, corromperlo. Debe actuar siguiendo unos principios moralmente correctos cuando exista una presión para hacer lo contrario. También el experto tiene que ser capaz de que, tanto él como su equipo de trabajo, garanticen que la información que conocen sea absolutamente confidencial.*
44. Sobre esta cuestión, entre otros, véase QUIJANO, J., «Comentario al artículo 681», en SANJUÁN y PEINADO (dirs.), *Comentarios al articulado del Libro Segundo del texto refundido de la Ley Concursal,* Tomo I, Sepín, 2023, pp. 735-740.
45. *Vid.,* entre otros, VIÑUELAS, M., «Los sistemas europeos consolidados de alerta temprana», en *Anuario de Derecho Concursal,* n.º 56, 2022, pp. 149-202.

No obstante, hemos visto oportuno analizar la figura en Portugal, donde, en cierta medida, encontramos similitudes pero también diferencias con el ordenamiento español.

En Derecho español, la insolvencia inminente es aquella en la que el deudor debe prever que dentro de los tres meses siguientes no podrá cumplir sus obligaciones regular y puntualmente, tal y como se establece en el artículo 2.3 del Texto Refundido de la Ley Concursal. En el Derecho portugués, la insolvencia actual se produce cuando el deudor no puede cumplir con sus obligaciones vencidas[46]. Sin embargo, no se encuentra en el ordenamiento portugués la categorización de la insolvencia inminente, sino que se concibe como la probabilidad de encontrarse en una situación de insolvencia actual[47].

La insolvencia inminente no es lo mismo que probabilidad de insolvencia. La insolvencia está más cercana cuando la sociedad se encuentra en situación de insolvencia inminente que cuando la insolvencia es sólo probable[48]. De esta manera, siguiendo nuestro Derecho concursal, cuando el deudor se encuentre en una situación de insolvencia probable, deberá acudir a un novedoso plan de reestructuración, en sustitución de los anteriores acuerdos extrajudiciales de pago y acuerdos de refinanciación, mientras que, si se halla en una situación de insolvencia inminente, el deudor deberá proceder a la declaración del concurso.

De forma similar, aunque no con la transcendencia de nuestro concepto de probabilidad de insolvencia, en relación a los planes de reestructuración, se prevé la consideración de una situación económica difícil en el Derecho portugués. En este contexto, el artículo 17-B del Código da Insolvência e da Recuperação de Empresas contempla que esta situación se producirá cuando una empresa no pueda cumplir con sus obligaciones a tiempo, ya sea por falta de liquidez o por falta de obtención de crédito, a fin de poder acceder al llamado processo especial de revitalização. Por ello, la probabilidad de insolvencia, del Derecho español, es un concepto en el ámbito concursal, mientras que la situación económica difícil, del Derecho portugués, no ha de suponer, expresamente, una situación de insolvencia probable[49].

Ante el processo especial de revitalização portugués, y en relación al experto en reestructuración, nos vamos a detener en una serie de diferencias en el tratamiento español y portugués de esta figura.

Cuando se inicie un proceso de estas características, ya sea a solicitud del deudor o de los acreedores que representen el diez por ciento del pasivo, el nombramiento del

---

46. Asimismo, el artículo 3.2 del Código da Insolvência e da Recuperação de Empresas señala, en supuestos de insolvencia actual, aquellas situaciones en las que el pasivo sea manifiestamente superior al activo, respecto de determinadas entidades.
47. COUTINHO, J. M., *Curso de direito comercial,* I, 12.ª ed., Almedina, 2019, p. 135; DE SOVERAL, A., *Um curso de direito da insolvência,* I, 4.ª ed., Almedina, 2022, p. 81.
48. GUTIÉRREZ GILSANZ, A., «La buena conducta de los administradores sociales en la preinsolvencia», *Diario La Ley*, n.º 9973, 2021.
49. DE SOVERAL, A., *Um curso de direito da insolvência,* I, *op. cit.,* p. 81.

experto independiente, administrador judicial provisório, será inmediato por parte del juez. Por tanto, no es opcional como sucede en el Derecho español, sino que ante la apertura de un procedimiento de estas características, el juez nombrará un experto, siguiendo las características propias de un administrador concursal, tal y como se establece en el artículo 17-D del Código da Insolvência e da Recuperação de Empresas[50].

Otra de las cuestiones diferentes respecto del nombramiento de experto en reestructuración entre el Derecho español y portugués reside en la retribución que percibirá como consecuencia de su nombramiento. En este sentido, como ya hemos tenido oportunidad de analizar previamente, la remuneración del experto en España dependerá de la persona que proponga su nombramiento. Sin embargo, en Portugal, dado el nombramiento obligatorio del administrador judicial provisório, se prevé que la remuneración correrá siempre a cargo de la sociedad deudora[51].

A partir de ahí, los planes de reestructuración y los procesos especial de revitalização, en lo concerniente a la figura del experto o administrador provisional, se asemejan en cuanto a las funciones y deberes que ostentan[52]. Destaca, como ya hemos analizado, el concepto de la situación económica difícil del derecho portugués en tanto en cuanto la propia normativa prevé que el fracaso o la falta de aprobación de un proceso especial de revitalização, no tiene que conducir necesariamente a un concurso de acreedores[53].

## VI. CONCLUSIONES

La Directiva 2019/1023 (Directiva sobre reestructuración e insolvencia) ha establecido la obligación de que los Estados miembros prevean en sus ordenamientos nacionales mecanismos de alerta temprana a fin de garantizar la recuperación de empresas en condiciones económicas difíciles. Como consecuencia de ello, en nuestro país, se han incorporado los planes de reestructuración, en sustitución de los acuerdos de refinanciación y de los acuerdos extrajudiciales de pago, que no tuvieron la aplicación práctica suficiente y, por tanto, han evidenciado que no contábamos con instrumentos

50. Por remisión del artículo 32.1 del Código da Insolvência e da Recuperação de Empresas.
51. La única excepción al pago a cargo de la sociedad concurrirá cuando el deudor goce de protección jurídica en forma de renuncia del pago de la tasa judicial y otros cargos del proceso, siendo en este caso responsable del pago del administrador judicial provisório el Ministério da Justiça, tal y como se establece en el artículo 17.6-D del Código da Insolvência e da Recuperação de Empresas.
52. En el ordenamiento portugués hay una remisión concreta y específica a los deberes de diligencia y demás cuestiones concernientes a la administración concursal, por lo que, a diferencia de lo estudiado en el Derecho español sobre las dudas interpretativas acerca del alcance de la diligencia, imparcialidad e independencia correspondientes al experto en reestructuración, entendemos que en el Derecho portugués se deposita enorme responsabilidad y diligencia desde el mismo momento de su nombramiento.
53. El administrador judicial provisório, ante esta circunstancia, deberá acreditar la existencia de situación de insolvencia, que determinará la apertura del procedimiento concursal posterior o, por el contrario, el cierre y la finalización de todos los efectos derivados del processo especial de revitalização, tal y como se establece en el artículo 17-G del Código da Insolvência e da Recuperação de Empresas.

preconcursales que permitieran salvar a empresas en circunstancias próximas a la insolvencia.

En este nuevo paradigma ha surgido la figura del experto en reestructuración, como *mediador* en los intereses de deudor y acreedores a fin de prestar asesoramiento en la tramitación de un plan de reestructuración y, fundamentalmente, valorar la viabilidad de la empresa que se encuentra en una situación de probabilidad de insolvencia.

La *aparente* indeterminación, respecto de los requisitos de formación necesarios para la ocupación de una persona como experto en reestructuración, ha llevado finalmente a la equiparación del administrador concursal y el experto en reestructuración. No obstante, en nuestra opinión, no se había pretendido, en ningún momento, diferenciar o sugerir la aparición de una nueva figura, distinta de la tradicional administración concursal, sino que se ha buscado reforzar la especialización necesaria para servir como experto en reestructuración y conseguir que el asesoramiento y las funciones de intermediario lleven a los acreedores a aprobar un plan de reestructuración y evitar, por tanto, el concurso de acreedores, tan o más gravoso para sus intereses.

Sorprende, en este punto, que no se haga referencia expresa, en la norma que pretende desarrollar el estatuto del administrador concursal, a la figura del experto en reestructuración. Como hemos visto a lo largo de este trabajo, los deberes del experto en reestructuración han de ser tan o más valorados que respecto de la administración concursal. La diligencia, la imparcialidad y la independencia necesarias para el desarrollo de las funciones del experto en reestructuración han motivado que el nombrado como experto reúna la prohibición para el posterior administrador concursal suponiendo que el plan de reestructuración fracase. Se trata de un gran acierto a fin de buscar la profesionalidad del experto en este punto, ya que cuando sea necesaria la declaración del concurso de acreedores, finalice su labor en consecuencia, considerando que no ha actuado debidamente.

Nos encontramos, sin duda, ante una oportunidad para lograr que numerosas empresas, en situaciones de dificultad financiera, logren a través de los planes de reestructuración la viabilidad para su continuidad. Sin embargo, en este punto, para el nombramiento del experto en la reestructuración, el legislador español, a diferencia de lo establecido en la Directiva, no garantiza en este sentido una transparencia clara y lógica en cuanto a la selección del experto, sino que se opta por la priorización de la propuesta presentada por el deudor o por los acreedores, en los supuestos de nombramiento obligatorio y especial, siendo este último *cuasi* obligatorio.

## VII. BIBLIOGRAFÍA

COUSO, J. M., «El "experto en reestructuraciones" en la última reforma concursal», en *El Notario del Siglo XXI,* n.º 105, 5 pp.

COUTINHO, J. M., *Curso de direito comercial,* I, 12.ª ed., Almedina, 2019.

DE SOVERAL, A., *Um curso de direito da insolvência,* I, 4.ª ed., Almedina, 2022.

FACHAL, N., «Los planes de reestructuración», en *Aranzadi Digital*, n.º 1/2022.

– «El experto en la reestructuración», en *Aranzadi Digital,* n.º 1/2022.

GILO, C., «El parámetro de diligencia debida de la administración concursal en la confección del informe», en *Foro, Nueva época,* vol. 20, n.º 2 (2017), pp. 89-121.

GURREA, A., «Algunas notas sobre la figura del experto en reestructuración del Texto Refundido de la Ley Concursal», *Newsletter E-Dictum,* disponible en https://dictumabogados.com/e-dictum-publicaciones-derecho-mercantil/algunas-notas-sobre-la-figura-del-experto-en-reestructuracion-del-texto-refundido-de-la-ley-concursal/30743/ (última consulta: 7 de octubre de 2023).

GUTIÉRREZ GILSANZ, A., «La buena conducta de los administradores sociales en la preinsolvencia», *Diario La Ley*, n.º 9973, 2021.

MARINA, Á., «Comentario al artículo 672», en SANJUÁN y PEINADO (dirs.), *Comentarios al articulado del Libro Segundo del* Texto Refundido *de la Ley Concursal,* Tomo I, Sepín, 2023, pp. 695-699.

– «Comentario al artículo 672», en SANJUÁN y PEINADO (dirs.), *Comentarios al articulado del Libro Segundo del* Texto Refundido *de la Ley Concursal,* Tomo I, Sepín, 2023, pp. 701-703.

MARTÍN TORRES, Á., «El experto en la reestructuración», en *Revista General de Insolvencias & Reestructuraciones,* n.º 3, 2021, pp. 199-210.

MARTÍNEZ SANZ, F., «Responsabilidad civil y penal de los administradores concursales», en *Anuario de Derecho Concursal,* n.º 31, 2014, pp. 65-90.

– «Aproximación al experto en reestructuraciones en el Proyecto de Ley de Reforma del Texto Refundido de la Ley Concursal», en *Revista General de Insolvencias & Reestructuraciones,* n.º 6, 2022, pp. 17-43.

NIETO, C., «El experto en la reestructuración», en COHEH (dir.), *Nuevo marco jurídico de la reestructuración de empresas en España,* Aranzadi, 2022, pp. 289-356.

– «El experto en materia de reestructuración: el laberinto del nombramiento», en https://elderecho.com/experto-en-reestructuracion-nueva-ley-concursal (última consulta: 7 de octubre de 2023).

– «Funciones de la administración concursal en el nuevo marco regulatorio de las insolvencias (reestructuración y concurso)», *Hacia un nuevo modelo de administración concursal eficiente. Una aspiración legítima a la luz de la Directiva 2019/1023* (Coord. ASPAC), Wolters Kluwer, 2020, pp. 143-193.

PEÑAS, M.ª J., «Comentario al artículo 676», en SANJUÁN y PEINADO (dirs.), *Comentarios al articulado del Libro Segundo del* Texto Refundido *de la Ley Concursal,* Tomo I, Sepín, 2023, pp. 713-717.

– «Comentario al artículo 677», en SANJUÁN y PEINADO (dirs.), *Comentarios al articulado del Libro Segundo del* Texto Refundido *de la Ley Concursal,* Tomo I, Sepín, 2023, pp. 719-720.

QUIJANO, J., «La responsabilidad de los administradores concursales», en AA.VV., *Estudios de derecho de sociedades y derecho concursal: libro homenaje al profesor Rafael García Villaverde,* Tomo III, Marcial Pons, 2007, pp. 2073-2101.

– «Comentario al artículo 681», en SANJUÁN y PEINADO (dirs.), *Comentarios al articulado del Libro Segundo del Texto Refundido de la Ley Concursal,* Tomo I, Sepín, 2023, pp. 735-740.

SANJUÁN, E., «La figura del *practitioner* en los procedimientos de reestructuración preventiva: la importancia de la objetividad a la hora de extender sacrificios. Funciones», en ASPAC (coord.), *Hacia un nuevo modelo de administración concursal eficiente. Una aspiración legítima a la luz de la Directiva 2019/1023,* Wolters Kluwer, 2020, pp. 195-224.

VIÑUELAS, M., «Los sistemas europeos consolidados de alerta temprana», en *Anuario de Derecho Concursal,* n.º 56, 2022, pp. 149-202.

Capítulo 6

# EL CONTENIDO DE LOS PLANES DE REESTRUCTURACIÓN. ESPECIAL ATENCIÓN A LOS CRÉDITOS Y LOS CONTRATOS AFECTADOS

RICARDO ASTORGA MORANO
*Profesor Asociado de Derecho Mercantil*
*Universidad de Sevilla*

SUMARIO: I. INTRODUCCIÓN. II. CONCEPTO DE PLAN DE REESTRUCTURACIÓN. NATURALEZA. RÉGIMEN JURÍDICO APLICABLE. *1. Concepto. 2. Naturaleza. 3. Régimen jurídico aplicable.* III. CONTENIDO DEL PLAN DE REESTRUCTURACIÓN. IV. CRÉDITOS Y CONTRATOS AFECTADOS.

## I. INTRODUCCIÓN

El Título III del Libro II del Texto Refundido de la Ley Concursal, que se ocupa de *los planes de reestructuración* conforme a la redacción dada por la Ley 16/2022, tiene un primer Capítulo I, integrado por dos preceptos (artículos 614 y 615) que llevan las rúbricas de *concepto* y *ámbito objetivo*, respectivamente. Esas dos normas deben completarse con una tercera, que se ocupa del *contenido* (art. 633) que se encuentra ubicado en el Capítulo IV sobre la aprobación de los planes. Quizás hubiera sido más adecuada otra sistemática y que la regulación del *contenido* del plan de reestructuración estuviera ubicada junto al *concepto* y el *ámbito objetivo.*

Los artículos 616 a 621 se dedican a los *créditos y contratos afectados*.

## II. CONCEPTO DE PLAN DE REESTRUCTURACIÓN. NATURALEZA. RÉGIMEN JURÍDICO APLICABLE

### 1. CONCEPTO

Para analizar el *contenido* de los planes de reestructuración entendemos que se debe partir de un análisis del *concepto*. El *concepto* es aquello que se concibe en el pensamiento acerca de algo. El *concepto* expresa las cualidades de una cosa.

El concepto de plan de reestructuración, según el citado artículo 614, es aquel que tenga por objeto la modificación de la composición:

- de las condiciones o de la estructura del activo y del pasivo del deudor o de sus fondos propios, incluidas las transmisiones de activos, unidades productivas o de la totalidad de la empresa en funcionamiento;
- así como cualquier cambio operativo necesario;
- o una combinación de estos elementos.

## 2. NATURALEZA

De ese concepto y de otras muchas normas de la Ley Concursal tras la trasposición de la Directiva 2019/1023 del Parlamento Europeo y del Consejo, de 20 de junio de 2019, sobre marco de reestructuración preventiva, se deduce que los planes de reestructuración tienen una naturaleza distinta de los acuerdos de refinanciación y de los acuerdos extrajudiciales de pago. La sustitución de los *acuerdos* por *planes* no es una simple cuestión terminológica.

El *acuerdo*, como su propio nombre indica, requería de un *convenio* entre partes; de un *acuerdo de voluntades,* con participación necesaria del propio deudor.

Ahora, el plan no es el resultado de un acuerdo con el deudor. Mejor dicho, no tiene que ser necesariamente el resultado de un acuerdo con el deudor. El *plan* puede, en determinados supuestos imponerse, al propio deudor, a sus socios y a otros acreedores. Esto constituye un cambio sustancial.

La génesis del plan hace que este sea el resultado de un proceso de negociación y decisión colectiva, pero basado en la regla de la mayoría. Eso mismo no se podía predicar de los *acuerdos* previstos en la legislación anterior, en los que necesariamente se necesitaba un acuerdo de voluntades con el propio deudor.

La Ley Concursal, salvo en determinados supuestos como cuando el deudor es persona física o los socios responden personalmente de las deudas sociales, no exige de forma explícita que el deudor deba de aprobar el plan. También se exige esa aprobación en el supuesto de las microempresas.

Distinta de la aprobación o no por el deudor del plan es que para que se consigan todos los efectos del plan se requiera su homologación.

## 3. RÉGIMEN JURÍDICO APLICABLE

Para esa decisión colectiva a la que nos referíamos, además de no necesitar el acuerdo del deudor, la nueva normativa concursal permite incluso alterar reglas generales de nuestro ordenamiento jurídico.

La doctrina ha debatido sobre cuáles son los aspectos sobre los que se pueden alterar esas reglas generales. Para ello se establece una diferenciación entre los aspectos del plan que afectan al pasivo y al activo.

Un sector relevante de la doctrina científica mantiene que esas reglas especiales que alteran las generales se aplicarán a los temas relativos al pasivo.

Los aspectos más relevantes están, por ejemplo, en la alteración de las normas societarias.

El artículo 631 del Texto Refundido de la Ley Concursal dispone que cuando el plan de reestructuración contenga medidas que requieran el acuerdo de los socios de la sociedad deudora, se estará a lo establecido para el tipo legal que corresponda, pero en su número 2, dispone que, en el caso de las sociedades de capital, serán aplicables las reglas generales con determinadas especialidades que detalla:

1.ª Entre la convocatoria y la fecha prevista de celebración de la junta general deberá existir un plazo de diez días, salvo que se trate de sociedades con acciones admitidas a negociación en un mercado regulado, en cuyo caso el plazo será de veintiún días.

2.ª En la convocatoria de la junta, el orden del día se limitará exclusivamente a la aprobación o al rechazo del plan en todos sus términos, sin que se puedan incluir o proponer otros asuntos. sin que se puedan incluir o proponer otros asuntos El derecho de información del socio se ejercerá exclusivamente respecto a este punto del orden del día, incluso si se trata de una sociedad cotizada.

3.ª El acuerdo se adoptará con el quórum y por la mayoría legal ordinarios, cualquiera que sea su contenido, sin que resulten aplicables los quórums o las mayorías estatutarias reforzadas que pudieran ser de aplicación a la aprobación del plan y a los actos u operaciones que deban llevarse a cabo en su ejecución.

4.ª El acuerdo de la junta que apruebe el plan de reestructuración será impugnable exclusivamente por el cauce y en el plazo previstos para la impugnación u oposición a la homologación. En el caso de que la junta se haya celebrado con posterioridad a la solicitud de homologación del plan, el plazo de impugnación comenzará para los socios en el momento en que se hubiese celebrado la junta. Las impugnaciones del acuerdo de la junta se acumularán a la impugnación u oposición al plan por parte de los acreedores, si las hubiese, y se tramitarán como cuestión incidental de previo pronunciamiento.

Como puede observarse del análisis del artículo 631 existen bastantes reglas especiales a las normas societarias generales:

1.ª Se produce una reducción del plazo de convocatoria de la junta general de las sociedades de capital, sin distinción del tipo social que tienen plazos distintos según se trate de una sociedad anónima o de responsabilidad limitada (artículo 176.1 de la Ley de Sociedades de Capital), diferenciando solo a las sociedades cotizadas, en donde también se reduce el plazo, pero en menor medida.

Entendemos que esa reducción del plazo hace que no sea posible, en el caso de la sociedad anónima, articular el complemento de convocatoria (artículo 172 de la Ley de Sociedades de Capital) y así también se deduce expresamente del propio precepto (artículo 615.3.ª) cuando dice que *el orden del día se limitará exclusivamente a la aprobación o al rechazo del plan* sin que se puedan incluir o proponer otros asuntos. Consideramos que es una exigencia tanto para el órgano convocante como para los accionistas.

Esta norma especial, debería llevarnos a reconsiderar el, en nuestra opinión, excesivo plazo de convocatoria en las sociedades anónimas, para, con carácter general, volver a un plazo más reducido, pues la rapidez del tráfico mercantil societario resulta a veces incompatible con el plazo de convocatoria de la junta general de la sociedad anónima, máxime cuando, paulatinamente, se ha producido una posibilidad de incremento de las competencias de ese órgano (artículos 160.f y 161 de la Ley de Sociedades de Capital).

2.ª En segundo lugar, como ya hemos adelantado, la junta general tendrá exclusivamente un punto del orden del día relativo a la aprobación o rechazo del plan.

Cabría aquí preguntarse si se pudieran tratar los dos temas que no necesitan estar previamente incluidos en el orden del día, como es el cese de los administradores y el ejercicio de la acción social de responsabilidad (artículos 223 y 238.1 de la Ley de Sociedades de Capital). Parece que el legislador ha querido circunscribir la junta al tema relativo al plan, sin ninguna otra opción. Las otras normas que aplican, por ejemplo, relativas a los plazos de convocatoria, al *quorum* y mayorías, pudieran hacernos pensar, que por las especialidades de la junta no caben tratar ninguno de esos otros temas.

Se alude en el artículo a que el derecho de información del socio se ejercerá exclusivamente respecto a este punto del orden del día, lo que no es ninguna especialidad, puesto que el derecho de información en relación con la junta general conforme tiene sentado la doctrina científica más cualificada y la consolidada jurisprudencia se circunscribe a los puntos del orden del día.

Si pudiera entenderse como una especialidad el inciso final donde se dice *incluso si se trata de una sociedad cotizada,* puesto que en ese tipo de sociedades, con carácter general, aunque el derecho de información (artículo 520 de la Ley de Sociedades de Capital) también se circunscribe al orden del día es cierto que los accionistas pueden solicitar aclaraciones que estimen precisas acerca de la información a accesible al público que la sociedad hubiere facilitado a la Comisión Nacional del Mercado de Valores desde la celebración de la última junta general y acerca del informe del auditor. Consideramos que esa otra información es la que no aplicaría en el ámbito concursal que nos ocupa.

3.ª Es relevante el régimen especial que se establece indicando que el acuerdo se adoptará con el quórum y por la mayoría legal ordinarios, cualquiera que sea su contenido, sin que resulten aplicables los quórums o las mayorías estatutarias reforzadas que pudieran ser de aplicación a la aprobación del plan y a los actos u operaciones que deban llevarse a cabo en su ejecución.

Es una regla especial que tiene mucha trascendencia. Engarza con el tema de la naturaleza jurídica del plan, sobre el que decíamos que no es necesario el acuerdo de voluntades del deudor, aunque si es posible que se dé.

Dicha disposición requiere de un detenido análisis. Dispone la aplicación de *quorum* y mayorías ordinarios. Obviamente, respecto al *quorum* se está refiriendo a la sociedad anónima (artículo 193 de la Ley de Sociedades de Capital) y no aplica para la sociedad de responsabilidad limitada. En cuanto a las mayorías, entendemos que serán de aplicación, en el caso de la sociedad anónima la mayoría simple de los votos de los accionistas presentes o representados, entendiéndose adoptado un acuerdo cuando tenga más votos a favor que en contra del capital presente o representado (artículo 201 de la Ley de Sociedades de Capital) y en el de la sociedad de responsabilidad limitada, también una mayoría simple, es decir, por la mayoría de los votos válidamente emitidos, siempre que representen al menos un tercio de los votos en que se divida el capital social, sin computar los votos en blanco (artículo 198 de la Ley de Sociedades de Capital).

Venimos indicando que cabe la posibilidad de la aprobación del plan sin el consenso del deudor, pero en el caso de que se apruebe por este, en los supuestos en los que hace falta que se pronuncien los socios de la entidad, por el contenido que tenga el plan y las operaciones que contempla, se simplifica al máximo la posibilidad de alcanzar el acuerdo, suprimiendo la aplicación, en su caso, de los quórums y mayorías reforzadas.

El precepto se remite a la aplicación del *quorum y mayorías legal ordinarios*, lo que en nuestra opinión suponen la no aplicación de los estatutarios, ni, en el caso de que existieren y fueren oponibles a la sociedad, los establecidos en eventuales pactos de socios. La voluntad del legislador parece clara respecto a que no existan más limitaciones que las legalmente establecidas para poder conformar la voluntad social.

La norma en el inciso último a alude además a que se aplica a los actos u operaciones que deban llevarse a cabo en su ejecución. Entendemos que, entre otras que son competencia de la junta, a aquellas modificaciones estatutarias que tienen *quorum* y mayorías reforzadas, tanto legales como estatutarias, no aplicándoles ninguna de ellas, sino solamente el *quorum* y mayorías legal ordinaria. Nos planteamos si ese mismo principio de relajación de *quorum* y mayorías debería haberse previsto también para los órganos colegiados de administración respecto a actos de ejecución necesarios que caen dentro de su posible ámbito competencial, como, por ejemplo, los supuestos de delegación del artículo 297 de la Ley de Sociedades de Capital. Parece que es el espíritu de la norma, pero no se contempla en el texto de la misma.

Todo ello supone una relajación de requisitos en la conformación de la voluntad del deudor, para facilitar la aprobación del plan.

En cuanto a esas operaciones societarias que contempla el plan, salvo en las referidas normas especiales de formación de la voluntad social, cualquier operación societaria que prevea el plan deberá ajustarse a la legislación societaria aplicable y, entre ellas, en su caso, a la nueva normativa de modificaciones estructurales (artículo 631.3).

En línea con lo que venimos señalando respecto a la naturaleza del plan y la necesaria o no voluntad del deudor o de sus socios para su aprobación, debemos destacar la importancia de la especialidad relativa al derecho de suscripción de acciones o asunción preferente de participaciones, estableciéndose que cuando se solicite la homologación de un plan de reestructuración en estado de insolvencia actual o inminente de la sociedad deudora, los socios no tendrán derecho de preferencia en la suscripción de nuevas acciones o en la asunción de las nuevas participaciones y, en particular, cuando el plan prevea una reducción del capital social a cero o por debajo de la cifra mínima legal y simultáneamente el aumento del capital.

El derecho de suscripción o asunción preferente es muy importante, por su contenido mixto, político y económico, en las sociedades de capital. En el caso que nos ocupa, la norma no reconoce que exista derecho. No es que se suprima por la junta por las razones que procedan, es que no nace.

También debemos destacar que en la siguiente norma (artículo 632) se establece otra norma especial, puesto que dispone que, a los efectos de la conversión de créditos en acciones o participaciones sociales, con o sin prima, se entenderá que los créditos a compensar son líquidos, vencidos y exigibles.

El plan *podrá* contemplar, entre sus medidas, la capitalización de créditos: Esta se puede aprobar por la junta general, reduciendo las mayorías para ello, u homologándolo, en caso de que no exista acuerdo. También se prevé la posibilidad de que se anticipen el vencimiento y exigibilidad de los créditos, convirtiendo el pasivo exigible en pasivo no exigible. Ello supone una importante intervención de los acreedores, que puede tener influencia no solo en las medidas para salir de la situación de insolvencia, sino que influyen incluso en la titularidad futura de la sociedad.

Para la ejecución del plan deberán tenerse en cuenta normas especiales facultando a los administradores de la sociedad y, en su defecto, a quien el juez designe (artículo 650).

Sin embargo, en el ámbito del derecho de los trabajadores, se mantendrán los derechos de información y consulta, de acuerdo con la legislación laboral aplicable (artículo 628 bis).

A diferencia de lo anterior, en lo que respecta al otro posible contenido que puede tener el plan sobre operaciones sobre el activo, la doctrina científica más cualificada se inclina por la necesaria aplicación, sin especialidades, a todas las normas generales de nuestro ordenamiento jurídico.

Antes de analizar el contenido del *plan*, debemos hacer referencia al ámbito objeto que establece la norma (artículo 615). Se someterán a este título los planes de reestructuración que prevean una extensión de sus efectos frente a: (i) Acreedores o clases de acreedores titulares de créditos afectados que no hayan votado a favor del plan; y (ii) Los socios de la persona jurídica cuando no hayan aprobado el plan.

Con independencia de que se prevea o no esa extensión de los efectos del plan, también se someterán a las normas del Título III los planes de reestructuración cuando los interesados pretendan proteger la financiación interina y la nueva financiación que prevea el plan y los actos, operaciones o negocios realizados en el contexto de este frente al régimen general de las acciones rescisorias, y reconocer a esa financiación las preferencias de cobro previstas en el Libro I.

## III. CONTENIDO DEL PLAN DE REESTRUCTURACIÓN

En el ámbito del pasivo del deudor se trata de que se planteen todas las medidas que resuelvan la estructura financiera del deudor. En definitiva, se trata de adaptar la estructura de capital, propio y ajeno, a los flujos de caja que son necesarios. Es decir, de hacer las novaciones, modificativas o extintivas de los créditos, ya sea mediante quitas, esperas, cambios de naturaleza de la deuda, cambio del deudor, conversión de créditos en capital, entre otras.

Y, en el ámbito del activo, medidas operativas como, por ejemplo, la venta de activos, cierre de establecimientos, redimensionamiento de las actividades, incluso la venta del negocio, con cabida de los planes liquidativos.

Mediante un plan de reestructuración se puede afectar no solo al pasivo, sino también al activo y a los fondos propios del deudor. El plan puede contener un acuerdo de refinanciación, pero no es solo eso, tiene un contenido más amplio.

El Texto Refundido de la Ley Concursal (artículo 633) dispone un contenido mínimo que ha tener el plan. En el ámbito de las denominadas microempresas (artículo 682), existen una serie de especialidades en materia del plan de reestructuración (artículo 684) que en lo que respectan al contenido, que es lo que nos ocupa, se prevé la existencia de un modelo oficial del plan, que incluirá directrices prácticas sobre la manera de redactarlo de conformidad con la normativa. Se han publicado por el Ministerio de Justicia tanto el modelo como las directrices prácticas. El modelo no añade prácticamente nada distinto de lo que establece el precepto que se ocupa del contenido (artículo 633). Las directrices aportan algunas cuestiones que, en nuestra opinión, puede utilizarse también para aquellos otros deudores que no tienen la consideración de microempresa.

De ese contenido existen hay algunas cuestiones muy formales, como la identificación del deudor (artículo 633.1.ª) o la identificación del experto si se hubiera nombrado (artículo 636.2.ª), u otras con más sustancia, pero menos relevantes para nuestro análisis, como el activo y pasivo del deudor en el momento de formalizar el plan de reestructuración (artículo 633.4.ª).

Se exige una descripción de la situación económica del deudor y de la situación de los trabajadores, y una descripción de las causas y del alcance de las dificultades del deudor (artículo 633.3.ª).

La norma utiliza el término *descripción*, es decir, *acción y efecto de describir*. Y describir es definir imperfectamente algo no por sus cualidades esenciales sino dando una idea general de sus partes o propiedades.

La disposición dice que esa descripción hay que hacerla de la *situación económica* del deudor. Es una expresión bastante genérica, puesto que *económica* es perteneciente a la economía y esta es el conjunto de bienes y actividades que integran la riqueza de una colectividad o un individuo.

También alude el precepto (artículo 633.3.ª *in fine*) a realizar una descripción de las causas y del alcance de las dificultades del deudor. Causas equivale a motivos o razón por la que se está en la situación de insolvencia actual, inminente o probable que le impide cumplir. Y alcance significa trascendencia de la dificultad para cumplir.

En el caso que nos ocupa consideramos que esto hay que relacionarlo con el contenido de la comunicación del inicio de las negociaciones (artículo 586) y, en su caso, con la eventual futura solicitud de concurso (artículo 7).

La comunicación de apertura de negociaciones también ha sufrido un cambio radical respecto a las antiguas comunicaciones que no requerían de ningún contenido (antiguo artículo 583). Ahora se exige, entre otras muchas cuestiones, que contenga las razones que justifican la comunicación, con referencia al estado en el que se encuentra el deudor, sea probabilidad de insolvencia, insolvencia inminente o insolvencia actual (artículo 586.1. 1.ª) y describir las actividad o actividades que desarrolle, el importe de activo y pasivo ya la cifra de negocios (artículo 586.1. 5.ª).

El nuevo régimen de la comunicación de apertura de las comunicaciones (artículos 585 y siguientes) requiere de una coordinación entre los hitos de todo el proceso, tanto si termina con un plan de reestructuración como en una declaración de concurso (artículo 7), debiendo existir coherencia entre lo descrito sobre la situación económica del deudor desde la comunicación de apertura de las negociaciones, que, en su caso, puede ser relevante para determinar responsabilidades al respecto cuando el deudor hubiera cometido inexactitud grave en cualquiera de los documentos acompañados a la solicitud de declaración de concurso o presentados durante la tramitación del procedimiento, o hubiera acompañado o presentado documentos falsos (artículos 443 y 688) o hubiera incumplido el deber de solicitar el concurso (artículo 444).

Ello nos debe llevar a mantener una coherencia en las descripciones que haga el propio deudor sobre su situación económica y las causas de la misma desde la solicitud de apertura y en el plan que se proponga.

Como hemos adelantado, el Ministerio de Justicia, en cumplimiento de lo establecido para las denominadas *microempresas* (artículo 684), ha publicado un modelo de plan de reestructuración, con un anexo, y unas directrices para cumplimentarlo. De estas se pueden sacar algunas cuestiones que se podrían aplicar también en aquellos supuestos de planes de deudores que no tienen ese carácter.

Respecto al apartado que nos ocupa (artículo 633.3.ª) en relación con el artículo 633.4.ª dice, de manera conjunta, que deberá:

- Definir la actividad generadora de ventas para el deudor.
- Cuenta de pérdidas y ganancias y balance de situación del ejercicio en curso (hasta la fecha de presentación del plan) y de los dos ejercicios anteriores siguiendo el mismo modelo de presentación que el utilizado para la presentación de las cuentas anuales en el registro mercantil o en la declaración del Impuesto sobre Sociedades. Ese mismo lapso temporal de la información la refiere al resto de información económica. Indica que en el caso de grupos consolidados se presentarán la información consolidada e individual de la matriz del grupo, extensivos a otros epígrafes del plan.
- Evolución de los ingresos de explotación (ventas) en el período indicado en el párrafo anterior respecto a la cuenta de resultados y causas.
- Evolución de los aprovisionamientos (costes de materias primas y auxiliares) en el referido período y causas.
- Evolución de los gastos de personal en el período indicado y causas.
- Evolución de la plantilla en número de personas indicado y causas.
- Evolución de los costes de energía en el período referido y causas.
- Evolución del resultado de explotación en el período indicado y causas.
- Evolución del resultado de explotación más amortizaciones (generación de caja del negocio) en el período indicado y causas.
- Evolución del resultado financiero en el período referido y causas.
- Evolución del resultado del ejercicio/período después de impuestos en el período indicado y causas.
- Evolución de la cifra de deudores comerciales, existencias y proveedores en balance (capital circulante) en el período indicado y causas.

- Evolución de la tesorería en el período indicado y causas e importe de tesorería a la fecha de presentación del plan.
- Inversiones en inmovilizado material o inmaterial en el período en el período indicado y causas.
- Evolución de la financiación ajena (recursos ajenos) en el período indicado y causas. Tipo de financiación a fecha de presentación del plan: importes por entidad financiera, vencimientos (mensuales, trimestrales, semestrales o anuales), tipo de interés y garantías (hipotecarias, mobiliarias, ICO, CESCE u otras), y tipo de financiación (prestamos, líneas de crédito, bonos, *factoring*, confirming, descuento de facturas, entre otras).
- Evolución de los fondos propios en el período indicado anteriormente.
- Instalaciones fabriles, en su caso, o aquellas donde se realice la actividad. Indicando si son en propiedad o alquiladas. En caso de ser en propiedad, indicando si están hipotecadas y el importe de la hipoteca.

Ese contenido, que según las instrucciones debe tener el plan en el caso de las *micro empresas*, podemos considera que es trasladable a quienes no son, pues en este particular no existe ningún elemento diferenciador.

También el contenido del *plan* exige que contenga los acreedores cuyos créditos van a quedar afectados por el plan, identificados individualmente o descritos por clases, con expresión del importe de su crédito que vaya a quedar afectado e intereses y la clase a la que pertenezcan (artículo 633.5.ª).

El legislador ha dado en este particular libertad para la configuración del perímetro del plan. Esta cuestión es muy relevante, por el efecto arrastre que tiene el plan. Hay acreedores que si aprobar el plan queden afectados por el. Y, para ello, es fundamental la ubicación adecuada en la correspondiente clase, cuestión no exenta de polémica, en su calificación y posible discusión, pero que no es objeto de nuestro análisis.

Respecto a este apartado, las referidas instrucciones previstas para las *micro empresas,* han de indicarse:

- Los créditos que vayan a quedar afectados por el plan, individualmente o descritos por clases de créditos.
- Su importe de principal e intereses.
- La cuantía en que vayan a quedar afectados y cómo van a serlo (por ejemplo, mediante quitas, esperas o conversiones en capital).
- Las clases en las que se ha separado para aprobar el plan.

Efectúa una serie de explicaciones sobre qué se entiende por créditos afectados, clases de créditos y valor de la garantía.

Por créditos afectados se entiende aquellos que vean modificados sus términos y condiciones mediante, por ejemplo, quitas o esperas, su conversión en créditos participativos o en acciones o participaciones (artículo 616). El plan de reestructuración puede afectar a todos los créditos, salvo los laborales, los derivados de daños extracontractuales y de obligaciones alimenticias. Los créditos de derecho público únicamente pueden ser afectados mediante esperas en los términos previstos en el artículo 616 bis. Puntualiza que, dentro de todos los créditos que pueden ser potencialmente afectados, el plan puede limitarse a una sola categoría de créditos, por ejemplo, el pasivo financiero, siempre que ello obedezca a razones objetivas.

En cuanto a las clases indica que los créditos deben separarse por clases para proceder a la aprobación del plan (artículos 622-623). Los créditos garantizados deben separarse de los no garantizados. A su vez, estos últimos se deben separar en clases según su rango: ordinario o subordinado. Y los créditos del mismo rango se pueden separar en clases según su naturaleza; por ejemplo, el pasivo financiero se puede separar del pasivo comercial. Precisa que en el caso de los créditos garantizados es preciso determinar el valor de la garantía según las reglas legales y las deducciones correspondientes (artículos 273-275). En el caso de que el valor nominal del crédito exceda el valor del privilegio, el exceso se calificará como crédito no garantizado.

Relacionado con lo anterior, también debe contener detalle de los acreedores o socios que no vayan a quedar afectados por el plan, mencionados individualmente o descritos por clases, así como las razones de la no afectación (artículo 633.8.ª). En este apartado las instrucciones para la cumplimentación del plan de las *micro empresas*, sugiere como posibles razones, por ejemplo, la escasa cuantía o porque el plan solo va a afectar al pasivo financiero o no la comercial.

En el caso de que se pretenda que el plan de reestructuración afecte al crédito público, se incluirá la acreditación de encontrarse al corriente en el cumplimiento de las obligaciones tributarias y frente a la Seguridad Social mediante la presentación de las correspondientes certificaciones emitidas por la Agencia Estatal de Administración Tributaria (artículo 533.12.ª).

En esta misma línea, si el *plan* afectase a los derechos de los socios, dice que debe contener el plan información sobre el valor nominal de sus acciones o participaciones sociales (artículo 633.7.ª). No llegamos a entender porque la referencia solo al valor nominal, pues ya sea en relación al ejercicio de los derechos políticos o a los económicos, en muchas sociedades el dato no debe ser solo el valor nominal, como en las sociedades limitadas con posibilidad de no existencia de proporcionalidad entre el valor nominal y el derecho de voto (artículo 188.1 de la Ley de Sociedades de Capital) o en las anónimas cotizadas relación con las acciones de lealtad (artículo 527 ter de la Ley de Sociedades de Capital). Igual pasa con determinados posibles privilegios de carácter económico, tanto para dividendos, como, quizás más relevante a estos efectos, en supuestos de liquidación.

Consideramos que, pese al tenor literal del artículo, lo procedente es que plan contenga no solo el dato del valor nominal de las acciones o de las participaciones sociales, sino todos los extremos de los derechos políticos y económicos que puedan tener alguna incidencia en la aprobación y en la ejecución del plan.

Igualmente, para completar aquellos temas en los que existe una afección del *plan* se deben detallar los contratos con obligaciones recíprocas pendientes de cumplimiento que, en su caso, vayan a quedar resueltos en virtud del plan.

También forma parte del contenido mínimo del *plan, que* contenga las medidas de información y consulta con los trabajadores que, de conformidad con la legislación laboral aplicable, se hayan adoptado o se vayan a adoptar, incluida la información de contenido económico relativa al plan de reestructuración, así como las previstas en los casos de adopción de las medidas de reestructuración operativas (artículo 533.11.ª).

Pero todas esas menciones que hemos venido analizando tienen carácter descriptivo de muchas cuestiones la situación del deudor y su entorno, pero casi ninguna de ellas contiene, la reestructuración del deudor.

En uno de los apartados del precepto que analizamos (artículo 633.9.ª) se hace referencia a que el plan debe contener las medidas de reestructuración operativa propuestas, la duración, en su caso, de esas medidas y los flujos de caja estimados del plan, así como las medidas de reestructuración financiera de la deuda, incorporando la financiación interina y la nueva financiación prevista en el plan de reestructuración, con justificación de su necesidad y, en su caso, las consecuencias globales para el empleo, como despidos, acuerdos sobre reducción de jornada o medidas similares.

Y eso se completa con la obligatoriedad de hacer una exposición de las condiciones necesarias para el éxito del plan de reestructuración y de las razones por las que ofrece una perspectiva razonable de garantizar la viabilidad de la empresa, en el corto y medio plazo, y evitar el concurso del deudor (artículo 633.10.ª).

En estos dos últimos apartados es donde realmente se contienen el plan de reestructuración. Consideramos que su dicción literal y sistemática no sea la más adecuada tratándose de la parte nuclear de la reestructuración y, en cualquier caso, no se pueden analizar separadamente, pues están ambos muy interrelacionados.

La norma parece que en primer lugar alude a que debe contener las que denomina *medidas operativas*, sobre las que pide que se concrete la duración, en su caso, y, antes de pasar a las que denomina *medidas financieras,* de una manera asistemática, alude a los *flujos de caja estimados del plan.*

Entendemos que la referencia a los *flujos de caja estimados* es algo general del *plan*, y que han de contemplar la situación que se deriva de la ejecución de todas las medidas, tanto las operativas como las financieras, pues estas últimas, con nuevos plazos, carencias, entre otras, impactan en la tesorería de la compañía.

En el ámbito de la *reestructuración financiera de la deuda* se contempla que se desglose la que se denomina *financiación interina* y la *nueva financiación prevista en el plan*, con *justificación de la necesidad*. No estamos ante un tema descriptivo, sino que debe proporcionarse una prueba de que no puede faltar, es decir, aquello a lo que es imposible sustraerse.

Como indicábamos anteriormente, hace falta hacer una exposición de las condiciones necesarias para el éxito del plan de reestructuración. Ese primer inciso alude simplemente a realizar una *exposición*. En contraste con lo antes analizado no se dice que haya que realizar una justificación de esas condiciones. Consideramos que lo que se ha querido exigir es que se haga una exposición de las premisas o hipótesis sobre las que se efectúa el plan, que podrán ser valoradas por cualquier lector del mismo.

Sin embargo, el siguiente inciso de ese apartado de la norma (artículo 633.10.ª) exige que se hagan constar las *razones por las que ofrece una perspectiva razonable de garantizar la viabilidad de la empresa*, en el corto y medio plazo, y evitar el concurso del deudor.

La inclusión del término *razones* exige el que deban existir argumentos o demostración en su apoyo. Y ello debe versar sobre la garantía de la viabilidad de la empresa que evite el concurso del deudor.

Es decir, en términos económicos, la existencia de una empresa que registre márgenes operativos positivos y que su valor en funcionamiento sea superior a su valor liquidativo. Se trata de demostrar que la empresa es económicamente viable, aunque en este momento sea inviable desde el punto de vista financiero. El plan debe evidenciar capacidad para generar flujos de caja para poder atender las deudas, sobre la base de hipótesis creíbles y que sea realista y conseguible.

En definitiva, el plan de reestructuración debe tener como base o debe ser un *plan de viabilidad* de la empresa. Pese al radical cambio normativo en las instituciones preconcursales, en este particular no hay una gran diferencia con los acuerdos de refinanciación, que tenían como base ese plan de viabilidad. Es cierto que el plan de reestructuración pudiera ser un plan liquidativo, pero contemplando una venta de una actividad empresarial viable.

Llama la atención que, en relación con estos dos apartados que venimos analizando, las referidas instrucciones para las microempresas, en proporción a otras cuestiones, le presten una limitada atención. Respecto a las condiciones necesarias para el éxito del plan y de las razones para garantizar la viabilidad (artículo 633.10.ª) nada aclara más allá que serán importantes para apoyar las hipótesis presentadas aportar información sobre el mercado potencial a futuro de la sociedad.

En lo que respecta a las medidas (artículo 633.9.ª), indica que debe presentarse un plan de negocio proyectado tendrá una duración de cinco años.

Ese es ámbito temporal que señala, que puede ser discutible, porque dependerá de los sectores de actividad y de las características de cada empresa.

Como hemos visto la actual Ley Concursal tras la reforma transponiendo la Directiva no define ni siquiera qué debe entenderse por viabilidad a corto y medio plazo. La propia Directiva no prevé ninguna concreta referencia temporal. Desde el punto de vista de la normativa contable se considera corto plazo doce meses.

En cuanto a las *medidas de restructuración operativa propuestas,* las describe como medidas e inversiones que supongan ahorros y mejoras productivas o de rendimiento del negocio en el período proyectado. Plantea que se debe explicar brevemente el conceptual y los impactos previstos en el año de implementación de dichas medidas y en los ejercicios siguientes (costes a incurrir y ahorros a futuro esperados). Y, al efecto, establece una serie de ejemplos: cierre de instalaciones, medidas que afecten al empleo (jubilaciones, prejubilaciones, despidos, acuerdos sobre reducción de jornada o medidas similares), cancelaciones de contratos de alquiler o suministro, necesidades de inversión para mejorar la competitividad (maquinaria, digitalización, calidad, medioambiente, entre otras).

Indica que dichas medidas cuantificadas formarán parte del plan de negocio proyectado. Y, al respecto, se presentará la cuenta de pérdidas y ganancias proyectada, fondos propios proyectados y flujo de caja de acuerdo con un modelo que se adjunta, para los próximos cinco años. Adicionalmente se presentará el flujo de caja semanal para las 13 semanas posteriores a la solicitud del plan, siguiendo el mismo modelo que el del flujo de caja anual que se adjunta.

Nada dice expresamente sobre las medidas de reestructuración financiera.

En ese mismo apartado, cuando quizás corresponda al siguiente, hace referencia al contenido del plan de negocio proyectado:

- Se indicarán las hipótesis consideradas para la elaboración del modelo, justificando los mismas, entre otras.
- Evolución a futuro de las ventas y de los días de cobro.
- Evolución a futuro de las compras y de los días de pago.
- Evolución de la plantilla y de los costes de personal.
- Evolución de los costes de energía y otros suministros y de los días de pago.
- Inversiones que se precisan en inmovilizado para la ejecución del plan.
- Desinversiones en inmovilizado propuestas y días de cobro.

- Evolución de las existencias (incremento o disminución) para atender el negocio.

- Detalle del vencimiento actual de la deuda con proveedores y propuesta de modificación, en su caso.

- Detalle del vencimiento actual de la deuda financiera y propuesta de modificación, en su caso.

- Detalle del tipo de interés actual de la deuda y otros costes de esta, y propuesta de modificación, en su caso.

- Detalle de nueva financiación precisada durante la fase de negociación o para la fase de ejecución del plan y justificación de esta, y garantías puestas a disposición de los acreedores para su obtención, en su caso.

Consideramos que lo relevante es que exista *una perspectiva razonable*. Se debe tener en cuenta que un plan de estas características depende de factores inciertos en el momento de su redacción y, en su caso, aprobación, que no puede estar asegurada por el deudor, como es la producción y venta, con la consecuente generación de beneficios y tesorería, que depende de factores del mercado, o conseguir materializar desinversiones que dependen de terceros. Como ha señalado algún Juzgado de lo Mercantil, se trata de que lo que se plantea sea algo probable.

Del conjunto de información que pueda tener ese plan de negocio se trataría de que de su contenido se pueda deducir que existe más probabilidad de que se cumpla de que se vaya a frustrar le mismo.

## IV. CRÉDITOS Y CONTRATOS AFECTADOS

Conforme hemos venido exponiendo el plan de reestructuración tiene como principal finalidad aplicar un régimen especial tanto al deudor como a los acreedores que tienen créditos y a quienes mantienen una relación contractual.

La normativa preconcursal establece una serie de hitos que afectan a los créditos. En primer lugar, se identifican los créditos que van a quedar afectados por el plan; luego se clasifican; se realiza una votación en cada clase. Finalmente, el plan se somete a homologación judicial.

Se considerarán créditos afectados por el plan de reestructuración los que sufran una modificación en sus términos o condiciones (artículo 616.1):

- Fecha de vencimiento, principal, intereses.

- Conversión en crédito participativo, subordinado, acciones o participaciones sociales, u otro instrumento diferente.

- Modificación o extinción de garantías personales o reales.

– Cambio en la persona del deudor.

– Modificación de la ley aplicable al crédito.

Entre esas modificaciones se encuentran algunas muy relevantes, con un régimen muy distinto al anterior, en el que no era admisible, siguiendo las normas de nuestro Código Civil (por ejemplo, artículo 1205), imponerle ese tipo de cambios a un acreedor, incluido un cambio de la legislación aplicable.

El citado precepto hace referencia a que pueden ser cualquier crédito*, incluidos los contingentes y sometidos a condición* (artículo 616.2 *ab initio)*. Eso posibilita que se encontrarán afectados los créditos derivados de fianzas o avales ejecutados más tarde, que se convertirán en acreedores del deudor. E, igualmente, los créditos por *repetición, subrogación o regreso que* quedarán afectados en las mismas condiciones que el crédito principal si así se establece en el plan de reestructuración (artículo 616.3).

El hecho de ser un posible crédito afectado no quiere decir que lo sea necesariamente. El legislador ha dado margen a la autonomía de la voluntad para poder determinar de entre ellos cuáles deben incluirse en el plan como afectados. Ha dejado libertad para definir el perímetro de los créditos afectados. Se podrá determinar conforme a las concretas necesidades e, incluso, adaptarse en función del devenir de las negociaciones, siempre que atienda unos criterios objetivos y justificados, conforme señala la Expositivos de Motivos de la Ley 16/2022.

En contraposición a ello, serán créditos no afectados por el plan los siguientes:

– Créditos de alimentos en relaciones familiares, de parentesco o matrimonio.

– Créditos derivados de responsabilidad civil extracontractual.

– Créditos derivados de relaciones laborales, excepto las del personal de alta dirección que tienen otro régimen.

– Créditos futuros que nazcan de contratos de derivados en vigor.

Entendemos que la norma tiene carácter imperativo y, en los tres primeros supuestos, tiene carácter tuitivo protegiendo unos concretos intereses por razón de la naturaleza del crédito. El cuarto supuesto obedece a la específica naturaleza que existe respecto a ese tipo de créditos, regulados por el Real Decreto Ley 5/2005.

En el ámbito de los posibles créditos afectados se encuentran los créditos de naturaleza pública, pero estos tienen un régimen singular. Al respecto, para que puedan considerarse afectados en la forma prevista en el artículo 616 bis (artículo 616.2 párrafo tercero) cuando concurran los siguientes requisitos, que consideramos acumulativos:

– Que el deudor tanto en el momento de presentar la comunicación de apertura de las negociaciones como en el momento de solicitud de homologación judicial del plan esté al corriente en obligaciones tributarias y frente a la Seguridad Social.

- Que la antigüedad del crédito sea inferior a dos años desde su devengo hasta la fecha de presentación de la comunicación de apertura de las negociaciones.

No compartimos que en el primero de los requisitos el legislador haya elegido que se tenga que estar al corriente en el momento de la comunicación de apertura de las negociaciones, si posteriormente en el momento de la homologación se está. Respecto a la forma de acreditar esos extremos, en las referidas instrucciones para las microempresas, se facilita la solicitud de estar al corriente de las obligaciones tributarias y con la Seguridad Social.

Pero no es la única restricción en materia de créditos públicos pues la Disposición Adicional 8.ª de la Ley 16/2022 ha establecido restricciones muy significativas para la extensión de los efectos de un plan a los créditos o préstamos garantizados por aval del Estado como parte de las medidas para hacer frente al Covid-19.

De los referidos requisitos, se deduce, implícitamente, que existiendo créditos públicos afectados el plan necesariamente ha de ser homologado judicialmente.

Pero, adicionalmente a esos requisitos, la normativa dispone una serie de especialidades en el caso de los créditos públicos:

- No se puede reducir su importe.

- No se puede cambiar la ley aplicable.

- No se puede cambiar el deudor, a menos que otro tercero asuma la obligación sin liberar al deudor original.

- No se pueden modificar o extinguir las garantías existentes.

- No se puede convertir el crédito en acciones, participaciones sociales, crédito participativo, préstamo participativo, u otro instrumento diferente al original.

Además, los créditos de Derecho público afectados por el plan de reestructuración deben ser pagados en su totalidad dentro de los doce meses a partir de la fecha de aprobación judicial del plan de reestructuración. Si se había concedido un aplazamiento o fraccionamiento previo, deben ser pagados en su totalidad dentro de los seis meses a partir de la fecha de aprobación judicial del plan de reestructuración.

En cualquier caso, el plazo máximo para el pago de los créditos públicos será de dieciocho meses desde la fecha de comunicación de la apertura de negociaciones.

Se trata de una opción de política legislativa, que no compartimos. Las muchas limitaciones que han existido en la normativa concursal respecto a los créditos públicos y sus históricos privilegios, sobre la base de un supuesto interés general que tutelar, en la mayoría de los casos, ha supuesto mayor perjuicio para esos intereses, con las nefastas consecuencias que conlleva la desaparición de las empresas, con la inherente pérdida del empleo, que tiene unos costos inmediatos, además de los indirectos de pérdida de riqueza a nivel general y reducción de ingresos públicos. Ese nuevo planteamiento es un avance, pero seguramente no suficiente.

En lo que respecta a los contratos afectados, lo primero que debemos señalar es que se mantiene el principio general de conversación de los contratos. Antes de la reforma se aplicaba una vez se había declarado el concurso. Ahora se aplica también en los supuestos de la comunicación de la apertura de las negociaciones (artículo 597) y en los supuestos de homologación del plan (artículo 618).

Ninguno de esos supuestos, por sí solo, afectara a los contratos con obligaciones recíprocas pendientes.

Se tienen por no puestas las cláusulas contractuales que permitan a la otra parte suspender o modificar las obligaciones o los efectos del contrato, o resolver o extinguir anticipadamente el contrato concurriendo algunos supuestos (artículo 597) e, igualmente, en el caso de la homologación por el mero motivo de la presentación de la solicitud de homologación o su admisión a trámite, la homologación judicial o cualquier circunstancia análoga o directamente relacionada con las anteriores (artículo 618.1). La amplitud del inciso último, como una cláusula general o de cierre, requerirá una concreción del mismo fruto de la práctica judicial que lo interprete.

Igualmente, los contratos necesarios para la continuidad de la actividad empresarial no pueden ser suspendidos, modificados, resueltos o terminados anticipadamente por el mero hecho de que el plan conlleve un cambio de control del deudor (artículo 618.2).

Respecto a determinados acuerdos de compensación contractual sujetos al Real Decreto Ley 5/2005, existe un régimen específico (artículo 619). Podemos sintetizar los siguientes aspectos:

- Esos créditos están excluidos del régimen general del artículo anterior.
- El saldo resultante de la aplicación de una cláusula de vencimiento anticipado sujeto a disposiciones de ese título de la ley.
- La garantía financiera quedará sujeta al Real Decreto-Ley 5/2005: y no estará afectada por plan de reestructuración.
- La facultad de vencimiento anticipado de las obligaciones garantizadas no se verá afectada en la parte cubierta por la garantía.

De otro lado, los contratos de suministro necesarios para la continuidad de la actividad no pueden ser vencidos anticipadamente, resueltos o terminados, excepto si negociados en mercados organizados y, por ello, reemplazables por su valor de mercado (artículo 619.2).

También se prevé en la Ley Concursal una referencia a la resolución de los contratos con obligaciones recíprocas pendientes de cumplimiento en interés de la reestructuración (artículo 620). En ese supuesto:

– el deudor puede solicitar la modificación o resolución de contratos con obligaciones recíprocas pendientes de cumplimiento para asegurar el éxito de la reestructuración y prevenir el concurso (artículo 620.1).

– si no hay acuerdo entre las partes, el plan de reestructuración puede contemplar la resolución de dichos contratos (artículo 620.2).

– los contratos de derivados pueden ser terminados anticipadamente, si es necesario para el buen fin del plan de reestructuración (artículo 620.3).

El crédito indemnizatorio derivado de la resolución también podrá quedar afectado por el plan (artículo 620.2 y 620.3).

Las controversias relacionadas con la resolución de contratos se resolverán a través de la impugnación u oposición al plan (art. 621.4).

Finalmente, en cuanto a los contratos con consejeros ejecutivos y con el personal de alta dirección, igualmente tienen un régimen específico. Se pueden suspender o extinguir los contratos con personal de alta dirección, si es necesario para el éxito de la reestructuración.

En caso de extinción, el juez puede moderar la indemnización acordada en el contrato, limitándola a la indemnización establecida en la legislación laboral para el despido colectivo, cuestión que se extiende también al consejero ejecutivo, aunque no tenga relación laboral.

Si se suspende el contrato, el consejero ejecutivo o el alto directivo puede extinguirlo con un preaviso de un mes, manteniendo el derecho a la indemnización establecida anteriormente.

Las controversias que se susciten se resolverán por incidente concursal ante el juez competente para la homologación.

Se añade que la sentencia que recaiga será recurrible en suplicación. Suponemos que esto último aplicaría solo en el caso de quienes estén sujetos a una relación laboral, puesto que la jurisdicción laboral no podrá conocer de lo relativo a un consejero ejecutivo unido por una relación mercantil.

Capítulo 7

# LA VIABILIDAD COMO CONDICIÓN DE LA REESTRUCTURACIÓN

ÁNGEL MARTÍN TORRES
*Economista*

SUMARIO: I. LA VIABILIDAD DE LA EMPRESA. II. LA VIABILIDAD PRECONCURSAL DE LA EMPRESA. III. EL ESTABLECIMIENTO DEL PLAN DE REESTRUCTURACIÓN. IV. EL PROCESO DE NEGOCIACIÓN.

## I. LA VIABILIDAD DE LA EMPRESA

La viabilidad de una empresa es la capacidad de llevar a cabo un proyecto empresarial con éxito, y el éxito, en este caso, se definiría como el cumplimiento de los fines para los que la empresa fue constituida, con un retorno para el capital invertido en consonancia con el riesgo asumido por el empresario. La viabilidad de un proyecto empresarial es un proceso dinámico, afectado por determinadas variables que evolucionan en el tiempo, y que deberán ser revisadas si existe una pérdida de rentabilidad o se generan tensiones de liquidez en el negocio, con el fin de establecer un plan de reestructuración que permita a la sociedad volver a la viabilidad.

La viabilidad técnica es, probablemente, la variable más obvia. Cambios en la tecnología que afecten al producto o servicio prestado pueden afectar a la viabilidad futura del proyecto. Entre otros, ejemplos de problemas en la viabilidad técnica de empresas los hemos observado en la fotografía (por ejemplo, Kodak), los ordenadores (por ejemplo, IBM), y el creciente uso de internet para nuestras compras afectando a múltiples negocios. Pero, además, de los componentes tecnológicos, aspectos como el espacio para realizar las actividades (falta o exceso del mismo, por ejemplo en el negocio de grandes superficies por los cambios en las tendencias de compra de los consumidores), problemas de abastecimiento (los que han surgido, por ejemplo, en relación con los semiconductores durante la pandemia, o el petróleo y el gas tras la guerra de Ucrania), o de falta o exceso de mano de obra, entre otros, afectan directamente a la viabilidad de las empresas.

Un segundo aspecto es la viabilidad comercial, referido a la existencia de demanda para los productos o servicios que las empresas ofrecen, y la posición que tenga la empresa en relación con su competencia.

Un tercer aspecto es la viabilidad económica, es decir, que los ingresos menos los costes den como resultado un beneficio empresarial.

Un cuarto aspecto sería la viabilidad financiera, ligada a la capacidad del empresario de obtener y gestionar los fondos que se precisan para el proyecto, tanto en términos de inversiones a largo plazo, como de gestión del circulante, es decir, de financiar la diferencia entre los días de cobro a clientes, de pago a proveedores y empleados, y de mantenimiento de existencias o proyectos en curso en balance.

Y un quinto y crucial aspecto es la capacidad del equipo de gestión y su conocimiento sectorial.

Estas variables influyen las unas sobre las otras, por lo que todas deben ser tenidas en cuenta para analizar la viabilidad de las empresas, estableciendo acciones concretas en los planos comercial, operativo, económico, financiero y de gestión, para abordar la reestructuración del negocio.

## II. LA VIABILIDAD PRECONCURSAL DE LA EMPRESA

El 6 de septiembre de 2022 se publicó en el BOE la Ley 16/2022, de 5 de septiembre, de reforma del Texto Refundido de la Ley Concursal, aprobado por el Real Decreto Legislativo 1/2020, de 5 de mayo, para la trasposición de la Directiva (UE) 2019/1023 del Parlamento Europeo y del Consejo, de 20 de junio de 2019, sobre marcos de reestructuración preventiva, exoneración de deudas e inhabilitaciones, y sobre medidas para aumentar la eficiencia de los procedimientos de reestructuración, insolvencia y exoneración de deudas, y por la que se modifica la Directiva (UE) 2017/1132 del Parlamento del Consejo, sobre determinados aspectos del Derecho de sociedades (la «Directiva de Reestructuraciones»).

La Directiva (UE) 2019/1023 del Parlamento Europeo y del Consejo, de 20 de junio de 2019, traspuesta, pretende garantizar que *las empresas y empresarios viables* (empresas que pueden volver a la rentabilidad mediante ajustes de costes u operativos, y/o empresas con un excesivo nivel de apalancamiento, financiero o comercial, solucionable mediante la refinanciación, capitalización o quita de parte de la deuda), que *se hallen en dificultades financieras, tengan acceso a marcos nacionales efectivos de reestructuración preventiva que les permitan continuar su actividad.*

Las empresas que se acogen a la legislación preconcursal o concursal tienen una característica común: se encuentran o se van a encontrar en el medio plazo (dos años ha establecido el Texto Refundido de la Ley Concursal) ante una crisis de liquidez que no les permitirá repagar sus deudas en el curso normal de sus negocios.

Cuanto más tarde se tomen acciones en relación con una potencial falta de liquidez, más posibilidades hay de que la situación empeore y se pierda valor en la sociedad. El mayor problema con el que se encuentran estas sociedades es la tendencia a abordar los problemas de liquidez incrementando el endeudamiento sin solucionar los problemas operativos que han llevado a la situación de caídas en la rentabilidad o dilación en los periodos de cobro, y el intento de minimizar los problemas reales que afectan al negocio con voluntarismo y no con acciones concretas.

Cualquier proceso de reestructuración financiera precisa de una reestructuración operativa (algo que ahora el Texto Refundido de la Ley Concursal prevé e incorpora en los planes de reestructuración): venta de activos no productivos, cierre de unidades generadoras de pérdidas y/o ajustes de costes para devolver al negocio a la generación positiva de caja. En algunos casos, estas acciones necesarias para volver a la rentabilidad (compra de nueva maquinaria, potenciales despidos, cancelación de contratos, etc.) requerían liquidez que podría ser generada por el propio negocio u obtenerse de la venta de activos no sujetos a la actividad. Con ello se estructurará el plan de viabilidad adaptando la devolución de deuda a la generación de caja del negocio, y considerando si sería preciso incorporar nuevo capital de los propios accionistas, si los acreedores financieros están dispuestos a facilitar quitas si ello ayudaba a un cambio en la gestión con la incorporación de terceros al capital, o capitalizaciones de deuda (caso no muy común, por los efectos que dicha capitalización tiene en las provisiones de deuda de las entidades financieras acreedoras, siempre que no fueran fondos).

Por todo ello, lo primero que debe plantearse el consejo de administración o el órgano de administración de una sociedad, junto con el equipo directivo, es si en función de la evolución del negocio se avecina una crisis de liquidez, en qué plazo, y qué medidas se deberían tomar de inmediato para estabilizar la situación en términos de tesorería. Se trata de establecer medidas coyunturales para preservar la liquidez, que garanticen el tiempo para analizar las medidas de reestructuración operativa y financiera estructurales que precisa el negocio para volver a la viabilidad, siendo las más inmediatas: mejorar los días de cobro, cancelar ventas a perdidas siempre que sea posible, aumentar los días de pago a proveedores, disminuir el volumen de existencias en almacenes y aumentar la rotación de los mismos, cancelar inversiones no imprescindibles, evitar la cancelación de líneas de circulante por parte de los acreedores financieros, y analizar de forma realista y con voluntad de ejecución las oportunidades de venta de activos no directamente ligados al negocio.

Es preciso traducir todo el negocio en términos de tesorería y gestionar el mismo durante los meses de la reestructuración en dichos términos, con un seguimiento continuo de la misma y del efecto que las actuaciones que se hayan establecido para mejorar la situación de liquidez están teniendo en el negocio. Es importante mencionar que esta función no es solo del director financiero de la sociedad, sino que bajo su dirección y la del director general, toda la organización se debe volcar en este enfoque para preservar la caja.

A la vez que se estabiliza el negocio, es necesario;

- Analizar las causas que han generado esta situación, bien sean externas (cambios legislativos, problemas en la cadena de suministros, pérdida de clientes significativos, entrada de nuevos competidores o de productos sustitutivos, cambios en las condiciones de financiación, entre otros), o internas (perdidas de rentabilidad por incrementos de costes que no han podido ser repercutidos a los clientes, problemas de calidad con el consiguiente efecto en la pérdida de clientes o en demandas de los mismos, alto absentismo o huelgas, inversiones en capacidad fallidas, excesivo apalancamiento financiero y falta de capital, entre otras).

- Considerar las medidas a implementar para volver a la rentabilidad que deberán ser plasmadas en un plan de reestructuración realista y no voluntarista, tanto en términos económicos (vuelta a la rentabilidad del negocio), como financieros (adecuada estructura de capital y deuda), con un plan de acción concreto, responsables y tiempos de ejecución del mismo.

- Considerar cuales van a ser los requerimientos: de los clientes para seguir comprando productos, de los financiadores para seguir apoyando a la empresa (garantías a ofrecerles, además de un plan de viabilidad realista con un plan de acción ejecutable), de los proveedores para seguir vendiendo a la sociedad, de las aseguradoras de crédito que dan confianza a los proveedores en cuanto a las facilidades de pago que los mismos pueden ofrecer a la sociedad, y de los empleados (retención de aquellos clave para el éxito del negocio, sustitución o refuerzo de otros y, en su caso, de potenciales ajustes de plantilla ya sea mediante expedientes de regulación temporal de empleo si la situación se entiende coyuntural, o expedientes de regulación de empleo si la situación es estructural).

- Establecer un mapa de deuda tanto financiera como no financiera, con clara identificación de proveedores críticos y su deuda, clientes que han aportado anticipos a cuenta de productos o servicios a serles entregados, acreedores no críticos o que podrían no aportar valor al plan de reestructuración, y financiadores con identificación de su deuda (estructural, ligada a activos o de circulante), garantías, vencimientos y posición estructural.

- Posición de los accionistas y su apoyo a las medidas operativas a acometer, incluidas las ventas de negocios o de activos no afectos a la actividad, y las financieras (incluidas potenciales ampliaciones de capital, dar entrada a nuevos inversores, o potenciales capitalizaciones de deuda, si fueran precisas, diluyendo, por tanto, su participación en la sociedad).

- Conocer como se desarrolla un proceso de negociación de un plan de reestructuración, implicaciones y requisitos legales, y analizar la conveniencia de involucrar a terceros que asistan a la dirección de la sociedad y al órgano de administración en la ejecución del proceso (operativa, financiera, valoración y legal).

## III. EL ESTABLECIMIENTO DEL PLAN DE REESTRUCTURACIÓN

El proceso comienza al tiempo que se implantan medidas de estabilización de tesorería, estableciendo un plan como resultado de los análisis que se han indicado en el epígrafe anterior.

Al mismo tiempo, será conveniente establecer un proceso de comunicación interno y externo, con mensajes claros y consistentes, con acciones concretas y seguimiento de las mismas, liderado por la alta dirección de la compañía y su órgano de administración / accionista mayoritario, con el fin de devolver la confianza al conjunto de actores que dan vida a la compañía (proveedores, financiadores, clientes y empleados).

El plan de reestructuración debe identificar los problemas que han derivado en la crisis de liquidez, las medidas que se pretenden implementar para volver a la rentabilidad y a una situación de liquidez estabilizada, cuando se implementarán las mismas, y el coste que tendrán. Debe incorporar cambios en la gestión del negocio y en la dirección, si fueran precisos y respondieran a requerimientos de los diferentes actores para devolverles la confianza en el negocio, y debe considerar medidas adicionales a las previstas de forma proactiva y no reactiva, por si alguna o varias de las acciones a acometer se retrasara en el tiempo, o la evolución macroeconómica no fuera la proyectada en los años de ejecución del plan.

Con ello se prepararán proyecciones financieras que incorporen balance de situación, cuenta de pérdidas y ganancias y estados de flujos de efectivo para un período de cinco años, que muestren las acciones a acometer para volver a la rentabilidad y su efecto en la evolución a futuro de ingresos y costes, soportados por información de mercado y considerando la evolución pasada de estas variables. Las hipótesis de tesorería deberán incorporar los días previstos de cobro, pago y existencias, desinversiones a acometer a precios de mercado actual su efecto en la rentabilidad a futuro y en la liquidez, costes del proceso de reestructuración (cancelación de contratos, asesores, potenciales despidos, etc.), necesidades de inversión, y como resultado de todo ello necesidades adicionales de liquidez, en su caso, y capacidad de repago de la deuda actual.

Tras la preparación del plan de reestructuración, habrá que determinar la deuda sostenible (la que puede ser repagada en la evolución normal del negocio restructurado), y la no sostenible que debería ser repagada por la venta de activos, por una ampliación de capital de los actuales accionistas, por la entrada de nuevos accionistas, o no repagada si: a) se acepta una capitalización de todo o parte de la deuda con la consiguiente dilución de los accionistas si no acudieran a la ampliación, o b se consiguen quitas de los acreedores.

La valoración del negocio es clave en esta fase para determinar, en el caso de planes no consensuales que afecten a los socios, la transferencia de valor entre estos y la deuda a capitalizar.

En este sentido es importante resaltar que los procesos de reestructuración están dirigidos a facilitar la viabilidad de la empresa (por lo que los intereses de la dirección de la empresa —no dueño— y de los acreedores deberían ser coincidentes). Si el accionista tiene un problema de viabilidad como consecuencia de la potencial pérdida de valor de su inversión en la sociedad en reestructuración (situación que provoca el potencial conflicto de interés al que nos hemos referido en el párrafo anterior) podrá acogerse al Texto Refundido de la Ley Concursal como accionista en relación a su inversión y a la financiación de la misma, lo que no debería influir en el proceso de reestructuración de la empresa de la que es accionista.

## IV. EL PROCESO DE NEGOCIACIÓN

La legislación española, con carácter previo a la trasposición de la Directiva, disponía de instrumentos preconcursales que han sido muy útiles desde la crisis de 2008 a la actualidad, para evitar el concurso. La diferencia entre un concurso y la negociación de una solución preconcursal estriba en que, en este último caso, el deudor no es sustituido ni intervenido por el administrador concursal (tampoco lo será por el experto en la reestructuración), la dirección de su negocio (compras y ventas) continuará en gestión continuada, y el regulador no obligará al acreedor financiero a la provisión integra de la deuda, sino a un porcentaje de la misma, con un período de cura, lo que permitirá al deudor seguir financiando su negocio a futuro una vez estabilizada la estructura de financiación.

La experiencia nacional e internacional ha demostrado que el grado de recuperación de los créditos para los acreedores conservando la empresa es superior que liquidándola (liquidación como parte final de un concurso tras el incumplimiento de los convenios, algo que por desgracia ha sido generalizado).

Las refinanciaciones estructuradas al amparo de la redacción anterior del Texto Refundido de la Ley Concursal y legislaciones anteriores, se realizaron mediante acuerdos privados entre el deudor y sus acreedores financieros mayoritarios, acudiendo al Juzgado solo para solicitar un «cinco bis» si las tensiones de tesorería lo requerían para la paralización de ejecuciones y pagos de deuda, o para solicitar la homologación en sede judicial del acuerdo una vez alcanzadas las mayorías requeridas para ello, con el fin de arrastrar a los acreedores financieros disidentes y blindar las garantías obtenidas en la refinanciación, la financiación interina y la nueva financiación, frente a una potencial rescisión concursal.

En estas negociaciones, siguiendo la practica anglosajona, participaban, en la mayoría de los casos, un asesor financiero y un asesor legal para defender los intereses del deudor, y otro equipo distinto, financiero y legal, para defender los intereses de los acreedores financieros. En algunas regiones españolas, la figura del asesor financiero único para el deudor y los acreedores financieros, en empresas medianas (definición de «empresa mediana» la recogida en la legislación de la Unión Europea) escogido por el deudor de una terna propuesta por los acreedores financieros, ha funcionado muy bien, manteniendo deudor y acreedores financieros un asesor legal independiente. En casos complejos en que algunos acreedores financieros hubieran adquirido su posición en el mercado secundario de deuda, o en el caso de instrumentos muy distintos, como un bono y deuda bancaria, podían participar más de un asesor financiero y legal por parte de los acreedores financieros, ya que los intereses de los diferentes grupos de acreedores (aquellos con deuda a par, otros con deuda adquirida a descuento y otros con vencimientos muy distintos en plazos) podrían no ser coincidentes.

El desarrollo del mercado secundario de deuda, por el cual las entidades financieras (bancos) o los fondos, venden la deuda con riesgo de impago a descuento a terceros (en bilateral o mediante la venta de una cartera de deuda con riesgo de impago —Non Performing Loans o NPLs en su denominación inglesa—) que se ocupan de su recobro pagando a las entidades financieras / fondos de deuda en primario, un importe con descuento sobre el principal de la deuda, lo que permite el saneamiento de los balances de las entidades financieras. Esta práctica ha generado la proliferación de «servicers» que se ocupan del recobro de esas posiciones, y de fondos adquirentes de deuda con riesgo de impago, con tres potenciales objetivos: mantener la posición para cobrar a par la deuda comprada a descuento mediante un seguimiento activo del plan de viabilidad planteado por el deudor; vender la deuda a otro fondo para acelerar el retorno de su inversión, siempre que el plan de negocio se vaya cumpliendo: o, si el plan de viabilidad presentado por el deudor no se cumple, forzar una nueva refinanciación en la que se puede plantear una capitalización de parte de la deuda (el tramo de deuda no sostenible que es aquel que no podrá pagarse con la generación de caja del plan, operación conocida como «loan to own» en su terminología anglosajona), con el objetivo de intentar facilitar la viabilidad de la sociedad mediante un cambio de accionistas (algo que no siempre se ha cumplido en los reducidos casos en los que se ha producido en España esta transacción, y que tanto ruido mediático está generando en un caso concreto en la actualidad).

La entrada de estos nuevos tenedores de deuda genera dos efectos en los procesos de reestructuración. Al no estar sujetos a la misma regulación que los bancos o cajas es posible obtener financiación de estos fondos de forma interina o como parte del proceso de refinanciación, aun cuando los tipos de intereses sean muy superiores a los que ofrecería el mercado bancario. En sentido contrario, los acuerdos de refinanciación (hoy denominados planes de reestructuración en el Texto Refundido de la Ley Concursal), son más complejos, al coexistir acreedores con su deuda a par y acreedores que han comprado la deuda a descuento con intereses no siempre coincidentes por las diferentes rentabilidades a obtener de la deuda.

El Texto Refundido de la Ley Concursal, tras la trasposición de la Directiva de la Unión Europea, establece la figura del experto en la reestructuración que deberá ser nombrado obligatoriamente en las situaciones específicas que determina la legislación para facilitar la negociación, entre otras funciones, figura que puede coexistir con los asesores de cada parte, considerando los diferentes intereses que accionistas y acreedores pudieran tener en las negociaciones.

Resulta de interés profundizar en cómo se han desarrollado los procesos de negociación en las reestructuraciones hasta la entrada en vigor de los cambios que en la normativa concursal se introducen en septiembre de 2022 (reestructuración únicamente de deuda financiera), así como las modificaciones en el proceso que han sido requeridas tras la entrada en vigor de la nueva ley, al incorporar a todos los acreedores (potencialmente) al proceso de negociación.

Como ya se ha indicado, el proceso era y sigue siendo, principalmente, un acuerdo entre partes: deudor y acreedores financieros.

El proceso suele comenzar «tarde» en términos generales, y está originado por un problema de liquidez generado por, entre otras causas: la caída en la rentabilidad del negocio, compras de nuevos negocios o de activos con rentabilidad obtenida muy inferior a la prevista, préstamos de la empresa en dificultades a otras sociedades vinculadas o incluso a sus accionistas, reparto de dividendos antes de haberse generado y/o cobrado los beneficios de las operaciones.

El retraso en el comienzo del proceso de negociación es debido, como ya se ha comentado, a que el deudor tiende a pensar que la situación de pérdida de rentabilidad de su negocio o las dificultades para atender pagos es coyuntural y no estructural, y puede ser solucionada con financiación solicitada a acreedores financieros distintos a los que ya están en su estructura de deuda (es tanto como echar más leña al fuego, sin adoptar soluciones operativas para extinguirlo). Los acreedores financieros, cuando son conscientes de la situación, proceden a disminuir la financiación de corto plazo y por tanto a estrangular más el negocio, momento en el que saltan todas las alarmas.

La solicitud de financiación adicional a los acreedores financieros mayoritarios por parte del deudor, cuando no puede obtenerla de terceros, determina, normalmente, el comienzo del proceso de negociación de la refinanciación de la deuda. Este proceso era y sigue siendo privado, no acudiendo el deudor a la solicitud de un «cinco bis» al juzgado (en la normativa anterior) o a la comunicación de la apertura de negociaciones (en la legislación actual), hasta que no es estrictamente necesario si no hay vencimientos de deuda inmediatos que pudieran determinar la ejecución de garantías o provocar embargos.

Un acercamiento temprano a los principales miembros de cada grupo de acreedores que vaya a verse afectado por la propuesta de reestructuración es clave con el fin de buscar apoyos a las hipótesis del plan de reestructuración y al proceso de negociación. La firma de un *standstill* con los acreedores financieros, de un *waiver* por potenciales incumplimientos de *covenants*, la formación de un Steering Committee por los principales acreedores que lideren la negociación del plan de reestructuración en nombre del resto de acreedores financieros, así como el nombramiento de asesores financieros y legales, por las partes, adicional al experto en la reestructuración, facilitaran el proceso de negociación.

La solicitud del antiguo «cinco bis» o de la actual comunicación del inicio de negociaciones, someten el proceso de negociación formal ante el juzgado a plazos máximos (tres meses más uno), con una única prorroga en la nueva legislación, que puede ser solicitada por el deudor o los acreedores (sujeto al cumplimiento, en este último caso, de determinadas mayorías) por otros tres meses, prórroga que debe ser aceptada por el experto en la reestructuración, de estar nombrado. Para procesos complejos con gran volumen de deuda o acreedores, este período podría llegar a ser insuficiente, como ya se ha podido comprobar en base a la experiencia pasada, más aún cuando la refinanciación en base a la redacción actual de la legislación concursal puede involucrar a todas las clases de acreedores y a los socios.

Si la necesidad de liquidez inmediata pone en peligro el negocio y la recuperación de una parte muy significativa de la deuda, la misma suele facilitarse por los acreedores mayoritarios en formato de mínimos, siempre con garantías (descuento de papel, por ejemplo), comenzando un proceso de refinanciación de la deuda financiera en el que el deudor presenta a los acreedores financieros su situación de tesorería en el corto plazo y un plan de reestructuración / viabilidad para el repago de la deuda (con carencias, esperas y quitas), sin una explicación clara (en mi experiencia) de qué ha determinado la situación de falta de liquidez y pérdida de rentabilidad del negocio, con pocas o ninguna medida de reestructuración operativa a ser ejecutadas o sin el compromiso de cuando se pondrían en marcha dichas medidas, y con una visión excesivamente optimista de la evolución de su negocio a futuro. Esta falta de trasparencia y concreción inicial suele afectar al proceso de negociación y a los tiempos del mismo, por lo que es conveniente, dependiendo de la complejidad de la estructura de deuda y del tamaño de la sociedad, que el deudor trabaje en el plan de reestructuración a ser presentado, asistido por un asesor financiero (que le debiera ayudar a enfrentarse a la realidad del negocio con ojos distintos a los del día a día) y siempre por sus abogados.

Este mismo caso es aplicable cuando el deudor prevé incumplir un «covenant» (cláusula que el prestamista incorpora en un contrato de financiación para seguir la evolución del negocio y su liquidez). La finalidad principal que persiguen los «coventants» no es otra que garantizar que la empresa va a **mantener un flujo de caja y/o un fondo de maniobra** suficiente para poder cumplir con los pagos derivados del contrato de financiación.

Para que el proceso de negociación sea lo más fluido posible, es clave mantener la tranquilidad de todas las partes, siendo transparentes con las mismas en cuanto a la situación del negocio, de su liquidez, y la evolución de la misma (las sorpresas adicionales negativas durante el proceso es preciso sean conocidas, a la mayor brevedad, por las partes).

Las entidades financieras mayoritarias se organizan en un Comité de Coordinación (en ingles Coordination Committee —CoCom— o Steering Committee) de la reestructuración, en representación formal del resto de acreedores financieros, y solicitan al deudor la contratación de un asesor legal y otro financiero que les asistan en:

a) clarificar las causas que han determinado la iliquidez del deudor,

b) revisar la evolución de la tesorería de la sociedad en las trece semanas posteriores a la solicitud de liquidez por el deudor o al comienzo de las negociaciones informales o formales, y al seguimiento mensual de la misma durante todo el período de la negociación,

c) evaluar la situación actual del deudor en términos de rentabilidad de sus operaciones (generación de resultado operativo antes de amortizaciones, intereses e impuestos, o EBITDA en sus siglas en ingles), circulante (generación de caja operativa por el negocio, es decir el EBITDA generado más las variaciones en capital circulante), situación de las líneas de circulante financiero (crédito dispuesto y disponible), coberturas de crédito de los proveedores por parte de aseguradoras, y potenciales acciones para mejorar la posición de tesorería de la sociedad, así como un detalle de la deuda financiera por acreedor, tipo de producto, tipo de interés, vencimientos y garantías.

d) evaluar la razonabilidad del plan de viabilidad presentado por el deudor, considerando las acciones de reestructuración operativas propuestas, los tiempos de ejecución de las mismas, sus efectos en la rentabilidad y tesorería del negocio, los costes asociados a su ejecución, potenciales acciones adicionales que no hubieran sido consideradas por el deudor, identificación de activos no afectos a la actividad y de activos que podrían formar parte del paquete de garantías para la nueva financiación o la reestructuración de la deuda antigua, situación del mercado actual y a futuro del deudor y de su competencia, análisis de la estructura de devolución de deuda presentada por el deudor y alternativas a la misma, sensibilizando las hipótesis más agresivas del plan (las cosas que no van bien, no cambian de tendencia en cinco minutos, es decir, los planes de viabilidad en V tienen una probabilidad de éxito mínima).

e) Evaluar la cuota de liquidación que podrían conseguir los acreedores en función de su rango, en un hipotético proceso concursal liquidatorio, que era aportada en los procesos de homologación en los que era requerido el arrastre de acreedores disidentes en la anterior legislación, aspecto que es requerido igualmente en la actual redacción de la legislación concursal.

f) En el caso del asesor legal, asistirles en los riesgos del proceso de negociación, estructuración legal de la financiación interina, de la nueva financiación, y de las garantías adicionales a ser obtenidas en el proceso de reestructuración de la deuda antigua, en el establecimiento de los contratos resultado de los acuerdos que se alcanzasen entre acreedores y con el deudor, y del proceso de homologación de dicho acuerdo de refinanciación.

g) Adicionalmente el asesor financiero y el asesor legal de ambas partes coordinarán el proceso de negociación entre deudor y acreedores financieros, y el asesor legal y financiero de los acreedores, adicionalmente, el proceso de negociación entre las entidades financieras acreedoras.

Sin necesidad de tener terminado todo el análisis mencionado (denominado «Revisión Independiente de Negocio» o «Independent Business Review» —IBR— en terminología anglosajona) y con el fin de avanzar en el proceso de negociación evitando incumplimientos por vencimientos de deuda o estrangulaciones del negocio por empeoramiento de la situación de liquidez, los acreedores financieros, asistidos por su asesor financiero, contestan a la propuesta de refinanciación del deudor con una serie de modificaciones y de requisitos que permitan el repago del mayor porcentaje de deuda posible, siempre en un escenario prudente, al menos en lo referente a los dos ejercicios siguientes al comienzo de las negociaciones (basados en el análisis historio y prospectivo de la evolución del balance, de la cuenta de pérdidas y ganancias, y del estado de origen y aplicación de fondos), abordando la financiación interina, si fuera preciso, en función de las garantías que el deudor ponga a disposición para el establecimiento de la misma.

La revisión independiente de negocio preparada por el asesor financiero de los acreedores sobre el plan de reestructuración presentado por el deudor permite una discusión razonada sobre el mismo entre acreedores financieros y deudor, incorporando a otros acreedores en la constitución de las clases y estableciendo la estrategia para lograr el acuerdo entre todas las partes. Hacerlo de otra forma (utilizando solo a los acreedores subordinados para lograr la aprobación del plan presentado por el deudor, o estableciendo clases «arbitrarias» que en número —que no en volumen de deuda— puedan facilitar la aprobación de un plan de reestructuración sin el consenso de una mayoría de acreedores), aboca, como estamos pudiendo comprobar, el plan de reestructuración al fracaso, y a la sociedad al concurso de acreedores.

El asesor financiero de los acreedores, y/o el experto en la reestructuración, en su caso, deberá sensibilizar aquellas hipótesis del plan de reestructuración más agresivas en términos de generación de caja (más alejadas de la evolución pasada de la sociedad o del mercado, o más difíciles de alcanzar en el caso de reestructuraciones operativas), que permitan estructurar un «caso bancario» para la reestructuración de la deuda, más contingente que el «caso base» presentado por el deudor, con requisitos de acciones operativas a acometer por el deudor (venta de activos para amortización de deuda, cierre de delegaciones con pérdidas, renegociaciones de contratos con proveedores o clientes, ampliaciones de capital, etc.), que permitirán acordar la deuda sostenible (aquella que pudiera ser atendida con la generación de caja del negocio, en un período de entre tres y cinco años), la no sostenible, la deuda de circulante precisa, tipos de interés, comisiones, garantías, y covenants financieros a futuro (inversiones máximas permitidas en activos fijos, ratios deuda financiera neta/EBITDA a mantener de forma semestral y anual, *ratio* de cobertura del servicio de la deuda, etc.), a ser informados por el deudor y su auditor, a los acreedores financieros, durante la vida de la refinanciación.

El plan de reestructuración formará parte de un Documento de Términos y Condiciones de la Refinanciación (Term Sheet, en sus siglas en inglés), que prepararán conjuntamente el asesor financiero y el legal de las entidades financieras, para ser acordado con el deudor y compartido con el resto de los acreedores financieros que no han formado parte, hasta la fecha, de las negociaciones, pero a los que se va informando de las mismas de forma periódica durante todo el proceso de negociación.

Los conflictos de interés en estos procesos de negociación vienen dados, en términos generales, entre accionistas (distintas visiones sobre el negocio a futuro y su inversión adicional o no en el mismo), entre accionistas y directivos de la empresa sobre el proceso de negociación (salvar la empresa aun cuando el accionista no mantenga el cien por cien del capital), y entre los acreedores con diferentes tipos de deuda o con diferentes garantías.

Tras un principio de acuerdo entre el deudor y sus acreedores mayoritarios, o aquellos que han conformado el Comité de Coordinación de la refinanciación, se presenta el plan de reestructuración preparado por la sociedad, con el análisis de sensibilidades ya referido, al resto de acreedores financieros y no financieros que vayan a ser afectados, indicando unas fechas en las que la aprobación habría de producirse. Se les explicarán las hipótesis en las que se sustenta el plan de reestructuración, las medidas a adoptar, las implicaciones que dichas medidas tendrán para los distintos *stakeholders* (accionistas, empleados, acreedores financieros y no financieros) y para la evolución del negocio a futuro, y los resultados que dichas medidas tienen en las necesidades de nueva financiación, en su caso.

Tras dicha presentación, se hará un planteamiento concreto de la propuesta de reestructuración financiera a los acreedores, indicando las necesidades de nueva liquidez y como se considera pueden ser cubiertas, la estructura de capital / deuda objetivo y cuáles son los esfuerzos que los diferentes *stakeholders* deberán afrontar para alcanzar la misma: aportación de liquidez por los acreedores actuales o por otros acreedores, aportaciones de capital por los accionistas o entrada de nuevos accionistas; esperas, capitalizaciones de deuda o quitas por parte de los acreedores; reestructuraciones operativas, venta de activos y reducciones de costes por parte de la sociedad.

Será preciso demostrar la necesidad de las medidas de reestructuración operativa y financiera previstas y la capacidad de la sociedad de hacer frente a las obligaciones que surjan del acuerdo, para lo cual la justificación con información comparable de terceros sobre la evolución del mercado a futuro, y presentar la posición de la competencia, serán herramientas útiles en la negociación, sin posiciones maximalistas, con propuestas equilibradas entre las partes, y escuchando a los acreedores para conformar lo que será el acuerdo final.

La intención de las partes negociadoras es siempre lograr la unanimidad en la aprobación, pero, por si no fuera así y fuera preciso homologar a los disidentes o, en cualquier caso, para evitar la rescisión de la refinanciación en un potencial procedimiento concursal posterior, se prepara la documentación pertinente en concepto de mayorías requerido por la legislación en vigor (certificación del auditor en la legislación anterior, y del experto en la restructuración en caso de estar nombrado, o del auditor, de acuerdo con la actual redacción del Texto Refundido de la Ley Concursal), para proceder a la homologación del plan de reestructuración.

Los representantes en las negociaciones por parte de las entidades financieras acreedoras, suelen ser aquellos que llevan la relación con la compañía (oficina de empresas o corporativa, dependiendo del tamaño de la sociedad), junto con personas de su departamento de riesgos, con capacidad para negociar la refinanciación, que siempre estará sometida a sanción por parte de los comités de riesgos de las entidades acreedoras, que serán soberanos en cuanto a la sanción definitiva de la operación planteada y de sus términos.

En la redacción anterior de la legislación concursal, en cualquier momento tras el comienzo de las negociaciones era posible acudir al juzgado para solicitar un «cinco bis», que determinaba la comunicación formal de las negociaciones en sede judicial y la paralización de ejecuciones. En la normativa actual, la comunicación de la apertura de las negociaciones al juzgado competente para la declaración del concurso, en caso de probabilidad de insolvencia o de insolvencia inminente, puede hacerse al inicio de las negociaciones o una vez comenzadas. A diferencia del régimen anterior, que solo permitía realizar la comunicación al deudor que se encontraba en estado de insolvencia inminente o actual, la comunicación de la apertura de las negociaciones puede ahora realizarse desde que exista probabilidad de insolvencia, que se produce cuando sea objetivamente previsible que, de no alcanzarse un plan de reestructuración, el deudor no podrá cumplir regularmente las obligaciones que venzan en los próximos dos años.

La legislación concursal tras su reforma en septiembre de 2022 exige que la comunicación venga acompañada de un amplio listado de documentación e información, algo que no era requerido con anterioridad, que acerca la legislación actual al sesgo concursal (control judicial) que no tenía la preconcursalidad establecida en la redacción anterior del Texto Refundido de la Ley Concursal.

El Texto Refundido de la Ley Concursal establece que hasta que transcurran tres meses a contar desde la fecha de presentación de la comunicación en el Juzgado, los acreedores no podrán iniciar ejecuciones sobre bienes o derechos necesarios para la continuidad de la actividad empresarial o profesional del deudor. A su vez, como ya se ha indicado, permite una única prórroga de, como máximo, otros tres meses si el deudor o los acreedores que representen más del 50 % del pasivo que, en el momento de la solicitud de la prórroga pueda resultar afectado por el plan de reestructuración (deducido el importe de los créditos que, en caso de concurso, tendrían la consideración de subordinados) lo solicitan al juez.

Como se ha referido, en la redacción previa de la legislación concursal los únicos acreedores que podían estar afectados por el acuerdo de reestructuración eran los financieros. Ahora, el Texto Refundido de la Ley Concursal establece que el plan de reestructuración podrá afectar, si así lo consideran las partes, a cualquier acreedor (con algunas matizaciones que a continuación señalaremos), incluidos los comerciales, debiendo establecerse clases de acreedores sujetas a determinadas mayorías, por clases e intraclases, para la aprobación del plan de reestructuración.

Los créditos públicos pueden verse afectados siempre que el deudor acredite, tanto en el momento de presentar la comunicación de apertura de negociaciones como en el momento de solicitud de homologación judicial del plan, estar al corriente de sus obligaciones tributarias y con la Seguridad Social; y que los créditos públicos tengan una antigüedad inferior a dos años a contar desde la solicitud. En cualquier caso, los créditos de derecho público deberán estar íntegramente satisfechos en doce meses desde la homologación judicial del plan de reestructuración con carácter general, o en seis meses desde la homologación judicial si el deudor y el acreedor público hubieran alcanzado un acuerdo de aplazamiento o fraccionamiento previamente. Este tratamiento en la legislación española, no seguido por otras legislaciones, es dejar al crédito público, en la práctica, fuera de los acuerdos de reestructuración, teniendo que ser asumida la falta de liquidez para permitir el pago de créditos públicos por el resto de acreedores, sin considerar que la falta de acuerdo llevará al concurso y por tanto a la pérdida de empleo y sus efectos consecuentes para las arcas públicas (falta de ingreso por retenciones, seguridad social y sociedades, y pérdida de valor para la economía en su conjunto).

El plan de reestructuración tampoco puede afectar a los créditos por alimentos (personas físicas), a los créditos por responsabilidad extracontractual y a los créditos derivados de relaciones laborales distintas de las del personal de alta dirección.

Los socios pueden verse afectados por el plan pudiendo capitalizarse parte o la totalidad de la deuda, siempre que se cumplan determinados supuestos.

Los acreedores comerciales pueden verse afectados por el plan de reestructuración de acuerdo con el Texto Refundido de la Ley Concursal. Mi opinión personal es que, aunque ya ha habido algún plan de reestructuración homologado al amparo de esta previsión legal, en el que la deuda comercial se ha visto afectada, en el caso de aquellos proveedores que sean cruciales para la viabilidad del negocio, la tendencia general será evitar quitas y esperas en los mismos términos que las que se apliquen a la deuda financiera, por el efecto dominó que tendrían en la deuda financiera de dichos proveedores, y en el circulante de la sociedad en reestructuración, al poder solicitar los proveedores pagos por anticipado o al contado, incrementar su coste en función de las quitas que se les impongan, o incluso dejar de servir. Es importante tener presente que una reestructuración de deuda pre-concursal permite dar un tratamiento distinto a la deuda de los acreedores ordinarios (comerciales y financieros), lo que no es posible en sede concursal.

Los acreedores titulares de créditos afectados por el plan de reestructuración en el Texto Refundido de la Ley Concursal votarán agrupados por clases de créditos. La formación de clases debe atender a la existencia de un interés común a los integrantes de cada clase determinado conforme a criterios objetivos. El interés común entre los créditos de igual rango se entiende determinado por el orden de pago en el concurso.

Pero, a su vez, los créditos de un mismo rango concursal podrán separarse en distintas clases cuando haya razones suficientes que lo justifiquen, como la naturaleza financiera o no financiera del crédito, el conflicto de intereses que puedan tener los acreedores que formen parte de distintas clases, o cómo los créditos vayan a quedar afectados por el plan. Si los acreedores son pequeñas y medianas empresas y el plan supone para ellas un sacrificio superior al 50 % del importe de su crédito, deberán constituir una clase separada (lo que podría dificultar la obtención de las mayorías necesarias para la aprobación del plan de reestructuración en esta clase, dado el elevado volumen de pequeños acreedores que deberán votar a favor).

Los créditos con garantía real sobre bienes del deudor constituirán una clase única, salvo que la heterogeneidad de los bienes o derechos gravados justifique su separación en dos o más clases, y los créditos de derecho público constituirán una clase separada. Un caso específico a considerar en la conformación de las clases (inclusión o no como una clase del plan de reestructuración), serán los créditos con garantía del Instituto de Crédito Oficial (ICO) regulados en la disposición adicional octava del Texto Refundido de la Ley Concursal.

La homologación del plan en la redacción anterior de la legislación concursal estaba sujeta a determinadas mayorías, que han sido modificadas en la dicción actual del Texto Refundido de la Ley Concursal. Así, en el actual plan de reestructuración se considerará aprobado por una clase de créditos afectados si hubiera votado a favor más de los dos tercios del importe del pasivo correspondiente a esa clase. En el caso de que la clase estuviera formada por créditos con garantía real, se requiere que voten a favor tres cuartos del importe correspondiente a esta clase. Existen reglas especiales aplicables a los pactos de sindicación.

Si se consigue el voto favorable de la mayoría correspondiente a una clase, se considerará que el plan ha sido apoyado por toda la clase de acreedores (arrastre horizontal). El plan también puede ser aprobado mediante un arrastre vertical aplicable a los acreedores de las clases en las que no se ha alcanzado la mayoría, debiendo cumplirse dos condiciones específicas establecidas en el Texto Refundido de la Ley Concursal. En este caso, la valoración del deudor como empresa en funcionamiento debe estar respaldada por un informe emitido por el experto en la reestructuración y presentado al juzgado junto con la solicitud de homologación.

Si el deudor es una sociedad mercantil y el plan contiene medidas que requieren el acuerdo de la junta de socios / accionistas, el plan se podrá homologar aunque no haya sido aprobado por los socios / accionistas, si la sociedad se encuentra en situación de insolvencia actual o inminente.

En cuanto a los acreedores con garantía real, el Texto Refundido de la Ley Concursal ha introducido una protección especial aplicable a los disidentes en caso de arrastre. Así, «los acreedores titulares de derechos de crédito con garantía real que hayan votado en contra del plan y pertenezcan a una clase en la que el voto favorable hubiera sido inferior al voto disidente, tendrán derecho a instar la realización de los bienes o derechos gravados en el plazo de un mes a contar desde la publicación del auto de homologación». Este acto disminuirá considerablemente el valor del bien en el mercado y por tanto la recuperación vía venta del activo del importe de la deuda por el acreedor, con las consecuencias que ello tendrá para el aumento de la deuda a refinanciar).

El plan podrá prever la sustitución de este derecho por la opción de cobrar en efectivo, en un plazo no superior a ciento veinte días. Considerando que ningún deudor va a solicitar un plan de reestructuración si no existen problemas de liquidez; tanto la ejecución de la garantía en el caso de tratarse de un bien necesario para la actividad, como la del pago en efectivo, exigirán un sacrificio adicional aplicable al resto de los acreedores (excepto los del crédito público, como ya se ha explicado). Entendemos que siempre que la garantía del acreedor privilegiado no perdiera valor a consecuencia del plan de reestructuración y se remunerara la modificación de los plazos del préstamo garantizado de forma razonable, no hubiera sido necesario establecer esta vía de salida para los disidentes que podría dificultar las negociaciones del plan de reestructuración entre acreedores.

Tras la homologación judicial del plan de reestructuración, el Texto Refundido de la Ley Concursal establece que no podrá solicitarse otra homologación respecto del mismo deudor hasta que transcurra un año a contar desde la fecha de solicitud de la homologación del plan anterior.

Un aspecto introducido en el Texto Refundido de la Ley Concursal con ocasión de su reforma en septiembre de 2022, y que puede ser muy útil en la preparación de un plan de reestructuración, es que el deudor puede solicitar la modificación o resolución de los contratos con obligaciones recíprocas pendientes de cumplimiento cuando la modificación o resolución resulte necesaria para el buen fin de la reestructuración y prevenir el concurso. Si las partes no llegasen a un acuerdo sobre los términos de la modificación o las consecuencias de la resolución, el plan podrá prever la resolución de esos contratos, pudiendo la indemnización derivada de la resolución quedar afectada por los términos del plan de reestructuración.

Por último, cabe referirse, en los procesos de negociación al amparo de la actual redacción del Texto Refundido de la Ley Concursal, a la figura del experto en la reestructuración y sus funciones dentro del proceso de negociación. Puede ser nombrado por el juez a propuesta del deudor o, con las mayorías establecidas, por los acreedores, de forma voluntaria, pero será obligatorio su nombramiento, a propuesta de deudor o acreedores, como se ha indicado, cuando concurran las circunstancias expresamente establecidas en la legislación concursal, es decir, que se solicite una suspensión general de ejecuciones y/o la homologación judicial del plan de reestructuración. Sus funciones serán: facilitar la negociación entre las partes, asistir a las partes en la preparación del plan de reestructuración, la valoración de la sociedad en el caso de homologación de planes de reestructuración no consensuales y, siempre que haya sido nombrado, emitir un informe favorable en relación a la prórroga del período de negociación abierto tras la comunicación judicial de la apertura del proceso de negociación, solicitar al juez la suspensión de la solicitud de concurso por el deudor si considera que el proceso de negociación de la reestructuración tiene visos de llegar a buen puerto para permitir la viabilidad de la sociedad deudora y emitir los certificados de mayorías necesarios para la homologación y la protección contra potenciales acciones rescisorias del plan de reestructuración en caso de concurso posterior.

Capítulo 8

# LA FORMACIÓN DE CLASES EN PLANES DE REESTRUCTURACIÓN: ALGUNAS CONSIDERACIONES PRÁCTICAS

MIGUEL NAVARRO MÁÑEZ
*Abogado*

SUMARIO: I. INTRODUCCIÓN. II. CRITERIOS GENERALES PARA LA FORMACIÓN DE CLASES. *1. Previsiones de la Directiva. 2. Previsiones de la legislación española. 3. Consideraciones doctrinales.* 3.1. Protección de los acreedores-pyme. 3.2. Definición del perímetro y agregación o desagregación de clases. 3.3. Formación de clases y orden de pago. 3.4. Heterogeneidad del colateral en créditos privilegiados. *4. Jurisprudencia.* 4.1. CELSA. 4.2. XELDIST. III. ALGUNOS SUPUESTOS CONCRETOS. *1. Operaciones con aval del Instituto de Crédito Oficial (ICO). 2. Operaciones con otros avalistas. 3. Tratamiento del principal o de los intereses vencidos e impagados. 4. Créditos financieros otorgados por entidades públicas.* IV. CONCLUSIONES: TERRITORIO INEXPLORADO.

## I. INTRODUCCIÓN

Como es sabido, la reforma del Texto Refundido de la Ley Concursal operada por la Ley 16/2022, de 5 de septiembre, a efectos de trasponer la Directiva (UE) 2019/1023, de 20 de junio de 2019, de Reestructuraciones e Insolvencia ha supuesto una reforma absoluta del Derecho preconcursal, sustituyendo por completo a un esquema que, con sus luces y sombras, venía funcionado relativamente bien (particularmente en el *middle market*) si bien mostraba carencias para afrontar grandes procesos de refinanciación.

Entre todos los aspectos derivados de esta reforma, nos parece especialmente interesante el relativo a la formación de las clases de créditos. A pesar de que la Exposición de motivos de la Ley 16/2022 señala que esto «*no es ninguna novedad*», lo cierto es que hasta la fecha la única categorización que resultaba relevante en sede preconcursal era si los créditos tenían o no naturaleza «financiera», y dentro de los créditos financieros, si gozaban o no de garantía real. No existía ningún proceso de «formación de clases», sino que era una cuestión de mera calificación de créditos individuales: un crédito se consideraba o no financiero, y si lo era, se consideraba o no como garantizado.

Frente a esto, la legislación actual abre un amplio abanico de posibilidades, permitiendo tanto afectar a otros tipos de créditos, distintos de los financieros, como dar distintos tratamientos a los créditos según su «clase» [1].

Esto supone un cambio absoluto en la base del sistema, como ya señalaba la doctrina de forma previa a la aprobación de la Directiva de Reestructuraciones e Insolvencia («*(l)a relevancia conceptual de la formación de clases radica en la concepción del Plan (al menos el consensual) como un acuerdo, no entre acreedores, sino entre clases. Las clases son pues al Plan lo que las partes a un contrato civil. Es esencial poder identificarlas correctamente y que cada una de ellas tenga una sustantividad propia, pues van a expresar su voluntad a través de un voto, recabándose las mayorías por clases*») [2].

En este sentido, la formación de clases implica, en primer lugar, un ejercicio (consciente y que debe ser justificado en el Plan de Reestructuración) de establecer el perímetro afectado por la reestructuración [3], y posteriormente un ejercicio de clasificación de los créditos afectados por la operación.

Por todo ello, nos ha parecido interesante realizar unas breves reflexiones sobre la formación de clases, elemento clave en el diseño del Plan de Reestructuración. Para ello, expondremos algunas cuestiones generales y posteriormente analizaremos supuestos concretos que, por nuestra experiencia, entendemos que pueden presentarse recurrentemente en estas operaciones.

## II. CRITERIOS GENERALES PARA LA FORMACIÓN DE CLASES

### 1. PREVISIONES DE LA DIRECTIVA

El artículo 9.4 de la Directiva de Reestructuraciones e Insolvencia establece unos criterios bastante amplios para la formación de clases de créditos (o «categorías», como se las denomina en la versión en castellano de la Directiva):

a) Deben reflejar «*una comunidad de intereses suficiente basada en criterios comprobables*».

---

1. Recordemos que la homologación judicial, tal y como venía configurada antes de la reforma, permitía extender efectos «*del acuerdo*» a los acreedores no firmantes, y sólo excepcionalmente la jurisprudencia permitía que los efectos fueran distintos para diversos acreedores afectados siempre y cuando ello no supusiera un «*sacrificio desproporcionado*»; en este sentido, Auto del Juzgado de lo Mercantil 2 de Madrid de 3 de junio de 2015 (asunto HUNE RENTAL) o Auto del Juzgado de lo Mercantil 1 de Valencia de 20 de octubre de 2016 (asunto TEJAS BORJA).
2. THERY, A. en «Los marcos de reestructuración preventiva en la propuesta de Directiva de 22 de noviembre de 2016 (I)», *Revista de Derecho Concursal y Paraconcursal*, n.º 27, 2017.
3. La posibilidad de distinguir perímetros distintos de deuda financiera afectada no era una cuestión pacífica bajo la anterior legislación. Por citar algunos ejemplos: en contra, la Sentencia del Juzgado de lo Mercantil de Sevilla, número 2, de 27 de septiembre de 2017 (segunda sentencia ABENGOA), y en la doctrina: NAVARRO, M., «Sobre el pasivo financiero y el sacrificio desproporcionado», *Anuario de Derecho Concursal,* n.º 43, 2018, aceptando en todo caso que era una posibilidad interesante *de lege ferenda*. A favor de la misma se pronunció THERY, A. (*op. cit.*); en la jurisprudencia, Sentencia del Juzgado de lo Mercantil de Barcelona, número 10, de 29 de noviembre de 2016 (FCC).

b) Los créditos garantizados y no garantizados deberán ser tratados en clases distintas.

c) Los Estados miembros «pueden» disponer: (i) que los créditos «*de los trabajadores*» se traten como una clase propia; y (ii) que los deudores pymes puedan no tratar a las partes afectadas como clases separadas[4].

d) Los Estados miembros deben establecer medidas adecuadas para proteger a los acreedores «*vulnerables*», como los pequeños proveedores.

Como veremos a continuación, estos criterios mínimos se reflejan adecuadamente en la legislación española.

## 2. PREVISIONES DE LA LEGISLACIÓN ESPAÑOLA

Las previsiones de la Directiva se desarrollan en sólo tres preceptos del Texto Refundido de la Ley Concursal.

Así, en primer lugar el artículo 623.1 establece que la formación de clases «*debe atender a la existencia de un interés común a los integrantes de cada clase determinado conforme a criterios objetivos*», aclarando en el apartado 2 que se considera que existe interés común «*entre los créditos de igual rango determinado por el orden de pago en el concurso de acreedores*».

Sin embargo, a continuación establece que a pesar de esa «consideración» inicial, los créditos de un mismo rango concursal se pueden asignar a distintas clases «*cuando haya razones suficientes que lo justifiquen*», estableciendo una serie de criterios que, a nuestro juicio, son meramente ejemplificativos y orientativos[5]. Tan sólo se establece una norma imperativa y es que, si los acreedores son pymes y el plan de reestructuración supone para ellas un «*sacrificio*» superior al cincuenta por ciento del importe de su crédito, deberán constituir una clase de acreedores separada[6].

Finalizando nuestro análisis del artículo 623, en el apartado 4 se establecen una serie de categorías de créditos que «*se consideran*» como «*financieros*», lo que entendemos que es una norma imperativa.

---

4. Posibilidades que no ha recogido el legislador español: ni se prevé que los créditos laborales «deban» ser una clase propia (*vid.* artículo 623 LC), ni se ha previsto que los deudores pyme puedan no tratar a las partes afectadas como clases separadas (*vid.* artículo 684 LC).

5. «*Se podrá atender, en particular, a la naturaleza financiera o no financiera del crédito, al conflicto de intereses que puedan tener los acreedores que formen parte de distintas clases, o a cómo los créditos vayan a quedar afectados por el plan de reestructuración*».

6. Debemos entender que ese «sacrificio» no equivale necesariamente a una quita, sino a una pérdida de valor del crédito que también puede ponerse de manifiesto por otras circunstancias como su conversión en participativo, su capitalización o la imposición de una espera. En este sentido, entendemos que se deberá valorar el importe del crédito pre y post-reestructuración, usando los mismos criterios aplicables a las causas de impugnación previstas en los artículos 654.6.º, 655.2. 2.º y 655.2.4.º.

Así, en primer lugar se refiere a los derivados «*de contratos de crédito o préstamo, con independencia de la condición de su titular*», lo que nos parece especialmente interesante en relación a los créditos o préstamos concedidos por entidades públicas. Volveremos sobre este aspecto más adelante.

Posteriormente se refiere a los que sean «*titularidad de entidades financieras (...) con independencia de cuál sea el origen del crédito*». Ya bajo la anterior legislación la jurisprudencia[7] había llegado a la conclusión de que la deuda frente a entidades financieras debía ser considerada como «pasivo financiero» con independencia de su origen, por aplicación de la regla prevista en la letra b) de la Norma 9.ª del Plan General de Contabilidad, si bien en todo caso es de agradecer que el legislador aporte claridad y seguridad jurídica al incluir esta regla expresamente en la norma. En el mismo sentido, también se incluye una referencia a las aseguradoras respecto a los seguros de crédito y caución.

En tercer lugar, se refiere a operaciones de naturaleza «*análoga*» (leasings, venta de bienes con reserva de dominio, aval o contra-aval, *factoring* y confirming).

Y por último señala que no se considerarán como financieros los créditos derivados de operaciones «comerciales» aunque tengan aplazada su exigibilidad, «*salvo que hayan sido cedidos a una entidad financiera*». El carácter aparentemente imperativo de la norma nos genera bastantes dudas: si un proveedor de maquinaria, por poner un ejemplo, vende la misma con un precio aplazado por el que percibe un interés y no incluye una reserva de dominio deberíamos concluir que es pasivo comercial y no financiero, lo cual no parece coherente con la lógica económica de la operación. Quizá habría tenido más sentido distinguir, como es habitual en la práctica financiera, entre aplazamientos sin coste o con coste: un proveedor que junto con el bien o servicio que presta da la posibilidad de financiarlo con un coste (implícito o explícito) está obteniendo un beneficio específico por la financiación que presta y por tanto puede ser lógico tratarlo como «acreedor financiero».

Pasando al artículo 624, este establece que los créditos con garantía real constituirán una clase única, «*salvo que la heterogeneidad de los bienes o derechos gravados justifique su separación en dos o más clases*». Volveremos sobre este precepto más adelante.

Para finalizar, se establece en el artículo 624 bis que los créditos de derecho público constituirán una clase separada de las otras que tengan su mismo rango concursal. Esta opción, permitida —pero no obligatoria— conforme a la Directiva, es, en nuestra opinión, una muestra más de la intención del legislador de excluir a los créditos públicos del ámbito de los Planes de Reestructuración; cuando la viabilidad de una empresa requiera reestructurar deuda pública, dicha reestructuración probablemente operará en paralelo o como condición previa al Plan de Reestructuración, pero entendemos que la

7. Segunda sentencia ABENGOA, ya citada.

participación de la «clase» de créditos públicos en un Plan de Reestructuración será muy excepcional.

En todo caso, como puede verse, la legislación nacional deja un campo muy amplio a las partes de los Planes de Reestructuración sobre cómo formar clases, lo cual es un arma de doble filo: puede permitir aprobar Planes con mayor facilidad, pero podría conllevar un incremento de la litigiosidad derivada de la impugnación por acreedores disidentes *ex* artículo 654.2.º del Texto Refundido de la Ley Concursal.

## 3. CONSIDERACIONES DOCTRINALES

A pesar de lo reciente de la reforma, ya existen algunas aproximaciones doctrinales de gran interés para la materia que estamos analizando. Nos referiremos en concreto a diversos aspectos que nos parecen destacables de las aportaciones realizadas por Garcimartín[8] y Valencia[9].

### 3.1. Protección de los acreedores-pyme

Un aspecto destacable señalado por Garcimartín es que la separación en clases distintas de los créditos de acreedores-pyme a los que se exija un sacrificio de más del 50% de su crédito y de los créditos públicos conlleva un interesante efecto colateral: los créditos públicos (*ex* artículo 616 bis LC) no pueden verse afectados por quitas, sino sólo por esperas y con un máximo de 18 meses, y ello con independencia de que tengan rango privilegiado u ordinario.

Por lo tanto, si la clase de créditos de acreedores-pyme (o, en general, cualquier clase de rango ordinario) rechaza el plan, no pueden recibir un trato peor que el que reciba la clase de créditos públicos ordinarios. Esto podría llegar a hacer inviables los Planes de Reestructuración en los que el crédito público y el de acreedores-pyme sea mayoritario; por tanto, en nuestra opinión, se refuerza la tesis de que habitualmente el crédito público quedará fuera del perímetro afectado por la reestructuración, ejecutándose al margen de la misma. De este modo, ese estándar de protección no les será aplicable a los acreedores disidentes de rango ordinario.

### 3.2. Definición del perímetro y agregación o desagregación de clases

También Garcimartín ha analizado la posibilidad de excluir a determinados créditos del perímetro de reestructuración, aunque haya créditos «homogéneos» afectados por la misma, así como de agregar o separar créditos homogéneos en una clase o varias.

---

8. GARCIMARTÍN, F., «Apuntes sobre la formación de clases en el Derecho preconcursal», en *Almacén de Derecho*, 15 de noviembre de 2022, disponible en https://almacendederecho.org/apuntes-sobre-la-formacion-de-clases-en-el-derecho-preconcursal

9. VALENCIA, F., «Reflexiones a la luz de la Sentencia de la Audiencia Provincial de Pontevedra de 10 de abril de 2023», en *Cuatrecasas*, 4 de mayo de 2023, disponible en https://www.cuatrecasas.com/es/spain/reestructuraciones-e-insolvencias/art/planes-reestructuracion-criterios-formacion-clases

Su conclusión, que compartimos plenamente, es que en ambos casos la clave está en que la decisión de los acreedores no puede ser arbitraria, sino que debe responder a criterios objetivos y, además, suficientemente justificados («*debe haber una justificación suficiente, vinculada a buen funcionamiento del procedimiento de decisión colectiva, para afectar a unos créditos y a otros no*», añadiendo que «*el criterio interpretativo debe ser "in dubio pro agregación". Es la desagregación, i.e. la separación en clases dentro de un mismo rango, la que requiere una "justificación suficiente"*»).

### 3.3. Formación de clases y orden de pago

Valencia ha llamado la atención sobre el hecho de que el artículo 623.2 del Texto Refundido de la Ley Concursal no sólo establece la separación en clases según el rango concursal de los créditos, sino que incluye una referencia expresa al «*orden de pago*». Esto le hace concluir (y estamos plenamente de acuerdo con su postura) que, en el caso de los créditos con privilegio especial, se deberá respetar la prelación o el orden de las garantías; y en el caso de los créditos con privilegio general o subordinados, se deberá respetar, respectivamente, el orden de los artículos 280 y 281 del Texto Refundido de la Ley Concursal.

### 3.4. Heterogeneidad del colateral en créditos privilegiados

Valencia también se ha planteado, al hilo de lo que anteriormente señalábamos sobre la «heterogeneidad» de los colaterales como criterio justificativo de la separación en distintas clases de créditos con garantía real, si dicho criterio debe ser el único a considerar o puede complementarse con otros; parece claro que si se trata de garantías de distinto rango deben agruparse en distintas clases por lo indicado en relación al «*orden de pago*» señalado en el artículo 623.2 del Texto Refundido de la Ley Concursal, pero concluye que otros supuestos son mucho más dudosos.

Entendemos que considerar la «heterogeneidad» del colateral como único criterio, excluyendo posibilidades como la heterogeneidad de los propios créditos garantizados, puede llevar a situaciones poco lógicas; por ejemplo, se podría dar el caso de que si un mismo bien garantiza créditos financieros, comerciales y laborales se deba incluir a todos en una única clase, sin posibilidad de separarlos en clases distintas incluso aunque cada uno de ellos deba recibir un tratamiento diferenciado según resulte del Plan de Reestructuración. No obstante, la literalidad de la norma es clara: el artículo 624 no se refiere a «una clase separada» sino a «*una única clase*».

Por tanto, *a priori* y a salvo de mejor criterio jurisprudencial, sólo será posible dividir en clases distintas a los acreedores con garantía real en virtud de su rango sobre el mismo colateral o en virtud de la heterogeneidad de los colaterales; no será posible combinar estos criterios con otros para generar más clases.

## 4. JURISPRUDENCIA

A pesar de la novedad de la reforma ya tenemos resoluciones judiciales muy interesantes. Nos vamos a referir en particular a la Sentencia del Juzgado de lo Mercantil, número 2, de Barcelona de 2 de diciembre de 2022 (confirmación de clases de CELSA) y la SAP de Pontevedra de 10 de abril de 2023 (XELDIST), sin perjuicio de que posteriormente haremos referencia a aspectos concretos de otras resoluciones.

### 4.1. CELSA

En relación a la primera de dichas resoluciones, y aunque es una cuestión que ya se desprende de la ley, nos parece interesante cómo refuerza la percepción del sistema de formación de clases como un elemento que es responsabilidad de los acreedores y que sólo está sujeto a control judicial «reactivo» («*el sistema se configura en base a la capacidad de los acreedores para autoorganizarse respetando el canon de obligada solidaridad o agrupamiento legal que garantiza una mínima funcionalidad, con un episódico control jurisdiccional (...) Es claro pues, que la configuración de las clases de créditos corresponde a los acreedores respetando los criterios legales*»).

Y esto lleva a una conclusión muy importante: pueden existir varias opciones correctas a la hora de formar las clases, pero no es responsabilidad ni competencia del juzgador analizar si había otras opciones o cuáles serían las consecuencias de hacer las cosas de otra manera. El control judicial en esta materia es de estricta legalidad, sin que puedan incorporarse criterios de oportunidad o conveniencia («*Los protagonistas de la reestructuración son los acreedores y son ellos los que libérrimamente, dentro de los márgenes de la legalidad, deben configurar la correlación de fuerzas e intereses que mejor satisfaga sus pretensiones siempre que preserven el valor superior de la continuidad de la actividad empresarial. La intervención del órgano jurisdiccional debe limitarse al control de legalidad, a garantizar que los pactos y acuerdos alcanzados no obedecen a ninguna inteligencia fraudulenta o a una intencionalidad dolosa, que respetan los criterios normativos que priorizan el interés común como eje vertebrador del acuerdo y se ajustan a esa mínima taxonomía que atiende a la naturaleza económica del crédito*»).

También nos parece muy relevante la reflexión que realiza el juzgador al desestimar el tercero de los motivos de impugnación. Dicho motivo versaba precisamente sobre un aspecto que hemos analizado anteriormente, la regla derivada del artículo 624 del Texto Refundido de la Ley Concursal, señalando el impugnante que se debería haber creado una única clase con todos los créditos con garantía real en vez de diferenciar varias clases diferenciándose «*por sociedad e instrumento de deuda*». La Sentencia señala que la legislación «*no impone una única clasificación para los créditos con garantía real porque permite que la heterogeneidad de los bienes o derechos gravados justifique su separación en dos más clases (artículo 624)*» y concluye que en el caso estudiado concurre dicha heterogeneidad. *Sempsu contrario*, podemos interpretar que en otro caso se habría estimado la impugnación, por lo que parece que se refuerza la postura que anteriormente indicábamos: no cabe aplicar otros criterios que los derivados de los artículos 623.2 y 624 del Texto Refundido de la Ley Concursal (orden de pago y heterogeneidad del colateral).

### 4.2. XELDIST

En este caso, los tres motivos analizados por la Sentencia nos parecen tremendamente interesantes.

El primero de ellos se basaba en que no se habían respetado los criterios generales para la formación de clases que establece el artículo 623 del Texto Refundido de la Ley Concursal, alegando que no se había tenido en consideración el interés común que subyace entre los créditos del mismo rango concursal y que la separación en distintas clases no estaba lo suficientemente justificada conforme a criterios objetivos.

La Sentencia, reforzando las ideas ya mencionadas de «autoorganización» por parte de los acreedores sin más límites que el hecho de basar sus decisiones en criterios objetivos y justificados, establece que el concepto de «*interés común*» al que se refiere el artículo 623.1 del Texto Refundido de la Ley Concursal tiene un contenido amplio y elástico («*un concepto de múltiples significados, sin un claro criterio jurídico prefijado para su aplicación a concretos supuestos, convirtiéndose en un concepto ampliamente elástico y flexible, bajo el que cobijar múltiples situaciones, con la única exigencia de que la clasificación, separando créditos del mismo rango, atienda a razones suficientes que lo justifique, que pueden ser de lo más variado, siempre que atienda a criterios objetivos*»). Incluso señala expresamente que puede haber clases unipersonales de créditos, lo cual es algo que nos parece totalmente lógico si es coherente con la estructura financiera de la operación plasmada en el Plan de Reestructuración, pero que ciertamente puede resultar llamativo a primera vista.

En segundo lugar, se plantea nuevamente una cuestión relacionada con la aplicación de la regla de la «heterogeneidad» de los colaterales prevista en el artículo 624 del Texto Refundido de la Ley Concursal; en el caso concreto, se habían separado en clases distintas a un acreedor que contaba con garantía pignoraticia sobre mercancía y a los acreedores titulares de leasings de equipamiento productivo. Sin embargo, los acreedores impugnantes no parecen discutir la heterogeneidad de los colaterales sino simplemente el que este tratamiento diferenciado no está suficientemente justificado en el Plan de Reestructuración, lo que lleva a la Sentencia a desestimar este argumento por cuanto esta heterogeneidad se encontraba «*ínsita en la propia configuración jurídica de cada garantía real*», conclusión con la que concordamos plenamente. No obstante, como regla general, entendemos que será siempre conveniente que los Planes de Reestructuración en que se separe a los acreedores garantizados en clases distintas justifiquen, siquiera someramente, la existencia de heterogeneidad entre dichos colaterales.

Por último, los impugnantes alegaron que el perímetro de afectación del Plan de Reestructuración no era correcto, al haberse excluido las operaciones con aval del Instituto de Crédito Oficial (ICO) y un crédito de una entidad financiera garantizado por AvalMadrid.

La Sentencia empieza estableciendo que el perímetro de afectación está sujeto a control judicial, tal y como se establece en el Preámbulo de la Ley 16/2022 y ello aunque no se incluye expresamente en las causas de impugnación de los artículos 654 y 655 del Texto Refundido de la Ley Concursal, si bien se puede deducir del 654.2.º del Texto Refundido de la Ley Concursal. A continuación, señala que el análisis debe centrarse en que existan razones objetivas y justificadas para la no afectación, que en este caso considera que concurren. En particular, considera que el que estas operaciones estuvieran avaladas por el ICO (o, en un caso concreto, por AvalMadrid, sociedad de garantía recíproca) son un elemento objetivo y suficiente para llegar a esta conclusión, máxime considerando la naturaleza pública tanto del Instituto de Crédito Oficial (ICO) como de AvalMadrid, cuyo principal accionista es la Comunidad de Madrid.

En nuestra opinión, y aunque concordamos con la conclusión, no debería darse un tratamiento uniforme a todos los créditos que cuenten con garantía personal de terceros. Y ello por cuanto, como desarrollaremos a continuación, las operaciones avaladas por el Instituto de Crédito Oficial (ICO) en virtud de las distintas líneas ICO-COVID y posteriores están sujetas, en el campo concursal y pre-concursal, a una normativa específica en cuanto a su ejecución y gestión (Disposición Adicional Octava Ley 16/2022, en su redacción dada por el artículo 105 del Real Decreto-ley 20/2022, de 27 de diciembre); por su parte, los avales de sociedades de garantía recíproca no se encuentran sujetos a dicha normativa y el hecho de que tengan participación pública, incluso mayoritaria, a nuestro juicio no es relevante a estos efectos.

## III. ALGUNOS SUPUESTOS CONCRETOS

Tras las consideraciones generales anteriores, pasamos a analizar cuestiones concretas en las que expresaremos nuestra opinión, lógicamente preliminar y sujeta a la evolución del estudio doctrinal y jurisprudencial de esta materia. En todos los casos, la problemática vinculada al tratamiento preconcursal de estas categorías de créditos presenta muchos aspectos, pero por razones obvias nos vamos a centrar exclusivamente en el tratamiento de las mismas a efectos de las clases de créditos.

### 1. OPERACIONES CON AVAL DEL INSTITUTO DE CRÉDITO OFICIAL (ICO)

Como es sabido, la reestructuración de operaciones con avales del Instituto de Crédito Oficial (ICO) emitidos al amparo de las mencionadas líneas ICO-COVID y posteriores presenta numerosas complejidades[10]. En todo caso, centrándonos en el tratamiento de clases, creemos que hay motivos objetivos para considerar que, como regla general, las operaciones con aval del Instituto de Crédito Oficial (ICO) deberán tener

10. Para los interesados en esta materia, SÁNCHEZ VELO, L. M., «La reestructuración de los créditos ICO Covid: ¿más cerca de la solución?», *Diario La Ley, Sección Hoy es Noticia*, 22 de febrero de 2023.

un tratamiento diferenciado y formar su propia clase: su peculiar régimen jurídico establece diferencias muy notables respecto de otras operaciones garantizadas, y adicionalmente la existencia de créditos con aval del Instituto de Crédito Oficial (ICO) y otros sin dicho aval puede implicar un conflicto de interés entre los acreedores titulares de unos y otros. En la jurisprudencia, esta tesis ha sido aceptada no sólo por el anteriormente mencionado Auto del asunto XELDIST sino también en la Sentencia del Juzgado de lo Mercantil, número 1, de Oviedo, de 13 de julio de 2023 (EL ARCO).

En teoría sería posible que, si la lógica financiera del Plan de Reestructuración así lo aconseja, la financiación con aval del Instituto de Crédito Oficial (ICO) se agrupe en una única clase junto con el resto de los créditos financieros, pero vemos este supuesto tremendamente improbable en la práctica: las modificaciones de las operaciones avaladas por el Instituto de Crédito Oficial (ICO) deben cumplir los criterios aprobados por la Unión Europea en el «marco temporal» de ayudas, lo que supone severas restricciones a la libertad negociadora de las partes que no se aplicarían al resto de la deuda financiera (y cuyo incumplimiento implicaría la pérdida del aval, lo que lógicamente resultaría inaceptable para los acreedores titulares del mismo).

## 2. OPERACIONES CON OTROS AVALISTAS

Como se ha señalado anteriormente, en los casos en que el avalista no sea el Instituto de Crédito Oficial (ICO) no sería de aplicación la Disposición Adicional Octava de la Ley 16/2022. El eventual crédito del avalista por la acción de regreso recibirá la calificación y el tratamiento que le corresponda conforme al Plan de Reestructuración, e incluso (por cuanto el avalista no deja de ser un acreedor contingente del deudor principal, precisamente por la posibilidad de la acción de regreso) se puede extender los efectos del acuerdo al avalista no firmante a efectos de que su fianza quede ratificada en caso de prórroga (espera) de la obligación principal, para evitar la aplicación del artículo 1851 del Código Civil[11].

Aunque es cierto que la existencia de un avalista es un elemento objetivo, la ejecución del aval no implica un diferente trato jurídico del crédito y por tanto no parece ser razón suficiente *per se* para separar créditos en distintas clases.

No obstante, en el supuesto de que el avalista fuera suficientemente solvente, se podría defender que existe un «conflicto de intereses» entre los acreedores así avalados (que tendrían menor interés en la aprobación de la reestructuración, al tener cubiertos sus créditos) y el resto, e intentar justificar sobre esta base la separación en clases diferentes. Esto sería admisible, pero es una excepción que confirma la regla general: la mera existencia de un aval no es suficiente, debe haber otras circunstancias que justifiquen ese trato diferenciado.

11. Hasta donde alcanza nuestro conocimiento, este supuesto no ha sido analizado todavía por la jurisprudencia tras la reforma, pero existen numerosos pronunciamientos bajo la legislación anterior; por todos, Auto del Juzgado de lo Mercantil, número 1, de Castellón, de 10 de septiembre de 2020 (asunto CFM).

## 3. TRATAMIENTO DEL PRINCIPAL O DE LOS INTERESES VENCIDOS E IMPAGADOS

Es habitual en las reestructuraciones que se fije una «fecha de efectos» de tal modo que se aplique un tratamiento distinto a los créditos reestructurados que venzan a partir de ese momento y a los que hayan vencido anteriormente y se encuentren impagados. Es decir, cuando se firma el Plan habrá créditos pendientes de vencimiento y otros ya impagados, que podrán corresponder a principal o intereses (los cuales tendrían un rango concursal distinto, subordinados o con privilegio especial si se encontraran garantizados).

Si estos impagados se refinancian junto con el resto de deuda no vencida, no habrá dificultades: se agruparán en las clases que les corresponda conforme a los criterios utilizados en el Plan, y será irrelevante que se hallen vencidos o no.

Del mismo modo, si se pacta con el deudor (como es relativamente habitual) que estos impagados se atiendan en la fecha de firma del Plan, o antes de dicha firma, serían créditos excluidos del perímetro de la reestructuración y por tanto no afectados por la misma. No obstante, esto genera dos dudas.

La primera tiene que ver con el trato a los disidentes. ¿Sería posible pactar que estos impagados se atiendan a los firmantes en la fecha de firma y que a los disidentes no se les repague en ese momento sino posteriormente, una vez se haya dictado la resolución judicial relativa a la homologación (o incluso que sean objeto de refinanciación junto con el resto de la deuda)?

A nuestro juicio, la respuesta debe ser negativa. Sea cual sea el trato que se dé a estos créditos impagados, será necesario que se aplique por igual a los acreedores firmantes que a los disidentes, por cuanto en caso contrario el valor del crédito de los disidentes sería inferior al de los firmantes.

Y la segunda tiene que ver con un eventual aplazamiento de este pago. Es muy habitual que, en los procesos de reestructuración, la situación de tesorería del deudor se vea muy perjudicada (sobre todo considerando la incidencia que el proceso de negociación pueda tener sobre las líneas de financiación de circulante del deudor) y que por ello resulte materialmente imposible realizar estos pagos en la fecha de firma. Por ello, es habitual otorgar un corto plazo de «gracia» para que el deudor pueda atender estos importes tras la firma de la reestructuración, una vez normalizada su situación de caja.

En nuestra opinión, este aplazamiento puede instrumentarse de dos formas distintas, ambas igualmente válidas y cada una con sus propias complejidades.

Se puede establecer una clase específica para estos créditos, diferenciada de las demás (dado su distinto calendario de repago *ex* artículo 623.2 del Texto Refundido de la Ley Concursal, «*cómo los créditos vayan a quedar afectados por el plan de reestructuración*»), si bien en este caso habrá que tener en cuenta que, si se pretende que el pago de intereses que tengan carácter de «crédito subordinado» se realice en un plazo corto (inferior a los plazos de pago previstos para otras clases de créditos), esto sólo será viable si el plan es aprobado por todas las clases [12]. En caso contrario, las clases disidentes podrían impugnar el Plan con alta probabilidad de éxito amparándose en los apartados 2.º y 4.º del artículo 655.2.

También se puede considerar que estos créditos simplemente están fuera del perímetro de refinanciación y por lo tanto se podrán pagar en los términos que las partes consideren convenientes, términos que se pueden plasmar en cualquier documento (incluso en el propio Plan de Reestructuración, aunque no formen técnicamente parte del mismo).

No obstante, esta segunda opción sólo será posible si no existen disidentes; si existieran disidentes no se les podría imponer este aplazamiento precisamente por tratarse de créditos fuera del perímetro, y sería necesario, por tanto, establecer una clase específica con estos créditos. Otra opción sería prever que a los disidentes se les pagara inmediatamente, sin ningún aplazamiento adicional, pero parece poco probable que los acreedores firmantes vayan a aceptar recibir un trato peor que el de los disidentes.

## 4. CRÉDITOS FINANCIEROS OTORGADOS POR ENTIDADES PÚBLICAS

Bajo la legislación anterior, numerosas resoluciones judiciales establecieron la posibilidad de considerar «pasivo financiero» a préstamos concedidos por entidades públicas y, por tanto, se aceptaba someterlos a homologación judicial con extensión de efectos [13]. Hasta donde alcanza nuestro conocimiento, sólo hay una resolución parcialmente discrepante que establece una distinción según la naturaleza jurídica del prestamista, distinguiendo entre los préstamos REINDUS concedidos directamente por el Ministerio (a los que considera públicos) y los créditos del Centro para el Desarrollo Tecnológico y la Innovación [14] (a los que considera o no públicos según lo que se establezca en el contrato correspondiente).

En nuestra opinión, la reforma no incluye ningún precepto o modificación que permita rebatir los argumentos jurisprudenciales y doctrinales en base a los que ya hemos defendido en ocasiones anteriores que este tipo de créditos, aunque sean titularidad de un «ente público», no son «créditos públicos» por no provenir de relaciones

12. Así lo ha aceptado, en un plan aprobado por todas las clases, el Auto del Juzgado de lo Mercantil, número 1, de Zaragoza, de 24 de julio de 2023 (LÓPEZ SORIANO). Dicho Auto también valida la posibilidad de mejorar las condiciones de amortización de las entidades financieras que aportan «*fresh money*» en el Plan de Reestructuración frente a las entidades que no lo aportan, aspecto interesantísimo y que no podemos dejar de apuntar aunque escape del objeto de esta comunicación.
13. Por citar las más relevantes, Auto del Juzgado de lo Mercantil, número1, de Vitoria-Gasteiz, de 26 de noviembre de 2015 (BAGOETA); Auto del Juzgado de lo Mercantil, número 6, de Madrid, de 17 de diciembre de 2015 (rectificado por Auto de 26 de enero de 2016), y Sentencia del mismo Juzgado de 22 de septiembre de 2016 (AURANTIA 2003); y los anteriormente mencionados Autos de los asuntos HUNE RENTAL, TEJAS BORJA y CFM.
14. Sentencia del Juzgado de lo Mercantil, número 1, de Castellón de 22 de julio de 2021 (AZULEV).

«de imperio» y por tanto deben recibir el mismo trato que los restantes créditos financieros[15].

Y es más: aunque, probablemente, no haya sido esa la intención del legislador, creemos que la redacción literal del artículo 623.4.1.º refuerza esta interpretación al señalar que las operaciones de préstamo o crédito «*se consideran créditos financieros (...) con independencia de la condición de su titular*».

En nuestra opinión, este artículo establece una norma imperativa («*se consideran*») y por tanto resulta perfectamente razonable que operaciones de préstamo o crédito concedidas por entidades públicas reciban el mismo tratamiento que los préstamos o créditos concedidos por otras entidades. A estos efectos, y siempre a la espera de la evolución jurisprudencial de esta cuestión, creemos que tomar en consideración la naturaleza pública del prestamista sería frontalmente opuesto a este precepto que obliga a considerar créditos financieros a los préstamos «*con independencia de la condición de su titular*».

Si esta postura fuera confirmada por la jurisprudencia, podríamos excluir a los préstamos titularidad de entidades públicas de la aplicación del artículo 616 bis, limitando el ámbito de este precepto (y el del 624 bis) a los créditos tributarios, de Seguridad Social y similares, con las importantes consecuencias que ello tendría a la hora de que los Planes de Reestructuración puedan afectar a este tipo de préstamos.

## IV. CONCLUSIONES: TERRITORIO INEXPLORADO

Probablemente, la principal conclusión que podemos extraer de cuanto antecede es que todavía no podemos extraer muchas conclusiones. La aprobación de este nuevo sistema preconcursal, mucho más cercano a la realidad económica de estos procesos, ha situado a los operadores jurídicos y financieros en territorio inexplorado dado que gran parte de los criterios anteriormente aplicables ya no resultan útiles, o como mucho lo son parcialmente.

En todo caso, si hay algo evidente es que no podemos dejar de avanzar por el hecho de que estemos en territorio inexplorado. Como ocurrió con la legislación anterior, la jurisprudencia, la doctrina y la práctica irán perfilando los aspectos relativos a la formación de clases (y al resto de aspectos vinculados a los Planes de Reestructuración), y mientras eso ocurra tendremos que ir aventurándonos hacia lo desconocido para poder conocer los límites de lo posible.

15. NAVARRO, M., «Sobre el pasivo financiero y el sacrificio desproporcionado», *cit.*

TERCERA PARTE

# LA APROBACIÓN Y LA HOMOLOGACIÓN DE LOS PLANES DE REESTRUCTURACIÓN

Capítulo 9

# APROBACIÓN Y HOMOLOGACIÓN. IMPUGNACIÓN DE LOS PLANES DE REESTRUCTURACIÓN

PEDRO MÁRQUEZ RUBIO
*Magistrado*

SUMARIO: I. INTRODUCCIÓN. II. LA APROBACIÓN DEL PLAN DE REESTRUCTURACIÓN. *1. Actuaciones previas.* 1.1. La delimitación del perímetro de la reestructuración. 1.2. La formación de clases. *2. La votación del plan de reestructuración. Obligaciones instrumentales. 3. Posibles escenarios de aprobación del plan de reestructuración.* III. LA HOMOLOGACIÓN DEL PLAN DE REESTRUCTURACIÓN. *1. Reglas generales. 2. Procedimientos alternativos. 3. Alcance del análisis realizado por el órgano judicial.* IV. MOTIVOS DE IMPUGNACIÓN U OPOSICIÓN DE LOS ACREEDORES.

## I. INTRODUCCIÓN

La Ley 16/2022, de 5 de septiembre, altera sustancialmente el derecho preconcursal español vigente hasta la fecha ya que elimina instituciones como el acuerdo extrajudicial de pagos y la propuesta anticipada de convenio y sustituye los acuerdos de refinanciación por los planes de reestructuración, de manera que el intento de alcanzar éstos pasa a ser lo único que puede justificar la comunicación del inicio de negociaciones.

Los acuerdos de refinanciación se habían mostrado útiles pero insuficientes para lograr que las empresas viables pero apalancadas económicamente pudieran lograr la continuidad de su actividad sin entrar en concurso, esencialmente como consecuencia de las limitaciones que afectaban a su contenido, a sus efectos y a su aprobación.

La regulación anterior solo permitía reestructurar el pasivo y no de cualquier modo, sino tan solo a través de la extensión de los efectos concretos y tasados que se recogían en los artículos 623 a 626 del Texto Refundido de la Ley Concursal que esencialmente consistían en el establecimiento de quitas o esperas en los créditos, en la conversión de éstos en cualquier instrumento financiero o en la cesión de bienes o derechos a los acreedores en pago o para pago de sus créditos. Además, la reestructuración del pasivo no era global sino que se limitaba al que tuviera carácter financiero y el deudor debía estar conforme con las medidas a adoptar.

En cambio, la nueva regulación ofrece un abanico mucho más amplio de posibilidades porque ya no se limita (salvo excepciones) lo que puede hacerse a través del plan, el solicitante configura el perímetro del pasivo afectado por la reestructuración y es posible, incluso, que en determinados supuestos se apruebe el plan sin la intervención del deudor.

A esta ampliación se añade la configuración de un nuevo sistema para la aprobación del plan de reestructuración que ya no descansa exclusivamente en el principio mayoritario, puesto que éste se modula sobre la base de que la insolvencia provoca un cierto cambio de control en la sociedad en favor de los acreedores.

De este modo, la formación de las clases cobra una importancia vital al tiempo que se cambia el papel que se otorga a los socios. Pero es que, junto a todo ello, se introduce una novedad en el derecho procesal español, que consiste en la posibilidad de optar entre dos vías alternativas para alcanzar la homologación del plan de reestructuración.

## II. LA APROBACIÓN DEL PLAN DE REESTRUCTURACIÓN

Antes de la reforma, la reestructuración giraba en torno a los acuerdos de refinanciación, que no eran aprobados sino adoptados por el deudor con sus acreedores financieros, de manera que con la homologación judicial lo que se conseguía, entre otras cosas, era extender los efectos de ese acuerdo a los acreedores disidentes de la misma naturaleza. Esa homologación tenía lugar si, cumplidos una serie de requisitos, se constataba que el acuerdo había sido suscrito por acreedores que representaran el cincuenta y uno por ciento del pasivo financiero.

Tras la reforma no se habla de acuerdo sino de plan porque se pretende trasladar la idea de que no se adopta por unos e impone a otros, sino que, si se cumplen determinados requisitos, el plan se aprueba y, por tanto, afecta a la totalidad de los acreedores incluidos en el perímetro delimitado en el plan.

Este sistema de aprobación del plan se sustenta en cuatro ideas básicas: la primera, que no todos los acreedores tienen que verse afectados por él; la segunda, que los acreedores que vayan a verse afectados tienen derecho de voto; la tercera, que los acreedores votan agrupados en clases; y, la cuarta, que no es precisa la aprobación por los socios.

Por tanto, será de vital importancia delimitar el perímetro de la reestructuración y distribuir a los acreedores en clases.

## 1. ACTUACIONES PREVIAS

### 1.1. La delimitación del perímetro de la reestructuración

Desde un punto de vista amplio, el perímetro de la reestructuración hace referencia a todo aquello que vaya a verse alterado por ella, lo que puede incluir, además de los créditos, los contratos, las relaciones laborales o los activos. No obstante y a los efectos de examinar la aprobación del plan, en este artículo lo identificaremos, desde un punto de vista estricto, con el pasivo afectado por el plan.

Tras la reforma, quien elabora el plan de reestructuración (ya sea el deudor o sus acreedores) es quien configura su perímetro, y habrá de hacerlo, al menos intelectualmente, en dos fases. Primero ha de conocer qué créditos puede afectar (a los que llamaremos, créditos afectables) y, después, ha de determinar qué parte de éstos afecta (con lo que obtendremos los créditos afectados).

El artículo 616 del Texto Refundido de la Ley Concursal define con claridad, en su primer apartado, cuáles son los créditos afectados pero basta con saber que son aquéllos que se verán modificados de algún modo por el plan de reestructuración.

Mayor relevancia tiene la determinación de los créditos afectables, que se realiza en el apartado segundo de dicho precepto.

Como regla general, podemos comenzar señalando que todos los créditos pueden verse afectados (incluidos los contingentes o los sometidos a condición suspensiva) pero hay varias excepciones. En concreto, tres absolutas y dos relativas.

Las excepciones absolutas incluyen los créditos derivados de alimentos (de relaciones familiares, de parentesco o matrimonio), los créditos por responsabilidad civil extracontractual y los créditos futuros nacidos por contratos de derivados que se mantengan en vigor.

Las excepciones relativas se extienden, por una parte, a los créditos derivados de relaciones laborales, puesto que solo pueden afectarse los del personal de alta dirección, y, por otra parte, a los créditos de derecho público, ya que éstos solo pueden ver afectada la fecha de su vencimiento, con las limitaciones temporales contenidas en el artículo 616 bis del Texto Refundido de la Ley Concursal, y siempre y cuando cumplan los requisitos que establece el artículo 616.2 del citado cuerpo legal (que se acredite que el deudor está al corriente de sus obligaciones tributarias y frente a la Seguridad Social y que, en el momento de la comunicación del inicio de las negociaciones, los créditos que se pretenden afectar tienen una antigüedad inferior a dos años).

Finalmente, el artículo 617 del Texto Refundido de la Ley Concursal da solución a una serie de situaciones que habían planteado dudas en el pasado, referidas al tratamiento que debía darse a las pólizas de crédito, a los intereses y a los créditos contingentes, litigiosos o sometidos a condición suspensiva. Estas soluciones tienen un doble punto de partida.

El primero, que las situaciones han de analizarse tomando como referencia la fecha de formalización del instrumento público. Así, por ejemplo, se incluyen los recargos e intereses vencidos hasta esta fecha y la parte de los contratos de crédito dispuesta hasta ese momento.

Y el segundo, que no es posible la afectación de un crédito sin atribuir derecho de voto al acreedor por el importe afectado (artículo 628.1 del Texto Refundido de la Ley Concursal). De este modo, los créditos contingentes, los litigiosos y los sometidos a condición suspensiva se computan por el importe por el que se incluyen en el plan y si éste no dice nada, por su importe máximo. Por lo tanto, quien configura el plan es quien decide hasta dónde afectará a esos créditos la reestructuración, de manera que si opta por no incluir el crédito en su máxima extensión posible y finalmente éste se materializa por un importe superior al incluido en el plan, la parte que exceda de la reconocida no se verá afectada por las quitas, por las esperas ni por ningún otro de los efectos previstos en el plan.

### 1.2. La formación de clases

A la formación de clases se dedicó una ponencia completa en este congreso, no obstante lo cual considero necesario referirme a ella, aunque sea brevemente, por tratarse de la piedra angular del sistema.

La reestructuración no es un fin en sí misma sino un medio para conseguir la continuidad de las empresas viables, por lo que debe analizarse no solo si es posible sino también si es preferible a otras soluciones como el convenio o la liquidación. Y lo será si genera un excedente, es decir, si como consecuencia de la reestructuración, la sociedad incrementa su valor y, por ello, los créditos de los acreedores se verán satisfechos en mayor medida que si se acudiera a la liquidación de la empresa.

En una situación ajena o lejana a la insolvencia tanto este análisis como la decisión del camino a seguir correspondería al deudor, pero la insolvencia (al menos la actual y la inminente) supone un cambio de paradigma, de manera que el poder de decisión se desplaza, en cierta medida, del deudor a sus acreedores.

Este cambio de control, desde un punto de vista amplio, no es novedoso en el derecho español ya que, incluso antes de la reforma, la insolvencia del deudor permitía a sus acreedores o bien liquidar su patrimonio mediante el ejercicio de ejecuciones singulares, o bien solicitar su declaración de concurso y decidir sobre la continuidad de la actividad empresarial a través de la aceptación del convenio (aunque, en este último caso, con la aquiescencia del deudor).

La novedad viene dada por dos factores. El primero, porque el cambio de control puede llegar a producirse de manera plena si la insolvencia es, al menos, inminente y el deudor es una persona jurídica con una cierta entidad (como veremos), lo que se refleja, por ejemplo, en el artículo 637 del Texto Refundido de la Ley Concursal, que permite a los acreedores conseguir la suspensión de la posibilidad de que el deudor solicite su declaración de concurso. Y el segundo, porque la decisión de los acreedores, al menos en el modo en el que se ha transpuesto la directiva (y excede de este artículo analizar si la transposición ha sido correcta), no se somete de manera exclusiva al principio mayoritario, de manera que la aprobación del plan de reestructuración no exige necesariamente ser aceptado por la mayoría de los acreedores afectados ni, tan siquiera, por la mayoría de las clases de acreedores afectados.

Y es que la idea de la que se parte es la de residenciar un mayor poder de control en la denominada clase «*fulcro*», entendida como aquélla en la que «*rompe el valor*», es decir, aquella clase que engloba a los acreedores que, de no aprobarse el plan de reestructuración, cobrarán algo de su deuda pero no la totalidad.

A esta clase se le atribuye un mayor poder de decisión, comparativamente hablando, porque se presume que será la clase que realizará un mejor análisis de la cuestión, ya que cualquier decisión que adopte tendrá un impacto directo en la recuperación de sus créditos, antes que en los restantes, debido a que cualquier variación del valor de la empresa como consecuencia de la reestructuración les afectará. El primer euro del excedente de la reestructuración irá a parar (o debiera ir a parar) a los acreedores de esta clase, pero también se restará de lo que hubieran podido cobrar el primer euro que se pierda como consecuencia de una disminución de valor de la empresa.

En cambio, las clases de rango superior, que lo cobrarían todo en un escenario de liquidación, pueden tender a ser conservadoras y preferir cobrar de manera inmediata realizando los activos de la empresa, en lugar de apostar por su reestructuración. Y, paralelamente, las clases inferiores en rango, que no cobrarían nada en liquidación, puede que sean excesivamente arriesgadas y apoyen la reestructuración a toda costa debido a que no tienen nada que perder y, por ello, no les importará que el valor de la empresa disminuya como consecuencia de no liquidarla a tiempo.

Con la formación de clases se trata de conciliar el principio mayoritario con el cambio de control, de manera que: los acreedores se agrupan en tantas clases como intereses diferentes haya; aquéllos votan por clases; dentro de cada clase la decisión se adopta por el principio mayoritario (se exigen dos tercios como regla general y tres cuartos si la se trata de una clase con garantía real); y es posible que la decisión de una o varias clases se imponga al resto.

Por tanto, pueden producirse dos tipos de arrastre. El primero, de los acreedores de una clase por la decisión de la mayoría de los acreedores de esa clase. Y, el segundo, de una o varias clases completas, por la decisión de las clases a las que la Ley ha conferido un mayor poder de decisión.

## 2. LA VOTACIÓN DEL PLAN DE REESTRUCTURACIÓN. OBLIGACIONES INSTRUMENTALES

Tras la formación de clases, los acreedores tienen que votar el plan de reestructuración, sobre la base de dos principios básicos: que todos los acreedores afectados tienen derecho de voto, lógicamente, en proporción al importe de sus créditos (artículo 628.1 del Texto Refundido de la Ley Concursal) y que el cómputo de los votos se hace dentro de cada clase (artículos 622 y 629 del Texto Refundido de la Ley Concursal).

Pero para poder votar el plan, los acreedores deben conocerlo, por lo que el legislador impone dos obligaciones instrumentales a quien pretenda solicitar su homologación.

La primera consiste en recoger en el plan el contenido mínimo que exige el artículo 633 del Texto Refundido de la Ley Concursal, lo que permitirá a los acreedores conocer su alcance exacto.

Y la segunda es la de comunicar a los acreedores afectados la propuesta de dicho plan.

Esta comunicación debe realizarse en los términos que determina el artículo 627 del Texto Refundido de la Ley Concursal, que puede resumirse del siguiente modo:

Si quien elaboró la propuesta conoce la identidad y la dirección de los acreedores, la comunicación debe ser individual (por correo postal o electrónico).

Si no es posible esta comunicación individual por carecer el proponente de alguno de estos datos, deberá realizarse una comunicación pública indicando el lugar en el que los acreedores legitimados pueden acceder al plan. Esta comunicación pública ha de hacerse en la página web de la sociedad, o, si ello no fuera posible, a través de la publicación en el Registro público concursal por el letrado de la Administración de Justicia del juzgado que sería competente para conocer de la homologación, a instancia del experto en reestructuración o, si no hubiere sido de nombrado, por quien pretenda solicitar la homologación.

La importancia de realizar una comunicación correcta radica en el hecho de que su ausencia es causa de impugnación u oposición a la homologación, aunque, como no es preciso dejar constancia de su realización en el instrumento público en el que se plasme el plan de reestructuración, no será posible su control de oficio por el juez.

En todo caso, deben realizarse tres precisiones.

La primera, que el hecho de que no se conozca el domicilio o la identidad de uno o varios acreedores no implica que, por tener que realizarse una comunicación pública y global, ya no sea preciso realizar la comunicación individual a los acreedores cuya identidad y domicilio se conocen.

La segunda, que solo en la regulación de la comunicación global se hace referencia a la necesidad de indicar el lugar en el que los acreedores legitimados pueden acceder al plan, de modo que cuando la comunicación es individual el plan debe aportarse completo a cada uno de los acreedores.

Y, la tercera, que la indicación de un lugar en el que acceder al plan no tiene que interpretarse restrictivamente como referencia a un espacio físico, pudiendo establecerse un sistema de acceso telemático, previa comprobación de la legitimación de quien pretenda tal acceso.

## 3. POSIBLES ESCENARIOS DE APROBACIÓN DEL PLAN DE REESTRUCTURACIÓN

Como he anticipado anteriormente, el Texto Refundido de la Ley Concursal hace descansar la aprobación del plan de reestructuración en los acreedores, puesto que el artículo 640 es claro cuando establece como regla general, en el segundo inciso de su apartado segundo, que «*el plan de reestructuración se podrá homologar aunque no haya sido aprobado por los socios si la sociedad se encuentra en situación de insolvencia actual o inminente*».

No obstante, existen excepciones. Así, el Texto Refundido de la Ley Concursal exige la aceptación del deudor cuando éste sea una persona natural (apartado segundo del citado precepto) y, cuando, siendo una persona jurídica, o bien, no se halle en situación de insolvencia actual o inminente (es decir, que sea solvente o que su insolvencia solo sea probable), o bien, no pertenezca a un grupo obligado a consolidar y sus dimensiones no excedan de las previstas en el artículo 682 (artículo 684.2), lo que sucederá cuando durante el ejercicio anterior haya empleado un número medio de trabajadores que no supere las cuarenta y nueve personas y no haya superado los diez millones de euros en su volumen de negocios anual o en su balance general anual.

También será preciso el consentimiento de los socios que respondan legalmente de las deudas de la sociedad, lo que no es frecuente (primer inciso del artículo 640.2).

Por tanto, lo normal será que la aprobación del plan de reestructuración solo dependa de los acreedores (artículos 638 y 639) y ello con independencia de que contenga medidas que requerirían el acuerdo de los socios de la sociedad deudora, puesto que la ausencia de aprobación por los socios solo afectará al objeto de la impugnación de éstos. Si ha habido acuerdo aprobando el plan, podrán impugnar el acuerdo societario, y, si no lo ha habido, podrán impugnar u oponerse a la homologación del plan de reestructuración.

Teniendo esto en cuenta y centrándonos en los acreedores (entre otras razones porque hubo otra ponencia que trató de la posición de los socios), la doctrina habla de planes consensuales (artículo 638 del Texto Refundido de la Ley Concursal), cuando éstos han sido aprobados por todas las clases de acreedores (lo que es compatible con la existencia de acreedores disidentes) y planes no consensuales (artículo 639 del Texto Refundido de la Ley Concursal), cuando, al menos una clase de acreedores ha votado en contra del plan y, a pesar de ello, éste se aprueba.

Esto sucede, es decir, un plan no consensual puede quedar aprobado, en tres supuestos diferentes:

El primero, cuando votan a favor del plan la mayoría de las clases, siempre que, al menos una de ellas sea una clase de créditos que en el concurso habrían sido clasificados como créditos con privilegio especial o general (artículo 639.1.º del Texto Refundido de la Ley Concursal).

El segundo, cuando vota a favor, al menos, una clase que hubiera cobrado algo de haberse acudido a la liquidación concursal (artículo 639.2.º del Texto Refundido de la Ley Concursal). Esta posibilidad exige, por una parte, que se realice una graduación de los créditos de acuerdo con su clasificación concursal y, por otra parte, que se valore la empresa. Esta valoración ha de realizarse por un experto en reestructuraciones y debe atender al criterio de empresa en funcionamiento, lo que puede suponer un problema puesto que una interpretación estricta y desconectada del riesgo concursal asociado a la insolvencia puede comportar que el valor que se fije sea mayor del que se obtendría en liquidación. Por ello, el experto debería tener en consideración que, si bien ha de atender al criterio de empresa en funcionamiento, no puede desconocer la realidad de la empresa y la posibilidad de que acabe siendo declarada en concurso si no se aprueba y homologa el plan.

El tercer supuesto solo es posible si se trata de una sociedad a la que resulte aplicable el régimen especial por no superar los parámetros del artículo 682 del Texto Refundido de la Ley Concursal, y tiene lugar cuando vota a favor del plan al menos una clase y se respeta la regla de la prioridad relativa, lo que sucede cuando las clases de acreedores que no lo han aprobado reciben un trato más favorable que cualquier otra clase de rango inferior (artículo 684.4 del Texto Refundido de la Ley Concursal).

La aprobación de los planes consensuales no plantea excesivos problemas ya que, al menos dos terceras partes del pasivo reestructurado habrá votado a favor del plan.

Esto no tiene por qué suceder en el resto de las posibilidades expuestas. Es más, lo normal será que no suceda así pero ello no tiene por qué resultar contrario al sentido de la Ley o de la Directiva 2019/1023.

En el caso de aprobación por la mayoría de las clases (artículo 638.1.º del Texto Refundido de la Ley Concursal) también se respeta el principio mayoritario, pero esta mayoría no se proyecta sobre el importe de los créditos sino sobre los intereses en juego porque si las clases se han formado de manera correcta, será la mayoría de los intereses lo que decida.

En este sentido, debe destacarse que han de formarse tantas clases como intereses diferentes tengan los acreedores pero para que estos intereses sean verdaderamente diferentes es preciso, por una parte, que la diferencia se sustente en criterios objetivos (para lo que pueden valer los expresados en el artículo 623 del Texto Refundido de la Ley Concursal) y, por otra parte, que la diferencia sea suficiente. Es cierto que el citado artículo 623 no lo establece de forma expresa, pero sí lo hacen tanto el considerando 44 de la Directiva como su artículo 9, que en su apartado cuarto dispone que «*(l)os Estados miembros velarán por que las partes afectadas sean tratadas en categorías separadas que reflejen una comunidad de intereses suficiente basada en criterios comprobables, con arreglo a la normativa nacional*».

De este modo, un criterio objetivo, como lo es el importe de los créditos, puede no ser suficiente para establecer clases distintas de acreedores.

Mayores problemas plantean los otros dos supuestos de aprobación, en los que basta que vote a favor una sola clase de créditos.

Para justificar la decisión del legislador de establecer esta posibilidad, prescindiendo del principio mayoritario o, cuanto menos, examinándolo dentro de una sola categoría, hemos de acudir a dos ideas. La primera, ya expuesta, referida al cambio de control que se produce con la insolvencia. Y la segunda, que consiste en tener presente que el plan de reestructuración debe respetar el interés superior de los acreedores (en el sentido de que el plan no puede implicar que los acreedores vean perjudicada su situación respecto de un escenario de liquidación concursal), de manera que el hecho de que el plan se apruebe sin contar con un respaldo cuantitativamente mayoritario de los acreedores o de sus intereses, no implica que sea perjudicial para los disidentes, ya que, de ser así, podrán oponerse a él o impugnarlo.

## III. LA HOMOLOGACIÓN DEL PLAN DE REESTRUCTURACIÓN

### 1. REGLAS GENERALES

Un primer acercamiento a la homologación de los planes de reestructuración implica responder a tres cuestiones básicas. Cuándo es necesaria la homologación, cuándo es posible y qué se precisa para ello.

A la primera pregunta responde el artículo 635 del Texto Refundido de la Ley Concursal, que puede resumirse del siguiente modo: Será preciso homologar el plan cuando se pretenda que nazcan los efectos que se asocian a la homologación. A saber, que el plan sea extensivo a los acreedores disidentes, que puedan resolverse los contratos previstos en el plan y que, en un eventual concurso de acreedores, la financiación nueva e interina tenga preferencia en el cobro y que tanto ésta como determinados actos y operaciones sean irrescindibles.

A la segunda responde el artículo 636 del citado Texto Refundido que exige que el deudor se encuentre en situación de insolvencia, ya sea probable (artículo 584.2), inminente (artículo 2.3, segundo inciso) o actual (artículo 2.3, primer inciso).

El problema se plantea por el hecho de que, cuando el deudor se encuentra en situación de insolvencia actual, el desplazamiento del poder de control es tal que se posibilita a los acreedores obtener la declaración de concurso del deudor, de manera que es por ello por lo que el apartado segundo del citado artículo 636 establece que «(c)uando el deudor se encuentre en *estado de insolvencia actual, se podrá solicitar la homologación del plan siempre que no hubiera sido admitida a trámite solicitud de concurso necesario*».

En este sentido, debemos destacar que cuando el juez resuelve sobre la admisión a trámite de la solicitud de concurso necesario debe analizar si de la documentación aportada, apreciada en conjunto, resulta que concurre el presupuesto subjetivo (artículo 14.2 del Texto Refundido de la Ley Concursal), es decir, si aprecia alguno de los hechos externos reveladores del estado de insolvencia que se detallan en el artículo 2.4 del Texto Refundido de la Ley Concursal, y que éstos evidencian una insolvencia actual, de manera que, cuando el juez admite a trámite la solicitud de concurso necesario está proclamando que el deudor se encuentra en una situación de insolvencia actual, aunque esta decisión sea susceptible de ser revisada como consecuencia de la oposición del deudor, en los términos del artículo 20 del Texto Refundido de la Ley Concursal.

La última cuestión que planteaba al inicio es la correspondiente a los requisitos que debe reunir el plan de reestructuración para que sea homologado. Estos requisitos vienen fijados en los artículos 638 a 640 del Texto Refundido de la Ley Concursal y pueden sintetizarse en tres grupos.

En primer lugar, se exige el cumplimiento de unos requisitos que podemos considerar generales y que ya hemos visto. El deudor debe encontrarse en situación de insolvencia (en cualquiera de sus modalidades) y deben haberse respetado las obligaciones que denominábamos instrumentales (contenido y forma del plan, y comunicación a los acreedores).

En segundo lugar, el plan ha de respetar dos requisitos sustantivos. Por una parte, debe dar un tratamiento paritario a los acreedores que se encuentren dentro de una misma clase y, por otra parte, ha de ofrecer una perspectiva razonable de evitar el concurso y de asegurar la viabilidad de la empresa en el corto y medio plazo.

Y, en tercer lugar, el plan ha de contar con el respaldo suficiente de los interesados. ¿Y quiénes son los interesados? Pues depende de la entidad del deudor, como hemos visto al analizar las posibilidades de aprobación del plan. Como regla general solo lo serán los acreedores, salvo en los supuestos en los que es precisa la aprobación por el deudor o por lo socios legalmente responsables de las deudas de la sociedad.

## 2. PROCEDIMIENTOS ALTERNATIVOS

La reforma introduce una novedad muy relevante en el derecho procesal español puesto que se otorga al solicitante de la homologación la potestad de decidir entre dos cauces procedimentales que se diferencian, esencialmente, en el momento en el que participan los acreedores y en la intervención o no de la audiencia provincial.

La primera vía consiste en posibilitar el conocimiento de la homologación a la audiencia provincial, de manera que el juez mercantil decide sobre la homologación, pero ésta puede impugnarse posteriormente ante el órgano superior.

El Texto Refundido de la Ley Concursal prevé que, tras la solicitud de homologación se dicte una providencia de admisión y, tras su publicación en el Registro público concursal (artículo 645), el juez por auto resuelva conceder o denegar la homologación (artículo 647). Este auto se publica en el Registro público concursal (artículo 648) y, en el caso de que hubiere concedido la homologación, se abre un plazo de quince días (artículo 654) para impugnarla directamente ante la audiencia provincial (artículo 653) que resolverá previa tramitación conjunta de las impugnaciones por los cauces del incidente concursal (artículo 658), con la particularidad de que será el letrado de la administración de justicia del órgano colegiado quien admitirá a trámite las impugnaciones por decreto.

La segunda vía prevé un trámite de oposición previa a la resolución del juez mercantil y excluye la intervención de la audiencia provincial.

En este caso, que solo acontecerá si lo interesa expresamente el solicitante de la homologación, ya que, en caso contrario se aplicará la primera vía (artículo 662), la publicación de la providencia de admisión no da paso a la resolución de la homologación sino a un plazo de quince días para que los acreedores afectados puedan oponerse a que se homologue el plan de reestructuración (artículo 663). En el supuesto de que haya oposiciones, también aquí se tramitan de forma conjunta por los cauces del incidente concursal, pero ante el juez mercantil, sin que la sentencia que se dicte sea susceptible de recurso.

La decisión de la vía a seguir está atribuida exclusivamente al solicitante de la homologación, que tendrá que elegir en función de razones de estrategia procesal, entre las que podemos indicar las siguientes.

En primer lugar, debería acudir a la vía de impugnación posterior si lo que desea es una homologación rápida que surta efectos pronto (puesto que éstos nacen con el auto aunque se impugne) pero débil, en cuanto que no es definitiva hasta que no resuelva la audiencia. En cambio, si prefiere eliminar toda inseguridad jurídica y, aunque tenga que esperar más, obtener una homologación inatacable, lo lógico es interesar el cauce de la oposición previa.

En segundo lugar, si el plan incluye la reestructuración de créditos públicos (que solo pueden ser aplazados), es preferible acudir a la vía de la impugnación posterior porque el aplazamiento de tales créditos está sometido a dos límites temporales infranqueables. De acuerdo con el artículo 616 bis del Texto Refundido de la Ley Concursal, el aplazamiento no puede superar, por una parte, dieciocho meses desde la fecha de comunicación del inicio de las negociaciones ni, por otra parte, doce meses (seis si el crédito había sido previamente aplazado) desde la homologación.

El plazo de dieciocho meses no perjudica al de doce salvo que entre la comunicación del inicio de las negociaciones y la homologación haya más de seis meses, de manera que, por encima de este tiempo, cada día que se retrase la decisión sobre la homologación será un día que habrá que restar al aplazamiento máximo de doce meses. Así, por ejemplo, si se obtiene la prórroga de los efectos de la comunicación del inicio de negociaciones (artículo 607 del Texto Refundido de la Ley Concursal), entre la comunicación y la solicitud pueden mediar hasta seis meses y si, como consecuencia de la tramitación del incidente de oposición, la sentencia de homologación tarda seis meses en dictarse (lo que no será raro en los juzgados más colapsados), habría transcurrido un año desde la comunicación y, por tanto, el crédito público solo podría aplazarse seis meses.

Por último, el solicitante puede optar por una u otra vía en función de qué órgano quiere que resuelva, el juez mercantil o la audiencia provincial, en función del sentido de las resoluciones previamente dictadas por tales órganos. Hasta el punto de que, cuando se comunica el inicio de las negociaciones se sabe qué juez concreto conocerá de la homologación (artículo 641 del Texto Refundido de la Ley Concursal), por lo que si este juez ha resuelto a favor de alguno de los postulados que se defienden en el plan, el solicitante podría optar por la vía de oposición previa y así evitar la intervención de la audiencia provincial o viceversa.

## 3. ALCANCE DEL ANÁLISIS REALIZADO POR EL ÓRGANO JUDICIAL

Como hemos visto, en el caso de acudir a la vía de impugnación posterior, podemos encontrarnos con dos resoluciones, el auto del juzgado (siempre) y la sentencia de la audiencia (si se impugna la homologación).

Para comprender el alcance del análisis que debe realizar uno y otro órgano debemos partir de una premisa: la impugnación no es un recurso de apelación. Teniendo esto claro debemos diferenciar lo que debe examinar el juez mercantil de lo que compete resolver a la audiencia provincial.

El artículo 647 del Texto Refundido de la Ley Concursal es contundente cuando dice en su primer apartado que «*(s)alvo que de la documentación presentada se deduzca manifiestamente que no se cumplen los requisitos exigidos en la sección 1.ª de este capítulo, el juez homologará el plan de reestructuración*», por lo que el examen que debe realizar el juez mercantil es casi superficial.

En cualquier caso, no podemos obviar que, además, por una parte, ha de realizar un control de legalidad de las operaciones societarias que conlleve el plan de reestructuración (artículo 647.4 del Texto Refundido de la Ley Concursal) y, por otra parte, que debe verificar, no solo que concurren los requisitos y las mayorías previstas para que la financiación nueva e interina sea protegida frente a las acciones rescisorias y goce de preferencia en un eventual concurso de acreedores, sino también que la nueva financiación no perjudica injustamente los intereses de los acreedores, lo que no está exento de complejidad.

La audiencia, en cambio, ha de realizar un control exhaustivo pero congruente con el objeto de las impugnaciones, es decir, limitado a las causas de impugnación correctamente alegadas dentro de las incluidas, con carácter tasado, en los artículos 654 a 656 del Texto Refundido de la Ley Concursal.

La nitidez de la diferencia se difumina un poco cuando comprobamos (como veremos posteriormente) que algunas causas de impugnación coinciden con los requisitos que debió examinar el juez, lo que sucede, por ejemplo, con la correcta formación de las clases.

Como hemos comprobado, las clases deben formarse agrupando a los acreedores que tengan una comunidad de intereses suficiente pero siempre sobre la base de criterios objetivos. El carácter objetivo del criterio adoptado sí puede ser examinado por el juez al resolver sobre la homologación, de manera que los supuestos en los que manifiestamente el criterio utilizado no tenga tal carácter, deberá denegar la homologación. Sin embargo, no todo criterio objetivo determina que las clases resultantes lo sean sobre la base de una diferenciación suficiente de intereses, por lo que serán los acreedores quienes deban introducir esta cuestión mediante su alegación como causa de impugnación del plan para que la audiencia pueda valorarlo.

Por otra parte, en el caso de que la vía empleada sea la de oposición previa, caben dos posibilidades. Que la haya o que no la haya.

Si hay oposición, el juez resolverá en sentencia y el control se extenderá a todo lo que en la vía de impugnación posterior se había fragmentado. Conocerá del cumplimiento de los requisitos, en los términos del artículo 647.1 del Texto Refundido de la Ley Concursal y también de las causas de oposición que se hayan alegado.

Si no hay oposición, el Texto Refundido de la Ley Concursal no regula de modo expreso cómo debe actuar el juez, puesto que los artículos 662 y 663 solo establecen, por una parte, la posibilidad de oponerse previamente a la homologación y, por otra parte, que la oposición se tramitará por el cauce del incidente concursal con algunas especialidades.

La parquedad de la regulación podría inducirnos a pensar que si no hay oposición, puesto que el juez debe resolver sobre la homologación por auto, cabrían impugnaciones posteriores, al amparo del artículo 653 del Texto Refundido de la Ley Concursal.

Sin embargo, debemos descartar esta idea, no solo sobre la base del principio de preclusión que impide que vuelva a suscitarse la posibilidad de discutir sobre aquello que ya pudo plantearse, sino también atendiendo a una interpretación teleológica de las normas que se apoya en el preámbulo de la Ley 16/2022, en el que puede leerse (párrafo último inciso del párrafo veinticinco del punto III) lo siguiente:

> *«En principio, la Directiva 2019/1023 ofrece una alternativa a los Estados miembros: o un sistema de homologación unilateral o ex parte con una posterior impugnación ante una instancia superior; o un sistema de homologación tras un procedimiento contradictorio previo, en cuyo caso no se exige ese recurso. De nuevo bajo la idea de que no hay dos reestructuraciones iguales y que, por consiguiente, las situaciones pueden ser muy heterogéneas, la ley deja que sean los interesados quienes escojan la vía que prefieran. Será, así, la razón práctica la que determine cuál de los dos sistemas es más funcional. En primer lugar, se regula la solución que más se asemeja al sistema vigente.*

*Tras la homologación judicial sin contradictorio previo, la competencia para conocer de la impugnación de la homologación del plan se otorga a la Audiencia Provincial, pero se establece un procedimiento simple y abreviado para dar la mayor agilidad posible a todo el proceso*».

De este modo, las vías se configuran como alternativas y no tendría sentido hablar de un procedimiento simple y abreviado (el de contradicción previa) si posteriormente se permite impugnar el auto ante la ausencia de oposiciones previas.

Por tanto, si no hay oposición, al juez resolverá por auto en las mismas condiciones que establecía el artículo 647.1 del Texto Refundido de la Ley Concursal, sin que quepa recurso ni impugnación alguna frente a esta resolución.

## IV. MOTIVOS DE IMPUGNACIÓN U OPOSICIÓN DE LOS ACREEDORES

En otras ponencias se trataron las posibles impugnaciones u oposiciones al plan de reestructuración planteadas por los socios (cuando no hay acuerdo societario que impugnar) o por quienes vean resuelto el contrato que les vinculaba con el deudor. Aquí, por tanto, solo procede analizar los motivos o causas alegables por los acreedores, ya sea en sede de oposición previa a la homologación o de impugnación posterior a la misma.

Los motivos, que son los mismos con independencia de que se canalicen por la vía de oposición o por la de impugnación, pueden agruparse en función del efecto que provoca su estimación y, por ello, podemos hablar de motivos que provocan la ineficacia del plan, motivos que excluyen la aplicación del plan al impugnante u oponente y motivos cuyo efecto se limita a impedir la protección concursal de la financiación nueva e interina y de los actos, operaciones y negocios que integran el plan.

Los dos primeros tipos de motivos tienen un efecto pleno, puesto que inciden en la eficacia total del plan (excluyéndola ya sea para todos los acreedores ya sea solo para el que lo planteó), mientras que el tercero integra a los motivos de efecto limitado. Por su importancia y por la necesidad de adecuar este artículo al espacio disponible solo analizaré los motivos de efecto pleno.

El Texto Refundido de la Ley Concursal diferencia estos motivos en atención al grado de aceptación del plan, distinguiendo entre los planes consensuales (artículo 654) y los no consensuales (artículo 655). Sin embargo, considero que es preferible establecer otra clasificación que atiende al grado de conexión que tienen los motivos con los intereses de otros acreedores. De esta manera, podemos hablar de tres tipos de motivos, que van gradualmente alejándose de los intereses de otros acreedores: Motivos generales, motivos de clase y motivos particulares.

Los *motivos generales* pueden ser alegados por cualquier acreedor afectado (lógicamente, que no haya votado a favor del plan) y atacan el plan en sí mismo considerado, sus presupuestos y requisitos. Dentro de estos motivos generales podemos realizar una subclasificación, ya que hay motivos cuya estimación determina la ineficacia del plan y otros, que solo implican que éste no afecte al impugnante u oponente, como sucederá con el resto de los motivos que pueden alegar los acreedores afectados (artículo 661 del Texto Refundido de la Ley Concursal).

Dentro de la primera clase nos encontramos con dos motivos: La defectuosa formación de las clases y la falta de concurrencia de las mayorías necesarias para la aprobación del plan (artículo 654.2.º del Texto Refundido de la Ley Concursal).

Dentro de la segunda, el Texto Refundido de la Ley Concursal incluye cuatro motivos: El incumplimiento de los requisitos de comunicación, contenido y de forma del plan (artículo 654.1.º); la solvencia del deudor (artículo 654.3.º); la inutilidad de la reestructuración, es decir, que el plan no ofrezca una perspectiva razonable de evitar el concurso y asegurar la viabilidad de la empresa en el corto y medio plazo (artículo 654.4.º); y que el deudor no esté al corriente en el cumplimiento de sus obligaciones tributarias y frente a la Seguridad Social (artículo 654.8.º).

Los *motivos de clase* son aquéllos que tratan de defender la posición de los acreedores que tienen una comunidad de intereses suficiente con el impugnante u oponente, es decir, los incluidos en su misma clase, frente a las restantes y para cuya alegación es preciso que dicha clase no haya aprobado el plan, puesto que, si lo ha hecho, la aplicación del principio mayoritario determina que haya de considerarse que aquél es beneficioso para la clase en cuestión y que ésta no se ve perjudicada en relación con las restantes. Estos motivos son tres.

Primero, que el plan no respete la denominada regla de la prioridad absoluta, en virtud de la cual una clase de acreedores no puede sufrir perjuicio alguno si los créditos de otra clase de rango inferior mantienen algo de valor. En palabras de la ley (artículo 655.4.º del Texto Refundido de la Ley Concursal), será atacable el plan cuando «*la clase a la que pertenezca el acreedor o acreedores impugnantes vaya a mantener o recibir derechos, acciones o participaciones con un valor inferior al importe de sus créditos si una clase de rango inferior o los socios van a recibir cualquier pago o conservar cualquier derecho, acción o participación en el deudor en virtud del plan de reestructuración*». Aunque el legislador admite que no se cumpla esta regla «*cuando sea imprescindible para asegurar la viabilidad de la empresa y los créditos de los acreedores afectados no se vean perjudicados injustificadamente*» (artículo 655.3 del Texto Refundido de la Ley Concursal).

Segundo, que una clase salga beneficiada de la reestructuración, lo que sucederá cuando el plan prevea que los acreedores que la integren mantendrán o recibirán derechos, acciones o participaciones, con un valor superior al importe de sus créditos. Por tanto, tras el plan el nuevo valor nominal debe situarse entre el valor real anterior a la reestructuración y el valor nominal existente en dicho momento previo (artículo 655.2.º del Texto Refundido de la Ley Concursal).

Y, tercero, que no se respete el tratamiento paritario entre clases del mismo rango, es decir, que la clase del impugnante u oponente vaya a recibir un trato menos favorable que cualquier otra clase del mismo rango (artículo 655.2.º del Texto Refundido de la Ley Concursal).

Estos dos últimos motivos también tienen su base en el respeto de la regla de la prioridad absoluta.

El primero, porque permitir que aumente el valor nominal de los créditos de una clase equivale a atribuir valor a algo inexistente (la parte del nuevo valor nominal que no tiene su respaldo en el derecho de crédito anterior) y que, por tanto, tendría que considerarse de rango inferior.

Y el segundo, porque los créditos de igual rango deben pagarse a prorrata, de manera que, si los créditos son del mismo importe (para simplificar el ejemplo) y dividimos cada uno en tantas franjas como euros de valor nominal tiene atribuido, el primer euro de cada crédito tiene el mismo rango, que será superior al de los segundos, que, a su vez, será superior al de los terceros, puesto que no puede pagarse el segundo euro de un crédito sin haber pagado el primer euro de todos los créditos del mismo rango. Por tanto, si se hace esto (pagar el euro número «x» de una clase de créditos sin haber pagado el euro «x-1» de otra clase del mismo rango) se está vulnerando la regla de la prioridad absoluta.

Es por ello por lo que considero que la excepción prevista en el artículo 655.3 del Texto Refundido de la Ley Concursal debe poder aplicarse en el caso de tratamiento no paritario de clases del mismo rango, puesto que, teniendo también su fundamento en el respeto a la regla de la prioridad absoluta, no tiene sentido permitir que, en interés de la reestructuración, se favorezca a quien tiene peor rango pero no poder hacerlo con quien tiene el mismo rango.

Finalmente, nos encontramos con los *motivos particulares*, que son aquéllos que están relacionados con el carácter excesivo del perjuicio que se causaría al concreto acreedor impugnante u oponente como consecuencia de la homologación del plan. Éstos pueden ser alegados por cualquier acreedor por el mero hecho de resultar afectado por el plan, aunque su clase haya votado a favor de su aprobación (siempre que él no lo haya hecho, claro), pues no se trata de defender los derechos de clase sino los individuales. Estos motivos son tres.

Primero, que su crédito no haya sido tratado de forma paritaria con otros créditos de su clase (artículo 654.5.º del Texto Refundido de la Ley Concursal). Es importante destacar que la paridad se predica de los créditos incluidos en la misma clase, no de los créditos que, en un eventual concurso, tendrían el mismo rango.

Segundo, que el sacrificio que se le exige sea parcialmente innecesario, es decir, que la reducción del valor de sus créditos sea manifiestamente mayor al que resulta necesario para garantizar la viabilidad de la empresa (artículo 654.6.º del Texto Refundido de la Ley Concursal).

Y, tercero, que el plan no supere la prueba del interés superior de los acreedores (artículo 654.6.º del Texto Refundido de la Ley Concursal), que se identifica con el valor real y actual de su crédito (frente a su valor nominal), es decir, con el importe que percibiría en el caso de liquidación concursal del deudor.

Para finalizar, quisiera dejar constancia de que este motivo también constituye una manifestación de la regla de la prioridad absoluta ya que una empresa debe reestructurarse si con la homologación del plan su valor va a aumentar. Este incremento o excedente de la reestructuración debe repartirse entre todos los acreedores (y, en su caso, los socios) en función de su graduación, por lo que si a un acreedor se le reduce su crédito nominalmente más allá de lo que era su valor real, es o bien porque la reestructuración no es útil, pues no solo no hay excedente sino que, incluso, se merma el valor de la empresa, o bien porque el excedente se ha repartido de manera incorrecta, entregándose a acreedores con peor rango concursal.

Pongamos un ejemplo. Si un acreedor de segundo rango cobraría el 30% de su crédito en liquidación, es porque el acreedor de primer rango cobraría el 100% y el acreedor de tercer rango no cobraría nada. Si como consecuencia de la reestructuración aumenta el valor de la empresa y, a pesar de ello, el valor del crédito del acreedor de segundo rango pasa a ser inferior al 30% de su anterior valor nominal, es porque el excedente se ha volcado en el crédito del acreedor de tercer rango o en el del acreedor de primer rango por un crédito inexistente (ya que el valor del existente está cubierto), por lo que, en ambos casos, se anteponen indebidamente al acreedor de segundo rango.

Capítulo 10

# EL ARRASTRE DE ACREEDORES *

MIGUEL MARTÍNEZ MUÑOZ
*Profesor de Derecho Mercantil*
*Universidad Pontificia Comillas*

SUMARIO: I. INTRODUCCIÓN. II. LA PROBABILIDAD DE LA INSOLVENCIA. III. LA VALORACIÓN DE LA EMPRESA COMO PASO PREVIO A LA REESTRUCTURACIÓN. IV. EL ARRASTRE DE ACREEDORES. *1. Fundamento. 2. Tipos de arrastre.* 2.1. Arrastre horizontal. 2.2. Arrastre vertical. *3. La formación de las clases.* V. CONCLUSIONES. VI. BIBLIOGRAFÍA.

## I. INTRODUCCIÓN

El pasado 6 de septiembre de 2022 se publicó en el BOE la tan ansiada Ley 16/2022, de 5 de septiembre, de reforma del Texto Refundido de la Ley Concursal, aprobado por el Real Decreto Legislativo 1/2020, de 5 de mayo, para la transposición de la Directiva (UE) 2019/1023 del Parlamento Europeo y del Consejo, de 20 de junio de 2019, sobre marcos de reestructuración preventiva, exoneración de deudas e inhabilitaciones, y sobre medidas para aumentar la eficiencia de los procedimientos de reestructuración, insolvencia y exoneración de deudas, y por la que se modifica la Directiva (UE) 2017/1132 del Parlamento Europeo y del Consejo, sobre determinados aspectos del Derecho de sociedades (Directiva sobre reestructuración e insolvencia). El calificativo de «ansiado» utilizado anteriormente lo referimos al deseo de conocer el texto final de una norma que fue emitida en plena pandemia, bajo fuertes críticas, al venir a refundir las normas concursales existentes, pero sin tener en cuenta las normas de emergencia emitidas a consecuencia de la COVID-19 y la reciente transposición al Derecho español de la Directiva 2019/1023. En aquel mes de mayo de 2020, la refundición se vio a todas luces como algo inoportuno en tanto el Texto Refundido tendría que volver a ser modificado en un futuro cercano, suceso que efectivamente ha tenido lugar dos años y cuatro meses después.

---

* Este trabajo se enmarca en el proyecto de investigación PID 2019-107487GB-100 que lleva por título «Gobierno corporativo en la proximidad de la insolvencia», cuya Investigadora Principal es la profesora Juana Pulgar Ezquerra.

La incorporación de la Directiva de Reestructuraciones supone, sin lugar a duda, un hito importantísimo en la configuración del nuevo Derecho de las Crisis Empresariales al suponer un cambio de paradigma, pasándose del concurso de acreedores a la reestructuración preventiva y, con ella, a la supremacía de la función de conservación de la empresa [1]. En este contexto, la configuración de la reestructuración forzosa a través de la figura del arrastre de acreedores constituye un elemento esencial que va a facilitar tremendamente la consecución de dicho fin principal de la conservación empresarial. En este sentido, el término «arrastre» o «*cram-down*» constituye un concepto muy utilizado en la práctica de las reestructuraciones empresariales en el Derecho anglosajón y europeo que la Directiva de Reestructuraciones ha introducido con carácter general para referirse al término más amplio de las reestructuraciones empresariales forzosas, concepto que será analizado en el presente trabajo.

En este tipo de reestructuraciones, los acreedores tendrán que negociar los términos de la operación y, en caso de que no se alcance un acuerdo y siempre sujeto a ciertos presupuestos y límites, podrán verse forzados o «arrastrados» a aceptar los términos confirmados por una amplia mayoría de acreedores junto con el deudor. En efecto, la Directiva fue emitida con la finalidad de garantizar que las empresas viables que se encuentren en dificultades financieras tengan acceso a marcos nacionales efectivos de reestructuración preventiva que les permitan continuar con su actividad empresarial, bien sea en su totalidad o en parte, modificando la composición, condiciones o la estructura del activo y del pasivo o de cualquier otra parte de su estructura de capital, así como realizando cambios operativos [2]. Este objetivo se ve reflejado en la reforma realizada en el Texto Refundido de la Ley Concursal tal y como se analizará seguidamente.

El concepto europeo y, por extensión español, de reestructuración es tremendamente amplio en tanto se permite no solo la tradicional reorganización del pasivo o del activo, sino también del capital, fundamentalmente a través de las capitalizaciones de deuda, confluyendo consecuentemente múltiples intereses en función del alcance de la reestructuración. A este respecto, hemos de hacer notar que el concepto «estructura de capital» es más amplio de lo que parece, toda vez que para la literatura económica consiste en la financiación permanente de la compañía, representada por la deuda a largo plazo, capital y patrimonio. Por oposición, se encontraría la llamada «estructura financiera», dentro de la que se encontraría el pasivo a corto plazo, conformado principalmente por los acreedores comerciales, laborales y públicos. Pues bien, la reforma operada por el Texto Refundido de la Ley Concursal ha centrado el ámbito de la dinámica reestructuradora en la estructura de capital, representada por los inversores finan-

1. PULGAR, J., «Del concurso de acreedores a la reestructuración preventiva», en *Derecho de Sociedades, Concursal y de los Mercados Financieros. Libro homenaje al profesor Adolfo Sequeira Martí*, Madrid, 2022, pp. 611-651.
2. PAULUS, C., «Introduction», en *European Preventive Restructuring*, Munich, 2021, pp. 1 y ss.; VOLBERDA, H., «Crises, Creditors and Cramdowns: An evaluation of the protection of minority creditors under the WHOA in light of Directive (EU) 2019/1023», *Utrecht Law Review*, vol. 17, 2021, p. 66.

cieros, esto es, socios, bancos y bonistas (inversores que financian el capital fijo a largo plazo), aunque permite que sea el propio deudor el que decida sobre el perímetro de la reestructuración[3].

Así las cosas, si bien es cierto que el Derecho preconcursal español ya contiene muchas de las medidas establecidas en la Directiva de Reestructuraciones, toda vez que desde el Real Decreto-Ley 3/2009, de 27 de marzo nuestro Derecho preconcursal se ha ido construyendo a semejanza fundamentalmente de los *schemes of arrangement* británicos, el mismo se ha adaptado a los demás cambios sugeridos en la legislación europea, siendo uno de los más fundamentales el tema del arrastre de acreedores, de inspiración claramente norteamericana (*Chapter 11 Bankruptcy Code*)[4]. En este sentido, el Texto Refundido de la Ley Concursal ha venido a modificar el Libro II relativo al Derecho preconcursal para introducir algunas de las cuestiones más importantes y, si se nos permite, polémicas de la Directiva, entre las que se encuentra el concepto de probabilidad de la insolvencia (presupuesto temporal de todos los marcos de reestructuración preventiva); la figura del experto en reestructuraciones; la creación de un procedimiento especial para las pequeñas y medianas empresas; y, por supuesto, el tema del arrastre de acreedores y la reestructuración forzosa, que conecta con el procedimiento para la formación de las clases, la votación de los planes de reestructuración y el papel que tendrán los socios en dicho escenario[5]. Igualmente, se ha procedido a derogar el régimen de los acuerdos de refinanciación y extrajudiciales de pago y a mantener el instituto de la homologación judicial, esta vez de los planes de reestructuración, para proceder a la reestructuración forzosa de las clases de acreedores afectados.

La consecución de la reestructuración y la salvación de la empresa se erige en valor principal de la nueva regulación y, para ello, se orquesta un sistema de intervención judicial mínima y de adopción mayoritaria de los planes de reestructuración[6]. Así, serán los propios acreedores, junto al deudor y los socios, los que habrán de pactar las medidas e instrumentos que conduzcan a la empresa a la senda de la viabilidad, debiendo alcanzarse necesariamente una mayoría determinada dentro de cada clase de acreedores. Si se consigue, se estará ante un plan de reestructuración consensual, que desplegará su eficacia entre las partes afectadas aceptantes y partes disidentes dentro de cada clase de acreedores en virtud del arrastre horizontal o intra-clase. Por su parte, el Texto Refundido de la Ley Concursal prevé como novedad la reestructuración forzosa de la deuda en caso de que no sea posible la aprobación de un plan consensual y, para ello, se basa en el arrastre vertical o entre clases como vía de imposición de la reestructura-

3. THERY, A., «Directiva de reestructuraciones, capitalización de créditos y gobierno corporativo», *Revista de Derecho Concursal y Paraconcursal*, n.º 31, 2019, pp. 57-58.
4. PULGAR, J., *Preconcursalidad y reestructuración empresarial*, Madrid, 2021, p. 55. Para ahondar en la regulación norteamericana del *Chapter 11* véase TABB, C. J., *Law of Bankruptcy*, St. Paul, 2014, pp. 1023 y ss.
5. Véase con carácter general GARCIMARTÍN, F., «Sobre el nuevo régimen aplicable a los planes de reestructuración del Libro II del Anteproyecto (y las novedades en el Libro IV)», *Revista General de Insolvencias & Reestructuraciones*, n.º 3, 2021, pp. 47-84.
6. PACCHI, S., «Par Condicio e Relative Priority Rule. Molto da tempo è mutato nella disciplina della Crisi d'impresa», *Ristrutturazioni Aziendali*, 6 de enero de 2022, pp. 12 y ss.

ción a las partes afectadas disidentes siempre que se cumplan determinados requisitos. De esta forma, por primera vez en el Derecho español, se contempla la imposición coactiva de los efectos de la reestructuración a los acreedores, sujeta a determinadas cautelas, planteándose en la práctica ciertos problemas como la excepción del principio de relatividad de los contratos o el replanteamiento de la eficacia del sistema de garantías reales, siendo por ello necesario proceder a un estudio de esta cuestión.

Para ello, en el presente trabajo se abordará, en primer término, la probabilidad de la insolvencia como presupuesto objetivo en el que se procederá a la reestructuración. Seguidamente, se analizará la valoración de la empresa como paso previo de la dinámica reestructuradora y, por último, la configuración del arrastre de acreedores, tratándose el fundamento y razón de ser de la institución, las reglas de formación de las clases de acreedores y los tipos de arrastre, centrándonos en los límites de los mismos toda vez que constituyen medidas de protección frente a este colectivo y razones para proceder a una eventual impugnación.

## II. LA PROBABILIDAD DE LA INSOLVENCIA

El artículo 1.1 a) de la Directiva de Reestructuraciones establece su objeto y ámbito de aplicación, el cual consiste en «*(...) establecer normas sobre los marcos de reestructuración preventiva disponibles para los deudores en dificultades financieras cuando la insolvencia sea inminente, con el objeto de impedir la insolvencia y garantizar la viabilidad del deudor*».

En un primer momento, la traducción española de la Directiva señaló como ámbito objetivo de la reestructuración el de la insolvencia inminente, concepto que, entendido conforme a la legislación nacional tal y como preveía el artículo 2.2 de la Directiva de Reestructuraciones, colisionaba con el presupuesto objetivo del concurso. Así, si el deudor que se encontraba en estado de insolvencia inminente estaba facultado, que no obligado, para solicitar la declaración de su concurso, resultando aconsejable hacerlo para evitar un empeoramiento de su estado patrimonial, entonces la lógica apuntaba a que las medidas de reestructuración no podían aplicarse, debiendo por ello referirse la traducción española de la Directiva a un estado temporalmente anterior a la propia situación de insolvencia inminente para fomentar así un marco de reestructuración eficiente[7]. En efecto, la elección terminológica de este momento temporal resulta tremendamente relevante para evitar el inconveniente puesto de manifiesto, así como las dudas que pueden generarse, no sólo cuando la Directiva se refiere en otros lugares no ya a la insolvencia inminente, sino a «dificultades financieras» o «proximidad a la insolvencia», como acontece en los Considerandos 70 y 71, sino también cuando se observa que las distintas versiones de la Directiva en otras lenguas oficiales de la Unión Europea utilizaban un concepto distinto, el de probabilidad de la insolvencia.

7. Véase RECAMÁN, E., «Derecho proyectado de reestructuraciones y deberes de los administradores sociales», *Revista de Derecho Concursal y Paraconcursal*, n.º 28, 2018, versión electrónica, pp. 5-6.

Si se atiende, por ejemplo, a las versiones inglesa, francesa, alemana o italiana, en todas ellas se habla del concepto de probabilidad de insolvencia a través de los términos empleados en su propio lenguaje. Así, podemos identificar el «*likelihood of insolvency*» de la versión inglesa, la «*probabilité d'insolvabilité*» de la francesa, la alemana «*wahrscheinlichen Insolvenz*» o, en último término, la «*probabilità di insolvenza*» de la traducción italiana. En este sentido, cabe preguntarse por qué la traducción española de la Directiva procedió a modificar este término tan claro de probabilidad de la insolvencia, si bien ajeno al Derecho Concursal patrio, por otro que, siendo conocido por la legislación concursal, podía inducir a errores o confusiones. Es cierto que cuando el deudor se encuentra en insolvencia inminente no tiene obligación alguna de solicitar la declaración de su concurso. Sin embargo, ante la inminencia de dicha insolvencia debería proceder a la solicitud de su concurso voluntario en tanto en cuanto la conversión hacia una insolvencia actual se reputa, *a priori*, más rápida y probable que el tiempo necesario para negociar y alcanzar una reestructuración empresarial con los acreedores, escenario que en la mayoría de las ocasiones requiere varios meses.

Afortunadamente, el legislador español no ha persistido en el error y ha acogido en el nuevo Texto Refundido de la Ley Concursal el novedoso concepto de probabilidad de la insolvencia, estado previo al de insolvencia inminente y que constituye el presupuesto objetivo para acogerse a los planes de reestructuración que sustituyen a los antiguos acuerdos de refinanciación y acuerdos extrajudiciales de pago. Con esto, el Texto Refundido de la Ley Concursal baraja tres estados temporales que se ordenan secuencialmente, siendo la probabilidad de la insolvencia un estado previo a la insolvencia inminente y ésta a su vez un estado anterior a la insolvencia actual. De esta forma, el deudor que se encuentre en probabilidad de la insolvencia no podrá ser sujeto de un concurso de acreedores, pero podrá utilizar los mecanismos que integran el Derecho preconcursal.

No obstante, si bien la probabilidad de la insolvencia se reputa el presupuesto objetivo de los planes de reestructuración, el Texto Refundido de la Ley Concursal no la impone en el sentido de que el deudor que se halle en estado de insolvencia inminente o, incluso, de insolvencia actual podrá acogerse a la reestructuración. Así las cosas, lo verdaderamente importante a este respecto es destacar que el horizonte en el que el deudor puede reestructurarse es el de las dificultades financieras, aquel en el que exista un riesgo potencial de insolvencia, no siendo dicha insolvencia ni tan siquiera inminente, pero sí posible o probable, en el período de tiempo en el que la sociedad mercantil está analizando su situación y contemplando opciones de reestructuración preventiva[8].

El Texto Refundido de la Ley Concursal contempla una definición de la probabilidad de insolvencia en términos objetivos[9]. Así, el artículo 584.2 dispone: «*Se consi-*

8. Véase extensamente en este punto MUÑOZ GARCÍA, A., «Situaciones próximas a la insolvencia y viabilidad empresarial», en PULGAR, J. (Dir.), *Reestructuración y Gobierno Corporativo en la proximidad de la insolvencia*, Madrid, 2020, pp. 171 y ss.

9. Véase con carácter general CAMPUZANO, A. B., «Los estados de insolvencia», *Anuario de Derecho Concursal*, n.º 58, 2023, pp. 15 y ss.

*dera que existe probabilidad de insolvencia cuando sea objetivamente previsible que, de no alcanzarse un plan de reestructuración, el deudor no podrá cumplir regularmente sus obligaciones que venzan en los próximos dos años*». El período de dos años fijado, en nuestra opinión, de forma completamente arbitraria, encierra la finalidad de proceder a la reestructuración en un momento temprano, antes en todo caso a que el valor de la empresa se vea notablemente mermado. La idea que late en este concepto es que cuando haya una expectativa o probabilidad real de fracaso empresarial el deudor debe optar por la reestructuración, entendida en un sentido muy amplio, para salvar la empresa a futuro. En nuestra opinión, más allá de esa presunción de los dos años, consideramos más acertado el concepto más amplio de crisis establecido en el artículo 2 del *Codice della crisi d'impresa e dell'insolvenza*, norma que contempla dicho estado de crisis como uno de dificultad económico-financiera que hace probable la insolvencia del deudor y que, para las empresas, se manifiesta en una insuficiencia de los flujos de caja previstos para hacer frente a las obligaciones existentes de manera regular[10].

En este sentido, más allá de ese «no poder cumplir regularmente las obligaciones que venzan en los próximos dos años», se debe tomar el concepto italiano de crisis y reformularlo, partiendo no solamente de un contexto generalizado de dificultades económicas y financieras manifestado en una insuficiencia de efectivo sino, también, en los problemas para acudir al crédito y, todo ello, en un escenario de cumplimiento puntual y regular de las obligaciones en el que aún no sea previsible la falta de pago[11]. Es decir, la referencia temporal para proceder a la reestructuración preventiva de la empresa debe concretarse en un período anterior a la insolvencia inminente, en una etapa de desaceleración de la actividad empresarial en la que comienzan a ser visibles las complicaciones financieras por los aprietos para acceder al crédito y por la disminución de la tesorería o efectivo procedente de un descenso de los ingresos ordi-

10. Traducción propia del artículo 2.1.a) del *Codice della crisi d'impresa e dell'insolvenza*, que reza: «*1. Ai fini del presente codice si intende per: a) «crisi»: lo stato di difficolta' economico-finanziaria che rende probabile l'insolvenza del debitore, e che per le imprese si manifesta come inadeguatezza dei flussi di cassa prospettici a far fronte regolarmente alle obbligazioni pianificate*». Véase GIORGETTI, M., «Disposizioni generali», en *Codice della crisi d'impresa e dell'insolvenza. Commento al Decreto Legislativo 12 Gennaio 2019, n. 14* [a cura di Mariacarla Giorgetti], Pisa, 2019, pp. 4-5; TETI, S., *Procedure di allerta*, Torino, 2018, pp. 12-16; FAVINO, C. / NETTI, A., *I segnali d'allerta della crisi d'impresa. Riflessioni critiche sulla recente reforma delle procedure concursuali*, Bari, 2019, pp. 11 y ss. Por su parte, la jurisprudencia italiana en, por ejemplo, las sentencias del Tribunal de Treviso de 15 y 22 de julio de 2005 y la sentencia del Tribunal de Alessandria de 7 de junio de 2006, definen la crisis empresarial como «*una situazione di stallo dell'economia dovuta a fattori di breve periodo cioè a cause contingenti di squilibrio o inefficienza, che precede l'insolvenza ma che tendencialmente resulta reversibile*».

11. FAVINO, C. / NETTI, A., *cit.*, pp. 13 y 14, señalan que la crisis empresarial puede tener su origen en factores internos o externos a la propia empresa, distinguiendo así las llamadas crisis endógenas y las exógenas. Las primeras tendrían como factores la incapacidad del *management*, la inadecuación de los sistemas de control interno, la rigidez de la estructura de costes, estrategias de venta incorrectas, las adquisiciones fallidas, los fallos en la política financiera y la ausencia de organización. Por su parte, las crisis exógenas se deben a elementos macroeconómicos tales como los cambios estructurales de la demanda en un mercado o sector, los movimientos de los competidores, las variaciones en los precios, avances tecnológicos, cambios legales, etc. En el mismo sentido, GUATRI, L., *Turnaround. Declino, crisi e ritorno al valore*, Milano, 1995, pp. 117 y ss.

narios derivados de la explotación del objeto social[12]. El período de dos años puede ser una referencia temporal muy corta o muy larga, según los casos, razón por lo que, a nuestro juicio, hubiera sido preferible acudir a un concepto de probabilidad de insolvencia que dejase abierta la puerta a un mayor número de situaciones. Es cierto que, sin embargo, el Texto Refundido de la Ley Concursal no excluye la reestructuración cuando el deudor se halle en insolvencia inminente o actual, por lo que la reflexión aquí realizada parece un tanto vacía por inservible, pero consideramos que la construcción del nuevo Derecho de las Crisis Empresariales exige una reflexión doctrinal profunda de cara a justificar la procedencia de las reestructuraciones empresariales.

En este sentido, la delimitación del horizonte temporal de la probabilidad de la insolvencia resulta fundamental de cara a adoptar las medidas de reestructuración necesarias para evitar así un empeoramiento de la situación económico-financiera conducente a un estado de insolvencia y, por ello, prevé la Directiva de Reestructuraciones que los Estados miembros habrán de desarrollar mecanismos de alerta temprana claros y transparentes que permitan detectar circunstancias que puedan provocar una probabilidad de insolvencia y que puedan advertir al deudor de la necesidad de actuar sin demora. Estas herramientas de alerta temprana podrán consistir en múltiples formas, desde mecanismos de alerta en caso de que no se hayan efectuado determinados pagos hasta servicios de asesoramiento por parte de organismos públicos o privados e incentivos para que los sujetos que dispongan de información sobre el deudor le adviertan acerca de la evolución negativa[13].

El Texto Refundido de la Ley Concursal, por su parte, recoge el guante lanzado por la Directiva y señala en la propia Exposición de Motivos que se establecerán servicios de asesoramiento gratuito y confidencial a empresas en dificultades para posibilitar el asesoramiento a pequeñas y medianas empresas en un estadio temprano de dificultades.

---

12. GUATRI, L., *Crisi e risanamento dell'impresa*, Milano, 1986, conceptualiza la crisis de empresa en función de la intensidad del proceso degenerativo y distingue cuatro etapas distintas. En primer lugar, la fase del declive (*il declino*) representa la fase inicial del proceso degenerativo y se caracteriza por una reducción de la capacidad de ingresos y, por consiguiente, del valor del capital económico. Se trata de una situación potencialmente subsanable que requiere, sin embargo, la adopción de intervenciones oportunas encaminadas a restablecer las condiciones de equilibrio normal de los negocios. A la fase de declive le sigue la de la crisis real (*la crisi*), en la que suele producirse una grave alteración del equilibrio financiero y patrimonial de la empresa, lo que determina, en un plazo relativamente breve, la inestabilidad de todo el sistema empresarial. Esta etapa, en ausencia de medidas correctivas adecuadas, conduce a situaciones de tensión financiera y a la consiguiente falta de confianza por parte de los *stakeholders*, lo que acelera aún más el proceso degenerativo. El progresivo empeoramiento de las condiciones de la empresa corresponde a la siguiente etapa de la insolvencia (*l'insolvenza*) que consiste en la incapacidad de la empresa para cumplir regularmente sus obligaciones. En este caso, la recuperación parece más difícil y con menos probabilidades de éxito que en las etapas anteriores del proceso degenerativo y tiene que ir acompañada de intervenciones drásticas que, además de la estructura financiera, suelen afectar a los procesos de producción y gestión de la empresa. Por último, la inestabilidad (*il dissesto*) debe entenderse como la fase más grave que se produce cuando ya no hay posibilidad de restablecer la empresa, salvo mediante un acuerdo negociado con los acreedores destinado a reducir drásticamente el importe global de las sumas adeudadas.
13. TETI, S., *cit.*, pp. 23 y ss.; FAVINO, C. / NETTI, A., *cit.*, pp. 33 y ss.

Adicionalmente, se mantendrá la página web de «autodiagnóstico de salud empresarial» del Ministerio de Industria, Comercio y Turismo, que ya dispone de acceso libre y gratuito. Por último, como medida de alerta, aunque muy tardía, establece la ley que, en caso de ejecución judicial, si el ejecutado no señalare bienes susceptibles de embargo o el valor de los señalados fuera insuficiente para el fin de la ejecución, deberá el letrado de la Administración de Justicia advertir al ejecutado de que, en caso de probabilidad de insolvencia, de insolvencia inminente o de insolvencia actual, puede comunicar al juzgado competente el inicio o la voluntad de iniciar negociaciones con acreedores para pactar un plan de reestructuración de la deuda, con paralización de las ejecuciones durante esa negociación en los términos establecidos por la ley y que, si encontrándose en estado de insolvencia actual no lo hace, tiene el deber de solicitar la declaración de concurso de acreedores dentro de los dos meses siguientes a la fecha en que hubiera conocido o debido conocer ese estado de insolvencia.

Sin embargo, pudiendo y debiendo desarrollarse por parte de los poderes públicos ciertos tipos de herramientas para el asesoramiento, por ejemplo, a través de las Cámaras de Comercio o los Ministerios, creemos que lo más eficiente será el diseño de mecanismos internos de alerta sobre la base de la información financiera de la propia sociedad mercantil y de los propios sistemas de control interno [14]. En este punto, se ha de resaltar el valor que tiene la contabilidad como instrumento técnico de orden interno al servicio de la empresa, en tanto permite conocer de primera mano no sólo el volumen de ingresos y gastos y las principales ratios de la sociedad sino, también, la gestión de los flujos de efectivo y los activos no estratégicos o menos importantes de los que el empresario podría desprenderse de cara a conseguir liquidez si fuera necesario [15]. Por ello, serán los administradores sociales, junto a los altos directivos, los contables o personal financiero de la sociedad (situación extensiva a las gestorías en los casos de micropymes) y, en su caso, los auditores, cada uno en el ámbito de sus funciones propias, los encargados de diseñar esas herramientas de alerta y de vigilar la situación económico-financiera para proceder a la adopción de medidas de reestructuración en los casos en los que la sociedad continuase siendo viable, esto es, cuando el valor de la reestructuración sea superior al valor de liquidación [16].

14. GIORGETTI, M., «Disposizioni...», *cit.*, p. 5; CECCARELLI, E./VALERINI, F., «Le procedure di allerta e di composizione assistita della crisi» en *Codice della crisi d'impresa e dell'insolvenza. Commento al Decreto Legislativo 12 Gennaio 2019, n. 14* [a cura di Mariacarla Giorgetti], Pisa, 2019, pp. 18 y ss.

15. MARINA, A., «La función de los libros de contabilidad», en *Estudios de Derecho Mercantil en homenaje al profesor Manuel Broseta Pont*, tomo II, Valencia, 1995, pp. 2111 y ss.; STRAMPELLI, G., «L'enforcement "pubblico" dell'informazione contabile tra strumenti di carattere preventivo e sanzioni reputazionali», *Rivista delle società*, vol. 60, n.º 4, 2015, pp. 573 y ss.; TERRANOVA, G., «Stato di crisi, stato d'insolvenza, incapienza patrimoniale», *Dir. Fall.*, vol. 81, n.º 3-4, 2006, pp. 557-561; VIGO, R., «La pubblicità dell'indebitamento dell'impresa», *Dir. Fall.*, vol. 80, n.º 1, 2005, pp. 1-15; FERNÁNDEZ DEL POZO, L., «La contabilidad en el concurso de acreedores», *Anuario de Derecho Concursal*, n.º 8, 2006, pp. 49 y ss.

16. Véase a este respecto los artículos 13 y 14 del *Codice della crisi d'impresa e dell'insolvenza.* En el artículo 13 se señala que los indicadores de la crisis son los desequilibrios de carácter económico,

## III. LA VALORACIÓN DE LA EMPRESA COMO PASO PREVIO A LA REESTRUCTURACIÓN

La valoración de la empresa constituye un asunto capital en todo el tema de la regulación de los marcos de reestructuración preventiva, toda vez que la misma es la que sostiene el propio concepto de reestructuración. Es decir, la reestructuración de la empresa que se encuentra en probabilidad de la insolvencia será posible y, por extensión, tendrá visos de prosperar cuando la misma tenga asignado un valor como empresa en funcionamiento superior al valor de liquidación, lo cual suele ocurrir en tanto existe la presunción de que la empresa sigue activa con una mínima perturbación, cuenta con la confianza de los acreedores financieros, accionistas y clientes, sigue generando ingresos y limita las repercusiones sobre los trabajadores[17]. En este sentido, los acreedores afectados por la reestructuración, principalmente acreedores bancarios, financieros y bonistas, únicamente se embarcarán en el procedimiento si creen que la empresa inviable desde el punto de vista financiero, pero viable desde la perspectiva operativa, tiene un valor suficiente como para generar un retorno en el futuro, pues solo así estarán dispuestos a asumir las medidas que toda reestructuración puede contemplar.

La valoración de la empresa se puede realizar a través de distintos mecanismos conocidos por las técnicas financieras, si bien la mayor parte de los expertos prefieren utilizar el sistema del Descuento de Flujos de Caja, método consistente en actualizar las rentas futuras que el negocio es capaz de producir. Así, los flujos de caja libres generados por una compañía en funcionamiento se descontarán a una tasa determinada (denominada wacc, la cual dependerá de múltiples variables del sector económico en el que se encuentre la empresa) y se le sumará un valor residual que tendrá en cuenta lo que podría valer una empresa en el infinito. En este sentido, obsérvese cómo la valoración dependerá de múltiples variables que no dejan de poder ser seleccionadas por el experto valorador, lo que hace que una misma empresa conforme al mismo

---

patrimonial o financiero, relacionados con las características específicas de la empresa y la actividad empresarial desarrollada por el deudor, teniendo en cuenta la fecha de constitución y el inicio de la actividad, pudiendo medirse mediante indicadores específicos que muestren la sostenibilidad de las deudas durante al menos los seis meses siguientes y las perspectivas de continuidad de la actividad para el ejercicio económico en curso. A estos efectos, los indicadores más significativos son los que miden la sostenibilidad de los cargos de la deuda con los flujos de efectivo que la empresa es capaz de generar y la adecuación de sus propios recursos con respecto a los de terceros, es decir, que tiene muy en cuenta la contabilidad y los ratios financieros. Por su parte, en el artículo 14 se contempla que los órganos de control de la empresa, el auditor y la sociedad de auditoría, cada uno dentro del ámbito de sus funciones, están obligados a verificar que el órgano de administración evalúa constantemente, tomando las iniciativas pertinentes, que la estructura organizativa de la empresa es adecuada, si existe un equilibrio económico y financiero y cuál es la tendencia previsible de la gestión, así como a informar inmediatamente al mismo órgano de administración de la existencia de indicios fundados de la crisis empresarial. Igualmente, sobre el valor de la empresa en reestructuración, THERY, A., «Los marcos de reestructuración preventiva en la propuesta de Directiva de 22 de noviembre de 2016 (y II)», *Revista de Derecho Concursal y Paraconcursal*, n.º 28, 2018, versión electrónica, p. 6 y más extensamente en «Directiva ...», *cit.*, pp. 8 y ss.

17. Véase el Considerando 49 de la Directiva de Reestructuraciones. En el mismo sentido, véase las cuestiones suscitadas a propósito de la valoración empresarial en la Sentencia del Juzgado de lo Mercantil núm. 2 de Barcelona de 4 de septiembre de 2023 (caso Celsa).

método tenga valoraciones muy diferentes[18]. En efecto, un experto puede considerar un horizonte temporal de entre 5 y 10 años y elegir una tasa de descuento wacc de entre el 5% y el 15%, además de la valoración del valor residual que un experto prudente contabilizará como 0. Todos estos parámetros pueden variar y ello arrojará resultados muy diferentes que afectarán consecuentemente a toda la dinámica reestructuradora.

Además, la valoración de la empresa resulta igualmente clave en el instrumento del arrastre entre clases, pues de la valoración dependerá no solo el que una clase de acreedores quede dentro del dinero *(in the money*) y pueda proponer y aprobar planes de reestructuración, sino igualmente arrastrar a otras clases superiores o inferiores en el orden de prelación. Esto es, de la valoración que se haga de la empresa dependerá la determinación de las clases de acreedores que estén interesadas en la reestructuración por recibir, al menos, lo mismo que en un escenario de liquidación concursal. Si un acreedor recibe, como poco, aquello que le correspondería bajo la liquidación se encuentra dentro del dinero y, consecuentemente, tiene incentivos para negociar y participar en un proceso de reestructuración preventiva.

Tradicionalmente, antes de la promulgación de la Directiva de Reestructuraciones, el panorama reestructurador era absolutamente diferente por existir el llamado monopolio bilateral en la reestructuración, consistente en que, en función de la valoración de la empresa, tanto los acreedores como los socios podían vetar la propia reestructuración. Cuando el valor de la empresa fuese superior al valor de la deuda, eran los socios los que podían vetar una reestructuración que les privase de sus derechos, mientras que en el escenario contrario en el que la empresa valiese menos que la deuda eran los acreedores los que podían ejercer sus derechos de veto[19].

Hoy en día, fruto de la inspiración norteamericana del *Chapter 11*, la Directiva no solo ha desmontado todo intento obstruccionista de la reestructuración por parte de los socios o tenedores de participaciones, sino que ha convertido a la valoración de la empresa en el presupuesto para proceder a la reestructuración forzosa de un negocio mediante el arrastre entre clases. Así, toda clase que se encuentre *in the money* puede proponer y aprobar un plan de reestructuración que podrá extenderse al resto de clases disidentes hacia arriba (*cram-up*) o hacia abajo (*cram-down*), obligando coactivamente a las clases de acreedores si se cumplen los requisitos del artículo 11 de la Directiva, principalmente el *test* de justicia o *fairness test.* Desde este punto de vista, si los socios se encuentran dentro del dinero, por ser el valor de la empresa mayor que el de la deuda, podrán proponer un plan que arrastre hacia arriba a las clases de acreedores que se encuentren por encima de ellos siguiendo el orden de prelación que correspondería en el Derecho Concursal, donde los titulares del capital son acreedores subordinados. Por el contrario, cualquier clase de acreedores que se encuentre *in the money* según la valoración empresarial podrá barrer hacia arriba o hacia abajo a los acreedores cuyos órde-

18. Véase de hecho las sentencias de los casos Celsa, Xeldist Congelados o Single Home en las que se ha puesto de manifiesto la gran distorsión entre los informes de los valoradores con la incidencia consiguiente en distintas cuestiones de la reestructuración.
19. THERY, A., «Directiva...», *cit.*, pp. 68-69.

nes de prelación sean superiores o inferiores a los suyos. Así, piénsese que una clase de acreedores ordinarios (no garantizados) que obtendría algún tipo de retribución conforme a la valoración que se haga de la empresa aprueba un plan de reestructuración que finalmente se extiende hacia arriba, hacia los acreedores garantizados o hacia abajo, hacia los socios.

El Texto Refundido de la Ley Concursal sigue esta misma técnica en la configuración de la reestructuración forzosa en el marco de la homologación judicial, toda vez que de la valoración que se haga de la empresa dependerá el que una clase de acreedores se encuentre dentro del dinero y pueda, consecuentemente, imponer su plan arrastrando a otras clases de acreedores. En esencia, el éxito de un plan de reestructuración requiere, en primer lugar, verificar si hay una mayoría de clases afectadas que haya votado a favor del plan y si entre ellas hay al menos una clase que sea de créditos con privilegio, especial o general, según la normativa concursal. En este caso basta una mayoría simple y no sería necesario determinar, al menos en esta fase, el valor del deudor como empresa en funcionamiento. Si no se logra esa mayoría, bastaría entonces con que una clase haya votado a favor, siempre que se trate de una clase que hubiese recibido algún pago, de conformidad con los rangos concursales, teniendo en cuenta el valor del deudor como empresa en funcionamiento. En este caso, sí que resulta necesario determinar este valor empresarial. En la práctica, una vez determinado el valor del activo, se debe calcular el pasivo e identificar las clases de acreedores, según su rango concursal, que hubiesen recibido algún pago de haberse vendido la empresa por aquel valor. Al menos una de estas clases debe haber votado a favor del plan. Esto es, el plan debe haber sido aprobado por una clase de acreedores afectados que, tomando como licencia el recurso al lenguaje más coloquial, esté «dentro del dinero» o *in the money*.

Por último, la valoración empresarial también afectará al importante tema de la impugnación del plan de reestructuración aprobado, toda vez que si un acreedor demuestra que ha sufrido un perjuicio sobre la base de que no se ha respetado el interés superior de los acreedores o el *test* de justicia, conceptos que abordaremos seguidamente, podrán las autoridades judiciales ordenar que se practique otra valoración de la empresa[20]. Los límites al arrastre de acreedores anteriormente señalados parten de un valor de la empresa concreto, sobre el cual se estructuran las medidas de protección frente al arrastre, de tal suerte que si la valoración se ha ejecutado de forma errónea, cabrá la impugnación de la reestructuración al haber sufrido los acreedores disidentes un sacrificio desproporcionado consistente, por ejemplo, en la percepción de una cantidad inferior a la que habrían obtenido en un escenario de liquidación concursal o en contraposición a la percibida por una clase inferior en el orden de prelación.

En fin, tal y como se observa, la justicia y la eficiencia del sistema de reestructuración, europeo y español, descansa, por tanto, en la valoración empresarial pues es esta la que convierte a la reestructuración en un juego de suma cero desde el punto de vista

20. Véase el Considerando 63 y el artículo 14 de la Directiva de Reestructuraciones. Ampliamente, véase PULGAR, J., «Reestructuraciones preconcursales forzosas: el mejor interés de los acreedores», *Revista de Derecho Mercantil*, n.º 323, 2022, pp. 24 y ss.

económico en el que no negocia mejor quien tiene menos que perder, algo propio de los sistemas jurídicos europeos hasta antes de la Directiva, sino quien más seguro está del lugar que ocupa dentro de la pirámide jerárquica de clases ordenada conforme al criterio de la valoración de la empresa[21]. A estos efectos, el Texto Refundido de la Ley Concursal se llena de referencias al valor de la empresa, particularmente en funcionamiento, para condicionar los efectos de la reestructuración y su propio éxito a futuro, debiendo por tanto los deudores y los expertos en la reestructuración, así como los acreedores y socios, proceder de forma rigurosa en este tema.

## IV. EL ARRASTRE DE ACREEDORES

### 1. FUNDAMENTO

Como se ha señalado *supra*, el Texto Refundido de la Ley Concursal regula por primera vez en Derecho español la polémica reestructuración forzosa de la deuda a través del mecanismo del arrastre de acreedores. Si bien es cierto que esta técnica no es desconocida en nuestro Derecho, toda vez que la homologación judicial de los ya derogados acuerdos de refinanciación ofrecía la posibilidad del arrastre horizontal o intra-clase si se cumplían determinadas mayorías en función de la clase de acreedores financieros afectada (acreedores garantizados o no garantizados) y de las medidas a extender coactivamente a los disidentes o no aceptantes, el arrastre vertical o entre clases resulta completamente novedoso. Así configurado, el arrastre bajo el Derecho español comporta el incumplimiento del principio de relatividad de los contratos *ex* artículo 1257 del Código Civil, si bien el mismo se ve compensado por las cautelas previstas en el ordenamiento, esto es, la propia homologación judicial, antes y después de la reforma operada en el Texto Refundido de la Ley Concursal, el hecho de que se tengan que conseguir determinadas mayorías elevadas de aceptación y que se trate de acreedores profesionales, así como la siempre posibilidad de impugnación de la refinanciación sobre la base del sacrificio desproporcionado[22].

Por otro lado, y centrando nuestra reflexión en el tema que nos ocupa, el arrastre de acreedores constituye un instrumento fundamental en la configuración de los nuevos marcos de reestructuración preventiva y, expresamente en el caso del Texto Refundido de la Ley Concursal, influye decisivamente en algo, en apariencia tan nimio, como es la denominación del Título III del Libro II, toda vez que los antiguos acuerdos de refinanciación y extrajudiciales de pago desaparecen ante el surgimiento de los «planes de reestructuración». Ya no hay más acuerdos, sino que hay planes en tanto el acuerdo no constituye un requisito para alcanzar la reestructuración al ser posible el arrastre entre clases y la imposición forzosa o coactiva del plan[23]. Además, la refinanciación deja paso al concepto más amplio de la reestructuración en tanto dejan de ser exclusivamente subsumibles en la misma los pasivos financieros para abrirse a todo tipo de pasivo (salvo

21. THERY, A., «Directiva...», *cit.*, pág. 70.
22. AZOFRA, F., *La homologación judicial de acuerdos de refinanciación*, Madrid, 2017, p. 39.
23. GARCIMARTÍN, F., *cit.*, p. 55.

los excluidos en virtud del artículo 616.2 del Texto Refundido de la Ley Concursal) y de activo.

En todo caso, la adopción del plan de reestructuración va a depender del nivel de aceptación que tenga el mismo entre las clases de acreedores formadas al efecto. Así, sea bajo Derecho español, norteamericano o cualquier ordenamiento europeo tras la transposición de la Directiva, los acreedores se organizan en clases atendiendo a criterios determinados y votan las medidas que les afectan en relación con la reestructuración, necesitando la aquiescencia de ciertas mayorías dentro de cada clase y en relación a todas las clases para que un plan determinado resulte aprobado.

En este juego democrático, el arrastre de acreedores se reputa como una medida trascendental que la Directiva ha tratado de fomentar entre los Estados miembros y que está inspirada en las reglas del *Chapter* 11 norteamericano[24]. En este sentido, la regulación europea parte de que en todo proceso de negociación colectiva pueden existir intereses contrapuestos que conduzcan a comportamientos oportunistas por parte de algunos acreedores, razón por la que el arrastre intra e interclases permitirá neutralizar algunas de las conductas expropiatorias o de *holdout* que podrán concurrir en todo proceso de reestructuración[25]. En este sentido, el mecanismo del arrastre de acreedores demuestra su eficacia e idoneidad en un contexto de adopción de planes de reestructuración bajo la regla de la mayoría, siendo imprescindible en ciertos supuestos para garantizar el éxito de la operación.

En la mayoría de los ámbitos empresariales el arrastre se reputará como algo muy relevante a la vista de los intereses tan dispares de sus acreedores, existiendo, por ejemplo, acreedores financieros, laborales, públicos, comerciales, garantizados, ordinarios, etc. En todo este cóctel, cada parte tendrá sus propios intereses y, fruto de los mismos, las propuestas y los pactos que se presenten diferirán en tanto no todos tendrán que responder a la consecución del mejor interés de la reestructuración. El deudor querrá conservar su empresa y su negocio con las mínimas modificaciones, por lo que buscará que sean los acreedores los que carguen con el peso de la reestructuración. Por su parte, los distintos acreedores perseguirán las mejores condiciones para asegurarse el pago de sus créditos, siguiendo estrategias distintas los acreedores dotados de garantía de los no garantizados, los acreedores financieros, los bonistas, los acreedores de derecho público, comerciales y demás. Por último, los socios, en su caso, desearán que su posición no se vea en absoluto afectada, conservando así sus derechos políticos y económicos en una sociedad fuerte tras la reestructuración de la deuda.

Por su parte, además de tener en cuenta ese cúmulo de intereses como generador de potenciales conflictos, el procedimiento de adopción de los planes de reestructuración exige que en cada categoría de partes afectadas se alcance una mayoría determinada

24. Véase extensamente MARTÍNEZ MUÑOZ, M., «El arrastre de acreedores en la Directiva UE 2019/1023 sobre marcos de reestructuración preventiva y su transposición al Derecho preconcursal español», *Cuadernos Europeos de Deusto*, n.º 66, 2022, pp. 133 y ss.
25. PULGAR, J., «Reestructuraciones…», *cit.*, pp. 10-24.

respecto del importe de los créditos[26]. Obsérvese cómo el procedimiento de votación y aprobación del plan por mayoría constituye un caldo de cultivo para comportamientos oportunistas por parte de los distintos afectados por la reestructuración, en tanto cada uno tratará de que sus intereses prevalezcan so pena de votar en contra de la adopción del plan y la consecuente declaración de concurso en el corto/medio plazo[27].

Pues bien, este escenario es el que la Directiva tiene en cuenta a la hora de plantear la posibilidad del arrastre de acreedores, tanto horizontal como vertical, constituyendo su fundamento el hecho mismo de desactivar las estrategias y las actuaciones de ciertos acreedores para alcanzar una reestructuración forzosa que salve a la empresa que se encuentra en situación de dificultades financieras[28]. El arrastre de acreedores constituye en sí mismo un mecanismo de resolución de conflictos en tanto hace prevalecer el interés de la reestructuración sobre los intereses particulares de las partes implicadas, llevándose a cabo siempre sobre la base de las debidas garantías y cautelas para evitar causar sacrificios desproporcionados al deudor, los acreedores, los trabajadores y, en su caso, los socios[29].

## 2. TIPOS DE ARRASTRE

### 2.1. Arrastre horizontal

El Texto Refundido de la Ley Concursal, por influencia de la Directiva, contempla dos tipos de planes de reestructuración en los que cada modalidad de arrastre tendrá su propia virtualidad práctica. De un lado, en los planes de reestructuración denominados consensuales (artículo 629 del Texto Refundido de la Ley Concursal), será necesario para su adopción por las partes afectadas que en cada categoría de acreedores se alcance una mayoría concreta de dos tercios del importe del pasivo correspondiente a cada clase o de tres cuartos del importe del pasivo en las clases de créditos dotados de garantía real. En este plan consensual, todas las clases son iguales y votan en las mismas condiciones, siendo precisa la adopción unánime del plan por las clases afectadas y por las mayorías exigidas en función de su distinta naturaleza. En la consecución de dicha mayoría es donde podrá jugar un papel clave el arrastre horizontal siempre que cuente

26. A este respecto, señala el artículo 629 del Texto Refundido de la Ley Concursal que un plan de reestructuración se considerará aprobado por una clase de créditos afectados si hubiera votado a favor más de los dos tercios del importe del pasivo correspondiente a esa clase. En el caso de que la clase estuviera formada por créditos con garantía real, el plan de reestructuración se considerará aprobado si hubieran votado a favor tres cuartos del importe del pasivo correspondiente a esta clase. Igualmente, contempla el artículo 630 las reglas de aprobación en los casos de que exista un pacto de sindicación entre los créditos.

27. PULGAR, J., *Preconcursalidad...*, *cit.*, p. 189.

28. Entiéndase el término «dificultades financieras» en sentido amplio y máxime en Derecho español cuando se permite que en los tres estadios (probabilidad de insolvencia, insolvencia inminente e insolvencia actual) se proceda a la reestructuración empresarial.

29. Sobre el arrastre en general en Derecho norteamericano véase TABB, C. J., *cit.*, pp. 1137 y ss.; BROUDE, R. F., «Cramdown and Chapter 11 of the Bankruptcy Code: The Settlement Imperative», *The Business Lawyer*, vol. 39, 1984, pp. 441-454; KLEE, K. N., «Cram Down II», *American Bankruptcy Law Journal*, vol. 64, 1990, pp. 229-244.

con el respaldo de la autoridad judicial (homologación judicial), toda vez que, si dentro de cada clase se logra dicha mayoría, procederá el arrastre dentro de la clase de acreedores por la diferencia de un tercio o un cuarto máximo respectivamente, computándose ésta como clase a favor del plan y confirmándose el mismo por parte de la autoridad judicial (artículo 638 del Texto Refundido de la Ley Concursal)[30].

Para que el arrastre horizontal *o intra-class cram-down* sea posible, además de las mayorías exigidas *ex* artículo 629 del Texto Refundido de la Ley Concursal y de la homologación judicial (artículo 638), el artículo 654 del Texto Refundido de la Ley Concursal exige una serie de presupuestos para que tal confirmación pueda producirse o, mejor dicho en sentido negativo, para que no pueda impugnarse dicha homologación con el arrastre horizontal: (i) Que no se hayan cumplido los requisitos de comunicación, contenido y de forma que se exigen en el capítulo IV del título III del libro II; (ii) Que la formación de las clases de acreedores y la aprobación del plan no se hayan producido de conformidad con lo previsto en la normas; (iii) Que el deudor no se encuentre en probabilidad de insolvencia, insolvencia inminente o actual; (iv) Que el plan no ofrezca una perspectiva razonable de evitar el concurso y asegurar la viabilidad de la empresa en el corto y medio plazo; (v) Que sus créditos no hayan sido tratados de forma paritaria con otros créditos de su clase; (vi) Que la reducción del valor de sus créditos sea manifiestamente mayor al que resulta necesario para garantizar la viabilidad de la empresa; (vii) Que el plan no supere la prueba del interés superior de los acreedores; y (viii) Que el deudor haya incumplido la obligación de encontrarse al corriente en el cumplimiento de sus obligaciones tributarias y frente a la Seguridad Social.

De entre todos esos requisitos, el más importante a efectos del arrastre horizontal es el que determina que el plan de reestructuración supere la prueba del interés superior de los acreedores en caso de que existan disidentes[31]. Esta prueba, copia del «*best interest of creditors test*» del *Chapter 11* americano, se define en el artículo 2.1.6 de la Directiva del siguiente modo: «*una prueba que se supera si se demuestra que ningún acreedor disidente se vería perjudicado por un plan de reestructuración en comparación con la situación de dicho acreedor si se aplicase el orden normal de prelación en la liquidación según la normativa nacional, tanto en el caso de liquidación de la empresa, ya sea mediante liquidación por partes o venta de la empresa como empresa en funcionamiento, como en el caso de la mejor solución alternativa si no se hubiese*

30. DAMMANN, R., «Article 9. Adoption of restructuring plans», *European Preventive Restructuring*, Munich, 2021, pp. 149 y ss. Concretamente, el artículo 638 del Texto Refundido de la Ley Concursal exige para el arrastre horizontal en el marco del proceso de homologación judicial los siguientes requisitos: (i) Que el deudor se encuentre en probabilidad de insolvencia, insolvencia inminente o actual y el plan ofrezca una perspectiva razonable de evitar el concurso y asegurar la viabilidad de la empresa en el corto y medio plazo; (ii) Que cumpla con los requisitos de contenido y de forma exigidos en la regulación; (iii) Que haya sido aprobado por todas las clases de créditos de conformidad con las previsiones de la regulación, por el deudor o, en su caso, por los socios; (iv) Que los créditos dentro de la misma clase sean tratados de forma paritaria; y (v) Que haya sido comunicado a todos los acreedores afectados conforme a lo establecido en esta ley.

31. Véase con carácter general, KROHN, A., «Rethinking priority: The dawn of the relative priority rule and the new "best interests of creditors" test in the European Union», *International Insolvency Review*, vol. 30, 2021, pp. 75 y ss.

*confirmado el plan de reestructuración*»[32]. Por su parte, el Texto Refundido de la Ley Concursal contempla, de manera completamente similar, que se considerará que el plan no supera esta prueba cuando sus créditos se vean perjudicados por el plan de reestructuración en comparación con su situación en caso de liquidación concursal de los bienes del deudor, individualmente o como unidad productiva. A los efectos de comprobar la satisfacción de esta prueba, se comparará el valor de lo que reciban conforme al plan de reestructuración con el valor de lo que pueda razonablemente presumirse que hubiesen recibido en caso de liquidación concursal. Para calcular este último valor, se considerará que el pago de la cuota de liquidación tiene lugar a los dos años de la formalización del plan.

En esencia, la prueba del interés superior de los acreedores trata de proteger al acreedor disidente de una reestructuración en el sentido de garantizarle que no va a recibir menos que si se aplicase el orden de pagos bajo un escenario de liquidación concursal. Es decir, la superación de esa prueba exige comparar la cuota que recibiría el acreedor disidente bajo la reestructuración y la hipotética en caso de liquidación, procediéndose al arrastre si la primera es mayor que la segunda. Lógicamente, si bien esta prueba debe realizarse exclusivamente para los acreedores disidentes, es claro que la misma ha de poder superarse para todos, pues en caso contrario la reestructuración no tendría lugar en tanto los acreedores analizarán de base que el valor de la empresa reestructurada sea mayor que el valor de liquidación de la empresa[33]. Como se observa, tal y como ya advertimos, la valoración empresarial a estos efectos será muy relevante para proceder a la impugnación de la reestructuración.

En los casos de arrastre horizontal, el legislador asume y acepta que la extensión coactiva de efectos al acreedor disidente o no aceptante de una reestructuración constituye una suerte de sacrificio, una merma de los derechos que el ordenamiento le atribuye con carácter general y una quiebra del principio de relatividad de los contratos, pero está dispuesto a aceptarlo en aras de la continuidad de la actividad del deudor que permita evitar el procedimiento concursal con la única exigencia de que, a la vista de las circunstancias concurrentes, dicho sacrificio no sea desproporcionado para el acreedor disidente. Desde luego, será desproporcionado el sacrificio del acreedor disidente cuando no se respete este *best interest of creditors test*, esto es, cuando la cuota resul-

---

32. La definición de la Directiva procede del § 1129 (7) *Bankruptcy Code*. Véase SEYMOUR, J./ SCHWARCZ, S., «Corporate Restructuring under Relative and Absolute Priority Default Rules: A Comparative Assessment», *University of Illinois Law Review*, vol. 2021, 2021, pp. 42 y ss.; PACCHI, S., *cit.*, p. 3.

33. Véase las consideraciones de TABB, C. J., *cit.*, p. 1122: «*Chapter 11 is designed to maximize the value of a debtor's assets for the benefit of all interested constituencies. However, a cardinal principle of chapter 11 is that this primary goal may not be achieved at the expense of any entity with a direct financial interest in the debtor without their consent. Promoting the "greater good" of the group as a whole does not justify treating any stakeholder worse tan they would be treated in a liquidation. Thus, if any holder of a claim or interest would receive more on its claim or interest in a chapter 7 liquidation tan under the proposed chapter 11 plan, and does not vote in favor the plan, that plan cannot be confirmed*». Igualmente, véase PULGAR, J., «Reestructuraciones…», *cit.*, pp. 24 y ss.

tante del arrastre de los acreedores disidentes en una refinanciación sea inferior a la que se obtendría o se previera obtener tras la liquidación concursal de la sociedad[34].

Para el caso de los socios, dicha prueba también tiene que producirse en tanto constituye un mecanismo de protección para todos los disidentes, acreedores o socios. En este supuesto, lo que se tendrá que comparar será la cuota de reestructuración con la cuota de liquidación del socio como acreedor subordinado de último grado y completamente residual, toda vez que el Texto Refundido de la Ley Concursal ha optado por considerarlo como clase afectada y darle voto y, por ello, debe ser oportunamente protegido[35]. En todo caso, la prueba del interés superior de los acreedores solo tendrá que realizarse en el supuesto de impugnación de la reestructuración pues existe una presunción general de que la misma está superada debido a la propia dinámica de la reestructuración (artículo 14.1.a) de la Directiva). En caso contrario, la prueba tendría que hacerse individualmente para cada acreedor disidente, lo que restaría eficacia al sistema.

### 2.2. Arrastre vertical

Por otro lado, en los supuestos en los que ni siquiera el arrastre horizontal permita la reestructuración sobre la base del plan consensual queda expedita la vía de la reestructuración forzosa, recogida en el artículo 11 de la Directiva y en el artículo 639 del Texto Refundido de la Ley Concursal[36]. En este caso, existen una o varias categorías de clases disidentes en las que no se han alcanzado las mayorías dispuestas *ex* artículo 629 del Texto Refundido de la Ley Concursal, pudiendo confirmarse un plan de reestructuración por parte de la autoridad judicial siempre que haya sido aprobado por:

1. Una mayoría simple de las clases, siempre que al menos una de ellas sea una clase de créditos que en el concurso habrían sido calificados como créditos con privilegio especial o general; o, en su defecto, por

2. Al menos una clase que, de acuerdo con la clasificación de créditos prevista por el Texto Refundido de la Ley Concursal, pueda razonablemente presumirse que hubiese recibido algún pago tras una valoración de la deudora como empresa en funcionamiento. En este caso, la homologación del plan requerirá que la solicitud vaya acompañada de un informe del experto en la reestructuración sobre el valor de la deudora como empresa en funcionamiento.

---

34. AZOFRA, F., *cit*., pp. 128-130; PULGAR, J., *Preconcursalidad…*, *cit*., p. 197.

35. VATTERMOLI, D., «La posizione dei soci nelle ristrutturazioni. Dal principio di neutralità organizzativa alla residual owner doctrine? », *Rivista delle società*, n.º 4, 2018, pp. 884-885; DÍAZ MORENO, A., «Socios, planes de reestructuración y capitalización de créditos en la Directiva (EU) 2019/1023, sobre reestructuración e insolvencia», *Anuario de Derecho Concursal*, n.º 49, 2020, p. 36.

36. VEDER, M., «Article 11. Cross-class cram-down», *European Preventive Restructuring*, Munich, 2021, pp. 177 y ss.

En este último supuesto, el arrastre vertical o *cross-class cram-down* acontecerá cuando exista al menos una categoría de acreedores *in the money* que haya aprobado el plan de reestructuración.

Igualmente, la Directiva contempla una serie de cautelas para proteger a los acreedores frente a este *cross-class cram-down* (artículo 10), elementos que resultan ser similares a los motivos para impugnar la homologación judicial que extiende la reestructuración forzosamente a las clases de acreedores disidentes. Así, el artículo 655 del Texto Refundido de la Ley Concursal prevé que el auto de homologación de un plan de reestructuración que no haya sido aprobado por todas las clases de créditos podrá ser impugnado por los motivos previstos en el artículo 654 del Texto Refundido de la Ley Concursal por los acreedores que no hayan votado a favor del plan, con independencia de que pertenezcan o no a una clase que haya aprobado dicho plan. Asimismo, podrá impugnarse también por los titulares de créditos afectados que no hayan votado a favor del plan y pertenezcan a una clase que no lo haya aprobado por los siguientes motivos: (i) Que no haya sido aprobado por la clase o clases necesarias de conformidad con lo previsto en la norma; (ii) Que una clase de créditos vaya a mantener o recibir, de conformidad con el plan, derechos, acciones o participaciones, con un valor superior al importe de sus créditos; (iii) Que la clase a la que pertenezca el acreedor o los acreedores impugnantes vaya a recibir un trato menos favorable que cualquier otra clase del mismo rango; (iv) Que la clase a la que pertenezca el acreedor o acreedores impugnantes vaya a mantener o recibir derechos, acciones o participaciones con un valor inferior al importe de sus créditos si una clase de rango inferior o los socios van a recibir cualquier pago o conservar cualquier derecho, acción o participación en el deudor en virtud del plan de reestructuración; y (v) En caso de que el plan afecte al crédito público, que el deudor haya incumplido la obligación de encontrarse al corriente en el cumplimiento de sus obligaciones tributarias y frente a la Seguridad Social.

A estos efectos, y más importante, será necesario para proceder a la reestructuración forzosa que se garantice que las categorías de voto disidentes de los acreedores afectados reciban un trato al menos igual de favorable que el de cualquier otra categoría del mismo rango y más favorable que el de cualquier categoría de rango inferior, así como que en el marco del plan de reestructuración ninguna categoría de las partes afectadas pueda recibir o mantener más del importe total de sus créditos o intereses. Este presupuesto, que en rigor encierra dos, es lo que se denomina el *test* de justicia o *fairness test*, cuyos componentes son: la regla de la prioridad absoluta, el corolario a dicha regla y la prohibición de discriminación injusta entre clases con el mismo rango, que establece la necesidad de que las clases con un rango idéntico sean tratadas *pari-passu* en el plan de reestructuración[37].

La regla de la prioridad absoluta (*absolute priority rule*) es una norma que prevé que la distribución del valor de reestructuración entre las clases de acreedores, a falta de un acuerdo entre ellas, podrá acontecer siempre que se cumpla el hecho de que una

37. VEDER, M., *cit*., pp. 184-185.

clase disidente de acreedores debe ser íntegramente satisfecha antes de que una clase de menor rango pueda recibir cualquier pago o mantener cualquier participación en el capital bajo el plan de reestructuración[38]. Es decir, tomado el orden de prelación de créditos propio del Derecho Concursal, se obtiene que una clase superior a la que apruebe el plan de reestructuración habrá de recibir siempre más y mejor que toda clase inferior a esta o, dicho de otro modo, ninguna categoría de acreedores afectados disconforme deberá verse perjudicada si una clase de rango inferior recibe algún valor bajo la reestructuración[39]. Por ejemplo, imagínese un escenario en el que existen tres sujetos afectados: una clase de acreedores garantizados, otra de acreedores ordinarios y los socios. Si la clase de acreedores ordinarios aprueba el plan, podrá extender el mismo hacia los acreedores garantizados (*cram-up*) y hacia los tenedores de participaciones (*cram-down*), siempre que los acreedores garantizados reciban un trato mejor que el que dispense el plan a los ordinarios y, por supuesto, a los socios. Ello implicará cobrar sus créditos antes y en mayor cantidad que las clases de acreedores con una prelación menor, aplicándose dicha regla en cascada, esto es, los acreedores garantizados obtendrán más y mejor satisfacción que los acreedores ordinarios y estos a su vez disfrutarán de mejores condiciones que los tenedores de participaciones.

Obsérvese cómo la regla de la prioridad absoluta supone un paso más respecto de la prueba del interés superior de los acreedores, toda vez que ya no se trata de que las clases disidentes reciban más que en un escenario de hipotética liquidación concursal, sino que, dándose por supuesto este presupuesto, recibirán el valor de la empresa en funcionamiento (valor de la reestructuración) siguiéndose el mismo orden y reglas que rigen en liquidación concursal. Así, el valor de la reestructuración se distribuirá entre las clases afectadas disidentes en un escenario preconcursal como si se estuviera bajo el Derecho Concursal, toda vez que las clases superiores recibirán más cantidad y en mejores condiciones que las clases inferiores[40].

Con respecto al segundo de los elementos del *test* de justicia, éste consiste en el corolario a la regla de la prioridad absoluta, el cual enuncia que es preciso que en el marco del plan de reestructuración ninguna categoría de acreedores pueda recibir o mantener más del importe total de sus créditos o intereses. El corolario de la regla parece una obviedad, pero pretende evitar una aplicación estricta de dicha regla que conduciría a que la clase más *senior* se apropiase de todo el valor de la reestructuración sin que se distribuyese nada al resto de clases más *junior*. Desde el punto de vista de los socios, el corolario constituye un instrumento de tutela extraordinario pues supone un contrapeso a la regla de prioridad absoluta en el sentido de que les asegura que si el valor de reestructuración es superior al valor de la deuda, el exceso les será atribuidos a ellos

38. TABB, C. J., *cit.*, pp. 1153-1154: «*In very general terms, this means that a junior interest may not be retained unless claims of senior interests are fully satisfied*». KROHN, A., *cit.*, pp. 80 y ss.

39. DÍAZ MORENO, A., *cit.*, p. 41; PACCHI, S., *cit.*, pp. 1-2.

40. VATTERMOLI, D., *cit.*, pp. 868-869; THERY, A., «Los marcos de reestructuración en la Propuesta de Directiva de la Comisión Europea de 22 de noviembre de 2016 (I)», *Revista de Derecho Concursal y Paraconcursal*, n.º 27, 2017, pp. 540 y ss.; PULGAR, J., *Preconcursalidad…*, *cit.*, p. 199.

mismos en tanto los acreedores no participan del mayor valor de la empresa una vez han sido satisfechos sus derechos[41].

Por último, el tercer componente del *test* de justicia, presupuesto de protección de los acreedores en los casos del arrastre vertical o *cross-class cram-down*, es la prohibición de discriminación injusta entre clases con el mismo rango. Ello implica que, si bien dentro de cada clase debe existir igualdad, también debe regir ésta entre las clases de rango idéntico pues no cabe tratar desigual e injustamente a los que son iguales, salvo lógicamente que lo hayan aprobado en el marco de un plan consensual. Este elemento, así enunciado, protege la equidad horizontal impidiendo diferencias de trato no justificadas[42].

En este punto, en el ámbito de la reestructuración forzosa resulta necesario abordar la cuestión acerca de la incidencia del arrastre en la eficacia del sistema de garantías reales. Es decir, cabe plantearse hasta qué punto resulta eficaz para un acreedor negociar provisto de una garantía real si puede verse arrastrado por una clase inferior en rango concursal no estando de acuerdo en modo alguno con las medidas del plan de reestructuración. La fuerza expansiva de la reestructuración forzosa pone en jaque la función de la garantía real y crea una tensión que podría afectar al tráfico jurídico y económico[43]. Para evitar este problema, el artículo 651 del Texto Refundido de la Ley Concursal establece una cautela consistente en que los acreedores titulares de derechos de garantía real que hayan votado en contra del plan y pertenezcan a una clase en la que el voto favorable hubiera sido inferior al voto disidente, tendrán derecho a instar la realización de los bienes o derechos gravados en el plazo de un mes a contar desde la publicación del auto de homologación en el Registro público concursal. El ejercicio de este derecho producirá el vencimiento del crédito originario garantizado. Asimismo, el plan podrá prever la sustitución de este derecho de realización por la opción de cobrar en efectivo, en un plazo no superior a ciento veinte días, la parte del crédito cubierta por el valor de la garantía. En caso de falta de pago del crédito, el acreedor tendrá derecho a la ejecución de la garantía.

Por último, contempla la norma comentada que si la cantidad obtenida en la realización de los bienes o derechos gravados fuese menor que la deuda garantizada, pero mayor que el valor de la garantía recogido en el plan de reestructuración, el ejecutante hará suya toda la cantidad resultante de la ejecución. La diferencia entre esa cantidad y el valor de la garantía se deducirá de lo que, en su caso, hubiese recibido o deba recibir conforme al plan de reestructuración por la parte del crédito no garantizada. Si la cantidad obtenida fuese inferior al valor de la garantía, el acreedor hará suya toda la cantidad resultante de la ejecución y la parte remanente quedará insatisfecha.

41. DÍAZ MORENO, A., *cit.*, p. 48.
42. El origen de esta norma se encuentra en el § 1129 (b) *Bankruptcy Code.* A este respecto, TABB, C. J., *cit.*, p. 1154 señala: «*The confirmation cram down standard is spelled out in § 1129 (b)(1): from the perspective of the dissenting class, the plan may be confirmed if it "does not discriminate unfairly, and is fair and equitable"*».
43. Véase con carácter general VEIGA, A. B., *Función de la garantía real*, Madrid, 2021.

## 3. LA FORMACIÓN DE LAS CLASES

El asunto de la formación de las clases entronca con la delimitación del pasivo afectado por la reestructuración en tanto para proceder a la configuración de dicho perímetro será necesario proceder a una correcta estratificación del pasivo afectado mediante la composición de las distintas categorías[44]. Es decir, cuando se forman las clases de acreedores afectados se desechan igualmente los no afectados, los cuales quedan excluidos de participar en la reestructuración al no tener derecho de voto (artículo 9.2 de la Directiva). Así las cosas, si bien son los interesados los que establecen el perímetro de afectación a efectos de organizar la reestructuración, no puede obviarse que este hecho afecta a la formación de las clases y que, por ello, podría ser utilizado con fines estratégicos para controlar, de alguna manera, bien la aprobación del plan consensual, bien la imposición del plan no consensual, razón por la que el Juez podrá supervisar indirectamente la delimitación del perímetro de afectación de la reestructuración a través del control que puede tener sobre el proceso de formación de las clases[45].

El perímetro de afectación constituye un paso previo para la óptima reestructuración de la empresa y determina qué parte de la estructura de capital habrá de verse afectada y con qué medidas concretas. La decisión no resulta baladí en absoluto pues, con dicho perímetro, se determinan los concretos acreedores o financiadores que habrán de participar en el plan de reestructuración como partes, ordenados debidamente en clases, y que votarán la aprobación o no del plan así como, en su caso, el arrastre de otras clases disidentes[46].

En la propuesta original de la Directiva se contenía una definición de formación de clases en el artículo 2 que rezaba: «*la agrupación de los acreedores y los socios afectados por un plan de reestructuración de tal manera que reflejen los derechos y el rango de los créditos y participaciones afectados, teniendo en cuenta los posibles derechos contractuales existentes, derechos reales o acuerdos entre acreedores, así como su tratamiento bajo el plan de reestructuración*». No obstante, la versión definitiva eliminó este concepto porque alguno de los Estados miembros lo consideró excesivo al interferir con sus categorías concursales, estableciéndose en el Considerando 44 de la Directiva una definición más amplia que contempla que «*la clasificación en categorías significa el agrupamiento de partes afectadas con el propósito de adoptar un plan de modo tal que refleje sus derechos y la prelación de sus créditos e intereses*».

---

44. BUIL, I., «Una aproximación a la formación de clases en el Derecho de reestructuración español», *Revista General de Insolvencias & Reestructuraciones*, n.º 10, 2023, pp. 99-129; PULGAR, J., *Preconcursalidad…*, *cit.*, pp. 190 y ss.; THERY, A., «Los marcos (I)…», *cit.*, pp. 530 y ss. En este sentido, véase la Sentencia de la Audiencia Provincial de Pontevedra (Sección 1.ª) de 10 de abril de 2023 (caso Xeldist Congelados, S.L.), la cual contiene importantes pronunciamientos en relación con la delimitación del perímetro de afectación y la formación de las clases.

45. Véase ampliamente MARTÍNEZ MUÑOZ, M., «La reestructuración forzosa», *Anuario de Derecho Concursal*, n.º 58, 2023, pp. 385 y ss. DAMMANN, R., *cit.*, p. 156.

46. CERDÁ, F., «El plan de reestructuración: contenidos y aprobación (formación de clases de créditos, votación y mayorías)», en *Nuevo marco jurídico de la reestructuración de empresas en España*, Navarra, 2023, pp. 905-906.

Sea como fuere, lo cierto es que la formación de las clases reviste una importancia extraordinaria en tanto tal proceder determinará el perímetro de afectación de la reestructuración, por lo que no puede establecerse de forma arbitraria. Y es que para que unos derechos que son sustancialmente similares reciban el mismo trato y los planes de reestructuración puedan adoptarse sin perjudicar injustamente los derechos de las partes afectadas, éstas deben ser tratadas en categorías separadas de acuerdo con los criterios para clasificar las diferentes categorías fijadas por la normativa nacional. Así, habrán de seguirse unos criterios legales previamente establecidos en las legislaciones de cada uno de los Estados miembros pues ello afectará al arrastre de acreedores y al éxito de la reestructuración en general.

En este punto, la Directiva permitía libertad a los Estados a la hora de regular la formación de las clases, si bien se establece una serie de normas mínimas (artículo 9.4 de la Directiva). En primer lugar, se habrá de velar porque las partes afectadas sean tratadas en categorías separadas que reflejen una comunidad de intereses suficiente basada en criterios comprobables con arreglo a la normativa nacional. Este requisito es fundamental, toda vez que se tiene que tratar de igual forma a aquellos acreedores que tengan derechos similares para que no exista un perjuicio bajo el plan de reestructuración. En el mismo sentido, la anterior conclusión conlleva igualmente que los acreedores con derechos diferentes sean colocados en categorías distintas pues no tiene razón de ser dispensar el mismo trato a quienes no son iguales. Es decir, carecería de toda lógica encasillar conjuntamente a acreedores heterogéneos como, por ejemplo, un acreedor dotado de hipoteca con un acreedor subordinado o, incluso, un acreedor público con un socio del deudor. Las categorías de acreedores deben responder a criterios de clasificación racionales y, en todo caso, homogéneos para evitar daños innecesarios.

En segundo lugar, la Directiva también exige que, como mínimo, los acreedores garantizados y no garantizados sean tratados como categorías separadas a efectos de adoptar un plan de reestructuración. Esta norma, en puridad, no sería necesaria sobre la base de la regla anterior, en tanto los intereses de un acreedor garantizado y no garantizado son tangencialmente opuestos dada la fuerza y eficacia del derecho de garantía. Es más, dentro de los propios acreedores garantizados, tampoco tendría todo el sentido tratar de la misma manera al acreedor titular de una garantía real y al que ostenta una garantía personal por cuanto la protección dispensada por una y otra presentan un alcance distinto[47].

Por último, se establece que los Estados miembros podrán disponer que los créditos de los trabajadores se traten como una categoría propia, así como que se contemplen en clases separadas aquellos acreedores que carezcan de comunidad de intereses suficiente, como las administraciones tributarias o de seguridad social, pudiendo igualmente regularse medidas adecuadas para garantizar que la clasificación en categorías

---

47. DAMMANN, R., *cit.*, pp.158-159.

se realiza de modo que tenga en cuenta la protección de los acreedores vulnerables, como los pequeños proveedores.

Siguiendo estás pautas, el Texto Refundido de la Ley Concursal contempla en los artículos 622 a 624 bis una serie de reglas para la configuración de las clases de acreedores. Así, se prevé con carácter previo y general que los acreedores titulares de créditos afectados por el plan de reestructuración votarán agrupados por clases de créditos. La formación de las clases debe atender a la existencia de un interés común a los integrantes de cada clase determinado conforme a criterios objetivos, tal y como se establece en la Directiva de Reestructuraciones. Concretamente, se prevé que existe interés común entre los créditos de igual rango determinado por el orden de pago en el concurso de acreedores, si bien ese no es el único criterio que tiene que tenerse en cuenta. A su vez, los créditos de un mismo rango concursal podrán separarse en distintas clases cuando haya razones suficientes que lo justifiquen. A estos efectos se podrá atender, en particular, a la naturaleza financiera o no financiera del crédito, al conflicto de intereses que puedan tener los acreedores que formen parte de distintas clases, o a cómo los créditos vayan a quedar afectados por el plan de reestructuración[48].

Por su parte, los créditos con garantía real sobre bienes del deudor constituirán una clase única, salvo que la heterogeneidad de los bienes o derechos gravados justifique su separación en dos o más clases. Es decir, podría haber una clase de acreedores hipotecarios, otra de pignoraticios, una clase de acreedores con garantía personal, etc. Además, los créditos de derecho público constituirán una clase separada entre las clases de su mismo rango concursal. Con estas reglas básicas, podemos aventurar como clases posibles que estarán presentes en las reestructuraciones la clase de acreedores garantizados; clase de acreedores financieros; clase de acreedores públicos; clase de acreedores comerciales; clase de acreedores con privilegio general, etc., pudiendo igualmente dividirse dichas clases generales en otras más concretas en función de intereses comunes y criterios objetivos.

Lo importante en todo caso es que cada categoría de acreedores afectados refleje un mínimo común y sean titulares de derechos o intereses similares, pues solo así tendrá sentido aplicar el principio mayoritario dentro de cada clase para la aprobación de un plan de reestructuración. De no configurarse bien dichas clases, se obtendrían deficiencias en la aplicación del principio de mayoría porque las partes heterogéneas dentro

48. El Texto Refundido de la Ley Concursal define el concepto de «créditos financieros», lo que resulta particularmente relevante, sobre todo si nos atenemos a los problemas jurisprudenciales que habían surgido en relación a este término. Así, el artículo 623.4 del Texto Refundido de la Ley Concursal establece se consideran créditos financieros: 1. Los derivados de contratos de crédito o préstamo, con independencia de la condición de su titular. 2. Los que sean titularidad de entidades financieras, estén o no sujetas a supervisión prudencial, y con independencia de cuál sea el origen del crédito, incluyendo entre esas entidades, en su caso, a las aseguradoras respecto al seguro de crédito o al seguro de caución. 3. Los derivados de contratos de naturaleza análoga como los arrendamientos financieros o las operaciones de financiación de bienes vendidos con reserva de dominio, aval o contra-aval, factoring y confirming. Por su parte, no se considerarán como créditos financieros los derivados de operaciones comerciales, aunque tuvieran aplazada su exigibilidad, salvo que hayan sido cedidos a una entidad financiera.

de una misma clase partirían de expectativas diferentes en lo que a su tratamiento bajo el plan se refiere, pudiendo barrer injustamente, más allá del arrastre, a ciertos acreedores[49]. La aprobación de los planes de reestructuración ha de partir en todo caso de unas clases de acreedores heterogéneas entre sí, pero homogéneas dentro de cada una, que recojan los distintos intereses en juego y permitan el arrastre en las condiciones previstas en la ley.

En último término, pero relacionado también con el proceso de formación de categorías de acreedores, hemos de hacer referencia al tratamiento de los socios bajo la reestructuración. La Directiva parte del valor superior de la reestructuración y de la experiencia en la gran mayoría de los Estados miembros del poder de los socios a la hora de obstaculizar la consecución de ciertas medidas del plan de reestructuración. Por ello, bajo la terminología de «tenedores de participaciones», la regulación europea establece dos opciones posibles para dicho colectivo. De un lado, se considera a los socios como una clase de acreedores con derecho de voto y se someten a las mismas reglas de los planes consensuales y no consensuales, pudiendo lógicamente ser arrastrados o, de otro lado, se les excluye completamente del proceso de reestructuración y se les impide obstaculizar injustificadamente la adopción, confirmación o la ejecución de un plan de reestructuración (artículo 12 de la Directiva).

Así las cosas, habrán de ser los Estados miembros los que elijan entre las dos opciones ofrecidas por la Directiva[50]. En el caso español, el Texto Refundido de la Ley Concursal opta por considerar a los socios como una clase de acreedores más por lo que podrán interactuar en la reestructuración, pero sin poder obstaculizar la misma. En este sentido, el artículo 640 establece que si el deudor fuera una persona jurídica, la homologación del plan de reestructuración requerirá que haya sido aprobado por los socios legalmente responsables de las deudas sociales. En caso de que estos socios no existieran, y el plan contuviera medidas que requieran acuerdo de la junta de socios, el plan de reestructuración se podrá homologar, aunque no haya sido aprobado por los socios si la sociedad se encuentra en situación de insolvencia actual o inminente.

Igualmente, se contemplan ciertas cautelas para los socios en el artículo 656 del Texto Refundido de la Ley Concursal, toda vez que cuando los socios de la sociedad deudora no hayan aprobado el plan de reestructuración, podrán impugnar el auto de homologación por cualquiera de los siguientes motivos: (i) Que el plan no cumpla los requisitos de contenido y de forma que se exigen en el Texto Refundido de la Ley Concursal; (ii) Que no haya sido aprobado de conformidad con lo previsto en la regulación; (iii) Que el deudor no se encontrara en estado insolvencia actual o de insolvencia inminente; (iv) Que el plan no ofrezca una perspectiva razonable de evitar el concurso y asegurar la viabilidad de la empresa en el corto y medio plazo; y (v) Que una clase de acreedores afectados vaya a recibir, como consecuencia del cumplimiento del plan, derechos, acciones o participaciones, con un valor superior al importe de sus créditos.

49. THERY, A., «Directiva...», *cit.*, pp. 76-77.
50. Véase MARTÍNEZ MUÑOZ, M., *cit.*, pp. 147 y ss. y DÍAZ MORENO, A., «Socios...», *cit.*, pp. 16 y ss.

## V. CONCLUSIONES

El Texto Refundido de la Ley Concursal ha adaptado la Directiva de Reestructuraciones a Derecho español y ha modificado íntegramente todo el Derecho preconcursal, creándose por primera vez en nuestro país la reestructuración forzosa a través del mecanismo del arrastre de acreedores. Como decíamos al principio de este trabajo, el paradigma ha cambiado, toda vez que se ha pasado del concurso de acreedores con su función satisfactiva de los intereses de los acreedores a la reestructuración preventiva, la cual encumbra la función de conservación de la empresa y produce una modificación de ciertas instituciones de Derecho Civil y Mercantil para crear el llamado Derecho de las Crisis Empresariales.

El arrastre de acreedores constituye un mecanismo de resolución de conflictos que permite ponderar el interés de la reestructuración y ponerlo por encima de los intereses particulares de cada categoría de acreedores afectados siempre que se cumplan una serie de presupuestos. En efecto, el arrastre no puede suponer un instrumento de barrido absoluto de los derechos de crédito pues ello daría al traste con todo el sistema financiero al desincentivar la inversión a largo plazo en las empresas, razón por la que la Directiva, en el ámbito europeo, y el Texto Refundido de la Ley Concursal, a nivel nacional, lo someten a una serie de controles para evitar que los acreedores que efectivamente ven extendidos coactivamente los efectos de una reestructuración de la cual disienten no sufran un sacrificio desproporcionado que les permitiría impugnar toda la reestructuración. Así, una vez analizados estos límites, podemos concluir que se pretende incentivar por encima de todo la reestructuración empresarial, salvando la empresa y evitando así la destrucción de valor. No obstante, la reestructuración forzosa no puede imponerse a cualquier precio, constituyendo la prueba del interés superior de los acreedores y el *test* de justicia los mayores defensores de los intereses de los acreedores, los cuales se encontrarán tensionados entre acceder a una reestructuración del deudor y la conservación del valor de su crédito.

Si bien los mecanismos de control son distintos en los casos de arrastre horizontal y vertical, existe uno común a ambos supuestos que es el de la valoración de la empresa. Sin ánimo de repetirnos, únicamente recalcaremos que la valoración empresarial es clave para organizar la propia reestructuración y los diferentes arrastres, razón por la que una valoración determinada podría dar al traste con las intenciones reestructuradoras del deudor y abrir directamente la vía del Derecho Concursal. No obstante, más allá de este presupuesto previo, como indicamos, los controles para proceder a un tipo de arrastre u otro varían en función de la clase de arrastre que se tenga que realizar en tanto el vertical siempre tendrá un alcance mucho mayor que el horizontal respecto al número y categoría de los acreedores afectados. Esto es, por mucho que el efecto sea el mismo (extensión coactiva de los efectos de la reestructuración), sí se reputa diferente arrastrar a acreedores dentro de su categoría cuando existe cierta mayoría a favor de la reestructuración y arrastrar a clases completas de acreedores que han disentido firmemente, debiendo existir por ello salvaguardas para un tipo y otro.

Por último, hemos de señalar que, por lo novedoso de la regulación, se habrá de esperar a la puesta en práctica de la misma, surgiendo entonces problemas que tendrán que irse resolviendo paulatinamente, todo ello en un contexto de convivencia de reestructuraciones nuevas y concursos de acreedores viejos que traen su causa de los problemas surgidos en la época de la COVID-19. El tiempo permitirá que una puesta en práctica ordenada y una reflexión profunda de la reestructuración y sus elementos configuren un Derecho de las Crisis Empresariales de referencia en Europa.

## VI. BIBLIOGRAFÍA

AZOFRA, F., *La homologación judicial de acuerdos de refinanciación*. Madrid, 2017.

BROUDE, R. F., «Cramdown and Chapter 11 of the Bankruptcy Code: The Settlement Imperative», *The Business Lawyer*, vol. 39, 1984, pp. 441-454.

BUIL, I., «Una aproximación a la formación de clases en el Derecho de reestructuración español», *Revista General de Insolvencias & Reestructuraciones*, n.º 10, 2023, pp. 99-129.

CAMPUZANO, A. B., «Los estados de insolvencia», *Anuario de Derecho Concursal*, n.º 58, 2023, pp. 15-46.

CECCARELLI, E. / VALERINI, F., «Le procedure di allerta e di composizione assistita della crisi» en *Codice della crisi d'impresa e dell'insolvenza. Commento al Decreto Legislativo 12 Gennaio 2019, n. 14* [a cura di Mariacarla Giorgetti], Pisa, 2019, pp. 17-36.

DAMMANN, R., «Article 9. Adoption of restructuring plans», *European Preventive Restructuring*, Munich, 2021, pp. 146-166.

DÍAZ MORENO, A., «Socios, planes de reestructuración y capitalización de créditos en la Directiva (EU) 2019/1023, sobre reestructuración e insolvencia», *Anuario de Derecho Concursal*, n.º 49, 2020, pp. 7-64.

FAVINO, C. / NETTI, A., *I segnali d'allerta della crisi d'impresa. Riflessioni critiche sulla recente reforma delle procedure concursuali*, Bari, 2019.

FERNÁNDEZ DEL POZO, L., «La contabilidad en el concurso de acreedores», *Anuario de Derecho Concursal*, n.º 8, 2006, pp. 49-96.

GARCIMARTÍN, F., «Sobre el nuevo régimen aplicable a los planes de reestructuración del Libro II del Anteproyecto (y las novedades en el Libro IV)», *Revista General de Insolvencias & Reestructuraciones*, n.º 3, 2021, pp. 47-84.

GIORGETTI, M., «Disposizioni generali», en *Codice della crisi d'impresa e dell'insolvenza. Commento al Decreto Legislativo 12 Gennaio 2019, n. 14* [a cura di Mariacarla Giorgetti], Pisa, 2019, pp. 3-15.

GUATRI, L., *Turnaround. Declino, crisi e ritorno al valore*, Milano, 1995.

– *Crisi e risanamento dell'impresa*, Milano, 1986.

KROHN, A., «Rethinking priority: The dawn of the relative priority rule and the new "best interests of creditors" *test* in the European Union», *International Insolvency Review*, vol. 30, 2021, pp. 75-95.

KLEE, K. N., «Cram Down II», *American Bankruptcy Law Journal*, vol. 64, 1990, pp. 229-244.

MARTÍNEZ MUÑOZ, M., «La reestructuración forzosa», *Anuario de Derecho Concursal*, n.º 58, 2023, pp. 385-412.

– «El arrastre de acreedores en la Directiva UE 2019/1023 sobre marcos de reestructuración preventiva y su transposición al Derecho preconcursal español», *Cuadernos Europeos de Deusto*, n.º 66, 2022, pp. 133-162.

MUÑOZ GARCÍA, A., «Situaciones próximas a la insolvencia y viabilidad empresarial», en PULGAR, J. (Dir.), *Reestructuración y Gobierno Corporativo en la proximidad de la insolvencia*, Madrid, 2020, pp. 169-202.

PACCHI, S., «Par Condicio e Relative Priority Rule. Molto da tempo è mutato nella disciplina della Crisi d'impresa», *Ristrutturazioni Aziendali*, 6 de enero de 2022, pp. 1-28.

PAULUS, C., «Introduction», en *European Preventive Restructuring*, Munich, 2021, pp. 1-7.

PULGAR, J., «Del concurso de acreedores a la reestructuración preventiva», en *Derecho de Sociedades, Concursal y de los Mercados Financieros. Libro homenaje al profesor Adolfo Sequeira Martí*, Madrid, 2022, pp. 611-651.

– «Reestructuraciones preconcursales forzosas: el mejor interés de los acreedores», *Revista de Derecho Mercantil*, n.º 323, 2022, pp. 9-80.

– *Preconcursalidad y reestructuración empresarial. Acuerdos de refinanciación y acuerdos extrajudiciales de pagos*, Madrid, 2021.

RECAMÁN, E., «Derecho proyectado de reestructuraciones y deberes de los administradores sociales», *Revista de Derecho Concursal y Paraconcursal*, n.º 28, 2018, versión electrónica, pp. 1-12.

SEYMOUR, J. / SCHWARCZ, S., «Corporate Restructuring under Relative and Absolute Priority Default Rules: A Comparative Assessment», *University of Illinois Law Review*, vol. 2021, 2021, pp. 1-54.

STRAMPELLI, G., «L'enforcement "pubblico" dell'informazione contabile tra strumenti di carattere preventivo e sanzioni reputazionali», *Rivista delle società*, vol. 60, n.º 4, 2015, pp. 573-616.

TABB, C. J., *Law of Bankruptcy*, St. Paul, 2014.

TERRANOVA, G., «Stato di crisi, stato d'insolvenza, incapienza patrimoniale», *Dir. Fall*, vol. 81, n.º 3-4, 2006, pp. 547-575.

TETI, S., *Procedure di allerta*, Torino, 2018.

THERY, A., «Directiva de reestructuraciones, capitalización de créditos y gobierno corporativo», *Revista de Derecho Concursal y Paraconcursal*, n.º 31, 2019, pp. 55-96.

– «Los marcos de reestructuración en la Propuesta de Directiva de la Comisión Europea de 22 de noviembre de 2016 (I)», *Revista de Derecho Concursal y Paraconcursal*, n.º 27, 2017, pp. 513-548.

– «Los marcos de reestructuración preventiva en la propuesta de Directiva de 22 de noviembre de 2016 (y II)», *Revista de Derecho Concursal y Paraconcursal*, n.º 28, 2018, versión electrónica, pp. 1-34.

VATTERMOLI, D., «La posizione dei soci nelle ristrutturazioni. Dal principio di neutralità organizzativa alla residual owner doctrine? », *Rivista delle società*, n.º 4, 2018, pp. 858-890.

VEDER, M., «Article 11. Cross-class cram-down», *European Preventive Restructuring*, Munich, 2021, pp. 176-189.

VEIGA, A. B., *Función de la garantía real*, Madrid, 2021.

VIGO, R., «La pubblicità dell'indebitamento dell'impresa», *Dir. Fall.*, vol. 80, n.º 1, 2005, pp. 1-15.

VOLBERDA, H., «Crises, Creditors and Cramdowns: An evaluation of the protection of minority creditors under the WHOA in light of Directive (EU) 2019/1023», *Utrecht Law Review*, vol. 17, 2021, pp. 65-79.

Capítulo 11

# LA POSICIÓN DE LOS SOCIOS EN LA APROBACIÓN Y HOMOLOGACIÓN DEL PLAN DE REESTRUCTURACIÓN

María Enciso Alonso-Muñumer
*Catedrática de Derecho Mercantil*
*Universidad Rey Juan Carlos*

SUMARIO: I. EL COMPORTAMIENTO OBSTATIVO DEL SOCIO EN LA APROBACIÓN DE LOS PLANES DE REESTRUCTURACIÓN. II. LA INTERVENCIÓN DE LOS SOCIOS EN EL PROCESO DE ADOPCIÓN DE LOS PLANES DE REESTRUCTURACIÓN. *1. Los derechos del socio a participar en la aprobación del plan de reestructuración. 2. Sometimiento del plan de reestructuración a la decisión de los socios conforme a la normativa societaria.* 2.1. Aplicación del derecho de sociedades. 2.2. Acuerdo de aprobación del plan y acuerdo social de adopción de las correspondientes medidas societarias. *3. Medidas relativas a la adopción del acuerdo social de aprobación del plan de reestructuración.* 3.1. Convocatoria de la junta general. 3.2. Derecho de información. 3.3. Especialidades en materia de constitución de la junta: quorum y régimen de mayorías. 3.4. Otras especialidades en la aplicación de las normas societarias. III. IMPLICACIONES PARA LOS SOCIOS: HOMOLOGACIÓN Y ARRASTRE DE SOCIOS. *1. Cambio de modelo en el sistema de control. 2. Homologación judicial y arrastre vertical.* IV. TUTELA DE LOS SOCIOS. *1. Plan no aprobado por los socios: oposición a la homologación o impugnación del auto de homologación del plan. 2. Planes aprobados por los socios: Impugnación del acuerdo de la junta por la minoría disidente.* V. BIBLIOGRAFÍA.

## I. EL COMPORTAMIENTO OBSTATIVO DEL SOCIO EN LA APROBACIÓN DE LOS PLANES DE REESTRUCTURACIÓN

La Ley 16/2022, de 5 de septiembre, de reforma del Texto Refundido de la Ley Concursal, aprobado por el Real Decreto Legislativo 1/2020, de 5 de mayo, para la transposición de la Directiva (UE) 2019/1023 del Parlamento Europeo y del Consejo, de 20 de junio de 2019, sobre marcos de reestructuración preventiva, exoneración de deudas e inhabilitaciones, y sobre medidas para aumentar la eficiencia de los procedimientos de reestructuración, insolvencia y exoneración de deudas, ha supuesto una profunda revisión de nuestro sistema de insolvencia, en particular de los institutos preconcursales, incluyendo un cambio de paradigma en muchas materias entre ellas las que atañen a la eficacia de la aprobación de los planes de reestructuración. A partir de la entrada en vigor de la Ley 16/2022 han surgido nuevas oportunidades de reestructuración con mayor protagonismo de los acreedores que podrán beneficiarse de instrumentos preconcursales más ágiles, flexibles y con un ámbito más amplio al incluir la posibilidad de arrastre no solo de acreedores de todo tipo (financieros, comerciales e incluso créditos de derecho público cumpliendo determinados requisitos) sino también de los socios de la sociedad deudora.

Aunque el futuro de la sociedad en crisis no depende de los socios sino de los acreedores en la reestructuración, además del importante papel que juegan los acreedores en el procedimiento preconcursal, no en vano los planes de restructuración se pueden calificar como instituto pro acreedores, lo que a juicio de un relevante sector doctrinal es lógico y coherente desde la aproximación más económico financiera que jurídica que subyace a la directiva traspuesta, dado que son los acreedores los que no están viendo satisfechos sus créditos, o están en riesgo de que ello suceda y por tanto, tienen derecho no solo a la protección de sus derechos de crédito, sino también a decidir bajo un régimen de mayoría, cual consideran la mejor vía para ello [1], la aprobación de los planes de reestructuración pueden tener una clara incidencia en la posición jurídica de los socios, de hecho el tratamiento que se les da en la reestructuración de compañías en crisis es, sin duda, uno de los temas centrales de la reforma, es una de las cuestiones más complejas que plantea la labor de transposición [2]. Así se pone de manifiesto también en la Exposición de Motivos del Texto Refundido de la Ley Concursal que indica al respecto que «una de las cuestiones más complejas es la posición de los socios de la sociedad deudora cuando el plan de reestructuración afecta a sus derechos, esto es, conlleva medidas como ampliaciones de capital, modificaciones estructurales o disposición de activos esenciales que, bajo las reglas generales del derecho societario, requieren su consentimiento».

La reestructuración tal y como está concebida en nuestro ordenamiento jurídico permite adecuar la organización societaria a las necesidades empresariales que cambian en supuestos de dificultades económicas. La Ley parte de un concepto amplio de reestructuración conforme con la Directiva (artículo 2.1.1.º), y más allá de reducciones y aplazamientos de créditos, el artículo 614 del Texto Refundido de la Ley Concursal

1. *Vid.* PULGAR, J., «El papel de los socios en reestructuraciones de empresas en crisis y la proyectada reforma del Texto refundido concursal», *El Notario del siglo XXX,* revista 102, p. 1. Sobre la posición de los socios en los planes de reestructuración, *vid.* IRIBARREN, M., «Los socios en los planes de reestructuración en la reforma del texto refundido de la Ley Concursal», *Revista General de Insolvencias & Reestructuraciones*, n.º 6, 2022, pp. 97 a 139.
2. Como destacan entre otros, GARCIMARTÍN, F., «Sobre el nuevo régimen aplicable a los planes de reestructuración del Libro II del anteproyecto (y las novedades en el Libro IV)]», en *Revista General de Insolvencias & Reestructuraciones,* n.º 3, 2021, pp. 47 a 84 que califica el tratamiento de los socios cuando, como es habitual, el plan de reestructuración afecta a sus derechos como el aspecto más polémico y complejo del Libro II del Texto Refundido de la Ley Concursal. En el mismo sentido, PULGAR, J., «Holdout accionarial, reestructuración forzosa y deber de fidelidad del socio», *Revista de Derecho Concursal y Paraconcursal,* n.º 27, 2017, pp. 43 y ss.

permite que en el plan se incluyan todas las medidas que tengan por objeto la modificación de la composición, de las condiciones o de la estructura del activo y del pasivo del deudor, o de sus fondos propios, incluidas las transmisiones de activos, unidades productivas o de la totalidad de la empresa en funcionamiento, así como cualquier cambio operativo necesario, o una combinación de estos elementos.

De ello se desprende que con frecuencia, aunque no tiene por qué ser así siempre, los planes de reestructuración contienen medidas que pueden incidir en la estructura de capital y afectar a los socios en sus derechos, y por tanto requieren la adopción del correspondiente el acuerdo de la junta general de la sociedad afectada, esto es, la voluntad favorable colectiva de los socios (modificaciones estructurales o estatutarias, incluidas las relativas al capital social; enajenación de activos esenciales; emisión de obligaciones convertibles…). Serán probablemente menos frecuentes aquellos planes de reestructuración que no requieran la intervención de los socios en su aprobación por que no afectan a sus derechos, por ello no será preciso su consentimiento, y serán los administradores de la sociedad deudora los legitimados para negociar dichos planes con los acreedores «afectados», y, en su caso, para solicitar su homologación judicial en los supuestos en que ésta sea necesaria en aplicación de lo establecido en los artículos 615 del Texto Refundido de la Ley Concursal (ámbito objetivo) y 635 de la misma norma (homologación judicial).

Es en los primeros en los que la exigencia del consentimiento de los socios para la aprobación de los planes cuando contienen medidas que lo requieran puede lastrar la eficacia de estos mecanismos de resolución de las crisis empresariales, en la medida que los socios en su condición de propietarios adopten sus decisiones en atención a sus exclusivos intereses. Esto sucedía con los antiguos acuerdos de refinanciación dada la separación existente en la regulación anterior entre el derecho societario y el derecho de la insolvencia, socios y acreedores constituían «compartimentos estancos» circunstancia que frustró no pocos acuerdos de refinanciación[3].

Los socios como propietarios de la compañía desde esta posición de «control» se encuentran en condiciones de bloquear o, al menos, de dificultar la operación de reestructuración de empresas viables, negándose de forma en ocasiones injustificada e incluso por temor a perder peso en la compañía a adoptar acuerdos sociales de los que depende la reestructuración, lo que puede hacer desparecer la expectativa de los acreedores de obtener una satisfacción de los créditos mayor de la que obtendrían en una liquidación (incluso en una liquidación de la empresa como unidad productiva en funcionamiento), teniendo además en todo caso el poder de solicitar el concurso de acree-

3. Alude FERNÁNDEZ DEL POZO, L., «La tutela de los socios frente a los planes de reestructuración preventiva de su sociedad. Hacia un derecho societario preconcursal», *La Ley mercantil*, n.º 88, febrero 2022, p. 3 a que en situaciones de insolvencia o de probabilidad de insolvencia (financial distress) se rompe la correlación entre el interés patrimonial que, devaluado, ostentan los socios de la entidad deudora (que tiende rápidamente a un valor de cero a partir de la superación de un cierto umbral de crisis) y el control político de la sociedad que todavía el socio retiene en su integridad.

dores, impidiendo la reestructuración de la compañía[4]. Este «poder» permite a los socios, por tanto, presionar para obtener en el marco del plan que se está negociando un tratamiento más favorable que el que les correspondería, en principio, como meros «acreedores residuales», que sólo deberían recibir algo una vez que los acreedores hubieran visto sus créditos íntegramente satisfechos. Es cierto que la situación económica de la sociedad influye en la capacidad de influencia de los socios que se reduce si las acciones o participaciones carecen ya de valor, en cambio si aún tienen valor y la situación de la sociedad no es tan crítica la influencia será mayor.

En este orden de cuestiones, la Directiva prestó especial atención a la posición del socio, para evitar que su eventual comportamiento obstruccionista frustre injustificadamente la posibilidad de reestructuración temprana de la empresa viable que permitiría que el deudor recuperase su viabilidad; esto es que no puedan bloquear sin razón los planes de reestructuración eficientes que permitan conservar el valor de las empresas viables, y no solo hacer perder el correspondiente excedente asociado a la reestructuración, con el consiguiente perjuicio para los acreedores, sino llevar a la empresa a su desaparición previa liquidación de su patrimonio en el concurso[5].

El problema es complejo y necesita equilibrio entre la necesidad de imponer el plan de reestructuración y la necesidad de preservar un cierto grado de tutela, como se desprende del Considerando 57 de la Directiva que establece que: «si bien deben estar protegidos los intereses legítimos de otros accionistas o tenedores de participaciones, los Estados miembros deben garantizar que los accionistas no pueden bloquear sin razón la adopción de planes de reestructuración que permitirían que el deudor recuperase la viabilidad de su actividad comercial». En este sentido, la Directiva determinaba la

4. Al Holdout de los socios se refiere PULGAR, J., «El papel de los socios en reestructuraciones de empresas en crisis y la proyectada reforma del Texto refundido concursal», *cit.*, p. 1, como uno de los tradicionales problemas que se suscitaban en la práctica en relación con las reestructuraciones concursales. Alude FERNÁNDEZ DEL POZO, L., «La tutela de los socios frente a los planes de reestructuración preventiva de su sociedad. Hacia un derecho societario preconcursal», *cit.*, p. 3 al consabido problema del hold-out behaviour o comportamiento oportunista pero racional de los socios: no teniendo nada que perder, obstaculizan la adopción de un plan de reestructuración de la sociedad cuya ejecución necesita de la adopción de ciertos acuerdos sociales sobre cuya decisión retienen el control con el propósito de extraer rentas de la reorganización (la diferencia entre el valor liquidativo como going concern de la compañía y el valor *ex post* de empresa reestructurada neto de las deudas que deben satisfacerse. A este respecto indica COHEN, A., «La posición del socio ante la reestructuración en el anteproyecto de reforma concursal», *La Ley Mercantil*, n.º 86, 2021 (edición digital) que los socios pueden plantear dos tipos de problemas de bloqueo en una reestructuración. El primer problema de hold-out consiste en que aquéllos se opongan a la aprobación en la junta general de una medida de capitalización de deuda incluida en el plan de reestructuración adoptado por los acreedores. El segundo problema de eventual bloqueo estriba en que los socios den instrucciones a los administradores de la compañía deudora para que no presenten o aprueben un plan de reestructuración propuesto por los acreedores.

5. El punto de partida «ideológico» quedó enunciado en los considerandos 57 y 96 de la Directiva. El primero señala que, si bien en un escenario preconcursal deben estar protegidos los intereses legítimos de los socios, los Estados miembros han de garantizar que aquéllos «no puedan impedir injustificadamente la adopción de planes de reestructuración que permitirían que el deudor recuperase su viabilidad». Por su parte, en el considerando 96 se indica que «la eficacia del proceso de adopción y ejecución del plan de reestructuración no debe verse comprometida por el derecho de sociedades».

necesidad de introducir en los distintos ordenamientos jurídicos las herramientas necesarias para que los Estados miembros puedan sortear la circunstancia de que, con el normal funcionamiento de las normas de Derecho societario, los socios bloqueen las medidas de saneamiento.

A este respecto, y con el propósito de vencer o tratar la resistencia de los socios que puedan obstaculizar la reestructuración incluso en aquellos casos en que la mayoría o todos los acreedores estuvieran de acuerdo con el plan, y más aún en aquellos casos en que las acciones o participaciones de los socios carezcan de valor alguno (socios out of the money), la Directiva (considerando 28 y artículo 12 de la Directiva) proclama un cambio de paradigma partiendo de que la eficacia del proceso de adopción y ejecución del plan de reestructuración no debe verse comprometido por el derecho de sociedades, que no debe constituir un obstáculo para la reestructuración, sin perjuicio de que en el escenario de la reestructuración los derechos e intereses de los socios necesitan una protección adecuada. Con este nuevo paradigma se alteran las bases del modelo de derecho de sociedades en nuestro país en temas tan relevantes como la caracterización de la relación que vincula al socio con la sociedad, y los límites al ejercicio por los socios de sus derechos políticos y económicos en particular en la Junta General, y en conexión con ello de algún modo en el concepto del interés social.

La Directiva deja al legislador nacional la concreción de la solución que deba darse a la situación expresada, ofreciendo un marco relativamente abierto para que el legislador nacional precise los mecanismos específicos antibloqueo dispuestos para alcanzar tal objetivo (artículo 12 y Considerando 57 de la Directiva), pero señala que su alcance podía adaptarse a la consideración de diferentes circunstancias, entre las que destaca la previsión por el plan de reestructuración de contenido que afecte a los derechos de los socios.

Sobre el papel que se ha de atribuir a los socios en la reestructuración, y en particular en relación con la aprobación y ejecución del plan de reestructuración a la luz de la Directiva, se planteó la cuestión de como amparar en una hipótesis de reestructuración los derechos de los socios, si deben ser tratados o no de la misma manera que los acreedores o como una categoría más de éstos, siquiera residual, y de qué manera pueden los socios expresar su voluntad, esto es, si será necesaria o no la convocatoria y celebración de una junta general para que manifiesten su parecer sobre el contenido del plan de reestructuración[6].

En definitiva, la Directiva parte de la necesidad de adecuar los derechos de los socios a su mantenimiento de derechos económicos en la compañía y a la valoración económica de esta. Cuanto más delicada sea la situación económica de la sociedad menos cuidado requieren los derechos de socio, incluyendo los de carácter político; si las acciones o participaciones carecen ya de valor, entonces la capacidad de influencia de los socios debe reducirse y las normas de derecho concursal pueden

6. *Vid.* COHEN, A., «La posición del socio ante la reestructuración en el anteproyecto de reforma concursal», *cit.*

superar a las de derecho de sociedades. A este respecto no se puede ignorar la dificultad que supone la valoración de la empresa primero por la dificultad de establecer un criterio objetivo de valoración, segundo porque en gran parte de los casos el valor de la compañía será objeto de disputa que exigirá la intervención judicial y en último término por las oscilaciones de valor que puede sufrir la compañía durante el proceso de reestructuración[7].

## II. LA INTERVENCIÓN DE LOS SOCIOS EN EL PROCESO DE ADOPCIÓN DE LOS PLANES DE REESTRUCTURACIÓN

Con el propósito de favorecer las reestructuraciones de las sociedades en dificultades, el Texto Refundido de la Ley Concursal en su Libro II contiene un peculiar régimen jurídico que pretende evitar las conductas obstruccionistas de los socios a la vez que tutela sus intereses, combinado para ello normas de derecho preconcursal con normas de derecho societario, priorizando de forma significativa para evitar que la eficacia del proceso de adopción y ejecución del plan de reestructuración se vea comprometida por el derecho de sociedades. El análisis de las cuestiones que plantea la intervención de los socios de sociedades de capital deudoras exige partir de la configuración de su posición jurídica en las reestructuraciones.

### 1. LOS DERECHOS DEL SOCIO A PARTICIPAR EN LA APROBACIÓN DEL PLAN DE REESTRUCTURACIÓN

En relación con las previsiones relativas a la intervención de los socios en los planes de reestructuración, la Reforma llevada a cabo por la Ley 16/2022 supone un cambio de paradigma en lo que a la posición de los socios en las reestructuraciones se refiere. En este sentido, la ley incluye un conjunto de normas que reconocen como regla general la competencia de los socios para decidir sobre ciertas medidas, lo que supone que los socios no se asimilan llanamente a una clase más de acreedores en lo que al procedimiento de aprobación y homologación respecta, sin perjuicio de las particulares medidas que se adoptan para impedir el riesgo de «descarrilamiento» de la operación de reestructuración debido a actitudes obstruccionistas de socios que nada tienen que perder («out of the money»), tanto en la aprobación como en la homologación del plan.

Con carácter general la opción de política legislativa del legislador español respecto del papel del socio en la aprobación de los planes de reestructuración se aparta de la hasta ahora vigente en el Derecho español, renunciando a tratarles como una categoría o clase más de acreedores (*residual claimant*)[8], sin que se produzca un desplazamiento

---

7. Como indica IRIBARREN, M., «Los socios en los planes de reestructuración en la reforma del texto refundido de la Ley Concursal», *cit*., p. 102.

8. Refiere MEGÍAS, J., «Comentario al artículo 640 TRLC», en PULGAR, J. (dir.), *Comentario al Texto Refundido de la Ley Concursal*, Tomo II, 3.ª ed., Madrid, 2023, pp. 1216 y 1217 algunas cuestiones de contraste entre la participación de los acreedores titulares de créditos afectados y la de los socios no considerados formalmente como clase de créditos.

de las normas societarias, y reconociendo a los socios sus derechos de participación en la aprobación del plan.

El legislador español ha optado por permitir a los socios el ejercicio de su derecho de voto sobre las medidas incluidas en el plan cuando este les concierne, descartando una de las opciones ofrecidas por la Directiva[9], la más radical, consistente en privar por completo de sus facultades de decisión a los socios que fueran parte afectada por la reestructuración (artículo 9.3 a Directiva), sin reconocerles siquiera el estatuto propio de los acreedores, sin permitirles participar junto a los demás acreedores en la adopción del plan, ni en particular, en la decisión sobre las hipotéticas medidas societarias incluidas en el plan de reestructuración. Ello suponía autorizar la expropiación de la participación de los socios en la sociedad por los acreedores a través de un procedimiento en cuyo seno no se presten garantías funcionalmente análogas a las exigidas en la constitución[10]. Esta solución se descartó no solo por la tradicional posición de fuerza del socio, sino también por la incertidumbre inicial sobre el valor de la empresa tras su reestructuración y la consiguiente posibilidad de que los socios puedan aprovecharse del mayor valor de la empresa a ella asociado. Ni siquiera, aunque el deudor fuera insolvente sería esta opción aceptable, pues es difícil que no exista al menos la expectativa de que el mayor valor de la empresa asociado a la reestructuración alcance a los socios. Ese valor, con una mínima seguridad, solo *ex post* puede ser correctamente establecido, de modo que excluir a los socios de la decisión sobre la adopción del plan no es una buena idea.

La ley establece un conjunto de normas que reconocen, como regla de principio, la competencia de los socios para decidir sobre ciertas medidas; de tal manera que éstos no se asimilan llanamente a una clase de acreedores en lo que respecta al procedimiento de aprobación y homologación del plan, aunque se prevén mecanismos destinados a impedir o dificultar el desarrollo de conductas oportunistas por parte de los socios de la compañía deudora centrados, básicamente, como se ha apuntado, en la posibilidad de que, en ciertos casos, el plan sea homologado sin su acuerdo y que, por tanto, a pesar de este rechazo o resistencia, sus efectos se les extiendan. Como se ha referido, el legislador español ha optado por no considerar a los socios como una clase de acreedores, no constituyen una clase de acreedores porque ello habría supuesto escorar su posición a la de acreedores subordinados y los más subordinados de entre los subordinados, y se hubiera obviado su condición de propietarios. No son considerados los socios acreedores residuales, y ello no solo porque la decisión sobre el plan sea adoptada por la junta general, con arreglo al procedimiento de adopción de acuerdos sociales, con algunas especialidades, sino, sobre todo porque la legislación societaria no deja de

9. La Directiva permitía a los Estados Miembros optar por las diferentes alternativas contenidas entre dos extremos: entender su posición como una clase o categoría más de créditos afectados y establecer el mismo régimen aplicable a estos, o en sentido opuesto excluir completamente sus derechos de participación en la promoción del plan.

10. *Vid.*, FERNÁNDEZ DEL POZO, L., «La tutela de los socios frente a los planes de reestructuración preventiva de su sociedad. Hacia un derecho societario preconcursal», *cit.*, p. 3; IRIBARREN, M., «Los socios en los planes de reestructuración en la reforma del texto refundido de la Ley Concursal», *cit.*, p. 101.

aplicarse y ello supone que, junto a la sustancia económica de la participación de los socios, también la política es objeto de tutela. En cualquier caso, la calificación de los socios como acreedores residuales que se podría haber mantenido resulta de importancia relativa porque su participación en la fase de decisión es necesaria con independencia de que formen o no una clase o categoría.

## 2. SOMETIMIENTO DEL PLAN DE REESTRUCTURACIÓN A LA DECISIÓN DE LOS SOCIOS CONFORME A LA NORMATIVA SOCIETARIA

### 2.1. Aplicación del derecho de sociedades

El legislador español opta por una solución intermedia entre las ofrecidas por la directiva, los socios de la sociedad deudora no participan en el plan como las clases de créditos afectados, porque no son una clase más de créditos, y se mantiene su derecho de participación en la aprobación del plan restringido a determinados casos y condicionado por reglas especiales. Los socios se integran con los acreedores en un único marco de decisión sobre el plan de reestructuración, con la posibilidad de reestructuración forzada sobre los socios.

La Ley no prevé una alteración en la distribución orgánica de las competencias de los órganos de las sociedades de capital, en virtud de ello la presentación de la comunicación de apertura de negociaciones y la solicitud de homologación del plan corresponden al órgano de administración, y la aprobación del plan corresponde a la junta en exclusividad. Cuando el plan de reestructuración incorpore medidas que, bajo las reglas generales de derecho de sociedades, sean competencia de la junta, por ejemplo, transmisión de activos esenciales, capitalización de deuda, fusiones o escisiones, el plan se someterá a la aprobación de la junta general de socios de la sociedad deudora de conformidad con el procedimiento colegial [11]. Si en la Junta se manifiestan de forma favorable a la adopción de las medidas propuestas, funciona el arrastre societario (principio

11. El considerando 96 de la Directiva en su párrafo 2.º pone de manifiesto que la Directiva no exige realmente el desplazamiento del poder de decisión de los socios a los acreedores aunque el plan prevea medidas societarias que afecten a los derechos e intereses de los socios, cuando indica: «Los Estados miembros no deben estar obligados a establecer excepciones a las disposiciones del Derecho de sociedades, total o parcialmente, durante un período indefinido o determinado, si se garantiza que sus requisitos de Derecho de sociedades no ponen en peligro la efectividad del proceso de reestructuración o si los Estados miembros disponen de otros instrumentos igualmente eficaces para garantizar que los accionistas no impidan injustificadamente la adopción o la ejecución de un plan de reestructuración que permita restablecer la viabilidad de la empresa. En este contexto, los Estados miembros deben conceder una importancia particular a la eficacia de las disposiciones relativas a la suspensión de las ejecuciones singulares y la confirmación de que el plan de reestructuración no debe verse indebidamente perjudicado por las convocatorias o los resultados de las juntas generales de accionistas. Procede modificar, por tanto, la Directiva (UE) 2017/1132 en consecuencia. Los Estados miembros deben disponer de un margen de apreciación para determinar qué excepciones son necesarias en el contexto del Derecho de sociedades nacional para aplicar de manera efectiva la presente Directiva y también deben poder establecer excepciones similares por lo que respecta a la Directiva (UE) 2017/1132 en el caso de procedimientos de insolvencia no cubiertos por la presente Directiva que permitan tomar medidas de reestructuración».

de mayorías) que decide y se le opone a la minoría y las causas de impugnación serán societarias.

La ley dispone que en aquellos casos en que se requiera el consentimiento de los socios porque el plan contenga medidas que así lo precisen se va a someter a las reglas aplicables al tipo social correspondiente, al margen de las reglas procedimentales aplicables a los demás acreedores.

La inclusión en los planes de reestructuración de medidas que puedan afectar al capital, como la capitalización de créditos mediante un aumento del capital social, o que puedan reconfigurar la estructura de la sociedad, como fusiones o escisiones, plantea el riesgo de desplazar a los accionistas minoritarios en favor de la mayoría o de los acreedores. Precisamente para prevenir esta situación se recurre a la aplicación del derecho de sociedades.

La Ley parte del principio general contenido en el artículo 631.1 del Texto Refundido de la Ley Concursal que prevé que cuando el plan de reestructuración contenga medidas que requieran el acuerdo de los socios de la sociedad deudora, se estará a lo establecido para el tipo legal que corresponda, si bien con las especialidades previstas por el artículo 631 del Texto Refundido de la Ley Concursal. Entre el respeto absoluto al contrato de sociedad y la reestructuración de empresas viables, se ha optado por dar prevalencia al segundo. En otros términos, cuando la empresa está cercana a la insolvencia, se suprimen ciertas reglas, estatutarias o convencionales, que pueden impedir un acuerdo de los socios favorable presumiblemente a la salvación del negocio. Sigue siendo aplicable la legislación societaria, lo que les garantiza a los socios no por supuesto el mantenimiento de su cuota en la sociedad, ni siquiera su permanencia en ella, aunque sí les asegura que el perjuicio de sus derechos (políticos) está justificado, esto es, lo exige el interés social, pero sí el valor (postre estructuración) de sus acciones o participaciones. Así pues, aunque los poderes de decisión se desplacen de los socios a los acreedores cuando la sociedad sea insolvente, siguen siendo aplicables las normas de tutela de los socios previstas por el derecho de sociedades; las herramientas sustantivas y procedimentales, así como las garantías del derecho de sociedades siguen siendo aplicables tanto cuando los socios rechacen el plan de reestructuración, como cuando lo aprueben con el voto en contra de la minoría. De este modo la aplicación de la legislación societaria sirve como instrumento de protección de los socios, tanto de la mayoría como de la minoría[12].

Los socios, por tanto, conservan su poder de decisión sobre las modificaciones sociales incluidas en los planes de reestructuración que afecten a sus intereses mientras la sociedad no sea insolvente o la insolvencia sea inminente, si bien el legislador preconcursal interviene ya desde que la insolvencia es probable para favorecer el acuerdo favorable de los socios[13].

12. Así lo indica, IRIBARREN, M., «Los socios en los planes de reestructuración en la reforma del texto refundido de la Ley Concursal», *cit.*, p. 108 y 115.
13. IRIBARREN, M., *cit.*, p. 101.

## 2.2. Acuerdo de aprobación del plan y acuerdo social de adopción de las correspondientes medidas societarias

Con carácter previo al estudio de las medidas relativas a la adopción del acuerdo social de aprobación del plan de reestructuración resulta preciso delimitar cuál es el objeto de decisión de los socios, si se ciñe al plan de reestructuración en su conjunto, de manera que aprobando el plan se aprueban todas las medidas, o por el contrario se requiere también la aprobación de cada una de las particulares medidas societarias que puede incluir el plan para contribuir al saneamiento de la empresa. Entre las operaciones que integran el plan de reestructuración destacan, principalmente, la capitalización de los créditos por conversión de deuda en acciones o participaciones de la sociedad deudora, la realización de modificaciones estructurales o la disposición de los activos esenciales de la compañía. Cada una de ellas se encuentra sometida a la aprobación de la junta general conforme a lo dispuesto en la normativa societaria.

La cuestión dista de ser clara en el texto legal, *a priori* la redacción del precepto hace pensar que es suficiente con la aprobación del acuerdo social en una única junta general, ello se desprende de la rúbrica del precepto que expresa que la decisión de los socios versa sobre «la aprobación del acuerdo»; esta misma conclusión puede deducirse también de las reglas especiales que incluye el precepto para la aprobación del referido acuerdo, por un lado, la previsión relativa al orden del día que necesariamente se limita a la aprobación del plan «en todos sus términos», y la previsión de que el derecho de información que ejercerá el socio se limita exclusivamente a este punto del orden del día, incluso si se trata de una sociedad cotizada (artículo 631.2.3.º Texto Refundido de la Ley Concursal). En la misma línea, se indica que no se observarán en este escenario preconcursal los quórums o mayorías estatutarias reforzadas que pudieran aplicarse a la aprobación del plan «y a los actos y operaciones que deban llevarse a cabo en su ejecución» (artículo 631.2. 4.ª Texto Refundido de la Ley Concursal)[14]. Por su parte, la disposición del artículo 631.1. 5.º del Texto Refundido de la Ley Concursal referido a la impugnación del plan requiere que el plan esté completo para que pueda ser impugnado, lo que permite presumir que con la aprobación del plan por los socios se entiende producida la aprobación de las correspondientes medidas contenidas en el plan, lo mismo puede deducirse del artículo 650.2 del Texto Refundido de la Ley Concursal en sede de ejecución del plan que establece que cuando el plan contuviera medidas que requirieran acuerdo de junta o asamblea de socios y esta no las hubiera acordado, los administradores de la sociedad y, si no lo hicieren, quien designe el juez a propuesta de cualquier acreedor legitimado, tendrán las facultades precisas para llevar a cabo los

14. De acuerdo con ello, manifiesta LORENZO, M. S., «La repercusión del plan de reestructuración preventiva sobre la posición jurídica de socio (a propósito del art. 631.3 TRLC)», DÍAZ MORENO, A. / LEÓN, F. / BRENES, J. / RODRÍGUEZ SÁNCHEZ (dirs.), *La reestructuración como solución de las empresas viables*, Madrid, 2022, que podría afirmarse que las operaciones societarias a las que las normas de Derecho de sociedades de capital someten y reservan expresamente a la competencia de la Junta general se entenderán adoptadas, de aprobarse el plan de reestructuración por los socios conforme a las reglas del artículo 631.2 del Texto Refundido de la Ley Concursal, por subsunción.

actos necesarios para su ejecución, así como para las modificaciones estatutarias que sean precisas.

La aprobación simultanea de las medidas societarias incluidas en el plan con la aprobación de este es indudablemente ventajosa y adecuada, siempre que el contenido del plan resulte tan detallado que contenga todos los requisitos establecidos en la ley de sociedades acerca del contenido mínimo del correspondiente acuerdo social de que se trate (aumento, reducción de capital, modificación de estatutos….), circunstancia requerida por la ley en sede de homologación del acuerdo, al exigir la ley que el juez enjuicie la legalidad de las operaciones societarias que conlleva el plan de contenido societario[15].

El objeto de decisión de los socios es el propio plan en su conjunto, los socios aprueban el plan de reestructuración y no separadamente cada una de las operaciones que contiene[16]. No obstante, no son pocas las opiniones fundadas que ponen de relieve que es posible que las medidas societarias vengan solo programadas, de modo que no serían propiamente acordadas por la junta general, remitiéndolas a un acuerdo posterior que complete el acuerdo de aprobación del plan, de ser así en cualquier caso deberían ser acuerdos ligados sustancialmente entre sí para que resulten de aplicación las medidas especiales previstas en el artículo 631 del Texto Refundido de la Ley Concursal[17].

## 3. MEDIDAS RELATIVAS A LA ADOPCIÓN DEL ACUERDO SOCIAL DE APROBACIÓN DEL PLAN DE REESTRUCTURACIÓN

Uno de los pilares esenciales que sostiene la reforma es el sometimiento del plan de reestructuración a la aprobación de los socios, a diferencia de lo que sucedía en los acuerdos de refinanciación y acuerdos extrajudiciales de pago en los que no estaba prevista la intervención directa de los socios del deudor en la aceptación o aprobación del acuerdo de refinanciación o del acuerdo extrajudicial de pagos, pero estos podían incluir medidas para las fuese necesario la adopción del correspondiente acuerdo por el órgano social competente conforme a la normativa societaria, momento en el que entraban en escena tanto los propios socios como los administradores sociales.

La Ley respeta el poder decisorio de los socios según las normas de Derecho de sociedades en relación con los actos o acuerdos sociales necesarios o instrumentales

15. Así se manifiesta LORENZO, M. S., *cit.*, p. 14.
16. Como indica, IRIBARREN, M., «Los socios en los planes de reestructuración en la reforma del texto refundido de la Ley Concursal», *cit.*, p. 122, porque solo considerando el plan en su integridad puede juzgarse sobre la bondad de las medidas societarias para el saneamiento y el éxito en definitiva de la reestructuración.
17. Considera FERNÁNDEZ DEL POZO, L., «La tutela de los socios frente a los planes de reestructuración preventiva de su sociedad. Hacia un derecho societario preconcursal», *cit.*, p. 3 ambas posibilidades; en el mismo sentido se pronuncia MEGIAS, J., «Comentario al artículo 631», *cit.*, p. 1095 y JUSTE, J., «La Junta de socios y los planes de reestructuración en el Derecho Proyectado», *cit.*, pp. 53 y 54 entre otros.

para la ejecución del Plan, pero el hecho de que el objetivo que se persigue sea la reestructuración temprana de la empresa viable exige que se maticen y adapten las reglas ordinarias del derecho de sociedades para permitir el logro del fin perseguido.

A los efectos de que los socios puedan expresar su consentimiento, la ley respeta que la voluntad social se conforme bajo las reglas aplicables al tipo de sociedad que corresponda, al margen de las reglas procedimentales aplicables a los demás acreedores, aunque con determinadas especialidades, con el fin de agilizar la adopción del acuerdo favorable al plan, y evitar el bloqueo de los socios en aplicación de las normas o a través de medidas contractuales anti reestructuración[18]. Así, las especialidades previstas neutralizan tanto las reglas societarias legalmente previstas sobre el funcionamiento colegiado de la junta general como las eventuales previsiones estatutarias al respecto en la medida que contradigan las reglas societarias, y además deben entenderse también desactivados los pactos parasociales que puedan condicionar el funcionamiento de la junta general en este concreto acuerdo contradiciendo la norma[19].

Las especialidades atañen al tiempo que debe mediar entre la convocatoria y la fecha prevista de celebración de la junta general, a la posibilidad de que la junta se celebre con posterioridad a la solicitud de homologación del plan, al contenido del orden del día de la junta, al ejercicio del derecho de información por el socio, quórums y mayorías necesarios y la posible impugnación u oposición a la homologación.

### 3.1. Convocatoria de la junta general

La Ley parte de la aplicación del régimen de convocatoria de la junta general dispuesto en los artículos 166 a 177 de la Ley de Sociedades de Capital en cuanto no contradiga lo establecido en la Ley Concursal, pero para facilitar este trámite y el acuerdo favorable al plan se establecen normas especiales de convocatoria de la junta general, en primer término las referidas al plazo que debe mediar entre la convocatoria y la fecha de celebración de la Junta, fijándose un plazo previo de convocatoria reducido de forma importante, pasa del mes y los quince días que con carácter general está previsto para las sociedades anónimas y de responsabilidad limitada respectivamente, a

18. La Directiva permite —dicho más claramente— mantener la competencia de la junta general para adoptar aquellos acuerdos que impliquen modificaciones estatutarias o estructurales de la sociedad objeto del plan de reestructuración, si bien exige la introducción de medidas para evitar que los socios impidan u obstaculicen injustificadamente la adopción de planes de reestructuración. Así se desprende tanto de los propios considerandos de la Directiva como de su articulado. Sobre las concretas medidas, los estados miembros gozan de libertad, aunque el legislador comunitario no deja de sugerir algunas posibilidades: «Otro método posible de garantizar que los tenedores de participaciones no impidan injustificadamente la adopción de planes de reestructuración sería garantizando que las medidas de reestructuración que afecten directamente a los derechos de los tenedores de participaciones y que necesitan la aprobación de la junta general de accionistas con arreglo al Derecho societario no estén sometidas a requisitos de mayorías injustificadamente altas y que los tenedores de participaciones no tengan competencias en términos de las medidas de reestructuración que no afecten directamente a sus derechos» (considerando 57).

19. Así MEGÍAS, J., «Comentario al artículo 631», *cit.*, p. 1093, al igual que JUSTE, J., «La Junta de socios y los planes de reestructuración en el Derecho Proyectado», *cit.*, p. 58.

los diez días previstos en la nueva ley para ambos tipos sociales, y veintiún días en el caso de sociedades cotizadas. El plazo abreviado responde a la necesidad de acelerar el proceso de aprobación y homologación del plan, evitando necesarias dilaciones para favorecer la pervivencia de la sociedad con dificultades. Los intereses de los acreedores y la pervivencia de la sociedad con dificultades no hacen posible que la celebración de la junta general se posponga a voluntad de los administradores más allá de lo estrictamente necesario para avisar a los socios de su inminente celebración[20].

Este plazo tiene un carácter mínimo y no se puede ampliar como resulta del hecho de haber prescindido el legislador de la referencia del artículo 176 de la Ley de Sociedades de Capital que dice «deberá existir, al menos», lo que implica que puede ampliarse en estatutos, en este caso no, lo que puede resultar negativo al menos si la convocatoria por los administradores se realiza en el mismo día de la presentación del plan para su homologación judicial, ya que necesariamente tiene que celebrarse la Junta en diez días y puede que la homologación tarde meses y no se haya resuelto en ese plazo de los diez días, entonces como puede oponerse si no tiene conocimiento, a esta misma conclusión podría llegarse si la convocatoria se publica en las fechas inmediatamente anteriores dado el tenor literal de la Ley (cfr. artículo 631.2.2.ª del Texto Refundido de la Ley Concursal)[21].

Para el caso de que la junta general no se hubiera celebrado con carácter previo a la fecha de solicitud de homologación del plan, se contempla la posibilidad de que aquélla tenga lugar después, siempre y cuando hubiera sido convocada antes de la solicitud de homologación o el mismo día de presentación de la solicitud. En el supuesto de que la junta no hubiese sido convocada con carácter previo o simultáneo, el solicitante de la homologación del plan podrá interesar del juez que en la resolución de la admisión a trámite de la homologación convoque la junta para su celebración en el plazo indicado[22]; esta convocatoria judicial debe someterse al mismo régimen especial, y

20. *Vid.*, JUSTE, J., «La Junta de socios y los planes de reestructuración en el Derecho Proyectado», *cit.*, p. 49. En opinión de FERNÁNDEZ DEL POZO, L., «La tutela de los socios frente a los planes de reestructuración preventiva de su sociedad. Hacia un derecho societario preconcursal», *cit.*, p. 3, la reducción del plazo persigue otorgar a los socios un trato simétrico al dado a los acreedores.

21. La ley no parece excluir la extensión de la medida (reducción del plazo) también a las sociedades cotizadas para las que se prevé un plazo mínimo de convocatoria de 15 días para la celebración de juntas extraordinarias en los casos en los que se haya acordado en la junta ordinaria anterior y se permita a todos los socios votar por medios electrónicos (art. 515 LSC), aunque según MEGÍAS, J., «Comentario al artículo 631», *cit.*, p. 1092 esta neutralización implicaría un incremento del plazo hasta los veintiún días sin que exista justificación adecuada para tal dilación; antes al contrario, parecería oportuno mantener el plazo inferior habilitados en tales supuestos y en su condición de plazo mínimo, atendiendo a la agilización del procedimiento que pretende a norma preconcursal.

22. De este modo, se establece, como excepción en materia de convocatoria de juntas generales de sociedades mercantiles, la posibilidad de instar al juez ante el que se solicite la homologación que, de forma directa, proceda a la convocatoria de la junta, sustituyendo así en este punto a los administradores de la sociedad (artículos 166 y 167 de la LSC). A se trata de una medida orientada a vencer posibles resistencias de los administradores a convocar la junta.

respetar el mismo plazo previo de convocatoria y el contenido único del orden del día. Se trata de plazos previos fijos[23].

Con el propósito de impedir que los socios obstaculicen de modo injustificado la adopción o ejecución del plan de reestructuración, le Ley prescribe la convocatoria de la junta exclusivamente con un único punto del orden del día centrado en la aprobación o rechazo del plan de reestructuración que se pretende someter a homologación judicial, que será el propuesto a los acreedores afectados (artículo 631.2 regla 3.ª del Texto Refundido de la Ley Concursal). Por tanto, no cabe presentación de complemento al orden del día, ni se pueden incluir o proponer otros asuntos adicionales a la aprobación o rechazo del plan de reestructuración, de modo que en la Junta o se aprueba o se rechaza el plan en su integridad; un acuerdo con modificación del contenido del plan equivale a un rechazo de este[24]. Con ello trata de impedirse que la utilización de la junta como medio de alterar la aprobación del plan o su eficacia adoptando otras medidas que pudieran frustrarlo[25]. Se trata en todo caso de una junta extraordinaria.

### 3.2. Derecho de información

En coherencia con la limitación del derecho de información a los asuntos comprendidos en el orden del día de la junta previsto en los artículos 196 y 197 de la Ley de Sociedades de Capital en las sociedades de responsabilidad limitada y en las sociedades anónimas respectivamente, la ley limita el derecho de información del socio a ese único asunto del orden del día, esto es a la aprobación o rechazo del plan de reestructuración. La limitación resulta aplicable también si se trata de una sociedad cotizada a pesar de lo dispuesto en el artículo 520 de la Ley de Sociedades de Capital, impidiendo que los accionistas puedan formular preguntas relativas a la información accesible al público facilitada a la comisión Nacional del Mercado de Valores desde la celebración de la última junta general y al informe del auditor.

Los demás aspectos relativos a la regulación del derecho de información previstos en la Ley de Sociedades de Capital resultan de aplicación[26], lo que puede generar algunos problemas de coordinación, tal es el caso de los plazos previstos para el ejercicio de este derecho, y es que el plazo de diez días que debe mediar entre la convocatoria y la celebración de la Junta cuando se somete a aprobación un plan de reestructuración

23. Indica JUSTE, J., «La Junta de socios y los planes de reestructuración en el Derecho Proyectado», *cit.*, pp. 56 y 57, las dificultades que puede encontrar esta convocatoria judicial en caso de requerir la colaboración de los administradores de la sociedad deudora y estos negarse a ello tal y como sucede en la convocatoria judicial o registral del régimen general. A ello hace referencia MEGÍAS, J., «Comentario al artículo 631», *cit.*, p. 1106.

24. *Vid.*, JUSTE, J., «La Junta de socios y los planes de reestructuración en el Derecho Proyectado», *cit.*, p. 49.

25. Como indica JUSTE, J., *cit.*, p. 49.

26. *Vid.*, JUSTE, J., «La Junta de socios y los planes de reestructuración en el Derecho Proyectado», *cit.*, p. 59 y MARTÍNEZ MARTÍNEZ, M. T., «El derecho de información del socio en la proximidad de la insolvencia», en PULGAR, J., (dir.) *Reestructuración y gobierno corporativo en la proximidad de la insolvencia*, Madrid, 2020, p. 503 se muestra partidaria de la necesidad de reconocer un derecho de información documental exhaustiva y fidedigna.

de una sociedad anónima, hace que el accionista únicamente disponga de tres días para dirigirse a la sociedad si desea formular su solicitud de información por escrito dada la previsión del artículo 197.1 de la Ley de Sociedades de Capital que dispone que hasta el séptimo día anterior al previsto para la celebración de la junta los accionistas podrán solicitar de los administradores las informaciones o aclaraciones que estimen precisas acerca de los puntos comprendidos en el orden del día, o formular por escrito las preguntas que consideren pertinentes[27].

Si la junta no hubiera sido convocada, no llegase a constituirse o no aprobara en todos sus términos el plan de reestructuración propuesto dentro del plazo de los diez o veintiún días desde la admisión a trámite de la solicitud, el plan se entenderá rechazado por los socios, sin que el juez pueda pronunciarse sobre la homologación mientras no transcurran los plazos indicados.

### 3.3. Especialidades en materia de constitución de la junta: quorum y régimen de mayorías

La intervención del legislador para favorecer el acuerdo positivo de los socios se manifiesta en las importantes modificaciones en relación con el *quorum* de constitución y las mayorías legales ordinarias para la adopción del acuerdo cualquiera que sea su contenido.

La principal especialidad en materia de constitución se produce, en las sociedades anónimas, en relación con el quórum para el que no existe previsión legal en la disciplina de la sociedad limitada. La Ley en su artículo 631.2. 4.ª declara expresamente inaplicables, tanto las cláusulas estatutarias que, al amparo del último inciso del mismo precepto, hubieran previsto un quórum superior, como las normas contenidas para acuerdos especiales en el artículo 194 de la Ley de Sociedades de Capital, y sus eventuales modificaciones estatutarias. En el caso de que se considerara válida la convocatoria para una segunda convocatoria el resultado sería el de eliminar el quórum. En definitiva, si la sociedad es anónima bastará con el *quorum* del artículo 193 de la Ley de Sociedades de Capital, así en la sociedad anónima quedará válidamente constituida la junta general si asiste en primera convocatoria al menos un veinticinco por ciento del capital suscrito con derecho a voto, o queda válidamente constituida en segunda convocatoria sea cual sea el capital asistente.

Con el mismo propósito de facilitar el acuerdo se contienen medidas respecto de las mayorías, tanto para las sociedades anónimas como para las limitadas, evitando mayorías reforzadas establecidas legal o estatutariamente para la constitución de la junta que puedan suponer un obstáculo a la aprobación del plan de financiación. En este caso, la mayoría ordinaria será, para la anónima, la mayoría simple prevista de los votos asistentes (artículo 201.1 de la Ley de Sociedades de Capital), con exclusión de la disciplina contenida en el párrafo segundo para los acuerdos «especiales». Las socie-

27. *Vid.*, GARCÍA-VILLARUBIA, M., «Socios y reestructuración», Actualidad Jurídica Uría Menéndez, n.º 58, enero-abril 2022, p. 79.

dades de responsabilidad limitada verán aprobados sus acuerdos siempre que se cumpla lo previsto en el artículo 198 de la Ley de Sociedades de Capital, esto es mayoría también simple de votos válidamente emitidos, siempre que representen al menos un tercio de los votos correspondientes al total de las participaciones en que se divide el capital social; con exclusión por tanto de las mayorías reforzadas que contempla el artículo 199 de la Ley de Sociedades de Capital. Y con derogación de las normas estatutarias que en ambos tipos hayan sido capaces de otorgarse unas y otras sociedades para la elevación de las mayorías[28].

Estas medidas de derogación del refuerzo estatutario de *quorum* o mayorías y la consecuente desatención de la voluntad corporativa, son criticadas no sin razón por un importante sector de la doctrina, porque realmente el acuerdo de la junta es preciso en aquellos casos en los que sea necesaria la aprobación por la sociedad para la homologación en los supuestos de probabilidad de insolvencia, que es un escenario en el que no es imprescindible debilitar el interés de los socios, en cambio en la insolvencia inminente o actual es posible extender los efectos del plan a los socios sin su conformidad, con independencia de la mayoría requerida en la Junta[29].

En otro orden de cuestiones debe aludirse a la posibilidad de mantener los privilegios estatutariamente reconocidos a determinadas clases o series de acciones o de participaciones, como sería el caso del voto múltiple o acciones sin voto, a la hora de votar, y deben cumplirse las normas de conflictos de intereses y demás derechos que prevea la ley o recojan los estatutos y que puedan afectar a la expresión de la voluntad social[30].

### 3.4. Otras especialidades en la aplicación de las normas societarias

La ley prevé la aplicación del Derecho de sociedades para prevenir el riesgo de desplazar a los accionistas minoritarios en favor de la mayoría o de los acreedores que pueden causar posibles medidas incluidas en los planes de reestructuración que puedan

28. Se trata de una medida antibloqueo que como indica MEGÍAS, J., «Comentario al artículo 631», *cit.*, p. 1105, facilita la negociación entre acreedores y socios de control en probabilidad de insolvencia y el arrastre de los socios minoritarios.
29. Critican estas medidas tanto JUSTE, J., «La Junta de socios y los planes de reestructuración en el Derecho Proyectado», *cit.*, p. 59, como IRIBARREN, M., «Los socios en los planes de reestructuración en la reforma del texto refundido de la Ley Concursal», *cit.*, p. 125. En el mismo sentido MEGÍAS, J., «Comentario al artículo 631», *cit.*, p. 1105, considera coherente permitir el refuerzo estatutario de la mayoría hasta dos tercios del total de votos, resaltando el contraste con el consenso en las clases de acreedores que debe ser de dos tercios del pasivo incluido en la clase, o tres cuartos en caso de clase de créditos con garantía real (art. 629 TRLC), que evidencia una de las grandes consecuencias de no considerar a los socios como clase de acreedores. Nos obstante, a juicio de GARCIMARTÍN, F., puede encontrar una explicación si tenemos en cuenta, en primer lugar, que en esta fase los socios aún mantienen el control sobre el patrimonio social pero la insolvencia es muy probable (50%) y en un plazo relativamente próximo.
30. *Vid.*, JUSTE, J., «La Junta de socios y los planes de reestructuración en el Derecho Proyectado», *cit.*, p. 58; DÍAZ MORENO, A., «Socios, planes de reestructuracion y capitalización de créditos en la Directiva (EU) 2019/1023, sobre reestructuración e insolvencia», *Anuario de Derecho Concursal*, n.º 49, 2020, p. 58.

afectar al capital, como la capitalización de créditos mediante un aumento del capital social, o que puedan reconfigurar la estructura de la sociedad, como fusiones o escisiones. No obstante, con la finalidad de impedir actitudes obstruccionistas de los socios la ley introduce una serie de excepciones a la aplicación de esta normativa, sustituyendo eventuales mecanismos particulares de tutela de los acreedores sociales que resulten de aplicación a las operaciones societarias previstas en el plan, por las reglas de tutela establecidas en el régimen de los planes de reestructuración suficientemente protectoras de su situación.

Contiene el artículo 631 en su apartado 3 del Texto Refundido de la Ley Concursal una medida de tutela que persigue evitar cualquier tipo de actuación obstruccionista de los socios que impida lograr un acuerdo, la medida consiste en sustituir los derechos de tutela individual de los acreedores reconocidos en el Real Decreto-ley 5/2023, de 28 de junio que regula las modificaciones estructurales pues quedan absorbidas por el régimen de tutela preconcursal. La redacción dada por el referido Real Decreto-ley al precepto ocasiona dudas interpretativas a causa de la supresión de la referencia a la protección de acreedores que contenía el precepto en su redacción originaria que rezaba: «salvo por lo que respecta a la formación de la voluntad social de conformidad con lo previsto en este artículo y a la protección de acreedores, cualquier operación societaria que prevea el plan deberá ajustarse a la legislación societaria aplicable», añadiendo en el segundo inciso la referencia a una específica medida societaria de tutela que no resultaba aplicable, el derecho de oposición de los acreedores que pudiera existir en caso de preverse una modificación estructural como contenido del plan. La supresión de la referencia a «la protección de acreedores» en el nuevo precepto puede inducir a pensar que el único mecanismo de tutela societaria excluido es el ceñido a las modificaciones estructurales y no en ningún otro caso, cuando por coherencia con la finalidad de política jurídica del precepto lo lógico es prever la sustitución de los eventuales mecanismos de tutela de acreedores sociales que resulten de aplicación, por las reglas de tutela establecidas en el régimen de los planes de reestructuración, singularmente las previstas como causa de impugnación[31].

Entre esas especialidades que excepcionan la aplicación de la normativa societaria se encuentra la muy relevante del apartado 4 del artículo 631 del Texto Refundido de la Ley Concursal, que no estaba en el Proyecto de Ley y se introdujo durante la tramitación parlamentaria de la Ley de Reforma (enmienda 563), que declara expresamente la exclusión del derecho de preferencia de los socios cuando el plan prevea el plan prevea una reducción del capital social a cero o por debajo de la cifra mínima legal y simultáneamente el aumento del capital, y siempre que el estado económico de la sociedad deudora sea la insolvencia inminente o actual, esto es cuando los socios puedan ser arrastrados.

31. En este sentido se manifiesta MEGÍAS, J., «Comentario al artículo 631», *cit.*, p. 1117 que alude a la dificultad que se proyecta en el juego de las normas societarias aplicables más allá de las especiales singularizadas para la aprobación del plan de la junta, que mantienen por tanto las garantías sustantivas y procedimentales previstas por el derecho de sociedades para la tutela de los socios.

En el caso de que la regla del artículo 631.4 del Texto Refundido de la Ley Concursal venga referida a la exclusión del derecho de suscripción preferente en los aumentos de capital contra créditos, la cuestión está clara porque esa es la regla general prevista en el artículo 304 de la Ley de Sociedades de Capital, que reconoce expresamente derecho de preferencia en ampliaciones con emisión de nuevas acciones con cargo a aportaciones dinerarias, lo que excluiría dicho derecho en los aumentos por compensación de créditos. Sin embargo, no parece que sea en este tipo de operaciones en las que está pensando el legislador, sino que más bien le preocupaban los aumentos por compensación de créditos que es una medida de reestructuración habitual, sin embargo en estos aumentos no está previsto el derecho de preferencia. El tenor literal de la norma pone de manifiesto que el legislador pretende alcanzar también a las operaciones acordeón cuyo aumento sea con compensación de créditos, lo que genera dudas dado que este derecho de preferencia está reconocido en el artículo 343.2 de la Ley de Sociedades de Capital, pues en otro caso se habilitaría una fórmula para excluir a los socios, por lo que o bien deben realizarse siempre con cargo a aportaciones dinerarias, o bien acordando una ampliación de saneamiento con un contravalor mixto o estructurado por tramos que permita primero a los socios realizar aportaciones dinerarias en proporción a su participación y compensar créditos posteriormente[32].

La supresión del derecho de preferencia en estas operaciones supone en definitiva la exclusión de los socios antiguos en las operaciones acordeón con reducción de capital a cero, independientemente de cuál sea el contravalor del aumento, probablemente una compensación de créditos[33]. Esta medida ha sido calificada por algunos de excesiva y teñida incluso de inconstitucionalidad[34] sin que parezca respetar el principio de proporcionalidad, desde luego como señala un importante sector doctrinal se trata de una medida extrema de arrastre de socios en situaciones de insolvencia inminente o actual que debería respetar las reglas sustantivas de equidad del plan, en particular el derecho de los socios al valor residual[35].

32. En palabras de MEGIAS, J., «Comentario al artículo 631», *cit.*, p. 1118 que hace referencia expresa en este sentido a la RDGSJFP de 5 de mayo de 2021 y pone de manifiesto que incluso sería complicada la supresión voluntaria del derecho de preferencia en los aumentos de las operaciones acordeón vía artículo 308 del Texto Refundido de la Ley Concursal, pues la exclusión de socios que generaría sería difícilmente compatible con el interés social que se requiere en la justificación de la supresión.

33. Sobre esta cuestión *vid.*, ROJO, A., «La conversión de créditos en acciones o participaciones en los planes de reestructuración», *Anuario de Derecho Concursal,* n.º 58, 2022.

34. En este sentido *vid.*, VÁZQUEZ LEPINETTE, T., «Planes de reestructuración y derecho de sociedades», p. 863, quien hace referencia a que incluso el Considerando 96 de la Directiva limita la restricción a los supuestos de aumento de capital contra créditos, pero no a los restantes casos. Dice expresamente que «...pueden ser necesarias excepciones al derecho de sociedades cuando el plan de reestructuración establezca la emisión de nuevas acciones que podrían ofrecerse con prioridad a los acreedores como conversión de deuda en capital o la reducción del importe del capital suscrito en caso de que traspasen partes de la empresa».

35. MEGÍAS, J., «Comentario al artículo 631», *cit.*, p. 1119, que cita que en opinión de GARCIMARTÍN, F., «Derecho de preferencia...», *cit.*, «En definitiva en el estado de insolvencia se deja ya en manos de los acreedores el que los antiguos socios puedan quedar dentro de la sociedad».

Por otra parte, la capitalización de créditos será previsiblemente un contenido típico de los planes de reestructuración. Para facilitar estas operaciones, se prevé en el artículo 632 del Texto Refundido de la Ley Concursal, que, en caso de conversión de créditos en acciones o participaciones de la sociedad deudora, se entenderá que los créditos son íntegramente líquidos, vencidos y exigibles, cumpliéndose de este modo los requisitos previstos en la norma societaria.

## III. IMPLICACIONES PARA LOS SOCIOS: HOMOLOGACIÓN Y ARRASTRE DE SOCIOS

### 1. CAMBIO DE MODELO EN EL SISTEMA DE CONTROL

La Ley incorpora un nuevo modelo cambiando las reglas para afrontar el *holdout* de los socios y hacer frente a eventuales comportamientos obstruccionistas de los socios en la aprobación de los planes de reestructuración, cambio que viene justificado por la necesidad de garantizar la continuidad de las empresas viables en riesgo de insolvencia por problemas de liquidez.

Bajo la vigencia de la Ley anterior lo acuerdos de refinanciación se encontraban sujetos a la normativa societaria sin excepción, y podía darse el caso de que los administradores o los socios con su actuación determinasen que no se adoptase la correspondiente decisión societaria, y con ello se frustrase el acuerdo abocando en última instancia a la sociedad al concurso de acreedores. Las actuaciones que ponían en riesgo la prosperidad de los referidos acuerdos como eran la amenaza de solicitud de concurso voluntario en cualquier momento, la no adopción de acuerdos sociales necesarios para la reestructuración en la junta, y el veto a la conversión de deuda en capital, negándose a adoptar el acuerdo y ejercitando el derecho de suscripción preferente, se trataban de evitar con medidas negativas que operaban *ex post*, de modo que había que esperar a que se declarara el concurso de acreedores para poder castigar[36]. Entre estos remedios resaltaban la presunción *iuris tantum* del concurso culpable (artículo 700.4 del Texto Refundido de la Ley Concursal), la posibilidad de considerar al administrador o socio como personas afectadas por la calificación, y la posibilidad de condena a la cobertura del déficit patrimonial respecto de aquellos socios que sin causa razonable se negaran a acordar la capitalización de créditos o una emisión de valores o instrumentos convertibles.

El nuevo modelo supone un cambio de paradigma al mostrar su preferencia por una barrera anterior que permita que la reestructuración se lleve a cabo y opere *ex ante*, evitando la declaración de un concurso de acreedores; el control *ex ante* trata de evitar esas conductas obstruccionistas de los socios, incorporando soluciones que pretenden ser preventivas de una situación poco adecuada para el sistema como es que queden fuera del dinero no solo los socios, sino también los acreedores. En primer término, el artículo 612 del Texto Refundido de la Ley Concursal regla la suspensión de la solicitud

36. PULGAR, J., «El papel de los socios en reestructuraciones de empresas en crisis y la proyectada reforma del Texto refundido concursal», *cit.*, p. 2.

de concurso voluntario permitiendo el control por la mayoría de las solicitudes de concurso voluntario. Así, los acreedores que en el momento de la solicitud representen más del 50% del pasivo que pueda resultar afectado por el plan pueden bloquear una solicitud de concurso voluntario, pueden parar la solicitud de concurso voluntario, también el experto, siempre que puedan probar que hay probabilidad de que se pueda alcanzar un plan. Responde la medida a comportamientos obstruccionistas en los casos en que iniciadas negociaciones con una comunicación al respecto, los socios («deudor») amenazan con la presentación de solicitud de concurso alegando que se encuentra en insolvencia actual, para hacer frente a la amenaza los acreedores y en su caso el experto en la reestructuración pueden solicitar al juez que bloquee la solicitud de concurso que se queda en suspenso hasta que pueda demostrar que los acreedores puedan alcanzar un plan[37]. La exclusión del derecho de suscripción preferente y la sustitución de los derechos de tutela individual por una protección colectiva y posibilidad de arrastre de socios en insolvencia actual o inminente en planes homologados entre otras medidas completan el sistema de control.

El sistema adoptado por el legislador español para hacer frente eventuales comportamientos obstruccionistas de los socios en la aprobación de los planes de reestructuración que les afecten parte de una nueva configuración del marco de relaciones entre Derecho Societario y Concursal, produciéndose en ocasiones un desplazamiento de lo societario desde lo concursal, persiguiéndose la promoción integral de los intereses involucrados en la crisis económica.

El sistema parte de la necesidad de someter los planes a la decisión de los socios mediante el correspondiente acuerdo de la Junta General cuando así lo requiera, con determinadas especialidades introducidas con el fin de facilitar una decisión favorable y agilizar la aprobación del plan, siendo en lo demás aplicable la legislación societaria. Como se ha referido los socios de la sociedad deudora reunidos en junta general han de pronunciarse sobre el plan cuando este incluya medidas que les afecten. El plan puede ser aprobado o rechazado por los socios reunidos en Junta, será aprobado si se alcanza la mayoría legal ordinaria a que se refiere el artículo 631.2. 4.º del Texto Refundido de la Ley Concursal, y no lo será sino se alcanza esa mayoría, y lo que habrá es un acuerdo de rechazo del plan, que será tácito en el supuesto del artículo 631.2. 2.º del Texto Refundido de la Ley Concursal, «si la junta no hubiera sido convocada, no llegase a constituirse, o no aprobará en todos sus términos el plan de reestructuración propuesto como máximo en el plazo de los diez o veintiún días desde la admisión a trámite de la solicitud de homologación, el plan se entenderá rechazado por los socios. Hasta que transcurran esos plazos, el juez no adoptará resolución alguna sobre la homologación». Hay que precisar que el rechazo se refiere en cualquier caso no tanto

37. Afirma PÉREZ-CRESPO, F., «Comentario al artículo 612», en PULGAR, J. (dir.), *Comentario al Texto Refundido de la Ley Concursal*, Tomo II, 3.ª ed., Madrid, 2023, p. 964 que la idea que subyace es que una vez hecha la comunicación, la apertura del procedimiento de insolvencia que puede conducir a la liquidación del deudor no obedece al interés general de los acreedores, quienes pueden sustituir al deudor en la función de presentar un plan de reestructuración viable.

a las concretas medidas societarias que integran el contenido del plan de reestructuración, como al propio plan en su conjunto[38].

El rechazo del acuerdo social impidiendo que prospere el plan de reestructuración no impide sin embargo que el plan sea homologado por el juez cuando se den determinadas condiciones, como también es posible que el plan aprobado por los socios no lo sea por no cumplir con los requisitos exigidos en la Ley, extendiendo sus efectos no solo a los acreedores o clases de acreedores que no hubieran votado a favor del plan, sino también a los socios del deudor persona jurídica a pesar de haberlo rechazado[39]. De este modo, los socios pueden ser arrastrados por los acreedores, imponiéndoles las medidas societarias contenidas en el plan, completándose así el sistema con la posibilidad de imponer a los socios la reestructuración mediante el mecanismo del *cram down*, aunque mayoritariamente rechacen el plan. Este arrastre que se materializa en el desapoderamiento de los socios se justifica por la necesidad de garantizar la continuidad de la actividad empresarial y su valor como empresa en funcionamiento al menor coste posible.

## 2. HOMOLOGACIÓN JUDICIAL Y ARRASTRE VERTICAL

La introducción de la medida de arrastre condicionada a la homologación judicial del plan de reestructuración es manifestación del cambio del planteamiento tradicional en el ordenamiento jurídico español.

El procedimiento de homologación termina con el auto de homologación. Como indica el artículo 649 del Texto Refundido de la Ley Concursal, una vez homologado, los efectos del plan de reestructuración se extienden inmediatamente a todos los créditos afectados, al propio deudor y, si fuera sociedad, a sus socios, a pesar de que el auto no sea firme. Se establece así, en caso de homologación judicial, el denominado «efecto arrastre» o arrastre vertical de los socios por los acreedores sociales a los que impondrán las medidas societarias contenidas en el plan, aunque no lo hayan aprobado, lo que supone la incorporación de la regla de cambio de control, en virtud de la cual se desapodera a los socios en pro de alcanzar un acuerdo consensual entre los afectados por una situación de insolvencia actual o inminente[40]. La consecuencia práctica de ese efecto se contempla en el artículo 650.2 del Texto Refundido de la Ley Concursal, que

38. Así opina IRIBARREN, M., «Los socios en los planes de reestructuración en la reforma del texto refundido de la Ley Concursal», *cit.*, p. 108 y 122, porque solo considerando el plan en su integridad puede juzgarse sobre la bondad de las medidas societarias para el saneamiento y el éxito de la reestructuración.

39. Esto le lleva a considerar a PULGAR, J., «El papel de los socios en las reestructuraciones de empresas en crisis y la proyectada reforma del texto refundido concursal», *cit.*, p. 3, que estamos en cierto modo ante planes de reestructuración pro-acreedores y no tanto pro socios.

40. Cuando la sociedad se encuentre en una situación próxima a la insolvencia, se precisará que los socios sacrifiquen su interés social particular en favor del interés social general, entendido este último como la viabilidad de la empresa indica MELERO, L., «Algunas reflexiones en torno al deber de fidelidad del socio en la reestructuración preventiva de las sociedades de capital», en BERMEJO / MARTÍNEZ FLÓREZ / RECALDE (dirs.), *Las reestructuraciones de las sociedades de capital en crisis*, Navarra, 2019 (versión electrónica Aranzadi Proview, pp. 2-3).

regula los actos de ejecución del plan homologado y dispone que cuando el plan contuviera medidas que requirieran acuerdo de junta o asamblea de socios y esta no las hubiera acordado, los administradores de la sociedad y, si no lo hicieren, quien designe el juez a propuesta de cualquier acreedor legitimado, tendrá las facultades precisas para llevar a cabo los actos necesarios para su ejecución, así como para las modificaciones estatutarias que sean precisas.

En cualquier caso, el arrastre de los socios con el que se trata de evitar los comportamientos expropiatorios, o redistributivos de valor, queda condicionado a la homologación judicial del plan de reestructuración conforme a lo establecido en el artículo 635.1 del Texto Refundido de la Ley Concursal, que dispone que la homologación judicial será necesaria cuando se pretendan extender sus efectos a acreedores o clases de acreedores que no hubieran votado a favor del plan o a los socios del deudor persona jurídica. Mediante el procedimiento de homologación judicial el plan se somete a control judicial que comprende tanto aspectos procedimentales, en la medida que trata de verificar que el procedimiento de negociación y adopción del plan ha respetado el régimen legal, como sustantivos o de contenido que intenta asegurar una mínima equidad económica en el reparto del valor del negocio[41]. Por su parte, el art. 640.2 del Texto Refundido de la Ley Concursal establece que, si el deudor fuera una persona jurídica la homologación del plan de reestructuración requerirá que haya sido aprobado por los socios legalmente responsables de las deudas sociales. En caso de que estos socios no existieran, y el plan contuviera medidas que requieran acuerdo de la junta de socios, el plan de reestructuración se podrá homologar, aunque no haya sido aprobado por los socios si la sociedad se encuentra en situación de insolvencia actual o inminente.

La determinación del alcance del arrastre de socios exige analizar algunos aspectos relativos a la homologación judicial, distinguiendo entre aquellos planes que han sido aprobados por los socios reunidos en junta cuando el plan contenga medidas que les afecten, en cuyo caso el arrastre que se circunscribe a los socios minoritarios que no votaron a favor y se realizará por la mayoría conforme a los dispuesto en la normativa societaria, sin que entre en juego el derecho concursal. En cambio, cuando se trata de un plan no consensual que no cuenta con el apoyo mayoritario de los socios, la extensión de sus efectos a los socios tiene su fundamento en el derecho de la preinsolvencia, en la medida que requiere la homologación judicial.

En cuanto a la legitimación para solicitar la homologación judicial cabe a instancia de los acreedores afectados que lo hayan suscrito (artículo 635.1 del Texto Refundido de la Ley Concursal), sin excluirse la legitimación de los acreedores especialmente subordinados[42], y a instancia del deudor siendo el órgano de administración el competente para formular la solicitud si es una persona jurídica (artículo 643.2 del Texto Refundido de la Ley Concursal). En cambio, los socios como tales no están legitimados

41. GARCIMARTÍN, F., «Derecho de preferencia y planes de reestructuración», en https://almacendederecho.org/derecho-de-preferencia-y-planes-de-reestructuracion
42. PULGAR, J., «El papel de los socios en reestructuraciones de empresas en crisis y la proyectada reforma del Texto refundido concursal», *cit.*, p. 35.

para solicitar la homologación de un plan de reestructuración, y ello se debe a que el legislador español ha optado por no considerar a los socios como una clase de acreedores, no obstante, en tanto en cuanto concurra en ellos también la condición de acreedores estarían legitimados si están en el dinero para aprobar y presentar la solicitud de homologación, que podrá ser concurrente con la presentada por cualquier otro acreedor afectado que hubiera suscrito el plan[43]; por ello viene siendo una práctica no infrecuente que los socios se conviertan en acreedores por préstamos participativos a veces con una pequeña cantidad, lo que les permite presentar un plan al juez para su aprobación; en su condición de acreedor aunque subordinado conforme al artículo 643 del Texto Refundido de la Ley Concursal.

La homologación judicial del plan de reestructuración permitirá extender sus efectos a todos los socios de la sociedad deudora, para ello deben cumplirse los requisitos establecidos en la ley, distinguiendo si el plan se aprueba por todas las clases de acreedores, y en su caso por el deudor o los socios mediante el correspondiente acuerdo social cuando esta aprobación sea precisa a la luz de la disciplina societaria por incluir medidas que precisen un acuerdo de la junta (plan «consensual»), en cuyo caso la homologación requiere la concurrencia de los requisitos recogidos en el artículo 638 1.º del Texto Refundido de la Ley Concursal, esto es, que el deudor se encuentre en probabilidad de insolvencia, insolvencia inminente o actual, y el plan ofrezca una perspectiva razonable de evitar el concurso y asegurar la viabilidad de la empresa en el corto y medio plazo; que cumpla con los requisitos de contenido y de forma exigidos en la ley; que haya sido aprobado por todas las clases de créditos de conformidad con las previsiones legales, por el deudor o, en su caso, por los socios; que los créditos dentro de la misma clase sean tratados de forma paritaria y que haya sido comunicado a todos los acreedores afectados conforme a lo establecido en esta ley. En cambio, los restantes planes que no resulten aprobados por todas y cada una de las clases de créditos y además también por los socios en junta (planes «no consensuales») requieren además la concurrencia de alguno de los supuestos previstos en el artículo 639 del Texto Refundido de la Ley Concursal, esto es que si ha sido aprobado por: 1.º Una mayoría simple de las clases, siempre que al menos una de ellas sea una clase de créditos que en el concurso habrían sido calificados como créditos con privilegio especial o general; o, en su defecto, por 2.º Al menos una clase que, de acuerdo con la clasificación de créditos prevista por esta ley, pueda razonablemente presumirse que hubiese recibido algún pago tras una valoración de la deudora como empresa en funcionamiento. En este caso, la homologación del plan requerirá que la solicitud vaya acompañada de un informe del experto en la reestructuración sobre el valor de la deudora como empresa en funcionamiento.

En caso de persona física la homologación del plan de reestructuración requerirá que haya sido aprobado por este y si fuera una persona jurídica, la homologación del

43. Sobre la problemática de los planes consensuales se pronuncia PULGAR, J., «Las fugas del principio mayoritario en los nuevos planes de reestructuración», *El Notario del siglo XXI*, Mayo/Junio 2023, n.º 109, 2023.

plan de reestructuración requerirá que haya sido aprobado por los socios legalmente responsables de las deudas sociales. No cabe en ningún caso imponer el plan al deudor persona natural, y si fuera una sociedad tampoco en contra de la voluntad de los socios legalmente responsables de las deudas sociales (artículo 641 del Texto Refundido de la Ley Concursal) o a las pequeñas empresas (artículo 684.2 del Texto Refundido de la Ley Concursal).

En caso de que estos socios no existieran, y el plan contuviera medidas que requieran acuerdo de la junta de socios, la ley permite la homologación judicial aun sin haber sido aprobado por los socios, imponiéndoselo, salvo que se trate de una microempresa o la sociedad reúna las condiciones previstas en el artículo 682 del Texto Refundido de la Ley Concursal. Si los socios reunidos en junta votaran en contra del plan, ello no será óbice para la homologación y consecuente extensión de efectos del plan a todos los socios y a la sociedad deudora, siempre que la sociedad se encuentre en situación de insolvencia, actual o inminente[44], de modo que si se niegan a aprobarlo el plan podrá ser homologado incluso contra la voluntad de los socios, sin perjuicio de la posibilidad de impugnarlo, evitando así ciertas conductas abusivas que, puedan impedir u obstaculizar injustificadamente la aprobación, homologación o ejecución del plan y que en la práctica comportan una redistribución del valor en su beneficio y en perjuicio de los acreedores sin justificación económica alguna[45].

El establecimiento de una reestructuración forzosa para el deudor en situación de insolvencia inminente o actual se justifica en la redistribución del riesgo económico de la empresa desde los socios de la sociedad deudora a los acreedores, pues la situación financiera del deudor le conduce al impago de las obligaciones vencidas o de pronto vencimiento, por lo que es razonable también un recolocación del poder de decisión sobre el patrimonio, especialmente, teniendo en cuenta que los socios, como titulares

44. En línea con el considerando citado, la Directiva autoriza (29) a los Estados miembros a apartarse, en su caso, de las garantías y derechos en su día reconocidos por la Segunda Directiva de Sociedades (30) en aquellos casos en los que los legisladores nacionales hayan optado por permitir que los planes de reestructuración afecten a los socios o accionistas. Esta circunstancia autorizaría a los Estados miembros a dejar de exigir, en relación con el plan de reestructuración, el consentimiento de la junta general de socios respecto de las medidas que consistan en las ampliaciones o reducciones de capital, así como excluir los derechos de adquisición preferencia de aquéllos en el supuesto de ampliación de capital.

45. Este desapoderamiento de los socios persigue evitar conductas dilatorias o estratégicas de éstos, que pudiesen poner en peligro el salvamento del negocio como ponen de manifiesto con distintos matices, BERMEJO, N., «Los socios y el reparto del excedente de la reestructuración», en GARNACHO / ARIAS (dirs.), *El Derecho concursal y la transposición de la Directiva sobre reestructuración preventiva*, Madrid, 2022, pp. 213-215; DÍAZ MORENO, A., «Socios, planes de reestructuración y capitalización de créditos en la Directiva (UE)2019-1023, sobre reestructuración e insolvencia», en BERMEJO / MARTÍNEZ FLÓREZ / RECALDE (dirs.), *Las reestructuraciones de las sociedades de capital en crisis*, 2019, p. 239, y «Los socios en los planes de reestructuración en la reforma del texto refundido de la Ley concursal», *cit.*, p. 100; LORENZO, M. S., «Holdout accionarial, reestructuración forzosa y deber de fidelidad del socio», *Revista de Derecho Concursal y Paraconcursal*, n.º 27, 2017, pp. 43 y ss.

patrimoniales de la sociedad por naturaleza, tienden a una situación de pérdida total de sus derechos económicos[46].

En situación de insolvencia inminente o insolvencia actual, la homologación no precisa que la sociedad deudora apruebe el plan de reestructuración. Naturalmente, si el plan es aprobado en la junta, los efectos se extienden a los disidentes por el principio mayoritario. Y si el plan no contiene medidas competencia de la junta, su eventual aprobación o rechazo por el órgano de administración no altera el éxito de la homologación ni la extensión de efectos. Las operaciones societarias que prevea el plan homologado se ejecutarán conforme al procedimiento previsto en la normativa societaria. No obstante, si tales operaciones necesitaran un acuerdo de la junta general de la deudora y esta no lo hubiera aprobado, los administradores de la sociedad deudora estarán facultados para llevar a cabo los actos necesarios para la ejecución del plan, así como las modificaciones estatutarias precisas. Y si aquellos no lo hicieran, el juez podrá designar a persona facultada para tales ejecuciones. El auto de homologación será título suficiente para la inscripción de las modificaciones estatutarias contenidas en el plan en el Registro Mercantil.

En cambio no es posible la imposición contra la voluntad de los socios de plan de reestructuración alguno que incida sobre sus intereses cuando el deudor se encuentre en situación de probabilidad de insolvencia, esto es cuando sea objetivamente previsible que, de no alcanzarse un plan de reestructuración, el deudor no podrá cumplir regularmente sus obligaciones que venzan en los próximos dos años, y ello en el entendimiento de que el deudor en esta situación todavía tiene alternativas para evitar el impago de sus obligaciones cuando venzan, y asegurar su viabilidad, pues la eventualidad de caer en insolvencia actual en el futuro es previsible con un grado de certeza relativo. En este momento, el deudor todavía no ha incumplido sus obligaciones y por consiguiente, goza aún del beneficio del plazo. Por eso, la Ley mantiene el juego de las reglas generales sobre el control corporativo y establece que el plan de reestructuración no se puede imponer en contra de la voluntad de los socios, como se desprende *a sensu contrario* del *artículo* 640.2 del Texto Refundido de la Ley Concursal. La homologación judicial requiere en situación de probabilidad de insolvencia, y si el plan contiene medidas que sean legal o estatutariamente competencia de la junta general, el acuerdo de la junta aprobando el plan. Los derechos individuales de los acreedores se someten a la decisión mayoritaria, pero **no hay todavía desapoderamiento de los socios ni, por consiguiente, cambio de control corporativo**. En tal caso, los socios disidentes en tal acuerdo quedarán arrastrados por el principio mayoritario, como en los demás acuerdos sociales. Si el plan no contiene medidas que formen parte de la competencia de la junta, la conformidad de la sociedad deudora la expresará el órgano de administración.

La esencia del efecto arrastre es la extensión del plan al deudor y a sus socios, cuando, en este último caso, entre las medidas del plan se incluye una o varias que

46. En este sentido se pronuncian MEGIAS, J., Comentario al artículo 640», p. 1227, quien cita a GARCIMARTÍN, F., «La reforma del Derecho preconcursal», Apartado II.2, párrafos 13 y 14 (versión digital).

requieren de la decisión de los socios reunidos en junta general según la normativa societaria general.

## IV. TUTELA DE LOS SOCIOS

Frente a las medidas de arrastre horizontal que afectan a los socios minoritarios y las de arrastre vertical que afectan a los socios que han rechazado la aprobación de un plan de reestructuración, se contemplan distintos mecanismos tuitivos integrados por medidas diferentes en función de si el plan ha sido o no aprobado por los socios.

### 1. PLAN NO APROBADO POR LOS SOCIOS: OPOSICIÓN A LA HOMOLOGACIÓN O IMPUGNACIÓN DEL AUTO DE HOMOLOGACIÓN DEL PLAN

El plan de reestructuración que contenga medidas societarias puede ser impuesto a los socios, aunque estos hayan rechazado el plan, siempre previa homologación judicial, y siempre que la sociedad se encuentre en situación de insolvencia actual o inminente, y el plan sea adecuado para evitar el concurso y asegurar la viabilidad de la empresa. En todo caso, las operaciones societarias incluidas en el plan han de ser conformes con la legislación societaria, ello aparte de respetar las reglas legales de contenido, forma y procedimiento y de obtener suficiente respaldo de los acreedores.

Respecto a la afectación de los socios merece atención especial la posibilidad de recepción de las tradicionales salvaguardas preconcursales de protección de los acreedores afectados por el plan de reestructuración contra su voluntad, esto es el tradicional *test* de mejor interés de los acreedores (*best interest creditoris test*), así como la regla de prioridad absoluta que sirve para medir la equidad del plan de reestructuración.

En los casos en que el plan no ha sido aprobado por los socios el fundamento del arrastre de los mayoritarios a los minoritarios no es societario como sucede en los planes aprobados por los socios, sino preconcursal tomando como base el Libro II, afectando por tanto a todos los socios. Del mismo modo las salvaguardas de los socios mayoritarios o minoritarios arrastrados por los efectos del plan de reestructuración deben ser preconcursales y no societarias.

En este sentido caben dos posibilidades para proteger a los socios en desacuerdo, según el solicitante de la homologación requiera o no que, con carácter previo a la homologación del plan de reestructuración, las partes afectadas puedan oponerse a esta (artículo 662 del Texto Refundido de la Ley Concursal). En tal caso, los socios deberían oponerse a la homologación judicial del plan, de acuerdo con las reglas que establece el artículo 663 del Texto Refundido de la Ley Concursal, pero ya sin posibilidad del recurso. En caso de que el interesado, el deudor o los acreedores que hayan solicitado la homologación del plan, prefieran evitarse la incertidumbre que conlleva una posible impugnación ante la Audiencia Provincial, podrá, mediante una simple declaración en la solicitud de homologación, requerir al juez que con carácter previo a ésta se dé trámite a las partes afectadas para que puedan oponerse a la homologación del plan. A estos efectos, se regula un procedimiento muy sencillo y abreviado para dar cauce a estas posibles oposiciones y se aclara que, bajo esta opción, la sentencia que conceda o deniegue la homologación no será susceptible de recurso. Las oposiciones que deben encauzarse por esta vía, una vez escogida por los interesados, abarcan también a los socios y, por implicación necesaria, a contrapartes de contratos resueltos en interés de la reestructuración. En caso de que no exista contradictorio previo, la opción sería la impugnación del auto de homologación de plan ante la audiencia provincial. Los interesados pueden optar entre una u otra opción. La impugnación posibilita una confirmación judicial casi inmediata del plan, pero con el riesgo siempre de su revocación por el órgano superior varios meses después; mientras que la segunda opción retrasa la confirmación judicial inicial, pero una vez alcanzada, es firme. La primera opción es una homologación *ex parte*, sin contradictorio previo, pero con posibilidad de impugnación ante la Audiencia Provincial (artículos 653-661 del Texto Refundido de la Ley Concursal). Esta opción será la más habitual y, en consecuencia, aplicable «por defecto», salvo que el solicitante opte por la segunda.

En este sentido, el artículo 656 del Texto Refundido de la Ley Concursal prevé la aplicación del mecanismo de impugnación en aquellos casos en que la aprobación del plan requiera acuerdo de los socios y estos no lo hayan aprobado mediante acuerdo de la junta, reservándose la legitimación para impugnarlo a aquellos socios que hayan votado en contra:

> La impugnación permite al socio defenderse probando el incumplimiento de los requisitos de contenido, forma (artículo 656.1. 1.º del Texto Refundido de la Ley Concursal) y del régimen de aprobación del plan (artículo 656.1. 2.º del Texto Refundido de la Ley Concursal). Los dos primeros motivos recogidos en el artículo 656 del Texto Refundido de la Ley Concursal están establecidos con amplitud y permiten la impugnación del plan en caso de infracción, tanto por el plan mismo como por el procedimiento de su aprobación. En particular, podrán hacerse valer eventuales infracciones de las «especialidades» establecidas en el artículo 631 del Texto Refundido de la Ley Concursal para la aprobación del plan por los socios. No hay una acción autónoma de impugnación de la decisión de rechazo del plan, pero esa decisión se puede cuestionar a través del incidente de impugnación del auto de homologación si en su adopción se ha infringido alguna de esas previsiones. Estos motivos son comunes a los establecidos por el artículo 654 del Texto Refundido de la Ley Concursal respecto de la impugnación por los acreedores.
>
> Entre los motivos de impugnación que aparecen tasados en el catálogo del artículo 656.1 del Texto Refundido de la Ley Concursal, el motivo tercero permite a los socios cuestionar que la sociedad se encuentre en estado de insolvencia actual o inminente, porque son los casos en que se puede producir el efecto arrastre sobre los socios cuando el plan no ha sido aprobado por estos[47]. Esta posibilidad de impugnación existirá con independencia que el plan hubiese sido aprobado por todas las clases de acreedores o solo por

47. En este sentido PULGAR, J., «El papel de los socios en reestructuraciones de empresas en crisis y la proyectada reforma del Texto refundido concursal», *cit.*, p. 2, manifiesta que se establece un sistema de comprobación *ex post* del presupuesto objetivo de la reestructuración, de carácter eventual dado que se condiciona a la oposición o impugnación de la homologación por el socio afectado.

alguna o algunas de ellas, y también con independencia de la posibilidad reconocida a los acreedores disidentes de impugnar el auto de homologación al amparo de los artículos 654 y 655 del Texto Refundido de la Ley Concursal[48].

Importante protección de los socios afectados por el plan puede encontrarse en el motivo de impugnación del artículo 656.5 del Texto Refundido de la Ley Concursal que supone, a juicio de un relevante sector doctrinal una reformulación de la prueba del mejor interés de los acreedores, así como de la regla de prioridad absoluta. Ambas en principio inaplicables a los socios dada la negativa de la Ley a considerar a los socios como una clase de acreedores, y atendiendo a la peculiar posición que ocupan los socios en los procesos de reestructuración[49]. La regla de prioridad absoluta tal y como está configurada en el referido precepto asegura que una clase de acreedores afectados no vaya a recibir, como consecuencia del cumplimiento del plan, derechos, acciones o participaciones, con un valor superior al importe de sus créditos[50]. Ello significa que los socios podrán oponerse o impugnar la homologación del plan de restructuración si una clase de acreedores afectados va a recibir, como consecuencia del cumplimiento del plan, derechos, acciones o participaciones, con un valor superior al importe de sus créditos (artículo 656 del Texto Refundido de la Ley Concursal).

La competencia para conocer la impugnación del auto de homologación sin contradictorio previo corresponde a la Audiencia Provincial, pero se establece un procedimiento muy simple y abreviado para facilitar una resolución rápida de las controversias. En particular, y en la medida en que se limita a comprobar el plazo, la admisión a trámite de la impugnación se atribuye directamente al letrado de la Audiencia Provincial.

La Ley regula en el artículo 661 los efectos de la sentencia estimatoria de la impugnación, que vienen determinados por el fundamento de ésta. En primer lugar, se establece un principio de conservación en virtud del cual el plan no tendrá efectos frente al impugnante que haya obtenido una resolución favorable, pero se mantiene su eficacia frente a los demás acreedores y socios. Esta previsión es cuestionable cuando el impugnante fuera socio y ello porque resulta complicado admitir con carácter general la ineficacia parcial de las operaciones societarias, es difícil que un aumento de capital por compensación de créditos o una modificación estructural sea ineficaz solo para algunos socios[51].

48. DÍAZ MORENO, A., «Socios, planes de reestructuracion y capitalización de créditos en la Directiva (EU) 2019/1023, sobre reestructuración e insolvencia», *cit.*, p. 9.

49. *Vid.*, PULGAR, J., «El papel de los socios en reestructuraciones de empresas en crisis y la proyectada reforma del Texto refundido concursal», *cit.*, p. 2.

50. A juicio de IRIBARREN, M., «Los socios en los planes de reestructuración en la reforma del texto refundido de la Ley Concursal», *cit.*, p. 122, la regla de la prioridad absoluta protege también a los socios y pone de manifiesto que el derecho de sociedades podría cumplir una función semejante a la de la mencionada regla, por ejemplo, si el plan de reestructuración incluyese alguna modificación societaria que permitiese el acceso al capital de los acreedores, esto es, que supusiese que los acreedores recibieran instrumentos del capital. Una operación que permitiese la suscripción por los acreedores de nuevas acciones o participaciones a un precio inferior a su valor razonable, además de violar la regla de la prioridad absoluta, sería contraria al derecho de sociedades.

51. *Vid.*, IRIBARREN, M., «Los socios en los planes de reestructuración en la reforma del texto refundido de la Ley Concursal», *cit.*, p. 122.

En el caso de que los efectos no se puedan revertir se prevé expresamente la indemnización de daños y perjuicios, que deberá satisfacer el deudor. Esta referencia se intentó suprimir en distintas enmiendas al proyecto de ley que fueron presentadas por distintos grupos parlamentarios, pero no prosperó ninguna.

No obstante, cuando el motivo de la impugnación afecte a la propia concurrencia de la voluntad colectiva, esto es, a las mayorías necesarias o a la formación correcta de las clases, el efecto de la estimación de la impugnación será la declaración de ineficacia del plan. Crítica con esta medida se muestra parte de la doctrina que considera que el juez también habría de poder declara la ineficacia del plan cuando no se cumplan los presupuestos legales para la homologación[52].

## 2. PLANES APROBADOS POR LOS SOCIOS: IMPUGNACIÓN DEL ACUERDO DE LA JUNTA POR LA MINORÍA DISIDENTE

En aquellos casos en que el plan de reestructuración se someta a aprobación de los socios por afectar a sus derechos, y resulte aprobado por los socios conforme a la normativa societaria, en particular en lo que a las reglas de *quorum* y mayorías de la Ley de Sociedades de Capital para cada tipo social se refiere, los socios minoritarios disidentes se van a ver arrastrados a la reestructuración por el acuerdo de los socios mayoritarios conforme a lo previsto en la normativa societaria basándose en el propio contrato de sociedad, en este caso las medidas de salvaguarda de protección de los minoritarios deben ser societarias y no concursales[53].

En este caso la minoría disidente podrá impugnar el acuerdo social aprobatorio, tanto por no haberse respetado el procedimiento o las mayorías que prevé el artículo 631 del Texto Refundido de la Ley Concursal, como por razones de fondo derivadas de la normativa societaria al amparo del artículo 204 de la Ley de Sociedades de Capital que regula los motivos de impugnación de acuerdos sociales[54]. Este precepto considera impugnables los acuerdos sociales que sean contrarios a la Ley, se opongan a los estatutos o al reglamento de la junta de la sociedad o lesionen el interés social en beneficio de uno o varios socios o de terceros. La lesión del interés social se produce también cuando el acuerdo, aun no causando daño al patrimonio social, se impone de manera abusiva por la mayoría, sin responder a una necesidad razonable de la sociedad, se adopta por la mayoría en interés propio y en detrimento injustificado de los demás socios, tal sería el caso de una dilución económica o política infundada.

---

52. *Vid.*, IRIBARREN, M., *cit.*, p. 122.

53. *Vid.*, PULGAR, J., «El papel de los socios en reestructuraciones de empresas en crisis y la proyectada reforma del Texto refundido concursal», *cit.*, p. 2; en este sentido GARCIMARTÍN, F., «El derecho preconcursal: una visión general», *Anuario de Derecho Concursal*, n.º 57, 2022, indica que más que un «arrastre legal», como sucede con los acreedores, es un «arrastre contractual», i.e. bajo las reglas del contrato de sociedad.

54. Como afirma IRIBARREN, M., «Los socios en los planes de reestructuración en la reforma del texto refundido de la Ley Concursal», *cit.*, p. 133.

Entre los posibles supuestos de impugnación del acuerdo aprobado por la minoría disidente destaca aquel en que la minoría disidente prueba que bajo el plan aprobado, reciben menos de lo que supondría su cuota hipotética de liquidación esto es, de lo que habrían obtenido en caso de liquidación concursal, y son peor tratados en el marco del plan de reestructuración de lo que lo serian en un escenario de liquidación concursal, y por tanto no tendría sentido que la junta adopte, sin una necesidad razonable de la sociedad, un plan que les perjudica como socios, tal sería el caso de un acuerdo de conversión de deuda en capital que les coloca en una situación peor de la que tendrían en un eventual escenario de liquidación concursal. A los efectos de comprobar la satisfacción de esta prueba, se comparará el valor de lo que reciban conforme al plan con el valor de lo que pueda razonablemente presumirse que hubiesen recibido en caso de liquidación concursal. Por esta vía encontraría cabida, en el caso de acuerdo de la junta favorable al plan de reestructuración, una suerte de prueba del «mejor interés de los socios» (*Best interest creditors test*), que habría de ser superada[55].

Con el propósito de fomentar los planes de reestructuración el legislador excluye las reglas de impugnación de los acuerdos sociales contenidas en los artículos 204 a 208 de la Ley de Sociedades de Capital, y prevé en cambio que el acuerdo de junta que apruebe el plan de reestructuración será impugnable exclusivamente por el cauce y en el plazo previsto para la impugnación u oposición a la homologación judicial. Para coordinar la impugnación de la homologación del plan de reestructuración con la del acuerdo social que lo aprueba, el art. 631.2. 5.º regla1.º del Texto Refundido de la Ley Concursal prevé que la impugnación del acuerdo de la Junta se tramitará acumulándose a la oposición o impugnación al plan por parte de los acreedores si los hubiere, y se tramitarán como cuestión incidental de previo pronunciamiento[56]. La tramitación de la impugnación se hará por los cauces del incidente concursal, y se dará traslado de la impugnación para oposición por quince días al deudor y a los acreedores. La sentencia no será susceptible de recurso (artículos 658 y 659 del Texto Refundido de la Ley Concursal).

---

55. En este sentido GARCIMARTÍN, F., «Derecho de preferencia y planes de reestructuración», *Almacén de Derecho*, disponible en: https://almacendederecho.org/derecho-de-preferencia-y-planes-de-reestructuracion destaca que «Aunque no se reconoce expresamente una salvaguarda equivalente a la prueba del interés superior de los acreedores, ésta encuentra fácil acomodo en la cláusula del interés social: sería contrario al interés social un acuerdo de junta que dejase a los socios en una situación económica peor de la que estarían en un supuesto de liquidación concursal». En parecidos términos se pronuncia FERNÁNDEZ DEL POZO, L., «Socios y planes de reestructuración», *cit.*: «La cuota que los socios hubieran de percibir en la liquidación en el marco de un procedimiento concursal alternativo eficiente (probablemente, liquidación con enajenación de unidades productivas) funciona como umbral individual de conservación del valor por los socios de suerte que, contrario sensu, no puede aprobarse/homologarse un plan que no les preserve dicho valor». Por su parte IRIBARREN, M., «Los socios en los planes de reestructuración», *cit.*, pp. 118 y 119 destaca las dificultades para poder reputar abusivo por contrario al interés social un acuerdo de este tipo.

56. Expone VÁZQUEZ LEPINNETE, T., «Planes de reestructuración y derecho de sociedades», pp. 865 y 866, que la utilización de un mismo cauce procesal para la impugnación de actos que son de naturaleza distinta (un acuerdo social y una resolución judicial respectivamente) genera un sinnúmero de dudas, y expone alguna de ellas, en primer término se plantea cual es el tribunal competente, pues según el artículo 641 del Texto Refundido de la Ley Concursal, la competencia para conocer de la homologación de un plan de reestructuración corresponderá al juez de lo mercantil que fuera

La Ley no reconoce a los socios (minoría disidente) en caso de los planes consensuales la posibilidad de oponerse a la homologación o impugnar directamente el auto de homologación del plan, sino exclusivamente la legitimación para impugnar el acuerdo de la junta, aunque si esta prospera, los efectos no podrían diferir de los de la estimación de la oposición o la impugnación de la homologación del plan[57].

Finalmente conviene aludir al caso de que prospere la impugnación ante los tribunales del acuerdo social de reestructuración por el minoritario, distinguiendo si se ha previsto esta situación en el propio plan como una condición que suspende la entrada en vigor del plan, lo cual es algo que ocurre con frecuencia en la práctica, o si por el contrario nada se prevé a este respecto en el plan, en este caso resulta complicado desactivar los efectos del plan en relación con el accionista que ha tenido éxito en su impugnación. En ocasiones, resulta complejo revertir dichos efectos debido a la naturaleza de los acuerdos sociales de reestructuración que se hayan adoptado, como la conversión de deuda en capital o la amortización de acciones. Estos acuerdos suelen estar diseñados principalmente para situaciones que implican reducción de deuda o plazos de espera, lo que dificulta la desactivación de los efectos innovadores del acuerdo. En este contexto, se pueden aplicar los remedios generales compensatorios que ya se han utilizado en el contexto de la resolución y reestructuración bancaria.

## V. BIBLIOGRAFÍA

BERMEJO, N., «Los socios y el reparto del excedente de la reestructuración», en GARNACHO / ARIAS (dirs.), *El Derecho concursal y la transposición de la Directiva sobre reestructuración preventiva*, Madrid, 2022, pp. 199-232.

COHEN, A., «La posición del socio ante la reestructuración en el anteproyecto de reforma concursal», *La Ley Mercantil*, n.º 86, 2021 (edición digital).

---

competente para la declaración del concurso del deudor. Por otra parte, se refiere a las cláusulas de arbitraje societario que pudieran contenerse en los estatutos sociales considerando que la norma las hace inaplicables por decaer la disponibilidad de la causa, condición indispensable para que se por aplique una cláusula de arbitraje. Finalmente, se refiere a las dos formas de tramitación de la homologación judicial del plan: con o sin contradicción previa de las partes afectadas. Considera el autor que en el primer caso, el trámite de contradicción es anterior a la resolución judicial de homologación y determina que ésta. que será del Juzgado de lo mercantil, no sea susceptible de recurso. En el segundo, habrá trámite posterior de impugnación del auto de homologación ante la Audiencia provincial. Se pregunta cómo afectan estas previsiones sobre oposición y/o impugnación de la homologación al procedimiento de impugnación del acuerdo de la junta general de aprobación del plan de reestructuración, y opina distinguiendo si hay contradicción previa, en cuyo caso la demanda de impugnación habrá de presentarse dentro del trámite de oposición y se sustanciará, con las correspondientes especialidades, ante el Juzgado de lo mercantil. En cambio, si no la hay, la demanda habrá entonces de formularse dentro del trámite para impugnación ante la Audiencia provincial.

57. La ausencia de reconocimiento de legitimación de la minoría disidente a juicio de IRIBARREN, M., «Los socios en los planes de reestructuración en la reforma del texto refundido de la Ley Concursal», *cit.*, p. 133, no debería ser un obstáculo, pues estimada la impugnación del acuerdo de la junta ya no podría considerarse el plan de reestructuración consensual, sino no consensual, y estos justifican la oposición o impugnación del auto de homologación de los socios, sin distinción entre mayoría y minoría, que hubieran votado en contra.

DÍAZ MORENO, A., «El papel de los socios de la sociedad de capital deudora en la aprobación y homologación de los planes de reestructuración», *Gómez Acebo y Pombo*, 2022, disponible en: https://www.ga-p.com/publicaciones/el-papel-de-los-socios-de-la-sociedad-de-capital-deudora-en-la-aprobacion-y-homologacion-de-los-planes-de-reestructuracion/

– «Socios, planes de reestructuracion y capitalización de créditos en la Directiva (EU) 2019/1023, sobre reestructuración e insolvencia», *Anuario de Derecho Concursal*, n.º 49, 2020, pp. 7-64.

– «La Directiva (UE) 2019/1023 (V): socios y planes de reestructuración», *Gómez Acebo y Pombo*, 2020, disponible en: https://www.ga-p.com/wp-content/uploads/2019/07/La-Directiva-UE-20191023-V.pdf

– «Socios, planes de reestructuración y capitalización de créditos en la Directiva (UE)2019-1023, sobre reestructuración e insolvencia», en BERMEJO / MARTÍNEZ FLÓREZ / RECALDE (dirs.), *Las reestructuraciones de las sociedades de capital en crisis*, 2019, pp. 233-310.

FERNÁNDEZ DEL POZO, L., «La tutela de los socios frente a los planes de reestructuración preventiva de su sociedad. Hacia un derecho societario preconcursal», *La Ley mercantil*, n.º 88, febrero 2022.

GARCÍA-VILLARUBIA, M., «Socios y reestructuración», *Actualidad Jurídica Uría Menéndez*, n.º 58, enero-abril 2022, pp. 71-100.

GARCIMARTÍN, F., «Sobre el nuevo régimen aplicable a los planes de reestructuración del Libro II del anteproyecto (y las novedades en el Libro IV)]», en *Revista General de Insolvencias & Reestructuraciones,* n.º 3, 2021, pp. 47-84.

– «El conflicto socios-acreedores en la reestructuración preconcursal: "recapitaliza o entrega"», *Almacén de derecho,* 2021, disponible en https://almacendederecho.org/el-conflicto-socios-acreedores-en-la-reestructuracion-preconcursal-recapitaliza-o-entrega

– «Algunas reflexiones sobre el derecho preconcursal», *La Ley Mercantil*, n.º 70, 2020, pp. 1-8.

– «La Propuesta de Directiva europea sobre reestructuraciones y segunda oportunidad: el arrastre de acreedores disidentes y la llamada "regla de prioridad absoluta"», *Anuario de Derecho Concursal*, n.º 43, 2018, pp. 11-38.

– «La prueba del interés superior de los acreedores», *Almacén de derecho*, 22 de junio de 2021, disponible en https://almacendelderecho.org/la-prueba-del-interes-superior-de-los-acreedores

– «Derecho de preferencia y planes de reestructuración», *Almacén de derecho,* de 20 de julio 2022, disponible en https://almacendederecho.org/derecho-de-preferencia-y-planes-de-reestructuracion

IRIBARREN, M., «Saneamiento financiero de las sociedades mercantiles y deberes de fidelidad de los socios», *Revista de Derecho Concursal y Paraconcursal*, n.º 28, 2018, pp. 55-72.

– «Los socios en los planes de reestructuración en la reforma del Texto Refundido de la Ley concursal», *Revista general de Insolvencias & reestructuraciones,* n.º 6, 2022.

JUSTE, J., «La Junta de socios y los planes de reestructuración en el Derecho Proyectado», *Revista general de Insolvencias & reestructuraciones*, n.º 6, 2022.

LORENZO, M. S., «La repercusión del plan de reestructuración preventiva sobre la posición jurídica de socio (a propósito del art. 631.3 TRLC)», DÍAZ MORENO, A. / LEON, F. / BRENES, J. / RODRÍGUEZ SÁNCHEZ (dirs.), *La reestructuración como solución de las empresas viables*, Madrid, 2022.

MARTÍNEZ MARTÍNEZ, M. T., «El derecho de información del socio en la proximidad de la insolvencia», en PULGAR, J. (dir.) *Reestructuración y gobierno corporativo en la proximidad de la insolvencia*, Madrid, 2020.

MEGÍAS, J., «Comentario al artículo 640 TRLC», en PULGAR, J. (dir.), Comentario al Texto Refundido de la Ley Concursal, Tomo II, 3.ª ed., Madrid, 2023.

MELERO, L., «Algunas reflexiones en torno al deber de fidelidad del socio en la reestructuración preventiva de las sociedades de capital», en BERMEJO / MARTÍNEZ FLÓREZ / RECALDE (dirs.), Las reestructuraciones de las sociedades de capital en crisis, Navarra, 2019 (versión electrónica Aranzadi Proview).

PULGAR, J., «Reestructuraciones preconcursales forzosas: el mejor interés de los acreedores», *Revista de Derecho Mercantil*, n.º 323, 2022.

– «El papel de los socios en reestructuraciones de empresas en crisis y la proyectada reforma del Texto refundido concursal», *El Notario del siglo XXI: Revista del Colegio Notarial de Madrid*, n.º 102, 2022, pp. 50-57.

– «Holdout accionarial, reestructuración forzosa y deber de fidelidad del socio», *Revista de Derecho Concursal y Paraconcursal*, n.º 27, 2017, pp. 43 y ss.

– «Impugnación de acuerdos sociales abusivos y reestructuración societaria homologada», *Revista de Derecho de Sociedades*, n.º 44, 2015, pp. 69 y ss.

– «Las fugas del principio mayoritario en los nuevos planes de reestructuración», *El Notario del siglo XXI*, n.º 109, 2023.

PÉREZ-CRESPO, F., «Comentario al artículo 612», en PULGAR, J. (dir.), *Comentario al Texto Refundido de la Ley Concursal*, Tomo II, 3.ª ed., Madrid, 2023.

ROJO, A., «La conversión de créditos en acciones o participaciones en los planes de reestructuración», *Anuario de Derecho Concursal*, n.º 58, 2022.

VÁZQUEZ LEPINETTE, T., «Planes de reestructuración y derecho de sociedades».

Capítulo 12

# LOS PLANES DE REESTRUCTURACIÓN SIN COMUNICACIÓN PREVIA: SU HOMOLOGACIÓN

CARMEN DE VIVERO DE PORRAS
*Profesora Contratada Doctora (acr.) de Derecho Mercantil*
*Universidad de Málaga*

SUMARIO: I. LA RESISTENCIA DEL DEUDOR A LA REESTRUCTURACIÓN. II. REACCIÓN DE LOS ACREEDORES. SOSTENIMIENTO DE UN PLAN DE REESTRUCTURACIÓN. III. EL NOMBRAMIENTO DEL EXPERTO EN ESTOS SUPUESTOS. IV. EL INICIO SIN NEGOCIACIÓN Y LOS ACUERDOS ENTRE ACREEDORES. V. LA POSICIÓN DEL DEUDOR. VI. LA EJECUCIÓN DE LOS PLANES GESTADOS *OUT OF COURT*. VII. BIBLIOGRAFÍA.

## I. LA RESISTENCIA DEL DEUDOR A LA REESTRUCTURACIÓN

La posibilidad de negociación de un plan de reestructuración sin comunicación previa de la apertura de negociaciones aparece prevista en el artículo 637 del Texto Refundido de la Ley Concursal [1], si bien con carácter accidental. Se refiere el precepto al mismo supuesto regulado en el artículo 612 del Texto Refundido de la Ley Concursal [2], como uno de los efectos trascendentales de imposición de planes por parte de los

1. Real Decreto Legislativo 1/2020, de 5 de mayo, por el que se aprueba el texto refundido de la Ley Concursal. «BOE» núm. 127, de 07/05/2020. El artículo 637.1 señala que: *Si se estuviera negociando un plan de reestructuración sin comunicación previa, la solicitud de concurso presentada por el deudor podrá ser suspendida por el juez a instancia del experto en la reestructuración, si hubiera sido nombrado, o de los acreedores que, en el momento de la solicitud, representen más del cincuenta por ciento del pasivo que pudiera quedar afectado por el plan de reestructuración. En la solicitud deberá acreditarse la presentación de un plan de reestructuración por parte de los acreedores que tenga probabilidad de ser aprobado.*
2. El artículo 612.1 del Texto Refundido de la Ley Concursal recoge que: *Mientras estén en vigor los efectos de la comunicación, la solicitud de concurso presentada por el deudor podrá ser suspendida por el juez a instancia del experto en la reestructuración, si hubiera sido nombrado, o de los acreedores que, en el momento de la solicitud, representen más del cincuenta por ciento del pasivo que pudiera quedar afectado por el plan de reestructuración. En la solicitud deberá acreditarse la presentación de un plan de reestructuración por parte de los acreedores que tenga probabilidad de ser aprobado.*

acreedores una vez que existe negociación (la suspensión de la solicitud de concurso presentada por el deudor).

Así, cuando se inicia la negociación es posible que el deudor tenga la tentación o bien utilice como arma, frente a la imposibilidad de llegar a un acuerdo en las condiciones requeridas por sus acreedores, la solicitud del concurso de acreedores. Cabe además que dicha solicitud sea suspendida por el juez (art. 612 TRLC), ya sea a instancia del experto en la reestructuración [3] —si hubiera sido nombrado— o bien a solicitud de los acreedores que, en dicho momento, representen más del cincuenta por ciento del pasivo que pudiera quedar afectado [4] por el plan de reestructuración.

De esa misma forma el primero de los preceptos citados (art. 637 TRLC) recoge esa posibilidad, pero con la particularidad de que no existe la comunicación de apertura de negociaciones (art. 585 TRLC) pero sí una negociación *Out of Court que* intenta esa reestructuración.

También aquí se recoge la doble posibilidad de suspensión de la solicitud de concurso presentada por el deudor, tanto a instancia del experto en la reestructuración, —si hubiera sido nombrado— o de los acreedores que, en el momento de la solicitud, representen más del cincuenta por ciento del pasivo que pudiera quedar afectado por el plan de reestructuración.

La diferencia entre ambos preceptos reside en que el nombramiento del experto en reestructuración es solicitado sin un expediente de negociación iniciado, aunque, —en teoría al menos— partiendo de que existe una negociación [5]. La consideración autónoma del precepto, en relación con el artículo 672.1. 2.º del Texto Refundido de la Ley Concursal ha llevado a considerar tanto en el Asunto Celsa [6] como en el Asunto Guazuma [7], que ello es posible incluso sin acreditar la existencia de negociaciones, partiendo

3. Un profundo estudio de esta figura en el derecho italiano puede encontrarse en CAMPUZANO, A. B. y VATTERMOLI, D., «El acuerdo negociado para la resolución de la crisis empresarial en el Derecho Italiano», *Anuario de derecho concursal*, n.º 55, 2022, pp. 175-206.

4. La afectación ha de medirse partiendo de dos parámetros que nos serán de utilidad para el supuesto que trabajamos, a saber: (i) de un lado, aquellos que serán afectados por el plan tal y como lo presenten los solicitantes; (ii) de otro, en la afectación que la norma recoge en cuanto a principal, intereses, parte vencida o no, etc.

5. En el mismo sentido se pronuncia TALENS, J., en «Comentario al artículo 637», en *Comentarios al articulado del libro segundo del texto refundido de la Ley Concursal*, Sanjuán, E. y Peinado, J. I. (dirs.), Sepin, 2023, pp. 471 y 472.

6. Véase la resolución dictada en el asunto Celsa, Sentencia 600/2022 de 2 de diciembre, disponible en: https://www.poderjudicial.es/search/AN/openDocument/6feb33c7266a3959a0a8778d75e36f0d/20230131. Asimismo, la Sentencia 26/2023 del Juzgado de lo Mercantil de Barcelona, de 4 de septiembre ha resuelto la solicitud de homologación con contradicción previa presentada por los acreedores del Grupo Celsa, en abierta confrontación con el deudor y sus socios, quienes no han participado en la elaboración del plan ni consentido su aprobación. La homologación conlleva la extensión de los efectos del plan de reestructuración a todos los acreedores afectados y también a los socios del deudor. Éstos últimos, pierden completamente su participación accionarial.

7. Véase el Auto 2/2023 de 25 de abril, Juzgado de lo Mercantil número 19 de Madrid.

de una interpretación abierta del régimen *loan to own*[8] procedente del sistema anglosajón de los *Scheme of Arrangement* (SoA).

## II. REACCIÓN DE LOS ACREEDORES. SOSTENIMIENTO DE UN PLAN DE REESTRUCTURACIÓN

El hecho de que la empresa se encuentre en situación crítica debe conducir al deudor a una búsqueda de soluciones, que la actual normativa de insolvencia ha pretendido anticipar con dos años (probabilidad de insolvencia) mediante la negociación entre los implicados y la mínima intervención judicial[9].

La idea no es actual, sino que ya se preveía en la Recomendación de la Comisión Europea de 2014[10], donde se partía de esa negociación y de la posibilidad de nombramiento de un mediador y/o un supervisor cuyas funciones eran, a saber: (i) en el caso del mediador, ayudar al deudor y a los acreedores a dirigir con éxito las negociaciones sobre el plan de reestructuración; (ii) en el caso del supervisor, se centraba en velar por la actividad del deudor y los acreedores, adoptando las medidas necesarias para proteger los intereses legítimos de uno o varios acreedores o de otra parte interesada. En el actual artículo 2 de la Directiva 2019/1023 sobre Reestructuraciones e Insolvencia, la figura se ha unificado en lo que la misma denomina «administrador en materia de reestructuración»[11].

Pero volviendo a la negociación, el servicio prestado por los expertos siempre es el de asistir a las partes en la negociación y en la elaboración de un plan de reestructuración (Considerando 31 de la Directiva 2019/1023). Por tanto, será trascendental que exista esa negociación para que pueda prestarse asistencia en ella[12].

---

8. Ya lo expusimos en nuestro trabajo, DE VIVERO, C. «La denominada "loan to own strategy" en el derecho de insolvencia, (loan to own investment strategy in insolvency matters)», *Anuario de derecho concursal*, n.º 60, 2023. Un estudio sobre la materia también puede encontrarse en LI, K. and WANG, W., Debtor-in-possession financing, loan-to-loan, and loan-to-own», *Journal of Corporate Finance*, Vol. 39, 2016, pp. 121-138.
9. FACHAL, N., «¿Qué debemos entender por probabilidad de insolvencia a los efectos de realizar la comunicación de apertura de negociaciones o solicitar la homologación de un plan de reestructuración?», *La Ley Insolvencia: Revista profesional de Derecho Concursal y Paraconcursal*, n.º 9, 2022.
10. Recomendación de la Comisión, de 12 de marzo de 2014, sobre un nuevo enfoque frente a la insolvencia y el fracaso empresarial. Diario Oficial de la Unión Europea, n.º 74, de 14 de marzo de 2014.
11. La Directiva 2019/1023 sobre Reestructuraciones e Insolvencia nos da una definición y por tanto, por «administrador en materia de reestructuración» debemos entender: *toda persona u órgano nombrado por una autoridad judicial o administrativa para desempeñar, en particular, una o más de las siguientes funciones: a) asistir al deudor o a los acreedores en la elaboración o la negociación de un plan de reestructuración; b) supervisar la actividad del deudor durante las negociaciones de un plan de reestructuración e informar a una autoridad judicial o administrativa; c) tomar el control parcial de los activos y negocios del deudor durante las negociaciones.* Sobre la responsabilidad del mediador en insolvencia puede consultarse el trabajo de SANJUÁN, E., «La responsabilidad civil del mediador en insolvencia», *La Ley. Mediación y arbitraje,* n.º 8 (julio-septiembre), 2021.
12. Así lo recoge también el último apartado del fundamento tercero de la resolución dictada en el Asunto Guazuma: «La función del experto en reestructuración está concretada y delimitada perfectamente en la Ley: asistir al deudor y a los acreedores en las negociaciones y en la elaboración del plan de

Ocurre, además, que en el momento en que el deudor decide solicitar el concurso de acreedores, cierto es que cualquier negociación habrá terminado. El objetivo ha cambiado, bien por la imposibilidad de reestructuración, bien por la imposibilidad de alcanzar los objetivos propuestos dadas las alternativas existentes.

Por tanto —utilizamos las palabras del texto— «si se estuviera negociando un plan de reestructuración» tanto con comunicación como sin comunicación previa, la solicitud de concurso presentada por el deudor podrá ser suspendida [13] por el juez a instancia del experto en la reestructuración, si hubiera sido nombrado, o de los acreedores que, en el momento de la solicitud, representen más del cincuenta por ciento del pasivo que pudiera quedar afectado por el plan de reestructuración.

Lo anterior conlleva la voluntad por parte de los acreedores en sostener un plan de reestructuración [14] que ha de ser presentado inicialmente con esa solicitud de suspensión y la finalización de negociaciones con el deudor, al menos a esos efectos y en dicho momento, precisamente porque el deudor ha querido ir al concurso de acreedores.

Esto lógicamente, no puede suponer para el deudor no participar nuevamente en las negociaciones, ahora bien, en el momento en el que nos encontramos, el liderazgo lo habrán tomado un grupo de acreedores (posibles afectados), que podrán presentar un plan para su aprobación, así como para su posterior homologación judicial conforme al artículo 643 del Texto Refundido de la Ley Concursal. La norma no dice que finalmente deban quedar estos afectados, sino que pudieran quedar afectados. Pero como se tiene que presentar una inicial propuesta de plan, será posible que esta sea finalmente diferente y por lo tanto que algunos queden fuera.

Se trata en definitiva del control de la titularidad económica de la empresa (los acreedores) frente al régimen societario, partiendo de que la idea es que la deuda supera el valor de la misma y por tanto habrá que apartar a los socios que no han sido capaces (y al órgano de administración, por tanto) de superar esa situación. Es evidente que conceptuar la naturaleza económica de la empresa de esta forma resulta llamativo por

---

reestructuración, elaborando y presentando al juez los informes establecidos en la ley y aquéllos otros que éste estime necesarios o convenientes (art. 679, «Funciones «). Lo que deberá realizar (art. 680, «Deberes de diligencia, independencia e imparcialidad») ... con independencia e imparcialidad tanto respecto del deudor como de los acreedores. El experto no tiene como función la elaboración de un plan de reestructuración, sino la de mera asistencia a las partes en la negociación. La impugnación del nombramiento sólo procederá por las causas tasadas que prescribe el artículo 677.1 del Texto Refundido de la Ley Concursal (no reunir las condiciones establecidas en la ley, incurrir en alguna incompatibilidad o prohibición o no tener cobertura o garantía adecuada), tramitándose el asunto por el cauce del incidente concursal (art. 677.2 TRLC)».

13. Esto no es aplicable ni a las Pymes (art. 683.2) regidas por los artículos 682 a 684 del Texto Refundido de la Ley Concursal, ni a las microempresas del Libro III.

14. La referencia concreta es la siguiente: *En la solicitud deberá acreditarse la presentación de un plan de reestructuración por parte de los acreedores que tenga probabilidad de ser aprobado.* Por lo tanto a partir de ahí entendemos que no es necesario sino la acreditación (pudiendo estar depositado en notaría para su firma) y el hecho de firmar la solicitud ese porcentaje amplio de acreedores podría dar lugar a considerar que indiciariamente tiene esa posibilidad de ser aprobado.

cuanto en un régimen de generación de flujos podríamos considerar que existen más posibilidades que la simple toma de control por otros propietarios.

## III. EL NOMBRAMIENTO DEL EXPERTO EN ESTOS SUPUESTOS

Si tomamos el precepto en solitario y abstrayéndonos del régimen general, el hecho de que la solicitud de concurso presentada por el deudor pueda ser suspendida por el juez a instancia del experto en la reestructuración[15], parece llevarnos, tanto en el supuesto de existencia de comunicación de negociaciones como cuando no existe, a que dicho nombramiento puede ocurrir en uno y otro caso.

Por lo tanto, podrá darse tanto en el supuesto contemplado en el artículo 612 del Texto Refundido de la Ley Concursal para el caso de la comunicación de la apertura de negociaciones, como en el supuesto del artículo 637 Texto Refundido de la Ley Concursal para el caso de los planes de reestructuración.

Si iniciamos la lectura del artículo 637 del Texto Refundido de la Ley Concursal, párrafo primero, pronto nos damos cuenta de que es trascendental que se esté negociando un plan de reestructuración[16]. En este caso, su característica es que no hay comunicación previa de negociaciones y por tanto tampoco la sujeción a plazos, efectos y medidas que la norma recoge. Pero evidentemente es presupuesto de ello (*vid.* artículo 684 TRLC) que el deudor se encuentre en probabilidad de insolvencia, insolvencia inminente o insolvencia actual. Y además que esa situación parte del conocimiento que tenga el deudor, porque no existe una fase declarativa previa de que el estado de riesgo se da, salvo que se acuda al concurso necesario.

Como tercer supuesto hemos visto que, si el deudor solicita la declaración de concurso, como mínimo han concluido las negociaciones con los acreedores o las da por

---

15. Un estudio sobre esta figura puede encontrarse en MARTÍN TORRES, A., «El experto en la reestructuración», *Revista General de Insolvencias & Reestructuraciones: Journal of Insolvency & Restructuring (I&R),* n.º Extra 3, 2021 (Ejemplar dedicado a: El Anteproyecto de Ley de reforma del Texto Refundido de la Ley concursal y transposición de la Directiva UE 2019 /1023), pp. 199-210. También del mismo autor, «La figura del experto en la reestructuración en la Ley de reforma del Texto refundido de la Ley Concursal», *Revista General de Insolvencias & Reestructuraciones: Journal of Insolvency & Restructuring (I&R),* n.º Extra 7, 2022 [Ejemplar dedicado a: Reforma del Texto refundido de la Ley Concursal para la transposición de la Directiva (UE) 2019/1023], pp. 213-235.

16. El concepto que subyace en el asunto Celsa no es que falte negociación, es que la misma no se realiza formalmente como un proceso. Han existido los contactos entre acreedores y deudor precisamente por la reclamación (no judicial) de los pagos. Es notorio, que Celsa acudió a una reestructuración en 2013 (refinanciación) y otra posterior con novación en 2017, por ello, damos por cierto los contactos y no dudamos de ellos, pero es evidente que tal y como se construye el precepto que comentamos, parece exigirse algo más que reclamaciones de este tipo y por ello negociaciones que finalmente conlleven su ruptura y la presentación del concurso de acreedores por parte del deudor para que pueda operar la figura. La interpretación ha sido otra y por tanto, no ha sido necesario nada de esto. Precisamente estas refinanciaciones previas, les ha permitido a los acreedores, dado el intercambio de información con éstos en el contexto de las sucesivas relaciones de financiación y refinanciación de la compañía, aproximar la información, lo que ha cristalizado en un plan de reestructuración sin la colaboración del deudor.

finalizadas, aunque de facto subsistan. De esta forma, existe la posibilidad de que el precepto opere cuando ya no hay negociaciones o al menos en el límite final concreto de las que existen.

Ahora bien, con la actuación de los acreedores no se terminará tampoco el período de negociación. De hecho, nada impediría al deudor solicitar la comunicación prevista para iniciar negociaciones y aplicar dichos efectos o medidas. Que ello fuera así supondría la posibilidad de paralizar el régimen de aprobación del plan de los acreedores al menos hasta que las negociaciones terminen.

Sin duda es contradictorio que el deudor solicite el concurso, que este se suspenda en cuanto a su declaración por la propuesta de los acreedores y, que el mismo acreedor (que tiene su petición suspendida) solicite el inicio formal de negociaciones con los efectos que la norma establece.

Dando un paso más en ello, tendríamos que en esa situación fáctica (la primera) de negociaciones rotas, debería haberse podido nombrar un experto en reestructuración (o serlo junto con la petición), para que opere lo que la norma establece. Es decir que, si tanto el porcentaje reseñado de acreedores como el experto en reestructuración pueden pedir la suspensión de la declaración del concurso, es porque la figura del experto puede ser nombrada estando en esas negociaciones no comunicadas.

Es cierto que el artículo 672.1. 2.º del Texto Refundido de la Ley Concursal recoge simplemente que uno de los supuestos para el nombramiento del experto será: *Cuando lo soliciten acreedores que representen más del cincuenta por ciento del pasivo que, en el momento de la solicitud, pudiera quedar afectado por el plan de reestructuración.*

Incluso podría darse en el supuesto del artículo 673.1 del Texto Refundido de la Ley Concursal: *Si no hubiera sido nombrado experto en la reestructuración, los acreedores que representen, al menos, el treinta y cinco por ciento del pasivo que, en el momento de la solicitud, pudiera quedar afectado por el plan de reestructuración, podrán solicitar al juez el nombramiento de uno determinado, razonando en la solicitud las circunstancias concurrentes en el caso para que sea necesario ese nombramiento.*

Pero es evidente que ambos preceptos funcionan dentro del ámbito de las posibilidades previstas en la norma. Y una de ellas no es la del nombramiento del experto para los supuestos de planes no negociados. Tampoco para los negociados sin comunicación.

La afirmación del artículo 637.1 del Texto Refundido de la Ley Concursal es que el experto debe haber sido nombrado con anterioridad a la solicitud para que se deje sin efecto la petición de declaración de concurso del deudor. Pero no hay ningún trámite para ello, al menos no expreso.

De hecho, si nos planteamos —al menos hipotéticamente— que se esté negociando un plan entre el deudor y los acreedores y, finalmente ambos (o bien alguno de ellos) deciden acudir al juez para el nombramiento del experto, entonces la función que recoge la Directiva 2019/1023 sobre Reestructuraciones e Insolvencia (no la norma concursal) es que debe estar para ayudar al buen fin tanto de la negociación como del plan. Incluso si es con la misma petición (algo que no está previsto) de solicitud de suspensión[17], la idea es que ayudara a la negociación y no a la imposición de un concreto régimen de reestructuración.

La posición del experto sería tremendamente importante, de concebir hipotéticamente lo dicho, porque su función estará marcada (*vid.* artículo 680 TRLC) con los deberes de diligencia, independencia e imparcialidad[18]. Además, responderá por los daños y perjuicios causados al deudor o a los acreedores por infracción de aquellos deberes. Así las cosas, la desposesión del deudor, la eliminación de este como negociador y parte, como también, la imposición de condiciones leoninas, podrían ser el revés de la moneda, en la aceptación de este tipo de actuaciones.

Si admitimos que el experto pueda ser nombrado, entonces partimos de que algo tendrá que hacer que no sea meramente informar. Para ello, tendría un mes porque la norma exige que se levante la suspensión transcurrida un mes, si los acreedores no hubieran presentado la solicitud de homologación del plan de reestructuración que antes habían acreditado al pedir esa suspensión. El plan será uno que habrán redactado los acreedores y que, en teoría, justifica su probabilidad de ser aprobado. Poco tendría que hacer el experto cuando observe que quien presenta el plan, es un porcentaje elevado de acreedores y que, además, alcanzan las mayorías necesarias para su aprobación. Todo ello, con la posición en contra del deudor que quiere ir a concurso y con unas negociaciones que ya se han roto. Por lo tanto, todo lo dicho nos llevaría al absurdo de aceptar que la imposición puede hacerse porque lo que se produce desde el primer momento es la desposesión del deudor.

La idea en el Asunto Guazuma incluso parece llegar un poco más allá en cuanto a que el nombramiento del experto es tan independiente que no dependerá, valga la expresión, ni siquiera de la negociación que se esté llevando a cabo.

## IV. EL INICIO SIN NEGOCIACIÓN Y LOS ACUERDOS ENTRE ACREEDORES

Más allá de lo que hemos afirmado, lo que parece es que estamos ante una nueva vía de imposición de los planes por parte de los acreedores, sin negociación y sin posibilidad de que exista, salvo que lo sea, para cubrir las apariencias.

---

17. De la solicitud de concurso presentada por el deudor.
18. El artículo 680 del Texto Refundido de la Ley Concursal reza así: *El experto ejercerá las funciones propias del cargo con la diligencia propia de un profesional especializado en reestructuraciones y con independencia e imparcialidad tanto respecto del deudor como de los acreedores.*

Pongamos por caso, a un grupo de *acreedores fulcro*[19] reunidos (*smoking room*) y que llegan a un acuerdo referido a su deudor, quién se encuentra en situación de impago respecto de aquellos. Como quiera, además, que todos ellos son garantizados y entidades financieras o fondos de inversión (conocerán la situación económico-financiera de las empresas del deudor) resulta que determinan que la única forma de proteger sus intereses es imponer un plan de reestructuración con la finalidad de reestructurar la deuda.

De hecho, los acreedores alcanzan un acuerdo (*intercreditors agreement*) para establecer el orden de cobro de sus créditos, y una vez aprobado el mismo se otorga el correspondiente documento público ante notario. Al juzgado entonces, se le proponen dos cuestiones, a saber: 1. Que se nombre experto en reestructuración. 2. Que se suspenda, a futuro, la posibilidad de que el deudor solicite la declaración de concurso, en lo que hemos definido, una aplicación generosa del artículo 637.1 del Texto Refundido de la Ley Concursal.

No ha habido, por tanto, negociaciones con el deudor y tampoco se ha dado el elemento necesario para el pretendido nombramiento de experto. Tampoco para la suspensión que se dice en el precepto (que las hubiera habido y que el deudor solicite la declaración de concurso). E incluso será difícil probar definitivamente el pasivo afectado. Pero necesitarán un experto para poder tener el informe que prevé el artículo 634 del Texto Refundido de la Ley Concursal, dado que será difícil contar en estas circunstancias con el auditor.

La pregunta ante todo ello es: ¿Está esto previsto en nuestra norma, en la DRI o en la Recomendación de 2014? La respuesta, en estrictos términos es negativa. Solo una interpretación forzada del artículo 637 del Texto Refundido de la Ley Concursal, párrafo primero, nos puede llevar a considerar que se pueda aprobar un plan de reestructuración sin contar con el deudor y sin su participación, al menos para intentar la negociación. Esa negociación solo ha sido entendida entre los acreedores. De hecho, todo está previsto para que se pueda afectar el ámbito operativo, afectación de los derechos de los socios, contratos, crédito público, etc., siempre desde el interior de la empresa.

Incluso, si partimos de que sea posible y admisible, con posterioridad a la homologación judicial del plan, será necesario que haya una modificación de la estructura de dirección y de propiedad de la empresa[20] para poder implementar y ejecutar dicha reestructuración en la que no se tuvo en cuenta al deudor que realmente no la quería. De otra forma, le bastará con ir, a partir de ahí, al concurso de acreedores antes de ser finalmente desposeído completamente. No obstante, la operativa, como hemos dicho,

---

19. SANJUÁN, E., «Partners and creditors in restructuring plans», SSRN, March 26, 2023, disponible en https://ssrn.com/abstract=; en este caso citando a ROE, M. J., «Three ages of bankruptcy», *Harvard Business Law Review*, Vol. 7, 2017.

20. Esta podría haberse hecho ya con la capitalización de parte de la deuda de los acreedores y entonces una vez aprobado el plan le bastaría con aprobar la modificación del órgano de administración.

podría haberse anticipado en el plan de reestructuración mediante la capitalización y posterior cambio de estructura de dirección.

Planteado desde esa perspectiva entonces el dilema que nos encontramos es si ese tipo de actuación, no prevista legalmente, no supone en sí mismo un fraude al sistema, partiendo de una toma de control (*loan to own*) que siempre es posible en nuestro derecho, pero desde la no desposesión del deudor en las negociaciones (principio básico de funcionamiento del sistema salvo excepciones) como parece haberse anticipado en esa respuesta interpretativa[21].

Como algunos han entendido, el nuevo marco de reestructuraciones preconcursales ha venido a otorgar un papel mucho más activo y protagonista a los acreedores (muy especialmente, a los profesionales o financieros), estableciendo un marco equilibrado para la negociación y aprobación de los planes de reestructuración, tratando de eliminar tanto el riesgo de extorsión como el riesgo de expropiación por cada una de las partes en conflicto (deudor y acreedores), siendo un elemento nuclear del sistema la posibilidad de imponer un plan de reestructuración al deudor, aun contra su voluntad, eliminando la amenaza que, con anterioridad, suponía la opción de que el mismo «apretara el botón nuclear» de la solicitud del concurso de acreedores (el denominado «holdout» de los socios)[22].

## V. LA POSICIÓN DEL DEUDOR

Partiendo de lo que la norma quiere, se busca en todo caso evitar una situación concursal, si existe la posibilidad de aprobar un plan viable, suficientemente soportado por un grupo proporcionalmente importante de acreedores que lo promuevan. Por lo tanto, frente a una eventual decisión del deudor apostando por la insolvencia, la norma

---

21. *Vid.* Asunto Celsa-2023, tramitado ante el Jugado de lo Mercantil, número 2, de Barcelona.
22. GONZÁLEZ VÁZQUEZ, J. C., *Píldoras sobre la reforma del texto refundido de la Ley Concursal (LEY 16/2022) Análisis crítico con enfoque práctico,* Tirant lo Blanch, 2023. Como señala el propio autor, en la sentencia del caso Celsa, esta idea se subraya también en la misma que sucumbe —como casi todos— a la utilización de la manida expresión del «cambio de paradigma» del nuevo Derecho preconcursal, afirmando, incluso, que ha supuesto «*un seísmo normativo, que ha alterado profundamente la posición de los participantes en el juego, la tradicional correlación de fuerzas entre el deudor y sus acreedores. Ahora son éstos últimos, quienes gozan del poder de la iniciativa, quienes pueden dirigir el procedimiento y diseñar las soluciones más eficientes, sin necesidad de contar con el consentimiento o la anuencia del deudor. Cuando el procedimiento lo han desencadenado los acreedores, el deudor carece de la posibilidad de acudir a ese escenario de tierra quemada que era el concurso… (que) pendía como una espada de Damocles y que debilitaba considerablemente la posición de los acreedores de una empresa en crisis* (F. J. 1.º, p. 34). Para GONZÁLEZ VÁZQUEZ, *los acreedores gozan del poder de iniciativa junto con el deudor, el cual lógicamente no lo pierde —sólo pierde, por así decirlo, el monopolio del que antes gozaba sobre dicho poder— y, por otro lado, en el sentido de que tampoco debemos caer en la estigmatización del concurso de acreedores —calificándolo de "escenario de tierra quemada"— ya que, en no pocas ocasiones, seguirá siendo el mejor y más eficiente escenario cuando no sea factible una reestructuración que cree realmente valor para las partes (la denominada prima de reestructuración), especialmente con las opciones que ofrece —tras la reforma— de una enajenación ágil de la empresa o de alguna de sus unidades productivas (solicitud de concurso con oferta vinculante, con o sin "prepack") o, incluso, de una tramitación más rápida y eficiente del convenio concursal*».

concursal actual ambiciona que la empresa continúe porque los acreedores confían en la viabilidad.

El reverso de la moneda, al que antes nos hemos referido, supone que para que ello pueda darse, será necesario: (i) convencer al deudor de que debe ser así y por tanto dejar en manos de quien llevó a la empresa a esa situación el cumplimiento del plan y el esfuerzo de los acreedores por la viabilidad; (ii) o bien, cambiar la administración de la empresa e incluso la propiedad. Se trata de proteger sus propios intereses.

Tomando como referencia el Asunto Celsa en la pretendida acción iniciada por el mencionado grupo contra los acreedores[23], terminó presentando una demanda que recogía el siguiente *petitum*: *a) Se declare y reconozca que la Ley 16/2022 de 5 de septiembre, de Reforma del Texto Refundido de la Ley Concursal no contempla ni permite que se apruebe un plan de reestructuración sin el consentimiento del deudor; y b) Consecuentemente, se condene a los demandados a abstenerse de preparar, aprobar, ni acordar un plan de reestructuración del Grupo Celsa sin la participación o la aprobación de mis mandantes, incluyéndola prohibición de solicitar el nombramiento del experto y la solicitud de homologación de un plan de reestructuración del Grupo Celsa que no haya sido acordado previamente con mis mandantes, como deudoras y responsables de llevarlo a efecto.* Aunque todo ello ya se había producido, y se mantuvo la designación de experto en reestructuración[24], Grupo Celsa pretendía evitar que hubiera la imposición de un plan *Out of Court* sin la participación (habla de consentimiento) del deudor, es decir de ella misma.

En realidad, el consentimiento del deudor no es lo determinante, sino la «no participación» del mismo en las negociaciones y la presentación de un plan, sin haber tenido, al menos la posibilidad de participar. Todo ello, a iniciativa de los acreedores y al margen del control que se presupone debe mantener el deudor.

Cuando la norma concursal habla de consentimiento parte —por exigencia de la DRI— de dos supuestos de influencia anglosajona[25], y que doctrinalmente se conocen

23. Véase el Auto 739/2022, del Juzgado de lo Mercantil, número 3, de Barcelona, por el que se declaró la falta de competencia para conocer de la demanda presentada por diversas sociedades del Grupo Celsa.

24. Véase la Sentencia 592/2022, de 29 de noviembre de 2022, del Juzgado de lo Mercantil, número 3, recaída en el Incidente Concursal 59/2022, por la que se desestimó la demanda incidental promovida por el grupo CELSA, acordando mantener la designación de LEXAUDITCONCURSAL, S.L.P, como Experto en Reestructuración.

25. El Texto Refundido de la Ley Concursal, distingue entre dos supuestos en función de que los planes hayan sido aprobados por unanimidad de todas las clases de acreedores con mero arrastre horizontal o intraclase (planes «consensuales») y aquellos que no hayan sido aprobados por todas las clases y en los que, se haya producido un arrastre (vertical) entre clases (planes no «consensuales»), a estos efectos véase el trabajo de GELI, E. y ARLABÁN, B., «Los planes de reestructuración», *Actualidad Jurídica Uría Menéndez*, núm. 59, pp. 30-70, disponible en: https://www.uria.com/documentos/publicaciones/8154/documento/art02.pdf?id=13116&forceDownload=true

como «planes consensuales» y «planes no consensuales»[26]. Con ello la posibilidad de homologar un plan de reestructuración que no haya sido aprobado por todas las clases de acreedores, o incluso por los socios del deudor persona jurídica cuando el plan contenga medidas que requieran acuerdo de junta (plan no consensual).

Es decir, el plan no consensual lo es tanto porque no es aprobado por todas las clases de acreedores formadas, como cuando no ha sido aprobado por los socios en el supuesto de contenga medidas que requieran su acuerdo. A partir de ahí la posibilidad de homologarlo también surge. Por lo tanto, el plan consensual es el aprobado por todos los grupos de interesados mientras que el no consensual es el que no lo es por algún grupo y sin embargo va a ser homologado.

Para que los socios presten su consentimiento, la norma de armonización española, ha recogido un sistema laxo en el artículo 631 del Texto Refundido de la Ley Concursal. Para ello se darán tres supuestos (previo, simultáneo y judicial) en las sociedades de capital, y así tendremos:

1. *La convocatoria de la Junta por el órgano de administración con anterioridad a la solicitud de homologación.* En este caso entre la convocatoria y la fecha prevista de celebración de la junta general deberá existir un plazo de diez días, salvo que se trate de sociedades con acciones admitidas a negociación en un mercado regulado, en cuyo caso el plazo será de veintiún días.

2. *Si la junta no se hubiese celebrado con anterioridad a la fecha de solicitud de la homologación del plan*, se podrá celebrar después siempre que hubiera sido convocada antes de esa fecha o el mismo día de presentación de la solicitud.

3. *Si la junta no hubiera sido previa o simultáneamente convocada*, el solicitante de la homologación podrá instar del juez que en la resolución de la admisión a trámite de la homologación convoque a la junta para su celebración en el plazo mencionado.

En cualesquiera de los anteriores supuestos, si la junta no hubiera sido convocada, no llegase a constituirse, o no aprobase en todos sus términos el plan de reestructuración propuesto, el plan se entenderá rechazado por los socios.

Desde todo ello, si hay afectaciones societarias[27] en donde los socios tengan que decidir, podrá hacerse finalmente un plan y homologarse sin su consentimiento, pero

---

26. Es lo que en la terminología anglosajona se conoce como *cramdown* o *cross-class cramdown*. Bajo ciertas condiciones, la ley permite que el plan no solo arrastre a acreedores disidentes dentro de una clase adherente o favorable (lo que se conoce como «arrastre intra-clase»), sino incluso que arrastre a clases enteras de acreedores disidentes o a los propios socios, si la junta ha votado en contra del plan («arrastre inter-clases»). De interés, SANJUÁN, E., «Los acuerdos societarios de los planes de reestructuración», *Anuario de derecho concursal*, n.º Extra-58, 2023, pp. 327-384.

27. De interés, PEINADO, J. I., «Contrato de sociedad y concurso», en *Contratación Empresarial y Derecho Privado*, González Castilla, F. y Nieto, U. (dirs.), Valencia, 2023.

necesariamente deben haber «participado» a los efectos de dicha convocatoria de junta[28].

El hecho de solicitar la homologación de un plan solo por acreedores, en donde no haya intervenido el deudor con anterioridad y que recoja modificaciones estructurales o estatutarias en las que los socios tengan que tomar una decisión, parece del todo ilógica incluso en el supuesto que hemos definido de la convocatoria de junta judicial y aunque solo lo sea para supuestos de insolvencia actual o inminente (*vid.* art. 640.2 TRLC).

Pero incluso si no hay estas modificaciones y por tanto no hay necesidad de esa convocatoria, la reacción del socio puede ser adversa precisamente porque se homologa un plan que le afectará a su forma de gestión y financiación, sin haber tomado participación alguna en ello.

## VI. LA EJECUCIÓN DE LOS PLANES GESTADOS *OUT OF COURT*

Tomando en consideración una situación ordinaria en la que la negociación es entre el deudor y los acreedores, la posibilidad de llevar a cabo esos planes de reestructuración parte de su propia voluntad manifestada en los acuerdos. Si ello, como es normal, se instrumentan en escritura pública, serán estas las que determinen esos efectos.

No obstante, lo anterior, es evidente que, si no tienen la fuerza de la homologación judicial de los planes de reestructuración, es posible que los acuerdos a los que hayan llegado puedan verse posteriormente afectados por un posible concurso de acreedores, a saber: la reintegración de los mismos o cualquier tipo de afectación de responsabilidad.

En una situación en donde no participe el deudor y se imponga su aprobación a petición de los acreedores (partiendo de la hipotética realidad, valga la expresión) la posterior ejecución obligatoriamente requiere, ahora sí, la participación del deudor. Lo que ocurre es que el deudor persona jurídica puede ser sustituido o cambiado precisamente por esa reestructuración e incluso suplido por el juzgador (*vid.* arts. 649 y 650 TRLC).

Una vez homologado, los efectos del plan de reestructuración se extienden (*vid.* art. 649 TRLC) inmediatamente a todos los créditos afectados, al propio deudor y, si fuera sociedad, a sus socios, aunque el auto no sea firme.

---

28. Se ha venido defendiendo que la aplicación del artículo 650 TRLCon conllevaría sin embargo que tampoco sería necesario ese acuerdo y así lo encontramos recogido, por ejemplo, en la homologación en el Asunto TelePizza por Auto de fecha 28 de septiembre de 2023 del Juzgado de lo Mercantil, número 5, de Madrid, que directamente declara lo siguiente: *Declaro la plena validez de la aprobación del Plan de Reestructuración efectuada por la Junta de Accionistas de FDBG, incluyendo entre sus actos la Operación Acordeón acordada y, en concreto, la utilización del Balance Ad-Hoc no auditado, a los efectos de llevar a cabo la reducción de capital social con pérdidas, de acuerdo con el artículo 323 de la Ley de Sociedades de Capital.*

Si las medidas son operativas estaremos a la normativa específica para su ejecución. Baste citar como ejemplo aquí, la afectación de las relaciones laborales. Si las medidas afectasen a los socios y requerían la aprobación de la junta y esta no las acordó, los administradores de la sociedad —y, si no lo hicieren, quien designe el juez a propuesta de cualquier acreedor legitimado— tendrán las facultades precisas para llevar a cabo los actos necesarios para su ejecución, así como para las modificaciones estatutarias que sean precisas[29]. En estos casos, el auto de homologación será título suficiente para la inscripción en el Registro mercantil, de modificaciones estatutarias contenidas en el plan de reestructuración (*vid.* art. 650.2 TRLC).

Es decir, todo está predispuesto para que la ejecución se lleve a cabo sí o sí, con o sin intervención del deudor. Así, por ejemplo, la capitalización de deuda[30] se instrumentará al margen de la sociedad. Una vez escriturada e inscrita se podrá cambiar al órgano de administración y con ello se podrá, sin ningún tipo de oposición y con la efectiva toma de control de los acreedores, ejecutar el plan de reestructuración. La posición de los nuevos socios en la sociedad deudora, desde ese momento, no solo supondrá la actuación de los acreedores como administradores de hecho, sino que además habrán designado a los administradores de derecho, con el consiguiente control de la sociedad.

El Texto Refundido de la Ley Concursal ha redefinido significativamente el papel de los acreedores en los procesos preconcursales, otorgándoles un rol más activo y, en muchos casos, decisivo, especialmente en el contexto de acreedores financieros. Este cambio representa una notable alteración en el equilibrio de poder tradicional entre deudores y acreedores, marcando un contraste con las disposiciones de la regulación concursal anterior.

En la actualidad, es factible imponer un plan de reestructuración a un deudor, incluso contra su voluntad, eliminando así las tácticas previas donde el deudor podía recurrir a la solicitud de concurso como un «botón nuclear». Esta modificación ha limitado considerablemente la influencia del deudor en el proceso de reestructuración. Sin embargo, es importante destacar que, aunque el consentimiento del deudor no sea

29. De interés, MOLINA HERNÁNDEZ, C. «La debida diligencia de los administradores sociales en situaciones de insolvencia inminente en España y Portugal» en *Reestruturação de empresas e exoneração do passivo restante em Portugal e Espanha: Reestructuración de empresas y exoneración de deuda en Portugal y España*, Soveral Martins, A. y Gómez Asensio, C. (coords.) 2023, pp. 241-254.

30. Conforme al artículo 632 del Texto Refundido de la Ley Concursal, a los efectos de la conversión de créditos en acciones o participaciones sociales, con o sin prima, se entenderá que los créditos a compensar son líquidos, vencidos y exigibles. De interés, DÍAZ MORENO, A., «Socios, planes de reestructuración y capitalización de créditos en la Directiva (EU) 2019/1023, sobre reestructuración e insolvencia», *Anuario de Derecho Concursal*, n.º 49, enero-abril 2020, pp. 7-64; THERY, A., «Directiva de reestructuraciones, capitalización de créditos y gobierno corporativo», *Revista de Derecho Concursal y Paraconcursal,* n.º 31, 2019, pp. 55-96; IRIBARREN, M., «El papel de los socios y la tutela de sus intereses en la reestructuración de las sociedades en dificultades financieras», en *Las reestructuraciones de las sociedades de capital en crisis*, Bermejo, N. / Martínez Flórez, A. y Recalde, A., (dirs.), Navarra, Civitas, 2019, pp. 137-178.

un factor crítico para la aprobación de un plan de reestructuración, su participación en el proceso de negociación mantiene una relevancia sustancial.

## VII. BIBLIOGRAFÍA

CAMPUZANO, A. B. y VATTERMOLI, D., «El acuerdo negociado para la resolución de la crisis empresarial en el Derecho Italiano», *Anuario de derecho concursal*, n.º 55, 2022.

DE VIVERO, C. «La denominada "loan to own strategy" en el derecho de insolvencia (loan to own investment strategy in insolvency matters)», *Anuario de derecho concursal*, n.º 59, 2023.

DÍAZ MORENO, A., «Socios, planes de reestructuración y capitalización de créditos en la Directiva (EU) 2019/1023, sobre reestructuración e insolvencia», *Anuario de Derecho Concursal*, n.º 49, 2020.

FACHAL, N., «¿Qué debemos entender por probabilidad de insolvencia a los efectos de realizar la comunicación de apertura de negociaciones o solicitar la homologación de un plan de reestructuración?», *La Ley Insolvencia: Revista profesional de Derecho Concursal y Paraconcursal*, n.º 9, 2022.

GELI, E. y ARLABÁN, B. «Los planes de reestructuración», *Actualidad Jurídica Uría Menéndez*, núm. 59, disponible en: https://www.uria.com/documentos/publicaciones/8154/documento/art02.pdf?id=13116&forceDownload=true

GONZÁLEZ VÁZQUEZ, J. C., *Píldoras sobre la reforma del Texto Refundido de la Ley Concursal (LEY 16/2022) Análisis crítico con enfoque práctico,* Tirant lo Blanch, Valencia, 2023.

IRIBARREN, M., «El papel de los socios y la tutela de sus intereses en la reestructuración de las sociedades en dificultades financieras», en *Las reestructuraciones de las sociedades de capital en crisis*, Bermejo, N., Martínez Flórez, A. y Recalde, A. (dirs)., Navarra, Civitas, 2019.

LI, K. and WANG, W., «Debtor-in-possession financing, loan-to-loan, and loan-to-own», *Journal of Corporate Finance*, Vol. 39, 2016.

MARTÍN TORRES, A., «El experto en la reestructuración», *Revista General de Insolvencias & Reestructuraciones: Journal of Insolvency & Restructuring (I&R),* n.º *Extra* 3, 2021 (Ejemplar dedicado a: El Anteproyecto de Ley de reforma del Texto Refundido de la Ley concursal y transposición de la Directiva UE 2019 /1023).

– «La figura del experto en la reestructuración en la Ley de reforma del Texto refundido de la Ley Concursal», *Revista General de Insolvencias & Reestructuraciones: Journal of Insolvency & Restructuring (I&R),* n.º Extra 7, 2022 (Ejemplar dedicado a: Reforma del Texto refundido de la Ley Concursal para la transposición de la Directiva (UE) 2019/1023).

MOLINA HERNÁNDEZ, C., «La debida diligencia de los administradores sociales en situaciones de insolvencia inminente en España y Portugal» en *Reestruturação de empresas e exoneração do passivo restante em Portugal e Espanha: Reestructuración de empresas y exoneración de deuda en Portugal y España*, Soveral Martins, A. y Gómez Asensio, C. (coords.) 2023, pp. 241-254.

PEINADO, J. I., «Contrato de sociedad y concurso», en *Contratación Empresarial y Derecho Privado*, González Castilla, F. y Nieto, U. (dirs.), Valencia, 2023.

ROE, M. J., «Three ages of bankruptcy», *Harvard Business Law Review*, Vol. 7, 2017.

TALENS, J., «Comentario al artículo 637», en *Comentarios al articulado del libro segundo del Texto Refundido de la Ley Concursal*, Sanjuán, E. y Peinado, J. I. (dirs.), Sepin, 2023.

SANJUÁN Y MUÑOZ, E., «La responsabilidad civil del mediador en insolvencia», *La Ley. Mediación y arbitraje,* n.º 8, 2021.

– «Partners and creditors in restructuring plans», SSRN, March 26, 2023, disponible en https://ssrn.com/abstract=

– «Los acuerdos societarios de los planes de reestructuración», *Anuario de derecho concursal*, n.º Extra-58, 2023.

THERY, A., «Directiva de reestructuraciones, capitalización de créditos y gobierno corporativo», *Revista de Derecho Concursal y Paraconcursal,* n.º 31, 2019.

CUARTA PARTE

# MODIFICACIONES ESTRUCTURALES Y TRANSMISIÓN DE UNIDADES PRODUCTIVAS

Capítulo 13

# LAS MODIFICACIONES ESTRUCTURALES EN LOS PLANES DE REESTRUCTURACIÓN

SONIA RODRÍGUEZ SÁNCHEZ
*Profesora Titular de Derecho Mercantil*
*Universidad de Huelva*

SUMARIO: I. PLANTEAMIENTO. II. LA PARTICIPACIÓN DE LOS SOCIOS DE LA SOCIEDAD DEUDORA EN LA ADOPCIÓN DEL PLAN DE REESTRUCTURACIÓN CON MODIFICACIONES ESTRUCTURALES. *1. Introducción. 2. La reducción del plazo de convocatoria. 3. El interés por la celebración de la sesión de la junta y el valor de la decisión de los socios. 4. La votación de conjunto del plan de reestructuración. 5. La impugnación del acuerdo de la junta general. 6. Conclusiones.* III. LA PROTECCIÓN DE LOS ACREEDORES EN EL RÉGIMEN DE LOS PLANES DE REESTRUCTURACIÓN CON MODIFICACIONES ESTRUCTURALES. *1. La sustitución del derecho de oposición por el procedimiento individual de tutela en el nuevo régimen de las modificaciones estructurales. 2. La tutela de los acreedores en los planes de reestructuración.* IV. BIBLIOGRAFÍA.

## I. PLANTEAMIENTO

Las modificaciones estructurales han desarrollado un papel importante en el contexto de las reestructuraciones empresariales. Estas operaciones constituyen un cauce jurídico adecuado para la reorganización y adaptación de las estructuras societarias a las necesidades de cada momento en tanto que facilitan la transmisión de patrimonios, de empresas o de unidades de negocios y la constitución, modificación y extinción de sociedades mercantiles. En particular, las operaciones de fusión y escisión se han empleado en los últimos años para el saneamiento de empresas en crisis al hacer posible la transmisión de bloques patrimoniales y unidades económicas mediante sucesión universal. La transmisión mediante sucesión universal favorece el aprovechamiento de los valores inmateriales generados por la actividad empresarial y puede simplificar, en una medida importante, la reestructuración proyectada.

En el ámbito de los planes de reestructuración, las modificaciones estructurales también pueden desempeñar un papel relevante. Los planes de reestructuración pueden contemplar, junto al resto de las actuaciones que conforman el plan de viabilidad —especialmente la nueva financiación— la realización de una o varias modificaciones estructurales. En este caso, las modificaciones estructurales forman parte de las operaciones que integran el propio plan de reestructuración, que resulta aprobado por los acreedores y por el deudor o, en su caso, por los socios, de acuerdo con el principio mayoritario. La posterior homologación judicial se traducirá en la verificación de la viabilidad del plan y de la razonabilidad y necesidad de las operaciones que lo integran para conseguir los objetivos de solvencia y continuidad de la actividad y, como se verá, que el plan no quede sin efectos.

En otras ocasiones, las modificaciones estructurales no conforman el plan de reestructuración con carácter previo a su homologación judicial, pero pueden constituir un instrumento idóneo y facilitador del cumplimiento de las operaciones integradas en el plan de viabilidad que recoge las actuaciones necesarias para asegurar la viabilidad empresarial. A título indicativo, se puede prever la transmisión de la empresa o de unidades de negocios. Las modificaciones estructurales traslativas facilitan la transmisión de las unidades económicas y, de este modo, el cumplimiento del propio plan. Las modificaciones estructurales se llevarán a cabo, en este caso, en cumplimiento o ejecución del plan de reestructuración.

La recientemente derogada Ley 3/2009, de 3 de abril, sobre modificaciones estructurales de las sociedades mercantiles, no hacía referencia a la realización de estas operaciones en los supuestos de dificultades económicas o de insolvencia. En cambio, el Real Decreto-ley 5/2023, de 28 de junio (...) de transposición de Directivas de la Unión Europea en materia de modificaciones estructurales de sociedades mercantiles (...) [1] —que incorpora al ordenamiento español el nuevo régimen jurídico de las modificaciones estructurales de las sociedades mercantiles— prevé expresamente que las sociedades que se encuentren en concurso de acreedores o sometidas a un plan de reestructuración o, en el caso de microempresas, a un plan de continuación puedan proceder a una transformación, fusión, escisión o cesión global de activo y pasivo. El artículo 3.2 del Real Decreto-ley ordena, para esos supuestos, la aplicación de las normas concursales previstas en el Real Decreto Legislativo 1/2020, de 5 de mayo, por el que se aprueba el Texto Refundido de la Ley Concursal, en orden a la formación de la voluntad social, los derechos de los socios y la protección de los acreedores.

---

1. La denominación completa de la norma es Real Decreto-ley 5/2023, de 28 de junio, por el que se adoptan y prorrogan determinadas medidas de respuesta a las consecuencias económicas y sociales de la Guerra de Ucrania, de apoyo a la reconstrucción de la isla de La Palma y a otras situaciones de vulnerabilidad; de transposición de Directivas de la Unión Europea en materia de modificaciones estructurales de sociedades mercantiles y conciliación de la vida familiar y la vida profesional de los progenitores y los cuidadores; y de ejecución y cumplimiento del Derecho de la Unión Europea. El Real Decreto-ley ha sido convalidado casi un mes después mediante la Resolución de 26 de julio de 2023, de la Diputación Permanente del Congreso de los Diputados.

En este sentido, el artículo 631 del Texto Refundido de la Ley Concursal[2] —rubricado *Decisión de los socios sobre la aprobación del plan*[3]— prevé normas especiales para los supuestos en los que el plan de reestructuración contenga medidas que requieran el acuerdo de los socios de la sociedad deudora, como ocurre cuando se contempla la realización de modificaciones estructurales como operaciones integrantes del plan. En concreto, el artículo 631.3 del Real Decreto-ley dispone expresamente que cualquier operación societaria que prevea el plan deberá ajustarse a la legislación societaria aplicable, «salvo por lo que respecta a la formación de la voluntad social» en las sociedades de capital —que deberá ajustarse a las reglas especiales que dicta el propio precepto, en su apartado segundo— y a la protección de acreedores, quienes según el propio tenor de la norma no tendrán los derechos de tutela individual reconocidos en el nuevo régimen jurídico de las modificaciones estructurales de las sociedades mercantiles[4]. Ambas cuestiones, de especial interés en el ámbito de los planes de reestructuración con modificaciones estructurales, constituyen los temas que van a ser objeto de estudio en el trabajo que se inicia a continuación.

## II. LA PARTICIPACIÓN DE LOS SOCIOS DE LA SOCIEDAD DEUDORA EN LA ADOPCIÓN DEL PLAN DE REESTRUCTURACIÓN CON MODIFICACIONES ESTRUCTURALES

### 1. INTRODUCCIÓN

El artículo 631 del Texto Refundido de la Ley Concursal delimita la posición de los socios cuando el plan de reestructuración contenga medidas que requieran el acuerdo de la junta de la sociedad deudora, lo que ocurre cuando el plan de viabilidad contempla la realización de modificaciones estructurales. En este caso, los socios votan el plan de reestructuración en junta general para la conformación de la voluntad de la compañía deudora en orden a la aprobación o rechazo del plan de reestructuración previamente negociado con los acreedores. Pero, los socios no ejercen el derecho de voto en atención a las reglas procedimentales y de mayoría previstas en el régimen de los planes de reestructuración para las clases de acreedores (lo que demuestra que los socios no son tratados en nuestro Derecho interno como una clase más de acreedores, ni estrictamente

2. El precepto ha sido introducido por la Ley 16/2022, de 5 de septiembre, de reforma del texto refundido de la Ley Concursal.
3. Debe advertirse que, a pesar de la rúbrica del precepto y de los términos equívocos empleados por las disposiciones que lo integran, la aprobación del plan de reestructuración corresponde a la sociedad deudora y no a sus socios. En los supuestos en los que el plan contenga medidas u operaciones societarias que requieran la aprobación de la junta general, como modificaciones estructurales o capitalización con conversión de créditos, corresponde a la junta general —órgano encargado de formar la voluntad social— la competencia para la aprobación del plan de reestructuración. En cambio, en los supuestos en los que el plan no contenga medidas que requieran la aprobación de la junta, como ocurre cuando se limite a establecer quitas y esperas, la competencia corresponde a los administradores de la sociedad deudora en el ejercicio del poder de representación que ostentan (art. 233 LSC).
4. De acuerdo con la redacción recientemente otorgada al apartado 3 del artículo 631 por la Disposición final cuarta del Real Decreto-ley de transposición, que modifica algunos preceptos del texto refundido de la Ley Concursal.

como *acreedores residuales*), sino de conformidad con las reglas del contrato de sociedad, es decir, conforme «a lo establecido para el tipo legal que corresponda» (art. 631.1 TRLC)[5].

Los socios de la compañía deudora votan en función de las disposiciones legales o estatutarias relativas a la formación de la voluntad social y al ejercicio del derecho de voto según el tipo de sociedad de que se trate. En principio, por tanto, deben tener en cuenta y respetar las peculiaridades de cada tipo social, por ejemplo, los privilegios que en una sociedad de responsabilidad limitada pueden existir respecto del derecho de voto, la eventual existencia de acciones de lealtad en una sociedad anónima cotizada, las limitaciones al número de votos que puede emitir un mismo accionista, las eventuales situaciones de conflictos de intereses, etc.).

A continuación, el artículo 631.2 del Texto Refundido de la Ley Concursal dicta normas especiales para la conformación de la voluntad social en las sociedades de capital para los supuestos en los que el plan contenga medidas que requieran el acuerdo de la junta de la sociedad deudora. Se trata de un conjunto reglas especiales que afectan a la convocatoria y celebración de la junta, a los *quorum* y a las mayorías necesarias para la aprobación del plan y al propio acuerdo aprobatorio de la junta general, así como a su eventual impugnación. Estas normas concursales desplazan a las generales de la Ley de Sociedades de Capital y a las específicas del Real Decreto-ley de modificaciones estructurales relativas a la formación de la voluntad social de la compañía en las cuestiones que contemplan, con la finalidad de otorgar celeridad al procedimiento de negociación y aprobación del plan de reestructuración y facilitar el éxito de la reestructuración proyectada.

Sin embargo, estas reglas especiales previstas en el Texto Refundido de la Ley Concursal resultan insuficientes cuando se pretende adoptar un plan de reestructuración con modificaciones estructurales. Muy posiblemente, la insuficiencia de las disposiciones especiales se deba a que se han dictado en atención a la frecuencia de las operaciones de capitalización con conversión de créditos en el marco de los derogados acuerdos de refinanciación, sin tener en cuenta que las modificaciones estructurales también pueden conformar los actuales planes de reestructuración y constituir un ins-

5. La Directiva UE 2019/1023, del Parlamento Europeo y del Consejo, de 20 de junio de 2019, sobre marcos de reestructuración preventiva, exoneración de deudas e inhabilitaciones, y sobre medidas para aumentar la eficiencia de los procedimientos de reestructuración, insolvencia y exoneración de deudas (en adelante, Directiva sobre reestructuración e insolvencia) facilita a los Estados miembros varias alternativas en orden a la participación de los socios de la compañía deudora en el procedimiento previsto para la adopción del plan de reestructuración propuesto. Las alternativas van desde la privación del poder de decisión de los socios, pasando por la consideración de los socios como una clase más de acreedores (residuales), hasta la posible desestimación de la voluntad de los órganos sociales emitida en contra del plan (considerando 57). El legislador español ha optado por mantener la participación y el poder de decisión de los socios cuando el plan incluya medidas u operaciones que requieran la aprobación de la junta de la sociedad deudora, sin perjuicio de que el procedimiento corporativo en las sociedades de capital se sujete a normas especiales y de que el plan de reestructuración pueda ser adoptado y homologado —en determinados supuestos— cuando resulte rechazado por la junta general de la compañía deudora.

trumento facilitador de las reestructuraciones empresariales. La verificación de la insuficiencia de las reglas concursales especiales y su falta de adecuación a los planes de reestructuración con modificaciones estructurales se pone de manifiesto de forma inmediata cuando algunas de estas normas especiales se pretenden aplicar a las modificaciones estructurales que integran los planes de reestructuración.

## 2. LA REDUCCIÓN DEL PLAZO DE CONVOCATORIA

La primera regla especial que introduce el precepto concursal hace referencia al plazo que debe mediar entre la convocatoria de la junta en la que se pretende aprobar el plan de reestructuración integrado por modificaciones estructurales y la fecha establecida para la celebración de la sesión. El artículo 631.2. 1.º del Texto Refundido de la Ley Concursal reduce a diez días el plazo que debe mediar entre la convocatoria y la fecha prevista para la celebración de la sesión, salvo que se trate de sociedades con acciones admitidas en un mercado regulado, en cuyo caso el plazo será de veintiún días.

La Ley de Sociedades de Capital prevé como plazo mínimo de convocatoria un mes para las sociedades anónimas y quince días para las sociedades de responsabilidad limitada (art. 176 LSC). No obstante, en las sociedades cotizadas, las juntas generales extraordinarias pueden ser convocadas con una antelación mínima de quince días siempre que la sociedad ofrezca a los accionistas la posibilidad efectiva de votar por medios electrónicos accesibles a todos ellos (art. 515.1 LSC). Además, la Ley de Sociedades de Capital contempla la existencia de la segunda convocatoria para las sociedades anónimas (art. 177 LSC). Esta posibilidad —que puede provocar la demora del acuerdo de la junta general— no parece contemplada (ni conveniente) en el régimen de los planes de reestructuración[6].

Por su parte, el nuevo régimen jurídico de las modificaciones estructurales de las sociedades mercantiles establece como regla general —para la válida convocatoria de la junta de socios que tiene que aprobar la modificación estructural proyectada— el plazo mínimo de un mes entre la publicación de la convocatoria de la junta o la comunicación individual del anuncio de la convocatoria a los socios y la fecha prevista para la celebración de la sesión (arts. 7.1, 7.5 y 47.2 Real Decreto-ley 5/2023).

El plazo reducido previsto en la norma concursal hace referencia a un plazo máximo —diez días o veintiún días—. En cambio, el plazo previsto en las normas societarias se refiere a un plazo mínimo.

---

6. La posibilidad de que se celebre la junta general en segunda convocatoria en el plazo mínimo de veinticuatro horas parecería aceptable en el ámbito de los planes de reestructuración (art. 177.2 LSC), a pesar de la omisión de cualquier referencia a la segunda convocatoria en la norma concursal. La finalidad de la segunda convocatoria en el ámbito societario —facilitar la adopción del acuerdo— no resulta contradictoria con la finalidad de la norma concursal —otorgar celeridad al procedimiento de aprobación del plan—. Sin embargo, la alternativa de realizar un nuevo anuncio de la segunda convocatoria en los quince días siguientes a la fecha de la junta no celebrada y con al menos diez días de antelación a la fecha fijada para la celebración de la reunión (art. 177.3 LSC) supondría una demora importante e incompatible con la celeridad procedimental pretendida por la norma concursal.

Ahora bien, la norma concursal que prevé la reducción del plazo únicamente alcanza a la sociedad deudora. El resto de las sociedades que participan en la operación no quedan sujetas al plazo excepcional y reducido de diez días. De manera que, a título indicativo, en las operaciones de fusión por absorción en las que la sociedad en crisis es absorbida por otra compañía consolidada, esta última —la sociedad absorbente— no afectada por el plan de reestructuración deberá respetar el plazo ordinario mínimo de un mes previsto en el régimen específico de las modificaciones estructurales entre la fecha de la convocatoria de la junta y la celebración de la sesión en la que se propone la aprobación del acuerdo de fusión. Únicamente la junta de la sociedad absorbida queda sujeta al plazo excepcional y reducido de diez días. Esta medida especial de reducción del plazo de convocatoria parece, por tanto, tener una eficacia limitada. Únicamente alcanzará la finalidad de otorgar celeridad al procedimiento en algunas operaciones en el ámbito de las reestructuraciones intragrupo, en las que el régimen específico de las modificaciones estructurales excepciona la aprobación de la operación por parte de la sociedad absorbente (art. 55 Real Decreto-ley 5/2023) o de la sociedad absorbida (art. 53 Real Decreto-ley 5/2023).

## 3. EL INTERÉS POR LA CELEBRACIÓN DE LA SESIÓN DE LA JUNTA Y EL VALOR DE LA DECISIÓN DE LOS SOCIOS

Las disposiciones que integran el artículo 631.2. 2.º del Texto Refundido de la Ley Concursal tratan de facilitar la celebración de la junta de la sociedad deudora en la que se pretende aprobar el plan de reestructuración. Con esta finalidad, se permite la celebración de la junta general en la que se propone la aprobación del plan de reestructuración con posterioridad a la solicitud de su homologación, siempre que al menos haya sido convocada con anterioridad a la fecha de la solicitud o el mismo día de la presentación de la solicitud. Pero, incluso en el supuesto de que la junta no haya sido previa o simultáneamente convocada, el solicitante de la homologación —la propia sociedad deudora o cualquier acreedor afectado que haya suscrito el plan— puede simultáneamente solicitar al juez que convoque a la junta general de la compañía deudora en la resolución de la admisión a trámite de la solicitud de homologación del plan de reestructuración[7].

El interés del legislador por la celebración de la junta general contrasta, sin embargo, con los efectos otorgados por la norma al rechazo del plan de reestructuración por parte de los socios de la compañía deudora. Si finalmente la junta general no es convocada, habiendo sido convocada no se constituye o, habiéndose celebrado la sesión, el plan de reestructuración propuesto no resulta aprobado en todos sus términos, se entenderá rechazado por los socios y, consecuentemente, por la sociedad deudora.

---

7. Recuérdese que la convocatoria de la junta general por el órgano judicial —actualmente sustituida en el régimen general de las sociedades de capital por la convocatoria del letrado de la administración de justicia o del registrador mercantil— constituye una atribución de competencia subsidiaria prevista tradicionalmente en el Derecho societario para los supuestos en los que los administradores no cumplan la obligación de convocar que les corresponde en interés de facilitar la celebración de la junta general (art. 168 LSC).

En esta hipótesis, el plan y las operaciones que lo integran se imponen a los socios al amparo de las normas concursales y el plan de reestructuración se considerará no consensual por lo que se refiere a los socios. El juez, por su parte, no podrá adoptar resolución alguna sobre la homologación hasta que no transcurran los plazos máximos establecidos de diez o veintiún días.

En realidad, el plan de reestructuración no tiene que ser aprobado por todas las clases de acreedores ni por el deudor o, en su caso, por los socios de la sociedad deudora ni para su adopción ni para la posterior homologación por el juez. La celebración de la junta general y la aprobación del plan de reestructuración por la sociedad deudora no constituye un requisito esencial para la adopción del plan de reestructuración (salvo cuando se trate de un plan de continuación de microempresa [art. 698 TRLC] o resulte de aplicación el régimen especial [arts. 682-684 TRLC]), ni siquiera en los supuestos en los que se incluya la realización de modificaciones estructurales. Asimismo, la homologación del plan de reestructuración que contenga modificaciones estructurales es posible, aunque no haya sido aprobado por la junta general, siempre que la compañía se encuentre en situación de insolvencia actual o inminente (art. 640.2 TRLC) y, por supuesto, concurran el resto de los requisitos legales para la homologación del plan (arts. 638 y 639 TRLC). En cambio, la homologación del plan de reestructuración no es posible si previamente no ha sido aprobado por la junta general de la sociedad deudora en los supuestos en los que la compañía se encuentra en situación de probabilidad de insolvencia[8].

Estas normas —que facilitan la viabilidad de los planes de reestructuración y la realización de las operaciones que los integran, aun cuando el propio plan no haya sido aprobado por la sociedad deudora— ponen de manifiesto la escasa trascendencia que la Ley española presta en ocasiones a la decisión de los socios de la deudora frente a la excesiva protección que, en determinados supuestos, les otorga. En este sentido, el plan de reestructuración se impone a los socios (y a la propia compañía deudora) al permitir su adopción por los acreedores y su homologación judicial cuando el plan no resulte aprobado o sea rechazado por la junta general y la sociedad se encuentre en situación de insolvencia, actual o inminente. Esta medida puede parecer correcta en los supuestos en los que los socios quedan «fuera del dinero»; pero, posiblemente, no sea la más adecuada en aquellos otros en los que no se encuentren en esa situación tan extrema. Los socios deberían participar en la medida en la que se encuentren dentro del valor[9]. Y, en este escenario, deberían tratar de evitarse eventuales comportamientos abusivos

8. CAMPUZANO, A. B., «Consideración crítica sobre la posición del deudor persona jurídica en los planes de reestructuración preconcursales», *Revista de Derecho Mercantil,* n.º 328, 2023, (versión *on line*), pone de manifiesto el diferente tratamiento que se otorga a la decisión de la sociedad en estos supuestos y cuestiona si realmente resulta adecuado que en el régimen general no se exija el consentimiento de la sociedad o más bien resulta excesivo, sobre todo si se tiene en cuenta que al deudor (o compañía deudora) no se le reconoce posteriormente legitimación para oponerse o impugnar la homologación del plan de reestructuración.

9. La carencia de valor de las acciones, participaciones o cuotas sociales reduce inevitablemente la capacidad de influencia de los socios y facilita el desplazamiento de las normas societarias a favor de la aplicación de las concursales.

por parte de los acreedores que pretendieran hacerse con el valor residual de la empresa. En cambio, en los supuestos en los que la sociedad se encuentre en probabilidad de insolvencia, a los socios se les concede prácticamente un derecho de veto al permitirles frustrar el plan de reestructuración cuando no haya sido aprobado por la junta general.

## 4. LA VOTACIÓN DE CONJUNTO DEL PLAN DE REESTRUCTURACIÓN

El artículo 632.2. 3.º del Texto Refundido de la Ley Concursal incorpora peculiaridades importantes que afectan al contenido del orden del día de la convocatoria de la junta general de la sociedad deudora y, consecuentemente, al propio acuerdo. El precepto dispone respecto al orden del día de la convocatoria de la junta que «se limitará exclusivamente a la aprobación o al rechazo del plan en todos sus términos, sin que se puedan incluir o proponer otros asuntos». Así pues, el único punto del orden del día debe consistir en la aprobación o rechazo del plan de reestructuración. En consonancia con la finalidad pretendida, la norma limita el ejercicio del derecho de información que corresponde a los socios «se ejercerá exclusivamente respecto a este punto del orden del día», incluso para los supuestos en los que la sociedad deudora sea una sociedad cotizada[10].

De otro lado, la aprobación del plan de reestructuración por la junta general debe efectuarse «*en todos los términos propuestos*», que son los términos en los que el plan de reestructuración ha sido comunicado a todos los acreedores cuyos créditos pudieran resultar afectados y en los que resultará aprobado por las diferentes clases de acreedores y, en su caso, por los socios de la compañía deudora. La junta aprueba o rechaza el plan de reestructuración en los términos negociados, comunicados y aprobados (o no) por cada clase o categoría de acreedores, sin que la junta de la sociedad deudora pueda introducir modificaciones en el plan de reestructuración propuesto.

En todo caso, la norma parece disponer que, con independencia de cuál sea el contenido del plan —que puede ser plural y heterogéneo—, se debe producir una votación

10. La reiteración del término «exclusivamente» tanto para limitar el orden del día de la convocatoria como para limitar el derecho de información que corresponde a los socios parece indicar que la inclusión y aprobación —en contra de la norma— de cualquier otro asunto en el orden del día no debería tener eficacia. La excepcionalidad de la norma en relación a los requisitos generales de convocatoria previstos en la Ley de Sociedades de Capital y en el régimen específico de las modificaciones estructurales exige una aplicación restringida. No obstante, doctrina muy autorizada ha considerado que la violación del precepto puede y debe ser sometida a la regla de la relevancia contenida en los preceptos que determinan el régimen de impugnación de los acuerdos sociales en las sociedades de capital (art. 204.3 LSC), sin perjuicio de que la tramitación procesal siga los cauces previstos para la impugnación del auto de homologación. La regla de la relevancia, en este caso, consistiría en la comprobación de que, una vez propuestos, se han adoptado acuerdos incompatibles con el plan presentado o contrarios a la ley por otro motivo (vid, en este sentido, JUSTE, J. «La junta de socios y los planes de reestructuración en el Derecho proyectado», en PEÑAS, M. J. (coord..), *Estudios de Derecho de Sociedades y de Derecho Concursal. Libro en homenaje al profesor Jesús Quijano González*, Ediciones Universidad de Valladolid, Valladolid, 2023, pp. 419-420). Ha manifestado su apoyo a esta teoría, COHEN, A. «La posición del socio en la reestructuración», en PRENDES / FACHAL (dirs.), *Comentario a la reforma del Texto Refundido de la Ley Concursal*, Thomson Reuters-Aranzadi, Cizur Menor (Navarra), 2023, p. 487.

única para rechazar o aprobar el plan en su totalidad [11]. La razón del establecimiento de estas peculiaridades acerca del orden del día de la junta y de la aprobación de la propuesta del plan en todos sus términos se encuentra —muy posiblemente— en el interés por parte del legislador de que se lleve a cabo una votación de conjunto. La idea de la votación de conjunto se traduce en que la aprobación del plan comportará la aprobación simultánea de todas y cada una de las medidas que lo conforman. La aprobación del plan de reestructuración por la junta de la sociedad deudora conllevará la aprobación de todas las operaciones societarias que lo conforman —incluidas en su caso las modificaciones estructurales integradas en el plan— sin atender para cada una de ellas al régimen legal de adopción del acuerdo que le corresponda en atención al régimen jurídico que le es propio [12]. La aprobación conjunta de todas las operaciones que integran el plan de reestructuración favorece la simplificación y celeridad procedimental.

El legislador, sin embargo, no ha reparado en la posibilidad de adoptar otras medidas razonables y sencillas que pueden agilizar el procedimiento y aligerar los actos y la documentación necesaria para su tramitación. A título indicativo, el proyecto común que diseña y detalla la modificación estructural proyectada y toda la documentación que por imperativo legal lo debe acompañar (*vid.*, arts. 4, 5, 6 y 7 Real Decreto-ley 5/2023, así como la documentación específica exigida para cada operación) —que presumiblemente se adjuntará como anexo al plan de viabilidad— podría simplificarse en una medida importante y, simultáneamente, evitarse duplicidades en la documentación si se coordinara con el precepto concursal que determina el contenido mínimo legal exigible a los planes de reestructuración (*vid.*, art. 633 TRLC) [13]. Pero esta medida no se ha previsto en las normas concursales especiales. Tampoco en las normas que inte-

11. En este sentido, ROJO, Á., «La conversión de créditos en acciones o participaciones en los planes de reestructuración», *Anuario de Derecho Concursal*, n.º 58 [monográfico 2022: *Estudios sobre el Libro II*], [consultado *on line*], p. 8, considera, al referirse a estas normas excepcionales del artículo 631 del texto refundido de la Ley Concursal que «el acuerdo positivo de la junta general es un acuerdo único de contenido plural indisociable, que se somete a una única votación, y no a votaciones separadas».

12. El artículo 647.4 del texto refundido de la Ley Concursal dispone expresamente, para los supuestos en los que el propio plan de reestructuración conlleve alguna operación societaria, que el juez realice el control de legalidad de las operaciones societarias que lo conforman y deje constancia de ello en el auto de homologación. La causa de esta norma —muy posiblemente— se encuentra en la votación de conjunto prevista para la aprobación o rechazo del plan de reestructuración cuando está integrado por operaciones societarias que no van a ser aprobadas mediante votación separada por la junta general de la sociedad deudora.

13. En realidad, el artículo 633.10.ª del texto refundido de la Ley Concursal —que se ocupa del *Contenido del plan de reestructuración*— no exige la elaboración de un plan de viabilidad. El precepto exige, como mención necesaria del contenido del plan, la exposición de las condiciones necesarias para el éxito de la reestructuración y de las razones por las que ofrece una perspectiva razonable de garantizar esa viabilidad. En la práctica, presumiblemente, se incluirá en el plan de reestructuración o se adjuntará un plan de viabilidad elaborado por profesionales independientes —habitualmente expertos en reestructuraciones— que requerirán necesariamente de la colaboración los administradores societarios y de la confianza de los principales acreedores. La alternativa de presentar un plan de reestructuración sin un específico plan de viabilidad o con un mero plan de viabilidad interno —no verificado por experto independiente— difícilmente conseguirá el voto de los acreedores (*vid.*, en este sentido, ROJO, Á., «La conversión de créditos en acciones o participaciones en los planes de reestructuración», *cit.*, p. 30).

gran el nuevo régimen jurídico de las modificaciones estructurales de las sociedades mercantiles. Asimismo, el nombramiento de un experto en la reestructuración podría hacer innecesaria la participación del experto independiente previsto en el régimen específico de las modificaciones estructurales, así como evitar las duplicidades en la elaboración de los informes de expertos (*vid.*, art. 6 Real Decreto-ley 5/2023 y arts. 672-679 TRLC). Pero, tampoco se ha previsto esta posibilidad en las reglas concursales especiales ni en las específicas de las modificaciones estructurales.

Además, el artículo 631.2. 4.º del Texto Refundido de la Ley Concursal dispone que la aprobación del plan de reestructuración por la sociedad deudora «se adoptará con el quórum y la mayoría legal ordinarios, cualquiera que sea su contenido, sin que resulten aplicables los quórums y las mayorías estatutarias reforzadas que pudieran ser de aplicación a la aprobación del plan y a los actos y operaciones que deben llevarse a cabo en su ejecución». La norma ordena que el acuerdo aprobatorio del plan de reestructuración —y, consecuentemente, de las operaciones societarias que lo conforman— sea adoptado con los quórums y la mayoría legal ordinaria, aun cuando en el ámbito del Derecho societario la aprobación de las modificaciones estructurales quede sujeta a los quórums y las mayorías reforzadas que exigen la Ley de Sociedades de Capital (arts. 194 y 201 LSC para las sociedades anónimas y arts. 198 a 200 LSC para las sociedades de responsabilidad limitada) y el régimen jurídico de las modificaciones estructurales de las sociedades mercantiles (art. 8.4 y 8.5 Real Decreto-ley 5/2023).

La aprobación de conjunto de todas las operaciones que conforman el plan de reestructuración puede neutralizar ciertos derechos y garantías que asisten —con carácter general— a los socios en las operaciones tipificadas como modificaciones estructurales. El régimen específico de las modificaciones estructurales establece exigencias especiales para determinadas operaciones que afectan a la correcta formación de la voluntad de la sociedad. En este sentido, el acuerdo de fusión requiere que al acuerdo de la junta general se añada el consentimiento de determinados socios —los que pasen a responder ilimitadamente de las deudas sociales o los que tengan que asumir obligaciones personales en la sociedad resultante de la fusión (art. 48.1 Real Decreto-ley 5/2023)— y de los titulares de derechos especiales distintos de las acciones o participaciones cuya posición en la compañía resultante de la fusión pueda resultar afectada como consecuencia de la operación (art. 41.2 Real Decreto-ley 5/2023). La validez del acuerdo de fusión queda condicionada, en el régimen propio de estas operaciones, a la prestación añadida del consentimiento individual de los sujetos indicados o, en su caso, al acuerdo colectivo de la mayoría de las acciones pertenecientes a la clase afectada o de los titulares de los derechos especiales diferentes de las acciones o participaciones afectados por la operación. Este mecanismo de tutela de los intereses de los socios o titulares de derechos especiales afectados también se aplica en las operaciones de escisión. Sin embargo, cuando la modificación estructural esté integrada en un plan de reestructuración y se apruebe en junta general la propuesta del plan, la activación de este mecanismo de tutela de la posición de los socios o sujetos afectados no parece que pueda producirse al resultar desplazado el Derecho societario —también el específico de las modificaciones estructurales— por las normas concursales especiales relativas a la formación de la voluntad social (art. 3.2 Real Decreto-ley 5/2023)[14].

El sacrificio de las reglas societarias relativas a la formación de la voluntad social, incluidas las que tutelan los derechos individuales de los socios y otros sujetos en las modificaciones estructurales, en favor de la adopción de los planes de reestructuración de las empresas viables pretende evitar que los socios impidan injustificadamente la adopción del plan de reestructuración y que su ejecución no resulte comprometida u obstaculizada por las normas del Derecho de sociedades. La aplicación de las normas concursales puede evitar ciertos comportamientos abusivos por parte de los socios que, a través del ejercicio del derecho de voto —y, en su caso, de la exigencia añadida de la prestación de consentimiento— podrían tratar de evitar injustificadamente la aprobación de una operación que integra el plan de reestructuración. Un ejemplo claro podría ser la obstaculización de la aprobación de una modificación estructural que facilitaría la viabilidad de la actividad pero que les abocaría, en el ámbito concursal, a la consideración de acreedores de una clase que quedan «fuera del dinero».

En el marco de los planes de reestructuración, la tutela de los derechos de los socios se encuentra vinculada (a la inversa) a la situación económica de la compañía, de manera que cuánto más delicada sea esta última menos probable será la justificación de la preocupación por la protección de la posición de los socios en el plan.

Por consiguiente, estas normas concursales especiales constituyen un tratamiento excepcional en orden a la participación de los socios y a la formación de la voluntad de la sociedad deudora para la aprobación del plan de reestructuración —en su conjunto—. La votación de conjunto puede impedir que el eventual rechazo de alguna de las medidas, actos u operaciones del plan de viabilidad por los socios obstaculice el éxito de la reestructuración. Sin embargo, la aprobación de todas las operaciones que integran el plan mediante la aprobación de conjunto resulta excesiva y requiere de normas más desarrolladas, sin duda —al menos— cuando el plan contemple modificaciones estructurales en atención a la complejidad que —por sí solas— pueden presentar estas operaciones, además de una adecuada justificación.

## 5. LA IMPUGNACIÓN DEL ACUERDO DE LA JUNTA GENERAL

En último término, el artículo 631.2. 5.º del Texto Refundido de la Ley Concursal se refiere a la eventual impugnación del acuerdo de la junta aprobatorio del plan de

14. Mayor incertidumbre plantea la no activación de este mecanismo específico de tutela para los supuestos en los que el plan de reestructuración no se pueda imponer a los socios. En principio, parecería razonable que cuando el plan no se pueda imponer a los socios, es decir, en los supuestos de probabilidad de insolvencia, o en los planes de continuación de microempresa (art. 698 TRLC) o en los que resulte de aplicación el régimen especial (arts. 682-684 TRLC), sea necesario el consentimiento añadido de los sujetos afectados exigido en las normas específicas de modificaciones estructurales para conformar la voluntad social. Sin embargo, las normas concursales especiales no han establecido ninguna diferencia o excepción al respecto.

reestructuración «será impugnable exclusivamente por el cauce y en el plazo previstos para la impugnación u oposición a la homologación».

El acuerdo de la junta general aprobatorio del plan podrá ser impugnado porque no se haya respetado el procedimiento o las mayorías previstas en las reglas concursales especiales del artículo 631.2 del Texto Refundido de la Ley Concursal y por los motivos de impugnación previstos con carácter general en la Ley de Sociedades de Capital, especialmente, por resultar contrario al interés social (art. 204.1 LSC). En este último supuesto, despierta siempre especial interés que el acuerdo pueda ser lesivo del interés social cuando se imponga de manera abusiva por la mayoría en interés propio y en detrimento injustificado de los demás socios, sin que responda a una necesidad razonable de la sociedad.

En el ámbito preconcursal, se ha planteado si debiera considerarse contrario al interés social un acuerdo que aprobara un plan de reestructuración que no respetara al socio minoritario su cuota hipotética de liquidación, es decir, que el socio (o socios) minoritario obtuviera menos de lo que razonablemente le correspondería en caso de liquidación concursal. Por esta vía, parece que se atendería, en el caso de acuerdo favorable al plan de reestructuración, una suerte de prueba del «mejor interés de los socios». Sin embargo, en un escenario de dificultades económicas (de probabilidad de insolvencia o de insolvencia), la justificación del acuerdo aprobatorio del plan de reestructuración desde el punto de vista de la *necesidad razonable* de la sociedad parece fácil. El acuerdo aprobatorio del plan responderá a la propia necesidad o conveniencia de la sociedad en crisis para lograr la continuidad de la actividad[15].

Además, se debe añadir como motivo de impugnación del acuerdo de la junta general aprobatorio del plan de reestructuración la no concurrencia del presupuesto objetivo que legitima la aplicación del artículo 631 del Texto Refundido de la Ley Concursal, es decir, que la compañía no se encuentre en situación de probabilidad de insolvencia, insolvencia inminente o insolvencia actual.

La peculiaridad de la norma concursal, en este caso, se debe a que la impugnación del acuerdo de la junta que apruebe el plan de reestructuración se tiene que tramitar como cuestión incidental de previo pronunciamiento, lo que permite que se acumule a las impugnaciones (u oposiciones) que se hayan iniciado por parte de los acreedores. El plazo previsto para la impugnación u oposición al auto de homologación es de quince días siguientes a la publicación del auto en el Registro público concursal. En los supuestos en los que la sesión de la junta se haya celebrado con posterioridad a la solicitud de homologación del plan, el plazo de impugnación comenzará para los socios en el momento de celebración de la junta.

15. En principio, no parece que sea necesario que el plan de reestructuración adoptado fuera el único posible y tampoco que la negociación y aprobación de un plan de reestructuración fuera la única alternativa para la continuidad de la empresa. Posiblemente, sea suficiente que el plan de reestructuración constituya una alternativa posible para resolver las dificultades económicas y lograr la continuidad de la actividad.

Los socios que han votado en contra del plan de reestructuración propuesto pueden, además, impugnar también el auto de homologación del juez cuando concurran los motivos legalmente previstos (art. 656 TRLC): inviabilidad de la empresa, la no concurrencia del estado de insolvencia inminente o actual, o que los acreedores vayan a recibir más de lo que realmente les corresponde.

En cualquier caso, el juez, mediante el procedimiento de homologación, efectúa un control de legalidad de las operaciones societarias que conforman el propio plan de reestructuración —y, consecuentemente de las modificaciones estructurales integradas en el plan— del que tiene que dejar constancia en el auto de homologación (art. 647 TRLC).

## 6. CONCLUSIONES

Las modificaciones estructurales integradas en un plan de reestructuración quedan sometidas al régimen propio de estas operaciones, salvo para la formación de la voluntad social de la compañía deudora que se aplican las reglas concursales especiales previstas en el artículo 631.2 del Texto Refundido de la Ley Concursal. Estas reglas especiales facilitan la adopción y homologación de los planes de reestructuración —y, consecuentemente, la realización de las operaciones que lo conforman— incluso cuando el plan ha sido rechazado por los socios de la compañía deudora. En estos casos, el arrastre de los socios disidentes tiene su fundamento en la finalidad y en el propio régimen y diseño de los planes de reestructuración, no en el contrato de sociedad, por lo que no son los socios mayoritarios quienes arrastran a los minoritarios. Los acreedores arrastran a los socios y en cierta medida el legislador facilita y aligera el procedimiento de formación de la voluntad social porque la verificación judicial de la viabilidad del plan y razonabilidad y justificación económica de las operaciones que lo integran se traducen en un control de legalidad de todas las actuaciones que lo conforman.

En cualquier caso, las herramientas jurídicas facilitadas a través de las normas concursales especiales resultan muy insuficientes y plantean muchas dificultades cuando se pretende adoptar un plan de reestructuración con modificaciones estructurales. Las modificaciones estructurales pueden resultar muy complejas y requerir la participación de varias sociedades por lo que necesitan de una atención y un tratamiento específico más desarrollado en el que se coordine el régimen específico de las modificaciones estructurales con las normas concursales que regulan los planes de reestructuración.

La insuficiencia y dificultades derivadas de la aplicación de las normas concursales especiales pueden llevar a la decisión de no integrar las modificaciones estructurales en los planes de reestructuración sino a realizarlas en ejecución o cumplimiento del plan. En estos casos, el acuerdo social aprobatorio de las modificaciones estructurales debe quedar sujeto al régimen societario general y al régimen específico de las modificaciones estructurales, también en lo que respecta a la formación de la voluntad social[16]. Los acuerdos aprobatorios de las modificaciones estructurales que se pretendan realizar en cumplimiento del plan serán posteriores a la adopción y homologación del plan. El eventual rechazo por la junta general de la sociedad deudora de la operación propuesta no supone el incumplimiento del plan de reestructuración sino la necesidad de utilizar otra vía o mecanismo alternativo para lograr su ejecución y cumplimiento.

## III. LA PROTECCIÓN DE LOS ACREEDORES EN EL RÉGIMEN DE LOS PLANES DE REESTRUCTURACIÓN CON MODIFICACIONES ESTRUCTURALES

### 1. LA SUSTITUCIÓN DEL DERECHO DE OPOSICIÓN POR EL PROCEDIMIENTO INDIVIDUAL DE TUTELA EN EL NUEVO RÉGIMEN DE LAS MODIFICACIONES ESTRUCTURALES

El nuevo régimen jurídico sobre las modificaciones estructurales de las sociedades mercantiles ordena de forma expresa —como ya se ha apuntado— la aplicación de las normas concursales relativas a la protección de los acreedores para los supuestos en los que la sociedad se encuentre en concurso de acreedores sujeta a un plan de reestructuración o, en su caso, a un plan de continuación con realización de modificaciones estructurales (art. 3.2 Real Decreto-ley 5/2023).

El artículo 631.3 del Texto Refundido de la Ley Concursal dispone expresamente —a continuación de la salvedad relativa a la formación de la voluntad social— que cualquier operación societaria que prevea el plan deberá ajustarse a la legislación societaria aplicable. Y añade «En particular, en el caso de que el plan de reestructuración prevea una modificación estructural, los acreedores a los que afecte el plan no tendrán los derechos de tutela individual reconocidos en el libro primero del Real Decreto-ley (…)-»[17].

16. Las razones que justifican el establecimiento de reglas especiales para la formación de la voluntad social cuando se pretende aprobar un plan de reestructuración conformado por operaciones que requieren el acuerdo de los socios de la compañía deudora podrían tratar de trasladarse a los supuestos en los que se pretendan aprobar esas mismas operaciones cuando se realizan en cumplimiento o ejecución del plan de reestructuración. Sin embargo, la extensión de la aplicación de las normas concursales especiales a las modificaciones estructurales que se realicen *a posteriori* como vía o instrumento facilitador del cumplimiento y ejecución de las medidas integradas en el plan carece de justificación y plantea un importante inconveniente. El juez en el procedimiento de homologación realiza un control de legalidad de las modificaciones estructurales que se integran en el plan y verifica la viabilidad y justificación del propio plan en su conjunto (art. 647.4 TRLC). Las operaciones societarias que no se integran en el plan y no se revisan en la homologación no quedan sometidas al control del juez mediante el procedimiento legalmente previsto. La inexistencia del control judicial exige el cumplimiento de los requisitos legales previstos en las normas que determinan su propio régimen jurídico.

17. La Disposición final cuarta del Real Decreto-ley de transposición —que modifica diversos preceptos del texto refundido de la Ley Concursal— ha otorgado (en el apartado cuatro) nueva redacción al artículo 631.3 del texto refundido de la Ley Concursal. En realidad, la nueva redacción de la norma se traduce en la sustitución de la referencia al derecho de oposición de los acreedores por la referencia al nuevo procedimiento de tutela individual de los derechos de los acreedores que introduce el legislador interno en las Disposiciones comunes del Real Decreto-ley de transposición.

Una de las novedades del nuevo régimen de las modificaciones estructurales introducido por el Real Decreto-ley 5/2023 consiste en la sustitución del tradicional derecho de oposición —como mecanismo de tutela de los intereses de los acreedores— por un procedimiento de tutela individual a favor de los acreedores no conformes con las garantías ofrecidas —o con la falta de ellas— que hayan notificado a la sociedad su disconformidad. El nuevo procedimiento individual de tutela permite a los acreedores legitimados reclamar garantías a la sociedad deudora —cuando no las hubiera ofrecido en el proyecto común— o, en su caso, reclamar que las complete —cuando las garantías ofrecidas en el proyecto resultaran inadecuadas—. En cualquier caso, la función atribuida al nuevo procedimiento individual de tutela no difiere de la que le ha correspondido al derecho de oposición, a pesar de las importantes diferencias que presenta el nuevo procedimiento respecto al que ahora resulta derogado.

El tradicional derecho de oposición ha constituido el mecanismo específico de tutela de los intereses de los acreedores previsto para las modificaciones estructurales. El derecho de oposición se ha vinculado funcionalmente al eventual riesgo (de impago) que para estos sujetos puede derivar de la realización de la operación. El derecho de oposición debía facilitar garantías adecuadas a los acreedores que se hubieran opuesto si no disponían de ellas en el momento de realización de la operación. Ahora bien, el derecho de oposición —en la configuración otorgada en el ámbito de las modificaciones estructurales, especialmente a partir de la aprobación de la Ley 1/2012, de 22 de junio, de simplificación de las obligaciones de información y documentación de fusiones y escisiones de sociedades de capital (en adelante, Ley de simplificación)— ha tenido un alcance limitado y una eficacia relativa.

El derecho de oposición en las modificaciones estructurales no ha tenido carácter universal. La delimitación de los acreedores legitimados para su ejercicio nunca ha abarcado a la totalidad de los sujetos que podían resultar afectados por la operación. Los acreedores cuyos créditos estuvieran vencidos en la fecha de la inserción del proyecto común en la página web de la sociedad o del depósito en el Registro Mercantil no han gozado del derecho de oposición. Los acreedores cuyos créditos nacieron con posterioridad al límite temporal fijado normativamente —el momento de la inserción del proyecto común en la web o del depósito en el Registro Mercantil (art. 44.1 LME 2009)— tampoco han estado legitimados para su ejercicio. Sin embargo, estos acreedores han podido sufrir igualmente una disminución en las expectativas de satisfacción de sus créditos como consecuencia de la modificación estructural. E incluso, los acreedores legitimados han podido entender que no necesitaban recurrir al ejercicio del derecho de oposición en atención a una información —insuficiente o inadecuada— proporcionada por la sociedad deudora y, en particular, en relación con las estimaciones sobre la evolución futura de las sociedades que participaban en la operación.

Por otro lado, la sustitución del tradicional efecto suspensivo atribuido al derecho de oposición por la correspondiente acción para reclamar la prestación de garantía del pago se tradujo de forma inevitablemente en una pérdida de efectividad del derecho de oposición que ha afectado a los supuestos controvertidos[18]. La indeterminación de la acción conferida, de su alcance y de sus efectos ha incrementado las dudas acerca de la eficacia del derecho de oposición bajo el régimen ahora derogado. El derecho de oposición no ha servido para la protección frente a los riesgos del incumplimiento, ha resultado insuficiente para la tutela de los intereses de los acreedores.

Esta falta de protección se ha incrementado en los supuestos de crisis, cuando se ha recurrido a las modificaciones estructurales con la finalidad de reestructurar y sanear empresas con dificultades económicas o próximas a la insolvencia para evitar el concurso de acreedores. En este ámbito ha sido precisamente en el que la falta de efectividad del derecho de oposición se ha hecho más patente: si no es posible o se prevé o existe probabilidad de que no se puedan atender las obligaciones asumidas es porque el patrimonio resulta insuficiente por lo que resultará imposible otorgar garantías para la satisfacción de todos los créditos.

El alcance limitado y la relativa eficacia de la protección otorgada por el derecho de oposición se ha trasladado —e incluso incrementado— en el nuevo procedimiento individual de tutela de los derechos de acreedores introducido en el Real Decreto-ley de transposición.

El nuevo procedimiento de tutela únicamente alcanza a los acreedores cuyos derechos de créditos nacieron con anterioridad a la publicación del proyecto —de ordinario, a través de la web de la compañía o mediante su depósito en el Registro Mercantil, con al menos un mes de antelación a la fecha de la celebración de la sesión (art. 7 Real Decreto-ley 5/2023)— y no estaban vencidos (art. 13.1 Real Decreto-ley 5/2023).

El nuevo régimen de las modificaciones estructurales refuerza el derecho de información que corresponde a los socios y a otros colectivos afectados por la operación, entre ellos, a los acreedores. Los administradores de las sociedades que participen en la modificación estructural deben elaborar un proyecto común de la modificación estructural pretendida e informar a través del documento de las implicaciones de la operación para los acreedores y, en su caso, de toda garantía personal o real que se les ofrezca (art. 4.1. 4.º Real Decreto-ley 5/2023). Esta exigencia supone un cambio significativo respecto al régimen anterior que no incluía en el contenido mínimo del proyecto común ninguna referencia a la forma en la que la operación podía afectar a los acreedores. Los administradores tienen bajo el nuevo régimen, además, la facultad de elaborar una declaración sobre la situación financiera de la compañía para su publicación junto al proyecto común y el resto de la documentación que lo acompaña (art. 15 Real Decreto-ley 5/2023). Toda esta información se tiene que dar a conocer a los colectivos que pudieran resultar afectados por la operación, especialmente a los acreedores (art. 7 Real Decreto-ley 5/2023). Cada acreedor tiene que valorar, en atención a toda la

18. La incorporación del apartado cuarto al artículo 44 de la Ley sobre modificaciones estructurales de las sociedades mercantiles de 2009 —con ocasión de la aprobación de la Ley de simplificación— acotó el efecto suspensivo o impeditivo de la operación como consecuencia del ejercicio del derecho de oposición y su sustitución por la acción para reclamar.

información facilitada con carácter previo a la adopción por la junta general del acuerdo de modificación estructural, si su crédito está adecuadamente garantizado con las garantías ofrecidas por la garantía deudora[19].

Los acreedores legitimados no conformes con las garantías ofrecidas en el proyecto común —o cuando no se les ofrezcan garantías— tienen que notificar su disconformidad a la sociedad (art. 13.1 Real Decreto-ley 5/2023). Estos acreedores pueden reclamar de forma individual, en el plazo de un mes para las operaciones internas y tres meses para las transfronterizas a partir de dicha publicación, que se les concedan o completen las garantías ofrecidas para la satisfacción de sus créditos (art. 13 Real Decreto-ley 5/2023). La función o finalidad del nuevo procedimiento de tutela consiste por tanto en el otorgamiento de garantías —cuando no se hubieran previsto en el proyecto común— o en el completamiento de las ofrecidas por la sociedad —cuando no fueran adecuadas—.

La concesión o completamiento de las garantías por la sociedad deudora se hace depender de la demostración por parte de los acreedores de que la satisfacción de sus derechos está en riesgo como consecuencia de la realización de la modificación estructural y de la acreditación por parte del acreedor reclamante de la falta o inadecuación de las garantías ofrecidas (art. 14 Real Decreto-ley 5/2023)[20]. En la acreditación de la inadecuación de las garantías resulta decisiva la intervención de experto independiente y de si en el informe que emita se consideran las garantías ofrecidas adecuadas o inadecuadas (art. 13.1 Real Decreto-ley 5/2023). En la demostración del riesgo tiene un papel fundamental la eventual declaración sobre la situación financiera emitida por los administradores de la compañía (art. 15 Real Decreto-ley 5/2023)[21]. Indudablemente, el nuevo procedimiento de tutela de los intereses de los acreedores resulta más complejo que el ejercicio del tradicional derecho de oposición, en tanto que parece prever un análisis material de la inadecuación de las garantías ofrecidas y de que hay riesgo de impago con ocasión de la realización de la modificación estructural. Estas exigencias limitan la posibilidad de obtener garantías o completar las ofrecidas en los supuestos

19. El nuevo régimen de las modificaciones estructurales incorpora como novedad —que trae causa de las operaciones transfronterizas— el derecho de los acreedores (socios y trabajadores) a presentar a la sociedad *observaciones* relativas al proyecto común, por ejemplo, opiniones sobre las garantías ofrecidas o no ofrecidas en el proyecto de la operación. La junta general debe tomar nota de las *observaciones* presentadas por los acreedores y por los otros colectivos afectados (art. 8.2 Real Decreto-ley 5/2023).

20. El legislador establece en el propio precepto la presunción *iuris tantum* de que las garantías son adecuadas o necesarias cuando el informe de experto independiente haya constatado esa adecuación o la sociedad haya emitido la declaración sobre la situación financiera.

21. La elaboración de declaración sobre la situación financiera de la compañía es una facultad que corresponde al órgano de administración. La declaración debe reflejar con exactitud la situación financiera actual en una fecha no anterior a un mes antes de la publicación de dicha declaración. El órgano de administración debe hacer constar en la declaración que, sobre la base de la información dispuesta y después de haber efectuado las averiguaciones que sean razonables, no conoce ningún motivo por el que la sociedad, después de que la operación surta efecto, no pueda responder de sus obligaciones al vencimiento de éstas. La declaración se adjunta para su publicación al proyecto común.

en que resulte necesario. Y en aquellos otros en los que la modificación estructural no afecte negativamente al acreedor disconforme, no estaría justificada la concesión de garantías.

Por lo tanto, parece que el procedimiento individual de tutela de los derechos de los acreedores previsto en el nuevo régimen jurídico de las modificaciones estructurales de las sociedades mercantiles tendrá igualmente un alcance limitado y una eficacia relativa.

En cualquier caso, ni el derecho de oposición —antes de la entrada en vigor de esta última reforma— ni el nuevo procedimiento individual de tutela previsto para los acreedores disconformes —tras la entrada en vigor del nuevo régimen jurídico de las modificaciones estructurales— resultan de aplicación por disposición legal expresa cuando las modificaciones estructurales integran el contenido de un plan de reestructuración (art. 631.3 TRLC).

## 2. LA TUTELA DE LOS ACREEDORES EN LOS PLANES DE REESTRUCTURACIÓN

En el escenario preconcursal, el régimen de los planes de reestructuración previsto para las empresas viables parece constituir la mejor garantía de satisfacción de los créditos de los acreedores. La finalidad de este régimen especial consiste en la reestructuración de las empresas viables. La viabilidad de la actividad constituye la condición o requisito ineludible y la continuidad de la actividad su objetivo principal. De manera que, tras la ejecución del plan de reestructuración, la compañía deudora deberá poder hacer frente de forma regular a sus obligaciones en el corto y medio plazo. La viabilidad justifica el sometimiento o arrastre de los acreedores disidentes y también el de los socios de la compañía deudora al plan de reestructuración cuando no ha sido aprobado en junta general[22]. El Texto Refundido de la Ley Concursal —en consonancia con la Directiva sobre reestructuración e insolvencia— establece un doble control de la concurrencia de la viabilidad: uno interno, que descansa sobre los propios afectados; y otro externo *ex post*, que corresponde al juez a través del procedimiento de homologación.

El régimen de los planes de reestructuración se apoya en la negociación y diseño de un marco de actuación colectiva por parte de los sujetos afectados. El procedimiento de decisión colectiva descansa sobre la regla de la mayoría. El establecimiento del principio mayoritario para la aprobación del plan de reestructuración constituye la mejor garantía de que la viabilidad es razonable. La viabilidad del plan de reestructuración para la continuidad de la empresa es la condición decisiva para su aprobación por los propios acreedores. Los acreedores afectados votarán a favor de la propuesta del plan en la medida en que su ejecución haga posible la viabilidad de la empresa. La

22. El arrastre se configura como un mecanismo que pretende reducir el oportunismo individual (el arrastre dentro de cada clase *intra-class cram-down*) o el oportunismo de clases (la posibilidad de arrastre entre clases *cross-class craw-down*).

voluntad mayoritaria y cualificada de los acreedores afectados —suficientemente representativa y conformada correctamente por clases [23]— se traduce en el mejor indicio de la razonabilidad e idoneidad para asegurar la viabilidad de la empresa al aceptar el *sacrificio* que supone la ejecución del plan.

El procedimiento de homologación —con una clara finalidad garantista— se configura en la ley como un mecanismo de control por parte del juez que exige el cumplimiento de determinados requisitos establecidos normativamente a través de los cuales se pretende garantizar la viabilidad y continuidad de la empresa y la protección de los sujetos afectados por la reestructuración (arts. 638-640 TRLC). Los «requisitos para la homologación» junto a los «motivos de oposición o impugnación» que los acompaña se convierten en garantías materiales —previo control judicial— acerca de la razonabilidad y justificación del plan y de las operaciones que lo integran en orden al aseguramiento de la viabilidad y continuidad de la actividad empresarial para evitar el concurso de acreedores.

El principio de mayoría y el procedimiento de homologación constituyen los pilares sobre los que descansa el régimen de los planes de reestructuración y constituyen la mejor garantía de viabilidad y, consecuentemente, de protección de los intereses de los acreedores, lo que justifica que, cuando el plan prevea una modificación estructural, los acreedores afectados por el plan no tengan los derechos de tutela individual reconocidos en el libro primero del Real Decreto-ley de transposición.

La protección de los acreedores en el régimen de los planes de reestructuración se refuerza, además, mediante el establecimiento de un régimen rescisorio especial que pretende asegurar la eficacia de los planes de reestructuración y de las operaciones que lo integran o que se llevan a cabo en cumplimiento del plan aprobado (art. 665 a 670 TRLC).

Conviene recordar que el régimen de la rescisión en la Ley Concursal de 2003 se convirtió en un obstáculo para que las empresas en situaciones de dificultades económicas, pero viables, pudieran alcanzar acuerdos con sus acreedores o con terceros para obtener nueva financiación u otras concesiones en los pagos. Por este motivo, uno de los objetivos del régimen de los acuerdos de refinanciación consistía en asegurar la eficacia de estos acuerdos en los supuestos en los que con posterioridad se procediera a la declaración de concurso, lo que llevó al legislador a declarar la irrescindibilidad concursal de los acuerdos de refinanciación siempre que cumplieran los requisitos normativamente establecidos.

---

23. La formación de clases trata de garantizar el funcionamiento correcto de la regla de la mayoría —que exige cierta homogeneidad o comunidad de intereses para legitimar su aplicación como mecanismo de toma de decisiones— y la participación de los acreedores afectados en la aprobación del plan. Por su parte, el control judicial acerca de la razonabilidad de los criterios empleados para la separación de los créditos a los efectos de la formación de las clases de acreedores se traduce en una auténtica garantía sobre la adecuada delimitación del perímetro de afectación y en una garantía de que responde a criterios objetivos y suficientemente justificados.

La protección de los elementos esenciales de los planes de reestructuración frente a las acciones rescisorias en el supuesto de que posteriormente se declare el concurso también resulta imprescindible para dar confianza a los acreedores afectados y a las partes implicadas en el plan de reestructuración. Pero, al mismo tiempo, requiere de garantías de que las medidas adoptadas son razonables y necesarias para resolver la situación de dificultades económicas y para lograr la viabilidad del deudor.

De ahí que las modificaciones estructurales que se integren en un plan de reestructuración o se realicen en cumplimiento del mismo —siempre que sean razonables e inmediatamente necesarias para la ejecución del plan (art. 667.1. 3.º TRLC)— puedan resultar inmunes frente a la acción rescisoria concursal, salvo cuando se realicen de forma fraudulenta. Para ello, el plan de reestructuración tiene que superar el *test* de viabilidad al que queda sometido en cumplimiento de las normas que se ocupan del procedimiento de homologación y de las previstas en el régimen rescisorio especial.

Las normas que se ocupan del régimen rescisorio especial constituyen un reforzamiento del control judicial en tanto que exigen la verificación del cumplimiento de los requisitos y mayorías necesarias que se prevén específicamente para alcanzar la protección del plan de reestructuración frente a las acciones rescisorias en caso de concurso posterior (art. 667 TRLC). Con esta intención, se establecen «motivos o causas (específicas)» de oposición o de impugnación de la homologación —que se añaden a las causas que conforman el régimen general— cuando se pretende dotar de la protección rescisoria especial a los elementos esenciales del plan. Entre las causas específicas de oposición o de impugnación de la homologación se encuentran que las operaciones no sean razonables e inmediatamente necesarias para la ejecución del plan o que perjudiquen injustificadamente los intereses de los acreedores (art. 670.1 TRLC). En este caso, la Ley extiende la legitimación para la oposición o impugnación a la homologación a favor de los acreedores no afectados por el plan que podrían ver empeorada su posición en caso de concurso —respecto de la que hubieran tenido si se hubiera procedido a la liquidación concursal— por el régimen especial de protección frente a las acciones rescisorias.

Los preceptos que se ocupan del régimen rescisorio especial exigen que en el procedimiento de homologación el juez realice un control preventivo acerca de la justificación de la modificación estructural como operación necesaria para la ejecución del plan de reestructuración que hace posible razonablemente la viabilidad de la empresa y que cuenta con el apoyo de la mayoría de los acreedores sobre el total pasivo[24]. El juez verificará que la operación no es fraudulenta, que se realiza en cumplimiento del plan y que no perjudica injustamente los intereses de los acreedores.

24. El régimen rescisorio especial modula la protección de estas operaciones necesarias para el cumplimiento del plan de reestructuración homologado frente a las acciones rescisorias en atención al porcentaje de créditos afectados por el plan en cada caso. La protección rescisoria especial es plena cuando los créditos afectados por el plan de reestructuración representen la mayoría del pasivo de la sociedad deudora, esto es, al menos el 51% del pasivo. En este caso, tanto los elementos esenciales como las operaciones necesarias para el cumplimiento del plan de reestructuración no serán rescindibles en un posterior concurso de acreedores, salvo que la administración concursal pruebe que se

Por tanto, desde la perspectiva del Derecho concursal, la realización de una modificación estructural integrada o en ejecución de un plan de reestructuración no homologado será rescindible como cualquier otro acto u operación realizada en cumplimiento del plan. También será rescindible la modificación estructural en aquellos supuestos en los que el juez estime la oposición o impugnación del auto de homologación (art. 670.3 TRLC) o cuando los créditos afectados no alcancen a la mayoría del pasivo de la sociedad deudora (art. 667.3 TRLC). La restricción a la impugnación de las modificaciones estructurales tras su inscripción en el Registro Mercantil prevista en el artículo 47 de la Ley sobre modificaciones estructurales de 2009 recientemente derogada —que ha provocado un intenso debate doctrinal y un conocido y comentado pronunciamiento del Tribunal Supremo[25]— no debía considerarse como una regla especial, respecto de los demás actos u operaciones realizados en ejecución de un plan de reestructuración, que hiciera innecesaria la homologación para gozar de protección frente al ejercicio de las acciones rescisorias. La exigencia legal de homologación para otorgar protección a las modificaciones estructurales realizadas en cumplimiento de los planes de reestructuración frente a las acciones rescisorias se traduce en la posibilidad de rescindir la operación que no haya superado el control judicial preventivo a través del procedimiento de homologación. Si no se permitiera la rescisión de las modificaciones estructurales de los planes de reestructuración no homologados se estaría impidiendo un control judicial *a posteriori* cuando tampoco se ha producido un control preventivo de la operación. Esta teoría no parece contradictoria con las disposiciones normativas del nuevo régimen específico de las modificaciones estructurales de las sociedades mercantiles que se ocupan de la *Eficacia de la Inscripción y validez de la operación* (art. 16 Real Decreto-ley 5/2023). El precepto —en consonancia con las normas comunitarias— ha sustituido el que se ha denominado principio de inimpugnabilidad de las

realizaron en fraude de acreedores. La protección rescisoria plena conlleva el reconocimiento de su justificación frente a las acciones rescisorias, es decir, la no procedencia de la aplicación tanto de la cláusula rescisoria general como de las presunciones *iuris et de iure* e *iuris tantum* de perjuicio a la masa, salvo prueba de que las actuaciones se realizaron en fraude de acreedores (art. 667.1 TRLC). En cambio, la protección rescisoria especial se concede de forma limitada cuando los créditos afectados por el plan de reestructuración no alcancen a la mayoría del pasivo del deudor, es decir, representen una proporción inferior al 51% del pasivo total. La afectación de un porcentaje minoritario de créditos se traduce en una protección rescisoria limitada. La protección rescisoria limitada únicamente afecta a la aplicación de las presunciones legales relativas de perjuicio para la masa activa, por lo que resulta aplicable el resto de las normas generales que se ocupan de la acción rescisoria concursal previstas en el libro I del texto refundido de la Ley Concursal (art. 667.3 TRLC). En esta hipótesis, por lo tanto, las operaciones razonables e inmediatamente necesarias para el cumplimiento de un plan de reestructuración homologado —entre las que pueden encontrarse modificaciones estructurales— podrán ser objeto de la acción rescisoria concursal cuando concurran los requisitos normativamente establecidos para su ejercicio, a pesar de haber superado el control judicial preventivo mediante el procedimiento de homologación.

25. PÉREZ TROYA, «¿Resistencia de la escisión parcial a la acción de rescisión concursal?», *Revista de Derecho Mercantil* núm. 305, 2017, pp. 437-474; RODRÍGUEZ SÁNCHEZ, «La pretendida resistencia de la escisión parcial a la rescisión concursal (a raíz de la STS de 21 de noviembre de 2016)», *Revista de Derecho de Sociedades* núm. 49, 2017, pp. 251-279.

modificaciones estructurales por la prohibición de declaración de nulidad de estas operaciones tras su inscripción en el Registro Mercantil[26].

A título meramente ilustrativo y para culminar este trabajo parece conveniente poner de manifiesto que el alcance limitado de la protección que el tradicional derecho de oposición y el nuevo procedimiento individual de tutela otorga a los acreedores en las normas que se ocupan de las modificaciones estructurales contrasta con la protección que el Texto Refundido de la Ley Concursal otorga a los acreedores afectados e incluso a los «no afectados» en el régimen de los planes de reestructuración homologados tras la reforma operada por la Ley 16/2022, de 5 de septiembre, de reforma del Texto Refundido de la Ley Concursal.

## IV. BIBLIOGRAFÍA

AA.VV., *La reestructuración empresarial y las modificaciones estructurales de las sociedades mercantiles*, Tirant lo Blanch, Valencia, 2010.

AA.VV., *Las modificaciones estructurales de las sociedades mercantiles*, Thomson Reuters-Aranzadi, Cizur Menor (Navarra), 2015.

CAMPUZANO, A. B., «Consideración crítica sobre la posición del deudor persona jurídica en los planes de reestructuración preconcursales», *Revista de Derecho Mercantil*, n.º 328, 2023 (versión *on line*).

COHEN, A., «La posición del socio en la reestructuración», en PRENDES / FACHAL (dirs.), *Comentario a la reforma del Texto Refundido de la Ley Concursal*, Thomson Reuters-Aranzadi, Cizur Menor (Navarra), 2013, pp. 473-499.

DÍAZ MORENO, A. «El papel de los socios de la sociedad de capital deudora en la aprobación y homologación de los planes de reestructuración», disponible en: http://www.ga-p.com/publicaciones/el-papel-de-los-socios-de-la-sociedad-de-capital-deudora-en-la-aprobacion-y-homologacion-de-los-planes-de-reestructuracion.

ESTEBAN, L. M., «Acreedores sociales y fusión de sociedades: pasado, presente y ¿futuro? Especial referencia al Anteproyecto de Ley de Modificaciones Estructurales de Sociedades Mercantiles», *La Ley mercantil,* n.º 101, 2023 (versión *on line*).

GARCIMARTÍN, F., «La reforma del Derecho Preconcursal: algunas reflexiones sobre sus fundamentos», en DÍAZ MORENO / LEÓN SANZ / BRENES / RODRÍGUEZ SÁNCHEZ (dirs.), *La reestructuración como solución de las empresas viables*, Thomson Reuters-Aranzadi, Cizur Menor (Navarra), 2022, pp. 7-61.

26. Vid, acerca de la controvertida cuestión relativa a la defendida inimpugnabilidad de las modificaciones estructurales tras su inscripción en el Registro Mercantil y de la inadecuada transposición de las normas comunitarias que se ocupan de esta cuestión, RODRÍGUEZ SÁNCHEZ, *La rescisión de las operaciones de reestructuración en supuestos de crisis: la rescisión de la escisión*, Aranzadi, Cizur Menor (Navarra), 2022.

FACHAL, N., «¿La reforma del Texto Refundido culmina el desplazamiento del poder de decisión de los socios en las operaciones societarias con fines de saneamiento?», *La Ley Insolvencia,* n.º 15, 2022, pp. 1-33 (versión on line).

FERNÁNDEZ DEL POZO, L., «Saneamiento de pérdidas y reducción preconcursal del capital social en los planes de reestructuración preventiva», *Revista General de Insolvencias & Reestructuraciones,* n.º 5, 2022, pp. 71-103.

JUSTE, J., «La junta de socios y los planes de reestructuración en el Derecho proyectado», en PEÑAS, M. J. (coord..), *Estudios de Derecho de Sociedades y de Derecho Concursal. Libro en homenaje al profesor Jesús Quijano González*, Ediciones Universidad de Valladolid, Valladolid, 2023, pp. 415-426.

MARTÍNEZ MARTÍNEZ, M. T., «La fase decisoria: información sobre la fusión, desarrollo de la junta, publicación del acuerdo de fusión», en RODRÍGUEZ ARTIGAS /FERNÁNDEZ DE LA GÁNDARA / QUIJANO GONZÁLEZ / ALONSO UREBA / VELASCO SAN PEDRO / ESTEBAN VELASCO (dirs.), *Modificaciones Estructurales de las sociedades mercantiles*, Tomo I, Aranzadi, 2009, pp. 527-588.

NIETO, J., «La posición del socio en las modificaciones estructurales», en NIETO (dir.), *Estudios de Derecho de sociedades. Diez años de la Ley de Modificaciones Estructurales de las Sociedades Mercantiles*, Tirant Lo Blanch, 2020, pp. 219-265.

PÉREZ TROYA, A., «¿Resistencia de la escisión parcial a la acción de rescisión concursal?», *Revista de Derecho Mercantil,* n.º 305, 2017, pp. 437-474.

RODRÍGUEZ SÁNCHEZ, S., «La pretendida resistencia de la escisión parcial a la rescisión concursal (a raíz de la STS de 21 de noviembre de 2016)», *Revista de Derecho de Sociedades,* n.º 49, 2017, pp. 251-279.

– *La rescisión de las operaciones de reestructuración en supuestos de crisis: la rescisión de la escisión parcial*, Aranzadi, Cizur Menor (Navarra), 2023.

ROJO, Á., «La conversión de créditos en acciones o participaciones en los planes de reestructuración», *Anuario de Derecho Concursal*, n.º 58 (monográfico 2022: *Estudios sobre el Libro II*) (consultado on line).

Capítulo14

# LA TRANSMISIÓN DE UNIDADES PRODUCTIVAS

PEDRO J. RUBIO VICENTE
*Profesor Titular de Derecho Mercantil*
*Universidad de Valladolid*

SUMARIO: I. MARCO GENERAL DE REFERENCIA. II. TIPOLOGÍA DE LA ENAJENACIÓN DE UNIDADES PRODUCTIVAS. III. PROCEDIMIENTO GENERAL. *1. Modos de enajenación y ofertas de adquisición. 2. Regla de la preferencia. 3. Efectos jurídicos.* 3.1. Subrogación en contratos, licencias o autorizaciones. 3.2. Competencia y concreción de la sucesión de empresa. 3.3. Efectos sobre los créditos pendientes de pago. IV. SOLICITUD DE CONCURSO CON OFERTA DE ADQUISICIÓN. V. NOMBRAMIENTO DE EXPERTO PARA RECABAR OFERTAS DE ADQUISICIÓN. *1. Presupuestos subjetivo y objetivo. 2. Nombramiento y estatuto jurídico del experto. 3. Contenido de las ofertas recabadas.* VI. ESPECIALIDADES EN EL PROCEDIMIENTO ESPECIAL DE MICROEMPRESAS.

## I. MARCO GENERAL DE REFERENCIA

El Texto Refundido de la Ley Concursal, aprobado por Decreto-Legislativo 1/2020, de 5 de mayo, comienza su Exposición de Motivos señalando que «*La historia de la Ley Concursal es la historia de sus reformas*». En este sentido, bien se podría decir que es la historia de las reformas del régimen jurídico de la enajenación de la unidad productiva. Su regulación ha sido objeto de diversas e importantes modificaciones desde su tímida previsión inicial en los artículos 100 y 148-149 de la Ley 22/2003, de 9 de julio, *Concursal*, hasta la reciente promulgación de la Ley 16/2022, de 5 de septiembre, *de reforma del Texto Refundido de la Ley Concursal para la transposición de la Directiva UE 2019/1023*.

Evocando las palabras del profesor Garrigues [1], esta operación es el resultado de un lento e infatigable proceso de cortejo, provisto sin embargo de ciertas conquistas pun-

1. «*Los mercantilistas, que se creen los teóricos de la empresa, llevan más de medio siglo cortejando la empresa y todavía no han sabido conquistarla*» (GARRIGUES, «La Empresa desde el punto de vista jurídico», en AA.VV., La Empresa (Institutos de Estudios Políticos), Madrid, 1962, pp. 117 y 119; ID., Hacia un nuevo Derecho Mercantil, Madrid, 1971, p. 237).

tuales en este específico ámbito normativo, pero pendiente todavía de conclusión. El insigne profesor apuntaba estas palabras a mediados del siglo pasado para referirse a un cortejo frustrado, que ya supera el siglo de duración y aún se mantiene, al menos en lo que respecta a los negocios traslativos sobre la empresa, al carecer de un régimen general que tenga en consideración las diversas particularidades objetivas y estructurales de esta operación y no se limite a la aplicación de la ley de circulación de cada uno de los elementos que la integran. Y al que además tampoco se le espera, a juzgar por el fracaso del Anteproyecto de Código Mercantil de 2013, cuyos artículos 132-1 y siguientes se ocupaban de forma expresa de esta cuestión, disponiendo un régimen jurídico mucho más adaptado a las vicisitudes traslativas de esta realidad económica.

La situación se antoja diferente en el concurso de acreedores. En los veinte años transcurridos ya desde la escueta y deficitaria previsión originaria de esta operación como contenido eventual del convenio y preferente de la fase de liquidación, su régimen jurídico ha sido objeto de continuas y singulares modificaciones normativas, tanto de orden sustantivo como sistemático, en respuesta a su escasa utilización y en sintonía con su creciente relevancia para la consecución simultánea de los fines solutorio y conservativo presentes en el procedimiento concursal[2]. No en vano, esta operación se erige en un instrumento idóneo para lograr la maximización del valor de los activos de la masa activa del concurso en interés de los acreedores, pero sin renunciar a la eventual conservación y continuidad de la actividad económica del concursado, en interés de la economía en general y del mantenimiento del empleo.

El objetivo de todas ellas no es otro que eliminar los diversos inconvenientes jurídicos y económicos que disuaden de la realización de esta operación y que concluyen en el rápido deterioro y devaluación de la unidad productiva durante la prolongada tramitación del concurso de acreedores. Con este propósito el legislador no ha dudado en superar reglas consolidadas del Derecho de obligaciones y contratos e incluso del Derecho laboral a fin de facilitar el mantenimiento de la actividad económica, reducir cargas y costes de la unidad productiva y atajar las consecuencias de una excesiva duración del procedimiento. De ahí la adopción de soluciones normativas como la subrogación *ex lege* del adquirente en los contratos afectos a la continuidad de la actividad profesional o empresarial del concursado, sin necesidad de contar con el preceptivo consentimiento del contratante cedido, y en las licencias o autorizaciones administrativas, a fin de facilitar su continuidad por el adquirente —artículo 146 de la Ley Concursal, introducido por Ley 9/2015, de 25 de mayo—. Y, más recientemente, la controvertida reducción del perímetro de la sucesión de empresa a efectos laborales y de Seguridad Social, limitada únicamente a los créditos de esta naturaleza correspondientes a los trabajadores de la unidad productiva en cuyos contratos quede subrogado el adquirente, pese al alcance general del artículo 44 del Estatuto de los Trabajadores, al objeto de proporcionar a los potenciales adquirentes más seguridad jurídica sobre los costes que lleva aparejada esta operación y dar cobertura a la práctica judicial de la

2. *Vid.* penúltimo párrafo de la Exposición de Motivos del texto refundido de la Ley Concursal, donde se considera al Derecho concursal como «(...) *una herramienta fundamental para conservación del tejido empresarial y el empleo*».

mayoría de Juzgados de lo Mercantil —nuevo artículo 224.1.3.º introducido por el Texto Refundido de la Ley Concursal—. A lo que se ha sumado toda una sucesión de disposiciones encargadas de regular y perfeccionar, en su caso, el modo de realización de esta operación, la formulación y el contenido de las ofertas de adquisición, la regla de la preferencia o la enajenación de bienes y derechos afectos a créditos con privilegio especial, incluidos en la unidad productiva que se transmite.

Todo ello aderezado además con la disposición en el Texto Refundido de la Ley Concursal de una nueva sistemática, abandonando su limitada y dispersa previsión normativa inicial entre los efectos jurídicos de la fase de liquidación, a pesar de su indiscutible aplicación en cualquiera de las fases del procedimiento concursal, y optando con acierto en su lugar por una ubicación más neutra y desprovista de cualquier referencia a alguna de ellas (subsección 3.ª —artículos 215 a 224 bis—, de la sección 2.ª, del capítulo III, del título IV, del Libro I). Esta decisión ha simplificado la tarea remisoria a este régimen jurídico y ha eliminado cualquier duda respecto a su alcance, al estar comprendidas en estas reglas las únicas disposiciones existentes en la materia. A ellas se remite de forma expresa el artículo 324.2 del Texto Refundido de la Ley Concursal, en materia de convenio de asunción, y el nuevo artículo 421, introducido por la Ley 16/2022, de 5 de septiembre, de reforma del Texto Refundido de la Ley Concursal, que contempla la regla general en materia de liquidación, según la cual, si el juez no ha establecido reglas especiales de liquidación, el administrador concursal realizará los bienes y derechos de la masa activa del modo más conveniente para el interés del concurso, sin más limitaciones que las establecidas en los artículos siguientes y en el capítulo III del título IV, del Libro primero, entre las que se encuentran precisamente las reglas que regulan las especialidades de la enajenación de unidades productivas. Lo que viene a solventar el silencio que existía en este punto en los artículos 148 y 149 de la Ley Concursal respecto a una necesaria remisión al artículo 146 bis. Persiste, sin embargo, desde la promulgación del Texto Refundido de la Ley Concursal la supresión de la expresa remisión que se hacía a este específico régimen jurídico en la fase común del concurso —artículo 43.4 de la Ley Concursal—. Omisión que sólo puede solventarse con el genérico tenor literal de algunas de las reglas que conforman aquellas especialidades, aludiendo de forma implícita a este momento temporal, aunque su regulación se limita a los modos de enajenación de la unidad productiva[«*Hasta la aprobación del convenio o hasta la apertura de la fase de liquidación* (…)» —artículo 215—; «*En cualquier estado del concurso* (…)» —artículo 216—]. Y en atención también a la identidad de razón con el resto de las fases, lo que permite abogar sin duda por su aplicación también en esta fase común[3].

Es en este permanente compromiso de mejora de esta regulación, motivado una vez más por la voluntad de facilitar y priorizar la realización de esta operación, en el que

3. Una crítica, no obstante, a favor de mantener esta expresa remisión, en nuestro trabajo RUBIO VICENTE, P. J., «Las especialidades de la enajenación de las unidades productivas en el nuevo texto refundido de la Ley Concursal», *Revista de Derecho Concursal y Paraconcursal*, 2020, n.º 33 —edición electrónica—, 2020, pp. 2-3, considerando que la claridad y coherencia normativas reclaman una solución uniforme en todos los casos.

también encuentran cobijo las nuevas previsiones contenidas al respecto en la Ley 16/2022, de 5 de septiembre, de reforma del Texto Refundido de la Ley Concursal. Se trata ahora de atajar los importantes costes temporales derivados de su preparación y ulterior sujeción a los imperativos trámites procesales, susceptibles en su conjunto de provocar el rápido deterioro de la actividad económica y la pérdida de valor de mercado de la unidad productiva en perjuicio de todos los intereses afectados. En este sentido, y sin perjuicio de puntuales alteraciones de régimen, el núcleo principal de la reforma, forzado de nuevo por la práctica judicial en la materia y la realidad económica postcovid-19, se centra fundamentalmente en anticipar la preparación de la enajenación de la unidad productiva a la fase anterior a la declaración de concurso. De ahí la adición de una serie de reglas específicas con este propósito, dando lugar a dos modalidades de actuación. Por un lado, la solicitud de declaración de concurso por el deudor con presentación de una propuesta escrita vinculante de acreedor o tercero para la adquisición de una o varias unidades productivas —artículo 224 bis del Texto Refundido de la Ley Concursal—. Por otro, la facultad atribuida también a este sujeto de solicitar el nombramiento de un experto para recabar ofertas de adquisición —artículos 224 ter a 224 septies—, disponiendo para ello una nueva subsección 4.ª con este contenido, pero albergando serias dudas de coordinación y compatibilidad entre ambas opciones.

A diferencia de lo que sucede con otras materias reformadas, ambas previsiones normativas no constituyen una exigencia expresa derivada de la transposición de la Directiva UE 2019/1023. Responden, no obstante, al propósito general, presente también en ella, de implementar medidas que logren una mayor eficiencia del procedimiento concursal, anticipación de la reestructuración y reducción de su excesiva duración y costes —Considerandos 6, 29, 30, 85 y 90—[4].

En última instancia, la regulación *ex novo* de un procedimiento especial para resolver la situación de insolvencia de las microempresas —artículos 685 y siguientes del Texto Refundido de la Ley Concursal— lleva también al legislador a introducir por esta razón ciertas especialidades, tanto en las reglas generales como en alguna de las nuevas modalidades que rigen la enajenación de las unidades productivas en el concurso. Todo ello a fin de proporcionar supuestamente una respuesta más adecuada a las particularidades que concurren en este tipo de operadores económicos.

Como se puede apreciar, una ocupación y preocupación constante por la perfección y promoción de esta operación en aras de proporcionar la mejor y más rápida solución al concurso. Decisión de política legislativa que sin duda debe de ser alabada por la versatilidad teleológica de esta operación, constituyendo las modificaciones introducidas por la Ley 16/2022, de 5 de septiembre, de reforma del Texto Refundido de la Ley Concursal, un capítulo más, seguramente no el último, en este largo proceso de

---

4. Así lo entendía ya, AZOFRA, F., «Enajenación de unidades productivas», *Actualidad Jurídica Uría Menéndez*, n.º 54, 2020, p. 53; BRENES, J., «Venta de unidades productivas y pre-pack concursal», *Revista de Derecho Patrimonial*, n.º 55 (mayo-agosto), 2021, edición electrónica, apartado V., p. 13, reclamando reformas por este motivo en la enajenación de la unidad productiva para su transposición.

superación de trabas jurídicas y económicas, que dificultan su realización y provocan la pérdida de valor de la unidad productiva, y de búsqueda de la respuesta más ajustada a la compleja realidad de los concursos. Cuestión diversa es que su concreción normativa esté siempre a la altura de sus propósitos y adolezca de importantes deficiencias técnicas que deben ser subsanadas a fin de no convertirse en un motivo más de problemas que entorpezcan su ejecución e impidan la consecución de los objetivos perseguidos con su regulación[5].

## II. TIPOLOGÍA DE LA ENAJENACIÓN DE UNIDADES PRODUCTIVAS

Tras las modificaciones normativas introducidas en este régimen jurídico por la Ley 16/2022, de 5 de septiembre, de reforma del Texto Refundido de la Ley Concursal, se pueden distinguir dos procedimientos diferentes para llevar a cabo la enajenación de la unidad productiva en el concurso de acreedores.

Por un lado, un procedimiento general, aplicable en cualquier estado del concurso, constituido por las reglas contenidas en los artículos 215 a 224 del Texto Refundido de la Ley Concursal de la subsección 3.ª, sin perjuicio de las particularidades de régimen que rigen en alguna de sus fases, como sucede con el convenio de asunción —artículo 324 del Texto Refundido de la Ley Concursal—. En este procedimiento la declaración de concurso ya se ha producido, verificándose una eventual propuesta de enajenación y presentación de ofertas con posterioridad a este momento, regulándose los distintos aspectos que afectan a su tramitación y los efectos jurídicos que derivan de esta enajenación. Entre estas reglas, y a excepción de lo dispuesto precisamente para el convenio de asunción —artículo 324 del Texto Refundido de la Ley Concursal—, no se contempla la obligación del adquirente de continuar o reiniciar la actividad con la unidad o unidades productivas que son objeto de la propuesta de enajenación.

Por otro, un procedimiento especial, anticipativo de la preparación y ejecución de la enajenación de la unidad productiva, integrado por dos modalidades o posibilidades de aplicación diferentes, cuyas respectivas regulaciones, aunque se muestran aparentemente separadas, albergan serias dudas interpretativas sobre su relación. En ambos casos el resultado último puede ser coincidente, al solicitarse el concurso por el deudor con presentación de una oferta de adquisición de la unidad productiva, aunque recabada por distintos medios y sometida a una diversa fase temporal concurrencial, posterior o previa a la declaración de concurso.

---

5. En este mismo sentido, GONZÁLEZ VÁZQUEZ, J. C., «Enajenación de Unidades productivas y Pre-pack en la reciente Reforma Concursal (Ley 16/2022)», *Actualidad Jurídica Aranzadi*, n.º 988 —edición electrónica—, 2022, p. 8; ID., *Píldoras sobre las Reformas del texto refundido de la Ley Concursal (Ley 16/2022). Análisis crítico con Enfoque práctico*, Valencia, 2023, p. 261; ALCOVER, G., «La enajenación concursal de Unidades productivas, ¿otra Oportunidad perdida?», *La Ley Mercantil*, n.º 96 (noviembre) —edición electrónica—, 2022, apartado F, p. 5, considerando que se ha desaprovechado la ocasión de regular de forma acertada la enajenación de unidades productivas al seguir siendo un semillero de problemas.

Se trata, en primer término, del supuesto de solicitud de concurso por el deudor con presentación de propuesta vinculante de adquisición de la unidad productiva por un acreedor o un tercero, previsto en el nuevo artículo 224 bis del Texto Refundido de la Ley Concursal, integrado también en la subsección 3.ª. En él es el deudor quien se ha ocupado por su cuenta de recabar una oferta de adquisición, sometiéndola la Ley por esta razón a un ulterior proceso de transparencia, concurrencia e igualdad de condiciones a fin de verificar su bondad y favorecer, en otro caso, la eventual aparición de mejores ofertas alternativas.

Como disyuntiva, la posibilidad de recurrir a la solicitud de nombramiento de un experto para recabar ofertas de adquisición de la unidad productiva, siendo aparentemente este experto el sujeto encargado de seleccionar la mejor oferta que, en su caso, acompañará a la solicitud de declaración de concurso del deudor. Esta modalidad, conocida como *Prepack*, se regula *ex novo* en los artículos 224 ter a 224 septies del Texto Refundido de la Ley Concursal, en los que no dejan de estar presentes las diversas Directrices y Protocolos elaborados por diferentes Juzgados de lo Mercantil para favorecer su aplicación alegal hasta esta previsión normativa, si bien el legislador ha adoptado soluciones propias que dificultan su interpretación y aplicación efectiva al adolecer de importantes imprecisiones y carencias normativas[6]. Se conforma para ello una nueva subsección 4.ª, a pesar de que su contenido también afecta a la operación de enajenación

6. Esta regulación deberá ser, no obstante, objeto de importantes modificaciones normativas a juzgar por las disposiciones contenidas al respecto en el Título IV, artículos 19 a 35, de la Propuesta de Directiva de la Unión Europea, de 7 de diciembre de 2022, *relativa a la armonización de determinados aspectos de la legislación en materia de insolvencia*, regulando aspectos de forma contraria y también silenciados por nuestra normativa. Con esta propuesta se pretende incrementar la armonización de las diferentes legislaciones, reduciendo sus diferencias, a fin facilitar las inversiones transfronterizas y proporcionar más seguridad jurídica, reduciendo los costes de información y haciendo más predecibles los procedimientos. A estos efectos, se seleccionan materias muy dispares entre sí, pero ya previstas en las distintas legislaciones nacionales (COHEN, A., «El Pre-pack tras la Reforma del texto refundido de la Ley concursal por la Ley 16/2022, de 5 de septiembre», *Revista General de Insolvencias & Reestructuraciones*, n.º 9, 2023, p. 145; FLORES, M., «La propuesta de Directiva para armonizar ciertos aspectos del Derecho de la Insolvencia», *Anuario de Derecho Concursal*, n.º 59, 2023, —edición electrónica—, apartados I.1 y I.2, pp. 2-4, especialmente esta última; VALENCIA, F., «La Propuesta de Directiva para armonizar algunos aspectos de la Legislación Concursal», *Anuario de Derecho Concursal*, n.º 59, 2023, —edición electrónica—, apartados I y II, pp. 2-4; THERY, A., «El Pre-pack en la propuesta de Directiva de 7 de diciembre de 2022», *Revista General de Insolvencias & Reestructuraciones*, n.º 9, 2023, pp. 94-95, especialmente esta última, destacando en esta materia concreta la regulación de cuestiones que constituyen lagunas en la parca referencia que se hace a esta figura en el texto refundido de la Ley Concursal; asimismo, SANJUÁN, «Nuevas Instituciones Out of Court del derecho de Insolvencia en España: la Figura del Experto para recabar Ofertas de Adquisición de la Unidad productiva», *Diario La Ley*, de 3 de abril de 2023, edición electrónica, apartado VII, p. 15, manifestando por este motivo que «*Nuestra normativa deberá incorporar por tanto, una mejor, más clara y más concreta regulación que defina los límites de esta híbrida nueva institución, tanto en su función previa como en la fase posterior de insolvencia. Quizás no deberíamos, ya que lo tenemos parcialmente, al menos, esperar a que se aprobara en Europa y aprovechar la tendencia y nuestra propia regulación para completar la misma y hacerla más eficiente. Definir la naturaleza del experto, supervisor o lo que sea, será igualmente eficaz*»). Se parte en aquellos preceptos de un concepto de *prepack* como «(...) *un procedimiento de liquidación acelerado que permite la venta de la empresa del deudor, total o parcialmente, como*

de unidades productivas, motivo por el cual debería incluirse también en la subsección anterior. Más aún, si cabe, cuando es precisamente en esta subsección 3.ª en la que se contiene una expresa declaración de sujeción de la modalidad de procedimiento especial previsto en ella a las demás reglas establecidas en esta Ley para esta clase de transmisiones —artículo 224 bis.8 del Texto Refundido de la Ley Concursal— y haber desaparecido de la subsección 4.ª el artículo 224 octies del Anteproyecto de Ley 16/2022, de 5 de septiembre, de reforma del Texto Refundido de la Ley Concursal, durante la tramitación parlamentaria de la propia ley, en el que se declaraba la aplicación supletoria a este específico supuesto de las normas contenidas en la subsección 3.ª sobre enajenación de unidades productivas en todo lo no previsto en ella. Disfunción sistemática que, de mantenerse, y en ausencia de remisión supletoria, puede provocar serias dudas interpretativas sobre la eventual aplicación o no a este supuesto de *Prepack* de los distintos efectos derivados de la enajenación de la unidad productiva, tales como la subrogación del adquirente en los contratos, licencias o autorizaciones afectos a la continuidad de la actividad económica —artículo 222 del Texto Refundido de la Ley Concursal— y sobre todo los relativos a los efectos sobre los créditos pendientes de pago por el concursado, en particular la excepción de la sucesión de empresa a efectos laborales y de Seguridad Social, consistente en la limitación del perímetro de esta sucesión —artículo 224.1.3.º del Texto Refundido de la Ley Concursal—. Todo ello, sin perjuicio de admitir que la aprobación y ejecución de esta operación se produce también en el seno del procedimiento concursal, existir una evidente identidad de razón con el resto de las operaciones de enajenación en el concurso y contar también en ese sentido con un expreso pronunciamiento del Tribunal de Justicia de la Unión Europea[7]. Problemática que se presenta aún más evidente en el caso de que la unidad productiva se enajene en sede de reestructuración preconcursal, al no existir ningún precepto que extienda estas específicas reglas previstas para el procedimiento concursal fuera de él,

---

*empresa en funcionamiento al mejor licitador, con vistas a la liquidación de los activos del deudor como resultado de la insolvencia constatada de éste*» —artículo 2.p)—. En este sentido, se exige a los Estados miembros que velen por que estos procedimientos se compongan de dos fases consecutivas, una fase de preparación, que tiene por objeto encontrar un comprador adecuado para la empresa o una parte de la empresa del deudor, y una fase de liquidación, cuyo objeto es aprobar y ejecutar esa venta y distribuir los ingresos entre los acreedores —artículo 19.1—.

7. Advertíamos ya, no obstante, de esta disfunción bajo el Proyecto de Ley 16/2022, de 5 de septiembre, de reforma del texto refundido de la Ley Concursal, en RUBIO VICENTE, «Nuevas Reglas de Enajenación de Unidades productivas en el Proyecto de Ley de Reforma del TRLC», *Diario La Ley*, 2022, n.º 10108 —edición electrónica—, p. 5. Mucho más clara se muestra en este punto la Propuesta de Directiva UE, de 7 de diciembre de 2022, *relativa a la armonización de determinados aspectos de la legislación en materia de insolvencia*. En este sentido, y en relación con el *Prepack*, el artículo 27 prevé de forma expresa la cesión al adquirente de los contratos vigentes que sean necesarios para la continuación de la empresa del deudor, sin necesidad de consentimiento de la contraparte, sin perjuicio de disponer su exclusión cuando el adquirente sea un competidor y de posibilitar también su resolución por el juez cuando esta resolución redunde en beneficio de la empresa del deudor o el contrato contenga obligaciones de servicio público y el adquirente de la empresa o parte de ella no cumpla los requisitos técnicos o legales para prestar los servicios públicos. Asimismo, los artículos 21 y 28 declaran la competencia exclusiva del juez que tramita el procedimiento de *Prepack* en las cuestiones relativas al alcance y efectos de la venta de la empresa o parte

resultando de aplicación en consecuencia las reglas generales que rigen esta sucesión y son contrarias a esa limitación[8].

Esta falta de remisión normativa en los artículos 224 ter y siguientes y, en sentido opuesto, la generalidad de los términos empleados en el artículo 224 bis del Texto Refundido de la Ley Concursal, conduce a dudar acerca de si nos encontramos ante dos modalidades de enajenación autónomas o si, por el contrario, las previsiones del artículo 224 bis del Texto Refundido de la Ley Concursal conforman un régimen común imperativo aplicable a ambos supuestos, con independencia de que la oferta de adquisición haya sido recabada por el propio deudor o por un experto nombrado al efecto. Aunque la respuesta no resulta clara, en atención precisamente a la contradictoria sistemática y redacción empleada, las modificaciones introducidas en estas previsiones durante la tramitación parlamentaria del Proyecto de Ley 16/2022, de 5 de septiembre, de reforma del Texto Refundido de la Ley Concursal, parecen decantarse por rechazar esta última conclusión, al menos con carácter general, pero sin descartar una eventual aplicación supletoria.

A la desaparición de la expresa declaración de aplicación supletoria de las normas contenidas en la subsección 3.ª, entre los que se encuentra el artículo 224 bis del Texto Refundido de la Ley Concursal, a los supuestos de *Prepack*, hay que añadir también la supresión en el vigente artículo 224 bis.9 del Texto Refundido de la Ley Concursal de

---

de ella sobre las deudas y pasivos, proclamando la adquisición de la empresa libre de deudas y pasivos, a menos que el adquirente consienta expresamente su asunción. Y, sobre todo, el artículo 20.2 señala que, a efectos del artículo 5.1 de la Directiva 2001/23/CE, sobre la aproximación de las legislaciones de los Estados miembros relativas al mantenimiento de los derechos de los trabajadores en caso de traspasos de empresa o de centros de actividad o de sus partes, la fase de liquidación del *prepack* se considerará un procedimiento de quiebra o insolvencia abierto con vistas a la liquidación de los bienes del cedente bajo la supervisión de una autoridad pública competente, lo que supone la identidad de tratamiento en materia de sucesión de empresa a efectos laborales y de Seguridad Social. Declaración que constituye el reflejo normativo de las prescripciones contenidas ya en la Sentencia del Tribunal de Justicia de la Unión Europea, Sala Tercera, de 28 de abril de 2022, asunto C-237/2020 —*Federatie Nederlandse Vakbeweging* vs *Heiploeg Seafood International BV*, *Heitrans International BV*—, apartados 46, 52, 55, 62, 63 y 65, reconociendo de forma expresa a la figura del *prepack* el cumplimiento de los requisitos dispuestos en el artículo 5.1 de la Directiva 2001/23/CE para su aplicación, superando la posición contraria sustentada con anterioridad en la Sentencia del Tribunal de Justicia de la Unión Europea, Sala Tercera, de 22 de junio de 2017, asunto C-126/16 —*Federatie Nederlandse Vakvereniging y otros* vs *Smallsteps BV*— (así, FLORES, «La Propuesta...», *cit.*, apartado V.3, p. 10; VALENCIA, «La Propuesta...», *cit.*, apartado V, p. 8; THERY, «El Prepack...», *cit.*, pp. 97-98, especialmente esta última. Considera en este punto que los artículos 224 ter a 224 septies del texto refundido de la Ley Concursal satisfacen también estos requisitos, COHEN, «El Pre-pack...», *cit.*, pp. 143-145, especialmente esta última).

8. AZOFRA, F., «Enajenación...», *cit.*, pp. 49-50, especialmente esta última, abogando precisamente por aprovechar el trance de la transposición de la Directiva 2019/1023 para extender el régimen especial de transmisión de las unidades productivas en sede concursal de los artículos 215 y siguientes del texto refundido de la Ley Concursal a las ventas de unidades productivas realizadas en ejecución de un plan de reestructuración homologado judicialmente, sobre todo en lo que respecta a la exclusión de responsabilidad solidaria del adquirente; BRENES, J., «Venta de Unidades...», *cit.*, apartado V, pp. 14-15; GONZÁLEZ VÁZQUEZ, *Píldoras...*, *cit.*, p. 247; ALONSO HERNÁNDEZ, «Los Planes liquidativos: la Transmisión del Negocio con Acuerdo de Acreedores», *Revista General de Insolvencias & Reestructuraciones*, n.º 10, 2023, pp. 167 y 171.

la expresa referencia que se hacía en cambio al experto en el equivalente 224 bis.8 del Proyecto de Ley 16/2022, de 5 de septiembre, de reforma del Texto Refundido de la Ley Concursal. En él se apuntaba que «*La presentación de la solicitud de concurso con presentación de oferta de adquisición de una o varias unidades productivas requerirá que el deudor o el experto realice al propio tiempo una publicación de dicha oferta en el portal de liquidaciones concursales del Registro público concursal*». La nueva disposición se limita ahora a señalar, sin precisar los sujetos encargados de su realización, que «*La oferta de adquisición de una o varias unidades productivas se publicará en el portal de liquidaciones concursales del Registro público concursal el mismo día que se publique la declaración de concurso en la sección primera de dicho Registro* (...)». Aquella expresa referencia que se hacía al experto junto al deudor en el artículo 224 bis.8 del Texto Refundido de la Ley Concursal parecía constatar la existencia de un elemento de conexión entre ambas regulaciones, evidenciando así dos posibilidades de preparación anticipada de la enajenación de la unidad productiva antes de la declaración de concurso. Una, en la que el deudor es quien se encarga de forma privada de la búsqueda y selección de una propuesta escrita vinculante de adquisición de la unidad productiva —artículo 224 bis del Texto Refundido de la Ley Concursal—. Otra, en la que el deudor solicita el nombramiento de un experto para recabar ofertas de adquisición de la unidad productiva, regulándose sus particularidades en los artículos 224 ter a 224 septies del Texto Refundido de la Ley Concursal, pero cuya ulterior presentación por el deudor junto con la solicitud de concurso, habida cuenta del silencio del legislador sobre este extremo, debía de someterse también al régimen previsto en el artículo 224 bis del Texto Refundido de la Ley Concursal[9].

La desconexión entre ambas regulaciones parece, sin embargo, ahora algo más evidente. Aun así, tampoco se puede descartar la aplicación del régimen previsto en el artículo 224 bis del Texto Refundido de la Ley Concursal a la tramitación de una oferta recabada por el experto. El régimen dispuesto en este precepto, que somete la oferta de adquisición presentada por el deudor a un específico trámite de transparencia, concurrencia e igualdad de condiciones, responde al propósito de garantizar la corrección en la actuación del deudor en la búsqueda y selección de la oferta presentada y disuadir de eventuales actuaciones fraudulentas. La desconfianza del legislador hacia el deudor en la búsqueda y selección de la mejor oferta y las eventuales dudas sobre la falta de transparencia y concurrencia en el proceso llevan a someter la oferta presentada a un proceso contradictorio y competitivo. De ahí su sujeción a la singular tramitación articulada en esa disposición. En este sentido, se supone sin embargo que la designación de un experto para recabar ofertas permite asegurar por su propia condición y actuación independiente la aplicación de estas reglas en el desempeño del encargo, aunque sea fuera del procedimiento concursal. Por esta razón, siempre que haya sido así en la búsqueda y selección de la oferta y resulte acreditado, sería excesivo

9. Así lo interpretábamos bajo la redacción del Proyecto de Ley 16/2022, de 5 de septiembre, de reforma del texto refundido de la Ley Concursal, en RUBIO VICENTE, «Nuevas Reglas...», *cit.*, pp. 5 y 9. Posición compartida también tras la Ley 16/2022, de 5 de septiembre, de reforma del texto refundido de la Ley Concursal por ALCOVER, G., «La Guía de buenas Prácticas concursales para el Nombramiento de Experto en Fase preconcursal ("prepack")», *Diario La Ley*, n.º 10238, de 1 de marzo de 2023 —edición electrónica—, apartados B, C.1 y C.2, p. 2.

y poco operativo a los fines propuestos con esta regulación someter de nuevo la oferta recabada de este modo al singular procedimiento previsto en el artículo 224 bis del Texto Refundido de la Ley Concursal, pudiendo tramitarse en ese caso por la vía del artículo 518 del Texto Refundido de la Ley Concursal, relativo a las autorizaciones judiciales, permitiéndose formular alegaciones a todas las partes y al administrador concursal, pero sin que se admita la presentación de nuevas ofertas alternativas. En caso contrario, estaría justificado, sin embargo, su sometimiento también a las reglas del artículo 224 bis del Texto Refundido de la Ley Concursal al objeto de garantizar el cumplimiento de aquellas condiciones[10].

10. En este sentido, parece acertado el *Acuerdo de la Junta de Jueces Mercantiles de Sevilla núm. 2/2022, de 25 de octubre de 2022, sobre Articulación procesal del Prepack (artículos 224 ter a 224 septies) y la solicitud de concurso con presentación de oferta de adquisición de una o varias unidades productivas*, pp. 1-3 y conclusión II, proporcionando argumentos de orden sistemático y lógico para defender una tramitación autónoma del *prepack* salvo que en la búsqueda de ofertas por el experto no se hayan dado los requisitos de publicidad, contradicción y posibilidad de mejora sucesiva. Comparte asimismo esta posición, COHEN, A., «El Pre-pack...», *cit.*, p. 142. Ésta parece ser también la solución adoptada en la Propuesta de Directiva UE, de 7 de diciembre de 2022, *relativa a la armonización de determinados aspectos de la legislación en materia de insolvencia*, cuyo artículo 24.1 exige que el proceso de venta llevado a cabo durante la fase de preparación del *prepack* sea competitivo, transparente, equitativo y cumpla las normas del mercado, autorizándose únicamente la venta de la empresa al adquirente propuesto por el *supervisor* —experto— siempre que éste haya emitido un dictamen que confirme que el proceso de venta se llevó a cabo con arreglo a aquellos requisitos —artículo 26.1—. En consecuencia, sólo permite apartarse de su cumplimiento si el órgano judicial organiza una subasta pública en la fase de liquidación del *prepack*, utilizando precisamente como oferta inicial en la subasta pública la oferta seleccionada por el supervisor, pero exigiendo en estos casos que las protecciones concedidas al licitador inicial en la fase de preparación —reembolso de gastos o costes de ruptura— sean proporcionadas y adecuadas y no disuadan a las partes potencialmente interesadas de presentar ofertas en la fase de liquidación —artículos 24.3 y 26.2—. Posibilidad que no deja de evocar la aplicación residual en estos casos del régimen previsto en el artículo 224 bis del texto refundido de la Ley Concursal, que sería el equivalente al procedimiento de subasta pública apuntado en la Propuesta (distingue por esta razón entre un modelo *Prepack* puro y un modelo *Prepack* imperfecto, THERY, A., «El Pre-pack...», *cit.*, pp. 108-109, especialmente esta última, aplaudiendo también la solución adoptada por los jueces de Sevilla, calificada de cabal y vanguardista; destacan igualmente estas dos opciones, FLORES, M., «La Propuesta...», *cit.*, apartado V.1, p. 9; VALENCIA, F., «La Propuesta...», *cit.*, apartado V.2, p. 8). Más cuestionable se presenta en este punto la decisión contraria e indiscriminada a la aplicación del artículo 224 bis del texto refundido de la Ley Concursal, adoptada en la *Guía de buenas Prácticas, de Carácter orientativo y no vinculante, para el Nombramiento de Experto en Fase preconcursal («Prepack»)*, aprobada por los Magistrados/as de los Juzgados mercantiles de Madrid, en Junta de 21 de febrero de 2023, *Revista General de Insolvencias & Reestructuraciones*, n.º 9, 2023, apartado 8, pp. 175-176, al considerar con carácter general, sin excepciones, que no se aplicará al *prepack* la tramitación prevista en el artículo 224 bis del texto refundido de la Ley Concursal siempre que el informe del experto sea favorable a la operación (muy crítico también con esta decisión de los jueces de Madrid, ALCOVER, G., «La Guía...», *cit.*, apartados A y esp. C, pp. 1-3, al entender que debe acudirse inexcusablemente a la regulación del artículo 224 bis, tanto si se nombra como si no se nombra previamente un experto que recabe ofertas de adquisición, pues esa disposición se refiere en general a todos los supuestos. Entiende que esta Guía constituye un atentado a la seguridad jurídica, estableciendo un procedimiento nuevo sin base legal, asumiendo así los jueces el papel de legisladores; reproche que ya apuntaba en ALCOVER, G., «El denominado pre-pack concursal», *La Ley Mercantil*, n.º 82 (julio), 2021, edición electrónica, apartado 7, p. 5, si bien en relación con las Directrices elaboradas por los Juzgados de lo Mercantil de Barcelona para la aplicación alegal del *Prepack*). Descarta también con carácter general la aplicación del artículo 224 bis, AAVV., *Texto refundido de la Ley Concursal comentado* (est. coord. por A. Macías Castillo y R. Juega Cuesta), Lefebvre-El Derecho, Madrid, 2023, p. 502.

A diferencia de lo que sucede en las reglas del procedimiento general, se prevé de forma expresa en ambas modalidades la obligación del oferente de asumir en la oferta presentada la obligación de continuar o reiniciar la actividad de la unidad o unidades productivas, si bien de forma inexplicable con un plazo mínimo diferente de tres y dos años, respectivamente. Diferencia que se pretendía subsanar y convertir en dos años con motivo de la tramitación del *Proyecto de Ley Orgánica de Eficiencia organizativa del Servicio público de Justicia*, de 19 de abril de 2022, cuya disposición final Segunda quinquies modificaba el artículo 224 bis del Texto Refundido de la Ley Concursal con este propósito[11]. La disolución de las Cortes generales por el adelanto de las elecciones generales ha impedido sin embargo su aprobación definitiva.

## III. PROCEDIMIENTO GENERAL

Las reglas que configuran este procedimiento, agrupadas en los artículos 215 a 224 del Texto Refundido de la Ley Concursal son herederas de la dispersa regulación en la materia contenida en la Ley Concursal. No han recibido modificaciones sustanciales con motivo de la Ley 16/2022, de 5 de septiembre, de reforma del Texto Refundido de la Ley Concursal. La mayor parte de ellas son meras alteraciones puntuales de régimen encaminadas a agilizar el procedimiento, ligeras adiciones normativas para precisar aún más sus términos y facilitar su aplicación o simples reiteraciones de reglas ya incluidas en la redacción originaria del del Texto Refundido de la Ley Concursal, al objeto de desactivar las objeciones realizadas sobre una eventual transgresión de la delegación legislativa.

### 1. MODOS DE ENAJENACIÓN Y OFERTAS DE ADQUISICIÓN

Los modos de realización de la unidad productiva están previstos en los artículos 215 y 216 del Texto Refundido de la Ley Concursal, frente a su limitada regulación inicial en el artículo 149.1. 1.ª de la Ley Concursal, relativo a las reglas legales supletorias, configurándose en el primero de ellos un modo ordinario o preferente de enajenación y en el segundo otros modos alternativos y subsidiarios, relegados a la preceptiva y previa autorización judicial.

Ambas disposiciones han sido objeto de sucintas modificaciones que afectan a la preferencia del modo de realización y a su ámbito temporal de aplicación. Así, frente al originario modo preferente de realización consistente en la subasta en cualquiera de sus modalidades, judicial o extrajudicial, incluida la electrónica, la Ley 16/2022, de 5 de septiembre, de reforma del Texto Refundido de la Ley Concursal, otorga prioridad en exclusiva a la subasta electrónica, sin perjuicio de que el juez pueda autorizar otro modo de realización. Preferencia que resulta coherente con la adopción de esta misma solución durante la aplicación de la legislación de emergencia Covid-19, pero cuya falta de concreción en sus términos no deja de generar cierta incertidumbre, en la medida en que las subastas públicas electrónicas pueden ser judiciales o administrativas, sin que

11. Boletín Oficial de las Cortes Generales, Congreso de los Diputados, Serie A, n.º 98-3, de 31 de enero de 2023, p. 68.

se sepa con exactitud si tienen cabida ambas modalidades[12]. Falta de precisión que supone el regreso a la situación vigente en la Ley Concursal, donde tan sólo se aludía al mecanismo de la subasta, matizado con acierto por el Texto Refundido de la Ley Concursal al contemplar su diversa tipología, que ahora desaparece de nuevo bajo la exclusiva modalidad de subasta electrónica, confundiendo los tipos de subasta con el medio utilizado para su realización. En consecuencia, la unidad productiva se incluirá en el portal de subastas de la Agencia Estatal del BOE o en o en cualquier otro portal especializado.

Su ámbito de aplicación también se ha visto alterado. Desaparece la referencia temporal a «La enajenación en cualquier estado del concurso (...)», lo que suponía afectar a todas las fases del procedimiento concursal. En su lugar, este modo preferente de realización sólo rige ahora hasta la aprobación del convenio o hasta la apertura de la fase de liquidación. Todo ello en respuesta a una mayor coherencia normativa con las particularidades que presenta el convenio de asunción —artículo 324— que reclama ya la determinación del sujeto adquirente en la propuesta, lo que se antoja por tanto contradictorio con la subasta. Y también con las nuevas previsiones que rigen la fase de liquidación, donde se faculta al juez para fijar las reglas especiales de liquidación que considere oportunas —artículo 415.1—.

La regulación de los modos alternativos de realización, enajenación directa o mediante persona o entidad especializada, subordinados en todo caso a la previa solicitud y autorización judicial, conserva sin embargo su redacción originaria en el artículo 216 del Texto Refundido de la Ley Concursal. No obstante, desaparecen de él las referencias que se hacían en esta misma disposición a la sujeción de esta solicitud al trámite de las autorizaciones judiciales y al régimen de recursos, resultando reiterativo e innecesario al ser aplicable el artículo 518 del Texto Refundido de la Ley Concursal, que ya prevé ambas cuestiones. En este mismo sentido, cabe destacar también la relativa a la retribución de la persona o de la entidad especializada, que se debía satisfacer con cargo a la retribución percibida por la administración concursal, por lo que parece que dejará de ser así, pudiendo en consecuencia costearse por el adquirente con cargo al precio de venta[13]. Subsiste, en cambio, su mayor ámbito de aplicación frente al modo ordinario o preferente de realización, al poder aplicarse ambas alternativas en cualquier estado del concurso, a pesar de haberse equiparado con aquél en este punto en el Anteproyecto de la Ley 16/2022, de 5 de septiembre, de reforma del Texto Refundido de la Ley Concursal.

El régimen de la presentación y contenido de las ofertas de adquisición, previsto en los artículos 217 y 218 del Texto Refundido de la Ley Concursal, respectivamente,

---

12. Postulaba también la reformulación del precepto por este motivo el Informe sobre el Anteproyecto de Ley de reforma del texto refundido de la Ley Concursal del Pleno del Consejo General del Poder Judicial, de 25 de noviembre de 2021, apartado 643, p. 224. Crítico, en general, con la subasta como modo ordinario de realización de las unidades productivas, GONZÁLEZ VÁZQUEZ, *Píldoras…*, *cit.*, p. 237.
13. AAVV., *Texto refundido…*, *cit.*, p. 474, destacando además la relevancia y las ventajas de acudir a este tipo de entidades.

se mantiene sin modificaciones. Ambas exigencias resultan aplicables cualquiera que sea el modo adoptado de enajenación, lo que contrasta con la limitada previsión que se hacía en el artículo 149.3 de la Ley Concursal a la enajenación mediante subasta, aunque extendía el contenido de las ofertas únicamente a la enajenación directa.

Se impone en el artículo 217 del Texto Refundido de la Ley Concursal el deber a cargo de la administración concursal, que antes resultaba indeterminado, de fijar el plazo para la presentación de las ofertas de adquisición. Esto no significa, sin embargo, que haya que presentar también varias ofertas de adquisición en el caso de enajenación directa o a través de persona o entidad especializada, sino que la oferta u ofertas de adquisición, según el modo de realización que se aplique, deben formalizarse en todo caso dentro del plazo estipulado. Asimismo, este órgano debe especificar, antes del inicio de este plazo, los gastos realizados con cargo a la masa activa para la conservación en funcionamiento de la actividad del conjunto de la empresa o de la unidad o unidades productivas objeto de enajenación, así como los previsibles hasta la adjudicación definitiva. Prescripción que bajo la vigencia del artículo 149.3 de la Ley Concursal correspondía satisfacer a los oferentes y que con acierto se ha imputado al administrador concursal al objeto de posibilitar una mejor valoración de las ofertas presentadas, evitando que cada una fije una cuantía distinta por este concepto y proporcionar una mayor seguridad jurídica en su formalización y selección[14].

El artículo 218 del Texto Refundido de la Ley Concursal señala, por su parte, el contenido mínimo que deben de respetar todas las ofertas que se presenten, con independencia del sistema o modo de enajenación aplicado, superando así el silencio de la Ley Concursal respecto a su aplicación también a los supuestos de enajenación directa o mediante persona o entidad especializada. En consecuencia, aunque la enajenación de la unidad productiva no se realice mediante subasta con ofertas concurrentes, la enajenación directa o mediante persona o entidad especializada también presupone la presentación de una oferta dentro del plazo señalado y respetar el contenido mínimo allí estipulado, que concierne a la identificación y solvencia del oferente, la concreción de los diversos elementos incluidos en la oferta, el precio, modalidades de pago y garantías y la incidencia sobre los trabajadores. En este sentido, llama sin embargo la atención que se dé preferencia a la subasta cuando en realidad, por su contenido, las ofertas pueden establecer diversas variables que transcienden el diferente precio ofertado, como suele ser habitual en este específico modo de enajenación, y que por tanto no se corresponden exactamente con él[15].

## 2. REGLA DE LA PREFERENCIA

La voluntad de compatibilizar la tradicional finalidad solutoria del concurso y la conservación de la unidad productiva y del empleo lleva al legislador a prever en el artículo 219 del Texto Refundido de la Ley Concursal una regla que faculta al juez para

14. RUBIO VICENTE, «Las Especialidades...», *cit.*, pp. 17-18.

15. Crítico también por este motivo, ALCOVER, G., «La Enajenación...», *cit.*, apartado B, p. 2; ID., «La "Guía..."» *cit.*, apartado B, p. 1.

adjudicar la unidad productiva con carácter preferente a la oferta que mejor garantice la continuidad de la empresa en su conjunto, o de la unidad productiva y de los puestos de trabajo, así como la mejor y más rápida satisfacción de los créditos de los acreedores. Ello, aunque la oferta en cuestión no sea la más elevada de todas, siempre que no difiera en más del quince por ciento de la oferta superior.

Configurada inicialmente como un mandato en el artículo 149.1.3.ª de la Ley Concursal y en términos mucho más amplios, sin sujeción a límites de tipo cuantitativo, es el resultado de diversas reformas hasta convertirla en una facultad —el juez *podrá*— y restringir el amplio margen de decisión judicial mediante la fijación en diversos momentos de un tope cuantitativo para permitir su aplicación, inicialmente una diferencia no superior al diez por ciento y elevada con posterioridad al quince (Decreto-ley 11/2014, de 5 de septiembre, y Ley 9/2015, de 25 de mayo). Límite que se mantiene en el vigente artículo 219 del Texto Refundido de la Ley Concursal, que perfeccionó su redacción, al sustituir con buen criterio la referencia que se hacía en él a la oferta inferior por la oferta superior y clarificar frente a la indeterminación anterior su ámbito de aplicación, limitado en exclusiva a la subasta, en la medida en que en el resto de los modos de enajenación la adjudicación es el resultado de la búsqueda directa y no concurrente de un adquirente[16].

En este punto, la Ley 16/2022, de 5 de septiembre, de reforma del Texto Refundido de la Ley Concursal se ha limitado simplemente a adicionar un segundo apartado a este precepto. En él se declara la aplicación de esta regla también a las ofertas realizadas por personas trabajadoras interesadas en la sucesión de empresa mediante la constitución de sociedad cooperativa o laboral. Lo que advierte ya indirectamente de la posibilidad de presentación de ofertas por estos sujetos en el procedimiento general de enajenación de la unidad productiva. Sin embargo, no se entiende muy bien su específica previsión, en la medida en que no había ningún obstáculo antes de la Ley 16/2022, de 5 de septiembre, de reforma del Texto Refundido de la Ley Concursal para que estos sujetos pudieran presentar ofertas de adquisición de la unidad productiva, más allá de resultar coherente con la expresa previsión que se hace también ahora en el nuevo artículo 224 bis.3 del Texto Refundido de la Ley Concursal, reconociendo asimismo a estas personas la posibilidad de realizar una propuesta escrita vinculante de adquisición de la unidad productiva que acompañe a la solicitud de concurso presentada por el deudor[17]. No obstante, en esta última disposición también se alude a la constitución de una sociedad participada, que se omite en la referencia contenida en la regla de la preferencia. Motivo por el cual estas ofertas también deben verse sometidas, en su caso, a esta regla.

Llama, sin embargo, la atención la declaración efectuada en el artículo 224 bis.6 del Texto Refundido de la Ley Concursal, según la cual, para el caso de solicitud de

16. Para un examen de la evolución de esta regulación, *vid.* RUBIO VICENTE, «Las Especialidades…», *cit.*, pp. 18-19.
17. Considera también que esta previsión no aporta nada y resulta innecesaria, GONZÁLEZ VÁZQUEZ, *Píldoras…*, *cit.*, pp. 237-238 y 245.

concurso con presentación de oferta de adquisición por parte de personas trabajadoras mediante la constitución de sociedad cooperativa, laboral o participada, si esta oferta es igual o superior a la de las demás propuestas alternativas presentadas, el juez priorizará dicha propuesta siempre que ello atienda al interés del concurso, considerando en el mismo la continuidad de la empresa, la unidad productiva y los puestos de trabajo, entre otros criterios.

Su disposición se antoja incomprensible. Si la oferta presentada por los trabajadores atiende al interés del concurso, priorizarla cuando sea superior o igual a las demás propuestas alternativas presentadas, parece algo evidente. En el primer caso, porque además la oferta es superior. En el segundo, porque a pesar de la igualdad es la que mejor atiende al interés del concurso, a menos que la igualdad también afecte a este extremo, optándose no obstante por la oferta presentada por los trabajadores. Por otra parte, no se puede desconocer que a estas ofertas también le es aplicable la regla de la preferencia —artículo 219.2 del Texto Refundido de la Ley Concursal—, por lo que no se entiende por qué en estos casos la preferencia por esta oferta exige que la oferta deba ser igual o superior a las demás, al admitirse en ese caso una diferencia del quince por ciento de la oferta superior. Cuestión distinta es que, a igualdad de condiciones económicas entre todas ellas, se quiera dar prioridad a la presentada por los trabajadores. Añadir que esto también será así cuando esta oferta sea superior, resulta sin embargo innecesario si existe identidad en el resto de las condiciones. Del mismo modo que, si esta oferta es superior, pero hay ofertas inferiores presentadas por otros sujetos que garantizan mejor la continuidad de la empresa y de los puestos de trabajo, esta decisión resultaría contraria a la aplicación del artículo 219.2 del Texto Refundido de la Ley Concursal, a menos que se quiera priorizar de forma excepcional la oferta presentada en esos casos por los propios trabajadores. La coordinación entre ambas disposiciones se antoja, en definitiva, incierta y algo confusa.

## 3. EFECTOS JURÍDICOS

El Texto Refundido de la Ley Concursal contempla en última instancia los distintos efectos jurídicos que derivan de la enajenación de la unidad productiva sobre los contratos pendientes de cumplimiento, licencias y autorizaciones administrativas, las relaciones laborales y de Seguridad Social y los créditos pendientes de pago por el concursado.

Su regulación no se ha visto alterada por la Ley 16/2022, de 5 de septiembre, de reforma del Texto Refundido de la Ley Concursal, con la única excepción del fenómeno de la sucesión de empresa a efectos laborales y de Seguridad Social, en cuyo régimen se han introducido concisas y puntuales adiciones normativas al objeto de clarificar y facilitar aún más la concreción del perímetro de esta sucesión y confirmar la limitación y la competencia judicial incorporadas *ex novo* en la redacción originaria del Texto Refundido de la Ley Concursal, afectadas por una eventual transgresión en la delegación legislativa.

### 3.1. Subrogación en contratos, licencias o autorizaciones

Fiduciario del precedente artículo 146 bis de la Ley Concursal en sede de liquidación concursal, en el que se regula por primera vez esta cuestión, el vigente artículo 222.1 del Texto Refundido de la Ley Concursal conserva su redacción originaria tras la supresión de incisos confusos e imprecisos, de difícil interpretación —contratos cuya resolución no hubiera sido solicitada—[18].

En esta disposición se mantiene por tanto la declaración de subrogación del adquirente de la unidad productiva en los contratos afectos a la continuidad de la actividad profesional o empresarial que se desarrolla en la unidad o unidades productivas objeto de transmisión, sin necesidad de consentimiento de la otra parte. Con esta previsión, que supone una cesión automática o *ex lege* de este tipo de contratos, se superan los inconvenientes derivados de la aplicación hasta su incorporación de las reglas de derecho común que rigen la cesión de contratos, evitando así dejar en manos de los contratantes cedidos la eventual continuidad de cada contrato afecto y, en último término, la realización de la enajenación y conservación de la unidad productiva ante el riesgo de desistir el adquirente de la operación si no continúan estos contratos esenciales.

Subsiste, sin embargo, la expresa referencia a la subrogación en los contratos *afectos* a la continuidad de la actividad, aunque parece que debería referirse únicamente a los contratos necesarios para este fin, si lo que se pretende es garantizar este objetivo, en la medida en que todos los contratos que están afectos no tienen por qué ser necesarios para lograr este propósito[19]. Asimismo, y a pesar de esta genérica declaración inicial, persiste también en él la excepción representada por los contratos administrativos, cuya cesión debe respetar lo establecido en la legislación sobre contratos del sector público, en la que se reclama la necesaria autorización de la cesión con carácter previo y expreso por el órgano de contratación —artículo 214 Ley 9/2017, de 8 de noviembre, *de Contratos del Sector Público*—.

Esta declaración de subrogación *ex lege* no se aplica exclusivamente a los contratos afectos, el artículo 222.3 del Texto Refundido de la Ley Concursal la extiende también a las licencias o autorizaciones también afectas a la continuidad de la actividad empresarial o profesional que formen parte de la unidad productiva. Es necesario para ello que el adquirente continúe la actividad en las mismas instalaciones, en la medida en que fueron concedidas en atención a unas determinadas circunstancias y condiciones de ejercicio. En otro caso, el adquirente deberá solicitar unas nuevas. Llama, no obstante, la atención en este punto que sólo se subordine la subrogación al hecho de continuar en las mismas instalaciones y no al mantenimiento de las circunstancias y condiciones que permitieron su concesión.

La subrogación automática no es, sin embargo, absoluta. El artículo 223 del Texto Refundido de la Ley Concursal excluye la subrogación del cesionario en las licencias,

18. En este sentido, *vid.* RUBIO VICENTE, «Las Especialidades...», *cit.*, p. 26.
19. RUBIO VICENTE, «Las Especialidades...», *cit.*, p. 27.

autorizaciones y contratos no laborales en los que el adquirente, al tiempo de formular la oferta, haya manifestado expresamente su intención de no subrogarse, precisándose así el momento para hacerlo. Se admite de este modo la posibilidad de que el adquirente de una unidad productiva pueda no tener interés en la continuidad de ciertos contratos, licencias o autorizaciones, a pesar de estar afectos a la continuidad de la actividad profesional o empresarial de la unidad productiva, puesto que pueden ser suplidos a este fin por otros que pueda celebrar o haber celebrado ya el adquirente. De ahí que en esos casos no tenga sentido imponer la subrogación *ex lege*, dispuesta únicamente en interés del adquirente para lograr la conservación de la funcionalidad de la unidad productiva, lo que permite hacer dudar, sin embargo, de la existencia de una auténtica cesión contractual automática[20]. La única excepción a esta exclusión está representada por los contratos laborales, al aludir a la posibilidad de exclusión voluntaria de la subrogación únicamente en relación con los contratos no laborales, por resultar aplicable de forma ineludible las reglas que rigen la sucesión de empresa a estos concretos efectos.

### 3.2. Competencia y concreción de la sucesión de empresa

Una de las mayores novedades introducidas entre las especialidades de la enajenación de la unidad productiva en el Texto Refundido de la Ley Concursal han sido las reglas que regulan el fenómeno de la sucesión de empresa a efectos laborales y de Seguridad Social. Y que vuelven ahora a ser objeto de puntuales adiciones con motivo de la Ley 16/2022, de 5 de septiembre, de reforma del Texto Refundido de la Ley Concursal.

El artículo 221 del Texto Refundido de la Ley Concursal mantiene en esencia su contenido originario, pero se ha añadido un nuevo inciso en el apartado 2 y un nuevo apartado 3.

En primer lugar, se declara la existencia de sucesión de empresa a efectos laborales y de Seguridad Social siempre que se produzca la enajenación de una unidad productiva. Es preciso por tanto que el objeto de la enajenación sea el que se define en el artículo 200 del Texto Refundido de la Ley Concursal, en el que se alude a la existencia de un conjunto de medios organizados para el ejercicio de una actividad económica esencial o accesoria. Concepto que coincide en lo sustancial con el que se proporciona a estos mismos propósitos en el artículo 44 del Estatuto de los Trabajadores. El automatismo que preside esta declaración normativa no exime, sin embargo, de la verificación del resto de requisitos que desencadenan la aplicación de estos particulares efectos. Por este motivo, aunque desaparece la referencia inicial que se hacía en el artículo 149.4 de la Ley Concursal, y se conserva en el artículo 44.2 del Estatuto de los Trabajadores, al mantenimiento de la identidad de la entidad económica, esto no significa que no deba también estar presente. Su omisión responde simplemente a un propósito de mayor simplificación en su redacción. Por consiguiente, deben concurrir todos los requisitos

20. En este sentido, ya, RUBIO VICENTE, «Las Especialidades…», *cit.*, p. 28.

estructurales exigidos para ello, ya apuntados por la doctrina y la jurisprudencia —entidad económica, transmisión o enajenación e identidad, entendida como capacidad y autonomía organizativa y funcional—[21].

Subsiste, asimismo, en el artículo 221.2 del Texto Refundido de la Ley Concursal, la novedosa atribución de competencia exclusiva al juez del concurso para declarar la existencia de sucesión de empresa. Aspecto controvertido que fue objeto de diversas consideraciones sobre la eventual existencia en él de una transgresión en la delegación legislativa, en la medida en que no había ningún precepto en la Ley Concursal que se pronunciara en este sentido, resultando contrario además a la doctrina fijada en este punto por la Sala de lo Social del Tribunal Supremo[22], pero que ahora se desvanece con su ratificación en la Ley 16/2022, de 5 de septiembre, de reforma del Texto Refundido de la Ley Concursal[23]. Esta solución permite sin duda la unificación de la toma de decisiones sobre este aspecto, resolviendo así el problema derivado de la ulterior revisión de las resoluciones judiciales dictadas al respecto por los jueces de lo Mercantil y los conflictos jurisdiccionales existentes por este motivo[24].

La Ley 16/2022, de 5 de septiembre, de reforma del Texto Refundido de la Ley Concursal, precisa aún más el alcance de esta competencia, extendiéndola en este segundo apartado, más allá de la declaración de la existencia de sucesión de empresa, a la concreta delimitación de los activos, pasivos y relaciones laborales que la componen, eliminando de este modo cualquier incertidumbre respecto al alcance de la subrogación del adquirente. Se ratifica así la decisión ya adoptada en el Texto Refundido de la Ley Concursal, facultando en este sentido al juez del concurso para determinar en cada caso concreto los contratos de trabajo en vigor en los que se subrogará efectivamente el adquirente[25]. Esta nueva previsión se completa con el artículo único. Siete de la Ley Orgánica 7/2022, de 27 de julio, *de modificación de la Ley Orgánica 6/1985, de*

---

21. A este respecto, *vid.* ampliamente nuestro trabajo RUBIO VICENTE, «Sucesión de Empresa en la Enajenación de Unidades productivas en Concurso», *Revista de Derecho Concursal y Paraconcursal*, n.º 31, 2019, —edición electrónica—, pp. 6-12, y los autores allí citados; asimismo, BRENES, «Venta de Unidades...», *cit.*, apartado III, p. 7.
22. Entre otras, Sentencia del Tribunal Supremo, Sala de lo Social, sección 1.ª, de 29 de octubre de 2014 (rec. 1573/2013), Fundamento de Derecho Quinto; Sentencia del Tribunal Supremo, Sala de lo Social, sección 1.ª, núm. 20/2017, de 11 de enero, Fundamentos de Derecho Tercero y Cuarto; Sentencia del Tribunal Supremo, Sala de lo Social, sección 1.ª, núm. 442/2017, de 18 de mayo, Fundamento de Derecho Segundo; Sentencia del Tribunal Supremo, Sala de lo Social, sección 1.ª, núm. 592/2017, de 5 de julio, Fundamento de Derecho Tercero; Sentencia del Tribunal Supremo, Sala de lo Social, sección 1.ª, núm. 8/2018, de 11 de enero, Fundamento de Derecho Segundo; Sentencia del Tribunal Supremo, Sala de lo Social, sección 1.ª, núm. 209/2018, de 27 de febrero, Fundamento de Derecho Cuarto; Sentencia del Tribunal Supremo, Sala de lo Social, sección 1.ª, núm. 981/2018, de 27 de noviembre.
23. Una crítica a la introducción de esta previsión en el texto refundido de la Ley Concursal, sin perjuicio de defender la conveniencia de la atribución de esta competencia al juez del concurso, en RUBIO VICENTE, «Sucesión de Empresa...», *cit.*, pp. 233 y siguientes; ID., «Las Especialidades...», *cit.*, pp. 22-24, especialmente esta última.
24. GONZÁLEZ VÁZQUEZ, *Píldoras...*, *cit.*, pp. 238-239.
25. Así lo entiende también, RIVAS, «Enajenación de la Unidad productiva y Pre-pack en el proyectado Procedimiento especial para Microempresas», *Anuario de Derecho Concursal*, n.º 56 (mayo-

*1 de julio, del Poder Judicial, en materia de Juzgados de lo Mercantil*, por el que se modifica el artículo 86 ter.2.4.ª, según el cual la jurisdicción del juez del concurso será exclusiva y excluyente para «*La declaración de la existencia de sucesión de empresa a efectos laborales y de seguridad social en los casos de transmisión de unidad o de unidades productivas y la determinación de los límites de esa declaración conforme a lo dispuesto en la legislación laboral y de seguridad social*». Es decir, la exacta concreción del perímetro o alcance de esta sucesión, lo que se debe poner en estrecha relación también con la limitación de este perímetro a los créditos laborales y de Seguridad Social correspondientes a los trabajadores de esa unidad productiva en cuyos contratos quede subrogado el adquirente, contemplada en el artículo 224.1. 3.º del Texto Refundido de la Ley Concursal.

Al objeto de facilitar la consecución de esta tarea por el juez y aportar mayor seguridad jurídica al adquirente sobre este aspecto, el nuevo artículo 221.3 del Texto Refundido de la Ley Concursal, introducido por la Ley 16/2022, de 5 de septiembre, de reforma del Texto Refundido de la Ley Concursal, le habilita para recabar un informe de la Inspección de Trabajo y Seguridad Social, relativo a las relaciones laborales afectas a la enajenación de la unidad productiva y las posibles deudas de Seguridad Social relativas a estos trabajadores. Este informe debe emitirse por este organismo en el plazo improrrogable de diez días. Aunque parece tener carácter facultativo para el juez —*el juez podrá*— y obligatorio para la Inspección de Trabajo —*El informe deberá emitirse*—, se desconoce, sin embargo, su eventual carácter vinculante o no y las consecuencias derivadas de su omisión; aspectos que deberían haber sido objeto de atención por el legislador a fin de aportar mayor seguridad jurídica en su configuración y atribución de valor a este documento. Lo único que resulta claro es que no se puede prorrogar el plazo para su emisión.

### 3.3. Efectos sobre los créditos pendientes de pago

La regulación de los efectos de la enajenación de la unidad productiva sobre los créditos pendientes de pago, previstos en el artículo 224 del Texto Refundido de la Ley Concursal, no ha experimentado ninguna modificación por la Ley 16/2022, de 5 de septiembre, de reforma del Texto Refundido de la Ley Concursal, ni siquiera para ratificar la proclamada limitación del perímetro de la sucesión de empresa a efectos laborales y de Seguridad Social, introducida *ex novo* en el artículo 224.1.3.ª del Texto Refundido de la Ley Concursal. Ello, a pesar también de las acusaciones realizadas en relación con este aspecto sobre una eventual transgresión de la delegación legislativa.

La regla general que preside la regulación de estos efectos dispone que la transmisión de la unidad productiva no llevará aparejada la obligación de pago de los créditos no satisfechos por el concursado antes de la transmisión, ya sean concursales o contra

---

agosto), 2022, edición electrónica, apartado I.2, pp. 2-3; AAVV., *Texto refundido…*, *cit.*, p. 485. Abogaba ya por esta extensión de la competencia antes incluso de la transposición de la Directiva 2019/1023, AZOFRA, «Enajenación…», *cit.*, p. 60, al objeto de evitar que las dudas sobre su alcance retraigan la licitación.

la masa —artículo 224.1 del Texto Refundido de la Ley Concursal—. Esta regla, al igual que sucedía en materia de subrogación de contratos, licencias o autorizaciones, se prevé en evidente interés del adquirente y del concurso, eliminando así cargas de la unidad productiva a fin de hacerla más atractiva para su adquisición.

Tras esta declaración inicial, el precepto contempla sin embargo tres excepciones.

En primer término, los supuestos en los que el adquirente asuma expresamente la asunción de esta obligación de pago —artículo 224.1. 1.º del Texto Refundido de la Ley Concursal—. Que el adquirente no esté obligado legalmente a satisfacer los créditos pendientes de pago por el concursado, no le impide hacerlo de forma voluntaria y renunciar a esta ventaja normativa. De ahí su previsión inicial. Sigue llamando la atención, no obstante, el hecho de que en estos casos se guarde silencio sobre la necesidad o no de contar en estos casos con el consentimiento de los acreedores, al tratarse de una asunción de deuda —artículo 1205 del Código Civil—, como se exceptúa sin embargo en relación con los contratos afectos y el consentimiento de los contratantes cedidos —artículo 222.1 del Texto Refundido de la Ley Concursal—. De entender que con esta excepción se prescinde del consentimiento de los acreedores, ello supondría una nueva alteración de las reglas generales en materia de obligaciones y contratos[26].

El segundo supuesto se refiere a la existencia de una disposición legal que así lo establezca —artículo 224.1. 2.º—. Declaración amplia que, al margen de otros posibles casos, debe ponerse en estrecha relación con el régimen dispuesto para la propuesta de convenio de asunción en el artículo 324.1 del Texto Refundido de la Ley Concursal, en la medida en que debe contener la asunción por el adquirente, entre otros compromisos, el de la obligación de pago total o parcial, de todos o algunos de los créditos concursales. Este compromiso había desaparecido en la reforma de la Ley Concursal de 2015, pero se recupera de nuevo con motivo de la promulgación del Texto Refundido de la Ley Concursal, si bien con unos términos y un alcance muy diferente al original previsto en el artículo 100.2 II de la Ley Concursal. En él se exigía la asunción del pago de los créditos de los acreedores en los términos expresados en la propuesta de convenio, ahora se contemplan diversas posibilidades de compromiso de pago de los créditos concursales para su validez. Nada se dice, sin embargo, sobre si este compromiso produce la liberación o no del concursado y las consecuencias derivadas de su incumplimiento para el adquirente de la unidad productiva. En cualquier caso, sorprende que no se haga en el artículo 224.1.2.º del Texto Refundido de la Ley Concursal una expresa referencia o remisión normativa a un supuesto contemplado de forma explícita en el propio Texto Refundido de la Ley Concursal, en su artículo 324.1, cuyos términos además no existían en el texto que es objeto de refundición, incurriendo así de nuevo en un exceso normativo difícil de justificar, que curiosamente tampoco se ratifica con ocasión de la Ley 16/2022, de 5 de septiembre, de reforma del Texto Refundido de la Ley Concursal[27].

26. RUBIO VICENTE, «Las Especialidades...», *cit.*, p. 29.

27. RUBIO VICENTE, «Las Especialidades...», *cit.*, pp. 29-30, especialmente esta última, cuestionando ya su inclusión en el texto refundido de la Ley Concursal.

En último término, el artículo 224.1. 3.º del Texto Refundido de la Ley Concursal, a pesar de tratarse también de una excepción ya dispuesta por una disposición legal, contempla el supuesto de sucesión de empresa respecto de los créditos laborales y de Seguridad Social correspondientes a los trabajadores de esa unidad productiva en cuyos contratos quede subrogado el adquirente. En definitiva, la limitación del perímetro de la sucesión a los créditos de esta naturaleza que deriven únicamente de los contratos de trabajo en los que se subrogue el adquirente, no afectando en consecuencia esta excepción al pago de los créditos pendientes que deriven de contratos que se hubieran extinguido con anterioridad a la enajenación de la unidad productiva, de cuyo pago no deberá hacerse cargo por tanto el adquirente. Lo que supone una reducción del alcance de la responsabilidad del adquirente por este tipo de deudas laborales y de Seguridad Social. En consonancia con esta nueva configuración, se mantiene asimismo la facultad conferida al juez del concurso para acordar que el adquirente no se subrogue en la parte de la cuantía de los salarios o indemnizaciones pendientes de pago anteriores a la enajenación que sea asumida por el Fondo de Garantía Salarial (FOGASA), pero lo circunscribe también a los créditos derivados únicamente de estos contratos en que quede subrogado el adquirente. Limitaciones que no aparecen recogidas en estos términos en el refundido artículo 149.4 de la Ley Concursal y que evoca de nuevo una eventual transgresión de la delegación legislativa, no subsanada, sin embargo, por la Ley 16/2022, de 5 de septiembre, de reforma del Texto Refundido de la Ley Concursal, al no contemplarse en ella esta específica previsión normativa[28].

El artículo 224.2 del Texto Refundido de la Ley Concursal incluye una última excepción a la regla general dispuesta en esta materia. Lo hace, sin embargo, en un apartado diferente, a pesar de tratarse también de una excepción de este tipo. Se trata del supuesto de adquisición de la unidad productiva por personas especialmente relacionadas con el concursado, en línea con el trato desfavorable dispensado a estos sujetos a lo largo de la normativa concursal. En este mismo sentido, se declara la no aplicación de lo dispuesto en el apartado 1 del artículo 224 del Texto Refundido de la Ley Con-

---

28. Para un examen en detalle de esta problemática, *vid.* RUBIO VICENTE, «Las Especialidades…», *cit.*, pp. 24-25 y 30. No lo entiende así, sin embargo, COHEN, «La Venta de la Unidad productiva en el nuevo Escenario concursal», *Revista de Derecho Concursal y Paraconcursal*, n.º 33, 2020, edición electrónica, apartado IV, p. 6, nota núm. 21, considerando que aporta certidumbre jurídica; THERY, «Una segunda Oportunidad para las Unidades productivas», *Revista de Derecho Concursal y Paraconcursal*, n.º 33, 2020, edición electrónica, apartados II.2 y II.5, pp. 11-14, cuestionando incluso el sentido de la sucesión de empresa en el contexto concursal y abogando por otorgar en su lugar a los trabajadores un derecho de adquisición preferente o tanteo para adquirir ellos mismos la unidad productiva en condiciones iguales o mejores que las del adquirente propuesto por los acreedores. En idéntico sentido, ya, AZOFRA, «La Agilización de la Reestructuración del Activo: "Pre-Pack" y Procedimiento abreviado en la Reforma de la Ley concursal», *Revista de Derecho Concursal y Paraconcursal*, n.º 17, 2012, pp. 136 y siguientes, esp. 139-141; ID., «Enajenación…», *cit.*, pp. 40-41, 48-49 y esp. 53-54, defendiendo también con motivo de la transposición de la Directiva 2019/1023 la eliminación de este privilegio de la responsabilidad solidaria del adquirente, tanto en sede de concurso como de plan de reestructuración, al comprometer la regla de la *par conditio* y permitir al acreedor laboral y a la Seguridad Social cobrar íntegramente del adquirente a pesar de no tener una garantía real sobre la unidad productiva; en términos semejantes, BRENES, «Venta de Unidades…», *cit.*, apartado V, pp. 13-15.

cursal, es decir la exclusión de la regla general a estos supuestos. En consecuencia, en caso de adquisición de la unidad productiva por estas personas, deben asumir la obligación de pago de todos los créditos no satisfechos por el concursado. En la medida en que se dispone la no aplicación del apdo. 1 sin realizar mayores explicaciones al respecto, podría llegar a interpretarse incluso que tampoco sería aplicable a estos casos la excepción de la limitación del perímetro de la sucesión de empresa a efectos laborales y de Seguridad Social, circunscrita únicamente a los contratos de los trabajadores en los que se subrogue el adquirente. En ese caso deberían hacerse cargo también del pago de todos los créditos de esta naturaleza que tuviera pendientes de pago el concursado con independencia de que los contratos se hayan extinguido o no con anterioridad a la enajenación de la unidad productiva.

Con la adopción de esta medida se pretende atajar la realización de eventuales actuaciones fraudulentas entre el adquirente y el concursado, fundadas en su estrecha relación, que tengan por finalidad la recuperación de la unidad productiva por el concursado sin las cargas económicas que pesan sobre ella. Sin embargo, no siempre tiene por qué ser así, pudiendo ser además la oferta más elevada, resultando por ello excesiva su aplicación indiscriminada en todos los supuestos sin admitir la posibilidad de prueba en contrario de un eventual perjuicio. Restricción que impide además la conservación de la unidad productiva en el ámbito familiar y dificulta incluso su subsistencia, motivo por el cual los términos con los que se configura esta específica previsión normativa deberían ser objeto de una revisión o al menos limitación en su aplicación[29]. Es previsible que así suceda, si sale adelante la Propuesta de Directiva de la Unión Europea, de 7 de diciembre de 2022, *relativa a la armonización de determinados aspectos de la legislación en materia de insolvencia*, cuyo artículo 32 reconoce de forma expresa en el ámbito del *Prepack* la posibilidad de adquisición de la unidad productiva por una *parte estrechamente vinculada al deudor*, libre de deudas y pasivos, salvo que no se declare oportunamente al *supervisor* y al órgano jurisdiccional su relación con el deudor.

## IV. SOLICITUD DE CONCURSO CON OFERTA DE ADQUISICIÓN

Junto a las leves modificaciones y adiciones introducidas en el procedimiento general de enajenación de unidades productivas, la Ley 16/2022, de 5 de septiembre,

29. En este mismo sentido, GARNACHO, «La pretendida Uniformidad legislativa en materia de Enajenación de Unidades productivas tras las últimas Reformas concursales», *Anuario de Derecho Concursal*, n.º 39, 2016, —edición electrónica—, p. 4; ZABALETA, *El Concurso del Autónomo*, Madrid, 2018, pp. 160 y 168; RUBIO VICENTE, «Las Especialidades...», *cit.*, p. 31; IBIZA, «El "Pre-pack administration" español y su Progreso», *Diario La Ley*, n.º 9604, de 30 de marzo de 2020, edición electrónica, apartado II.3, pp. 6-7, especialmente esta última., y apartado IV, p. 13, sin perjuicio de exigir un mayor razonamiento y justificación en cuanto al proceso seguido y el plan de negocio que se propone por este adquirente; THERY, «Una segunda...», *cit.*, apartado II.1, pp. 4 y siguientes, esp. p. 6, exigiendo en contrapartida la sujeción de esta oferta a un especial escrutinio garantizando la participación de terceros en igualdad de condiciones que la persona especialmente relacionada con el deudor; GONZÁLEZ VÁZQUEZ, «Enajenación...», *cit.*, p. 8; ID., *Píldoras...*, *cit.*, pp. 259-260; RIVAS, «Enajenación...», *cit.*, apartado III.3, p. 6, destacando su relevancia en el caso de las microempresas.

de reforma del Texto Refundido de la Ley Concursal, inserta un nuevo artículo 224 bis en esta misma subsección 3.ª, regulando una modalidad particular de enajenación, la solicitud de concurso por el deudor con presentación de una propuesta escrita vinculante de acreedor o de tercero para la adquisición de una o varias unidades productivas.

Esta posibilidad no es totalmente desconocida para el legislador. Ya se preveía en los artículos 190.3 y 191 ter de la Ley Concursal y también en los artículos 523 y 530 del Texto Refundido de la Ley Concursal, obligando para su tramitación a la aplicación del procedimiento abreviado, ahora expresamente derogado por la Ley 16/2022, de 5 de septiembre, de reforma del Texto Refundido de la Ley Concursal, pero sin que en ellos se precisara ni el oferente ni el contenido de la propuesta. Además, a diferencia de lo que sucede en el artículo 224 bis del Texto Refundido de la Ley Concursal, se exigía que la propuesta escrita vinculante de adquisición se contuviera en un plan de liquidación que debía presentar el deudor con la solicitud de concurso, abriéndose de forma inmediata la fase de liquidación y sometiéndola a unas reglas específicas en consonancia con esta fase para la tramitación del plan, que sustituía al que tenían que presentar en el resto de supuestos el administrador concursal.

La desconfianza hacia la oferta así presentada por el deudor bajo la vigencia de la Ley Concursal, derivada del riesgo de una eventual falta de transparencia y concurrencia en su selección, la brevedad de los plazos dispuestos para su tramitación y su escueta regulación, suscitaron importantes reparos a su aplicación por todos los sujetos intervinientes en la operación. Esta circunstancia llevó a los Jueces de lo Mercantil de Madrid, en colaboración con el Colegio de abogados y economistas, a elaborar una Guía con el fin de impulsar este cauce normativo y favorecer la enajenación de unidades productivas en ausencia en nuestro ordenamiento jurídico de una regulación sobre la figura del *Prepack*[30].

El nuevo artículo 224 bis del Texto Refundido de la Ley Concursal prescinde de la inclusión de la propuesta escrita vinculante en un plan de liquidación, que por otra parte ha desaparecido con carácter general de las operaciones de liquidación en el concurso, y de la necesaria apertura de esta fase para su tramitación. En su lugar, la enajenación de la unidad productiva se produce en un breve plazo tras la declaración de concurso, por lo que es posible compatibilizar la realización de esta operación con la continuidad, en su caso, del resto de unidades productivas mediante la celebración de un conve-

30. *Guía de Buenas Prácticas procesales en materia del artículo 530 del texto refundido de la Ley Concursal*, aprobada por los Jueces de lo Mercantil de Madrid, en reunión de 22 de enero de 2021, apartado 1, pp. 2-3, donde se destacan los distintos motivos del fracaso de esta regulación; motivos que se reiteran también en la *Guía de buenas Prácticas, de Carácter orientativo y no vinculante, para el Nombramiento de Experto en Fase preconcursal («Prepack»)*, aprobada por los Magistrados/as de los Juzgados mercantiles de Madrid, en Junta de 21 de febrero de 2023, *Revista General de Insolvencias & Reestructuraciones*, n.º 9, 2023, apartado 1, p. 164. Asimismo, en IBIZA, El «Prepack...», *cit.*, apartado II.1, pp. 3-4; BRENES, «Venta de Unidades...», *cit.*, apartado IV, p. 9; THERY, «Una segunda...», *cit.*, apartado II.2, p. 7; RÍOS, «Pre-pack» concursal: una Solución para la Venta de Empresas en Crisis», *El Derecho, Boletín Mercantil Lefebvre*, n.º 93, 2021, p. 2; ALCOVER, «El denominado...», *cit.*, apartado 5, p. 3; AAVV., *Texto refundido..., cit.*, p. 491.

nio[31]. Y se somete la propuesta presentada a un sucinto trámite contradictorio y concurrencial a fin de tutelar el interés de los acreedores y de los terceros, favoreciendo la concurrencia de ofertas. Salvando los detalles de su tramitación, su previsión evoca en consecuencia tanto aquella normativa concursal precedente como estas previsiones judiciales, aunque no se ajuste a ninguna de ellas, optando el legislador por una configuración particular.

La articulación de este procedimiento suscita, sin embargo, diversas dudas sobre la interpretación y sobre el acierto y justificación de algunas de sus previsiones para la consecución de los objetivos propuestos con su regulación.

En este sentido, se señala que la propuesta escrita vinculante presentada por el deudor puede haber sido formulada tanto por el acreedor como por un tercero. A la vista de la generalidad de sus términos, cabe entender por tanto que esta oferta también puede ser realizada por una persona especialmente relacionada con el deudor. Pues bien, llama la atención el hecho de que la Exposición de Motivos de la Ley 16/2022, de 5 de septiembre, de reforma del Texto Refundido de la Ley Concursal, siga haciendo referencia en relación con este supuesto a una exigencia que, sin embargo, ha desaparecido del texto definitivo de la norma. Bajo el borrador del Anteproyecto de la Ley 16/2022, de 5 de septiembre, de reforma del Texto Refundido de la Ley Concursal, de 8 de julio de 2021, se reconocía de forma expresa en el artículo 224 bis la posibilidad de que el oferente pudiera ser una persona especialmente relacionada con el deudor, pero exigía para ello que esta propuesta estuviera suscrita por acreedores que representaran al menos el veinte por ciento del pasivo ordinario. A pesar de su supresión tanto en la versión definitiva del Anteproyecto, de 4 de agosto de 2021, y del Proyecto de Ley 16/2022, de 5 de septiembre, de reforma del Texto Refundido de la Ley Concursal, de 14 de enero de 2022, se mantuvo una expresa referencia a esta exigencia en sus respectivas Exposiciones de Motivos. Lo que también sucede, de forma más sorprendente aún, en la propia Exposición de Motivos del texto definitivo de la Ley 16/2022, de 5 de septiembre, de reforma del Texto Refundido de la Ley Concursal, pero sin especificar aquel porcentaje, sin que haya sido corregida[32].

Aunque no se preveía inicialmente en el Anteproyecto de Ley 16/2022, de 5 de septiembre, de reforma del Texto Refundido de la Ley Concursal, de 4 de agosto de 2021, incorporándose en el Proyecto de Ley 16/2022, de 5 de septiembre, de reforma del Texto Refundido de la Ley Concursal, de 14 de enero de 2022, el acreedor o el tercero debe asumir en la propuesta presentada la obligación de continuar o de reiniciar la actividad con la unidad o unidades productivas a las que se refiera por un plazo mínimo de tres años —artículo 224 bis.1, segundo párrafo, del Texto Refundido de la Ley Concursal—. Esta exigencia sólo se disponía originariamente en el Anteproyecto de la Ley 16/2022, de 5 de septiembre, de reforma del Texto Refundido de la Ley

31. ALCOVER, «La Enajenación...», *cit.*, apartado C, p. 3.
32. BOE núm. 214, de 6 de septiembre de 2022, p. 123706. Disfunción ya advertida bajo el Proyecto de Ley 16/2022, de 5 de septiembre, de reforma del texto refundido de la Ley Concursal, en nuestro trabajo RUBIO VICENTE, «Nuevas Reglas...», *cit.*, p. 6.

Concursal en relación con las ofertas de adquisición recabadas por el experto nombrado por el juez a instancia del deudor —*Prepack*—, produciéndose en este aspecto una equiparación entre ambas modalidades de enajenación. No obstante, sigue llamando la atención el diferente plazo dispuesto en uno y otro caso para el cumplimiento de esta obligación, siendo de dos años únicamente en el supuesto del *Prepack* —artículo 224 septies.2 del Texto Refundido de la Ley Concursal—, desconociéndose si se debe a un error o al propósito de primar por esta vía la aplicación de esta figura. Diferencia que, como ya se ha indicado, se pretendía corregir con motivo del *Proyecto de Ley Orgánica de eficiencia organizativa del Servicio de Justicia*, de 19 de abril de 2022, modificando el artículo 224 bis del Texto Refundido de la Ley Concursal para reducir también el plazo a dos años, pero cuya tramitación ha decaído por el adelanto de las elecciones generales.

A pesar de la identidad de esta obligación, a excepción del plazo, con la que se pretende garantizar la continuidad de la actividad económica y el empleo, su previsión puede erigirse en un serio obstáculo para la presentación de ofertas y consiguiente realización de la enajenación de la unidad productiva. Más aún, si se tiene en cuenta la ausencia de una obligación de este tipo entre las reglas que rigen esta operación en el procedimiento general, también incluso en relación con las ofertas concurrenciales alternativas que se pueden presentar en este específico procedimiento, sin que se pueda encontrar el motivo que pueda justificar una diferencia de este tipo y que no tenga un alcance general, aplicable a todas las enajenaciones de la unidad productiva[33].

A todo ello se suman además las dudas que derivan de las previsiones normativas incluidas en esta misma disposición para el caso de incumplimiento de este compromiso, dando lugar a que cualquier afectado pueda reclamar al adquirente la indemnización de los daños y perjuicios causados. En este sentido, y al margen de su eventual efecto disuasorio sobre la operación, el alcance de esta singular declaración de responsabilidad civil por incumplimiento se antoja excesivamente indeterminado, tanto desde la óptica de la legitimación como del juez competente para su tramitación. Al aludir de forma genérica a *cualquier afectado*, cabe pensar en los oferentes alternativos al adjudicatario, si es que los hay. Pero también surgen dudas en relación con los proveedores e incluso con los trabajadores que pudieron ser cesados o están inactivos por la falta de continuación o de reinicio de la actividad económica del deudor, lo que sin embargo puede resultar incompatible con las consecuencias legales derivadas, en su caso, de su eventual despido e influir en definitiva en la consideración estrictamente extracontractual o también contractual de esta responsabilidad civil. Por otra parte, tampoco resulta claro quién es el juez competente para conocer de esta reclamación, pudiendo ser en abstracto el juez de primera instancia o el juez del concurso, quizá lo más acertado en atención a su mayor proximidad y nivel de conocimientos sobre la operación, a pesar

33. Una crítica ya bajo el Proyecto de Ley 16/2022, de 5 de septiembre, de reforma del texto refundido de la Ley Concursal, en MUÑOZ, «Enmiendas al PRLC (I): La Unidad productiva y el Compromiso de Continuidad», *Diario La Ley*, n.º 10063 (6 de mayo de 2023), edición electrónica, pp. 2-3; RUBIO VICENTE, «Nuevas Reglas…», *cit.*, p. 6; más recientemente, ALCOVER, «La Enajenación…», *cit.*, apartado C, p. 4; GONZÁLEZ VÁZQUEZ, *Píldoras…*, *cit.*, pp. 241-243.

de que no se le atribuye esta competencia y de que el incumplimiento puede producirse mucho después de la conclusión del concurso[34].

A continuación, el artículo 224 bis.2 del Texto Refundido de la Ley Concursal somete la propuesta presentada a un trámite contradictorio y concurrencial. A estos efectos, en el auto de declaración de concurso, el juez concederá un plazo de quince días para que los acreedores que se personen puedan formular a la propuesta las observaciones que tengan por conveniente y para que cualquier interesado pueda presentar propuesta vinculante alternativa. Asimismo, el juez requerirá en él a la administración concursal para que, dentro de ese mismo plazo, emita informe de evaluación de la propuesta presentada.

En parte coincidente con las previsiones dispuestas a este respecto en los artículos 191 ter.2 de la Ley Concursal y 530.2 del Texto Refundido de la Ley Concursal, si bien referido allí al plan de liquidación, se añade en este caso el llamamiento a cualquier interesado para presentar una propuesta alternativa vinculante. Nada se dice, sin embargo, en el artículo 224 bis.2 del Texto Refundido de la Ley Concursal respecto al eventual traslado de esta propuesta a los representantes de los trabajadores para que también puedan realizar observaciones dentro de ese mismo plazo o el plazo en estos casos para la aceptación del cargo por el administrador concursal, como se hacía en la Guía de Buenas prácticas procesales de los Juzgados de lo Mercantil de Madrid —puntos 5 y 6 y apartados. 15.2 a 15.4—. No obstante, la declaración formulada en el artículo 224 bis.8 del Texto Refundido de la Ley Concursal de sujeción de la transmisión de la unidad productiva a las demás reglas establecidas en esta Ley para esta clase de transmisiones, parece reclamar la aplicación del artículo 220.1 del Texto Refundido de la Ley Concursal, según el cual las resoluciones que el juez adopte en relación con la enajenación de la empresa o de una o varias unidades productivas deberá ser dictada previa audiencia por plazo de quince días de los representantes de los trabajadores, si existieran, lo que permite suplir en parte esta omisión y tener que cumplir con este trámite, a no ser que en el momento de la presentación de la solicitud se cuenta ya con su conformidad[35]. Tampoco se pronuncia sobre cuál debe ser el objeto de las observaciones que se pueden realizar ni sobre los efectos derivados de su formulación, a diferencia de lo que sucedía con las realizadas en relación con el plan de liquidación —artículo 148 de la Ley Concursal—, o si se pueden formular también observaciones, y

34. Expresa también sus dudas sobre todos estos extremos, MUÑOZ, «Enmiendas…», *cit.*, p. 3; AAVV., *Texto refundido…*, *cit.*, p. 496; GONZÁLEZ VÁZQUEZ, *Píldoras…*, *cit.*, p. 243, destacando, no obstante, las dificultades para que un tercero pueda acreditar todos los presupuestos que exige nuestro ordenamiento para poder reclamar una indemnización por daños y perjuicios.

35. Asimismo, el *Acuerdo de la Junta de Jueces Mercantiles de Sevilla núm. 2/2022, de 25 de octubre de 2022, sobre Articulación procesal del Prepack (artículos 224 ter a 224 septies) y la solicitud de concurso con presentación de oferta de adquisición de una o varias unidades productivas*, p. 2 y Conclusión V, aplicando idéntica solución a los acreedores con créditos privilegiados sobre bienes incluidos en la unidad productiva cuando el precio a percibir no alcance el valor de la garantía, al ser necesaria su conformidad a la transmisión —artículo 214.1.1.ª del texto refundido de la Ley Concursal —.

el plazo para hacerlo, a las propuestas vinculantes alternativas que se presenten por cualquier otro interesado[36].

Durante la tramitación parlamentaria del proyecto de Ley 16/2022, de 5 de septiembre, de reforma del Texto Refundido de la Ley Concursal se incluyó un nuevo apartado 3 en el artículo 224 bis, reconociendo de forma expresa la posibilidad de que esta propuesta escrita vinculante de adquisición de la unidad productiva pueda ser presentada por personas trabajadoras interesadas en la sucesión de empresa mediante la constitución de una sociedad cooperativa, laboral o participada, a la que se reconoce además cierta preferencia para su adjudicación —artículo 224 bis.6 del Texto Refundido de la Ley Concursal—.

Esta específica previsión, destinada a otorgar especial visibilidad y, en su caso, prioridad a este tipo de propuestas, puede suscitar problemas de aplicación cuando alguno o varios de los trabajadores sean personas especialmente relacionadas con el deudor. Aunque quien adquiere la unidad productiva sea una persona jurídica —sociedad cooperativa, laboral o participada—, podría llegar a eludirse por esta vía la aplicación de lo dispuesto en el artículo 224.2 para estos supuestos. De ahí la necesidad de determinar el grado de influencia y posición de los trabajadores afectados en la sociedad constituida al efecto, a semejanza de lo que sucedería con la eventual existencia de una prohibición de competencia a cargo del concursado y su extensión a la sociedad constituida para iniciar una actividad económica concurrente idéntica a la que fue objeto de enajenación.

A partir de este momento los artículos 224 bis.4 a 224 bis.6 del Texto Refundido de la Ley Concursal contemplan las consecuencias derivadas de la presentación de una o varias propuestas vinculantes alternativas de adquisición.

En primer término, el juez requerirá a la administración concursal para que, en el plazo de cinco días, emita un informe de evaluación —artículo 224 bis.4 del Texto Refundido de la Ley Concursal—. En este informe, que se deberá emitir en cada caso, la administración concursal valorará la propuesta o propuestas presentadas atendiendo al interés del concurso. Además, y a semejanza de lo que se preveía para este supuesto en el procedimiento abreviado, debe informar sobre los efectos que pudieran tener en las masas activa y pasiva la resolución de los contratos que resultara de cada una de las propuestas —artículo 224 bis.5 del Texto Refundido de la Ley Concursal—. Se omite, en cambio, en la medida en que no se está en fase de liquidación, la posibilidad atribuida al juez en los artículos 191 ter.2 de la Ley Concursal y 530.2, *in fine*, del Texto Refundido de la Ley Concursal para acordar la resolución de los contratos pendientes de cumplimiento por ambas partes, con la única excepción de aquellos que se vinculen a una oferta de compra de la unidad productiva o de parte de ella.

36. Advierte también de estas dudas interpretativas, ALCOVER, «La Enajenación…», *cit.*, apartado C, p. 3.

El legislador guarda silencio de nuevo sobre el modo de valorar y ordenar la propuesta o propuestas presentadas. Tan sólo, que deberán valorarse atendiendo al interés del concurso, concepto jurídico indeterminado dotado de gran elasticidad. Nada se indica respecto a las consecuencias derivadas de la eventual evaluación favorable o desfavorable, en su caso, de la propuesta inicial o de alguna de las propuestas alternativas sobre la propia propuesta o sobre el grado de vinculación del juez. El artículo 224 bis.6 del Texto Refundido de la Ley Concursal se limita a señalar, sin realizar ningún tipo de distinción o excepción al respecto, que, una vez emitido el informe o los informes de la administración concursal, el juez, si se hubieran presentado varias propuestas, concederá un plazo simultáneo de tres días a los oferentes para que, si así lo desean, mejoren las que cada uno de ellos hubiera presentado, a semejanza de lo que sucede con la formulación de opas competidoras. Ello, por tanto, con independencia del resultado del preceptivo informe emitido por cada propuesta. Dentro de los tres días siguientes al término de este plazo, el juez procederá a la aprobación de la que resulte más ventajosa para el interés del concurso. De nuevo se remite para la adjudicación de la unidad productiva a este concepto flexible, debiendo optar por la que más se ajuste a esta previsión. Decisión compleja si se tiene en cuenta el diverso contenido que puede presentar cada propuesta. Ningún criterio se establece para la determinación de este interés y la justificación de la adjudicación. No obstante, en la medida en que el artículo 224 bis.8 del Texto Refundido de la Ley Concursal prevé la sujeción de esta transmisión a las demás reglas que rigen esta transmisión, parece que desempeñará un papel relevante la regla de la preferencia, dispuesta en el artículo 219 del Texto Refundido de la Ley Concursal. No en vano, no deja de producirse en estos casos una especie de subasta, como se requiere en esta disposición para su aplicación. En este sentido, el juez podrá acordar la adjudicación de la unidad productiva al oferente cuya oferta no difiera en más del quince por ciento de la oferta superior cuando considere que garantiza en mayor medida la continuidad de la empresa en su conjunto o, en su caso, de la unidad productiva y de los puestos de trabajo, así como la mejor y más rápida satisfacción de los acreedores.

Persiste también el silencio respecto al modo de proceder en el caso de que sólo se hubiera presentado una propuesta inicial y esta hubiera sido valorada de forma desfavorable por la administración concursal. Todo parece apuntar, sin embargo, que las propuestas valoradas de forma desfavorable por la administración concursal deberían de ser desestimadas por el juez para su eventual aprobación, tanto si se ha formulado sólo una como si existen varias alternativas.

Durante la tramitación parlamentaria del Proyecto de Ley 16/2022, de 5 de septiembre, de reforma del Texto Refundido de la Ley Concursal, y en sintonía con el expreso reconocimiento en el artículo 224 bis.3 del Texto Refundido de la Ley Concursal de la posibilidad de presentación de una propuesta escrita vinculante de adquisición de la unidad productiva por personas trabajadoras, el artículo 224 bis.6, tercer párrafo, del Texto Refundido de la Ley Concursal prevé dar prioridad a esta propuesta en el caso de que esta oferta sea igual o superior a la de las demás propuestas alternativas presentadas, siempre que ello atienda al interés del concurso. Para que así suceda, se deberá tener en consideración la continuidad de la empresa, la unidad productiva y los puestos de trabajo, entre otros criterios. Los términos que reclaman su aplicación se antojan, sin embargo, controvertidos. Para dar prioridad a esta propuesta se parte de la base de que tiene que ser igual o superior a las demás propuestas alternativas y siempre que atienda al interés del concurso. Sin embargo, si es superior, y siempre que además atienda al interés del concurso, parece obvio que así deba ser, por lo que no se entiende el motivo de su expresa regulación. Y, en caso de que la oferta sea igual a las demás, también se priorizará siempre que ello atienda al interés del concurso, que es justamente el criterio que debe guiar en todo caso la aprobación de la oferta por el juez, por lo que tampoco se entiende bien la necesidad de destacarlo a no ser que todas las demás atiendan también al interés del concurso, en cuyo caso se prefiere optar por la oferta presentada por los trabajadores. Ello, sin que se pueda además obviar el hecho de que también se puede dar prioridad a esta propuesta, aunque la oferta sea inferior a las demás, por aplicación de la regla de la preferencia dispuesta en el artículo 219 del Texto Refundido de la Ley Concursal; regla que también resulta aplicable por expresa previsión del artículo 219.2 a las propuestas presentadas por personas trabajadoras interesadas en la sucesión de empresa mediante la constitución de una sociedad cooperativa o laboral, omitiéndose en su enunciado, sin embargo, el supuesto de sociedad participada[37].

En previsión de que la ejecución de la oferta vinculante aprobada por el juez puede estar sujeta al cumplimiento de determinadas condiciones suspensivas incluidas en ella, el artículo 224 bis.7 del Texto Refundido de la Ley Concursal impone tanto al concursado como a la administración concursal la realización de las actuaciones precisas para asegurar el pronto cumplimiento. Esto es lo que puede suceder en el caso de aprobación de la adquisición por las autoridades de la competencia o supervisoras o la realización de una modificación estructural que afecte a los activos a transmitir, como allí se indica.

La tipificación que se hace de estas condiciones suspensivas, de las que se hace depender la ejecución de la oferta, parece tener un carácter ejemplificativo al utilizar la expresión *tales como*, enunciando en consecuencia las que pueden resultar más relevantes o frecuentes en atención a las características que concurren en esta operación o ser de interés para el adquirente. Este es el caso de su sujeción a preceptivas autorizaciones administrativas en presencia de un eventual fenómeno de concentración de empresas o de necesarias y previas operaciones jurídicas de orden estructural por razones fácticas. Sea como fuere, y con independencia de los motivos que puedan justificarlo, en todos estos supuestos, tanto el concursado como la administración concursal, deberán realizar las actuaciones necesarias para asegurar su rápido cumplimiento. En el supuesto de una previa modificación estructural, a pesar de las limitadas referencias subjetivas al concursado y a la administración concursal, hay que precisar la necesaria adopción de un acuerdo con este contenido por los socios de la persona jurídica concursada, por lo que parece lógico que, si esta propuesta es la que acompañó a la solicitud

37. Considera también absurda su previsión, ALCOVER, «La Enajenación...», *cit.*, apartado C, p. 3; GONZÁLEZ VÁZQUEZ, *Píldoras...*, *cit.*, p. 245.

de declaración de concurso del deudor, ya se deba contar con él en ese momento. En cambio, cuando esa condición forme parte del contenido de otras propuestas vinculantes alternativas o se trate de otro tipo de condiciones, deberá adoptarse con posterioridad a la formulación de la oferta[38]. En este sentido, y a fin de asegurar las consecuencias derivadas del cumplimiento de la condición suspensiva estipulada, se faculta al juez para exigir al proponente que preste caución o garantía suficiente de consumación de la adquisición si las condiciones suspensivas se cumplieron en el plazo máximo establecido en la oferta o, en otro caso, de resarcimiento de los gastos o costes incurridos por el concurso —artículo 224 bis.7, segundo apartado, del Texto Refundido de la Ley Concursal—.

El artículo 224 bis del Texto Refundido de la Ley Concursal forma parte de la subsección 3.ª, dedicada a regular las especialidades de la enajenación de las unidades productivas que rigen el procedimiento general de enajenación. Su particularidad reside, sin embargo, en el momento de presentación de la propuesta vinculante de adquisición de la unidad productiva, que se hace con la solicitud de declaración de concurso por el deudor, y por este mismo motivo en la aplicación de un trámite que garantice la transparencia, contradicción y concurrencia en la presentación de ofertas, que puede haberse omitido en el proceso de selección de la presentada por el deudor. De ahí que, salvo en lo que respecta a esta previsión, el artículo 224 bis.8 del Texto Refundido de la Ley Concursal declare la expresa sujeción de esta operación a las demás reglas establecidas en esta Ley para esta clase de transmisiones. Remisión normativa que exige en consecuencia respetar en el desarrollo de este proceso el contenido mínimo de las ofertas, la regla de la preferencia, la subrogación del adquirente en los contratos, licencias y autorizaciones afectos a la continuidad de la actividad profesional o empresarial, la competencia y limitación del perímetro de la sucesión de empresa a efectos laborales y de Seguridad Social y los particulares efectos sobre los créditos pendientes de pago por el concursado.

En último término, y al objeto de favorecer la presentación y concurrencia de propuestas, el artículo 224 bis.9 del Texto Refundido de la Ley Concursal establece una nueva exigencia cuyo objeto es la publicidad que debe darse a la propuesta de adquisición presentada con la solicitud de declaración de concurso. Su regulación ha sido objeto de diversas modificaciones desde su previsión inicial en el artículo 224 bis.8 del Anteproyecto de Ley 16/2022, de 5 de septiembre, de reforma del Texto Refundido de la Ley Concursal, de 4 de agosto de 2021, e incluso durante la tramitación parlamentaria del Proyecto de la misma Ley, de 14 de enero de 2022. Sus términos actuales parecen desactivar la relación de género a especie que parecía existir entre esta modalidad especial de enajenación y la que se sustenta en la previa solicitud del nombramiento de un experto para recabar ofertas de adquisición —*Prepack*—, regulada en los artículos 224 ter a 224 septies. Se dispone así ahora que la oferta de adquisición se publique en

38. Así lo entiende también, ALCOVER, «La Enajenación…», *cit.*, apartado C, pp. 3-4, especialmente esta última.

el portal de liquidaciones concursales del Registro Público Concursal en el mismo día que se publique la declaración de concurso en la sección primera de dicho Registro.

Se abandona de este modo, con buen criterio, la indeterminación del objeto y del plazo de esta publicación que, según el Anteproyecto de Ley 16/2022, de 5 de septiembre, de reforma del Texto Refundido de la Ley Concursal, de 4 de agosto de 2021, debía hacerse con carácter previo a la presentación de solicitud de concurso con la oferta, sin fijar la antelación necesaria para ello. Se precisa ahora en su lugar, ya desde el Proyecto de Ley 16/2022, de 5 de septiembre, de reforma del Texto Refundido de la Ley Concursal, de 14 de enero de 2022, la necesidad de publicación de dicha oferta, lo que deberá hacerse, tras su tramitación parlamentaria, el mismo día en que se publique la declaración de concurso en el Registro Público Concursal. En contrapartida, desaparece la expresa referencia que se hacía a los sujetos encargados de realizar esta publicación, el deudor o el experto, según los casos, sustituidos ahora por el impersonal *se publicará*, por lo que deberá remitirse por el órgano judicial. Esta supresión permite desconectar la regulación del *Prepack* de esta modalidad de enajenación, en la medida en que ya no se hace referencia en él al experto, sin que por tanto tenga que someterse también a estas específicas reglas de tramitación, salvo en el caso de que no se haya respetado la debida transparencia y concurrencia en el proceso de selección de la oferta recabada por el experto[39].

Resultan excesivos, sin embargo, y sumamente discutibles los términos del penúltimo párrafo del artículo 224 bis.9 del Texto Refundido de la Ley Concursal. Tras la tramitación parlamentaria del Proyecto de Ley 16/2022, de 5 de septiembre, de reforma del Texto Refundido de la Ley Concursal, ya no se alude simplemente al deber de remitir al Registro cuanta información resulte necesaria para facilitar la realización de ofertas por los acreedores o terceros. Con este mismo propósito, se faculta ahora al juez para requerir tanto al deudor como al autor o autores de la propuesta cuanta información considere necesaria o conveniente facilitar la presentación de otras ofertas por acreedores o terceros, que se publicará igualmente en dicho portal. En este sentido, si nada hay que objetar respecto al requerimiento que se realiza al deudor con este fin para que todos los potenciales oferentes dispongan de la misma información que pudo utilizar el oferente seleccionado por el deudor, no se puede decir lo mismo en relación con el que se hace al autor o autores de esta propuesta. Estos sujetos habrán preparado documentación propia y específica para presentar su oferta, por lo que se antoja desproporcionado e injustificado a los fines propuestos que deban proporcionarla a sus compe-

39. En este sentido, *Acuerdo de la Junta de Jueces Mercantiles de Sevilla núm. 2/2022, de 25 de octubre de 2022, sobre Articulación procesal del Prepack (artículos 224 ter a 224 septies) y la solicitud de concurso con presentación de oferta de adquisición de una o varias unidades productivas*, p. 2, Conclusión V, considerando innecesario este trámite de información cuando se acredite que se ha prestado una publicidad similar a la dispuesta en este precepto; RUBIO VICENTE, «Nuevas Reglas...», *cit.*, pp. 8-9, decantándonos, sin embargo, bajo los términos originales del Proyecto de Ley 16/2022, de 5 de septiembre, de reforma del texto refundido de la Ley Concursal, por una aplicación generalizada de estas reglas también a los supuestos de *Prepack*.

tidores, aprovechándose de ella para facilitarles la presentación de sus propuestas alternativas de adquisición y neutralizando de este modo su posible ventaja[40].

## V. NOMBRAMIENTO DE EXPERTO PARA RECABAR OFERTAS DE ADQUISICIÓN

El propósito de anticipar la preparación de la enajenación de la unidad productiva lleva al legislador a disponer otra modalidad especial y alternativa de enajenación. A diferencia del supuesto anterior, donde es el deudor el sujeto que se encarga de la búsqueda y selección de una propuesta escrita vinculante de un acreedor o tercero —artículo 224 bis del Texto Refundido de la Ley Concursal—, en esta otra modalidad el deudor solicita al juez que conocería del concurso el nombramiento de un experto para recabar ofertas de adquisición de la unidad productiva[41], disponiéndose sus particularidades de régimen en los nuevos artículos 224 ter a 224 septies. Con ello se pretende anticipar los preparativos de la enajenación con anterioridad a la declaración de concurso y favorecer así su inmediata realización tras producirse ésta, dando cabida de este modo en nuestro ordenamiento jurídico a la figura foránea del *Prepack* o venta anticipada con *Prepack*[42].

Su regulación también responde al objetivo de proporcionar una mayor eficiencia de la normativa concursal y reducción de la duración del procedimiento, obviando los inconvenientes jurídicos y económicos de una previa declaración de concurso y necesaria tramitación de sus fases, proporcionando la intervención de un tercero independiente más confianza e imparcialidad en la búsqueda de potenciales adquirentes[43]. Permite zanjar además la incertidumbre existente hasta este momento respecto a la eventual aplicación de las diversas Directrices y Protocolos elaborados por algunos Juzgados de lo Mercantil para posibilitar su práctica alegal, en atención a su evidente carácter no vinculante y el presumible exceso en su regulación judicial[44]. Se separa, no obstante, de forma notable de estas Directrices y Protocolos judiciales, adoptando un modelo

---

40. Cuestiona, asimismo, esta amplitud informativa, ALCOVER, «La Enajenación...», *cit.*, apartado C, p. 4; GONZÁLEZ VÁZQUEZ, *Píldoras...*, *cit.*, p. 244, apuntando la necesidad en todo caso de respetar la norma sobre protección de datos y la tutela de los secretos empresariales.

41. La Propuesta de Directiva de la Unión Europea, de 7 de diciembre de 2022, *relativa a la armonización de determinados aspectos de la legislación en materia de insolvencia*, prefiere utilizar el término *supervisor* para referirse a este sujeto —artículo 22—.

42. Distingue, en este sentido, entre venta anticipada con *prepack* y sin *prepack*, que sería el supuesto anterior previsto en el artículo 224 bis, GALLEGO CÓRCOLES, «El *Prepack* y la venta anticipada de Unidades productivas en Derecho español: Modelos comparados», *Revista General de Insolvencias & Reestructuraciones*, n.º 5, 2021, pp. 299-300.

43. Así lo entiende también, GALLEGO CÓRCOLES, «El *Prepack*...», *cit.*, p. 290; GILO, «El "Prepack" concursal. Una Solución que llega para quedarse», *Revista Aranzadi Doctrinal*, n.º 6 (junio), 2021, edición electrónica, apartados V y VI, pp. 5-6; COHEN, «El Pre-pack...», *cit.*, pp. 137 y especialmente 138-139.

44. *Pre-Pack concursal: Directrices para el Procedimiento de tramitación*, elaboradas por los Juzgados de lo Mercantil de Barcelona el 20 de enero de 2021; *Protocolo Pre-pack concursal*, elaborado por la Junta sectorial de Jueces de lo Mercantil de Baleares el 28 de abril de 2021. Cuestiona la capacidad de los juzgados de lo mercantil para regular esta materia, GARNACHO, «Enajenación de Unidad

propio que presenta, sin embargo, importantes deficiencias y carencias normativas que entorpecen su aplicación, derivadas fundamentalmente de su excesiva imprecisión y parquedad[45]. Y para cuya resolución puede servir de criterio inspirador la Propuesta de Directiva de la Unión Europea, de 7 de diciembre de 2022, *relativa a la armonización de determinados aspectos de la legislación en materia de insolvencia* —artículos 19 a 35—.

Lo primero que llama la atención de esta regulación es su previsión en una nueva subsección 4.ª, en lugar de incluirla en la subsección 3.ª, que es la encargada de regular las especialidades de la enajenación de las unidades productivas, como sucede con la modalidad de enajenación dispuesta en el artículo 224 bis del Texto Refundido de la Ley Concursal. Más aún, cuando sus preceptos reproducen el mismo numeral que este último, si bien variando sus respectivos adverbios[46].

## 1. PRESUPUESTOS SUBJETIVO Y OBJETIVO

Los presupuestos que deben concurrir para la aplicación de esta modalidad de enajenación son amplios, tanto desde el punto de vista subjetivo como objetivo.

El artículo 224 ter del Texto Refundido de la Ley Concursal alude así a la posibilidad de presentar la solicitud para el nombramiento del experto por parte de cualquier deudor, ya sea persona natural o jurídica, y cualquiera que sea la actividad a la que se dedique, con tal que sea titular de una o varias unidades productivas. En este sentido, resulta irrelevante que la actividad esté en funcionamiento o por el contrario hubiera cesado ya en dicha actividad. Lo determinante es que se trate en todo caso de una o varias unidades productivas, entendidas como un conjunto organizado para el ejercicio de una actividad económica, esencial o accesoria —artículo 200 del Texto Refundido de la Ley Concursal—. Poco importa, por tanto, que su ejercicio sea actual o potencial, siempre que ese conjunto de medios organizados disponga de autonomía y funcionalidad a este fin[47]. Evidentemente, la unidad o unidades productivas deben ser económicamente viables. Sólo así estará justificada la aplicación de este mecanismo como solución para garantizar su conservación. En otro caso, se estaría manteniendo de forma

---

productiva: El Pre-pack concursal» (Comentario al AJM n.º 7 de Barcelona, de 30 de octubre de 2020), *Revista General de Insolvencias & Reestructuraciones,* n.º 1, 2021, p. 433); BRENES, «Venta de Unidades...», *cit.*, apartado IV, p. 12, al considerar que no existe un marco normativo suficiente, decantándose en consecuencia por el formalismo del procedimiento diseñado en la Guía de Buenas prácticas de los Juzgados de lo Mercantil de Madrid.

45. AAVV., *Texto refundido...*, *cit.*, p. 502, tildando también de insuficiente y deficitaria esta regulación; GONZÁLEZ VÁZQUEZ, *Píldoras...*, *cit.*, p. 251, aludiendo a la existencia de serios defectos de técnica legislativa.

46. Una crítica a esta sistemática y confusa numeración en RUBIO VICENTE, «Nuevas Reglas...», *cit.*, pp. 9-10, especialmente esta última. Asimismo, THERY, «El Pre-pack...», *cit.*, p. 95, para quien esta circunstancia denota que el legislador no le ha dado el protagonismo que merece esta institución, introducida además a rebufo de las diversas prácticas judiciales.

47. No lo entiende así, sin embargo, GONZÁLEZ VÁZQUEZ, *Píldoras...*, *cit.*, p. 253, negando la existencia de unidad productiva cuando se ha cesado ya en la actividad.

artificial empresas abocadas a la liquidación, en perjuicio de todos los intereses afectados, privados y públicos[48].

Desde la perspectiva objetiva, esta solicitud puede presentarse además cualquiera que sea el grado de insolvencia del deudor, ya sea probabilidad de insolvencia, insolvencia inminente o insolvencia actual. Lo que permite destacar las estrechas relaciones existentes y la identidad de fines que concurren en este mecanismo con los planes de reestructuración, al poder conformar la transmisión de unidades productivas o la totalidad de la empresa en funcionamiento el contenido eventual de dichos planes —artículo 614 del Texto Refundido de la Ley Concursal—, y también su eficiencia adicional como un instrumento idóneo para la liquidación de activos en el concurso[49].

## 2. NOMBRAMIENTO Y ESTATUTO JURÍDICO DEL EXPERTO

El nombramiento del experto requiere la presentación de una solicitud por el deudor, que deberá hacerse al juzgado competente para la declaración de concurso —artículo 224 ter del Texto Refundido de la Ley Concursal—, declarándose asimismo en sentido inverso la competencia del juez que hubiera nombrado el experto para la declaración de concurso, en su caso —artículo 224 sexies.1 del Texto Refundido de la Ley Concursal—. Ambas manifestaciones normativas parten en todo momento de la solicitud de nombramiento del experto antes de la declaración de concurso[50]. Nada se establece, sin embargo, respecto a los requisitos que debe respetar esta solicitud, existiendo dudas sobre cuál debe ser su contenido y la documentación que se debe acompañar, en su caso; extremos que deberán ser suplidos por la práctica judicial en ausencia de su improbable rectificación normativa[51].

---

48. RÍOS, «Pre-pack…», *cit.*, pp. 2 y 5, especialmente esta última.

49. COHEN, «La Venta…», *cit.*, apartado IV, pp. 7-8; AZOFRA, «Enajenación…», *cit.*, pp. 49-51, abogando ya con motivo de la transposición de la Directiva 2019/1023 por potenciar la enajenación de la unidad productiva como herramienta de reestructuración preventiva, a la vista de su escasa utilización por distintos motivos en sede de acuerdos de refinanciación y acuerdos extrajudiciales de pagos; en idénticos términos, BRENES, «Venta de Unidades…», *cit.*, apartado V, pp. 14-15; ALONSO HERNÁNDEZ, «Los Planes…», *cit.*, pp. 160-162 y 164-165 y siguientes, resaltando en este sentido las ventajas de los planes liquidativos, cuyo objeto es la transmisión de la totalidad de la empresa en funcionamiento fuera del concurso con acuerdo de los acreedores. Defendía la inclusión del *Prepack* en el ámbito del preconcurso durante la tramitación parlamentaria de la Ley 16/2022, de 5 de septiembre, de reforma del texto refundido de la Ley Concursal, MARQUÉS, «El Pre-pack», en AA.VV., *La Venta de la Unidad productiva en Sede concursal* (est. coord. por J. Lloret y J. M.ª Marqués Vilallonga), 2.ª ed., Madrid, 2022, p. 363. Reconoce, sin embargo, de forma expresa su doble funcionalidad el *Informe sobre el Anteproyecto de Ley de Reforma del TRLC del Pleno del CGPJ*, de 25 de noviembre de 2021, apartados 621-622, pp. 214-215; asimismo, SANJUÁN, «Nuevas Instituciones…», *cit.*, apartado IV, pp. 10-11.

50. Con mayor amplitud, sin embargo, MARQUÉS, «El Pre-pack…», *cit.*, p. 356, admitiendo incluso la posibilidad de solicitar el nombramiento de este experto tras la aprobación de un convenio cuyo cumplimiento se revela imposible.

51. *Vid. Guía de buenas Prácticas, de Carácter orientativo y no vinculante, para el Nombramiento de Experto en Fase preconcursal («Prepack»)*, aprobada por los Magistrados/as de los Juzgados mercantiles de Madrid, en Junta de 21 de febrero de 2023, *Revista General de Insolvencias & Reestructuraciones*, n.º 9, 2023, apartado 2.2, pp. 166-167, decantándose en este punto por seguir el

Aunque estas disposiciones tampoco se pronuncian al respecto, cabe entender que la oferta seleccionada de entre todas las recabadas deberá presentarse con la solicitud de declaración de concurso[52]. En estos casos coincidirá la presentación de ambos documentos, solicitud y oferta. Ahora bien, en la medida en que el nombramiento del experto no exime del deber de solicitar la declaración de concurso dentro de los dos meses siguientes a la fecha en que el deudor hubiera conocido o debido conocer el estado de insolvencia actual —artículo 224 quinquies del Texto Refundido de la Ley Concursal—, en esos supuestos la presentación de la oferta recabada se hará necesariamente por separado en un momento posterior a la solicitud de declaración de concurso; circunstancia que impide asimilar también esta figura con la modalidad de enajenación prevista en el artículo 224 bis del Texto Refundido de la Ley Concursal, donde se parte siempre del presupuesto de presentación simultánea de la solicitud de declaración de concurso y de la propuesta escrita vinculante de adquisición de la unidad productiva sin reservas. La única excepción estaría representada por el supuesto de probabilidad de insolvencia, al no configurarse este presupuesto objetivo entre los que posibilitan esta declaración de concurso, surgiendo dudas acerca del tratamiento de la oferta recabada si persiste la situación de probabilidad de insolvencia y no se ha alcanzado, al menos, la de insolvencia inminente para poder solicitar la declaración de concurso[53].

El nombramiento del experto puede recaer en una persona natural o jurídica, debiendo reunir para ello las condiciones para ser nombrado experto en reestructuraciones o administrador concursal —artículo 224 quater.1 del Texto Refundido de la Ley Concursal—. Sería deseable en este aspecto una mayor precisión en su designación, tanto en lo que respecta a la categoría de sujetos que pueden ser nombrados como al procedimiento a seguir para su designación. La alternativa de profesionales evidencia de nuevo las conexiones de esta figura con el contenido de los planes de reestructuración, sede natural de actuación del experto en reestructuraciones —artículos 672 y siguientes del Texto Refundido de la Ley Concursal—, pero también la posibilidad de que este experto pueda llegar a actuar como administrador concursal en el eventual concurso posterior a instancias del deudor. Habida cuenta, por tanto, de los diversos perfiles, no necesariamente coincidentes, que se requieren para cada una de estas actividades y de las prohibiciones que les afectan, no pudiendo ser nombrado administrador concursal quien hubiera sido

---

contenido prescrito por el artículo 586 del texto refundido de la Ley Concursal para la comunicación de apertura de negociaciones con los acreedores.

52. Así se reconoce también en el *Acuerdo de la Junta de Jueces Mercantiles de Sevilla núm. 2/2022, de 25 de octubre de 2022, sobre Articulación procesal del Prepack (artículos 224 ter a 224 septies) y la solicitud de concurso con presentación de oferta de adquisición de una o varias unidades productivas*, p. 2, conclusión I y en la *Guía de buenas Prácticas, de Carácter orientativo y no vinculante, para el Nombramiento de Experto en Fase preconcursal («Prepack»)*, aprobada por los Magistrados/as de los Juzgados mercantiles de Madrid, en Junta de 21 de febrero de 2023, *Revista General de Insolvencias & Reestructuraciones*, n.º 9, 2023, apartado 7, p. 174, aludiendo además a la presentación del informe del experto, sea favorable o desfavorable.

53. GONZÁLEZ VÁZQUEZ, *Píldoras…*, *cit.*, p. 252.

designado experto en la reestructuración en la negociación de un plan de reestructuración —artículo 65.4 del Texto Refundido de la Ley Concursal—, debería de evitarse cualquier tipo de ambigüedad en este sentido y decantarse por una u otra posibilidad, aunque la eventualidad de que el experto pueda convertirse en administrador concursal parece abogar a favor de reunir ya estas específicas condiciones para su nombramiento[54]. Cuestión distinta es que el legislador pueda estar pensando en los distintos presupuestos objetivos que permiten la solicitud del experto, reservando para el caso de probabilidad de insolvencia la designación de un sujeto que reúna los requisitos para ser nombrado experto en reestructuraciones y en el de insolvencia inminente o actual quien pueda ser nombrado administrador concursal[55].

Lo mismo se puede decir respecto al procedimiento de designación, surgiendo dudas acerca de su carácter discrecional o sujeción a las pautas y criterios dispuestos para la designación del experto en reestructuraciones y el administrador concursal, permitiendo en el primer caso propuestas de nombramiento por el deudor o el seguimiento en el segundo de listas remitidas por los colegios profesionales; extremo que debería clarificarse a fin de proporcionar seguridad jurídica a todos los interesados y a los potenciales sujetos susceptibles de ser designados. Lo único que resulta claro es que la aceptación del nombramiento por el experto es voluntaria —artículo 224 quitar, *in fine*, del Texto Refundido de la Ley Concursal—, en sintonía con el carácter facultativo que también concurre en esta solicitud de nombramiento por parte del deudor, y frente a lo que sucede con la aceptación del nombramiento del administrador concursal.

La resolución judicial por la que se acuerda el nombramiento del experto se mantendrá reservada, según se dispone en el artículo 224 quater.2, *in fine*, del Texto Refundido de la Ley Concursal, evitándose así tener que instarlo de forma expresa en la solicitud de nombramiento. Se favorece de este modo una adecuada preparación de la operación, al evitar que la publicación en otro caso de la resolución judicial y consiguiente conocimiento de esta circunstancia pueda influir de forma negativa en los

54. GARNACHO, «Enajenación...», *cit.*, p. 430; AAVV., *Texto refundido...*, *cit.*, p. 499. Así se pronuncia también, en exclusiva, sin posibilitar ninguna otra opción, el artículo 22.3 de la Propuesta de Directiva de la Unión Europea, de 7 de diciembre de 2022, *relativa a la armonización de determinados aspectos de la legislación en materia de insolvencia*, al obligar a los Estados miembros a velar por que sólo puedan ser designadas como supervisoras las personas que cumplan las dos condiciones siguientes: «a) cumplir los criterios de admisibilidad aplicables a los administradores concursales en el Estado miembro en el que se haya abierto el procedimiento de *pre-pack*; b) poder ser nombrados administradores concursales en la fase de liquidación posterior». Además, el artículo 20.1, segundo párrafo, señala que «Los supervisores a que se refiere el artículo 22 pueden considerarse administradores concursales tal como se definen en el artículo 2, punto 5, del Reglamento (UE) 2015/848» (en este mismo sentido, FLORES, «La Propuesta...», *cit.*, apartado V.3, pp. 10-11; THERY, «El Pre-pack...», *cit.*, pp. 100-101, especialmente esta última).

55. Reclamaba ya una mayor precisión en este punto el *Informe de la Comisión Nacional de los Mercados y de la Competencia sobre el Anteproyecto de Ley de Reforma del texto refundido de la Ley Concursal*, de 13 de octubre de 2021, apartado 3.2.2, p. 14, abogando en cambio por asimilarlo en exclusiva a los requisitos del experto en reestructuraciones.

acreedores y terceros con los que se relaciona el deudor, provocando por este sólo hecho la pérdida de valor de la unidad productiva ante su inminente declaración de concurso. El carácter reservado se limita, sin embargo, a esta resolución. No hay una declaración de confidencialidad de toda la fase de preparación de la operación, como sí se preveía, sin embargo, en el apdo. 2.1 de las Directrices de los Juzgados de lo Mercantil de Barcelona, aunque se exigiera para ello que así se hubiera solicitado, constituyendo una nota común de todos los modelos de ventas anticipadas con *Prepack*[56].

La configuración normativa del resto del estatuto jurídico del experto también se antoja controvertida.

Comenzando por su actuación, las previsiones efectuadas al respecto por el artículo 224 ter del Texto Refundido de la Ley Concursal se muestran sumamente escuetas e indeterminadas. Se limita a señalar el cometido genérico de *recabar ofertas* de terceros para la adquisición de una o varias unidades productivas del solicitante, sin efectuar mayores precisiones al respecto, lo que lleva a pensar que es el experto el encargado de encontrar interesados en la adquisición y seleccionar en última instancia la oferta que se presentará, en su caso, con la solicitud de declaración de concurso[57]. El artículo 22.1 de la Propuesta de Directiva de la Unión Europea, de 7 de diciembre de 2022, *relativa a la armonización de determinados aspectos de la legislación en materia de insolvencia*, se refiere en cambio al nombramiento de un *supervisor*, en lugar de experto, lo que permite dudar de que sea este sujeto el encargado de la selección de la oferta, debiendo limitarse a supervisar o acompañar en el cumplimiento de esta tarea realizada directa o indirectamente por el deudor y verificar ante el juez que el proceso de selección se ha desarrollado correctamente. No en vano, el Considerando 22 de la Propuesta señala que «Con el fin de promover las ventas como empresa en funcionamiento en caso de liquidación, los regímenes nacionales de insolvencia deben incluir un procedimiento de *pre-pack*, en el que el deudor en dificultades financieras, con la ayuda de un "supervisor", busque posibles adquirentes interesados y prepare la venta de la empresa como empresa en funcionamiento antes de la apertura formal del procedimiento de insolvencia, de modo que los activos puedan realizarse rápidamente poco después de la apertura del procedimiento formal de insolvencia»[58].

Nada se dice tampoco en nuestra regulación acerca de qué debe hacer en relación con la oferta seleccionada ni, como debería ser preceptivo, si debe elaborar un informe

56. Postulan la necesidad de compatibilizar esta confidencialidad con la transparencia y concurrencia que deben presidir la enajenación de las unidades productivas en el concurso, GALLEGO CÓRCOLES, «El *Prepack*...», *cit.*, pp. 297-299; MARQUÉS VILALLONGA, «El Pre-pack...», *cit.*, pp. 356-357; RIVAS, «Enajenación...», *cit.*, apartado II.2.2, p. 4.

57. Expresa también sus dudas al respecto, BRENES, «Venta de Unidades...», *cit.*, apartado IV, p. 10, al referirse a la tarea de encontrar interesados o, al menos, supervisar a la empresa en esa actuación y, finalmente, decidir con quién se concluirá el contrato de transmisión de la unidad productiva.

58. Así parecen pronunciarse, antes incluso de la regulación del texto refundido de la Ley Concursal, IBIZA, El «Pre-pack...», *cit.*, apartado III.2, p. 12, y apartado IV, p. 13; GILO, El «Pre-pack...», *cit.*, apartado VII, p. 6, aludiendo ambos a una función de acompañamiento del deudor y de supervisión de la preparación de la operación de transmisión. Con posterioridad, THERY, «Una segunda...», *cit.*, apartado II.2, p. 9; ID., «El Pre-pack...», *cit.*, pp. 100 y 103-105, para quien la

con este contenido, detallando el procedimiento seguido para su elección y recomendando o no su aprobación[59]. Esta incertidumbre contrasta de nuevo con las prescripciones dispuestas también en los artículos 22.2 y 26.1 de la Propuesta de Directiva en los que se destaca la necesidad de elaborar un dictamen que contenga distintos extremos en relación con el desarrollo del procedimiento y la oferta seleccionada, recomendando al mejor licitador como adquirente[60]. Asimismo, aunque cabe deducir que esa oferta acompañará a la solicitud de concurso presentada por el deudor, nada se señala tampoco acerca de lo que sucede en situación de probabilidad de insolvencia, en la que no se producirá una declaración de concurso[61]. El silencio también persiste tras la declaración de concurso, en relación con el proceso de autorización judicial de la operación[62].

Esta reducida e imprecisa actuación contrasta, sin embargo, abiertamente con las referencias contenidas al respecto en las Directrices y Protocolos judiciales elaborados para su aplicación, antes y después de su regulación normativa, en las que se le atribuye un comportamiento mucho más activo, detallándose un amplio elenco de funciones a desarrollar durante su intervención que transcienden la simple recepción pasiva de ofertas[63].

---

principal misión del supervisor no es recabar ofertas acríticamente, sino informar al juzgado de si la mejor oferta derivada del proceso competitivo realizado por el deudor cumple o no con los requisitos necesarios para que pueda ser autorizada por juez; SANJUÁN, «Nuevas Instituciones...», *cit.*, apartado III, pp. 7-8, apartado VI.1, pp. 13-14, y apartado VII, p. 15.

59. Así lo entiende también, GONZÁLEZ VÁZQUEZ, *Píldoras..., cit.*, p. 258.

60. El artículo 22.2 de la Propuesta de Directiva de la Unión Europea, de 7 de diciembre de 2022, establece en este sentido el deber de los Estados miembros de velar porque el supervisor «(...) *a) documente cada fase del proceso de venta e informe acerca de ellas; b) justifique por qué considera que el proceso de venta es competitivo, transparente y equitativo y cumple las normas del mercado; c) recomiende al mejor licitador como adquirente del pre-pack, de conformidad con el artículo 30; d) indique si considera que la mejor oferta no constituye una violación manifiesta del criterio de la prueba del interés superior de los acreedores*», lo que, según el artículo 2 h), supone que «(...) *ningún acreedor se vería perjudicado en caso de liquidación en un procedimiento de pre-pack en comparación con su situación si se aplicara el orden de prelación de la liquidación en caso de liquidación fragmentaria*». Asimismo, el artículo 26.1 contempla el deber de velar también porque «(...) *cuando se abra la fase de liquidación, el órgano jurisdiccional autorice la venta de la empresa del deudor o de parte de la misma al adquirente propuesto por el supervisor, siempre que este último haya emitido un dictamen que confirme que el proceso de venta desarrollado durante la fase de preparación se llevó a cabo con arreglo a los requisitos establecidos en al artículo 22, apartados 2 y 3, y en el artículo 24, apartados 1 y 2*», denegándola en caso contrario cuando no se cumplan dichos requisitos; previsiones que provocarán sin duda la modificación de la escueta regulación vigente para llevar a cabo su incorporación.

61. Advierte también de todos estos inconvenientes prácticos, ALCOVER, «La Enajenación...», *cit.*, apartado D, p. 4; ID., «La Guía...», *cit.*, apartado B, pp. 1-2.

62. *Vid.*, sin embargo, el artículo 34.1 la Propuesta de Directiva de la Unión Europea, de 7 de diciembre de 2022, *relativa a la armonización de determinados aspectos de la legislación en materia de insolvencia*, contemplando el deber de los Estados miembros de velar por que tanto los acreedores como los tenedores de participaciones en la empresa del deudor tengan derecho a ser oídos por el órgano jurisdiccional antes de la autorización o la ejecución de la operación de la venta de la empresa del deudor o de parte de la misma, salvo la posibilidad de exclusión de este derecho en los supuestos allí previstos —artículo 34.2—.

63. *Vid.*, en este sentido, el apartado 2.4 del *Pre-Pack concursal: Directrices para el Procedimiento de tramitación*, elaboradas por los Juzgados de lo Mercantil de Barcelona el 20 de enero de 2021, pp.

Otro tanto sucede en relación con la falta de claridad y concreción de la duración del encargo y la fijación de su retribución. El artículo 224 quater.2 del Texto Refundido de la Ley Concursal declara en primer término que será el juez quien establezca en la resolución judicial de su nombramiento la duración del encargo, pero sin precisar un plazo para ello. Puesto que el deudor es quien mejor conoce las circunstancias de la unidad productiva, parece más acertado, sin embargo, que sea este sujeto quien señale en la solicitud el plazo que estime necesario y a la vista de éste el juez resuelva sobre la duración de dicho encargo[64].

---

4-5, donde se apuntan las funciones de «(...) *a) asistir y supervisar al deudor en la preparación de operaciones. b) familiarizarse con el negocio. c) informar a los acreedores del precio, participando, en su caso, en las negociaciones con los acreedores privilegiados y públicos, así como con los representantes de los trabajadores. d) verificar y supervisar la regularidad, publicidad y transparencia en la preparación de operaciones sobre los activos de la empresa, especialmente garantizando la igualdad de acceso a la misma información y oportunidades entre los potenciales interesados o postores y la justa competencia. e) emitir un informe final de la gestión*». Crítico por este motivo también el Informe sobre el Anteproyecto de Ley de Reforma del texto refundido de la Ley Concursal del Pleno del Consejo General del Poder Judicial, de 25 de noviembre de 2021, apartado 623, p. 215, sugiriendo que se especifiquen de forma clara el compendio de funciones que deben entenderse incluidas en la expresión «recabar ofertas»; más recientemente, *vid. Guía de buenas Prácticas, de Carácter orientativo y no vinculante, para el Nombramiento de Experto en Fase preconcursal («Prepack»)*, aprobada por los Magistrados/as de los Juzgados mercantiles de Madrid, en Junta de 21 de febrero de 2023, *Revista General de Insolvencias & Reestructuraciones*, n.º 9, 2023, apartado 5, pp. 169-170, considerando que «*el recabar ofertas*» abarca, sin ánimo de ser exhaustivos: «*– Asistir al deudor en la preparación de las operaciones de delimitación del perímetro de la unidad productiva. – Comprobar que el valor de la unidad productiva supera el valor de mercado de los activos individuales integrados dentro del perímetro. – Conocer y familiarizarse con la actividad y negocio en funcionamiento. – Verificar y supervisar que el proceso de venta es abierto, objetivo, concurrente y transparente, pudiendo emitir recomendaciones a tal fin. – Asistir en la búsqueda y selección de ofertas. – Para el caso de que dentro de la unidad productiva haya bienes afectos al pago de un privilegio especial, es recomendable que el experto verifique que se ha informado de ese proceso de venta a los acreedores privilegiados (artículo 224 TRLC) así como a los representantes legales de los trabajadores (artículo 220 TRLC). – Presentar al Juzgado Mercantil, un informe en el que documente cómo se ha desarrollado ese proceso de venta y cuál ha sido su resultado, indicando, en su caso, la oferta seleccionada y si la misma es acorde al valor de mercado y al interés de los acreedores. – Emitir cuantos informes le sean requeridos por el Juzgado Mercantil*». Considera, asimismo, que debe realizar todas las actividades desglosadas en los Protocolos judiciales, COHEN, «El Pre-pack...», *cit.*, p. 140. Defiende también una actuación proactiva, no simplemente de intermediación, SANJUÁN, «Nuevas Instituciones...», *cit.*, apartado III, pp. 8-10, especialmente esta última., exigiendo la realización de un informe, aunque expresamente no se pida por la norma.

64. Así, el *Acuerdo de la Junta de Jueces Mercantiles de Sevilla núm. 2/2022, de 25 de octubre de 2022, sobre Articulación procesal del Prepack (artículos 224 ter a 224 septies) y la solicitud de concurso con presentación de oferta de adquisición de una o varias unidades productivas*, p. 2 y Conclusión IV; *Guía de buenas Prácticas, de Carácter orientativo y no vinculante, para el Nombramiento de Experto en Fase preconcursal («Prepack»)*, aprobada por los Magistrados/as de los Juzgados mercantiles de Madrid, en Junta de 21 de febrero de 2023, *Revista General de Insolvencias & Reestructuraciones*, n.º 9, 2023, apartado 4, pp. 168-169, sin perjuicio de establecer diversos plazos máximos en función del tipo de insolvencia y admitir la posibilidad de prórroga, en su caso, a instancia del deudor. En sentido parecido, AAVV., *Texto refundido...*, *cit.*, p. 500, propugnando que el plazo fijado por el juez sea el consensuado entre el deudor y el experto, sin perjuicio de la facultad del juez de realizar las debidas observaciones; GONZÁLEZ VÁZQUEZ, *Píldoras...*, *cit.*, p. 256, abogando en todo caso por una cierta flexibilidad en su fijación, debiendo disponerse una horquilla con un periodo mínimo y máximo.

Se prevé, además, que también sea el juez quien fije la retribución que considere procedente atendiendo al valor de la unidad o unidades productivas. Esto supone renunciar a su concreción de forma objetiva, conforme a la disposición de un arancel específico o por referencia al arancel de derechos de los administradores concursales correspondiente a la fase de liquidación, puesto que su actividad se asemeja a ella, tal y como se refleja en el apdo. 2.7 de las Directrices elaboradas por los Juzgados de lo Mercantil de Barcelona. Solución que sería mucho más acertada, en lugar de abandonarla al exclusivo criterio del juez, por obvias razones de seguridad jurídica, evitando el riesgo de eventuales errores en la valoración y adopción de resoluciones judiciales diferentes para supuestos similares, suponiendo además un incremento de la carga de trabajo del juez[65].

A esta indeterminación se suma, además, la singular previsión de poder hacer depender el derecho a percibir esta retribución total o parcialmente del resultado —artículo 224 quater.2, *in fine*, del Texto Refundido de la Ley Concursal—, pero sin disponer ningún criterio al respecto; circunstancia que incrementa aún más la incertidumbre en el ejercicio de esta actividad, al introducir el riesgo añadido de apreciación en cada caso, y puede constituir un incentivo peligroso para realizar la enajenación de la unidad productiva a toda costa[66]. El reconocimiento de esta posibilidad retributiva genera además importantes dudas acerca de la eventual configuración de la obligación asumida por el experto como una obligación de medios o una obligación de resultados, según el sistema de retribución que se aplique.

---

65. Defiende también la aplicación del arancel de los administradores concursales, el *Informe sobre el Anteproyecto de Ley de Reforma del texto refundido de la Ley Concursal del Pleno del Consejo General del Poder Judicial*, de 25 de noviembre de 2021, apartado 624, p. 216; asimismo, GARNACHO, «Enajenación...», *cit.*, p. 431; RÍOS, «Prepack...», *cit.*, p. 5; *Acuerdo de la Junta de Jueces Mercantiles de Sevilla núm. 2/2022, de 25 de octubre de 2022, sobre Articulación procesal del Prepack (artículos 224 ter a 224 septies) y la solicitud de concurso con presentación de oferta de adquisición de una o varias unidades productivas*, p. 2 y Conclusión IV. Asimismo, si bien aplicando los porcentajes previstos sobre la masa activa con diversas formas de cálculo, la *Guía de buenas Prácticas, de Carácter orientativo y no vinculante, para el Nombramiento de Experto en Fase preconcursal («Prepack»)*, aprobada por los Magistrados/as de los Juzgados mercantiles de Madrid, en Junta de 21 de febrero de 2023, *Revista General de Insolvencias & Reestructuraciones,* n.º 9, 2023, apartado 6, pp. 170 y siguientes Manifiesta sus dudas al respecto, GILO, El «Pre-pack...», *cit.*, apartado VII, p. 7, considerando que es una solución poco apropiada y clara, apostando más que por el modelo de retribución, por la garantía de su abono, debiendo formar parte de los gastos necesarios de la transmisión de la unidad productiva; En contra de esta posibilidad AAVV., *Texto refundido...*, *cit.*, pp. 499-500, al entender que se trata de un ámbito contractual similar a la figura del arrendamiento de servicios, si bien acudiendo al nombramiento judicial.
66. RIVAS, «Enajenación...», *cit.*, apartado II.2.2, p. 4; COHEN, «El Pre-pack...», *cit.*, p. 141; THERY, «El Pre-pack...», *cit.*, pp. 106-108, destacando el carácter peliagudo de esta cuestión y la existencia de dos formas diferentes de entender los *honorarios de éxito*. Una desacertada, que vincula los honorarios al hecho de que se produzca la enajenación de la unidad productiva, y otra acertada, al hacerlos depender de que el precio de la enajenación sea superior al valor estimado inicialmente, incentivando así la actuación del supervisor en beneficio de la masa activa; GONZÁLEZ VÁZQUEZ, *Píldoras...*, *cit.*, pp. 256-257, especialmente esta última., postulando la fijación de la retribución por referencia al precio ofrecido por el mejor postor y, en todo caso, la estipulación de un precio cerrado con independencia del resultado o, al menos, con una parte fija que se devengaría en todo caso.

Partiendo de la frecuente solicitud de declaración de concurso posterior, el artículo 224 sexies.3 del Texto Refundido de la Ley Concursal reconoce en último término a la retribución que no hubiera percibido el experto la consideración de crédito contra la masa, a pesar de haberse devengado con anterioridad a la declaración de concurso y de no figurar entre el elenco de este tipo de créditos, pero a los que esta Ley les atribuye expresamente esta consideración —artículo 242.1.18.º del Texto Refundido de la Ley Concursal—. No obstante, se limita en exclusiva a la retribución no percibida aún tras la declaración de concurso, dando a entender que en otros supuestos se puede haber satisfecho antes, por lo que la retribución del experto no se realizará en todo caso con cargo a la masa. Nada indica, en cambio, a pesar de poder producirse también esta eventualidad, acerca de qué sucede con esta retribución, el modo de calcularla o el sujeto que debe satisfacerla cuando el experto hubiera cumplido sus funciones y la enajenación de la unidad productiva o la declaración de concurso no llegue a producirse. Vicisitud resuelta ya en parte, por el contrario, en el apdo. 2.7 de las Directrices de los Juzgados de lo Mercantil de Barcelona, donde se hace responsable al solicitante del experto[67].

Las escasas referencias normativas que se hacen al estatuto jurídico del experto omiten también pronunciarse, de forma inexplicable, sobre las reglas que rigen la responsabilidad de este sujeto, a pesar del destacado papel de proporcionar confianza en su actuación[68]. A fin de solventar esta laguna, deberían disponerse unas reglas específicas o realizar, al menos, una expresa remisión a las reglas dispuestas en este sentido en el Texto Refundido de la Ley Concursal en relación con el estatuto de la administración concursal, como sucede en el apdo. 2.2 de las Directrices de los Juzgados de lo Mercantil de Barcelona[69]. Solución esta última que, si bien se ajusta a los supuestos de eventual conversión del experto en administrador concursal tras la declaración de concurso, no se corresponde tan bien cuando no se produzca esta conversión o ni siquiera

67. RÍOS, «Prepack...», *cit.*, p. 5, defendiendo su cálculo de idéntico modo que cuando se declara el concurso y con cargo al precio de venta obtenido por tratarse de una actuación imprescindible para la realización de la transmisión. En idéntico sentido, *vid.* el artículo 22.5 de la Propuesta de Directiva UE, de 7 de diciembre de 2022, *relativa a la armonización de determinados aspectos de la legislación en materia de insolvencia*, considerando con carácter general que la remuneración sea abonada por la masa del concurso como gasto administrativo preferente cuando se produzca la fase de liquidación posterior del *Prepack*, no sólo cuando no haya sido percibida aún por el experto antes de ese momento, como parece señalar nuestra normativa. Y por el deudor, en caso de que no se produzca esta fase de liquidación posterior. Guarda silencio, en cambio, sobre la posibilidad de aplicar *honorarios de éxito*. Evidencia, sin embargo, la falta de indicaciones en este caso para su cálculo, GILO, «El "Pre-pack...", *cit.*, apartado VII, p. 7.

68. Extremo que contrasta con el mandato dispuesto en el artículo 31 de la Propuesta de Directiva de la Unión Europea, de 7 de diciembre de 2022, *relativa a la armonización de determinados aspectos de la legislación en materia de insolvencia*, según el cual «Los Estados miembros velarán por que el supervisor y el administrador concursal sean responsables de los daños que el incumplimiento de sus obligaciones en virtud del presente título cause a los acreedores y terceros afectados por el procedimiento de "*pre-pack*"» (THERY, «Una segunda...», *cit.*, apartado II.2, pp. 8-9; ID., «El Prepack...», *cit.*, pp. 105-106, insistiendo en este régimen de responsabilidad para evitar cualquier duda sobre la validez de la transmisión, motivo por el cual debe ser exigente pues sobre su función se vertebran las decisiones judiciales).

69. Así, GARNACHO, «Enajenación...», *cit.*, p. 430.

llegue a declararse el concurso y no exista por tanto nombramiento de administrador concursal[70].

La eventual conversión del experto en administrador concursal del concurso posterior del deudor en el que se produzca la enajenación de la unidad productiva tampoco está exenta de controversia. A semejanza de lo que sucedía en el caso del derogado acuerdo extrajudicial de pagos, donde se nombraba administrador concursal del concurso consecutivo al mediador que hubiera intervenido en aquel procedimiento, salvo la concurrencia de una justa causa —artículos 242.2.2.º de la Ley Concursal y 709.1 del Texto Refundido de la Ley Concursal—, el artículo 224 sexies.2 de la misma norma faculta al juez del concurso para revocar o ratificar el nombramiento del experto en la declaración de concurso; términos, sin embargo, desafortunados para referirse en realidad a su eventual conversión o no, en la medida en que una vez declarado el concurso ya no cabe hablar de ratificación del nombramiento del experto, puesto que sólo cabe designar administrador concursal. En todo caso, si lo ratificara, según esta disposición, tendrá éste la condición de administrador concursal. Frente al automatismo anterior, salvo justa causa en contrario, esta conversión reviste, sin embargo, un carácter más eventual y discrecional, subordinada en exclusiva al criterio del juez del concurso, omitiéndose cualquier referencia equivalente a una justa causa. Solución que genera de nuevo inseguridad jurídica y contrasta una vez más con la conversión también automática, salvo concurrencia de una causa justificada, prevista ya en el apartado 2.2 de las Directrices de los Juzgados de lo Mercantil de Barcelona[71].

Más allá de este inconveniente en el modo de producirse esta conversión, cabría cuestionar incluso la posibilidad de permitir que quien ha intervenido como experto en esta fase preliminar pueda ser nombrado después administrador concursal tras la declaración de concurso[72]. En contra, el riesgo de falta de imparcialidad e independencia del administrador concursal, al haber intervenido en la preparación de la operación, y la

70. Expresa también sus dudas en este sentido, RÍOS, «Prepack...», *cit.*, p. 5; SANJUÁN, «Nuevas Instituciones...», *cit.*, apartado IV, pp. 11-12, considerando que existen distintos momentos para exigir responsabilidad y que por tanto el régimen de responsabilidad debe matizarse cuando se trate de funciones realizadas exclusivamente en la fase de preparación o no se acuda a la segunda fase de liquidación.

71. En este mismo sentido se manifiesta el artículo 25 de la Propuesta de Directiva de la Unión Europea, de 7 de diciembre de 2022, *relativa a la armonización de determinados aspectos de la legislación en materia de insolvencia*, aunque en términos más absolutos, al señalar que «Los Estados miembros velarán por que, cuando se abra la fase de liquidación, el órgano jurisdiccional nombre al supervisor a que se refiere el artículo 22 como administrador concursal», pero sin prever la excepción de concurrencia de una justa causa en contra, lo que se antoja excesivo (una crítica también por este motivo en COHEN, «El Pre-pack...», *cit.*, pp. 146-147). Defiende, asimismo, esta conversión automática, salvo justa causa, a pesar de los términos legales, la *Guía de buenas Prácticas, de Carácter orientativo y no vinculante, para el Nombramiento de Experto en Fase preconcursal («Prepack»)*, aprobada por los Magistrados/as de los Juzgados mercantiles de Madrid, en Junta de 21 de febrero de 2023, *Revista General de Insolvencias & Reestructuraciones,* n.º 9, 2023, apartado 4, p. 169; en idénticos términos, GONZÁLEZ VÁZQUEZ, *Píldoras*..., *cit.*, p. 260.

72. Descarta, no obstante, un eventual conflicto de interés, THERY, «Una segunda...», *cit.*, apartado II.2, p. 9, para quien son funciones complementarias, aunque aboga por no recibir retribución del deudor durante la etapa preconcursal para no dudar de la independencia del experto.

ausencia de una expresa excepción a la regla de la confidencialidad que sí se preveía en el caso del acuerdo extrajudicial de pagos —artículo 242.1. 2.º de la Ley Concursal y 709.2 del Texto Refundido de la Ley Concursal—[73]. A favor, el mayor y más profundo conocimiento que tiene el experto sobre esta operación, lo que puede facilitar su rápida ejecución y la maximización de valor. Lo que no resulta admisible de nuevo es la indeterminación de esta previsión normativa, que se limita a posibilitar esta conversión sin realizar mayores precisiones, motivo por el cual debería revisarse en uno u otro sentido, ya sea negándola o admitiéndola, pero no dejándola a la discrecionalidad del juez, fijando en este último caso límites objetivos que impidan la conversión.

## 3. CONTENIDO DE LAS OFERTAS RECABADAS

La función asignada al experto se circunscribe a recabar ofertas de terceros para la adquisición, con pago al contado, de una o varias unidades productivas de que sea titular el solicitante, aunque hubieran cesado en su actividad —artículo 224 ter del Texto Refundido de la Ley Concursal—.

Las referencias que se hacen a estas ofertas y su contenido resultan, sin embargo, inciertas y también sumamente discutibles.

En primer lugar, destaca el reduccionismo que se hace de los posibles oferentes, lo que contrasta con la mayor amplitud en este punto del artículo 224 bis del Texto Refundido de la Ley Concursal, en el que se alude de forma expresa a una propuesta de acreedor o de tercero. En su lugar, sólo se hace eco de las ofertas de terceros.

A pesar de esta aparente limitación de orden subjetivo, en ningún caso debe entenderse que ello implique la exclusión de la presentación de ofertas por los acreedores. A menos que se incurra en el absurdo, todo parece apuntar que se trata de un mero recurso gramatical de simplificación, a fin de comprender con este genérico término cualquier sujeto interesado en la adquisición sin distinción. Del mismo modo que también lleva a incluir, al igual que allí, a pesar de que tampoco se halla expresamente recogido en el artículo 224 bis del Texto Refundido de la Ley Concursal, las ofertas realizadas por personas especialmente relacionadas con el deudor. Ni se contemplan ni se prohíben. Además, no existe ninguna particularidad sustancial que pueda justificar una distinción de este tipo por razón de la modalidad de enajenación elegida. La identidad de razón en este punto con el régimen previsto en el artículo 224 bis del Texto Refundido de la Ley Concursal no ofrece lugar a dudas. No en vano, el artículo 224 bis.8 del Texto Refundido de la Ley Concursal declara con carácter general la sujeción de esta transmisión a las demás reglas establecidas en esta Ley para esta clase de transmisiones, entre las que se contempla la posibilidad de adquisición de la unidad pro-

73. Admite, sin embargo, a pesar del silencio de la norma, que el experto está afectado durante este proceso preconcursal por un deber de confidencialidad con el deudor, que cesa cuando es nombrado administrador concursal, la *Guía de buenas Prácticas, de Carácter orientativo y no vinculante, para el Nombramiento de Experto en Fase preconcursal («Prepack»)*, aprobada por los Magistrados/as de los Juzgados mercantiles de Madrid, en Junta de 21 de febrero de 2023, *Revista General de Insolvencias & Reestructuraciones*, n.º 9, 2023, apartado 3, p. 168.

ductiva por una persona especialmente relacionada con el deudor, sin perjuicio de que se someta al cumplimiento de ciertos gravámenes —artículo 224.2 del Texto Refundido de la Ley Concursal—[74]. No obstante, y al objeto de despejar cualquier duda al respecto, habría sido más acertado la inclusión de una declaración equivalente en esta nueva subsección 3.ª, que, sin embargo, desapareció del Anteproyecto de Ley 16/2022, de 5 de septiembre, de reforma del Texto Refundido de la Ley Concursal —artículo 224 octies—, o, al menos, una reproducción mimética de los términos ya empleados en otros preceptos para referirse al mismo supuesto.

El único impedimento en este punto reside en el hecho de que quien realice la oferta no podrá actuar por cuenta del propio deudor —artículo 224 septies.1 del Texto Refundido de la Ley Concursal—, garantizándose así la independencia y autonomía de todos los oferentes y atajando una eventual actuación fraudulenta en connivencia con el deudor. Sin embargo, no se entiende muy bien ni parece que pueda estar justificado la exclusiva previsión que se hace de esta restricción en la regulación de esta específica modalidad de enajenación, hallándose ausente de las reglas generales que rigen las especialidades de la enajenación de las unidades productivas y de la modalidad dispuesta en el artículo 224 bis del Texto Refundido de la Ley Concursal. De ahí que debiera incluirse entre las normas comunes que rigen estas operaciones, más allá de poder considerar que los términos relativos a los acreedores o terceros ya presuponen esta ajenidad[75].

---

74. El artículo 32.1 de la Propuesta de Directiva de la unión Europea, de 7 de diciembre de 2022, *relativa a la armonización de determinados aspectos de la legislación en materia de insolvencia*, reconoce de forma expresa la posibilidad de adquisición de la empresa por *partes estrechamente vinculadas al deudor*, siempre que se cumplan todas las condiciones siguientes: a) que declaren oportunamente al supervisor y al órgano jurisdiccional su relación con el deudor; b) que las demás partes en el proceso de venta reciban información adecuada sobre la existencia de partes estrechamente vinculadas al deudor y su relación con este último; c) que se conceda a las partes no estrechamente vinculadas al deudor tiempo suficiente para presentar una oferta. Ello, sin perjuicio de prever la necesidad de introducir salvaguardias adicionales cuando la oferta realizada por la parte estrechamente vinculada al deudor sea la única oferta existente, lo que supone incluir, como mínimo, la obligación de que el supervisor y el administrador concursal rechacen esta oferta si no supera la prueba del interés superior de los acreedores —artículo 32.2—; prueba, según la cual, ninguna acreedor se vería perjudicado en caso de liquidación en un procedimiento de prepack en comparación con su situación si se aplicara el orden de prelación de la liquidación en caso de liquidación fragmentaria —artículo 2 h)—. No se contempla, sin embargo, en estos casos con carácter general la obligación del adquirente de pago de todos los créditos no satisfechos por el deudor, como sucede en nuestra regulación. Sólo se podrá disponer así por los Estados miembros cuando se demuestre que se ha incumplido la obligación de declaración al supervisor y al órgano jurisdiccional de su relación con el deudor, revocándose en ese caso los beneficios previstos en el artículo 28 —adquisición libre de deudas y pasivos—. Esta específica previsión exigirá sin duda modificar la regulación vigente sobre el *Prepack*, constituyendo una importante diferencia de trato respecto al resto de modalidades de enajenación, por lo que es previsible que también afecte a los demás procedimientos que rigen la enajenación de la unidad productiva en atención a la identidad de razón existente en este punto entre todos ellos (aplaude esta decisión, THERY, «El Pre-pack…», *cit.*, pp. 110-111 y especialmente 116-119, apelando a la igualdad de derechos y prohibición de discriminación, pero también a importantes razones de orden económico y financiero para su justificación. Advierte, no obstante, de las ventajas y de los riesgos de esta solución proyectada, COHEN, «El Pre-pack…», *cit.*, p. 146).

75. Considera inútil su inclusión, ALCOVER, «La Enajenación…», *cit.*, apartado D, p. 5.

La tipología de las eventuales ofertas recabadas también se restringe de forma caprichosa. A diferencia del silencio que guarda en este punto las Directrices de los Juzgados de lo Mercantil de Barcelona, el artículo 224 ter del Texto Refundido de la Ley Concursal exige de forma expresa que las ofertas recabadas de los terceros sean únicamente con pago al contado, excluyendo así la posibilidad de formular ofertas con pago aplazado. Al margen de posibilitar una mayor rapidez en la ejecución de la operación y facilitar la comparación entre las ofertas presentadas, que debería ser predicable sin embargo para todos los procedimientos de enajenación, tampoco se entienden los motivos de esta diferencia de trato con el procedimiento general y con la modalidad prevista en el artículo 224 bis del Texto Refundido de la Ley Concursal. No deja de resultar paradójico e infundado que, cuando la oferta haya sido recabada por el propio deudor, no se aplique esta limitación, al no contemplarse de forma expresa en su regulación, y sí, en cambio, cuando haya intervenido un experto en su captación. Más aún, cuando el artículo 218.3.º del Texto Refundido de la Ley Concursal reconoce con carácter general entre el contenido mínimo que debe incluirse en las ofertas el precio ofrecido y las modalidades de pago, sin efectuar ninguna distinción al respecto, lo que lleva a admitir la posibilidad de incluir diversas modalidades de pago con tal de que así se incluya en la oferta[76].

En último término, el artículo 224 septies.2 del Texto Refundido de la Ley Concursal reproduce en relación con estas ofertas la misma exigencia ya dispuesta, aunque con diverso plazo, en el artículo 224 bis.1 del Texto Refundido de la Ley Concursal. En este sentido, el oferente debe asumir en la oferta la obligación de continuar o de reiniciar la actividad con la unidad o unidades productivas a las que se refiera la oferta por un mínimo de dos años. Ausente esta exigencia de las Directrices y Protocolos judiciales elaborados para la aplicación del *Prepack*, participa de los mismos inconvenientes ya apuntados en aquel lugar pese a la bondad de sus propósitos, pudiendo constituir un serio obstáculo para la presentación de ofertas junto con la correlativa y vaga declaración de indemnización de daños y perjuicios que se reitera para el caso de su incumplimiento[77].

Llama, sin embargo, de nuevo la atención la diferencia de trato dispensado en relación con el plazo de duración de este compromiso. Fijado en dos años, frente al plazo de tres dispuesto en el artículo 224 bis.1 del Texto Refundido de la Ley Concursal, tampoco se advierten las razones que puedan justificar esta asimetría. Más aún, si se observa el proceso para su regulación. Prevista inicialmente esta exigencia en exclusiva para este supuesto en el Anteproyecto de Ley 16/2022, de 5 de septiembre, de reforma del Texto Refundido de la Ley Concursal, de 4 de agosto de 2021, con un plazo de tres años, se extiende su aplicación con idéntico plazo a la modalidad del artículo 224 bis

76. Cuestiona también esta diferencia de trato, HURTADO, «La Liquidación de Empresas en el Contexto de la Covid-19 y nueva normalidad», *Revista General de Insolvencias & Reestructuraciones*, n.º 4, 2021, p. 233; ALCOVER, «La Enajenación...», *cit.*, apartado D, p. 5; GONZÁLEZ VÁZQUEZ, *Píldoras...*, *cit.*, pp. 252-253.

77. Considera también absurda esta obligación de continuación, GONZÁLEZ VÁZQUEZ, «Enajenación...», *cit.*, p. 8.

del Texto Refundido de la Ley Concursal en el Proyecto de Ley 16/2022, de 5 de septiembre, de reforma del Texto Refundido de la Ley Concursal, de 14 de enero de 2022, reduciéndose a dos en el caso del *Prepack* en el proceso de tramitación parlamentaria. Lejos de desaparecer, como ya se ha señalado en aquel lugar, su duración volvería a ser idéntica en ambos supuestos, ahora de dos años, si se hubiera aprobado definitivamente el *Proyecto de Ley Orgánica de Eficiencia organizativa del Servicio público de Justicia*, de 19 de abril de 2022, decaído sin embargo por el adelanto electoral, cuya Disposición Final segunda, quinquies, fruto de una enmienda transaccional en el informe de la Ponencia, reformaba el artículo 224 bis del Texto Refundido de la Ley Concursal con este propósito.

## VI. ESPECIALIDADES EN EL PROCEDIMIENTO ESPECIAL DE MICROEMPRESAS

La enajenación de la unidad productiva se contempla también de forma expresa en el novedoso y denostado procedimiento especial para microempresas, introducido por la Ley 16/2022, de 5 de septiembre, de reforma del Texto Refundido de la Ley Concursal en un nuevo Libro III del Texto Refundido de la Ley Concursal —artículos 685 a 720—. En concreto, en el supuesto de apertura del procedimiento especial de liquidación, que puede llevarse a cabo con o sin transmisión de la empresa en funcionamiento. En este sentido, el artículo 707.3 del Texto Refundido de la Ley Concursal dispone que el plan de liquidación que tiene que elaborar en su caso el deudor o el administrador concursal debe prever, siempre que sea posible, la enajenación unitaria del establecimiento o del conjunto de unidades productivas de la masa activa. Sin embargo, este no es el único supuesto. El artículo 710.2 del Texto Refundido de la Ley Concursal reconoce asimismo la posibilidad de presentar una oferta de adquisición de empresa o de unidad productiva con la solicitud de procedimiento especial de liquidación, de acuerdo con las reglas de los artículos 224 bis a 224 quater, es decir, adjuntando una propuesta escrita vinculante de adquisición por un acreedor o un tercero o solicitando el nombramiento de un experto para recabar ofertas de adquisición. En consecuencia, a la vista de todas estas previsiones, y al igual que sucedía en el procedimiento concursal, la enajenación de la unidad productiva puede instarse en el momento inicial, junto con la solicitud de apertura de este procedimiento especial de liquidación o con posterioridad, mediante su incorporación como contenido del plan de liquidación, debiendo incluirse para ello una valoración de la empresa o de las unidades productivas, realizada por un administrador concursal o, en caso de que no hubiera sido nombrado, por un experto designado a este fin, que se encargará de emitir un informe con este contenido —artículos 707.3 y 714 del Texto Refundido de la Ley Concursal—.

La Exposición de Motivos de la Ley 16/2022, de 5 de septiembre, de reforma del Texto Refundido de la Ley Concursal, reconoce la enajenación de la unidad productiva en ambos momentos. Sin embargo, persiste en el error de mantener en ella una referencia al supuesto en que el oferente de la propuesta fuera una persona especialmente relacionada con el deudor, en cuyo caso le exigía que esta oferta fuera apoyada por el veinte por ciento del pasivo ordinario. Esta exigencia se recogía en el originario artículo

710.2 del borrador de Anteproyecto de Ley 16/2022, de 5 de septiembre, de reforma del Texto Refundido de la Ley Concursal, de 8 de julio de 2021, pero desapareció de su redacción definitiva del Anteproyecto de Ley, de 4 de agosto de 2021, pese a lo cual se ha seguido manteniendo de forma inexplicable una breve alusión a ella en las Exposiciones de Motivos tanto del Proyecto de ley, de 14 de enero de 2022, como de la propia Ley 16/2022, de 5 de septiembre, de reforma del Texto Refundido de la Ley Concursal, que debería haberse eliminado[78].

Cualquiera que sea el momento de realización de esta operación, se declara con carácter general en el artículo 710.1 del Texto Refundido de la Ley Concursal su sujeción a las reglas del Libro primero que rigen esta materia, pero se establecen a continuación ciertas especialidades que se separan de ellas, tanto de las que rigen el procedimiento general de enajenación de la unidad productiva como alguna de las modalidades especiales.

En primer término, y a diferencia de su falta de previsión en aquéllas, se faculta a un tercero para la presentación de una oferta sobrevenida, posibilitando la venta directa a ese tercero siempre que ofrezca, en una especie de derecho de tanteo general, un quince por ciento más del valor acordado y mantenga el resto de las condiciones —artículo 710.1.1.ª del Texto Refundido de la Ley Concursal—; eventualidad que pretende sin duda por esta vía elevar el precio de venta en interés de todos los acreedores. Nada se establece, sin embargo, respecto al límite temporal para presentar esta oferta sobrevenida.

A diferencia del modo ordinario de enajenación de las unidades productivas, consistente en la subasta electrónica —artículo 215 del Texto Refundido de la Ley Concursal—, en este procedimiento especial se otorga preferencia a la venta directa, a la que se somete además a principios de concurrencia y transparencia a fin de favorecer la presentación de ofertas y la selección de la más ventajosa. A tal efecto, tanto las condiciones generales como el precio fijado de acuerdo con la valoración realizada por el administrador concursal o el experto designado para ello, se notificará a los acreedores y se publicará en el Registro Público Concursal —artículo 710.1. 2.ª del Texto Refundido de la Ley Concursal—.

La enajenación mediante subasta sólo se realizará cuando no sea posible la venta directa, guardando, sin embargo, silencio en estos casos el artículo 710.1. 3.ª del Texto Refundido de la Ley Concursal respecto al tipo de subasta aplicable. No obstante, debería entenderse que sería también la electrónica, en atención a la declaración de aplicación supletoria a este procedimiento de lo establecido en los libros primero y segundo realizada en el artículo 689.1 del Texto Refundido de la Ley Concursal. En estos casos excepcionales de aplicación de la subasta, se limita, sin embargo, el precio de adjudicación, al establecer el artículo 710.1. 4.ª del Texto Refundido de la Ley Concursal que no podrá ser en ningún caso inferior a la suma del valor de los bienes y derechos incluidos en el inventario. Con ello se pretende evitar que se abarate la ena-

78. Boletín Oficial del Estado núm. 214, de 6 de septiembre de 2022, pp. 123706-123707.

jenación de la unidad productiva y se equipare a la enajenación fragmentaria de sus elementos en detrimento de la continuidad de la actividad económica[79]. Sin embargo, esto puede suponer un serio obstáculo para la realización de la enajenación y un trato desfavorable frente al resto de enajenaciones de unidades productivas en el procedimiento concursal, por todo lo cual debería suprimirse.

La última especialidad que afecta a las reglas generales se refiere al ámbito y modo de aplicación de la regla de la preferencia, que se prevé en exclusiva en el artículo 219 del Texto Refundido de la Ley Concursal para el supuesto de enajenación mediante subasta. Esta regla permite al juez acordar la adjudicación de la unidad productiva al oferente cuya oferta no difiera en más del quince por ciento de la oferta superior cuando considere que garantiza en mayor medida la continuidad de la empresa en su conjunto o, en su caso, de la unidad productiva y de los puestos de trabajo, así como la mejor y más rápida satisfacción de los créditos de los acreedores. En este sentido, cuando se reciban en este procedimiento especial más de una oferta, cuyos contenidos difieran objetivamente en relación con las circunstancias apuntadas, el artículo 710.1. 5.ª del Texto Refundido de la Ley Concursal requiere al deudor o a la administración concursal, según los casos, para que presenten al juez un informe con propuesta de resolución a fin de que este resuelva de acuerdo con esta regla de la preferencia. De la generalidad de sus términos cabe deducir que esta regla también resulta aplicable cuando la concurrencia de ofertas se produce con motivo de una venta directa y no exclusivamente en caso de subasta, como allí sucede. Además, parece que debe instarse su aplicación por parte del deudor o la administración concursal con la necesaria presentación de un informe con propuesta de resolución en este sentido. Nada se dice, sin embargo, respecto a los efectos de este informe sobre la decisión judicial ni tampoco sobre las consecuencias de una eventual falta de presentación.

Finalmente, las especialidades también afectan a la modalidad especial de enajenación mediante la solicitud de nombramiento de experto para recabar ofertas de adquisición. El artículo 710.2 del Texto Refundido de la Ley Concursal reconoce de forma expresa la posibilidad de presentar una oferta de adquisición de la empresa o de unidad productiva con la solicitud de apertura de procedimiento especial de liquidación, de acuerdo con las reglas de los artículos 224 bis a 224 quater del Texto Refundido de la Ley Concursal. Si bien la remisión que se hace a estos preceptos comprende sin excepciones la aplicación de todas las prescripciones dispuestas en el artículo 224 bis del Texto Refundido de la Ley Concursal (a estos efectos, solicitud de apertura de procedimiento especial de liquidación con propuesta escrita vinculante de adquisición de la unidad productiva), no resulta tan amplia en el caso de solicitud de nombramiento de un experto para recabar ofertas de adquisición, al extenderse sólo hasta el artículo 224 quater del Texto Refundido de la Ley Concursal. Se excluyen, por tanto, los preceptos que contemplan el deber de solicitar el concurso a pesar de la solicitud de este nombramiento —artículo 224 quinquies del Texto Refundido de la Ley Concursal— y las especialidades que presenta en estos casos el concurso posterior que se declare

79. RIVAS, «Enajenación…», *cit.*, apartado III.3, p. 6.

artículo 224 sexies del Texto Refundido de la Ley Concursal—. Decisión que se muestra acertada en la medida en que en la regulación de este procedimiento especial ya se prevé también el deber de solicitar su apertura, pero no del concurso —artículo 682.2 del Texto Refundido de la Ley Concursal—. Además, no se trata de un procedimiento concursal sino especial, en el que el nombramiento del administrador concursal es facultativo, lo que resulta contrario a la eventual conversión del experto que se prevé en el *Prepack*, motivo por lo cual también se antoja justificada la inaplicación de todas aquellas disposiciones a menos que se quiera en otro caso obligar al deudor a aceptar su participación[80].

Lo que no se explica, y constituye por tanto una especialidad de régimen en estos supuestos, es la falta de remisión al artículo 224 septies del Texto Refundido de la Ley Concursal y prescindir así en las ofertas de adquisición presentadas de la obligación del oferente de continuar o reiniciar la actividad económica con la unidad o unidades productivas a las que se refiera la oferta por un mínimo de dos años. Exigencia que, sin embargo, sí sería aplicable en el caso de la enajenación de la unidad productiva por la vía del artículo 224 bis del Texto Refundido de la Ley Concursal por la expresa remisión que se hace en el artículo 710.2 del Texto Refundido de la Ley Concursal a todas sus prescripciones sin realizar ninguna excepción al respecto. Asimetría que no tiene ningún sentido aparente y que resulta por tanto infundada, lo que induce a pensar en un eventual descuido del legislador a la hora de seleccionar los preceptos excluidos de la remisión normativa por referirse al concurso de acreedores.

80. Advierte de una colisión normativa, a pesar de esta limitada remisión, RIVAS, «Enajenación...», *cit.*, apartado III.3, p. 6, para quien además es previsible una escasa utilización de esta figura por las microempresas debido a la voluntariedad de la aceptación del experto y el desincentivo de una retribución basada en la valoración de la unidad productiva, que en estos casos es significativamente inferior.

Capítulo 15

# REESTRUCTURACIÓN MEDIANTE ESCISIÓN PARCIAL DE UNIDAD PRODUCTIVA SOLVENTE: UN APUNTE RELATIVO AL RÉGIMEN DE RESPONSABILIDAD

ENRIQUE FERNÁNDEZ-SORDO LLANEZA
*Abogado*

SUMARIO: I. PLANTEAMIENTO DE LA CUESTIÓN. II. ASPECTOS RELATIVOS A LA TRANSMISIÓN DE UNIDAD PRODUCTIVA. III. RESPECTO DE LA REGULACIÓN EN EL TEXTO REFUNDIDO. IV. APUNTE RELATIVO A LA RESPONSABILIDAD POR LA ESCISIÓN PARCIAL CONFORME AL ANTERIOR RÉGIMEN NORMATIVO. V. EL NUEVO RÉGIMEN DE RESPONSABILIDAD Y SU REFLEJO EN LOS PLANES DE REESTRUCTURACIÓN PRECONCURSALES.

## I. PLANTEAMIENTO DE LA CUESTIÓN

La conexión entre elementos de naturaleza concursal respecto a la societaria tiende a ser íntima cuando la entidad concursada o en situación próxima a la insolvencia es una sociedad mercantil de capital. Y la promulgación de la Ley 16/2022, de 5 de septiembre, de reforma del Texto Refundido de la Ley Concursal no ha sido ajena a tal situación, introduciendo los planes de reestructuración como un Título independiente dentro del Libro referido a la situación preconcursal, definiéndolos como aquellos que, en el marco de las negociación previa a la hipotética declaración de concurso, tienen por objeto *«la modificación de la composición, estructura, fondos propios, transmisiones de activos, unidades productivas o de la totalidad de la empresa en funcionamiento»* conforme al nuevo artículo 614 del Texto Refundido de la Ley Concursal. En efecto, del análisis de tales artículos, probablemente una de las novedades que más interés ha suscitado de la reforma legislativa, quedan patentes determinadas especialidades y especificaciones del régimen normativo de los planes de reestructuración preconcursal que prevalecen incluso sobre la legislación societaria, pese a que algunos de tales planes puedan incidir en la estructura y composición de las entidades, de su accionariado, incluso de los derechos de socios y muy especialmente de acreedores.

En este marco, el planteamiento del presente trabajo se fundamenta en una operación de reestructuración consistente en la transmisión de unidad productiva por vía de escisión parcial, contextualizando las notas comunes por un lado, y diferentes por otro, si tal operación se ejecuta acogiéndose a los planes de reestructuración de la Ley Concursal, o en cambio por vía societaria conforme a la normativa reguladora de las modificaciones estructurales, teniendo en ambos casos presente el régimen de responsabilidad por las obligaciones que puedan resultar incumplidas por las entidades partícipes en la operación de reestructuración, haciendo a su vez una importante diferenciación entre el hecho de que en subsistencia de la sociedad próxima a la insolvencia, la unidad productiva transmitida por escisión tenga una consideración de mayor solvencia a diferencia de la que, en su caso, permanezca en la entidad transmitente. Esto es, para tal operación se partiría de la premisa de que la sociedad escindida pueda permanecer en el ejercicio de una actividad distinta a la unidad productiva transmitida en el marco de su proceso de reestructuración, acogida a las especificaciones preconcursales o no. Efectivamente, la separación de actividades distintas ejercidas por una misma entidad suele ser un elemento de habitual reestructuración como forma de evitación de futuras contingencias por lo que podría entrañar la contaminación de una actividad no solvente o deficitaria respecto a otras que, en cambio, sí tengan unos niveles de sostenibilidad económica duradera sin riesgo a devenir próximamente en insolvencia. Es decir, en entidades que bajo una misma personalidad jurídica desempeñan actividades económicas distintas, complementarias o no, pero en cualquier caso autónomas entre sí, incurren en el riesgo de afectar a las mismas responsabilidades y contingencias a las referidas actividades si entre ellas presentan distintos niveles de solvencia y sostenibilidad, lo que podría minorarse e incluso evitarse si se procediere a la total separación de dichas actividades mediante su ejercicio por distintas sociedades habitualmente estructuradas en la forma de «peine», pues participar accionarialmente una de la otra entrañaría idéntico riesgo si la actividad insolvente se situare estructuralmente sobre la que sí es financieramente rentable. Póngase ejemplos como entidades que ejercen una actividad económica determinada a la par de una inmobiliaria; o aquellas dedicadas a la distribución de determinados bienes y servicios principalmente ajenos, amén de producir igualmente por cuenta propia, todo ello mediante elementos técnicos, materiales y humanos en torno a una misma entidad.

A tales efectos, la escisión parcial puede suponer un modo idóneo de tal evitación de contingencias y separación de actividades, ya sea en el marco de un proceso de reestructuración digamos ordinaria o voluntaria, o por vía de necesaria concurrencia de acreedores por situación de proximidad a la insolvencia. En este caso, hemos de tener en consideración, además, la reciente promulgación del Real Decreto-ley 5/2023, de 28 de junio, que ha derogado la ya «vieja» Ley de Modificaciones Estructurales de las Sociedades Mercantiles del año 2009, sustituyéndolo en su lugar por un nuevo texto articulado de modificaciones estructurales contenidos en el referido Real Decreto-ley 5/2023 junto a otros aspectos adicionales, el cual ha supuesto un significativo cambio, en este caso concreto que nos ocupa el presente trabajo, en lo que se refiere tanto a los mecanismos de protección de acreedores, como al régimen de responsabilidad por obligaciones incumplidas por alguna de las sociedades intervinientes en la operación de modificación estructural.

## II. ASPECTOS RELATIVOS A LA TRANSMISIÓN DE UNIDAD PRODUCTIVA

La escisión parcial, antes regulada en el artículo 70 de la Ley de Modificaciones Estructurales y ahora en el artículo 60 del Real Decreto-ley 5/2023, es la operación por la cual se traspasa en bloque por sucesión universal una o varias partes del patrimonio en favor de una tercera beneficiaria, recibiendo los socios de la escindida las acciones o participaciones resultantes de la operación en la referida beneficiaria en contraprestación a la pérdida de valor de la entidad de la que inicialmente eran socios. Presenta dos diferencias significativas respecto a la escisión total, ambas de suma relevancia en lo que al objeto de este trabajo y del proceso de reestructuración preconcursal se refiere. La primera de ellas es la subsistencia de la entidad escindida, la cual mantiene su personalidad jurídica y estructura, si bien ésta reducida en la parte de patrimonio transmitida a la beneficiaria. Y la segunda es que en la escisión parcial, la parte o partes escindidas o transmitidas han de conformar una unidad económica (como también sucede en la segregación *ex* artículo 61 del Real Decreto-ley 5/2023 al ser un subtipo de escisión parcial) lo que en cambio no resulta exigible en el caso de la escisión total.

La cuestión del concepto de unidad económica fue especialmente analizada por nuestra doctrina, máxime cuando la propia Ley no establecía ni en vigencia de la Ley de Modificaciones Estructurales ni tampoco ahora, una concreta definición que permitiera su identificación[1]. Ello fue paulatinamente construyéndose conforme al tenor del apartado segundo del anterior artículo 70 de la Ley de Modificaciones Estructurales, asemejándose a empresas en funcionamiento, conforme ya reconocía previamente el artículo 66 de la Ley de Sociedades de Capital respecto a las aportaciones de empresa. Al final, la práctica evidenció que se trataba más de un concepto mercantil que no requería de un especial desglose de elementos que integraban tal unidad. A nuestro juicio, tal postura en sede mercantil, se sustentaba en que tal transmisión de unidad económica podía ser indistintamente realizada bien por vía de la citada escisión parcial, bien por vía de un aumento de capital social por aportación no dineraria, recibiendo la sociedad aportante las acciones o participaciones de la entidad beneficiaria (lo que lo asemeja a la segregación), con las salvedades procedimentales entre uno y otro proceso, diferenciados principalmente en que la escisión sí entrañaría el fenómeno de la sucesión universal, a diferencia de la transmisión por vía de aumento de capital[2].

En cambio, a nivel fiscal sí se estableció una definición más completa, si bien sujeta a determinadas especificaciones e incluso propia denominación. En efecto, el artículo

---

1. MARINA, A., «Escisión parcial: concepto y requisitos», en RODRÍGUEZ ARTIGAS, F. (coord.), *Modificaciones estructurales de las sociedades mercantiles,* Tomo II, Thomson Reuters Aranzadi, Navarra, 2009, p. 454.
2. RODRÍGUEZ ARTIGAS, F., «Escisión, segregación y aportación de rama de actividad», *El Notario del Siglo XXI*, n.º 32, 2010.

76.4 de la Ley 27/2014, de 27 de noviembre, del Impuesto sobre Sociedades, establece que *«se entenderá por rama de actividad el conjunto de elementos patrimoniales que sean susceptibles de constituir una unidad económica autónoma (...) capaz de funcionar por sus propios medios»*, reconociendo la posibilidad de transmitir a la adquirente *«las deudas contraídas para la organización»*, en términos equivalentes a los dispuestos en el artículo 60.2 del Real Decreto-ley 5/2023, equivalente al anterior 70.2 de la Ley de Modificaciones Estructurales. Esta cierta remisión supuso que, seguramente de forma errónea, se asemejaran los conceptos de unidad económica y de rama de actividad, entre otras cuestiones por las connotaciones mercantiles del primero, y fiscales del segundo. En este segundo aspecto ha de tenerse en cuenta no obstante que el concepto de rama sí adquiere una especial relevancia y sobre todo exigencia de acreditación, máxime si la operación de transmisión (por vía de modificación estructural por escisión, o por vía de aportación no dineraria en ampliación de capital) se acoge al régimen fiscal especial del Capítulo VII del Título VII de la Ley del Impuesto de Sociedades, esto es, el régimen de diferimiento conocido como FEAC o de neutralidad fiscal. En este caso, la posibilidad de acogimiento a tal régimen, además del necesario cumplimiento de que la unidad transmitida conforme una rama de actividad capaz de funcionar por sí misma, entraña a su vez que en la entidad transmitente o parcialmente escindida permanezca en el ejercicio de otra rama de actividad distinta y autónoma a la transmitida conforme dispone el artículo 76.2.1.º.b) de la Ley del Impuesto sobre Sociedades, amén de otros requisitos adicionales, como la justificación de la operación en un motivo económico válido.

Este aspecto entendemos que remarca el objeto que exponemos, la operación por la que una entidad en cuestión, que desarrolla dos o más distintas actividades por medios autónomos la una de la otra, segrega ambas estructuras, en nuestro caso por vía de escisión parcial. Y es que como exponíamos anteriormente, una diferencia fundamental entre la transmisión ordinaria frente a las alternativas de reestructuración que ofrece el Real Decreto-ley 5/2023 de modificaciones estructurales, como la escisión parcial, se materializa en la sucesión universal, institución que, a su vez, enlaza con la protección de la posición de los acreedores ante la ejecución de la operación, sobre lo que la situación preconcursal ofrece singulares distinciones respecto al régimen jurídico de la escisión ajena a los planes de reestructuración de la Ley Concursal. En este caso, la promulgación del Real Decreto-ley 5/2023 ha supuesto una importante modificación del régimen, transitando del anterior derecho de oposición de acreedores del anterior artículo 44 de la Ley de Modificaciones Estructurales por remisión de su artículo 73, reconoce a los acreedores el derecho a oponerse a la escisión, al actual artículo 13 del Real Decreto-ley 5/2023 sobre el derecho a la obtención de garantías; lo que se complementa, además, que si bien antes ostentaban la capacidad de paralizar la operación en tanto en cuanto la sociedad no garantizase dicho crédito, en cambio ahora la operación seguirá su curso bajo la automática transmisión de los bienes y derechos afectos a la unidad de negocio consecuencia de la sucesión universal. Este derecho de acreedores, antes de oposición, se constituía como una garantía *ex ante* a la escisión, sin perjuicio del régimen de responsabilidad *ex post* al que posteriormente haremos referencia, como forma de protección de los acreedores sociales. Ahora, el Real Decreto-ley 5/2023 deriva a los acreedores a un derecho de ejercicio, en su caso, *ex post* a la operación de reestructuración. Y por ello, de nuevo nos hemos de plantear la diferencia tipológica entre la escisión parcial ordinaria (es decir, la reestructuración societaria sometida a la normativa de modificaciones estructurales) frente a la escisión parcial consecuencia de un plan de reestructuración conforme al Texto Refundido de la Ley Concursal, ya que la posición de los acreedores en el primer caso se veía ciertamente restringida como hemos dicho, en caso de que los créditos *«se encuentren ya suficientemente garantizados»* conforme exponía el 44 de la Ley de Modificaciones Estructurales, mientras que el presupuesto de la insolvencia o de la situación próxima a ella se basa en la previsión de no poder cumplir regularmente las obligaciones exigibles. A tal efecto y en contexto con la práctica concursal, la consideración de *«créditos suficientemente garantizados»* se refiere, por ejemplo, a los préstamos con garantía hipotecaria, de modo que mientras en sede de modificaciones estructurales los acreedores de créditos hipotecarios no ostentarían derecho de oposición (sin perjuicio de su derecho de impugnación por otras causas), y mientras que ahora en el Real Decreto-ley 5/2023, no existiendo tal derecho de oposición pero sí derecho a garantía, que parecería ya cumplido en el caso de los acreedores hipotecantes; en sede preconcursal el cumplimiento o no de la obligación inminente no distinguiría tal garantía, con independencia de su posterior clasificación. Por tal motivo, siguiendo la analogía que anteriormente exponíamos de la entidad ejerciente de una concreta actividad económica, y adicionalmente, una inmobiliaria —por ejemplo, que la propia entidad en cuestión resulte titular de los inmuebles en que desarrolla su actividad económica los cuales se hallan hipotecados— la separación de tales estructuras dejaría al acreedor financiero hipotecante sin margen en una eventual escisión parcial ordinaria, antes de oposición y ahora de solicitar garantías adicionales, no así en sede concursal o previa al estado de insolvencia.

Ha de tenerse en cuenta, además, que otros resortes de protección de acreedores en una escisión parcial, no necesariamente garantías *stricto sensu* pero sí mecanismos de cierto aseguramiento, no tienen por qué resultar imperativos u obligatorios. Véase el ejemplo del informe de expertos independientes del actual artículo 6 del Real Decreto-ley 5/2023, en similares términos al informe del artículo 67 de la Ley de Sociedades de Capital por aportaciones no dinerarias, al objeto de evaluar la valoración y realidad del patrimonio escindido y aportado a la entidad beneficiaria. No obstante, dos importantes matices. El primero, que en ambas normas se establece que dicho informe resultará preceptivo en operaciones en que la adquirente sea una sociedad anónima, lo cual excluye la imperatividad de tales informes (y por ende de los beneficios o seguridad que puedan entrañar) en sociedades de responsabilidad limitada, con creces las más comunes en nuestro país. Y el segundo, que aun en el caso de ser una sociedad anónima la adquirente o beneficiaria del patrimonio escindido, tal informe no será necesario en caso de que no se emitan acciones por tal aportación, que al fin y al cabo es lo que motiva la existencia de dichos informes a fin de asegurar la equivalencia entre aportación y capital. Y es que en operaciones de reestructuración societaria donde sociedad escindida y beneficiaria —o transmitente y adquirente— se hallen íntegramente participadas por un único y mismo socio, la ampliación de capital social se torna en innecesaria en cierto modo si la transmisión a la beneficiaria se realiza mediante aportación no reembolsable a sus fondos propios (la cuenta 118 del Plan General de Contabilidad), pues no se requeriría la ampliación de capital, y por tanto la emisión de nuevas acciones, si el socio único en cuestión ya ostentaba de forma previa la íntegra titularidad de ambas partícipes en la operación.

No obstante, la seguridad o certeza que puedan suponer estos informes no constituyen mecanismos propiamente dichos de protección de acreedores como sí ocurre con su derecho de oposición. Por ello, como ahora veremos, este régimen de escisión parcial ordinaria sufre algunas variaciones si se ejecuta en el marco de un plan de reestructuración preconcursal.

## III. RESPECTO DE LA REGULACIÓN EN EL TEXTO REFUNDIDO

La promulgación de la Ley 16/2022, de 5 de septiembre, de reforma del Texto Refundido de la Ley Concursal, ha supuesto una nueva regulación respecto de determinadas especificaciones en el marco de la prevención de la insolvencia que, de ejecutarse, prevalecen sobre la legislación societaria, aun cuando tales planes de reestructuración tengan por objeto *«la modificación de la composición o de la estructura del activo y del pasivo del deudor»* conforme al reformado artículo 614 de la Ley, lo que incluye las modificaciones estructurales entendidas como tal conforme a la entonces Ley 3/2009 de Modificaciones Estructurales, dado que era ésta la vigente al momento de promulgarse el Texto Refundido de la Ley Concursal, como ahora al Real Decreto-ley 5/2023, y consecuentemente en el caso que estamos exponiendo, la escisión parcial de unidad productiva. Pues bien, en este sentido, el artículo 631.3 establece expresamente que *«en el caso de que el plan prevea una modificación estructural, los acreedores a los que afecte el plan no tendrán derecho de oposición»* al que anteriormente hemos hecho referencia, lo que indica a nuestro juicio la más relevante y significativa diferencia entre lo que hemos llamado escisión parcial ordinaria respecto de la ejecutada en el marco de dichos planes de reestructuración preconcursal. Bien es cierto que, como hemos visto consecuencia del Real Decreto-ley 5/2023, los acreedores ahora ya no ostentan derecho de oposición en una modificación estructural ordinaria, sino un derecho a la obtención de garantías. Pero sea en un sentido o en otro, resulta significativo que, a estos efectos, la Ley Concursal niegue ese derecho *ex ante* de acreedores que constituía su entonces mayor mecanismo de protección. Existen asimismo otras importantes distinciones en materia estrictamente societaria, tales como los plazos de convocatoria previa a la junta general que tenga por objeto la aprobación del plan de reestructuración (que debe ser el único punto del orden del día) o la supresión de las mayorías legales o estatutarias reforzadas para la aprobación de una modificación estructural, limitándose a la mayoría legal ordinaria que para el tipo social se refiera; así como la homologación judicial del plan en el caso de la reestructuración preconcursal. Pero en lo que a la protección de acreedores se refiere, la exclusión del derecho de oposición de acreedores (o ahora, de la obtención de garantías) conlleva unas especificaciones que deben ser referidas.

En primer lugar, la propia restricción a la oposición de acreedores implica que, de ejecutarse el plan conforme al procedimiento legalmente previsto, la ejecución de la escisión será firme, sin que quepa adicionar garantía alguna a aquellos que se opongan expresamente a la operación, en este caso la escisión parcial, en un determinado plazo. Ello por tanto, encaja con el nuevo mecanismo de protección de acreedores del Real Decreto-ley 5/2023, tanto en el cambio del derecho de oposición por el derecho a la obtención de garantías; así como en la imposibilidad de paralización de la operación. Así lo establece el artículo 13.3 del Real Decreto-ley 5/2023 sobre el derecho a la obtención de garantías: *«El ejercicio de los derechos previstos en este artículo no paralizará la operación de modificación estructural ni impedirá su inscripción en el Registro Mercantil»*.

Y en segundo lugar, que dicha restricción los derechos *ex ante* o *ex post* de acreedores se ve en cambio compensado con el otorgamiento del derecho de voto para la aprobación del plan en favor de *«todos los acreedores cuyos créditos pudieran quedar afectados»*, conforme al artículo 628.1 de la Ley, lo que ya no operaría como un mecanismo de garantía o protección sino directamente dejar en sus manos la ejecución, o no, de la reestructuración. Ello supone a su vez plantearse dos distintas cuestiones. La primera de ellas es que la aprobación del plan por el cauce procedimental previsto implicará que su ejecución afectará por igual a todos los acreedores, hayan participado o no en la votación del mismo. La segunda, la que nos genera alguna duda, se refiere a la mención relativa al derecho de voto respecto de todos los acreedores *«cuyos créditos pudieran quedar afectados»*, lo que nos deja lugar a la interpretación. Siguiendo con el supuesto planteado de escisión parcial de unidad productiva, en este caso en el marco de un plan de reestructuración del artículo 614 y siguientes del Texto Refundido, ¿qué se entiende por créditos afectados? Esto es, poniendo el contexto de transmisión de una rama de actividad en favor de una beneficiaria, si el plan contempla el mantenimiento de la rama en sede de la transmitente (y por ende, entidad afecta al plan de reestructuración) en las mismas condiciones, un acreedor que ve mantenida la titularidad deudora de su crédito sin que éste se vea sometido a ninguna quita o espera ¿ostentaría en tal caso derecho de voto? Una reflexión prudente invitaría a pensar en una respuesta afirmativa si tenemos en consideración una interpretación teleológica, toda vez que, de forma indirecta, el acreedor en cuestión sí vería su crédito afectado por cuanto en realidad la sociedad deudora del crédito ha visto minorado su patrimonio consecuencia de la escisión, y por tanto, con menos recursos para hacer frente a sus obligaciones. Pero desde una perspectiva de interpretación literal, en cambio la respuesta tiene sentido negativo, pues la afectación indirecta al fin y al cabo se halla sujeta a interpretación, máxime cuando el legislador no ha establecido el citado derecho de voto en favor de todos y cada uno de los acreedores, sin excepción. Al contrario, el artículo 616 establece claramente que *«se considerarán créditos afectados los que en virtud del plan de reestructuración sufran una modificación de sus términos o condiciones»* lo cual excluiría a aquellos acreedores de la rama o unidad productiva que permanecería en la sociedad en cuestión de forma posterior a la escisión de la otra u otras ramas productivas.

Es decir, el acreedor de la rama insolvente que permanece en la escindida, en realidad, no ve modificados los términos y condiciones de su crédito; no ve modificado el vencimiento; y tampoco ve modificada ni tan siquiera la titularidad. ¿No tiene entonces derecho de voto en la aprobación del plan? Pues sobre la literalidad legal, parece que no. Ahora bien, será difícil de explicar a este acreedor que su crédito *«no se ha visto afectado»* por la operación de reestructuración. Porque sigue siendo titular del mismo crédito, contra el mismo deudor, y en los mismos términos, sí. Pero resulta ser acreedor de una entidad que ahora cuenta con muchos menos medios para hacer frente al cumplimiento de sus obligaciones, ya que la entidad deudora ha transmitido una parte significativa de su patrimonio a un tercero, concretamente su rama solvente. Esto es, nominativamente no se ve afectado, pero en la práctica parece que es evidente.

Por ello, en esta tesitura, es por lo que planteamos la contextualización entre la escisión parcial de rama de actividad en sede de modificación estructural, con respecto a la escisión parcial de unidad productiva en el marco de un plan de reestructuración del Texto Refundido de la Ley Concursal, en ambos casos en lo que a protección de acreedores se refiere. Porque mientras en el primer caso el mecanismo de protección de acreedores se establece sobre todos ellos (salvo quienes ya tengan garantizado su crédito), limitándose a un derecho de obtención de garantías que, de ejercitarse, no anula ni paraliza; en el segundo caso la propia operación exige de la expresa conformidad de los acreedores por vía de voto, si bien no a todos ellos sino sólo a quienes vean afectados sus créditos en cuanto a sus términos o condiciones. Por otro lado, mientras que la primera operación cabría ser rescindida en el plazo máximo de dos años desde su ejecución si ello ha podido ejecutarse en perjuicio de acreedores; no existiría tal posibilidad en la segunda consecuencia de la garantía de la homologación judicial.

Por ello, en conclusión, alertamos sobre la posibilidad de que tal operación pudiera quedar exclusivamente en manos de los acreedores de la rama escindida, siempre y cuando los términos de los créditos de la rama que permanece en la entidad próxima a la insolvencia no se vean afectados, cuestión ésta que, conforme al régimen de responsabilidad por obligaciones incumplidas, puede tomar un importante cariz.

## IV. APUNTE RELATIVO A LA RESPONSABILIDAD POR LA ESCISIÓN PARCIAL CONFORME AL ANTERIOR RÉGIMEN NORMATIVO

Sobre ello se pronunciaba el artículo 80 de la Ley de Modificaciones Estructurales en el marco de una escisión parcial, el cual entendemos de igual aplicación tanto como si la escisión parcial se ha ejecutado de forma ordinaria, como si responde a la ejecución de un plan de reestructuración. Y aquí queremos hacer una distinción entre el régimen anterior al actual del Real Decreto-ley 5/2023 por la significativa modificación producida.

En concreto, dicho artículo de la Ley de Modificaciones Estructurales establecía una responsabilidad solidaria de entre las beneficiarias de la operación *«hasta el importe del activo neto atribuido en la escisión a cada una de ellas»*, y subsidiaria de la escindida *«por la totalidad de la obligación»*; esto es, solidaria y limitada entre beneficiarias, subsidiaria e ilimitada en la escindida, sin que exista limitación temporal alguna sino sujeta a los mismos términos del crédito.

Conviene desmenuzar pormenorizadamente dicho artículo conforme al tenor literal de la norma, sobre la base del supuesto que hemos establecido, la existencia de dos (o más) distintas ramas o unidades productivas en una misma entidad, que se reestructura segregando una rama en favor de otra entidad beneficiaria, separando actividades y reduciendo riesgos, añadiendo el mismo supuesto en que, mientras una de las unidades sí es solvente, no así la otra, la cual su impacto global en la entidad es precisamente el que motiva la situación de proximidad a la insolvencia, o al menos de necesaria reestructuración. Pues bien, conforme a la literalidad del citado artículo 80 de la Ley de Modificaciones Estructurales, la situación resultaría significativamente distinta si la rama escindida fuere la unidad productiva solvente, permaneciendo en consecuencia la unidad insolvente bajo titularidad de la sociedad escindida, que de hacer la operación en el sentido inverso. En el tercer supuesto, el de separación por vía de una escisión total, consecuentemente no existiría responsabilidad alguna de la sociedad escindida dada la extinción de la misma.

Pero en el caso de la escisión parcial de unidad productiva, como decimos, el régimen jurídico de responsabilidad por las obligaciones incumplidas difiere en función de cuál de las dos ramas de actividad permanece en la escindida. Siguiendo el supuesto del anterior artículo 80 de la Ley de Modificaciones Estructurales relativo a las obligaciones asumidas e incumplidas por la beneficiaria de la escisión, dicho incumplimiento tendrá la limitación hasta el importe neto atribuido (responsabilidad asumida por el resto de entidades beneficiarias de la escisión, si las hubiere, con independencia de su patrimonio asumido) de modo que en caso de incumplimiento, la propia sociedad escindida responderá de forma subsidiaria por toda la obligación, pese a haber transmitido las obligaciones afectas a la unidad productiva segregada de su patrimonio. Sin embargo, la Ley de Modificaciones Estructurales no establecía régimen alguno respecto al supuesto contrario, esto es, el incumplimiento de obligaciones por parte de la propia sociedad escindida respecto de la rama que mantiene en su patrimonio, lo cual planteaba la cuestión de si, en tal situación, respondería o no la sociedad beneficiaria de la escisión, y en caso afirmativo, en qué términos. Este debate fue tratado por parte de la doctrina bajo el supuesto de declaración de concurso de la sociedad escindida, lo que abriría el cauce para la acción rescisoria, si bien a efectos de responsabilidad, planteaba si en tal caso los acreedores podrían dirigirse contra la entidad beneficiaria adquirente de la rama solvente[3]: *«el tenor literal invita a una respuesta negativa. En efecto, los términos de la norma del precitado artículo 80* de la Ley de Modificaciones Estructurales *limitan los sujetos pasivos de la responsabilidad a las sociedades beneficiarias de la escisión y no contemplan, en modo alguno, el supuesto»* por el que la sociedad beneficiaria de la unidad rentable o solvente deba responder de los incumplimientos de la entidad escindida que mantiene la actividad insolvente.

De modo que, en el marco de separación de unidades productivas, el alejamiento de la rama solvente podía suponer una suerte de protección y contención de cualquier

3. ESCRIBANO, M. C., «La responsabilidad de las sociedades beneficiarias de la escisión y de la sociedad parcialmente escindida», *Documentos de Trabajo del Departamento de Derecho Mercantil,* Universidad Complutense de Madrid, 2011.

riesgo de contagio, mientras que ejecutar la operación en sentido contrario y escindir ramas en situación de proximidad a la insolvencia podría entrañar un efecto de contagio a la totalidad de las ramas, y por tanto, de las sociedades partícipes en la escisión; todo ello, al menos, conforme al tenor literal del artículo 80 de la Ley de Modificaciones Estructurales, lo que entrañaba que la propia sociedad escindida sería la única que debía responder de las obligaciones en su caso incumplidas, contando entonces con un patrimonio menor con el que hacer frente. En tal supuesto, volvemos de nuevo a los mecanismos de protección de acreedores, pues si bien en el supuesto de la escisión parcial ordinaria, gozaban del derecho de oposición de acreedores (con las salvedades ya conocidas) en la escisión ejecutada en el marco de un plan de reestructuración, la situación se torna más problemática si tenemos en cuenta, como hemos dicho, que los acreedores de la sociedad escindida que mantiene la rama insolvente no gozarían ni de derecho de oposición, ni tampoco de voto para la reestructuración dado que sus créditos no se hallan directamente afectados en sus términos o condiciones, ni tan siquiera la acción rescisoria. Todo lo cual entrañaría que, si dicha escisión parcial fuere el objeto del plan de reestructuración preconcursal, la operación quedaría sometida al escrutinio de los acreedores de la rama solvente, quienes muy difícilmente votarían en contra del plan toda vez que éste reforzaría sus intereses al no verse afectados sus créditos por responsabilidad relativa a las obligaciones pertenecientes a la unidad productiva insolvente.

Porque de realizar una extensión interpretativa del artículo 80 de la Ley de Modificaciones Estructurales en caso de incumplimiento de la sociedad escindida, que insistimos no es lo que se desprendía de la norma, en tal supuesto la responsabilidad de la entidad beneficiaria de la rama solvente se vería igualmente limitada hasta el importe del activo neto atribuido en la escisión, persistiendo la obligación de la escindida por la totalidad de la obligación. Todo lo cual entraña que este mecanismo de separación de riesgos y actividades puede resultar idóneo para la continuidad de entidades en crisis con ejercicio simultáneo de distintas actividades.

Cuestión distinta resultaría de que tal operación se realizare en fraude de acreedores, lo que conllevaría el cauce impugnatorio correspondiente. Pero al fin y al cabo, los acreedores de la escindida como hemos visto veían sus intereses exclusivamente protegidos mediante su anterior derecho de oposición, sólo en el caso de la escisión parcial ordinaria y siempre y cuando no se hallen garantizados, mientras que en cambio en el caso de escisión como plan de reestructuración, sus mecanismos de defensa parece que serían inexistentes.

## V. EL NUEVO RÉGIMEN DE RESPONSABILIDAD Y SU REFLEJO EN LOS PLANES DE REESTRUCTURACIÓN PRECONCURSALES

Sin embargo, la promulgación del Real Decreto-ley 5/2023, de 28 de junio, ha minorado los efectos que podrían derivarse de escindir parcialmente una rama solvente frente a la permanencia en la escindida de la unidad de negocio próxima a la insolvencia, si bien no consideramos que haya superado del todo la cuestión. En concreto, el nuevo artículo 70 del Real Decreto-ley 5/2023 introduce un nuevo apartado 2 que amplía la responsabilidad objetiva ante los hipotéticos incumplimientos de la escindida: *«En esos mismos términos responderán solidariamente las sociedades beneficiarias de las deudas de la sociedad escindida nacidas antes de la publicación del proyecto de escisión y no vencidas en ese momento»*, matizándose que *«en esos mismos términos»* se refiere a la responsabilidad solidaria hasta el activo neto atribuido, no por la totalidad, y añadiéndose adicionalmente el nacimiento de un nuevo plazo de prescripción de 5 años por las deudas de todas las intervinientes.

Esta nueva redacción implica la limitación, que no el completo impedimento, de pretender escindir parcialmente ramas solventes para dejar la rama deficitaria en la escindida, porque ahora ya nos encontramos con la posibilidad de que los acreedores se dirijan frente a la beneficiaria de la rama solvente. Ahora bien, a nuestro juicio podría seguir suponiendo un cierto problema si se pretende la segregación de ramas de distinta solvencia, que la responsabilidad de la beneficiaria se limite hasta el activo neto atribuido. Que una rama sea solvente no implica que no tenga deudas. Por ejemplo, una rama solvente a la que se le atribuye un inmueble con garantía hipotecaria, tal vez el neto contable sea reducido (lo que en consecuencia reducirá su responsabilidad frente a las deudas de la escindida) sin perjuicio de la solvencia de la unidad transmitida. En consecuencia y en nuestra opinión, esta redacción minora el problema pero no lo supera.

Lo mismo sucede con el anterior derecho *ex ante* de acreedores. Si por un lado la Ley Concursal restringía el anterior derecho de oposición de acreedores en una escisión parcial ejecutada como un plan de reestructuración preconcursal, el nuevo Real Decreto-ley 5/2023 directamente ya elimina ese derecho, lo que se entiende que se amplía al derecho a la obtención de garantías.

Por ello, y como decíamos, es necesario poner en contexto la diferencia entre ejecutar la operación por vía de reestructuración preconcursal, a hacerlo en vía de modificación estructural. Porque de escindir parcialmente una rama solvente dejando en la escindida una rama insolvente o próxima a la insolvencia, en lo que se refiere a la protección de acreedores, nos encontraríamos la siguiente situación:

Primero, los acreedores titulares de los créditos de la rama insolvente que permanece en la sociedad escindida no tienen derecho de oposición a la operación de reestructuración. Porque la propia Ley Concursal les restringe ese derecho, y porque el nuevo Real Decreto-ley 5/2023 ha suprimido ese mecanismo, sustituyéndolo por un derecho a la obtención de garantías que, entendemos, tampoco sería aplicable en sede preconcursal.

Segundo, los acreedores de esa misma rama insolvente que permanece en la escindida tampoco tendrían derecho de voto en la aprobación del plan de reestructuración, ya que nominativamente, sus créditos no se han visto afectados al no modificarse la titularidad, términos, condiciones ni vencimiento.

Tercero, esos mismos acreedores tampoco tendrían la posibilidad de ejercitar la acción rescisoria en caso de aprobación del plan de reestructuración pues la homologación judicial del mismo así lo impediría.

Y cuarto, respecto al régimen de responsabilidad, si bien antes ni tan siquiera podían dirigirse contra la sociedad beneficiaria de la rama solvente porque la literalidad del artículo 80 de la Ley de Modificaciones Estructurales así lo excluía, el nuevo artículo 70 del Real Decreto-ley 5/2023 sí les otorga ahora esa posibilidad, si bien de forma limitada al activo neto atribuido a dicha beneficiaria.

Esto es, quedan en una situación entendemos que de mayor desprotección, que en el caso de ejecutar la escisión por vía de modificación estructural, lo que no creemos que sea el sentido de la norma. Es cierto que los supuestos pueden ser ciertamente difíciles de concurrir y superar, y que además, también sea mucho suponer que la operación pase el filtro de la homologación judicial. Sin embargo, en este caso nos referimos a la literalidad actual de la Ley a los efectos de poner en contexto la necesaria revisión de los mecanismos de protección de acreedores.

Tal vez la afectación de créditos a los que se refiere el artículo 616 de la Ley Concursal deba ampliar el supuesto más allá de la mera remisión a un cambio en términos, condiciones o titularidad, si entendemos que la afectación indirecta, es decir, el hecho de que la sociedad escindida vea su patrimonio minorado como consecuencia de la escisión, sí resulta un supuesto plausible de aplicación. En tal caso, con independencia del devenir de la operación, al menos se le otorga al acreedor el derecho de voto sobre el plan de reestructuración, quien de forma previa a la posible homologación judicial, tendrá la oportunidad de alertar sobre las consecuencias que puedan concurrir.

QUINTA PARTE

# LA EXPERIENCIA INTERNACIONAL EN EL DERECHO DE LA PREINSOLVENCIA

Capítulo 16

# EL ORDENAMIENTO JURÍDICO CUBANO Y LOS RETOS DE LA INSOLVENCIA

ARSUL JOSÉ VÁZQUEZ PÉREZ
*Profesor Titular de Derecho Mercantil*
*Universidad de Oriente*

MARÍA JESÚS GUERRERO LEBRÓN
*Catedrática de Derecho Mercantil*
*Universidad Pablo de Olavide*

SUMARIO: I. INTRODUCCIÓN. II. EL CAMBIO DE PARADIGMAS FRENTE A LA INSOLVENCIA. III. LOS PROCEDIMIENTOS PRE-CONCURSALES PARA EL RESCATE DE EMPRESAS INSOLVENTES. IV. LOS RETOS DE LA INSOLVENCIA PARA EL ORDENAMIENTO JURÍDICO CUBANO.

## I. INTRODUCCIÓN

El desarrollo del Derecho concursal en Cuba actualmente es nulo. La primera cuestión es que el debate académico se encuentra en su mínima expresión. Hasta el momento solo se conocen algunas investigaciones que han tenido por objeto el tema[1] y que, por su escasez, hacen relevante cualquier intento de abordaje. Para ser exactos, han transcurrido cerca de cuarenta años desde la última vez que los profesionales e investigadores cubanos del Derecho mostraron algún estudio importante sobre el Derecho de la insolvencia.

La casi inexistente producción científica de estos años ha estado asociada a factores de importancia. En este sentido, el orden legal cubano se ha visto afectado por la carente

1. *Vid.* RAMOS, «El concurso de acreedores como medida tutelar judicial del crédito en Cuba: Apuntes para una reforma», *Tesis presentada en opción al título de Especialista en Derecho Civil y Patrimonial de Familia*, Facultad de Derecho, Universidad Central «Marta Abreu» de las Villas, Santa Clara, Cuba, 2013; GONZÁLEZ MARTÍNEZ, «Quo vadis insolvencia», Memorias de la II Convención Científica Internacional «IUS XXI» de la Universidad Central «Marta Abreu» de las Villas, Santa Clara, Cuba, 2019; MORENO CRUZ y ABDO CUZA, «El arte de prevenir la insolvencia empresarial», Facultad de Derecho, Universidad de La Habana, 2018.

iniciativa legislativa en este apartado, resultado de las preocupaciones y resistencias a la idea de un proceso que puede poner fin a la vida de una empresa.

Así, el Código Civil cubano de 1987 fue aprobado sin que su contenido regulase el fenómeno concursal en general, ni en lo relativo a personas naturales o a personas jurídicas. Por su parte, el antiguo Código de Comercio español, extendido a Cuba en 1886, aún vigente en algunos de sus títulos y capítulos, si bien contiene las reglas sustantivas para la definición del estado de insolvencia del empresario y la configuración de la quiebra, es muy atrasado y no responde a las necesidades de una realidad cambiante. A este contexto debe añadirse que las normas sobre quiebra del Código de Comercio son inaplicables, pues no están habilitados los mecanismos procesales que hagan viable su ejecutoria[2].

Dentro de las posibles causas de la situación del Derecho de la insolvencia en Cuba destaca el peso fundamental que en la economía y las fuentes de empleo para los ciudadanos en edad laboral tiene la empresa estatal socialista. La que, a la par de constituir un decisivo actor económico, posee la protección, controles y restricciones desde el ámbito del Derecho público, por ser la forma de gestión económica más relevante en la realidad antillana[3].

Conjuntamente con la empresa estatal socialista cubana, hay otras formas de propiedad y sujetos de gestión reconocidos constitucionalmente en el artículo 22, como la propiedad cooperativa, la propiedad mixta y otras formas basadas en la propiedad privada, de existencia más reciente, como sucede con las micro, pequeñas y medianas empresas, y el emprendimiento autónomo, que en Cuba, adquiere el *nomen iuris* de trabajo por cuenta propia[4].

---

2. El 27 de octubre de 2021, la Asamblea Nacional del Poder Popular de la República de Cuba, órgano que concentra las principales facultades legislativas, aprobó el «Código de los Procesos». La nueva norma, que entró en vigor el 1.º de enero de 2022, contiene los principios generales aplicables a todos los procesos y regula los procesos civiles, de familia y mercantiles, pero en ella no hay referencia al concurso de acreedores ni a la implementación de procedimientos pre-concursales.
3. El primer párrafo del artículo 27 de la Constitución de la República de Cuba de 2019 así lo dispone: La empresa estatal socialista es el sujeto principal de la economía nacional. Dispone de autonomía en su administración y gestión; desempeña el papel principal en la producción de bienes y servicios y cumple con sus responsabilidades sociales.
4. «El término trabajo por cuenta propia es un eufemismo. En buena técnica jurídica sería prudente analizar el uso de otros más atinados, como pueden ser el de actividades de emprendimiento, trabajador autónomo, autoempleo o pequeña empresa. Lo más trascendente, más allá de determinar el concepto, es precisamente determinar su alcance, es decir, su definición. Pudieran tenerse en cuenta las características de habitualidad, prestación personal, directa, por cuenta propia y fuera del ámbito de dirección y organización de otra persona, una actividad económica o profesional a título lucrativo, den o no ocupación a trabajadores por cuenta ajena.» *Vid.* MESA TEJEDA; BATISTA TORRES y LAM PEÑA, «Una mirada a la regulación jurídica del trabajo por cuenta propia en Cuba», *Estudios del Desarrollo Social: Cuba y América Latina,* Vol. 8, n.º 3, septiembre-diciembre 2020, p. 171. Decreto-Ley 44, «sobre el ejercicio del trabajo por cuenta propia», de 6 de agosto de 2021, en Gaceta Oficial de la República de Cuba, N.º 94, Ordinaria, de 19 de agosto de 2021.

Las claves del momento actual comenzaron a desarrollarse en la década de 1990, incluso antes[5], con la apertura del país a la inversión extranjera y al trabajo por cuenta propia[6]. Al principio, los nuevos sujetos y su nivel de desarrollo no ameritaban más que el estímulo para lograr la mejoría de la situación económica del país. En especial la inversión extranjera, que está más vinculada a empresas cubanas que son propiedad del Estado y, en todos los casos, se trata de negocios que tienen una gran importancia para el desarrollo estratégico, y son una fuente de empleos de alto valor.

A su vez, el trabajo por cuenta propia, que ha contenido el germen del empresario mercantil individual, fue una vía para fomentar el autoempleo y la obtención de ingresos adicionales para las familias cubanas. Debe destacarse que, aún y cuando una de las expresiones del trabajo por cuenta propia tiene todas las características fácticas para su consideración como empresario, no hay reconocimiento legal para aplicarles a estos sujetos individuales el estatuto correspondiente.

El proceso de surgimiento de nuevos actores en la economía no se detuvo y el marco legal para los emprendimientos privados experimentó cambios notables con la aprobación de las cooperativas no agropecuarias, dedicadas, a actividades de servicios y la construcción; dando mayor espacio al desarrollo de la asociación privada nacional[7].

En 2019 comenzó a sucederse la cadena de acontecimientos más relevantes, luego de la aprobación de la nueva Constitución de la República, en el mes de abril. El primero de ellos fue una unificación monetaria y cambiaria de tipo formal. Esto se produjo en un ambiente de crisis persistente de la economía cubana, donde un grupo importante de empresas estatales, numerosas cooperativas y pequeños agricultores agropecuarios estaban, y están, vinculados a enormes cadenas de impago. Dichos sujetos mantienen su vitalidad, en buena medida, gracias a la protección del Estado, quien ha inyectado importantes sumas del presupuesto nacional para cubrir la ineficiencia y evitar su descapitalización, lo que compromete el normal funcionamiento y supervivencia de la actividad productiva y sus parámetros de sostenibilidad.

Ante tales circunstancias y el incremento de medidas de bloqueo por parte del gobierno de Estados Unidos, el gobierno de la República de Cuba anunció la puesta en marcha de un conjunto de políticas y medidas que buscan estimular la economía doméstica, dentro de las que se incluyó el impulso de las micro, pequeñas y medianas

---

5. *Vid.* Decreto-Ley 50, de enero de 1982 sobre asociaciones entre entidades cubanas y extranjeras.
6. *Vid.* Decreto-Ley 141/ 1993, Sobre el ejercicio del trabajo por cuenta propia.
7. *Vid.* Decreto-Ley N.º 305, «De las cooperativas no agropecuarias», de 15 de noviembre de 2012; Decreto N.º 309, «Reglamento de las cooperativas no agropecuarias de primer grado», de 28 de noviembre de 2012, Gaceta Oficial N.º 053, extraordinaria, de 11 de diciembre de 2012. Ambas normas derogadas por el Decreto-Ley 47, «De las cooperativas no agropecuarias», de 6 de agosto de 2021, en Gaceta Oficial N.º 94, ordinaria, de 19 de agosto de 2021 (vigente).
Antes del 2012 solo existían las Cooperativas de Crédito y Servicios (CCS), las Cooperativas de Producción Agropecuaria (CPA) y las Unidades Básicas de Producción Cooperativa (UBPC), hoy al amparo del Decreto-Ley N.º 366, «De las cooperativas agropecuarias» y el Decreto N.º 354, «Reglamento del Decreto-Ley de las cooperativas agropecuarias», en Gaceta Oficial N.º 37 Ordinaria de 24 de mayo de 2019.

empresas (MIPYMES). Este proceso tuvo su expresión jurídica en 2021, con la entrada en vigor de un paquete normativo[8] que ofrece una configuración bastante básica de la constitución, estructura y funcionamiento[9] de estos emprendimientos, que adoptan el modelo asociativo de las sociedades limitadas.

El grupo de normas aprobados modificó, además, la concepción cubana del trabajador por cuenta propia[10] y la ajustó a los estándares más conocidos del trabajador autónomo, mientras que el rango de las micro, pequeñas y medianas empresas ha servido para ubicar allí a la mayor parte de los empresarios mercantiles, en especial los emprendimientos que antes no podían aspirar al estatuto correspondiente.

Este acontecimiento marcó el comienzo de una nueva etapa y constituye una transformación sustancial en el ámbito de los sujetos cubanos de estructura empresarial, además de generar la posibilidad en el sector privado endógeno, antes inexistente, para asociarse con otros empresarios, incluidos los inversionistas extranjeros; y motiva, desde el área que nos interesa, algunas interrogantes relativas a las formas en que deberán enfrentarse a situaciones en las que su patrimonio les impida pagar sus deudas.

Las respuestas a esas preguntas exigen colocar como horizonte probable un espacio para ciertas normas de ejecución colectiva que se ajusten a las particularidades de Cuba, alejadas del concepto concursal arcaico, que colocaría a los deudores insolventes en el laberinto de la extinción o el desposeimiento patrimonial, y dejaría a muchas familias sin sustento e inactivos importantes sectores.

En el caso de las micro, pequeñas y medianas empresas que se han constituido con bienes y fondos públicos, su forma de gestión no será igual a la de la empresa estatal cubana clásica, mientras que las restantes creadas o por crear son privadas o mixtas. Según declara la norma, dentro de sus propósitos está el aumento de los niveles de eficiencia, unido al estímulo y la diversificación de la producción, generando los encadenamientos productivos y el fomento del empleo.

Al respecto, los gestores de la norma, que también generaron la política pública correspondiente a las micro, pequeñas y medianas empresas han sostenido que el presupuesto del Estado no se hará cargo de las pérdidas ni la ineficiencia de los nuevos actores. Este es un fuerte mensaje que el legislador debe atender con prudencia de cara a posibles situaciones de insolvencia empresarial frente a una colectividad de acreedores, donde pueden estar incluidos sujetos vulnerables como los trabajadores.

Teniendo en cuenta los citados fines de la norma de las micro, pequeñas y medianas empresas, resulta aconsejable el reconocimiento de los principios y objetivos fundamentales que habrán de regir el Derecho de la insolvencia cubano, los sujetos impli-

8. Gaceta Oficial de la República de Cuba, N.º 94, Ordinaria, de 19 de agosto de 2021.
9. Decreto-Ley 46, «sobre micro, pequeñas y medianas empresas», de 6 de agosto de 2021, Gaceta Oficial de la República de Cuba, N.º 94, Ordinaria, de 19 de agosto de 2021.
10. Decreto-Ley 44, «sobre el ejercicio del trabajo por cuenta propia», de 6 de agosto de 2021, Gaceta Oficial de la República de Cuba, N.º 94, Ordinaria, de 19 de agosto de 2021.

cados, los procedimientos de ejecución, prioridad de los créditos, formas de protección de los empleados, entre otras cuestiones trascendentales, para alcanzar la satisfacción de los acreedores y conservar la empresa. Y sobre todo, parece muy atinado el estudio y desarrollo normativo de procedimientos pre-concursales que cumplan un rol significativo por las características y consecuencias a ellas inherentes en el actual contexto de la economía cubana, los fines de la sociedad y el Estado.

A lo anterior se suma el hecho de que los profesionales del Derecho en Cuba no tienen formación ni experiencia práctica en estos temas. Razón por la cual se hace imperativa su preparación y actualización para poder hacer frente a estas nuevas realidades que se perfilan. Sobre todo, teniendo en cuenta que la nueva Constitución de la República de 2019, a la vez que reconoce el bien común como valor constitucional, ofrece un marco normativo para la creación de normas en la dirección planteada.

## II. EL CAMBIO DE PARADIGMAS FRENTE A LA INSOLVENCIA

La insolvencia es una situación crítica, temida por los empresarios de todas las épocas. La legislación concursal decimonónica, propia de los más antiguos códigos civiles y de comercio fue proclive a la estructuración de procedimientos de realización colectiva siguiendo, en lo fundamental, la idea del concurso de acreedores para los deudores civiles y la quiebra para los comerciantes.

La tendencia de estos institutos era avanzar en un proceso liquidatorio, un «laberinto de los créditos» que tenía como finalidad la satisfacción del interés de los acreedores, aún con efectos adversos sobre el interés general, e incluso, el de los propios acreedores. En concreto, cuando un deudor iniciaba el camino del juicio de la insolvencia, tenía exiguas posibilidades de salvación de sus bienes o de su empresa, por lo que era frecuente que el deudor intentara escapar con acuerdos paralelos, frágiles ante las temidas acciones rescisorias concursales, que podían agravar su situación si se declaraba la insolvencia y se abría la posibilidad de realización colectiva de los créditos[11].

Obviamente, es comprensible este posicionamiento desde una visión liberal, donde el concepto de libertad económica y de empresa se asociaba a la libre competencia de pequeños productores, en una economía preindustrial, escasamente conectada, donde el Estado asumía muy pocas responsabilidades sociales.

Pero los tiempos han cambiado y la visión tradicional del concurso de acreedores y la quiebra no es un criterio muy saludable para la gestión de la insolvencia del deudor en la modernidad. En especial, porque además de estar desajustada desde el punto de vista económico-social, es una visión que resulta contraria, incluso, al Estado de Derecho[12]. Mucho menos si la economía nacional e internacional se ve afectada hasta límites insospechados por acontecimientos extraordinarios, como las crisis económicas glo-

---

11. *Vid.* GARCÍA BARTOLOMÉ, «El preconcurso: pasado presente y futuro I y II», *Tesis doctoral,* Facultad de Derecho, Universidad Autónoma de Madrid, Madrid, 2017, pp. 54-60.
12. *Vid.* PRIETO-CASTRO, «El derecho concursal español y el extranjero», *Revista de Derecho Procesal Iberoamericana,* n.º II-III, abril-septiembre 1977, p. 341.

bales, una pandemia, la guerra o los efectos probablemente devastadores del calentamiento global, que ponen en peligro la vida en el planeta.

Desde el punto de vista de la configuración normativa, el nuevo rostro del Derecho concursal se proyecta sobre la base de la unidad legal, la unidad de disciplina y la unidad de sistema, al menos en una parte significativa de los ordenamientos jurídicos contemporáneos. La unidad legal supone regular en una misma norma jurídica los aspectos sustantivos y procesales atinentes a la situación. De tal forma, están incluidos allí los efectos de tipo mercantil, civil, fiscal, laboral que inciden en la dinámica concursal. Por citar un ejemplo, en el caso de las consecuencias del concurso sobre el contrato laboral, estas habrán de indicarse claramente en la norma, aun cuando el Código de Trabajo cumpla una función supletoria para los aspectos no previstos.

La unidad de disciplina implica la superación de la distinción entre la condición mercantil o civil del deudor; por lo que la norma no hará distinciones entre los diferentes orígenes del concurso, según las características del deudor, sino que aplicará los mismos principios y reglas, aunque esas características sean los aspectos que modulen y particularicen los efectos del proceso concursal en toda su dimensión. Por su parte, la unidad de sistema implica un único procedimiento para todos los supuestos concursales[13].

Esta trilogía permite concentrar en un mismo proceso todos los aspectos y sujetos involucrados con la situación de insolvencia. De ahí que la seguridad jurídica y la adecuada publicidad se vean reforzadas; incluso, que la protección de los derechos del deudor, entre los que destacan la intervención de las comunicaciones, la imposición del deber de residencia y la inviolabilidad del domicilio, sea más efectiva. En este orden, es conveniente reseñar que existe consenso en que el límite a estos derechos solo tendrá sentido y eficacia siempre que su contenido esté dentro del interés del concurso. Por tanto, el rigor de los efectos sobre el deudor experimenta una notable reducción, al suprimirse el carácter represivo y establecer un conjunto de medidas necesarias según lo ameriten las circunstancias y los propios actos del deudor, las que siempre estarán al arbitrio del juez o tribunal encargado de conducir y controlar el proceso.

El cambio más notable en esta dirección está directamente vinculado al derecho a la libertad del deudor concursado, que en el anterior modelo veía conculcado ese derecho con el arresto, mientras que en la actual tendencia el límite es solo en cuanto a su libertad de movimiento, pues se le obliga a fijar residencia en el domicilio, y solo se llega a la consecuencia penal en casos extremos en los que existan razones fundadas para creer que incumplirá con este deber jurídico[14].

13. *Vid.* URQUIZU, «La quiebra y el concurso de acreedores: origen, recepción y pervivencia en el sistema jurídico español», *Tesis doctoral,* Facultad de Derecho. Universidad de Valencia, 2013, p. 332; GARCÍA BARTOLOMÉ, «El preconcurso: pasado presente y futuro I y II», *cit.*, p. 49; CORTÉS, «Aproximación al proceso de declaración de quiebra», *Revista de Derecho Mercantil*, n.º 146, 1977, pp. 461-517.

14. *Vid.* URQUIZU, «La quiebra y el concurso de acreedores...», *cit.,* p. 350.

A estas importantes transformaciones no escapa lo que podríamos denominar el elemento matriz, el presupuesto objetivo que desencadena o activa el cauce y justifica la entrada en la situación de insolvencia.

El concepto de insolvencia tradicionalmente fue visualizado como una situación económica en la que el pasivo superaba los activos con los que contaba el deudor para hacer frente a sus obligaciones. Sin embargo, en la actualidad y como resultado de un proceso evolutivo basado en la experiencia comprobada, la insolvencia se ha consolidado como un concepto jurídico que no hace referencia expresa a un desbalance patrimonial entre activo y pasivo del deudor, aunque guarda una relación de fondo con ese supuesto, sino a la incapacidad del deudor para cumplir de manera regular o sistemática sus deberes patrimoniales con los acreedores. De tal manera, se puede tener menos activo que pasivo, pero estar en capacidad de cumplir porque el deudor posee fuentes de financiamiento; o se puede tener más activo que pasivo, pero carecer del financiamiento, o los ingresos líquidos necesarios para enfrentar el cumplimiento regular por falta de liquidez[15].

Esta idea de insolvencia, con fuertes raigambres en el Derecho anglosajón, busca objetivar el hecho que abre paso al proceso concursal, por lo que constituye, ella misma, la situación de fondo. Otra de las características de este presupuesto objetivo es su relación con el incumplimiento. En tal sentido, no todo incumplimiento representa *per se* una situación de insolvencia, sino que será sintomático de aquella el incumplimiento que, en lo fundamental, escapa de la voluntad del deudor, es decir, se manifiesta como una impotencia en el patrimonio: aunque se quiera no se puede cumplir[16].

El reverso de esta imposibilidad de hacer frente al cumplimiento tiene que ver con la regularidad o sistematicidad. No se trata en este caso de cumplir, sino de las condiciones o modos relativos a la temporalidad en los que tiene lugar ese cumplimiento, aunque la estructura patrimonial del deudor goce de salud. Es decir, si el deudor cumple, pero lo hace de manera irregular, es muy posible que se esté configurando una situación de insolvencia, o esta ya sea una realidad. Al respecto, la irregularidad puede manifestarse por la realización de los pagos por vías diferentes a las que normalmente se utilizan en el comercio, tales como el pago por cesión de bienes, la monetización de bienes empleados en la actividad económica del deudor que no han quedado obsoletos ni van a ser sustituidos, lo que supone una liquidación apresurada y ruinosa de los activos; o

15. *Vid.* PINEROS, «Presupuesto objetivo del concurso y tutela jurisdiccional concursal», *Tesis doctoral,* Universidad del Rey Juan Carlos, Madrid, 2015, pp. 209-214; GARCÍA ESCOBAR, «El sentido de la institución concursal: los principios del concurso», *Tesis doctoral,* Departamento de Derecho Mercantil y Derecho Romano, Universidad de Granada, 2016, pp. 135-136; CERDÁ, «La insolvencia: presupuesto objetivo del concurso», en AA.VV., *Estudios sobre la Ley Concursal. Libro homenaje a Manuel Olivencia,* tomo I, Marcial Pons, Madrid, 2005, p. 958.

16. *Vid.* DUQUE, «Sobre el concepto básico de insolvencia», en AA.VV., *Estudios sobre la Ley Concursal. Libro homenaje a Manuel Olivencia,* tomo I, Marcial Pons, Madrid, 2005, p. 1006.

cuando la iliquidez no es transitoria y no puede resolverse mediante el crédito bancario u otras medidas de reordenamiento de los flujos de caja[17].

Unido a lo anterior, el requisito de la exigibilidad de la deuda se muestra de manera que el deudor no tiene medios económicos para hacer frente a los créditos vencidos y exigibles de los acreedores, en el caso de la insolvencia actual, y, en el caso de la insolvencia inminente, se une la previsión seria o grave, basada en la tendencia de los negocios del deudor, de que en un corto plazo no estará en condiciones de asumir sus compromisos con los acreedores.

La cuestión principal derivada de la distinción entre insolvencia inminente e insolvencia actual es la procedencia de la declaración de concurso según sea solicitada por el propio deudor, concurso voluntario, o por los sujetos legitimados distintos del deudor, concurso necesario. En el primer caso la Ley española considera que basta la concurrencia de insolvencia inminente y, en el segundo, solo la insolvencia actual permite la apertura del proceso concursal.

Este ha sido un punto de debate en la doctrina pues un grupo cuestiona el concepto de insolvencia inminente a partir de la idea de que ella misma constituye una excepción al criterio de la exigibilidad de los créditos y la prueba del estado de insolvencia[18]. A pesar de las objeciones, no caben dudas que la innovación en este terreno permite desarrollar modelos legales de manejo de la insolvencia que pueden facilitar la satisfacción de las deudas y el mantenimiento de la actividad empresarial, con todos los beneficios que ello acarrea. Por otra parte, la idea de insolvencia inminente es perfectamente compatible con el pre-concurso, que deviene en una forma más conveniente de resolver una crisis de insolvencia con prevención de la fórmula concursal.

Si bien el deudor debe honrar sus compromisos y el interés de los acreedores debe ser el norte de la institución concursal en todas sus etapas y dimensiones, resulta conveniente enfocar el problema, no solo desde la estricta satisfacción de ese interés, sino desde la supervivencia al cumplimiento, si no ha obrado fraudulentamente. La liquidación indiscriminada de los activos del deudor en cualquiera de las etapas de la insolvencia puede, incluso, atentar contra el interés de los titulares del derecho de crédito, dada la imposibilidad de hacer frente a las obligaciones contraídas.

La experiencia demuestra que ante la posibilidad del desmembramiento y la liquidación de su patrimonio, el deudor tiende a ocultar datos y activos, a no informar su situación tambaleante. Lo que hace presumir la idea de un obrar fraudulento perenne,

---

17. *Vid.* MARTÍN ALONSO, «Presupuesto subjetivo del concurso voluntario», en NIETO, C. (coord.), *Derecho Concursal*, Valencia, España, 2012, pp. 67-68; SELLER, L. «La solicitud de declaración de concurso voluntario», en MARTÍNEZ SANZ, F. (dir.), *Tratado Práctico del Derecho Concursal y su Reforma*, Madrid, 2012, pp. 66-67.
18. *Vid.* PALAO, *La insolvencia inminente y el sistema concursal preventivo,* Bosch, Barcelona, 2013, pp. 103-105; GADEA, «La prueba de la insolvencia en el procedimiento concursal», *Revista de Derecho Concursal y Paraconcursal. Anales de doctrina, praxis, jurisprudencia y legislación,* n.º 14, 2011, pp. 295-296.

que afecta, en primer término, a quienes son sus acreedores. Por tanto, mientras más duro e inflexible es el régimen legal de los concursados, menos probabilidades de éxito tendrán los que aspiran a ver satisfecho su interés. Ello sin mencionar el alto coste temporal que ha supuesto en el devenir histórico el desarrollo de un proceso concursal[19].

En este último aspecto, el Preámbulo de la Ley 16/2022, de 5 de septiembre, de reforma del Texto Refundido de la Ley Concursal, aprobado por el Real Decreto Legislativo 1/2020, de 5 de mayo, para la transposición de la Directiva (UE) 2019/1023 del Parlamento Europeo y del Consejo, de 20 de junio de 2019, *sobre marcos de reestructuración preventiva, exoneración de deudas e inhabilitaciones, y sobre medidas para aumentar la eficiencia de los procedimientos de reestructuración, insolvencia y exoneración de deudas*, lo expone de una manera muy precisa, cuando refiere que: «Los procedimientos concursales, salvo excepciones, duran demasiado tiempo. Las cuestiones procesales prevalecen sobre lo que es esencial en caso de insolvencia: el rápido y eficaz tratamiento de la situación de crisis».

En atención a las razones ya expuestas, desde hace algún tiempo hemos asistido a un proceso de flexibilización, humanización y unificación del esquema concursal. Esto no niega el propósito liquidatorio del Derecho concursal, cuyo objeto se sigue centrando en la satisfacción del interés de los acreedores, la maximización del valor de la masa activa y, la salida ordenada de la empresa del mercado si no es posible la continuidad de la actividad económica del concursado y la conservación de los puestos de trabajo[20].

De este modo, las nuevas formas concursales no se limitan únicamente a la satisfacción de los acreedores, sino que, además, tienen como objetivo proteger el interés general y los intereses del deudor sometido a sus reglas. Es notable que el concurso ha dejado de ser una fórmula jurídica de exclusivo remate del patrimonio del deudor. Antes, se muestran cada vez con mayor nitidez elementos tendentes a lograr la supervivencia de las empresas, por lo que la receta estrictamente liquidatoria se presenta como última *ratio* dentro de este esquema ejecutivo. Además, coloca controles significativos al proceso de ejecución colectiva en el sector del Derecho laboral, para la protección de trabajadores y empleados.

Este planteamiento nos introduce en uno de los principios aplicables al proceso concursal con el objetivo de alcanzar la satisfacción del interés de los acreedores. Se trata del principio de conservación de la empresa, que en sus inicios fue aplicado con el fundamento de evitar, tanto como fuera posible, su desmembramiento o desmantelamiento. La clave de estos argumentos estuvo centrada en la idea de conservar su estructura económica mediante acuerdos que contemplaran planes de reestructuración

19. *Vid.* BELTRÁN, «El problema del coste del concurso de acreedores: coste de tiempo y coste económico», en ROJO (dir.), *La reforma de la legislación concursal*, 1.ª ed., Marcial Pons, Registradores de España, Madrid, 2002, pp. 323-336.

20. *Vid.* FALCO, «La continuidad de la empresa y de la actividad empresarial del concursado. Especial referencia al derecho uruguayo», *Tesis doctoral,* Universidad de Granada, España, 2020, p. 59.

o reorganización preventivos a la liquidación, o, dentro de la liquidación, propiciar la adquisición de la estructura económica de forma íntegra[21].

En el VI del Preámbulo de la Ley 16/2022, de 5 de septiembre, de reforma del Texto Refundido de la Ley Concursal, aprobado por el Real Decreto Legislativo 1/2020, de 5 de mayo, se expone:

> La Directiva 2019/1023 impone a los Estados miembros adoptar las medidas necesarias para asegurar que los procedimientos de insolvencia se tramiten de forma rápida y eficiente (artículo 25, letra «b»). La rapidez beneficia fundamentalmente a los acreedores, pero también al deudor y a los administradores de la persona jurídica deudora, porque aspiran a que esa situación excepcional que caracteriza al concurso de acreedores finalice cuanto antes. La eficiencia, íntimamente unida a una tramitación ágil, se manifiesta en muy distintos aspectos del procedimiento, entre los que tiene especial importancia el mantenimiento de aquellas unidades productivas que sean objetivamente viables.

El hecho de considerar a la empresa como un bien en sí misma, con un valor ampliamente superior al de los bienes que la componen, nos dibuja una nueva realidad que tiende a postergar el interés individual de los acreedores y el del deudor empresario en beneficio de la continuidad de la actividad y fortalecimiento de la empresa. De tal modo, la responsabilidad por la insolvencia recae sobre el concursado y no sobre los demás componentes de la ecología empresarial. Lo significativo en este caso es que la protección de la empresa se aplica únicamente a estructuras viables y económicamente útiles, y no a otras que carezcan de tales atributos. Ello supone el rescate de una parte de la empresa que se mantiene aportando beneficios a la sociedad y la conservación de los puestos de trabajo que de otra forma desaparecerían[22].

La cuestión problemática de la aplicación de este principio se ha centrado en el momento en el que debe aplicarse, o las premisas de su aplicación, toda vez que la titularidad sobre la empresa no solo implica el control sobre ciertos bienes materiales, sino también los derechos de propiedad intelectual o de autor asociados a su propia constitución y los resultantes de su desempeño. En el caso del ordenamiento jurídico español, la transmisión de la empresa o de las unidades productivas puede acontecer siempre que se verifique el estado de insolvencia inminente o actual del deudor, sin que se requieran requisitos adicionales de aprobación por parte del deudor. En última instancia, se verifica como una facultad que se atribuye al juez en la etapa concursal de liquidación de la masa activa[23].

Otro de los asuntos a tener en cuenta tiene que ver con la cadena de la insolvencia. El gran problema está en que, si el deudor no tiene activos con los que cumplir de manera permanente las demandas legítimas de sus acreedores, a la larga estos últimos podrían

21. *Vid.* FALCO, «La continuidad de la empresa y de la actividad empresarial del concursado. Especial referencia al derecho uruguayo», *Tesis doctoral,* Universidad de Granada, España, 2020, p. 57.
22. *Idem,* pp. 58-59.
23. *Cfr.* Artículo 710 en relación con artículos 1.1; 1.2; 2 y 3 de la Ley 22/2003, de 9 de julio, Ley Concursal, reformada por el Real Decreto Legislativo 1/2020, de 5 de mayo y la Ley 16/2022, de 5 de septiembre, de reforma del texto refundido.

ser incapaces de cumplir sus obligaciones frente a terceros. Asunto que se muestra como un punto crítico dentro del problema de la insolvencia y que hace repensar el problema concursal con exclusivos fines liquidatorios.

En este sentido, la Directiva 2019/1023, del Parlamento Europeo y del Consejo, de 20 de junio de 2019, en sus considerandos 11 y 16, deja muy claro que:

> Un mercado interior cada vez más interconectado, en el que las mercancías, los servicios, los capitales y los trabajadores circulan libremente, y con una dimensión digital cada vez mayor, supone que muy pocas empresas son estrictamente nacionales si se tienen en cuenta todos los elementos pertinentes, como la clientela, la cadena de suministro, el ámbito de actividad, los inversores y el capital. Incluso las insolvencias estrictamente nacionales pueden incidir en el funcionamiento del mercado interior a través del denominado efecto dominó de las insolvencias, por el cual la insolvencia de un deudor puede dar lugar a la insolvencia de otros eslabones de la cadena de suministro.

De este modo, el concurso de acreedores se presenta no ya como un estricto problema de partes, sino como un suceso de efectos primarios y otros secundarios de gran calado. Por lo que el fenómeno tiene una expresión en la satisfacción de un interés individual de cada uno de los intervinientes, otra dimensión en el interés común a todos los acreedores, y una última repercusión no menos importante, en el interés general. En esta última dimensión, el concurso de acreedores implica una evaluación más solidaria y de responsabilidad social en cuanto a los efectos de todas las etapas del concurso, incluso de la disposición de medios para evitarlo o prevenirlo.

Este punto de vista puede contribuir a la modulación práctica de los fundamentos del progreso y puede aportar un apoyo para una concepción jurídica-económica donde prosperar y sobrevivir no son sinónimos. Si nos situamos hipotéticamente en una etapa de relativa normalidad, los casos de insolvencia podrían afectar de forma limitada a los grupos y estratos sociales, pero los tiempos normales están cada vez más lejos.

Los últimos años son una muestra muy nítida de ello. Por tal motivo, los desenlaces negativos por situación de insolvencia empresarial serán cada vez más traumáticos para el tejido social en su conjunto, según la empresa y el escenario, porque no solo se afectan los dígitos macroeconómicos, las rutas de comercio y el transporte de mercaderías. En realidad, sufren daños profundos los empleos y los sustentos de las familias, el acceso a servicios vitales y el consiguiente aumento de la pobreza, la insalubridad, la delincuencia y otros males. Este es un hecho que reconoce el Preámbulo de la Ley 16/2022, de 5 de septiembre, de reforma del Texto Refundido de la Ley Concursal española cuando afirma que:

> No son infrecuentes casos en los que la insolvencia de un deudor provoca la de los acreedores, en una economía en la que la mayor parte de las empresas son de muy limitadas dimensiones, con efectos devastadores para la economía y para el empleo.

Al perderse por insolvencia parte importante de las pequeñas y medianas empresas que dinamizan las economías domésticas, se acentúan los problemas de abastecimiento, la inflación y el crecimiento equilibrado de las diferentes zonas geográficas, lo cual agudiza los procesos migratorios internos y externos, y ralentiza o anula las posibilidades de desarrollo de cualquier país, haciéndolo dependiente de otros más poderosos. En lo que constituye un reconocimiento evidente a lo que venimos explicando, el motivo V Preámbulo de la Ley 16/2022, de 5 de septiembre, de reforma del Texto Refundido de la Ley Concursal española, describe lo siguiente:

> Resulta imprescindible que la actualización del derecho de la crisis empresarial contenga una parte dedicada a un sector de vital importancia en nuestra economía. Según los datos del Ministerio de Industria, Comercio y Turismo a 31 de agosto de 2020, las microempresas constituían el 93,82% de las empresas españolas y daban empleo a 4.887.003 personas, lo que representa el 31,63% del empleo total. En la mayoría de los sectores, las microempresas constituyen una parte esencial del tejido productivo: el 61,83% de las empresas del sector agrario son micropymes, el 49,58% en la construcción, y el 31,24% en el sector servicios.

Muy significativo en el terreno de la Insolvencia es el derecho de la segunda oportunidad y la exoneración del pasivo insatisfecho para los deudores insolventes o sobreendeudados pero honrados, impidiendo así el paso de estos sujetos a la economía sumergida o a una situación de marginalidad. Además, con esta figura se intenta la reducción de los costos del proceso de reestructuración empresarial. Los beneficios macroeconómicos de la segunda oportunidad han sido reconocidos por organismos económicos internacionales, como el Fondo Monetario Internacional o el Banco Mundial. Del mismo modo, un número creciente de legislaciones[24] acogen ya la figura del *fresh start*, incorporado al ordenamiento jurídico español mediante la Ley 25/2015, de 28 de julio, *de mecanismo de segunda oportunidad, reducción de la carga financiera y otras medidas de orden social.*

La Directiva 2019/1023 del Parlamento y del Consejo de la Unión Europea, obliga a todos los Estados miembros al establecimiento de un mecanismo de segunda oportunidad para evitar que los deudores se vean tentados a deslocalizarse a otros países que ya acojan estos institutos, con el coste que esto supondría tanto para el deudor como para sus acreedores.

Dada la singularidad del mecanismo de segunda oportunidad que transforma principios básicos del sistema jurídico, como aquel que consagra la responsabilidad del deudor con todos sus bienes presentes y futuros para la satisfacción de sus deudas, se deben definir de manera precisa los supuestos de aplicación y las condiciones personales de los deudores a quienes se les ha de conceder el beneficio.

El principio de la buena fe para medir el comportamiento del deudor sigue siendo fundamental en la exoneración. Los organismos internacionales estiman que

24. Ley Concursal alemana, *Insolvenzordnung,* de 5 de octubre de 1994, con modificaciones en 1999 y 2022; Código de la Bancarrota de los Estados Unidos de América, *Bankruptcy Act,* de 1800, reformado por última vez en 2005; Ley N.º 267/1942, Concursal italiana, Legge *Fallimentare*, DL N.º 14/2019, Codice della Crissi, Legge N.º 3/ 2012, Legge sul sovraindebitamento.

se deben establecer las conductas objetivas de forma taxativa, sin referencias a patrones de conducta sin concreción, o cuya prueba imponga una carga extraordinaria para el deudor[25].

En el caso específico de los impactos del Derecho concursal en el ámbito del Derecho laboral es importante señalar que el camino a transitar es todavía extenso, y no es este el territorio que ha experimentado los cambios más significativos en lo que a protección de los trabajadores se refiere[26].

Las principales cuestiones a destacar tienen que ver con la *vis atractiva* que ejerce el juez concursal sobre todos los asuntos de diferente contenido jurídico que guardan relación con el concurso de acreedores. De tal manera, en el ordenamiento concursal español, los asuntos laborales relativos a las siguientes materias son de la competencia del juez concursal: el despido colectivo de los trabajadores de la empresa concursada; la impugnación por el trabajador afectado o por el Fondo de Garantía Salarial, del Auto que resuelve el procedimiento de regulación de empleo concursal, sobre las cuestiones que se refieran estrictamente a la relación jurídica individual; la suspensión individual o colectiva de los contratos de trabajo de los trabajadores de la empresa declarada en concurso; la reducción temporal de la jornada ordinaria diaria de trabajo, individual o colectiva, de los trabajadores de la empresa concursada; la modificación sustancial colectiva de las condiciones de trabajo de los trabajadores de la concursada; los traslados colectivos de los trabajadores de la empresa concursada; la resolución indemnizada del contrato de trabajo por voluntad del trabajador cuando merezca la consideración de extinción colectiva; la impugnación de la decisión de la administración concursal de la suspensión o la extinción del contrato del personal de alta dirección.

En cuanto a los créditos laborales, es preciso destacar que tienen prioridad para su cobro inmediato los derechos por salarios de trabajo efectivo en los últimos treinta días antes de la declaración del concurso, hasta el doble del salario mínimo interprofesional de España, por ser considerados créditos contra la masa y no créditos concursales; sin embargo, su realización no puede afectar los créditos con privilegios especiales, como los garantizados con bienes concretos (artículo 244 de la Ley Concursal española).

Por su parte, tienen reconocida la condición de créditos concursales con privilegio general, según el artículo 280. 1.º de la mencionada Ley Concursal:

> Los créditos anteriores a la declaración de concurso por salarios que no tengan la consideración de créditos contra la masa ni reconocido privilegio especial, en la cuantía que resulte de multiplicar el triple del salario mínimo interprofesional por el número de días de salario pendientes de pago; por indemnizaciones derivadas de la extinción de los contratos, en la cuantía correspondiente al mínimo legal calculada sobre una base que no supere el triple del salario mínimo interprofesional; y por los capitales coste de seguridad

25. *Vid.* SENDRA, «Beneficio de exoneración del pasivo insatisfecho», *Tesis Doctoral,* Facultad de Ciencias Jurídicas y Económicas. Universitat Jaume I de Castellón, Castellón, 2017.
26. *Vid.* ORELLANA, «La problemática laboral en el concurso de acreedores», *Tesis doctoral,* Facultad de Derecho. Universidad Complutense de Madrid, Madrid, 2017, pp. 303-309.

social de los que sea legalmente responsable el concursado y los recargos sobre las prestaciones por incumplimiento de las obligaciones en materia de salud laboral devengadas con anterioridad a la declaración de concurso.

Lo que indica que su realización solo será posible contra la garantía patrimonial general de la que es responsable el deudor, luego de la deducción de los créditos con privilegios especiales que gravan bienes concretos y aquellos créditos no concursales que se satisfacen contra la masa. Esto nos coloca en la certeza de que, si la masa del concurso no es suficiente para cubrir estos créditos, los trabajadores despedidos, por ejemplo, pueden quedar sin percibir los montos a los que la ley les concede derecho; incluso, pudieran verse afectados, aunque no en su totalidad, por la exoneración del pago del pasivo insatisfecho acordada conforme al artículo 489.1. 4.º de la Ley Concursal española.

Otro de los aspectos críticos en lo relativo al Derecho Laboral está vinculado con la transmisión de la empresa o de unidades productivas, el alcance de la sucesión empresarial sobre el ejercicio de los derechos laborales y la exoneración de responsabilidad de la empresa adquirente sobre la parte de los salarios e indemnizaciones pendientes de pago, anteriores a la enajenación, asumidas por el Fondo de Garantía Social.

A nuestros fines entenderemos como sucesión de empresa, la transmisión que afecte a una entidad económica que mantenga su identidad, entendida como un conjunto de personas y medios organizados a fin de llevar a cabo una actividad económica, esencial o accesoria[27].

En este sentido conviene reconocer que el cambio de titularidad de una empresa, de un centro de trabajo o de una unidad productiva autónoma no extinguirá por sí mismo la relación laboral o de seguridad social, quedando el nuevo empresario subrogado en los derechos y obligaciones laborales y de Seguridad Social del anterior, incluyendo los compromisos de pensiones, en los términos previstos en su normativa específica, y, en general, cuantas obligaciones en materia de protección social complementaria hubiere adquirido el cedente[28].

En este sentido, el artículo 5 de la Directiva Comunitaria CEE 2001/23 sobre la aproximación de las legislaciones de los Estados miembros relativas al mantenimiento de los derechos de los trabajadores en caso de traspasos de empresas, de centros de actividad, o de partes de empresas o de centros de actividad, permite que se exonere a la empresa adquirente de otra empresa, en un procedimiento de insolvencia, de toda responsabilidad, cuestión que ha sido analizada por el Tribunal de Justicia de la Unión Europea en Auto de 28 de enero de 2015, cuando sostiene que la Directiva 2001/23 debe interpretarse en el sentido de que el Estado miembro que se haya acogido al sistema

27. *Vid.* MORALES VÁLLEZ, «La sucesión de empresas: Un análisis jurisprudencial», *Revista de Trabajo y Seguridad Social. Centro de Estudios Financieros,* N.º 403, octubre 2016, pp. 58-60.

28. *Vid.* ORELLANA, «Aspectos laborales del concurso de acreedores», en AA.VV., *Guía práctica del proceso concursal 2015. Adaptada a las últimas reformas: Leyes 14/2013 y 17/2014 y Reales Decretos leyes 4/2014 y 11/2014*, Editorial Las Rozas, Madrid, 2015, p. 289.

previsto en el artículo 5.2 a) de la Directiva, podrá exonerar del pago de los créditos laborales, incluidos los de la Seguridad Social, a la empresa adquirente de una unidad productiva autónoma, inmersa en un procedimiento de insolvencia, siempre que exista una entidad que garantice los créditos de los trabajadores conforme a la Directiva Comunitaria 80/987, que ha sido asumida por España.

Cuestión que, si bien genera pocos incentivos a la transmisión de empresas y unidades productivas, se erige en dique protector de los derechos de los asalariados y muestra el rumbo que ha de mantenerse, aunque en determinados aspectos pueda no favorecer la rentabilidad o la minimización de los costos de la actividad empresarial, específicamente de los cesionarios.

## III. LOS PROCEDIMIENTOS PRE-CONCURSALES PARA EL RESCATE DE EMPRESAS INSOLVENTES

A pesar de los cambios que ha experimentado la institución concursal, ella misma sigue siendo una institución temida, en la que los deudores, incluso los acreedores, prefieren no entrar, por sus efectos inhabilitantes y perentorios, que tienden al fuerte control del deudor y su inmovilización. En países como España cerca del 95% de los procesos concursales terminan en la liquidación del deudor, lo cual confirma a los deudores la certeza de que no es bueno para ellos entrar en esta fase crítica de la insolvencia. También esta es una de las razones por las que los diferentes ordenamientos jurídicos se han empeñado en buscar soluciones alternativas que, si bien no niegan ni laceran el derecho de los acreedores a satisfacer su crédito, evitan llegar a la declaración del concurso para eludir sus efectos adversos. En este orden destaca la introducción de la figura del pre-concurso en España, el «paraguas protector» en Alemania, el preconcordato en Italia y, de más larga data y base inspiradora de los anteriores, el *debtor in possession*, de los Estados Unidos de América.

Todas ellas con características diferenciadoras, pero que en esencia buscan crear un espacio facilitador, ágil, confiable y menos costoso, que evite el agravamiento de las dificultades económicas que atraviesa el deudor, o el estado de insolvencia propiamente dicho. En otros, se constituye en una auténtica vía para evitar los rigores del concurso, a pesar de la existencia de una situación de insolvencia actual o inminente; por lo que, en este último supuesto, no se trata de prevenir la insolvencia, sino de una solución a la insolvencia fuera del concurso de acreedores[29].

La existencia del pre-concurso o de una solución análoga, se muestra mucho más amigable, no solo por los efectos que ella implica y los métodos para alcanzar una solución a la crisis empresarial, sino que consigue también una respuesta diferente del ecosistema de actores con los que interactúa la empresa. En materia de confianza, cuando el deudor se declara en concurso, la mayor parte de los acreedores busca que

29. *Vid.* GARCÍA BARTOLOMÉ, «El preconcurso…», *cit.*, p. 569; ROJO, «El derecho preconcursal», en MENÉNDEZ y ROJO (dirs.), Lecciones de Derecho Mercantil, vol. II, 13.ª ed., Civitas-Thomson Reuters, Cizur Menor, 2015, p. 564.

se nombre administrador concursal diferente del deudor, los suministradores o empresas que mantienen contratos con el concursado evitan concertar nuevos acuerdos y tratan de suspender, revisar o extinguir los vigentes o en ejecución; los bancos y entidades financieras se niegan a conceder nuevos créditos o financiar una posible reestructuración. El pánico no solo paraliza al deudor, sino que inmoviliza a todos los interesados en el proceso porque la entrada en fase concursal es sinónimo de muerte y liquidación, que para los acreedores no es otra cosa que pérdida de la inversión y el posible contagio.

Sin embargo, la existencia de una vía alternativa cuyo propósito no sea liquidar, sino que constituya un espacio donde el deudor mantiene la conducción de la empresa y recibe crédito para mantener los flujos financieros que impidan la falta de liquidez, produce cierta confianza en los acreedores y en quienes interactúan con el deudor. Por tanto, se genera un clima de estabilidad y previsión que mantiene a flote la empresa, y ofrece mayores probabilidades de satisfacción de los intereses involucrados, sin grandes traumas hacia el interior del ecosistema empresarial. Además, se consiguen soluciones más ajustadas a los propósitos del bien común, la estabilidad laboral de quienes en ellas trabajan y la seguridad económica de sus familias.

Como ya habíamos expresado, en el Derecho comparado existen varios modelos para hacer frente a las diferentes formas en las que se expresa la insolvencia. En este sentido, conviene una breve referencia a estos esquemas para comprender mejor la forma en la que puede ser enfocada la realidad cubana, a partir de las diferentes opciones o efectos que traen aparejadas la asunción de alguno de los modelos exitosos.

El modelo alemán, del «paraguas o escudo protector», el *schutzschirm*, fue introducido en el Derecho de la insolvencia mediante una importante reforma en el Derecho concursal, concretada por la «Ley para facilitar el saneamiento empresarial», de 7 de diciembre de 2011, Ley ESUG, en vigor desde 1.º de marzo del 2012. Este modelo está inspirado en el *debtor in possession* de los Estados Unidos de América, aunque con importantes diferencias[30] y se configura como una facultad exclusiva del deudor de solicitar, anexa a la solicitud de concurso, la puesta en marcha de un mecanismo de protección accesoria por un plazo no mayor de 3 meses, para preparar un proceso jurisdiccional posterior, en el que se debe presentar un plan de insolvencia. En este período de tiempo, en el que todavía no ha sido declarado el concurso, se activa una moratoria de los créditos que es concedida por el tribunal hasta que se presente a homologación el plan de insolvencia; y se podrá activar, mediante solicitud expresa, la suspensión de todas las ejecuciones individuales ejercitadas por los acreedores frente al deudor, la que debe ser decretada por el juez, luego de comprobar que la situación económica de la

30. *Vid.* SCHMIDT, «Comentario al art. 270 y ss. InsO», en AA.VV., *Kommentar Insolvenzordung*, 18.ª ed., N.º 10, Münich, 2013, p. 5; «¿Desbanca el Derecho concursal al Derecho de sociedades? Disputas societarias, *Deb-to-Equity-Swap and Take over*», *Revista de Derecho Concursal y Paraconcursal. Anales de doctrina, praxis, jurisprudencia y legislación*, n.º 22, 2015, p. 306.

empresa es viable. En otras palabras, el tribunal comprueba que el deudor no se encuentra en estado de insolvencia, porque el *schutzschirm* solo puede ser solicitado por deudores pre-insolventes o sobreendeudados; es decir, que aún son solventes, pero que, tras un juicio de probabilidad, pronostican o prevén que a mediano o largo plazo no podrán cumplir de forma regular y puntual con sus obligaciones.

Declarado el *schutzschirm* el deudor conserva el control de la empresa y se prepara para la futura declaración de un concurso que se garantiza durante este período. Finalizado este intervalo, si el deudor consigue las adhesiones suficientes de los acreedores principales a la propuesta de convenio anticipado, el deudor estará habilitado para entrar en el proceso concursal posterior con la propuesta de convenio anticipado, que podrá ser aprobada judicialmente en poco tiempo, lo que le permitirá entrar al concurso y salir de él de forma rápida, con un convenio que consolide la refinanciación y la viabilidad del deudor en el marco del proceso concursal[31].

El modelo italiano se sustenta en la solicitud de pre-concordato o concordato preventivo con reserva, introducido por el Decreto Ley 83/2012, de 22 de junio, convalidado por la Ley 134/2012, de 11 de septiembre, «Medidas urgentes por la crisis del país». También inspirado en el procedimiento de reorganización del Capítulo 11 del Código de Bancarrota de los Estados Unidos de América, ha devenido en instrumento relevante para las empresas italianas viables que intentan alcanzar un acuerdo con sus acreedores, a partir de la reestructuración de su pasivo y la conservación de la empresa. Es así que el concordato preventivo con reserva supone procedimientos concursales judiciales basados en la prevención, la negociación protegida entre deudor y acreedores y, el mantenimiento de la gestión de la empresa en manos del deudor, *debtor in possession* (art. 161.6 de la Ley Concursal italiana).

Al amparo de este procedimiento el deudor puede presentar la solicitud de concordato preventivo con reserva, anunciando al juez su intención de adoptar una solución concordataria para la cual, solicita un período de tiempo para negociar con sus acreedores y ponerse al cubierto de toda acción ejecutiva o cautelar. De conjunto con esa solicitud, el deudor debe aportar los estados financieros relativos a los últimos tres ejercicios de la empresa, quedando para un momento posterior la presentación de la propuesta de convenio, el plan de viabilidad y, la documentación restante[32].

En el derecho norteamericano los procedimientos concursales tienen como objetivo la reorganización y conservación de compañías que estén atravesando por situaciones de crisis financiera. De tal forma, estos mecanismos ofrecen la oportunidad a los deudores de reorganizarse, mediante la presentación de una propuesta de pago de sus cré-

31. *Vid.* GARCÍA BARTOLOMÉ, «El preconcurso…», *cit.*, pp. 933-941.
32. *Vid.* PACCHI, «Las soluciones negociadas como respuesta a la insolvencia empresarial (reformas en el Derecho Comparado y crisis económica): La solución dictada por el legislador italiano», en GARCÍA-CRUCES (dir.), Las soluciones negociadas como respuestas a la insolvencia empresarial, 1.ª ed., Thomson Reuters-Aranzadi, Cizur Menor, 2014, pp. 272-276.

ditos a sus acreedores en un tiempo determinado, a la vez que tratan de mantener a la empresa a bajo el control del deudor, mediante la figura del *debtor in possession*[33].

En el marco del *debtor in possession* previsto en el Capítulo 11 del Código de la Bancarrota de los Estados Unidos de América, el deudor puede obtener la llamada financiación postconcursal a través de la figura del *debtor in possession financing*. Mediante una solicitud la empresa en situación de crisis económica puede acceder a nueva financiación, acordada previamente con una entidad financiera dispuesta concederle liquidez a sabiendas de que va a solicitar el concurso, para que disponga de ella durante la tramitación del concurso, obteniendo el flujo de dinero oportuno que le permitirá evitar las consecuencias negativas que se pudieran generar sobre sus activos.

El financiamiento recibido también puede permitirle al concursado enfrentar problemas de inversión durante la tramitación del procedimiento, debido a que suele ser habitual que los acreedores no inyecten capital a los deudores que transitan por una situación de bancarrota. Finalmente, el procedimiento de solicitud de dicha financiación se resuelve en un período muy breve de tiempo, previa audiencia entre el deudor y el comité de acreedores.

El *debtor in possession* no es un procedimiento judicial, ni siquiera de jurisdicción voluntaria, sino que se trata de un efecto jurídico de protección que se activa *ipso iure* con la declaración de apertura, *order of relief*, del procedimiento concursal de reorganización (Capítulo 11 Sección 1108) y, se configura como un efecto de protección fundamental a la hora de resolver los problemas de circulante y de financiación dentro del proceso concursal: *debtor in possession financing* (Sección 364 del Código de la Bancarrota).

El sistema de bancarrota americano, además, permite estructurar la forma, los plazos de devolución y las garantías de la financiación durante el concurso (Capítulo 11, Sección 364 Código de la Bancarrota de los Estados Unidos de América). Incluso, permite dotar de un grado superior de privilegio a esa financiación, colocando a los acreedores financieros que la conceden en una situación concursal de máxima prioridad, incluso frente a las garantías reales, al momento de la devolución o la recuperación de los fondos.

El procedimiento regulado en el Capítulo 11 de la norma en cuestión es un auténtico procedimiento concursal que presenta una doble finalidad: por un lado, la conservativa y, por el otro, la reorganizativa de la compañía, mediante la presentación de un plan de reestructuración del pasivo de la empresa, la venta del patrimonio de la sociedad concursada a sus propios acreedores, la venta de la empresa en funcionamiento; o un pro-

33. *Vid.* GUTIÉRREZ DE CABIEDES, *El sobreendeudamiento domestico: prevención y solución: crisis económica, crédito, familia y concurso*, 1.ª ed. Aranzadi-Thomson Reuters, Cizur Menor, 2009, p. 105.

cedimiento de liquidación, si éste fuera más conveniente para la satisfacción de los acreedores (Sección 1123)[34].

La solicitud de apertura del procedimiento instada por el deudor, se puede acompañar del plan de reorganización elaborado por él, en el caso de que cuente, con el borrador definitivo. La Ley le concede un plazo de 4 meses para presentar el plan de reorganización definitivo, y, de 6 meses para solicitar la aceptación del plan de reorganización a los acreedores, en ambos casos, desde que se presentó la solicitud. En el caso de que el deudor no presente el plan de reorganización dentro de los plazos anteriormente indicados, de forma subsidiaria, podrán ser los acreedores o el administrador nombrado los que tengan expedita la posibilidad de presentar un plan de reorganización.

En cualquier caso, el deudor mantiene intactos sus poderes de gestión, administración y posesión sobre su patrimonio, para todas las acciones y actividades ordinarias, mientras que para las extraordinarias requiere autorización del tribunal[35]. Cuando el procedimiento ya está en curso, las partes interesadas serán convocadas a una reunión donde será valorada la situación económico financiera de la empresa para la aprobación del plan de reorganización, que podrá ser objeto de modificaciones mientras no se proceda a su aprobación judicial. En el contenido del plan se podrá incluir cualquier instrumento financiero que sirva para ejecutarlo, organizando los créditos por clases homogéneas. De igual manera, para que el Juez acceda a aprobar el plan de reorganización definitivo presentado por el deudor, éste deberá acreditarle que los acreedores disidentes percibirán, al menos, lo que hubiera percibido en una eventual liquidación. En este sentido, el plan debe ser viable, con garantía de que la empresa asumirá la reorganización y no será liquidada y solo se considerará aprobado si lo aceptan todas las clases de acreedores afectados.

El procedimiento de pre-concurso en el ordenamiento jurídico español es un peculiar procedimiento de jurisdicción voluntaria, preventivo del concurso de acreedores, cuyo objeto radica en la obtención de un tiempo de protección, donde el deudor puede llevar a cabo las negociaciones con sus acreedores con todas las garantías, al margen de toda ejecución y solicitud de concurso necesaria, que le permitan materializar la homologación de un plan de reestructuración (artículo 583, 614 y 633 del Texto Refundido de la Ley Concursal)[36].

Para que el deudor pueda realizar esta solicitud de pre-concurso al juzgado, que se configura como una comunicación de apertura de negociaciones con los acreedores, es preciso que se encuentre en situación de pre-insolvencia, insolvencia actual o inminente (artículo 584 del Texto Refundido de la Ley Concursal española 2022). La nota singular para la solicitud del pre-concurso es que más allá del concepto de insolvencia inminente,

34. *Vid.* GURREA, «El ineficiente diseño de la legislación concursal española: una propuesta de reforma a partir de la experiencia comparada y de un análisis económico del Derecho concursal», *Ibero-American Institute for Law and Finance. Working paper Series*, n. º6, 2016, pp. 2, 9-10 y 18-19.

35. *Vid.* GARCÍA BARTOLOMÉ, «El preconcurso…», *cit.*, pp. 933-975.

36. *Vid.* REBOLLO DÍAZ, *Introducción al Derecho Concursal*, 1.ª ed., J.M. Bosch Editor, Barcelona, 2023, pp. 51-80.

el legislador amplía el marco hacia una situación en la que el deudor es objetivamente solvente, pero de continuar sus negocios en la tendencia que poseen en un momento hipotético actual, no podrá hacer frente de forma regular y oportuna a sus obligaciones. La primera cuestión es que la pre-insolvencia posee puntos conceptuales de cercanía con el de insolvencia inminente, sin embargo, la diferencia está en la proyección temporal. Mientras la inminencia refiere el corto plazo, la pre-insolvencia se refiere a una tendencia cuya realidad solo podrá verificarse en el mediano o el largo plazo[37].

La finalidad del nuevo concepto no es otra que la de adelantar en el tiempo el *test* de insolvencia y facilitar la actuación temprana de deudores con dificultades económicas, de forma que no tengan que esperar hasta el último momento para acogerse a este procedimiento y puedan disponer de herramientas legales y tiempo suficiente para negociar con éxito una reestructuración que asegure su viabilidad futura. La Directiva 2017/1132 del Parlamento del Consejo Europeo, sobre determinados aspectos del Derecho de sociedades (Directiva de Reestructuraciones), al describir los escenarios de la insolvencia probable que pueden generar la necesidad de un plan de reestructuraciones, refiere situaciones que, en principio, no producen una crisis financiera, pero que, de no remediarse, amenazan de forma real la capacidad del deudor para hacer frente a sus obligaciones futuras[38].

La comunicación de la existencia de negociaciones entre el deudor y sus acreedores a fin de alcanzar una propuesta de Plan de Reestructuración empresarial no afectará a las facultades de administración y disposición del deudor, aun cuando se nombre a un experto en la mentada reestructuración. Esta cuestión es un punto de contacto muy significativo con los restantes modelos pre-concursales exitosos.

El mantenimiento de las facultades de administración por parte del deudor no solo le permitirá seguir con normalidad su actividad, sin perjuicio de las facultades que tiene atribuidas el experto en la reestructuración, sino que también contribuirá a consolidar la confianza de los diferentes actores que pueden incidir de forma positiva en el buen fin del procedimiento y la satisfacción de los intereses implicados. Además, la conservación de las facultades en la práctica diaria facilita, por ejemplo, el normal desarrollo de las operaciones de la empresa, incluido el manejo de las cuentas bancarias, evita la dilación de las actividades normales debido a los procesos de actualización de firmas en las entidades financieras y permite el normal funcionamiento de los cobros y pagos[39].

Sin que haya existido exhaustividad en la valoración de todos los aspectos de cada modelo de proceder pre-concursal, conviene señalar que se trata de una institución a todas luces viable en el ordenamiento jurídico cubano. Si se tienen en cuenta sus propósitos, presupuestos y efectos sobre el deudor con pluralidad de acreedores, así como su impacto sobre el ecosistema que con él interactúa, los principios de prevención,

---

37. *Vid.* GARCÍA BARTOLOMÉ, «El preconcurso…», *cit.*, pp. 933-975.
38. *Vid.* GELI y ARLABÁN, «Los planes de reestructuración», *Actualidad Jurídica Uría Menéndez*, n.º 59, 2022, pp. 32-33.
39. *Vid.* REBOLLO, *Introducción al Derecho Concursal*, *cit.*, p. 40.

previsión y buena fe que le guían, es posible una implementación adecuada y bastante veloz desde el punto de vista legal de un esquema de pre-concurso que busque la combinación de los puntos sobresalientes de los cuatro modelos referenciados, aunque nos inclinamos por seguir la matriz hispana, dada la cercanía en cuanto a tradición jurídica se refiere y también en cuanto a cultura y tradiciones.

Evidentemente, la solución que anticipe el concurso de acreedores, que sea ágil, viable económicamente para las partes atendiendo a sus costes, que respete el interés de los acreedores de conformidad con un esquema previsible y supervisado judicialmente, es una arista que no debe desperdiciar ningún ordenamiento jurídico que pretenda conseguir éxito en el afán de poseer una economía saludable.

La existencia de mecanismos alternativos a la liquidación colectiva de seguro estimulará la previsión, el consenso y la transparencia, pero requerirá de normas precisas, moderadas en su extensión, unidad de principios fundantes y conceptos, con clara expresión de las competencias, sujetos legitimados, términos e instituciones diáfanas. Por lo que el procedimiento pre-concursal es una vía perfectible a la que no se puede renunciar para el caso específico de la nación cubana en los tiempos de transformación económica que hoy vive.

Ahora bien, la regulación del pre-concurso en Cuba no puede producirse de manera independiente, desconectada de la configuración normativa del concurso de acreedores. La insolvencia es una circunstancia que puede presentarse en probabilidad, inminencia o actualidad y cada una de ellas debe tener una respuesta, un cauce, unas etapas y sus tiempos de cumplimiento, en la que el interés de los acreedores y demás implicados encuentren garantías, e incluso probabilidades de rehabilitación.

## IV. LOS RETOS DE LA INSOLVENCIA PARA EL ORDENAMIENTO JURÍDICO CUBANO

La economía cubana en el siglo XXI mantiene sus características de ser una economía regida por el impacto de la empresa estatal socialista y de otros actores que responden, esencialmente, a la dinámica de este factor central de la realidad nacional. Sin embargo, desde la década de los 90 del siglo XX, el escenario de los actores económicos viene mostrando importantes síntomas de cambios en la dinámica, donde destaca el reconocimiento de una importante zona de actividad privada mercantil, donde pueden identificarse trabajadores por cuenta propia, o emprendedores autónomos, las llamadas cooperativas no agropecuarias, para la prestación de servicios y, como colofón, la aprobación de las micro, pequeñas y medianas empresas, bajo el modelo asociativo de las sociedades de responsabilidad limitada, las cuales devienen en tejido conectivo entre la gran empresa nacional, incluso internacional y el consumidor cubano.

Era entendible y, hasta cierto punto, racional que hasta la entrada de en el escenario mercantil cubano del micro, pequeño y mediano emprendimiento, no existiera necesidad de un esquema legal para el tratamiento de la insolvencia empresarial. Si la mayoría de las empresas y formas de organización productiva eran públicas, o tenían un fuerte componente de interés e inversión pública, como sucede con la inversión extranjera, era comprensible que no hubiese proceso liquidatorio de tipo concursal, por razones que se ubican en el interés público y la necesidad estratégica del estado nación de no someterles a procesos de insolvencia o bancarrota. Lo cual es asunto atiente a la soberanía de cada Estado y Cuba no escapa a este tipo de valoraciones, que ameritan un estudio monográfico.

Sin embargo, el emprendimiento privado nacional no está afectado por las mismas reglas o principios. En ellos no rigen con la misma intensidad, salvo excepciones, los criterios de interés general y soberanía nacional para aplicarles un plan de salvamento o impedirles un proceso liquidatorio o de reestructuración del pasivo frente a sus acreedores. Los tiempos han cambiado y ha llegado la hora de instaurar en Cuba una norma jurídica que regule, de manera esencial y detallada, cuando corresponda, todas las esferas del Derecho de la Insolvencia. Por tal razón, se debe injertar en el sistema legal cubano un esquema concursal unitario, integrado, que incluya la institución del preconcurso.

Debe tenerse en cuenta que las normas vigentes sobre MIPYME (Decreto-Ley 46/2021) y cooperativas no agropecuarias en Cuba (Decreto-Ley 47/2021), si bien no contienen referencias a procedimiento concursal o pre-concursal alguno, incluyen dentro de las causas de disolución interesantes motivos. En el caso del Decreto-Ley 46/2021, el artículo 95.1, inciso e), establece como causal las «pérdidas que dejen reducido el patrimonio social a una cantidad inferior a las dos terceras partes del capital social»; mientras que el artículo 84.1, inciso e) del Decreto-Ley 47/2021, considera como causal de disolución de la cooperativa «operar con pérdidas por dos períodos fiscales consecutivos». El gran tema aquí es que el tratamiento de la presunta insolvencia carece de las garantías elementales que proporciona el desarrollo normativo de los principios de previsión, prevención, buena fe, unidad legal, unidad de disciplina y unidad de sistema, ajustado a los fundamentos de un debido proceso judicial, donde los jueces acometan el control y seguridad jurídica de toda la tramitación. Donde los acreedores y el deudor encuentren garantías y formas de realización voluntaria o necesaria a sus derechos. Ello porque los acreedores no siempre están satisfechos con la forma en que se ordena pasivo y se realizan los activos del deudor en situación de insolvencia, por lo que tienen que existir medios legales específicos de intervenir, realizar contrapropuestas y reclamar que hoy no están habilitados.

El esquema pre-concursal cubano debe integrar los puntos más relevantes de los modelos exitosos en esta materia, y debe tomar como referentes los modelos hispano e italiano; teniendo en cuenta siempre el largo período de tiempo en el que ha estado ausente de la realidad nacional la incidencia del Derecho de la Insolvencia y que todo esquema pre-concursal no puede estar desconectado del concurso de acreedores propiamente dicho.

Será importante asumir que la ley concursal cubana esté regida por los principios de previsión, prevención, buena fe, unidad legal, unidad de disciplina y unidad de sistema, cuyo objetivo no sea el mero proceso liquidatorio de la empresa. En todo caso, es indispensable entenderla como un mecanismo de transparencia, de consenso, justicia, seguridad jurídica y protección del interés general, en el que los integrantes del ecosistema empresarial no sean los principales afectados, como sucede con los trabajadores.

Será preciso el esclarecimiento del rol del Estado como titular de la empresa pública, su forma de gestión, y la forma en que podrá relacionarse con cualquiera de los mecanismos o procedimientos previstos en una hipotética ley concursal. Siempre con la previsión de inembargabilidad enunciada en el artículo 24 de la Constitución cubana vigente, de los bienes mencionados en los artículos 23 y 24 del propio texto, los cuales no pueden integrar la masa de activos que podrían liquidarse en el proceso concursal.

Teniendo en cuenta lo expresado con anterioridad, será preciso un tratamiento equilibrado y especial para el micro, pequeño y mediano emprendimiento, debido a las notables vulnerabilidades que le son consustanciales. Lo cual no es motivo para negarse a regular el Derecho de la insolvencia, sino que la normativa sea aplicable a cada caso, con sus particularidades y en atención de las características de los deudores implicados.

Será vital el desarrollo de un sistema estadístico e informativo de alerta temprana que auxilie a los empresarios y a todos los sujetos implicados dentro de los límites de sus derechos, responsabilidades y competencias, que fomente la transparencia para lograr los resultados más favorables al interés general.

La institucionalización de la segunda oportunidad es fundamental para el éxito del sistema de derecho concursal, en los casos de bancarrota no fraudulenta. De tal modo, los efectos inhabilitantes sobre los deudores no pueden ser permanentes y deben permitir al concursado volver a emprender.

La preparación adecuada de profesionales del derecho y ramas afines, expertos en reestructuración y administradores concursales es uno de los mayores retos, una vez que se inicie el proceso de creación normativa de la Ley única del futuro Derecho concursal cubano.

# Guía de uso

¡ENHORABUENA!

ACABAS DE ADQUIRIR UNA OBRA QUE **INCLUYE LA VERSIÓN ELECTRÓNICA.**
APROVÉCHATE DE TODAS LAS FUNCIONALIDADES.

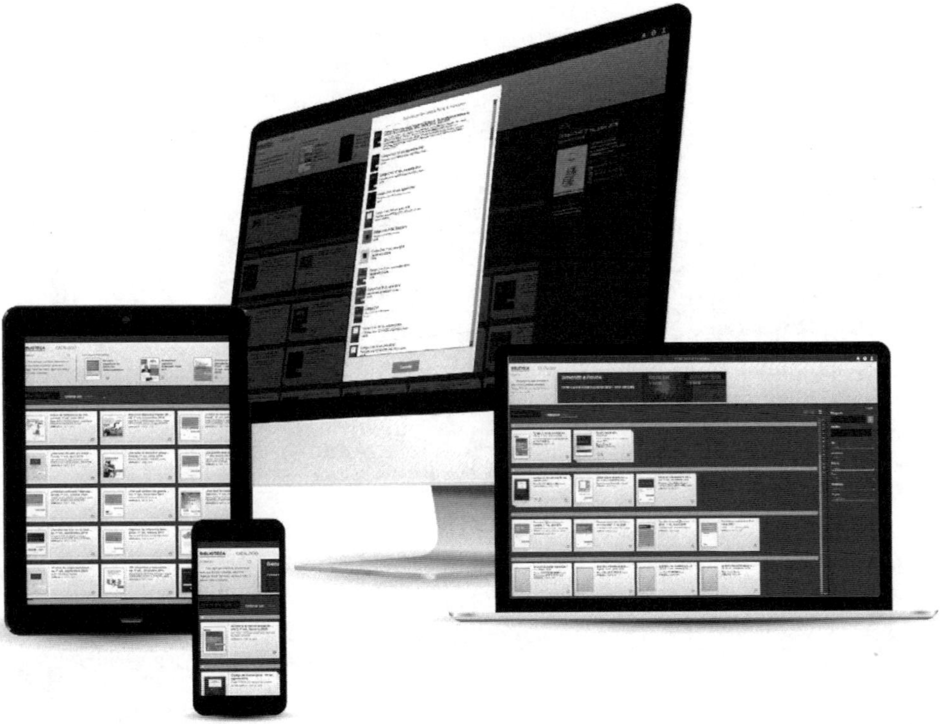

**ACCESO INTERACTIVO A LOS MEJORES LIBROS JURÍDICOS**

ARANZADI

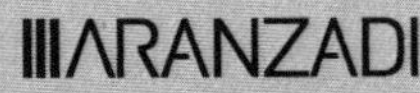

# FUNCIONALIDADES

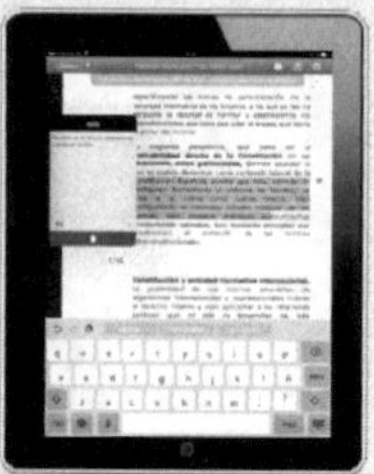

**SELECCIONA Y DESTACA TEXTOS**

Crea anotaciones y escoge los colores para organizar tus notas y subrayados.

**USA EL TESAURO PARA ENCONTRAR INFORMACIÓN**

Al comenzar a escribir un término, aparecerán las distintas coincidencias del índice del Tesauro relacionadas con el término buscado.

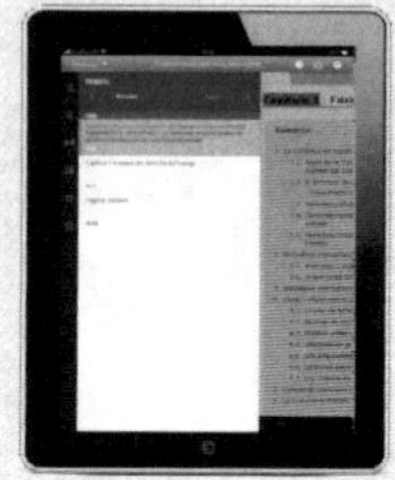

**HISTÓRICO DE NAVEGACIÓN**

Vuelve a las páginas por las que ya has navegado.

**ORDENAR**

Ordena tu biblioteca por: Título (orden alfabético), tipo (libros y revistas), editorial, jurisdicción o área del Derecho.

**CONFIGURACIÓN Y PREFERENCIAS**

Escoge la apariencia de tus libros y revistas cambiando la fuente del texto, el tamaño de los caracteres, el espaciado entre líneas o la relación de colores.

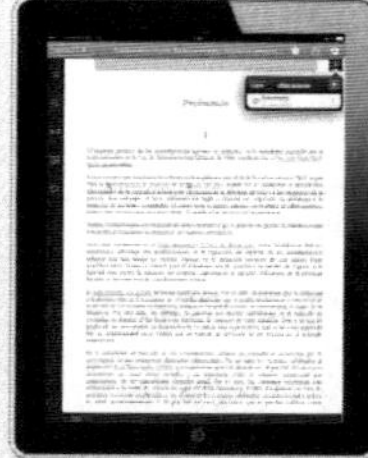

**MARCADORES DE PÁGINA**

Crea un marcador de página en el libro tocando en el icono de Marcador de página situado en el extremo superior derecho de la página.

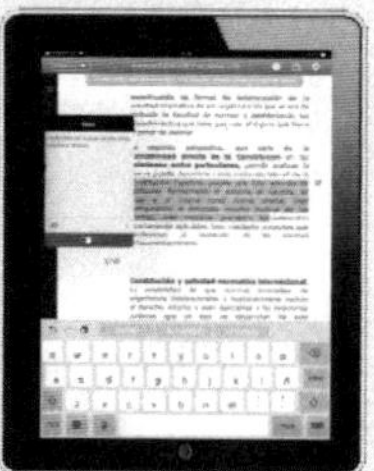

**BÚSQUEDA EN LA BIBLIOTECA**

Busca en todos tus libros y obtén resultados con los libros y revistas donde los términos fueron encontrados y las veces que aparecen en cada obra.

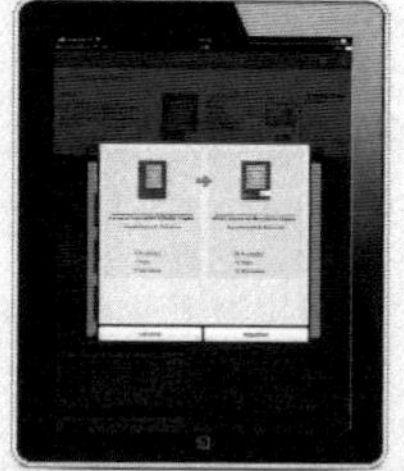

**IMPORTACIÓN DE ANOTACIONES A UNA NUEVA EDICIÓN**

Transfiere todas sus anotaciones y marcadores de manera automática a través de esta funcionalidad.

**SUMARIO NAVEGABLE**

Sumario con accesos directos al contenido.

**INFORMACIÓN IMPORTANTE:** Si has recibido previamente un correo electrónico deberás seguir los pasos que en él se detallan.

Estimado/a cliente/a,

Para acceder a la versión electrónica de este libro, por favor, accede a **http://onepass.aranzadi.es** Tras acceder a la página citada, introduce tu dirección de correo electrónico (*) y el código que encontrarás en el interior de la cubierta del libro.

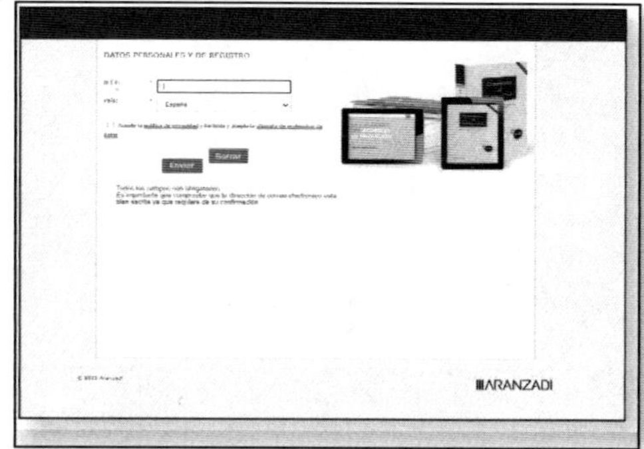


A continuación pulsa enviar.

Si te has registrado anteriormente en OnePass, en la siguiente pantalla se te pedirá que introduzcas el NIF asociado al correo electrónico.

Finalmente, te aparecerá un mensaje de confirmación y recibirás un correo electrónico confirmando la disponibilidad de la obra en tu biblioteca.

Si es la primera vez que te registras en **OnePass,** deberás cumplimentar los datos para crear tu cuenta y poder acceder a tu libro electrónico.

- Los campos **"Nombre de usuario"** y **"Contraseña"** son los datos que utilizarás para acceder a las obras que tienes disponibles a través del navegador en la ruta www.proview.thomsonreuters.com

## Servicio de Atención al Cliente

Ante cualquier incidencia en el proceso de registro de la obra no dudes en ponerte en contacto con nuestro Servicio de Atención al Cliente. Para ello accede a nuestro Portal Corporativo y una vez allí en el apartado del Centro de Atención al Cliente selecciona la opción de Acceso a Soporte para no Suscriptores (compra de Publicaciones).